Basic Economics

A Common Sense Guide to the Economy (5e)

經濟學的思考方式

經濟學大師
寫給大眾的入門書

湯瑪斯·索維爾 *Thomas Sowell* 著
吳建新 譯

幾行推理就可改變我們認識世界的方式。

——史蒂芬・E・蘭茲伯格（Steven E. Landsburg）

目錄

第二部分　產業與商業

第六部分　國際經濟

第七部分　經濟學的一些問題

前言

本書與其他經濟學入門書籍的最明顯區別是，它既沒有圖表，也沒有公式，用語淺顯易懂，論述時不使用經濟學專業術語，方便沒有經濟學知識的讀者理解。本書既適合一般大眾閱讀，也適用於經濟學初學者作為入門教材。本書還有一個很重要的特徵——使用世界各國真實的例子，用一種活潑生動，且令人難忘的方式闡述經濟規律，而這種效果是圖表和公式做不到的。相較之前的四個版本，第五版秉承了一貫的基本理念：學習經濟學應該像獲得訊息一樣容易。美國讀者對本書新版的關注度持續提高，而本書其他語言譯本種類也在不斷增加。[1]這種熱潮顯示人們對具有可讀性的入門式經濟學著作有著廣泛需求。

如同青年的茁壯成長一樣，本書在過去幾年內也逐漸成熟厚重起來，不僅增加了新的章節，還對已有章節進一步更新擴展，以便跟上不斷發展變化的世界各國經濟。

對於讀者最容易感到困惑的世界各國經濟發展狀況、人們生活水準之間存在巨大差距這一課題，本書特別新增了第二十三章，這也是本書最長的一章，從地理、人口、文化等諸多因素探究貧富差距長期存在的原因，還審視了一些被認為是造成國際經濟差距主要原因的因素，屆時讀者會發現，事實並不總是支持流行的說法。

對大多數的人而言，很多複雜艱深的領域，如植物學、腦外科手術等，不需關注也無須討論。然而，每一個選民和他們選出的政府官員都影響著經濟政策，我們無法迴避經濟問題及相關決策。而面對經濟問題與政治候選人，民眾只有三種選項：獲取訊息、不獲取訊息或獲取錯誤訊息。本書就是為了讓人們更容易地獲得訊息。經濟學的基本原理並不難理解，但是很容易被遺忘，尤其在政治與媒體令人眩暈的宣傳攻勢下更是如此。

為了保證本書作為經濟學入門書的特色，書中不僅沒有專業術語、圖表和公式，也絕少有注釋。然而，想進一步探究本書介紹的諸多有趣案例的讀者，可以在作者的網站（www.tsowell.com），或專為本書設立的網站（sowellbasiceconomics.com）查看文獻來源。對於將本書當作課程教材的教師，或者在家輔導孩子的家長，可以在作者網站上找到一百多道練習題，讀者也都能在本書文中找到對應答案。

湯瑪斯・索維爾
史丹佛大學胡佛研究所

1 本書之前版本已被譯成西班牙語、漢語、希伯來語、日語、瑞典語、韓語和波蘭語。

第一章 什麼是經濟學？

無論是保守派還是激進派，貿易保護主義者還是自由貿易主義者，世界主義者還是民族主義者，牧師還是異教徒，瞭解經濟現象的因與果都是非常有用的。

——美國經濟學家　喬治・斯蒂格勒（George J. Stigler）

經濟事件經常出現在報紙頭條，或成為電視上的「突發新聞」。然而，通過這些新聞故事，我們通常仍無法確定導致特定事件發生的原因，更不用說預測未來的後果。

大多數經濟事件涉及的基本原理通常本身並不複雜，但是討論中使用的政治辭令和經濟學術語，使得這些事件顯得晦澀和含糊。迄今為止，那些能夠解釋事件的基本經濟學原理，並不為廣大民眾知曉，媒體中也很少有人能理解。

經濟學的基本原理放諸四海而皆準，俟諸百世而不惑，適用於各種不同的經濟制度——社會主義、資本主義、封建主義或其他任何經濟制度——並且適用於不同的民族、文化和政府。亞歷山大大帝時期導致物價飛騰的政策，數千年後也導致了美國物價水準上漲。開羅、香港、斯德哥爾摩、墨爾本和紐約等地實施的租金管制法案所導致的後果也是相似的。實施相似農業政策的印度和歐盟國家，都承擔了類似後果。

要開啟理解經濟學的旅程，我們首先要清楚什麼是經濟學。要理解什麼是經濟學，我們必須先知道什麼是經濟。大多數人可能會把經濟看作生產、分配日常生活必需的產品和勞務的系統。這種觀點本身並沒有錯，但還不夠準確。

傳說中的伊甸園也是一個生產、分配產品和勞務的系統，但它卻與經濟無關，因為在那裡所有東西都應有盡有。沒有稀少性（Scarcity），就沒必要節約（economize），也就沒有經濟學（economics）。傑出的英國經濟學家萊昂內爾・羅賓斯（Lionel Robbins）曾為經濟學下了一個經典定義：

「經濟學是研究具有不同用途的稀有資源使用的學問。」

稀少性

「稀少」意味著什麼？稀少是指個人需求加總之後大於現存的資源數量。這看似簡單易懂，但人們常常嚴重誤解其內涵，甚至受過高等教育的人也不例外。例如，《紐約時報》（*New York Times*）曾有一篇專題文章描述經濟困境，並以此表達對美國中產階級的擔憂，這一階層是地球上有史以來最富有的一群人。雖然這篇文章描繪的美國中產階級家庭甚至擁有私人游泳池，但它的主標題卻是〈美國中產階級，只能勉強度日〉。這篇文章的其他小標題包括：

希望落空，計畫難成

目標仍然遙不可及

儲蓄很少卻享用奢侈品

簡言之，儘管美國中產階級擁有超乎其他國家人們（甚至前幾代美國人）想像的財富，但美國中產階級的慾望仍超出了他們可以輕鬆應對的水準。中產階級自己和這位記者都認為他們「只能勉強度日」，並且引用了一位哈佛大學社會學家的說法：「這些人的預算真是太有限了。」但是，限制他們的並不是預算這種人為的東西，而是現實。在現實中，從來沒有足夠的東西來滿足每個人的需要。這才是真正的限制，這才是稀少性的真正含義。

在《紐約時報》的這篇報導中提到的一個美國中產階級家庭甚至「要超支使用信用卡」，才能使他們的「財務狀況井然有序」。

傑拉爾丁・弗雷澤（Geraldine Frazier）指出：

「只要我們走錯一步，就會感受到來自帳單的壓力，那將是極其痛苦的。」

從學術界到新聞界，包括中產階級自己，所有人都感到莫名奇妙，現實中竟然存在「稀少性」這樣的東西，這意味著人們既要盡力帶來高產出，又要在開支時承擔個人責任。然而，在人類歷史上，「稀少」無處不在，所有對於節約的要求都與稀少性有關。

不論我們有什麼樣的政策、慣例或制度，也不論它們明智與否、高尚與否，都不可能有足夠的物品完全滿足我們所有的欲望。不論我們是社會主義、資本主義、封建主義還是其他，「需求得不到滿足」都內嵌於這些經濟制度中。這些不同類型的經濟制度，區別僅在於進行權衡取捨的制度方法不同，而權衡取捨是任何經濟制度都不能避免的。

生產力（Productivity）

經濟學不僅關涉人們作為消費者如何對已有產品和勞務產量進行安排，更重要的是，經濟學也關注生產，即從原始的稀有資源到產出——由輸入轉化為輸出的整個過程。

換句話說，生產需要土地、勞動力、資本和其他資源的投入來實現產出，產量水準進而決定一個國家的生活水準，經濟學研究的正是這些資源的使用決策會產生什麼樣的後果。資源的使用決策及其後果比資源本身更重要。因為有些國家雖然擁有豐富的自然資源，國民卻生活貧窮；有些國家，比如日本和瑞士，儘管擁有相對較少的自然資源，但卻享有很高的生活水準。烏拉圭和委內瑞拉的人均自然資源價值是日本和瑞士的好幾倍，但日本和瑞士的人均實際收入卻是烏拉圭的兩倍、委內瑞拉的好幾倍。

除了稀少性，「替代性用途」也是經濟學的核心。如果每種資源只有一種用途，那麼經濟學就簡單多了。但是，水既可以用來製造冰塊，也可以用來製造水蒸氣，同時它還可以與其他東西結合，生產許多混合物和化合物。同樣地，石油不僅可以用來生產汽油、煤油等燃油，還可以用於生產塑料、瀝青和凡士林；鐵礦可用於生產各種各樣的鋼鐵製品，從迴紋針到汽車，再到摩天大樓的鋼筋骨架。

每種資源應該分配給每一種用途多少資源量？任何一個經濟體都要回答這個問題，只不過方式有不同、效率有高低。經濟學關注的就是如何有效地解決這一問題。本質上，不同類型的經濟制度會以非常不同的方式決定如何分配稀有資源，這些決策對整個社會生活都有深遠影響。

以蘇聯為例，它的工業用電量超過美國，但工業產量卻小於美國。這種低效率的投入和產出轉化，使得一個擁有豐富自然資源的國家（可能比世界上其他任何國家擁有的自然資源都豐富）只能保持在較低的生活水準。又比如，今天的俄羅斯是世界上少有的石油產量超過自身消耗的國家之一。然而，豐富的資源並不能自動帶來豐富的商品。

生產效率——即把投入轉化為產出的比率——並不僅僅是經濟學家談論的某個術語，它影響著整個社會的生活水準。想像經濟決策的時候，我們應該考慮實際的東西，如投入到生產過程中的鐵礦、石油、木材等，以及最後生產出來的食品、傢俱和汽車，而不是僅把它看作關於貨幣的決策。儘管「經濟學」這個詞對一些人來說意味著金錢，但對整個社會來說，金錢或貨幣僅僅是為完成生產而人為創造出來的工具。否則，政府只要多印些鈔票就可以把每個人都變成大富翁。決定國家貧富的不是貨幣，而是這個國家擁有的產品和勞務的數量。

經濟學的作用

當前對經濟學的諸多誤解，包括認為經濟學能教人們如何賺錢，如何經營企業或如何預測股市波動。但是，經濟學並不能提供個人理財意見，也無法用於企業管理，至於預測股市波動，暫時還無法簡化成一個可靠的公式。

例如，當經濟學家分析物價、工資、利潤或國際貿易平衡時，要考慮的是，針對經濟的不同部分做出的決策如何影響稀有資源配置，進而提高或降低全體人民物質生活水準。

經濟學不僅是一個用來表達意見或發洩情緒的話題。它是對因果關係的系統研究，揭示以特定方式做特定事情時會造成何種結果。在經濟分析中，奧斯卡・蘭格（Oskar Lange）等馬克思主義經濟學家所使用的分析方法，與米爾頓・傅利曼（Milton Friedman）等保守主義經濟學家所使用的方法，並沒有根本的不同。本書要探討的正是經濟學的這些基本原則。

要做到這一點，一種方法是考察經濟決策產生的誘因，而不是只考察其所追求的目標。這意味著，結果比意圖更重要——不僅是就直接後果而言，也指運行的長期影響。

抱有良好意圖是再容易不過了，但是倘若不能對經濟的運行方式有正確的理解，再好的意圖也可能給整個國家帶來災難性後果。相當數量的經濟災難其實是出於「好」政策，這些政策往往標榜要為人民造福。事實上，如果那些曾提出或支持這些政策的人懂經濟學的話，這些災難本可以避免。

和自然科學一樣，經濟學中也存在爭議，但這並不是說經濟學的基本原理是個見仁見智的問題，正如化學和物理的基本原理不是見仁見智的問題一樣。例如，愛因斯坦對物理學的分析，並不只是愛因斯坦個人的觀點，全世界都從廣島和長崎的經歷中明白了這個理論。經濟表現可能不如某個大事件那樣宏大壯觀或充滿悲劇性，但一九三〇年代的全球經濟大蕭條使千百萬人陷入貧困，即使最富有的國家也未能倖免，這些國家雖然食物供給過剩，但仍有很多人營養不良。這場經濟大蕭條在全球造成的死亡人數甚至要超過一九四五年廣島和長崎的災難。

相反地，曾在世界貧窮國家之列的印度和中國，在二十世紀後期開始對經濟政策做出變革，經濟也隨之迅速增長。據估計，過去十年有兩千萬印度人擺脫了貧困；而在中國，每天的生活費用為一美元或少於一美元的人數，也從三・七四億（一九九〇年中國人口的三分之一），下降到了二〇〇四年的一・二八億，現在只占中國不斷增加的人口總數的十分之一。換句話說，有大約二・五億中國人受惠於經濟政策改革，過著富足的生活。

正是這些事情使得經濟學研究變得重要，因為它們超越了個人觀點或情緒。經濟學是一種因果分析工具，也是一個受過檢驗的知識體系，以及出自這一知識體系的原則。

要做出經濟的決策，並不一定要涉及金錢。當某個軍事醫療隊抵達戰場，見到各種各樣傷員，他們面臨的就是一個經典經濟學問題，即如何分配具有多種用途的稀有資源。在這種情況下，幾乎不可能有足夠的醫生、護士或護理人員，也沒有足夠的藥物。一些傷員瀕臨死亡，幾乎沒有救活的可能；而另一些傷員如果得到及時救護，就很可能活下來；還有一些傷員只受了輕傷，不管他們是否得到及時的醫療救助都很可能康復。

如果醫療隊不能有效分配時間和藥物，就會在不需要緊急救護的傷員身上浪費時間，或把時間和藥物分配給不管怎麼救治死亡率都很高的傷員，而那些及時救治就能活下來的傷員將會無謂地死去。儘管不涉及任何金錢交易，這卻是個經濟學問題。

絕大多數的我們，甚至不願想像要做出這種生死攸關的選擇。但事實是，一些美國中產階級因必須做出類似抉擇和權衡取捨而苦惱不已。生活並不會詢問我們需要什麼，它只是將選擇提供給我們。經濟學就是試圖讓我們做出選擇的途徑之一。

PRICES AND MARKETS

| 第一部分 |

價格與市場

第二章
價格的作用

市場的神奇之處在於，它能夠協調無數人的選擇。

——美國經濟學家　威廉・伊斯特利（William Easterly）

我們已經知道，對具有多種用途的稀有資源進行配置，是任何一個經濟體都要面臨的關鍵任務。那麼，接下來的問題就是：經濟體要怎樣進行稀有資源的配置？

不同的經濟體顯然有不同的做法。在封建經濟中，莊園領主只需吩咐底下臣民要做什麼、資源投向哪裡，比如少種大麥多種小麥、這裡施點肥、那裡多放些乾草、排乾沼澤。二十世紀的計畫經濟情況非常類似，比如蘇聯用大致相同的方式建構了一個更複雜的現代經濟體。無論是在窩瓦河（Volga River）上建立水壩；在西伯利亞生產上萬噸鋼鐵；還是在烏克蘭種植大量小麥，都來自政府發佈的命令。相比之下，在由價格調控的市場經濟中，則不存在一個高高在上的人，由他發佈指令控制或協調整個經濟活動。

在一個極為複雜的高科技經濟體中，沒有中央指令也能正常運作，這讓許多人困惑不解。據說，蘇聯最後一任領導戈巴契夫就曾問過時任英國首相的柴契爾夫人一個問題：「你如何確保人們能得到食物？」柴契爾回答說她無法確保，但價格可以做到。儘管英國人在過去的一個多世紀裡的糧食產出不足以養活自己，但是英國人比蘇聯人享用了更豐富的食物，因為價格機制為他們從其他國家帶來了食物。

想像一下，若少了價格機制，僅倫敦市就需要一個超級龐大的官僚機構，來確保種類繁多、數目龐大的日常食物供應。這樣一支官僚隊伍本可以省掉，因為簡單的價格機制就可以更快、更好、以更低廉的成本完成相同的工作，而且精簡出來的人員也可以在其他經濟領域從事生產工作。

在中國，情況同樣如此。步入二十一世紀，中國共產黨領導的國家經濟，很大一部分已經靠自由市場來運作。雖然中國人口占世界總人口的五分之一，但耕地面積卻只占全世界耕地面積的十%。於是，和以往歷史一樣，為國民提供食物仍然是十分重要的問題。舊中國頻發的飢荒奪了數百萬人的性命。如今，價格機制把食物從其他國家帶到了中國。

中國從南非、美國和澳洲等地獲得食物補給，也為農產品貿易商，以及像阿徹・丹尼爾斯・米德蘭（Archer Daniels Midland Company）這樣的食品加工商帶來了財富。他們以各種可能的方式進入中國這個有著千億美元規模的食品加工市場，並且這個市場還在以每年十%的速度增長。對於美國中西部的農民來說，這就是飛來橫財，大豆價格自從二〇一〇年以來已經成長了三分之二。這也為中國人民帶來更健康的飲食，在過去二十五年中，他們的熱量攝取量也成長了三分之一。

由於價格的吸引力，美國肯德基公司在二十一世紀初，從中國獲得了比美國更多的銷售額。僅僅五年間，中國平均每人乳製品消耗量就幾乎翻了一倍。據一項調查統計，四分之一的中國成年人都面臨肥胖問題——肥胖問題不是一件好事，但這個數據卻展現出過去糧食緊缺的中國已有令人振奮的進步。

經濟決策

市場經濟中並不存在某個人或某個群體控制或調節所有的經濟活動，但這不表示經濟活動是毫無章法的。消費者、生產者、零售商、房東或工人都根據雙方共同商定的條件與他人進行單獨交易。價格不僅把這些條件傳遞給利益攸關的某個人，也把它們傳遍整個經濟體系，甚至傳遍了整個世界。如果某地某人的產品更好，或是同樣產品和勞務的價格更低，相關的訊息就會傳開，不必由民選官員或計畫委員向消費者、生產者發號施令，人們就能夠通過價格採取行動。實際上，價格能夠比任何計畫者都要快速地整合訊息，而這些訊息正是計畫者發佈命令的基礎。

如果在斐濟的某個人找到了一種方法，能夠以更低的成本製造更好的鞋子，過不了多久，你就會發現美國、印度或任何地方都在銷售這些價格低廉的鞋子。第二次世界大戰結束後，不論當時華盛頓的官員是否知道日本有在製造相機，美國人都可以買到日本製造的照相機。現代經濟體包含成千上萬種產品，期望所有國家的領導人知道所有產品已是過分，更不用說要他們瞭解每一種資源分配到生產中的數量和比例了。每一種資源有多少、用在什麼地方，成品怎樣轉移給數以百萬的人，在這決定中，價格起著至關重要的作用。然而，這一作用卻很少為大眾所知，也常常被政府官員忽視。柴契爾夫人在她的回憶錄中說，戈巴契夫「一點也不懂經濟學」，即使那時他領導著世界上最大的國家。不幸的是，他並不是個例。世界上許多國家的領導人也不懂經濟學，不論他們的國家大小、民主與否。相較由政治領導人指導並調節經濟活動的國家，由價格自動調節經濟活動的國家因缺乏經濟學知識所造成的後果，並不會如前者那樣嚴重。

很多人只是把價格視為阻礙他們獲得自己欲求之物的障礙。比如，那些想在海濱安家的人可能會因為濱海房產極其昂貴而放棄。但是，高價格並不是我們不能住海景房的原因。相反的，海濱的房子遠遠不夠分配，價格只是傳達了這個潛在的事實。當很多人競相購買數量很少的房子，這些房子就會因供需關係而變得十分昂貴。但是，並不是價格造成海濱房子稀少，因為在社會主義、資本主義、封建社會以及原始社會中，海濱房子稀少是事實。

即使現在政府實施一項「普及」海濱住宅的「計畫」，並對這種資產的售價設置「上限」，也不會改變人口相對多於海濱土地的潛在事實。對於既定數量的人口和既定數量的海濱房產，若沒有價格機制，將不得不通過官方命令、特權或隨機的方式來進行配給。即使政府頒布命令說擁有海濱房屋是所有公民的「基本權利」，仍然不會改變海濱房子稀少的事實。

價格像信使一樣傳遞著消息。有時候是壞消息，比如海濱房產的例子，渴望擁有海濱房產的人比可能住在海濱的人要多得多。但常常也有好消息，比如得益於技術進步，電腦飛速降價、升級。儘管高科技進步的絕大多數受益者對技術變化的具體內容全然不知，但是價格把最終的結果傳遞給他們，使他們能夠做出決策、提高生產率，並通過使用電腦獲得普遍的福利。

同樣地，如果在某地突然發現儲量豐富的鐵礦層，也許只有不到一%的人察覺到它的存在，但是每個人都會發現鋼製品越來越便宜。比如，想買書桌的人會發現，鋼製書桌比木製書桌更廉價，毫無疑問，有些人就會因此對購買何種材質的書桌改變想法。把各種鋼製品與鋁、銅、塑料或其他材質的競爭性產品進行比較時，情況也是一樣。簡言之，價格的改變能夠讓全社會（實際上是世界各地的消費者）對一個新發現的儲量豐富的鐵礦層進行自動調整，即使九十九％的消費者對這個新發現一無所知。

價格不僅是轉移貨幣的方式。價格的主要作用是提供一種能夠影響人們使用資源和生產產品行為的經濟誘因。價格不僅引導著消費者，也引導著生產者。畢竟，生產者不可能知道數以百萬計的不同消費者想要什麼。比如汽車製造商所能掌握的，是他們製造的某種汽車能賣個好價錢，不僅能夠收回生產成本，還能留下利潤空間。但是，他們製造的另一種汽車可能會不好賣，為了處理這些滯銷的汽車，賣家必須削減價格，直到經銷商能夠處理掉庫存為止，即使這意味著要蒙受一些損失。因為，如果完全不賣這些汽車，他們會遭受更大的損失。

雖然自由市場經濟體系有時被稱為追逐利潤體系，實際上它是一個追逐利潤與迴避虧損的體系，而且虧損對經濟效率同樣重要，因為虧損會告訴生產者應該停止做什麼——停止生產什麼、停止把資源投入哪裡、停止投資什麼。虧損迫使生產者停止生產消費者不想要的東西。雖然不能真正瞭解消費者為什麼喜歡某些功能更勝於另一些，但生產者會自發地多生產獲利的產品，少生產虧損的產品。也就是說，生產消費者想要的東西，停止生產消費者不需要的東西。儘管生產者只關心自己和公司的損益狀況，然而從經濟整體的角度來看，以價格為導向的決策能夠讓社會更有效率地利用稀有資源。

早在網際網路出現之前，價格就已經形成了一個全球性的訊息交流網絡。不論是誰、不論在哪，只要是自由市場通行的地方，價格就能把你和其他人聯繫起來，因而商品價格低廉的地方能夠讓自己的商品暢銷世界各地。這樣你才能穿上馬來西亞生產的襯衫、義大利製造的鞋子、加拿大生產的褲子，開著日本製造的汽車，而輪胎卻是法國生產的。

利用價格來調節的市場使人們能夠向他人發出信號：想要多少產品，願意支付什麼價格。其他人也同樣會發出信號：在什麼價格願意提供什麼產品。價格對供需做出反應，使得自然資源從豐富的地方（如澳洲）轉移到匱乏的地方（如日本）。因為比起澳洲人，日本人願意為這些資源支付更高的價格。同樣的資源，澳洲因其本身富有這類資源而價格較低，而日本人支付的高價格不僅能夠彌補運輸成本，還能夠讓澳洲大賺一筆。在印度發現的巨大鋁土礦會降低美國鋁製棒球棒的成本；阿根廷小麥歉收則會增加烏克蘭農民的收入，因為全球市場對他們小麥的需求增加了，於是小麥價格更高了。

當某種商品供大於求，賣方之間為消除過剩產品將展開競爭，價格於是隨之下降，從而衝擊該商品未來的生產。這樣一來，用於生產該商品的資源也會得到釋放，被用於生產需求更大的其他商品。反之，對某種商品的需求超過了現有的供給，消費者之間的競爭會抬高價格，把資源從經濟體的其他部分吸引過來，促進該商品的生產。

透過觀察價格被禁止發揮作用的情形，我們能夠更清晰地體會到自由市場價格在資源配置中的重要性。例如，在蘇聯政府管制經濟的時代，價格不是由供需決定，而是由中央計畫者設定的，他們通過直接命令的方式把資源分配到不同的用途上，並把價格提高或降低到他們認為合適的水準。兩位蘇聯經濟學家尼古拉・史密列夫（Nikolai Shmelev）和弗拉基米爾・波波夫（Vladimir Popov）曾描述，蘇聯政府提高了鼴鼠毛皮的價格，導致獵人們獵取更多的鼬鼠，並出售更多的鼴鼠毛皮。

「國家採購量增加了，現在所有的分配中心都堆滿了這些毛皮。工業無法消耗掉它們，在處理之前，它們往往就已經在倉庫裡腐爛了。輕工業部已兩次要求國家價格委員會降低毛皮的價格，但此問題仍然『不被裁決』。這種狀況並不令人驚訝。國家價格委員會的成員都太忙了而無法決策這件事。他們真的沒有時間，除了這些毛皮的定價，他們還必須追蹤其他兩千四百萬種價格。」

由政府機構隨時掌握兩千四百萬種價格幾乎不可能做到。在一個人口超過一億的國家中，讓個人自己追蹤這些價格會更容易，因為任何個人或企業只要掌握與自己決策相關的幾個價格就可以了。通過供需對價格的影響，及價格對消費者和生產者行為的影響，無數獨立的決策得到全面協調。讓價格來說話，人們只當聽眾，他們的反應通常要比中央計畫者整合報告資料快得多。

雖然指揮人們採取行動看上去是一種更合理有序地調節經濟的方式，實踐中卻缺乏效率。在蘇聯的中央計畫經濟時期，許多其他的商品也和鼴鼠毛皮一樣。這是一個長期的問題，倉庫堆積大量滯銷商品，其他商品卻存在令人痛苦的短缺，而用於生產滯銷商品的資源本可以用來生產短缺商品。在市場經濟中，過剩商品的價格會根據供需關係自動下降，短缺品的價格也會由於相同的原因自動提高，最終的結果是：當生產者追求利潤避免損失的時候，資源自動從過剩產品轉移到了短缺商品的生產中。

真正的問題不是蘇聯或其他計畫經濟體中的計畫者會犯錯誤。不論中央計畫者犯了什麼錯誤，其他類型的所有經濟制度也會犯同樣的錯誤，社會主義、資本主義或其他任何經濟制度無一例外。中央計畫的根本問題是，不管在哪個國家，計畫者承擔的任務已經被反覆驗證超出人類的能力。正如蘇聯經濟學家史密列夫和波波夫指出的：

「不論我們多麼希望合理且毫無浪費地安排一切事物；也不論我們多麼希望緊密地放置經濟大廈的每一塊磚以求砂漿間沒有縫隙，這都不在我們的能力範圍之內。」

價格與成本

市場中的價格並不是賣方憑空捏造或隨意設定的數字。雖然你可以為自己的產品或勞務設定任何價格，但是只有其他人願意支付，價格才會成為經濟事實。這並不取決於你選擇了何種價格，而是取決於有多少消費者需要你的產品和勞務，以及相同的產品和勞務的其他生產者的售價如何。

即使你生產的東西對消費者來說值一百美元，而且只以八十美元的價格出售，但如果其他生產者以七十美元的價格出售同樣的商品，消費者仍不會購買你的商品。雖然這看起來顯而易見，但對有些人來說，它的含義卻並不那麼清晰。有些人會把高價格歸咎於「貪婪」，其中隱含的意味就是賣方可以隨意地制定價格，並以這個專斷的價格出售商品。比如《亞利桑那共和報》（*The Arizona Republic*）的一條頭版新聞指出：

「貪婪驅使鳳凰城的房價和銷售額在二〇〇五年創下了新紀錄。今年，恐懼將繼續推動房地產市場。」

文中暗示價格越低貪婪的情況就越少，這樣的判斷沒有考慮到因情勢變更，賣方只能降低售價才賣得掉商品。所謂情勢變更，是鳳凰城的待售房屋在賣出之前滯留在市場上的時間比去年平均多兩周；另一個情況是房產開發商正「千方百計賣出手裡的房屋，甚至不惜大打折扣」。沒有任何跡象顯示賣方不想跟以前一樣在出售房屋時盡可能多地獲益，換句話說，他們的「貪婪」並未更少。

限制商品定價的是市場競爭，因此問題並不在於人性貪婪與否，而在於市場環境會導致什麼事情發生。賣方的感覺——不管是否「貪婪」——對瞭解買方願意支付多少價錢毫無幫助。

用價格配置資源

現在，我們需要更仔細地觀察價格如何分配具有多種用途的稀有資源的這一過程。消費者想購買A產品而非B產品，這就是價格引導稀有資源獲得有效利用的最簡單的例子。但是消費者不僅想要A和B，還想要許多其他東西，而且其中有些東西在生產中需要相同的原料，在這種更普遍、更複雜的情形中，價格同樣重要。舉例來說，消費者不僅想要奶酪，還想要冰淇淋、優格和其他乳製品。價格會怎樣幫助經濟體來決定每種產品應該分配多少牛奶呢？

在購買奶酪、冰淇淋和優格的同時，消費者實際上也間接地購買了用於生產這些產品的牛奶。也就是說，銷售這些產品獲得的收入能夠使生產者再次用來購買牛奶，用來繼續生產各種產品。對奶酪的需求上升時，奶酪的生產者就會用額外收入購進之前用於生產冰淇淋和優格的牛奶，以增加奶酪的產量，從而滿足不斷上升的需求。當奶酪生產者需要更多的牛奶時，增加的需求就會促使牛奶的價格上漲，包括冰淇淋和優格的生產者在內的所有人都將面對這種價格上漲。冰淇淋和優格的生產者會提高價格以彌補牛奶成本的提高，這時消費者就可能會因為高價格而減少對這兩種奶製品的購買。

每一個生產者如何知道要購買多少牛奶？很明顯，要彌補牛奶上漲的成本，他們只能用價格上漲後的乳製品帶來的收入購買相應的牛奶量。如果冰淇淋的消費者沒有像優格的消費者一樣，因為價格上漲而減少購買冰淇淋，那麼奶酪生產中增加的牛奶投入，將很少來自冰淇淋產量下降多餘出來的牛奶，而更多地來自於優格產量下降而多出來的牛奶。

作為一種一般性原則，這意味著：**對於某種原料，某個生產者願意支付的價格成為其他生產者必須接受的價格**。不論我們談論的是用於生產奶酪、冰淇淋和優格的牛奶，還是用於製造球棒、傢俱和紙張的木材，都適用這一原則。如果紙張的需求量翻了一倍，意味著用於生產紙張的木漿之需求也將增長，而木漿的需求增加將帶動木材價格上漲，反過來意味著球棒和傢俱的價格也會上漲，以彌補原料木材的高成本。

這種影響遠不止於此。隨著牛奶價格上漲，牛奶廠有動機生產更多牛奶，他們會買更多奶牛，當更多奶牛可以長大成熟，作為牛犢被宰殺取肉的牛隻就減少了。然而，影響還不只這些。隨著被屠宰的奶牛變少，牛皮也越來越少，於是棒球手套的價格就會因為供需關係而上漲。就像一顆石子落入水中，漣漪布滿池塘一樣，這種影響會蔓延至整個經濟體。

沒有一個高高在上的人來協調這一切，主要是因為沒有人有能力來全方位地追蹤這些影響。多個國家的實例已經證明，這個任務並非中央計畫者能力所及。

增值的替代

由於稀有資源具有多種用途，一個公司或個人對某資源的用途賦予的價值，也就決定了其他人要出多少價來把資源用於別的用途。從整體經濟的角度來看，這代表當市場上存在價格競爭時，**資源往往會流向最具價值的用途**。這並不是說一種用途完全排除其他的用途。相反地，資源在各用途間的調整是漸進的。只有當牛奶的價值對冰淇淋或優格的消費者而言，跟它對奶酪購買者來說一樣時，人們才會用牛奶生產冰淇淋和優格；也只有當木材的價值對球棒或傢俱廠商而言，跟它對紙張生產者來說一樣時，人們才會用木材來生產棒球棒和傢俱。

現在從消費者的角度來考慮需求：不論是奶酪的消費者、冰淇淋的消費者還是優格的消費者，都渴望擁有一定數量的產品（奶酪、冰淇淋或優格），超出某一臨界點後，他們就不再關心是否能得到更多了，甚至在得到滿足之後，他們壓根不想再消費這種產品。同樣地，當更多的木漿被用於生產紙張、傢俱和球棒，生產者及消費者也會相應地做出漸進調整。總之，價格調節資源的使用，使用於某種用途的資源在價值上至少要等於在其他用途中的價值。這樣，一個由價格調節的經濟才不會出現奶酪泛濫到讓人噁心，同時人們卻買不到冰淇淋和優格。

這種情形雖然很荒謬，但在沒有使用價格配置稀有資源的經濟體系中卻經常發生。除了鼴鼠毛皮，還有很多商品滯銷、堆在蘇聯的倉庫裡，與此同時，人們卻在為其他的短缺商品而排隊。[1] 有效配置具有多種用途的稀有資源絕不只是一些經濟學家所說的抽象概念，它決定著數百萬人生活水準的高低。

就像海濱房產的例子一樣，價格傳遞著一個潛在的事實：**從整個社會的角度來看，任何一樣東西的「成本」是將它用在其他用途上的價值**。這種成本反映在市場上，就是某人為了獲得相同份額的同一種稀有資源或用這種稀有資源製造產品願意支付的價格，這個價格就成為其他人必須支付的成本。但是，資本主義、社會主義、封建制度或任何其他制度，不管哪種經濟制度，任何一樣東西的真正成本仍是它在其他用途上的價值。修建一座橋梁的真實成本是用相同的人工和原料可以建造的其他產品。即使不牽涉金錢，就個人來說，這一點也適用，看電視連續劇或肥皂劇的成本是以相同的時間來做其他事情所產生的價值。

1 一九八七年，一位到過蘇聯的遊客描述道：「排著長隊的人們耐心地站了數小時來購買東西。在一個街角處，人們正等著購買紙板箱裡的馬鈴薯，每個人只准買一個。緊挨著我們旅館的一家商店外面，有一條已經排了三天的長隊，後來才得知在我們到來的那天，這家商店新進了一批男士汗衫。」米傑・德克特（Midge Decter）：《一個老婦的故事》（*An Old Wife's Tale*），一六九頁。

不同的經濟體系

不同的經濟體系在處理上面提到的這個潛在事實時，方式、效率都不盡相同，但不管一個社會的經濟體系如何，這個潛在的事實都獨立存在。一旦意識到這一點，我們就可以比較一個由價格來引導人們分享稀有資源的經濟體系，和一個由國王、政客或官僚發佈命令來決定資源分配的經濟體系，在效率上有何不同了。

在蘇聯解體前的最後幾年中，曾出現過一個短暫的相對開放的時期，人們能夠相對自由地表達他們的想法，前面提到的兩位蘇聯經濟學家就寫了一本書，非常坦率而客觀地描述了國家經濟體系是如何運作的，後來這本書被翻譯成了英文。[2]正如史密列夫和波波夫所指出，蘇聯的生產企業向政府提需求的時候，「總是要求超過其實際生產所需」的原料、裝備和其他資源。據這兩位經濟學家描述，「他們占著能得到的一切資源，而不管實際需要多少，也不考慮節約原料」。從蘇聯企業管理者的立場看，「畢竟『身居高位』的人無法確切知道真實需求」，因此存在「浪費」也情有可原。

這些被浪費的資源就包括工人。兩位經濟學家估計，「大部分企業有五%到十五%的工人都是多餘的，他們的存在只是為了『以防萬一』。」造成的結果就是，相較通過價格調節的經濟體系，如日本、德國及其他的市場經濟體系，在蘇聯的經濟體系中生產既定的產量要使用更多的資源。史密列夫和波波夫引用官方的統計數據感嘆道：

「為了生產一噸銅，我們要消耗一千度電，而在德國只需三百度。為了生產一噸水泥，我們消耗的能源是日本的兩倍。」

蘇聯並不缺少資源，即使算不上最富饒，也仍然是世界上自然資源最豐富的國家之一。它也不缺受過高等教育和良好培訓的人才。它缺少的是有效利用自身資源的經濟體系。

正如蘇聯經濟學家指出的，蘇聯的企業不像市場經濟國家的企業一樣受財務限制，它們可以得到超過實際所需的機器，「這些機器要不是在倉庫裡堆積灰塵，要不就被丟在戶外生鏽腐爛」。簡言之，蘇聯的企業沒有動力節約資源，他們沒意識到資源是稀少的，而且有其他有價值的用途，並且其他用途的使用者也沒有像在市場經濟中那樣和他們競爭資源。雖然這些浪費不會為個別蘇聯企業帶來損失，卻使蘇聯人民付出了昂貴的代價，他們生活標準遠低於他們的資源和技術所具備的生產能力。

要獲得資源必須與其他用途的使用者競爭，在這樣的經濟中，經濟學家描述的這種投入上的浪費當然就不可能持續下去。並且，在這樣的經濟中，企業只有保持成本低於銷售收入，才能夠生存下去。在價格調節的市場經濟中，企業所需的投入量以精確評估自己的真正需要為基礎，而不是以它的管理者說服高層政府官員允許他們擁有多少為依據。

這些高層政府官員不可能對他們控制之下的所有產業和產品都瞭若指掌，因此，中央計畫部門的掌權人在某種程度上要依賴擁有特定產業和企業知識的人。這種權力與知識的分離就是問題的核心所在。

2 *The Turning Point: Revitalizing the Soviet Economy*（New York: Doubleday, 1989）.

中央計畫者可以懷疑企業管理者告訴他們的訊息，但「懷疑」並不是知識。如果企業得不到資源，生產就難以為繼，中央計畫部門難辭其咎。最終結果就像蘇聯經濟學家描述的：過度利用資源。蘇聯的經濟體系和日本、德國的經濟體系的差別，在於價格配置資源和依賴政府或官僚管制來配置資源。而在世界其他地區、其他政治制度中也存在著類似的差別，即一些地方通過價格來配給商品、配置資源，而另一些地方則依賴世襲的統治者、民選官員及規畫委員會。

一九六〇年代，許多非洲殖民地獲得了國家獨立。迦納和鄰國象牙海岸兩國的總統打過一個著名的賭：未來哪個國家會更繁榮。當時，迦納不僅比象牙海岸富裕，還擁有更豐富的自然資源，因此就象牙海岸總統個人而言，這個賭可能看起來有些魯莽。然而，他知道迦納依靠政府來運作經濟，而象牙海岸則實行自由市場。到一九八二年，象牙海岸已經在經濟上大大超過了迦納：即使是最貧窮的二十％的人口的實際人均收入，也比迦納大多數人的收入高。

這無法歸功於國家或人民的優越性。因為在隨後的幾年中，象牙海岸政府最終經不起誘惑，控制了國家大部分經濟，迦納卻終於意識到自身錯誤，並開始放鬆政府管制，於是兩國的情況顛倒了過來。現在，迦納的經濟開始增長，而象牙海岸的經濟卻開始衰退。

對緬甸和泰國也可以做類似的比較，前者在實行計畫經濟體系之前有著更高的生活水準，後者則在放鬆管制之後有著更高的生活水準。印度、德國、中國、紐西蘭、韓國、斯里蘭卡等國家，在放鬆政府對經濟的管制並更多地依靠價格來配置資源之後，經濟都迅速好轉。一九六〇年，印度和韓國的經濟水準還不相上下，但到一九八〇年代末，韓國的人均收入已經是印度的十倍。

一九四七年獲得獨立後，印度仍堅持由政府控制經濟。不過，就像英國著名雜誌《經濟學人》（*The Economist*）描述的，一九九〇年代，印度「拋棄了四十年來的經濟孤立和計畫體制，自獨立以來第一次解放了該國的企業家們」。隨之而來的是讓人眼前一亮的六%年成長率，印度也成為「世界上發展最快的經濟大國之一」。相較一九五〇年至一九九〇年印度僅二%的平均年成長率，三倍於以往的發展速度帶來的累積效應使數百萬印度人脫貧。中國向市場經濟的過渡則開始得更早，始於一九八〇年代。政府首先在一些特殊的經濟部門和特定區域進行試驗性放鬆管制，這導致了整體經濟快速成長的同時，同一國家內部也形成了驚人的經濟反差。

早在一九七八年，只有不到十%的中國農產品在公開市場上出售，而不是交由政府分配。但到一九九〇年，八十%的農產品都直接在市場上出售。最終的結果是中國城市居民可以買到各式各樣的食物，並且農民的收入在幾年時間內就增加了五十%以上。不同於此前嚴厲的政府管制及其帶來的嚴重經濟問題，中國政府在一九七六年放鬆對市場價格的管制，隨之而來的是一九七八年到一九九五年間令人震驚的年均九%的經濟成長率。

歷史上這樣的事情時有發生，經濟學解釋了為什麼：正是價格的作用實現了資源的有效配置，這是政治控制下的經濟體很難實現的。當然，經濟學不僅僅包括價格，但瞭解價格的功能是理解經濟學其餘部分的基礎。比起只通過價格把數百萬個由個人或組織做出的獨立決策聯繫起來，一個進行了理性計畫的經濟聽起來可能更合理。然而，蘇聯的經濟學家在看到中央計畫經濟的真實結果後，得出了截然不同的結論，即「經濟關係無以數計，不可能把它們全部考慮進去還能合理協調」。

知識是最稀有的資源之一，價格體系迫使那些最瞭解自己境遇的人，根據他們擁有的知識來購買商品和資源，而不是根據他們對價格委員會、立法機關或王公大臣的影響力來為商品和資源定價。不管知識分子多麼重視語言表達，只要需要人們「付諸行動」，語言表達就不再是一個傳遞準確訊息的有效方式。他們需要拿出最準確的訊息，而不是聽上去最合理的話。

在任何經濟體系中人類都會犯錯誤，關鍵的問題是：哪種誘因和限制會使他們改正自己的錯誤。在價格調節的經濟中，如果把某些資源用於其他地方會更有價值，那麼目前使用這些資源的生產者就會發現，僅靠消費者願意為產品支付的價格無法收回成本。畢竟，生產者要跟其他使用者競爭來購買這些資源，支付的價格也遠大於該資源對其他使用者的價值。如果最終該生產者將資源用於生產，卻沒有帶來很高的價值，那他將遭受損失，除了停止生產需要投入這些資源的產品，別無選擇。

對盲目固執、不想改變的生產者而言，持續的損失會讓他們破產，資源的浪費也將終止，重新為社會所用。這也解釋了從經濟角度看，為什麼虧損與盈利同等重要，儘管虧損很不受企業歡迎。

在價格調節的經濟中，員工必須獲得薪酬，債權人也必須獲得債款，他們不關心經理和所有者是否犯錯。市場經濟中的企業不可能一直犯錯下去，他們要麼由於無法獲得勞動力和資源供應而自動停止，要麼由於破產而被迫停止。在封建經濟或社會主義經濟中，在上位者可以不停犯同樣錯誤，後果則由其他人來承擔，承受著由於稀有資源的不當利用而造成的生活水準低下的結果。

由於生產者缺乏令人信服的價格信號，加上經濟損失的威脅，蘇聯在資源利用上的低效率和浪費不斷持續，直到每一次浪費的程度都無法忽視，以至於引起那些忙於制定成千上萬個其他決策的中央計畫者的注意。

諷刺的是，被蘇聯奉為圭臬的卡爾・馬克思（Karl Marx）和弗里德里希・恩格斯（Friedrich Engels），在十九世紀就預見了依靠直接命令或政府法令任意制定的價格來管理經濟所產生的問題。

恩格斯指出，價格波動「促使個體商品生產者去深入瞭解社會需要什麼東西、需要多少以及不需要什麼」。若沒有這樣一個機制，他不禁要問「怎樣保證生產必要數量的產品而不至於過剩；怎樣保證人們有足夠的甜菜根糖和雜醇油時，不會因為缺少玉米和肉而挨餓；怎樣保證人們有大量的褲子鈕扣時，不會因為缺少褲子而衣不蔽體」。顯然，馬克思和恩格斯要比他們身後的追隨者更懂得經濟學。也可能相較高層官員重在維持政府控制，馬克思和恩格斯更關心經濟效率。

也有一些蘇聯經濟學家，明白價格波動調節經濟體系的作用。蘇聯解體前夕，前文提到的兩位經濟學家史密列夫和波波夫就指出：「在價格的世界裡，一切都是相互關聯的，因此即使是某一要素的最微小改變，也會通過價格的鏈條傳導給數以百萬計的其他事物。」

這兩位蘇聯經濟學家因看到價格被禁止發揮資源配置作用而出現的後果，尤為注意價格的作用。但是，蘇聯的經濟並不由經濟學家掌管，而是政治領導人的職責。在史達林（Joseph Stalin）時代，很多經濟學家因批評領導人而被槍決。

供給和需求

人們在價格低時買得多，在價格高時買得少，這大概是最基礎、最淺顯易懂的經濟學原理了。同樣道理，生產商品和提供服務的人則傾向於在價格高時增加供給，價格低時減少供給。然而就是這兩個簡單的原理，無論是單獨還是結合起來，其含義都涵蓋了極大範圍的經濟活動和經濟問題，也否定了一系列的誤解和謬論。

需求與「需要」

當人們試圖去量化一個國家對種種產品或者勞務的「需要」（need）時，他們忽略了這樣一個事實，即沒有固定或客觀的「需要」。即使有過固定數量的需求（demand），情況也很罕見。例如，以色列集體農場基布茲（kibbutz）的公社生活由公社成員集體生產和供應彼此所需的產品和勞務，而不是訴諸金錢和價格。然而，免費供應電力和食物導致了一些不良結果，白天人們常懶得關燈，公社成員還會邀請基布茲外面的朋友過來吃免費餐。不過，基布茲開始對電力和食物收費後，電力和食物的消費量大幅度下降。總之，對電力和食物沒有固定數量的「需要」或需求，儘管兩者都是必不可少的物品。

同樣地，供給量也並非固定不變。石油、鐵礦或其他自然資源的統計量，只不過是說明地球上有多少物質資源存在。現實中對自然資源進行探索、開採和加工的成本，在不同地區之間差異極大。有些地方只需二十美元就可開採加工一桶石油，有些地方可能每桶售價四十美元也無法彌補所有生產成本，它們需要賣到每桶六十美元。就一般商品而言，供給量與價格成正比，正如需求量與價格成反比。

當油價下滑，低產量的油井將會關閉，因為從這些油井開採加工石油的成本超出在市場賣出的價格。如果油價又回升，或是因為某種新技術降低開採或加工的成本，那麼這些油井將會重新運作。委內瑞拉和加拿大的一些油砂，因產油量極低而不被計入世界石油儲量，直到二十一世紀初油價創歷史新高，才受到重視。正如《華爾街日報》（*Wall Street Journal*）報導的那樣：

「這些礦床曾被認為是『非常規』石油而被置之不理，因為無法從中低成本地獲得石油。如今，由於全球油價的上升和技術的改進，大多數石油行業的專家開始把油砂作為可採油儲量了。這種新的計算方法使得委內瑞拉和加拿大在全球石油儲備排名中，分別躍居第一名和第三名……」

《經濟學人》同樣也作了報導：

「加拿大的油砂，又稱瀝青砂，眾所周知黏性很大，儲量極其豐富。從這些油砂中能夠提取出一千七百四十億桶石油，並且利潤頗豐；另外，如果石油價格繼續上漲或提取成本繼續下降，還有一千四百一十億桶值得開發，這足以讓加拿大的儲油量超過沙烏地阿拉伯。」

總之，石油就跟大多數其他東西一樣，並沒有固定的供給。說到底，地球上每種資源的數量都是有限的，即使這些數量足夠維持幾個世紀或更久，然而在任何時候，經濟上可行的開採加工數量都與售價直接相關。在過去的一世紀或更長的時間中，曾經有許多錯誤的預測認為幾年內我們就會「用盡」各種自然資源，這是因為人們將當前價格水準下可獲得的供給量與地球上最終的實際供給量（比前者大得多）混淆了。

自然資源並不是唯一隨價格上漲而增加供應量的物品，很多商品、甚至勞動力都是如此。當人們預測未來幾年工程師、教師或食物將出現短缺，他們通常要麼忽視價格，要麼暗中假設在目前的價格將來一定會出現短缺。但短缺恰恰是造成價格上漲的原因。當價格較高時，要填補工程師或教師的空缺會比現在容易得多，人們也會因為高價格而得到更多的食物，因為價格上漲使人們種植更多的農作物，飼養更多的家畜。總之，不管你是出售石油、蘋果、龍蝦還是勞動力，在高價格上，物品供應量總是比在低價格時大得多。

「真實」價值

有些生產者生產的產品更貼近消費者的需求，儘管這些生產者可能不比競爭對手聰明，卻能變得更富有，他們的競爭對手則因預測失誤導致破產。不過，在大多數情況下，將有限的資源用於生產人們想要的產品，而不是用於生產人們不想要的東西，能使整個社會獲益。雖然這道理看起來很簡單，卻跟許多早已被廣泛接受的觀點相矛盾。例如，人們不僅把高價格歸咎於「貪婪」，還常常認為有些東西的價格遠高於它「真實」價值，支付工人的工資要遠低於他們的「真實」價值，又或是公司的高層主管、運動員及演藝人員得到的報酬遠高於他們「真實」價值。價格隨著時間不斷波動，有時大幅上升，有時又急劇下降，於是使一些人誤認為：價格偏離了其「真實」價值。但是，價格在正常情況下的平常水準，並不比其他情況下更高或更低的水準來得真實或正當多少。

當一個小型社區中的大公司破產或搬到另一個地區或國家，其員工可能也會因此地工作機會變少而決定搬走。當他們同時要在這個地方出售大量房屋時，房屋的價格可能會因為競爭而被迫下降。不過，這並不代表著人們在以低於「真實」價值的價格出售房屋。由於工作機會減少，在這個區域生活的價值也在下降，而房價反映的就是這個潛在的事實。

為什麼沒有一種客觀或「真實」價值？最根本原因是如果存在客觀或真實價值，經濟交易將失去理性基礎。你會花一美元買份報紙，唯一的原因是報紙對你而言要比一美元更有價值；同樣地，人們願意以一美元的價格出售報紙，唯一原因也是對他們而言一美元的價值要遠遠大於報紙。如果報紙或其他任何事物真的存在「真實」或客觀的價值，而交易價格等於這一客觀價值，那麼不論是買方還是賣方都無法從中獲益，因為此時他們獲得的價值不會大於他們放棄的價值。既然這樣，人們何必還要做交易呢？

另一方面，如果買方或賣方從交易中獲得的價值大於客觀價值，那麼交易的另一方獲得的價值必定小於客觀價值。在這樣的情況下，另一方為什麼還要繼續交易下去，繼續受騙呢？只有當價值是主觀的，每個人更依賴主觀價值，買方和賣方之間的這種持續交易才能說得通。一個人的所得即他人所失，這是一種零和博弈，但是經濟交易並不是一個零和博弈過程。

競爭

要解釋為什麼價格通常無法維持在隨意設定的水準，競爭是至關重要的因素。由價格調節的經濟要運轉，競爭是關鍵。它不僅使價格趨向一致，也會使資金、勞動力和其他資源流向報酬率最高的地方，也就是未滿足需求最大的地方，直到收益通過競爭達到均等，就像水往低處流一樣。然而，水位始終持平並不表示海洋表面是玻璃般透明平滑，海水以波浪和潮汐的形式存在，而不是永久凝固在某個既定水位。同樣地，在一個經濟體中，價格和投資的報酬率趨於相等，正是兩者相對於彼此的波動使資源從報酬低的地方流向報酬高的地方。也就是說，從供給最充足（相對於需求）的地方流向未滿足需求最大的地方。但是，這並不表示價格會一直保持不變，或是某些理想的資源配置模式能夠永遠持續下去。

價格與供給

價格不僅能分配現有的供給，也能充當誘因，促使供給隨需求變化而增減。當某個地區的作物歉收使得該地區對食物進口的需求突然增加，其他地方的食品供應商會在第一時間湧入，利用當時的高價格獲利，直到越來越多的供應商參與進來，使得食物價格在競爭中再次下降。這意味著，從當地飢餓的民眾的角度來看，正是「貪婪」的供應商以最快的速度將食物運來，比執行人道主義任務的政府員工將同樣的食物運到他們面前快得多。

想要通過銷售食物賺取最高利潤的那些人，會披星戴月、披荊斬棘；而那些以「公益」之名行事的人，往往會不疾不徐，也不願涉險。總而言之，人們總是利己多過利人，而自由波動的價格卻能使人們在利己的同時也能利人。在食物供應的例子裡，人們面臨的是暫時的飢餓還是因長期飢餓而死，取決於食物是否盡早送達。在第三世界國家那些發生區域性災荒的地方，常看到國際機構提供給災荒國政府的食物堆在碼頭腐壞，內陸的人民卻因飢餓死亡。[3]不論貪婪多麼不受歡迎，它卻能讓食物更快地運抵糧荒地區，挽救更多的生命。

還有些時候，消費者的需求不是增加，而是減少。價格也會傳遞這一訊息。二十世紀初汽車開始取代馬和馬車，馬鞍、馬蹄鐵、馬車廂和其他相關裝備的需求下降，相應商品的製造商於是面臨損失，許多製造商放棄了生意，有的則破產倒閉。從某種意義上看，這對一些人來說是不公平的，他們有著與其他人相同的技能和勤奮，卻沒有其他人賺得多，僅因為大多數獲利或虧損的人都沒有預料到的創新發明。然而，這種對某些個人和企業的不公平，卻使整個經濟運行更有效率，保障了大多人的利益。以犧牲效率和降低生活水準為代價，為生產者創造一種更公平的環境，對消費者來說是公平的嗎？

這種得失並不是單一或獨立的事件。人們因太過分散而無法相互瞭解，要將人們的經濟活動連接為一個巨大網絡，價格發揮了關鍵作用。不論我們自認為是多麼獨立的個體，一生中都要依賴其他人，包括為我們生產豐富生活資源的無數陌生人。我們之中很少有人能夠種植賴以生存的食物，更別說自己建造居所或生產電腦和汽車等產品了。人們需要誘因去生產這些物品，而經濟誘因就是關鍵。美國新聞評

3 同樣的情況也會發生在通過陸路運輸食物的國家。參見「官僚制導致的死亡」（Death by Bureaucracy），發表於二〇〇一年十二月八日出版的《經濟學人》雜誌（四十頁）上，其中的例子有：在等待救援人員完成文書工作的過程中，許多阿富汗難民死於飢餓。

論家威爾・羅傑斯（Will Rogers）曾說過：「不依賴他人，我們一天也活不下去。」價格把人們的利益互相聯繫起來，使這種依賴成為可能。

未滿足需求

對經濟學最普遍（當然也是影響最深遠）的誤解之一包括「未滿足需求」（unmet needs）。總有政客、記者和學者指出，社會中存在的「未滿足需求」應該由政府計畫或其他措施來供給。大多數人也希望社會更多地提供這些「未滿足需求」所包含的物品。

這個觀點有什麼不妥呢？讓我們回到起點。如果經濟學研究的是如何利用有多種用途的稀有資源，那麼總會存在未滿足的需求。我們可以百分百滿足一些被挑選出來的願望，但這也意味著其他願望的實現程度會比現在更低。在多數大城市，有車族一定對停車位有更多的未滿足需求。但是，儘管在經濟上和技術上都能實現讓城市裡每個想要車位的人在任何地方、任何時刻都能有一個停車位，我們是否應該這樣做呢？

不論是新建大量地下停車場，或拆除現有建築來建造地上停車場，或設計建築物少、停車場多的新城市，要付出的成本幾乎是天文數字。為了建立這樣的汽車烏托邦，我們還得放棄哪些東西？更少的醫院？更少的派出所？更少的消防部門？對於這些領域的未滿足需求，我們是否已做好容忍的準備呢？也許有人願意為了更多的停車空間放棄公共圖書館。但不論我們的選擇是什麼，為了滿足更多停車位這一未滿足需求，在其他方面就會存在更多的未滿足需求。

對能夠為其他東西犧牲什麼，我們可能會有異議。這裡的基本要點是：僅僅展示一個未滿足需求，並不足以說明它應該被滿足，因為資源是稀少且有多種用途的。

在停車位的例子中，僅從政府支出的角度來看，成本更低的選擇可能是限制或禁止城市中私人汽車的使用，調整汽車的數量來適應現有的停車位，而不是反過來。而且，以法令限制汽車使用的成本，比大規模增加停車位所需花費要低很多。比較省下來的這筆政府支出與人們在城市中購買、維護和停放車輛的支出，會發現如果人們覺得使用汽車不值的話，他們一開始就不會付錢建設新的停車場。

讓我們再次回到原點，**成本指的是被放棄的機會**，而不是政府支出。強迫人們放棄那些他們願意支付大筆錢財的機會就是成本，它可能遠超過建造更多停車位或提供停車便利所需支付的金錢。這些解釋既沒有說我們應該增加城市中的停車位，也沒有說應該減少停車位。它只說明了這種問題就像許多其他問題一樣，在一個資源稀少且具多種用途的世界裡沒有任何意義。這是一個權衡取捨的世界，不是所有問題都能得到解決，並且不論如何權衡取捨，「未滿足需求」都會存在。

一旦輕信了有關「未滿足需求」的政論，我們就會武斷地選擇將資源從其他用途轉移到當時碰巧未得到滿足的那些需求中。而當另一個政客（甚至可能是同一個政客）稍後發現「拆東牆補西牆」的辦法使得另一個方面的狀況惡化，出現未滿足需求，又會想要去改善，再度將資源轉回去。總之，我們就像一條追著自己尾巴繞圈的狗，不論跑多快，都追不上那條尾巴。

這並不是說我們已經達到了理想的權衡取捨狀態，不應該再加以干涉。實際上，我們應該從一開始就明白，我們做出或改變的任何權衡取捨，都是權衡取捨，而不是要滿足所有未滿足需求。

「需求」這個詞任意地將一些欲望排在其他欲望的前面，斷定某些欲望比另一些更重要。舉例來說，為了維持生命需要食物和水，但超過一定數量的食物和水都是不必要的，甚至會適得其反或帶來危險。美國普遍存在的肥胖現象表明食物已經達到了這一節點，而經歷過洪災的人（即使只是地下室被淹）都知道水過量的危險。總之，即使是最急需的東西都有一定的限度。沒有氧氣，我們活不過半個小時，但氧氣超過一定濃度會引發癌症，還會致使新生兒失明。所以，醫院不隨意使用氧氣罐是有原因的。

總之，不論在某時某地如何緊急，都沒有絕對的「需求」。不幸的是，大多數法律和政策都是絕對實施，因為在解釋這些法律和政策的意思和它們應該應用的情況時，可能會出現政府官員獨裁的危險。在這種情況下，聲稱對某物的絕對「需求」都是在玩火自焚。許多人抱怨一些本質上很好的政府政策實施效果很差，但他們沒有看見在一個逐漸變化的世界中絕對的法律會帶來的根本問題。想要絕對推行某項致力於滿足欲求的政策是不太可能的，因為這些欲求帶來的收益是不斷變化的，並在超過某一節點後，就不再是收益。

經濟學本質上是研究具有多種用途的稀有資源使用的學問，它涉及不斷的權衡取捨，不會有什麼終極的「需求」或「解決方法」。這可能就是經濟學家沒有政客受歡迎的原因，因為政客常常許諾滿足人們的需求。

第三章

價格管制有效嗎？

有記載的價格管制史和人類歷史一樣漫長。古埃及的法老、西元前十八世紀的古巴比倫國王漢摩拉比都曾使用過；古希臘也曾嘗試過。

——美國經濟學家　亨利・赫茲利特（Henry Hazlit）

沒有什麼事能像停電一樣，讓我們切身體會電在生活中的用途。同樣地，當價格波動在市場經濟中「缺席」時，則最能使我們發現其作用和重要性，尤其當這個市場是被控制的時候。當價格不隨供需自由波動，而必須接受各種價格管制，只在法律限定的範圍內波動，會產生什麼後果呢？

一般來說，實施價格管制是為了不讓價格達到供需關係決定的價格水準。價格管制相關的法令，其政論依據往往因時制宜、因地方而異，而當政府必須為了某些更重要的支持者而控制其他人的價格時，這些政論根據當然更不可少。

要理解價格管制帶來的影響，我們首先要理解自由市場中的價格如何上下波動。這並不難，關鍵是要非常清晰地認識其過程。價格上升是因為在當前價格下需求量超過了供給量，價格下降是因為在當前價格下供給量超過了需求量。第一種情況被稱為「短缺」（shortage），第二種情況被稱為「過剩」（surplus），但這兩種情況都取決於當前價格。儘管看來簡單，卻常遭到誤解，有時這種誤解會帶來災難性的後果。

價格上限與短缺

當某一產品「短缺」時，並不一定是指其數量變少，而是與消費者的數量比相對或絕對地變少了。例如，第二次世界大戰期間和戰後的那幾年，美國住宅嚴重短缺，儘管美國的人口數量和住宅供給量與戰前相比都增加了十%，而且在戰爭爆發前並未出現住宅短缺。換句話說，雖然住宅數量和人口數量的比例沒有發生變化，但在這一時期的美國人必須花費幾周甚至幾個月的時間找房子，且往往徒勞無功，還有人賄賂房東來提升他們在候補名單上的位次。在此期間，他們選擇與親屬同住、睡在車庫或採取其他暫時的替代性作法，如購買軍用活動房屋，或是住在廢棄的電車中。

雖然人均住宅空間並沒有比第二次世界大戰之前少，但在當時的價格下，短缺是真實存在且令人痛苦的，因為戰爭期間通過的房租管制法案，使得當時的價格被人為降低到本應達到的價格水準之下。在價格被刻意壓低的狀況下，有更多人對住宅空間的需求比房租管制法案實施前更大。這就是第二章提到的簡單的經濟學原理：**需求量會隨價格高低而產生變化**。

當一些人占用的住宅比往常更多，可供其他人居住的房子就會減少。在其他形式的價格管制下，同樣會發生這種事情：因為人為的低價格，有些人會比往常更肆意地使用價格管制的產品或勞務，結果就是另一些人會發現剩餘給他們的產品和勞務更少了。價格管制往往還會帶來其他後果，房租管制只是其中一例。

房租管制下的需求

有一些通常不會自己租公寓住的人，例如與父母同住的年輕人，與親戚同住的單身人士或年長喪偶的人，由於房租管制壓低了價格，而有能力搬出去自己租間公寓。人為壓低的價格也吸引一些人租更大的房子，而不是一般情況下會選擇的小房子；或吸引他們單獨居住，而不是與人合租分擔房租。

一些擁有公寓的人，即使他們本身不在公寓所在的城市生活，也會保留該公寓作休息用。例如，住在加州的好萊塢電影明星在紐約擁有公寓，或一對生活在夏威夷的夫婦在舊金山也有一間房子。儘管相對於人口總量來說，住宅實際上並沒有變少，但更多的租房者需要更多更大的房屋，於是產生了短缺。

隨著第二次世界大戰後房租管制被取消，住宅短缺問題很快就消失了。自由市場中的房租上漲後，一些無子女卻住四房公寓的夫婦就會選擇兩房公寓，並把剩下的預算存起來。既然房租不再處於人為的低價格，一些二十歲左右的年輕人就會繼續和父母住一起，直到他們的收入多到足以承擔房租。最終結果是，尋找住宅的家庭可以找到更多可居住的房屋了，因為不在有房租管制的法律讓房屋繼續被需求不緊迫的人占用。也就是說，現在的市場條件下，建造更多房屋能夠收回成本並獲得利潤，而即使新房子還沒來得及蓋，住宅短缺問題已得到緩解。

價格的上下波動能夠配置具有多種用途的稀有資源，而在價格管制下，價格波動受限，也就降低了價格波動的這種誘因，無法促使個人限制自己使用被許多人需要的稀有資源。比如，房租管制導致了許多公寓只有一個人租住。二〇〇一年，針對美國舊金山市的一項調查顯示，四十九％的房租管制公寓中只有一位房客，與此同時，嚴重的住宅短缺卻迫使許多人住在市郊，不得不花費大量時間通勤。在此期間的一項人口調查同樣顯示，曼哈頓有一半公寓實行了各種形式的房租管制，而曼哈頓有四十六％的住宅只有一個人居住，占全美國比例二十七％。

在正常情況下，人們在人生的不同時期對居住空間的需求會不斷改變。結婚生子後，人們對居住空間的需求會增加。當孩子長大搬出去，父母對房屋空間的需求就會減少。配偶去世後，鰥寡老人會搬到一個更小的住處、和親屬同住，或住進養老院，這時對住宅的需求就會再次降低。這樣，根據人們在生命不同時期對住宅需求的變化，整個社會的住宅得以在不同人之間分享和流通。

人們之所以合租房屋，並不是出於彼此合作的概念，而是因為價格限制——本例子中是房租。在自由市場上，房租價格取決於其他房客願意為房屋承擔的價格。家中即將有新成員的年輕夫婦通常願意花更多錢在房子上，儘管他們必須購買較少的消費性品和服務，來支付額外的房屋空間。打算生孩子的夫婦為了讓每個孩子有自己的臥室，可能會減少去餐廳吃飯或看電影的頻率、少買衣服、推遲買新車的計畫。不過一旦孩子們長大並搬出去住，他們就沒必要再做這種犧牲，此時就可以減少租住宅屋的空間，就可以享受其他額外的福利。

價格在此過程中發揮著重要作用，而房租管制法案對價格調整過程的壓制，使得租屋的人沒有動力根據環境變化來改變他們的行動。例如，即使孩子搬出去或配偶去世，老年人也沒有動力搬出原來的大公寓，除非搬離大公寓會大幅縮減房租支出，讓他們能在其他方面享有更高的生活水準。而且，房租管制雖然減輕了租房的財務壓力，但帶來的嚴重住宅短缺卻增加了尋找新的小面積公寓所需花費的時間和精力。簡言之，房租管制降低了住宅周轉率。

紐約市實施的房租管制比美國其他主要城市更長、更嚴格。後果之一是紐約市的住宅年周轉率還不到美國平均住宅年周轉率的一半，而且在同一間公寓居住了二十年及以上的房客數量是美國平均值的兩倍多。《紐約時報》這樣概括：

「過去，紐約和其他城市一樣，房客流動頻繁，房東為了出租空房相互競爭。但是現在紐約的狀況是：『新移民找不到房子住。』當移民擠在貧民區的非法公寓的床鋪上時，當地的中上階層只需支付低廉租金，就可以住在高級街區；而且通常住在子女離家後，他們不再需要的大公寓內。」

房租管制之下的供給

房租管制對供給和需求都會產生影響。由於房租管制法案使得興建房子無利可圖，澳洲墨爾本在第二次世界大戰結束後的九年中未興建任何一棟全新房子。埃及的房租管制法案於一九六〇年開始實施，經歷了這一時期的一位埃及婦女在二〇〇六年這樣寫道：

「最終結果是人們不再投資蓋房子，可供出租和居住的房屋大量短缺，使得許多埃及人不得不居住在相當惡劣的環境中，常常幾個家庭合租一間小公寓。直到今天，我們還能在埃及感覺到嚴苛的房租管制所產生的影響。這樣的錯誤造成的影響會持續好幾代。」

其他地方的房租管制法案同樣導致了房屋建造量的下降。美國加州的聖塔莫尼卡市（Santa Monica）從一九七九年實施房租管制法案後，申請建造許可證的數量降到不到五年前的十分之一。針對舊金山市的一項住宅調查顯示，房租管制的住宅中有四分之三屋齡超過五十年，有四十四％超過了七十年。

雖然蓋辦公大樓、工廠、倉庫和其他工業和商業建築所需的勞動力、原料與建造公寓一樣多，但在很少新建公寓的城市裡，新建辦公大樓卻很常見。房租管制政策經常不會限制工業和商業建築。於是，即使在住宅嚴重短缺的城市中，也會存在很多閒置的工業和商業空間。儘管在紐約、舊金山和其他受房租管制的城市中存在嚴重的住宅短缺，但二〇〇三年一項全美調查顯示：工業和商業建築的空置率大約為十二％，為二十年來最高。

這只是「住宅短缺是一種價格現象」的另一個證據。商業建築的高空置率表明顯然有足夠的可利用資源來建房，但房租管制使得這些資源沒有被用來蓋住宅，而是用於蓋辦公大樓、工廠和其他商業地產。

在房租管制政策實施後，不僅新建住宅減少了，連現存住宅的供給量也減少了，而房東也不太在意房屋的維護和修繕，因為住宅短缺使他們不必為吸引房客而保持房屋的良好狀態。因此，在房租管制政策下，住宅損壞得更快，而且很少得到修繕。對美國、英國和法國的房租管制政策的研究表明，房租管制下的住宅比未受管制的住宅損壞得更快。

通常，短期內可供出租的住宅存量是相對固定的，因此出現房屋短缺首先是因為在人為的低價格下有更多人想住更大的空間。接著，由於出租房缺乏修繕而損壞得更快，加上在房租管制政策下新建住宅無利可圖，於是沒有足夠的新住宅來代替損壞的房子，最終造成房屋真得越來越少。例如，在實施房租管制的英國和威爾斯，民間興建的出租住宅占所有住宅總數的比例從一九四七年的六十一％，下降到一九七七年的十四％。一項對多個國家的房租管制政策的研究得出的結論是：在所有被調查的歐洲國家中，除了高級住宅，幾乎沒有個人投資建造無補助的出租住宅。

簡言之，一項本想讓窮人住得起房屋的政策，最終卻把建造住宅的資源轉移到了只有富人才買得起的住宅上，因為豪宅和辦公大樓等其他商業地產一樣不受房租管制限制。除此之外，它還顯示了區分動機和結果的重要性。經濟政策的好壞應該根據它們帶來的誘因，而不是根據實施政策的願望來評價。

租金因房租管制而處於人為的低水準，這時候，正在出租自己所居住的房子或後院的人會認為不再值得出租房屋，房租管制政策對住宅供給減少的誘因也就尤其明顯。另外，人們會從租房變為買房。一九七〇年代，在華盛頓實施房租管制政策的八年時間中，這個城市的可租賃房屋存量顯著下降，從超過十九・九萬間減少到不到十七・六萬間。美國加州柏克萊市在引入房租管制政策後，可用於租賃給加州大學柏克萊分校學生的住宅數在五年內下降三十一％。

考慮到房租管制法案所產生的吸引作用，我們不必對此感到奇怪。從這些後果來看，我們同樣能夠很容易就能理解一九七五年英國將房租管制政策的實施範圍擴大到附傢俱的租賃住宅時的情形。倫敦

《泰晤士報》（*The Times*）曾報導：

「房租管制法案實施後的第一周內，在《倫敦標準晚報》（*Evening Standard*）上出租配有傢俱的住宅的廣告數量急劇下降，比一年前少了大約七十五％。」

由於配有傢俱的房間通常是與房東同住的房型，因此當租金無法補償與房客共居帶來的麻煩時，這些房型就會很快退出出租市場。這一道理同樣適用於通常只有一位租客的樓中樓住宅等小型公寓。多倫多市在一九七六年實施房租管制後的三年中，房東出租自住宅屋的單間房型有二十三％退出出租市場。

即使不是房東自住的公寓，房租管制最終使出租房屋也無利可圖，房東只能放棄這些住宅。比如，紐約市的房東們發現，收到的房租根本不足以支付法律要求他們提供的服務成本（如暖氣和熱水），因此許多房屋被閒置。為了逃避法律對拋棄房屋的懲罰，房東乾脆消失。儘管這些房子如果得到維護和修繕仍可居住，但它們卻被閒置、被封條圍起。

幾年來，紐約市政府接管的被拋棄房屋數量高達數千間。據估計，在紐約市，被拋棄的房屋數量至少是無家可歸人數的四倍。所以說，無家可歸並不是因為實際房屋的缺乏，而是因為價格相關的短缺。這真的令人很痛苦。截至二〇一三年，紐約共有超過四萬七千名無家可歸的人，其中包括兩萬名孩童。

這種資源配置的無效率，使得有些人在寒冷的冬夜不得不露宿街頭，甚至有人因此凍死，而本可收容他們的住宅卻由於房租管制被空置，而這一政策原本意在讓人們能租得起房屋。這又一次說明，稀有資源配置效率的高低並不只是經濟學家提出的抽象概念，它能產生現實的、甚至是生死攸關的後果。這也說明，一項法規的目標——在此即「負擔得起的住宅」——並不會顯示它在現實中可能引起的後果。

房租管制中的政治

雖然房租管制造成很多嚴重的經濟和社會問題，卻往往能在政治上獲得成功。政客知道租戶常常比房東多，不懂得經濟學的人比懂經濟學的人多。於是，提倡房租管制法的政客很容易贏得更多選票。

把房租管制描繪成防止貪婪的房東向窮人提高房租的手段，在政治上往往很有效。但事實上，住宅投資的報酬率很少高於其他投資，而且房東往往也並不富有，特別是小面積、低品質公寓的房東，這些出租房需要不斷修繕，所處地段往往也只能吸引低收入的租戶。擁有這樣住宅的房東，很多本身就是身兼木匠和水電工的雜工，他們用自己的勞力和技能維護、修繕房屋，希望用收來的租金還清房貸。總而言之，大部份窮人會租的房屋，其屋主絕對算不上富裕。[1]

若房租管制法案廣泛適用於所有住宅，高檔住宅也會變成低租金住宅。隨著時間推移，大家終於明白，民間不太可能興建新住宅，除非讓新建住宅免於房租管制。但是對新住宅免除或放鬆房租管制，會變成即使是那些面積不大、品質一般的新建房屋，其租金也要遠高於房租管制下的大面積、高級舊住宅

---

1 我妻子曾是為非政府組織工作的律師，這個組織經常代表租戶處理與房東的糾紛。在發現房東的經濟和教育水準經常不高後，她開始重新思考房租管制政策，以及與之配套的住房管制政策。

的租金。在實施房租管制的歐洲城市，以及紐約和美國其他實施了房租管制的城市，這種租金失衡的現象很常見。在不同場景下，同樣的誘因措施會產生相似的結果。《華爾街日報》的一篇報導就指出了房租管制法案限制下紐約房租的失衡：

「萊斯・卡茲是一名二十七歲的表演藝術學生，他還兼職大樓警衛，他和兩個室友在曼哈頓上西區花一千兩百美元租了一間單房公寓，兩個人睡在廚房上面的閣樓，另一個人則睡客廳。

在曼哈頓另一端的公園大道上，私人投資者保羅・哈伯曼和他的妻子居住在一個寬敞的兩房公寓內，這間公寓還有一個日光浴室和兩個陽台。房地產專家稱這間位於著名大道上的豪華大樓的公寓至少值一個月五千美元。然而，根據房租記錄，這對夫婦只需支付約三百五十美元。」

在房租管制政策下，富人支付低房租並不少見。諷刺地是，一項統計調查表明，紐約房租管制下的房租與自由市場上的房租相比，差異最大的是高級住宅的房租價格。換句話說，在房租管制政策下，富人比窮人獲得了更多的經濟利益，而這項政策的初衷卻是為了窮人的利益。與此同時，貧困家庭被安置在擁擠、蟑螂出沒的破舊公寓，城市福利機構卻支付更多的租金。二〇一三年，《紐約時報》的一則報導指出，紐約市無家可歸者救助服務局「每個月都要為旅社內的每個破舊單人房支付超過三千美元，而且這些房間既沒有浴室也沒有廚房」，其中一半的錢作為房租交給了房東，另一半用於「為無家可歸的租戶提供安全保障和社會服務」。

控制房租是為了保護貧窮的租戶、防止富有的房主亂收費，這一說法在政治上可能是有效的，但現實情況根本不是這樣。從房租管制政策中獲益的人可能處於任何收入水準，而從中受損的人亦是如此。一個人從中受益還是受損，取決於房租管制法案實施時，他是出租房屋的人還是在找房子的人。

舊金山市的房租管制比紐約市實施得要晚，但同樣嚴苛，並且也產生了相似的後果。二〇〇一年公佈的一項研究結果顯示，在舊金山市租房租管制住宅的人，有超過四分之一的租戶家庭收入超過十萬美元。同樣值得注意的是，這是自一九七九年房租管制政策在舊金山市實施至今首次進行的實證研究，可見在房租管制法案實施和推廣的二十多年中，政府並沒有努力去衡量房租管制對經濟和社會的實際影響，而只在乎房租管制在政治上是否受歡迎。

諷刺的是，實施嚴苛房租管制的城市（如紐約和舊金山）的平均房租價格，最終往往都高於沒有實施房租管制政策的城市。這些城市的房租管制讓房租控制在某個水準之下，以保護窮人的利益，這就使建築商只願意建造那些不受房租管制政策管制的高級住宅。毫不奇怪，在實施房租管制政策的城市，房租更高，無家可歸者也更多。在這方面，紐約和舊金山又成了典型的例子。

房租管制之所以在政治上大獲成功，原因之一是許多人把言辭當作現實指標。他們相信房租管制法案確實能夠控制房租價格。可怕的是，只要人們繼續這樣認為，不管這些法規宣稱的目標能不能實現，這政策與其相關法規在政治上就是可行的。

稀少性與供給短缺

由於商品比人口少而引起的稀少，和作為價格現象的「短缺」有至關重要的區別，這一點我們要牢記在心。有時某種物品並沒有更為稀少，卻日益短缺；有時物品會越來越稀少，卻沒有真正出現短缺。

正如前面提到的，儘管住宅與人口比率在第二次世界大戰前後並沒有發生變化，但戰前並無住宅短缺現象的美國，在二戰期間和戰後的最初幾年中，卻出現了嚴重的住宅短缺。完全相反的情況也有可能發生，即某個沒有價格控制的地區中住宅實際數量驟減，卻沒有出現短缺。一九〇六年舊金山大地震及大火災之後就發生過這種情況。在這場大災難中，舊金山一半以上的住宅在短短三天中被破壞，然而卻沒有出現住宅短缺。《舊金山紀事報》（*San Francisco Chronicle*）在大地震一個月後重新發行，震後第一期報紙上有六十四個房屋出租廣告，而想租房的人卻只刊登了五則廣告。

這場地震和大火使約二十萬人突然無家可歸，臨時庇護所只能容納三萬人，大約有七・五萬人離開了這座城市。儘管如此，還有約十萬人進入當地住宅市場。然而，那個時期的報紙都未曾提到住宅短缺。價格的上升不僅分配了現存的住宅，還為重建住宅提供了推力，同時也吸引房客租住較小的空間，並吸引有出租空間的家庭在高租金下把剩餘空間租出去。簡言之，正如在沒有實際稀少的情況下可能出現短缺一樣，在沒有出現短缺時物品也可能會出現實際稀少。一九〇六年舊金山大地震造成的無家可歸者，要比紐約市的房租管制法案導致的無家可歸者更容易找到住宅，因為紐約市的房租管制使數以千計的住宅退出了市場。

囤積

物價控制政策除了會導致短缺和品質下降外，也常會導致囤積，即人們留下價格管制物品的數量比他們在自由市場條件下要多，因為不確定未來是否還能買到這些東西。在一九七〇年代汽油短缺時期，車主一般不會等油箱快空時才去加油站加油。為了以防萬一，即使還有半箱油，一些車主到加油站把油加滿。數百萬車主的油箱裡裝滿了汽油，大量的汽油被儲存起來，於是加油站待售的汽油量就減少了。全美國範圍內汽油的這種少量減少最終卻可能造成嚴重問題——那些恰巧沒油的車主不得不苦苦尋找一個正在營業並且還有汽油的加油站。雖然汽油的總產量並沒有變，但汽油卻突然嚴重短缺，這現象迷惑了很多人，也帶來了各種陰謀論。

其中一種論調認為，石油公司讓它們從中東地區回來的油輪在海上繞圈航行，等到價格上漲後才讓這些滿載石油的油輪靠岸。雖然仔細推敲後，這些陰謀論都是站不住腳的，但正如許多謬論一樣，這種理論背後都有各自的核心。汽油總產量變化不大卻出現了嚴重的短缺，表示一定有大量的汽油被轉移到了某些地方。提出或相信這些陰謀論的人很少能想到，那些大量被轉移到他處的汽油其實是囤積在他們自己的汽車油箱，而不是在海上轉圈的油輪裡。這加劇了汽油短缺的嚴重程度，因為比起儲存在加油站的儲存罐中，把汽油儲存在數百萬汽車或貨車油箱裡的效率更低。

不同物品囤積的可行性不同，價格管制的效果也有所不同。例如，對草莓的價格管制所造成的短缺要比對汽油的價格管制輕微，因為草莓容易腐爛，不能長時間保存。對理髮或其他服務的價格管制導致的短缺就更輕微了，因為服務不能被囤積。也就是說，你不可能為了延長下次需要理髮的時間，就趁著髮型設計師有空就一天內剪兩次頭髮。雖然理髮價格被人為降低時，找一個髮型設計師會比以前更難。

儘管如此，在價格管制下，一些不太可能的物品也被囤積了起來。例如，在房租管制政策下，人們可能會擁有一間他們很少用的房子，就像一些好萊塢明星會在曼哈頓有一間房租管制住宅，以備他們到紐約時暫住。紐約前市長艾德・柯屈（Ed Koch）住在市長官邸的十二年間，一直保有房租管制房屋。二〇〇八年，美國紐約州國會議員查爾斯・蘭格爾（Charles Rangel）被揭露擁有四間房租管制住宅，他甚至把其中一間當辦公室。

在價格低、需求增加這一更普遍的經濟學原理下；以及價格控制下次要優先用途可以搶占高優先用途的原理下，出現短缺日益嚴重的情形，產生囤積（住宅或汽油）這樣的特殊情況。有時候，價格管制下供給的減少並不明顯。第二次世界大戰實施價格管制期間，《消費者報告》（*Consumer Reports*）雜誌發現，一九四三年檢測的一批巧克力棒，二十塊中有十九塊比四年前小。一些罐裝食品製造業的品項品質也下降了，但為了維護品牌聲譽，他們在這些品質較差的食品上貼了其他商標。

黑市

儘管價格管制一方面導致短缺，另一方面將買賣雙方更合意的交易認定為不合法，但是大膽、無所顧忌的交易者還是會違法地做出對雙方均有利的交易。價格管制政策幾乎總是會產生黑市交易。在黑市上，為了補償法律風險，價格不僅高於法律所允許的價格，還會高於自由市場上的價格。儘管小規模的黑市交易可以祕密進行，但大規模的黑市交易通常需要向政府官員行賄才能進行。例如在俄羅斯，禁止從其它地區運來受價格管制的食品的法令，被稱為「一百五十盧布法令」，因為這正是賄賂警察，好讓禁運貨物通過檢查站的行情。

蘇聯早期經營食品黑市會被判處死刑，即使這樣仍然存在黑市。兩位蘇聯經濟學家指出：「在戰時共產主義的高峰期，實行國家對農產品購銷政策的時期，投機者和食品商冒著生命危險將大量糧食運進城市。」

要統計黑市活動本質上很困難，因為既然黑市是違法的，就沒人想公之於眾。不過有時也會有一些間接指標可參考。在第二次世界大戰期間及戰後的那幾年中，美國實施了戰時物價控制政策，結果肉品加工廠的工人減少了，因為許多肉從合法的食品加工廠轉移到了黑市裡。這導致肉店和雜貨店沒有肉可賣。[2]

和其他例子一樣，肉品出現短缺並不只是由於實際數量稀少，而是都流向黑市。價格管制取消後的一個月內，肉品加工廠的員工人數從九萬三千名上升到十六萬三千名，兩個月後上升到了十八萬名。僅僅三個月，肉類加工廠的員工就幾乎翻倍，這說明取消價格管制後，肉品交易不再轉往黑市發展。

蘇聯的價格管制政策實施範圍更廣，時間也更長，兩位蘇聯經濟學家曾提到人們「要花額外的錢才能買到產品和勞務」的「灰色市場」。雖然官方統計數據並未包含這些非法交易，但蘇聯的經濟學家估

---

2 在很多情況下，供給不足的商品會被囤積在商店倉庫，銷售給那些願意出高價的人。黑市並不總是孤立運行的，它也可以是一些合法企業的副業。

計，有八十三%的人曾使用這些被禁止的管道。這些非法市場覆蓋的交易範圍相當廣泛，涵蓋幾近半數的房屋維修、四十%的汽車維修，以及比合法市場更大的影視產品銷售：「在黑市交易的影視產品中有約一萬部片可供選擇，而國營市場提供的選項還不足一千部」。

品質下降

價格管制之所以在政治上能成功，原因之一是政策的部分成本非常隱蔽。即使是顯而易見的短缺，也不能說明一切。許多因法令而被人為壓低價格的產品和勞務，品質下降的情況屢見不鮮，就像之前討論過的住宅供應的例子一樣。

價格管制政策的一個基本問題是，要定義究竟管制的是什麼的價格。即使簡單如蘋果，想要明確定義清楚品名也不容易，因為不同的蘋果在大小、新鮮度和外觀方面是不同的，更別說不同種蘋果之間的差異了。食品商店和超市花時間、金錢把不同種類和品質的蘋果分類，並把那些品質達不到消費者期望的蘋果扔掉。然而，價格管制下，由於人為壓低了價格，使得對蘋果的需求量超過了供給量，也就沒有必要花時間和金錢來分類，因為不管怎樣蘋果都能賣出去。有些在自由市場中一般會被扔掉的蘋果，在價格管制下仍會保留並賣給那些來不及買到好蘋果的人。正如房租管制政策下的住宅一樣，短缺時期，什麼都不怕賣不出去，也就沒有動力保持物品高品質了。

最令人痛心的品質惡化的例子，發生在那些對醫療進行價格管制的國家。在被人為壓低的價格下，更多的人因為平時根本不會注意或用非處方藥就能對付的小病（如打噴嚏或皮膚紅疹）去看醫生。當價格管制降低了看醫生的成本，尤其是當看診費由政府支付，患者不用掏錢時，人們的行為就會改變。

總之，在價格管制下，更多人更頻繁地去看醫生，使醫生為患有更嚴重或更緊急疾病的病人看病的時間減少了。於是，在英國受政府控制的醫療體系下，一名十二歲的女孩接受隆胸手術的同時，有一萬名病患要等待十五個月甚至更長時間才能排到手術。一名癌症患者就因為手術一再推遲，最終病情惡化到無法醫治。

經濟合作暨發展組織（Organisation for Economic Co-operation and Development）的一項研究發現，在調查的五個英語國家中，在美國，需要非急需手術的病人當中，只有十%以下的人需等待超過四個月；至於其他四個國家——澳洲、加拿大、紐西蘭和英國——需要非急需手術的病人中有超過二十%的人得等四個月以上，英國甚至高達三十八%。在這組國家中，美國是唯一沒有對醫療實施價格管制的國家。順帶一提，「非急需手術」並不只限於整容手術或其他非必要醫療手術，在此次研究中還包括白內障手術、髖關節置換手術和冠狀動脈血管支架手術。

當價格被設定為低於供需作用下應有的水準時，延期治療就是品質下降的一種表現。在世界各國，有實施價格管制的國家的醫生，為每位病人看病的時間，相較於未實施價格管制的國家要短。當醫生為每位病人看診的時間縮短，治療的品質也會受到影響。

和其他物品一樣，控制醫療價格產生的另一普遍現象是黑市。在中國、日本等國家，黑市以賄賂醫生的形式出現，通過行賄讓自己得到更快速的治療。總之不管這一產品或勞務是住宅、蘋果還是醫療，價格管制下的品質下降是普遍的。

價格下限與過剩

我們已經知道，把價格設定在低於自由市場供需決定的價格水準時，會導致需求增加和供給減少，並且在這一既定價格下會產生短缺。同樣地，把價格設定在高於自由市場的價格水準，將引起供給增加和需求減少，造成過剩。

一九三〇年代經濟大蕭條時期的悲劇之一，是許多美國農民出售農產品的收入還不足以維持生計。農產品價格下降的速度比農民須購買的其他物品價格下降得還快。農業收入從一九二九年的超過六十億美元，降到一九三二年的二十億美元。

許多農民由於付不出抵押貸款而失去農場，其他農民為了守住農場與傳統的生活方式而陷入貧困。美國聯邦政府為了恢復農業和其他經濟部門之間所謂的「平衡」，出面干預來防止農產品價格急劇下降。

政府採取了多種干預措施。一種是通過法律規定減少農民種植、出售各種農作物的數量，通過減少供給來防止價格下降到政府規定的價格水準之下。花生和棉花的供給就是受法律限制的兩種農作物。柑橘類水果、堅果和其他各種農產品的供給，則由個地區農民組成的同業聯盟（Cartel）管理。這些同業聯盟獲得美國農業部部長的權力支撐，發佈「銷售命令」，並懲罰那些破壞規定、生產和銷售多於核准數量的人。熬過經濟大蕭條帶來的貧困，美國迎來了第二次世界大戰後的繁榮，但這些限制措施仍持續了幾十年，很多政策甚至延續至今。

以這種間接方式人為地保持高價格只是表面上的手段。真正使價格人為地保持在高於自由市場上供需決定的價格之關鍵在於，政府願意收購由價格管制政策造成的過剩農產品，包括玉米、稻米、煙草和小麥等，並且許多政策一直持續到了今天。不管這些政策最初是為了幫助哪些群體，在實施中也會有利於其他一些人，正是這些新受益者使得這政策即使不再被需要，卻很難被改變或廢除，因為最初的受益者雖只是一小部分選民，但他們組成政治組織，確定這些政策會持續運行。[3]

設置價格「下限」進行價格管制、阻止價格下降所造成的過剩，跟設置價格「上限」阻止價格快速上升帶來的短缺一樣劇烈。在有些年份，聯邦政府要收購超過四分之一的美國小麥，讓它們退出市場，來保證小麥價格維持在既定的價格水準。

一九三〇年代大蕭條期間，農產品價格支持政策導致大量食物被銷毀，當時營養不良在美國還是一個嚴重的問題，在城市和農村中都發生了飢餓遊行。比如，美國聯邦政府光是在一九三三年這一年內，就收購並銷毀了六百萬頭豬。大量的農產品被毀棄，只是為了要維持官方規定的價格。出於同樣的原因，大量的牛奶被倒進下水道，與此同時，許多美國兒童卻由於營養不良而深受疾病折磨。

然而，食品仍然過剩。和短缺一樣，過剩也是一種價格造成的現象。過剩並不是指對於人口來說物品供給過量了。大蕭條期間，也不存在相對於人口來說的「過多」食物，人們只是買不起政府人為抬高價格的產品。同樣的情況也出現在二十一世紀初貧困的印度，在政府支持的價格下，印度的小麥和稻米出現供給過剩。《遠東經濟評論》（*Far Eastern Economic Review*）曾報導：

3 這種情況在政府政策演變中不是特例。

「印度政府的糧食庫存創下歷史新高，到明年春天，糧食庫存量還會增加到八千萬噸之高，這是應對國家緊急狀況所需的儲備量的四倍。然而，在這些小麥和稻米被閒置的同時——有時候會閒置好幾年直至發霉——數百萬印度人卻要忍受飢餓。」

《紐約時報》一篇來自印度的報導也作了相似的描述，標題為〈印度的窮人在挨餓，而過剩的小麥在腐爛〉：

「政府從農民手裡收購今年收成過剩小麥，堆在旁遮普邦（Punjab）泥濘的場地裡隨它腐爛。而去年、前年甚至大前年的過剩小麥仍然原封不動地堆在那裡。

在南邊鄰近的拉賈斯坦邦（Rajasthan），村民們因為買不起小麥，吃的是以煮過的樹葉與草籽做成的麵包片。多達四十七位小孩與大人，常抱著餓到胃疼的肚子，一個個由於飢餓而日漸消瘦。」

在印度，營養不良是一個嚴重的問題，卻同時存在食物過剩或過量，這聽起來似乎自相矛盾。但隨著價格「下限」而來的食物過剩，就像價格「上限」造成的住宅短缺一樣是事實。美國為了不讓過剩的農作物進入市場，一度採取非常極端的手段，把過剩農產品儲存在閒置的戰艦裡，因為所需的儲存空間極大，陸地上所有可用的倉庫都已經被占用。如果不這樣做，美國的小麥會像印度一樣，被隨意扔在外面腐爛。

糧食連續豐收可能會讓美國聯邦政府儲存的小麥，比美國農民全年種植的小麥還多。據報導，二〇〇二年印度政府用於儲存過剩農產品的花費，比用於農業、農村發展、灌溉和防洪的總支出還要多。這就是對具有多種用途的稀有資源錯配的經典實例，尤其是在一個第三世界國家。

只要受價格管制的農產品的市場價格高於法律規定的政府收購價格，這種產品就會以供需決定的價格在市場上出售。但是，當供給量大大增加或者需求量大大減少時，價格就會降低，在此水準上政府必須收購不被市場接受的那部分產品。比如，二〇〇七年，美國市場上的奶粉價格是每磅二・二美元，人們在市場上自由交易。但二〇〇八年，奶粉價格降到每磅八十美分，美國農業部發現，按照法律自己有義務購買一・一二億磅奶粉，總費用超過九千萬美元。

這些事情可不只發生在美國或印度。歐盟國家二〇〇二年花了三百九十億美元用於農產品直接補貼，這些農產品補貼計畫造成食品價格膨脹，使得消費者多付了高達補貼款兩倍的金額。同時，這些過剩的食物在世界市場上卻以低於成本的價格出售，這就降低了發展中國家的農民本可以從農產品中獲得的收入。在上述國家中，政府與消費者都必須為農產品價格補貼計畫買單（政府直接付錢給農民和倉儲公司，而消費者則因食物價格膨脹而付出代價）。在二〇〇一年整年中，因為人為抬高含糖食品的價格，美國消費者多支付了十九億美元，而美國政府光是為儲存生產過剩的糖，每月要花費一百四十萬美元。同時，據《紐約時報》報導，製糖業者「同時是共和黨和民主黨的大金主」，因此成本高昂的糖價補貼計畫獲得「兩黨共同支持」。

歐盟國家對製糖業者的補助程度甚至比美國還要誇張，這些國家的食用糖價格也是全世界最高的。二〇〇九年，《紐約時報》曾報導，歐盟的食用糖補助之高，使得儘管在熱帶地區種植甘蔗生產食用糖，比在歐洲種植甜菜生產食用糖的成本要低很多，但「連氣候寒冷的芬蘭也開始生產更多食用糖了」。

二〇〇二年，美國國會通過了一項農業補助法案。據估計，在未來十年中，每個美國家庭在徵稅和膨脹的食品價格方面，花費將超過四千美元。其實這也不是什麼新鮮事了。一九八〇年代中期，世界市場上的食用糖價格是每磅四美分，而美國國內的批發價格是每磅二十美分。美國人可以完全不生產這些產品，只要用較低的價格從熱帶國家進口就足以滿足需求，而政府卻在補助這些根本不必生產的產品。這種情況已存在了數十年，但並非糖業獨有，也不是美國獨有的。在歐盟國家，羊肉、奶油和食用糖的價格都比世界市場上的價格高出一倍以上。就像《華爾街日報》所形容的：「歐盟國家每頭乳牛每天得到的補助，高於大多數非洲人每天的生活費。」

儘管美國實施價格補貼計畫的最初目的是救助農民家庭，但在實施過程中，大部分補助都給了農業企業。一些農業企業每年能得到數百萬美元，普通農場得到的補助不過幾百美元。二〇〇二年，兩黨支持的農業法案涉及的大部分資金，很大一部分都分給了最富有的十%的農場主，包括約翰・戴維森・洛克斐勒（John David Rockefeller）、泰德・吐納（Ted Turner）和一些《財富》雜誌上「財富世界五百大」（Fortune 500）榜上有名的企業。同樣地，在墨西哥，八十五%的農業補助流進了最富有的十五%的那些農場主的口袋裡。理解價格在經濟中的作用，關鍵是要明白：和人為壓低價格導致了持續的短缺一樣，人為抬高價格也導致了持續的過剩。造成的損失比為了農業企業和農場主的利益從納稅人和消費者那攫取的錢還多。這些都是一個國家內部的財富轉移，並不會減少國家的總財富。對於一個國家來說，真正損失是對具有多種用途的稀有資源的不合理配置。

土地、勞動力、肥料和機器這類稀有資源，不必用來生產多於消費者在政府規定的人為高價格下願意消費的量。在美國，用來生產食用糖的大量資源都被浪費了，因為這些糖可以從熱帶國家進口，因為自然環境更適合原料農作物生長，所以這些國家生產的糖更便宜。那些本已將大部分收入用於食物支出的窮人，不得不為購買食物花更多的錢，這樣一來用於購買其他物品的錢就更少了。當食品價格被人為提高，那些靠食品券生活的人所能購買的食物也就少了。

正如印度和美國的情況，從純經濟視角來看，通過限制食物價格來補助農民，然後通過補助一些消費者來降低他們的食物成本，二者是相互矛盾的，不可能起到作用。然而，從政治視角來看，用這樣的政策來得到這兩個不同群體的支持卻非常有效，因為大多數人並不理解這些政策的全部經濟後果。

即使這些農業補助和價格管制政策起初是作為困難時期的人道主義措施，但在過了那些時期很久後，它們仍持續存在，因為他們已發展出有組織的支持群體，如果取消或減少補貼和價格管制，它們就會以製造政治困擾來威脅政府。當法國政府表現出要削減農產品補貼計畫，或允許更多的外國農產品進入市場的跡象時，農民們就會用農用機具封鎖巴黎的街道；加拿大的農民們因抗議小麥低價格，封鎖了公路，並組成牽引機車隊開往首都渥太華。

美國有不到十分之一的農業收入來自政府補助；而韓國有大約一半的農業收入來自政府補助；在挪威，這一比例為六十%。

價格管制中的政治

經濟學的基本原理可能很簡單，但它的政策結果卻相當複雜，這一點我們可以從房租管制及農產品價格補貼等法案造成的各種後果中察覺。然而，即使是這樣簡單的經濟學基礎理論，也未被大眾所理解，而人們尋求政治上的「解決方案」往往使事情變得更糟。但這也不是現在才出現的新現象。

十六世紀時，西班牙企圖透過封鎖，迫使安特衛普（Antwerp）城中的西班牙反叛軍因缺糧而投降，結果安特衛普高漲的糧食價格反而吸引一些人不顧封鎖走私糧食，讓當地居民得以堅守。儘管如此，安特衛普的掌權者卻決定，要用法律限定某些食品的最高價格，並嚴懲違法者，好解決食品價格過高的問題。接下來就發生價格管制的典型後果：人為壓低的價格帶來了消費增加和食品供給的減少。缺乏高價格的誘因，供給者也不想再冒著違反西班牙封鎖令的危險運送食物進來。最終，價格管制使得「這個城市的居民鬥志昂揚，直到突然失去了食品供給」，反叛軍別無他法，只能向西班牙投降。

在印度孟加拉地區，十八世紀發生了一場飢荒，政府為了控制稻米價格，嚴厲打擊糧食經銷商和投機商，結果是管制造成的糧食短缺致使許多人餓死。十九世紀另一場飢荒降臨印度，當時印度處於英國殖民統治時期，也是自由市場經濟理論的全盛時期，於是政府實施了相反的政策，最終結果完全相反：

「在飢荒早期，沒有法律允許，人們幾乎不可能從事糧食買賣。一八六六年，許多有頭有臉的人卻爭相投入糧食貿易中，因為政府每周發佈各地回報的糧食行情，使得糧食買賣安全有序。大家

都知道去哪買最便宜的糧食，也知道在哪能賣到好價錢，於是糧食能從最便宜的地方購入，運到最急需的地方。」

儘管就經濟學原理來看，這樣的道理似乎是最初級的，但它之所在政治上得以施行，是因為當時英國殖民政府沒有聽取當地人的意見。在民主政治時期，若想看到相同的作為，就需要一般民眾熟悉經濟學基礎，要不然就得盼望政治領袖願意賭上自己的政治生涯，冒險做應該做的事。

在政治上，價格管制通常是「快速修復」通貨膨脹的一種誘人的手段，實施起來也比削減政府自己的開支更加容易，而政府開支往往才是通貨膨脹的幕後推手。在阻止食品價格的上漲中，價格管制措施更是被予以厚望。

正因為如此，阿根廷在二十一世紀初便對小麥實施了價格管制。可預見的是，阿根廷農民減少了小麥的播種面積，從二〇〇〇年的一千五百萬英畝，減少到二〇一二年的九百萬英畝。而在外部廣大的國際市場上，小麥價格比阿根廷國內規定的價格高，於是阿根廷政府發現必須阻止國內小麥出口，以防止國內小麥短缺的情形繼續惡化。

價格管制法律確定的價格與自由市場上的價格差距越大，價格管制造成的後果就越嚴重。二〇〇七年，辛巴威政府為了控制失控的通貨膨脹，命令賣方把價格降至原來的一半甚至更多。僅一個月後，《紐約時報》報導稱：「辛巴威的經濟陷入停滯。」還詳述了一些細節：

「辛巴威人的主食，包括麵包、糖和玉米粉消失了，暴民如麥田裡的蚱蜢般洗劫商店，占有這些食物。肉類幾乎看不到，有錢購買的中產階級即使在黑市上也買不到肉；汽油也幾乎買不到了；醫院裡的病人因缺少基本藥物供給而瀕臨死亡；停電和停水很常見。」

正如在其他時間、其他地點實施的物價控制一樣，辛巴威剛開始實施物價控制政策時，受到大眾的廣泛歡迎。據《紐約時報》報導：「市民最初以一波歡欣而短暫的購物熱潮迎接價格下降。」最初的反應及隨之而來的後果，與幾個世紀前發生在安特衛普的情形如出一轍。

當某地遭受颶風或其他自然災害破壞後，如果當地企業突然提高如瓶裝水、手電筒或汽油的價格，或如果有許多無家可歸的當地人尋求臨時住所，當地旅館卻提高房間價格，很多人就會認為這是不合情理的。在這種情況下，價格管制往往被視為是一種必要的快速修復手段。

對於這些做法，政治上的反應是頒布制止「哄抬物價」行為的法規。然而，由於暴風雨、森林火災或其他自然災害造成的損害，人們突然被奪走了這些隨時可以獲得的資源，於是他們對這些資源的需求也增加了，這就使得當地資源也突然變得比平常更加稀少，此時價格在分配稀有資源中的作用就會顯得更加關鍵。

舉例來說，在房屋被毀的地方，人們對當地旅館客房的需求可能會突然上升，假如旅館沒有受損毀，他們能提供的客房數量最多也就只能保持不變。若當地居民的需求量超過本地酒店客房的供應量，不管是通過價格或其他方式，旅館都必需對房間實施定量供應。

如果旅館客房的價格還是平常的水準，那麼最先抵達旅館的人將占據所有的客房，後到的人只能睡在戶外，或住在損壞的房屋中飽受惡劣天氣侵擾，最糟就是離開當地，留下破損的家園任人洗劫。但如果旅館價格大幅上漲，人們就會有動力自我分配。當價格低於正常水準時，一個三口之家可能會要兩個房間，夫婦兩人一間、小孩一間；當租金異常高時（也就是存在「哄抬物價」時），這家人就會自動調整自己的行為，只要一間房間。

類似的原理同樣適用於當地其他物品因為突然提高的需求而短缺的情形。如果某地突然停電，對手電筒的需求量就可能大大超過供應。假如手電筒的價格仍然和以前一樣，最先到商店的人會很快買完店裡所有的手電筒，後到的人就買不到了。然而，如果手電筒的價格飛漲，一個本打算購買多個手電筒的家庭，很可能會只買一個異常昂貴的手電筒，於是將有更多的手電筒留給其他人。

如果對汽油的需求增加——不論是用於發電機，還是駕車去其他地區購買本地短缺的商品，或離開當地災區——這些情形都會造成汽油短缺，直到新供給到達加油站，或電力完全恢復讓更多的加油站能夠運作。如果汽油仍保持在平常的價格，首先到達加油站的人很可能會加滿油箱，耗盡本地所有汽油供應量，使後到的人買不到汽油。但如果汽油的價格猛漲，首先到達的車主也會因為異常的高價格而只購買足夠他們離開災區的量，然後在受自然災害影響較小的地方，用相較不太昂貴的價格加滿油箱。這樣一來，就有更多人能使用當地的汽油了。

在自然災害發生前後，本地價格飛漲都會影響供應。通常，氣象學家會預測颶風動態，他們預測的颶風登陸速度也會被廣泛報導。如果供應商能預測到價格將受颶風影響而上漲，那麼應對颶風的各種物品，比如手電筒、瓶裝水、汽油和木材等很可能會在颶風來臨前被緊急送往可能遭受襲擊的地方。這意味著，短缺可以提前緩減。但是，如果供應商預料價格只會保持在正常水準，那他們就不太願意花額外成本將物品緊急調派至可能會遭受災難的地區。

類似的誘因也存在於颶風或其他災害發生之後。由於街道和公路受損、災難之後的狼藉，以及人們爭相逃離災區引發的交通擁堵，為災區補充供應所耗費的成本也會更大。當地飛漲的價格可以補償因這些困難和障礙帶來的額外成本。此外，每個供應商都會爭取第一時間到達災區，因為在其他供應商到來之前，競爭對手還沒能壓低價格，那時的價格最高。對災區的人們來說，時間至關重要，他們需要食品和其他必需品的持續供應。

不論是在正常情況下，還是在短缺突然加劇的時期，價格並不是分配稀有資源的唯一方法，但問題在於，其他替代性配給制度通常比價格表現得是更好還是更糟？歷史反覆證明，對食品的價格管制會造成飢餓和飢荒。賣家也許能分配可以給每個買家的數量，但也會因為無法滿足買家想要的數量而冒犯到他們，等一切恢復正常之後，可能會因此失去一些客戶。很少有賣家願意冒這個險。

既不存在價格分配，也沒有非價格分配時，結果可能如《華爾街日報》對二〇一二年超級颶風「珊迪」的報導：

「在紐澤西的一家超市，儘管喇叭不斷廣播著通知，要求購物者只買夠吃幾天的食品以應對郊區癱瘓，但人們根本就不理會，在購物車裝滿了夠吃六周的鮪魚罐頭。想想看，一罐蜂蜜可以存放數年之久，所以當商品保持在正常價格時，購物者即便買光超市所有存貨也不會有任何損失。」

在緊急狀況下呼籲人們限制其購買量，這種無謂的努力，如同其他形式的非價格配給制度一樣無效，這時候就需要提高價格。

第四章 關於價格的其他問題

比起探究晦澀難懂的謎題，我們更需要瞭解顯而易見的事實。

——美國最高法院大法官、著名法學家　奧利弗・溫德爾・霍姆斯（Oliver Wendell Holmes）

許多經濟學基本原理可能看起來簡單易懂，但想瞭解它們深層的含義並不容易，但這些含義卻正好是至關重要的。曾有人指出，牛頓並不是第一個看到蘋果落下的人，他之所以能贏得廣泛聲譽，是因為他是第一個明白其中意義的人。

經濟學家早在幾個世紀前就已經知道，人們的購買量在高價時比低價少很多。但即使在今天，仍有許多人不明白這個顯而易見的道理。例如，世界各國政府提供的醫療保健開支一再超出最初的預估，就是因為沒有徹底明白這一點。最初的預估通常是基於目前所使用的醫生、醫院和藥品，但引進免費或有補助的醫療保健，會導致人們因低價格而過度地使用醫療資源，導致成本遠大於最初的估計。

要理解任何事物前，都需要先將它界定清楚，你才能清楚地知道自己正在談論的是什麼。正如人們不會把關於天氣的詩意討論看作氣象學，對經濟的道德批判或政治信念，也不算是經濟學。經濟學是研究經濟體系中的因果關係的一門學問。它的目的是弄清楚用於配置具有多種用途的稀有資源的手段會產生什麼結果。它與社會哲學或道德觀無關，更與幽默或憤怒毫不相關。

並不是說其他的東西就一定不重要，只是說它們並不在經濟學討論的範圍內。沒有人會期望數學能解釋愛情，所以人們也不應期望經濟學偏離本身或做它力所不及的事。但在它們適用的領域，數學和經濟學都是非常重要的。太空人在脫離軌道返回地球的過程中，是撞上喜馬拉雅山還是在佛羅里達州安全著陸，這當中的差別取決於精細複雜的數學計算。我們也曾見過許多社會災難是源自於人們對基本經濟學原理的誤解。

原因與結果

根據因果關係來分析經濟活動，就是要檢視那些被創造出來的誘因有何意涵，而不是只是檢視在追求的是什麼目標。這也意味著要檢視實證，確定在哪些誘因之下實際發生了什麼事情。

經濟中的因果關係常常是系統性相互作用，而非像撞球一擊入袋那樣簡單的單向因果關係。系統性因果關係涉及更複雜的相互作用。就像把鹼液加到鹽酸中，最後會產生鹽水那樣[1]，兩種化學物質彼此

1 不要在家裡嘗試這個實驗。專業的化學家能夠在實驗室採取恰當的保護措施，來處理這些危險的化學物質，一般人做這個實驗，很容易致命。

相互作用後都發生了轉變，從致命物質變成無害物質。

在經濟中也是一樣，買方和賣方根據對方對供需的反應改變自己的計畫，最終價格也隨之改變，而價格的變化又迫使他們重新評估自己的計畫。比如那些一開始想在海邊買別墅的人，在發現海濱別墅的價格很高後，就會轉而在內陸購買一間小屋。同樣地，當需求不足以從用戶那收取高價格的時候，供應商就不得不以低於進價或生產成本的價格出售商品，否則在原定的價格水準上出售那些滯銷商品，結果可能一毛錢都賺不到。

系統性因果關係

系統性因果關係涉及相互作用，而不是單向因果關係，這就減少了個人意圖的作用。正如恩格斯指出的：「每個人的意志都會受到其他人的干擾，而最終出現的可能是所有人都不希望的事情。」經濟學關注的是最終會發生什麼情況，而不是人們的意圖是什麼。假設某一天股市收盤指數是一四三六七點，這是股市中無數買方與賣方經過一系列複雜的相互作用之結果，實際上並沒人有意讓股市收盤於一四三六七點，這是人們在追求其他意圖時的行為所導致的結果。

因果關係有時可以用某人刻意的行為來解釋，有時則可以用系統性相互作用來解釋，更多時候，本是系統性相互作用的結果，卻錯誤地用個人意圖予以解釋。比如，原始人不知道大氣壓力變化的系統性原因，於是把風中樹動歸因於一種無形的精神力量在有意為之。同樣地，當人們不明白經濟學基本原理時，也傾向於用個人意圖來解釋經濟中的系統性事件。例如，價格上升反映了供給和需求的變化，但不懂經濟學的人可能會把價格上升歸因於人的「貪婪」。

生活在低收入社區的人們震驚於商店裡的高價格，並馬上歸罪於生意人的貪婪和剝削。與中產階級社區的銀行收取的利率相比，低收入社區中的當鋪和小型金融機構收取的利率更高，他們也會從個人動機的角度得出類似的結論。低收入社區的公司通常會對支票兌現業務收取費用，而中產階級社區的人們卻能夠在當地銀行免費辦理該業務。然而，城內的企業與他處的企業相比，利潤通常不會高多少，而且許多企業，比如連鎖超市，都正搬離這種地區而往外發展，這些都強化了上述結論。

購買相同的產品和勞務，窮人最後總是比富人支付的更多，這一令人痛心的事實有一種非常簡單的系統性解釋：在低收入社區提供產品和勞務的成本通常要高很多。為了應對高犯罪率和惡意破壞行為所支付的高額保險費和各種高額保安措施，是導致低收入社區商業成本較高的系統性原因，而這些原因卻被那些想從個人動機方面尋求解釋的人所忽略。此外，在低收入社區，每一美元的生意都要面臨更高的成本。當鋪或信貸公司貸給五十個低收入者每人一百美元，和銀行一次性貸款給一個中產階級客戶五千美元相比，雖然金額總數一樣，但花費的時間和金錢都更多。[2]

大約有十%的美國家庭沒有支票帳戶，毫無疑問，這一比例在低收入家庭中更高，因此許多低收入

2 在許多情況下，中產階級借款人在準備貸款的銀行開設了支票帳戶，就會自動擁有一個信用額度，五千美元的貸款不需要再遞交申請。借款人只需在支票上填寫五千美元（即使它比帳戶上的錢多），信用額度就會支付這筆錢，這就使借款人和銀行以最短的時間、最少的麻煩完成這筆交易。因為潛在借款人的信用等級在他們最初開設帳戶時就已經建立了，而信用額度的大小就是基於信用等級確立的。

者要依靠當地的支票兌現機構來兌現他們的薪水支票、社會保險支票，或其他支票。一輛裝甲車將小面額的鈔票運送到貧民窟的社區信貸公司或小型支票兌現機構的成本，與運送大面額且價值一百倍於前述金額的鈔票到城郊商業區的銀行所花的成本一樣多。由於低收入社區每一美元的生意花費更高，因此這些高成本轉變成高價格和高利率也就不足為奇了。

負擔能力差的人卻不得不支付更高的價格，這固然是不幸的結局，但原因卻是系統性的。這不僅是哲學或語義上的區別。對於因果關係的不同理解會引起不同的實際後果。認為低收入社區的高價格和高利率是因為人類的貪婪或剝削，並且通過實行價格管制和利率上限來糾正這種情況，結果只會使低收入社區的供應更少。正如房租管制會減少房屋供應一樣，價格管制和利率管制導致了願意承受低收入社區高成本的商店、當鋪、地方信貸公司和支票兌現機構減少，因為法律批准的價格和利率無法讓這些企業收回成本。

另一種結果是，低收入社區的居民不再去合法的信貸機構，轉而向高利貸借錢，而這些高利貸者收取的利率甚至更高，且他們會用自己的方式來收錢，例如使用暴力。

當低收入社區的商店和金融機構倒閉，更多低收入社區的居民不得不到其他社區購買日用品或其他商品，於是除了購物開銷外，人們還得付錢搭公車或計程車。已經有許多企業因為各種原因而倒閉，包括暴動事件、商店遭竊及蓄意破壞行為的比率大幅提高等等，結果就是低收入社區的居民被迫去其他社區購物或辦理銀行業務。

「首先，不要造成傷害。」這條原則已延續了數個世紀。明白系統性因果關係和意圖因果關係的區別，是減少經濟政策負面作用的一種方式。尤其重要的是，不能去傷害那些已經處於艱難經濟環境中的人。我們也應該知道，即使在高犯罪率的社區，大多數人也並不是罪犯。這些社區中的一小部分不正直的人，才是導致社區商業運營成本較高的真正源頭，進而導致企業收取更高的價格。但是，不管是從理智上還是情感上來說，人們都很容易把高價格怪罪於收錢的人，而不是真正導致高價格的人。在政治上更是盛行譴責外來者，尤其是當這些外來者有著不同種族背景。

系統性原因，比如我們在經濟學中經常看到的，不同於「貪婪」、「剝削」、「亂喊價」、「歧視」等出自個人意圖的原因，並不是大眾的一種情感宣洩，也不是媒體和政客演出的一場道德劇場。從個人意圖方面來解釋因果關係可能是自然的傾向，從某種意義上說，沒有經驗的個人或是發展不太成熟的社會往往會先從這一方面來解釋。人類花費了數世紀，才讓某些自然現象從根據迷信的解釋轉為基於科學的系統性解釋。然而，我們尚不清楚是否也需要花費那麼長的時間，才能使經濟學基本原理取代人們用意圖原因來解釋系統性結果的自然傾向。

複雜性與因果關係

經濟學的基本原理並不複雜，但人們總是不願接受與固有信念相悖的分析結果，而將經濟學的基本原理「過度簡化」使經濟學容易學也容易忘。對簡單事實的迴避，通常要比這些事實本身複雜得多。同樣地，複雜的結果也不一定就源自複雜的原因，一些非常簡單的事情很可能會產生非常複雜的結果。例如，地球的地軸（自轉軸）是傾斜的，這樣一個簡單的事實，會導致植物、動物、人類以及無生命物

（像洋流、天氣變化、晝夜長度變化）發生一系列非常複雜的反應。

如果地球的地軸不是傾斜的[3]，那世界各地的晝夜全年都是等長的。赤道與極地的氣候雖仍不一樣，但每個地區冬季與夏季的氣候卻是一樣的。事實上，地球的地軸傾斜表示地球每年繞太陽公轉時，陽光以不同角度從不同點照射同一個國家，於是引起溫度和晝夜長度的變化。

相應地，這些變化又引發植物生長、動物冬眠與遷徙等一系列複雜的生物反應，同時引起人類的心理變化，而經濟也會發生季節性變化。氣候變化還會影響洋流，及颶風出現的頻率等諸多自然現象。所有這些複雜的現象都只因為一個簡單事實：地球地軸是傾斜而不是垂直的。

總之，複雜的結果既可能是由簡單的原因或複雜的原因引起的。只有具體的事實才能告訴我們到底哪一個是真正的原因。先驗地聲明某某原因「過度簡化」，不會告訴我們真正的原因是哪一個。如果我們從一個解釋中得出的結論與事實不匹配，或它的推理不合邏輯，那麼這樣的解釋就過度簡化了。但多數情況是，人們理所當然地認為一個解釋「過度簡化」，卻沒有考察它的證據或邏輯。

人們往往在低價時增加購買，在高價時減少購買，這是最簡單的道理了。不管是在房地產市場上，還是在食品、電力或醫療保健市場上，把它和生產者在高價時增加供給、低價時減少供給聯繫在一起，足以讓我們預測人們對價格管制的多種複雜反應。此外，我們還可以在所有有人居住的大陸和數千年的歷史記載中發現人們對此的反應。簡單的原因及由此產生的複雜結果，在各個民族和文化中都很常見。

個人理性與系統理性

將因果關係歸結於個人因素這種傾向，不僅使人們將市場經濟中的價格升高歸罪於「貪婪」，而且還使人們指責官僚的「愚昧」是導致政府計畫出錯的原因。事實上，這些計畫之所以出錯，常常是因為在決策者或決策團隊無法知道一切的條件限制下，面臨一定獎懲誘因的官員，無法有完全合乎理性的行為所致。

當高層政治領袖制定某項政策或制度後，政府官員就會服從當局權威，他們可能會對違背自己的信念感到猶豫，但不要指望他們指出這些政策和制度會出現的負面影響。帶來壞消息的信使賭上的是自己的政治職涯，在史達林或毛澤東的統治下，他們甚至可能丟了小命。

對政府官員來說，執行某項具體政策可能是理性的；但對整個社會而言，這些政策卻可能產生負面影響。例如，蘇聯在史達林時期曾出現採礦設備的極度短缺，但生產該設備的工廠管理人員卻把生產出來的設備囤積起來，而不是運送到急需這些設備的礦場。原因是官方命令這些設備必須塗上紅色抗油性油漆，但是工廠只有綠色抗油性油漆。而且由於不存在自由市場，工廠很難買到符合規定的油漆。

當時，違反官方命令是重罪，該工廠負責人就說：「我可不想被關八年。」而當他向一名高級官員說明情況，請求批准使用綠色抗油性油漆時，這名官員的回答是：「你要知道，我也不想被關八年。」不過，這名高級官員還是發電報向政府部門請求批准。拖延多時後，高層終於批准了他的請求，採礦設

3 有些人會說在太空中不分上下，但我們可以這樣表述，即地球圍繞旋轉的地軸，不垂直於地球圍繞太陽公轉的平面。

備也終於運到了礦場。這些人的行為並不愚蠢，他們在面對工作制度設定的誘因和限制時，做出相當理性的反應。任何一種經濟或政治體制中，人們只能在可行的多種備選方案中選擇，只不過不同的經濟體系提供的備選方案是不同的。

即使在民主政府中，那些在私營部門取得過傲人成績的傑出人士，被政府任命政府高官後，也很難再次複製以往的成功。這種情況再次說明不同制度間的誘因和限制是不同的。正如諾貝爾經濟學獎得主喬治・斯蒂格勒所說：

> 「大批成功的商人轉而謀求國家政府中的高級行政職位，他們之中的許多人——我想應該是大多數——在新的環境中取得的成績相較以前黯淡得多。他們被深諳世故、頭腦頑固的下屬包圍，還要應付不顧他們需求的立法機關，而且他們所在的機構幾乎每樣東西都被貼上『管不了』的標籤。」

誘因與目標

誘因之所以重要，是因為大多數人通常會為自己的利益付出更多，並將之放在他人的利益前面，而誘因把這兩個目的聯繫了起來。服務生把食物端到你桌上，並不是因為你餓了，而是因為他的薪水和小費有賴於此。蘇聯的餐館缺乏這樣的誘因，服務之差眾所周知。未售出的產品堆積在倉庫裡並不是缺乏自由市場價格機制誘因所導致的唯一後果。價格不僅有助於人們決定生產哪種產品，也是配置所有產品和勞務，以及分配用於生產這些產品和勞務的稀有資源的一種方式。但價格並未創造稀少性，任何經濟體系都需要按某種形式配置。道理雖然簡單，但許多旨在使各樣的產品和勞務「便宜」，或防止它們「價格過高」的政策和計畫，卻常適得其反。但過高的價格卻能限制每個人的使用量。即使政府法令讓人們能買得起每樣東西，也仍會存在供應不足的情況，甚至比價格過高時的供應更不足。人們將不得不採用其他的方式配置稀有資源。不管這種方式是政府印發配給券、黑市交易還是搶購，資源配置還是要進行下去，因為人為壓低價格並不會帶來更多的總產量。相反地，價格上限往往會導致產量減少。

縱觀歷史，很多乍看之下是人道主義的政策，卻因為沒能理解價格的作用而事與願違。無論是在十七世紀的義大利、十八世紀的印度，還是大革命後的法國、十月革命後的俄國，或是一九六〇年代一些獲得獨立的非洲國家，試圖通過價格管制來保持食品低價格的做法都曾導致飢荒，甚至餓殍遍野。一些獨立的非洲國家跟東歐的許多國家一樣，在價格管制前擁有豐富的食物，甚至能夠出口食物，政府的計畫卻把它們變成連自己都養不活的國家。

由於政府的限制而無法供應商品的情形，必須與沒有能力生產所造成的缺乏區分開來。一個國家即使有著極其肥沃的土壤，食物供應也會出現短缺。比如，在尚未實現自由市場經濟的後共產主義（post-Communist）國家俄羅斯：

「沿著鄉間丘陵向莫斯科南部蜿蜒一百五十英里的普拉瓦（Plava）河谷是農民夢想成真的地方。這是通往人民口中的『黑土村』（Chernozym）的必經之路。黑土村擁有歐洲最肥沃的土壤，並距離一個食物匱乏的大都市只有三小時的車程……黑土村的自然財富足以養活整個國家，但它卻幾乎不能養活自己。」

很難想像在自由市場經濟中，被肥沃的農田圍繞的城市也會面臨食物匱乏，還需要進口外國的食物。然而生活在這個肥沃農田上的人也跟城市居民一樣挨餓，農人每周從農田收穫的農產品只有十美元，但即使是這麼少的金額，也因為缺少貨幣，要用物品——幾麻袋馬鈴薯或黃瓜——支付。正如該地區一個小城的市長所說：

「我們本應該是富有的。我們擁有肥沃的土壤、科學的專業技能和高素質的人才。但結果又怎樣呢？」

撇開其他不說，透過以上的內容我們可以把經濟學理解為實現有效配置具有多種用途的稀有資源的一種方法。俄羅斯缺少的就是把飢餓的城市與肥沃土壤生產的食物聯繫起來的市場，以及允許市場發揮作用的政府。但在俄羅斯的許多地方，當地官員禁止人們把食品運出地方邊界線，以此來確保他們管轄的區域內食品保持低價格，用這樣的辦法來贏得當地人對他們的政治支持。需要再次強調，站在政府官員的立場來看，通過維持食品低價格來獲得當地消費者的歡迎並不是愚蠢的政策。這對官員的政治事業是有利的，但對整個國家而言卻是一場災難。

雖然自由市場中的系統性因果關係從某種意義上說是非人性化的，即它的結果並不是由任何特定個人預先確定的，但歸根究柢，「市場」是人們將自己的個人欲望與他人的欲望相互協調的一種方式。人們常會錯誤地比較非人性化的市場與各種據稱是富有仁慈心的政府政策。實際上，這兩種體制都同樣面臨著資源的稀少性，都同樣要在資源稀少性的限制下做出選擇。不同之處在於：前者每一個單獨個體為了自己的利益做出選擇，後者則是一小部分人為其他成千上萬的人的利益做出選擇。

市場機制是非人性化的，但個體做出的選擇在任何地方都是有人性的。新聞工作者可能時興將之稱為「市場的反覆無常」，就好像它與人的欲望無關，正如人們曾經談論「生產出有用的東西，而不是為了追求利潤」，就好像利潤是通過生產人們不能使用或不想使用的產品賺來的一樣。真正的區別在於，個體為了自己的利益做出選擇，而其他人通過自己的主觀判斷來確定這些個體「真正」需要什麼，並為他們做出選擇。

稀少性與競爭

稀少性使每個人的欲望不可能得到完全滿足，不管我們選擇什麼樣的經濟體系或政府政策，也不管個人或社會是貧窮還是富有、聰明還是愚笨、高貴還是卑微。人們為稀有資源而競爭是與生俱來的，與我們喜不喜歡競爭無關。稀少性表示我們無法選擇要或不要一個人們彼此競爭的經濟體系。那是唯一一種可行的經濟體系，而我們唯一能做的，就是在各種可用來進行這種競爭的方法中做出選擇。

經濟制度

大多數人都沒有意識到購物也是競爭，人們只認為自己是在決定既定價格下購買多少商品，但稀少性一定會使人們捲入與其他人的競爭，即使他們關注的只是在現有的金額下自己的購買能力。

通過價格競爭、分配資源的附帶好處之一，是人們不太可能把彼此視為對手，也不會因此產生敵意。例如，建造一座新教教堂和建造一座天主教教堂所需的勞動力和建築材料幾乎是一樣的。但如果新教徒正在為他們自己建一座教堂籌集資金，他們可能會滿腦子都在想能夠籌集多少資金，及造這座教堂需要多少資金。建造價格可能會使他們削減一些更詳盡的計畫，以便與他們的支付能力相符。但他們不會因此怪罪天主教徒，儘管天主教徒對相同建築材料的競爭抬升了價格。反之，如果由政府來建造教堂，並把它們分配給不同的宗教團體，那新教教徒和天主教教徒就會因為這個慷慨的贈予成為直接的對手，且沒有哪一方會受到財務誘因來削減他們的建造計畫以適應另一方。相反，每一方都會竭盡所能，為充分滿足自己的欲望，在政治上動員追隨者，堅決要求得到他們想要的，痛恨任何縮減計畫的建議。材料和勞動力固有的稀少性依然限制著人們能夠生產的東西，但由於政府的參與，這種限制於是能在政治上被強加於某一方。由於彼此之間的競爭，每個人都會看到這種強加的限制。

當然，美國憲法並不允許政府為宗教團體建造教堂。毫無疑問，之所以做出這個規定就是為了預防這種政治競爭和怨恨，因為有時這種競爭甚至會引發流血事件，這在全世界歷史上都曾發生過。

不僅如此，同樣的經濟學原理也適用於宗教以外的群體，比如基於種族、地域或年齡畫分的群體。所有的群體都會為了得到相同的資源不可避免地展開競爭，而這僅僅是因為資源是稀少的。然而，那種必須將需求維持在你經濟能力之內的間接競爭，與眼見自己想得到的政府福利，因為其他競爭團體的要求而被阻撓，是截然不同的。由價格創造的自我配給，不僅能減少社會或政治摩擦，還能提高經濟效率，因為每個人都比任何第三方更瞭解自己的偏好，所以能在可用的資源範圍內權衡取捨來滿足個人需要。

通過價格進行的配置還限制了人們對其他人的產出的需求，他們以自己能為他人創造的產出以及由此獲得的收入為限。價格管制、補助或其他形式的價格配置，只會使人們更沒動力去進行自我配給。這就是為什麼人們享受免費醫療或政府大幅度補助時，即使是小毛病也會去看醫生；為什麼農民在得到政府灌溉補助後，會種植需水量巨大的作物。如果農民需要自己支付全部灌溉費用，他們絕不會種植這些作物。

不管價格是不是由個人來支付，整個社會都要支付全部成本。當價格管制人為地將某些商品的價格壓低時，有些人在消費和使用時會更加放縱，這樣留給其他人消費的數量更少了。因此，在房租管制下會出現一人擁有多間公寓，而許多人即使有意願也有能力支付租金，卻難有落腳之處。除此之外，不管有沒有價格，配置都會進行，這表示某些非價格的資源配置形式可以成為一種替代方式。

靠等待來獲得想要的東西是非價格配置的一種常見形式。例如蘇聯時期的人們在商店大排長龍；或在政府提供免費醫療或大幅補助醫療的國家，外科手術等候名單長長一大串。

運氣和貪腐也是價格配置的替代方式。當某種供不應求的產品補貨到店時，不管是誰，只要他恰好在該商店，就能在第一時間買到該商品，而那些後來碰巧知道的人，在到達商店時會發現他們夢寐以求的商品已銷售一空。在其他情況下，為了得到優先權，個人或政治的偏袒或行賄受賄就會取代運氣；或用一些正式的分配體系，比如官方機構制定的政策取代偏袒。但不管怎樣，忽視價格的作用，或政府降低價格的做法，都無法取代市場經濟體系中的價格配置機制。

漸進性替代

明白替代機制的作用很重要，同樣重要的是牢記有效配置資源需要漸進替代，而不是全部替換。比如說，一個人可能會認為健康比娛樂活動更重要，但不管它作為一個一般性原理聽起來多麼合理，沒有人會真的認為值得放棄購買所有音樂產品，只為了在櫃子裡備妥二十年份的ＯＫ蹦。一個價格調節的經濟體系有助於漸進性替代，但政治決策則傾向於確定優先事項——也就是說，它會宣佈某件事情絕對要比其他事情更重要，並制定相應的法律和政策。

當一位政客說我們需要將某件事情「作為國家優先考慮的事」，也就等於說要使甲「絕對」比乙更重要。這與漸進性替代相反，因為在漸進性替代中，每一件東西的價值取決於我們當時擁有的數量，以及為了獲得乙，我們願意放棄的甲的數量。

物品相對價值的變化可以大到足以使有利的東西轉化成有害的東西，反之亦然。例如，人類生存離不開鹽、脂肪和膽固醇，但大多數美國人卻由於過度攝入這三種成分而縮短壽命。相反地，雖然酒精會引起許多問題，從重大車禍到肝硬化，但研究發現適量的酒精有益於健康，它能夠拯救人的生命。[4] 飲酒並沒有絕對的好與壞之分。

只要兩件物品各具價值，我們就不可能斷然認為其中一件物品比另一件更有價值。一顆鑽石的價值可能比一便士的價值大得多，但是如果便士足夠多，它們會比任何一顆鑽石的價值都大。這就是為什麼漸進性地權衡取捨往往能夠比絕對的優先權產生更好結果。

長期以來，世界各國的人們都一直在抱怨政府的繁文縟節。但從制定者所面臨的誘因來看，政府公文、條例以及各種活動的官方批准，都是可以理解的。這些額外的要求也許總有發揮作用的時候，不是在這裡就是在那裡，不是現在就是以後，沒有比這樣的行政手段更簡單的了，也沒有什麼比記得隨時問一句：「以什麼為代價？」這個關鍵的問題更難的了。

花自己的錢的時候，隨時隨地都會面對成本問題，但花納稅人的錢或能夠把鉅額成本強加到企業、房主和其他人身上，就沒有實際的誘因來注意額外的成本，即使當所增加的成本大過所增加的利益時，他們仍不為所動，毫不手軟地增加自己的需求，繁文縟節也就隨之產生。

任何試圖擺脫這些繁文縟節的做法，都可能會遭到官員的反對，他們會指出在某些情況下這些要求的有益之處。但是，他們肯定不會問，它所增加的價值是否會超過他所增加的成本，因為根本就沒有任

4 按照《內科學文獻》（*Archives of Internal Medicine*）的一篇文章（二〇〇〇年九月二十五日），對於不喝含酒精的飲料或一周只喝一次酒的人來說，當他們改為一周喝一到六次酒來增加酒精攝入量時，心血管疾病的發病率會降低。然而，對於那些一周七次或是更多酒精攝入的人來說，再增加酒精攝入量就會增加心血管疾病的發病率。醫學期刊《刺胳針》（*The Lancet*）二〇〇二年一月二十六日那期曾指出：「輕微或適度的酒精攝入可以減少五十五歲以上老人發生痴呆症的風險。」

何誘因，促使他們以這種角度思考事情。媒體也同樣不會這樣思考。例如《紐約時報》的一篇文章認為，很少會有「無用」的規定──好像世上真有一種標準可以在任何情況下判斷是否「有用」。但無論是個人還是企業，如果他們花的是自己的錢，也不會願意為所有東西付費，即使這些東西不是全然無用的。

我們並不會懷疑，義大利對商業施加眾多政府管制是有原因的，或至少存在理論支持，但真正的問題是，它們的成本是否大於收益：

「想像一下，你是一個雄心勃勃的義大利企業家，正想開拓一門新生意。你必須為員工支付至少三分之二的社會保險，而且一旦你雇用第十六名員工，將遇到更棘手問題，因為根據相關法律規定，你的企業不能隨意解雇員工，否則將面臨非常高昂的解雇成本。

這還不是全部。一旦雇用了十一名員工，你必須每年向國家機關提交一份年度自我評估報告，列出你的員工所有可能面臨的健康和安全風險，不僅包括工作相關的壓力，還包括由年齡、性別和種族差異引發的壓力。你還必須注意所有的風險預防措施，以及相關的執行程序。在年度自我評估報告中必須列出負責安全的員工姓名，評估所需的醫生等。

……當你的公司雇用了第五十一名工人，就必須以某種方式把工資的七%補助給弱勢員工……一旦雇用了第一〇一名員工，你必須每兩年提交一份關於公司內部性別比例變動的報告。這份報告必須包括，每個生產單位男性與女性員工列表，及其職責與層級，薪酬和福利的詳細情況，招聘、升遷與調動的日期和原因及預計對收入的影響。」

《華爾街日報》登這則描述義大利勞工法律的報導時，義大利失業率為十%，經濟也面臨萎縮。

補助與稅收

在理想情況下，價格讓不同的使用者在市場上競爭稀有資源。然而，當政府只對某些特定產品或資源徵收特別稅或進行補助時，這種競爭就在一定程度上被扭曲了。

含有特別稅或專門補助的產品或勞務，它們的定價無法傳遞出其真正的生產成本，因此也就無法實現以往的價格下應該達成的交易。然而，補助「好」東西，向「壞」東西課稅一直以來都是一種政治上的誘惑。但是好東西和壞東西都不是絕對的，補助和課稅阻止了人們通過自由選擇來判斷這些東西如何好或如何壞，使人們受到政府改變的價格的影響。那些想要對某些東西徵收特別稅或進行特別補助的人，似乎並不明白他們真正想得到的，是一個錯誤反映事物的相對稀少性的價格，一個錯誤反映使用者投入在這些事物上的相對價值的價格。

例如，造成加州周期性缺水危機的原因之一，就是加州對農業用水的大量補助。使用同量的水，加州帝王谷的農民只需支付十五美元，洛杉磯的農民卻要花費四百美元。最終結果就是只占加州總產出二%的農業，卻消耗了四十三%的水資源。加州的農民還種植需水量很大的農作物，如稻米、棉花，在非常乾旱的氣候下，如果農民要自己承擔全部的灌溉成本，他們絕不會種植這樣的作物。由於政府對灌溉用水的補助，加州乾旱的土地上種植了大量的水果和蔬菜，而這些水果和蔬菜本可以在雨水豐沛的地區以更低的成本生產。

判斷加州的農產品是否值得人們花費成本來種植，可以讓加州農民在沒有補助的情況下，與有著更高降雨量的其他州的農民進行競爭。政府官員沒必要人為壓低美國聯邦灌溉工程的用水成本，然後斷然決定在加州種植某種作物是好還是壞。這些問題需要由直接面臨多種選擇的人，通過自由市場上的價格競爭慢慢做出決定。

加州的情形並不是唯一的例子，事實上，這也不是美國特有的問題。印度政府向農民提供「近乎免費的電和水」。按照《經濟學人》雜誌所說，這就吸引農民大量種植「需水量大的稻米」，結果使旁遮普省的地下水位「迅速下降」。人為地使某種東西便宜通常會造成浪費，不管它是什麼東西，也不管它位於什麼地方。

從配置資源的角度來看，政府要麼對資源、產品、勞務都不徵稅，要麼全部徵收相等的稅，盡量消除對消費者和生產者的選擇產生的扭曲。出於同樣的原因，即使從人道主義出發，政府不應該對某種資源、產品或勞務提供補助。政府可以對特殊群體進行補助——考慮到他們是自然災害的受害者、先天殘疾或者是遇到了其他不可控的不幸。直接補助窮人，就不會像對某種產品課稅或進行補助那樣扭曲資源配置，同時還能實現同樣的人道主義目的。

不受稅收或補助影響的資源價格會在很大程度上提高經濟效率，然而從政治立場來看，政客都會通過對特殊利益給予特殊支持，或以對目前不受歡迎的人或事徵收特殊稅的方式來贏選票。在公平的競爭環境中，自由市場可能會發揮出最好的效果；而政客為了贏得選票卻使競爭規則有益於某些群體。在政治上，這種偏頗常常以「幫助不幸的人」這樣的說法來合理化，然而一旦政客獲得了權力或實施了政策，得到補助的群體根本不是什麼不幸的人。就像《華爾街日報》的一則報導指出的：

> 「航空乘客支付的大筆稅費，都流向了主要由私人飛行員和全球企業高層使用的小型機場。」

「成本」的意義

有時候人們會問：如何為藝術定價？或如何為教育、健康、音樂等定價？他們想用這樣的理由讓某些東西免於成本與收益的權衡。隱藏在這個問題下的是一個根本性錯誤，即人們認為價格是「施加」在事物上的。

只要藝術、教育、健康、音樂以及無數其他的東西都需要時間、努力和原料，成本就是不可避免的。這些成本不會因為法律不允許它們在市場上通過價格傳遞而消失。最後，對整個社會而言，成本就是用相同的資源可以生產的其他東西。資金流量與價格變動就是這一事實的表現，即使抑制這些表現也不會改變隱藏的事實。

價格管制之所以盛行，原因之一就是人們混淆了價格與成本。例如，政客說要「降低醫療服務的成本」，也就意味著他們會「降低醫療服務的價格」。醫療服務真正的成本——訓練醫生的時間、建造和裝備醫院的資源、研發一種新藥物所需花費的上億美元經費和時間——絲毫沒減少。這些事情也不可能由政客來處理。政客所說的降低醫療服務成本，就是要降低醫藥的價格以及醫生或醫院收取的費用。

一旦認識到價格與成本的區別，那麼對於價格管制帶來的負面影響，就不會感到奇怪了，因為若對價格定出上限即表示拒付其全部的成本。提供住宅、食物、醫藥或其他數不清的產品與勞務的人如果收不回成本，也就無法保質保量地繼續供給這些產品和勞務。這一結果並不會立即顯現出來，這解釋了為什麼價格管制通常很受歡迎，並且影響會持續下去，但隨著時間的流逝會越來越糟。

房屋供給並不會因為房租管制立即消失，但隨著時間流逝，房子逐漸老化，又沒有足夠的新房子來替代，情況就會惡化。已有的藥物也不會因為價格管制而絕跡，但是當價格無法彌補治療成本和研發新藥的風險時，製藥公司也就不會像現在這麼快速地研發治療癌症、愛滋病、阿茲海默症及無數其他疾病的新藥了。但所有這一切都需要時間來展現，而多數人的記憶都轉瞬即逝，不會把他們經歷的壞結果與多年前自己支持的那些政策聯繫起來。

不管道理看起來是多明顯，各種旨在逃避價格傳遞作用的政治方案仍層出不窮——不論是通過直接價格管制，還是實行補助讓東西「變便宜」，或是把政府免費提供多種產品與服務作為一種權利。許多考慮不周的經濟政策，都是把價格當作令人討厭的事情並予以迴避。這不是某種單一的謬誤。這些政策方案的共同之處就是，使一些東西不必與其他東西進行成本收益上的權衡比較[5]，而這樣的比較過程恰能使具有多種用途的稀有資源的收益最大化。

價格最有價值的經濟作用是它傳遞了有關基本現實的訊息，同時也提供了響應基本現實的誘因。從這個意義上說，價格可用一個簡單的數字總覽複雜現實的最終結果。舉例而言，假設有個專業攝影師想要買一個長焦鏡頭，這時他需要在兩種鏡頭之間做選擇，這兩種鏡頭的照片品質相當，放大倍數也相同，但其中一個鏡頭的採光是另一個的兩倍。採光更好的鏡頭能夠在弱光環境下拍攝照片，但為了達到更好的採光而採用更大光圈也會帶來一些光學問題。

攝影師可能完全不知道這些光學問題，而且解決方案是可能需要使用更昂貴的玻璃製成更精密的鏡頭。攝影師唯一需要知道的，是光圈更大的鏡頭價格也更高。攝影師唯一要決定的，是較高的價格對於他的拍攝需求是否值得。通常在陽光明媚的天氣進行戶外攝影的風景攝影師會認為沒必要買更昂貴的鏡頭，然而對於在博物館內進行室內拍攝的攝影師來說，由於不能使用閃光燈，他只能花更多的錢購買大光圈鏡頭。

知識是最稀有的一種資源，價格使個人和組織在做決策時不必具備大量知識。攝影師不需要專門的光學知識就能在各種鏡頭間做出有效的選擇，瞭解專業光學知識的鏡頭設計師也並不需要瞭解諸如博物館的開放規則、博物館照片的市場前景，以及其他有限光源場所的攝影需求等。

有些經濟制度不依賴價格，而是依靠某位官員或規畫委員會來決定稀有資源的使用，這時為了高效利用具有替代用途的稀有資源，即使是製造、使用照相機這樣簡單的決策，也需要瞭解其背後包含的諸

5 例如，《紐約時報》的一位作者艾莉莎・奎特（Alissa Quart）曾說：「我們需要高品質、範圍廣泛的日托機構。」（出自二〇一三年八月十八日刊登在《紐約時報》星期日評論版第四頁的〈被照顧孩子的成本擊潰〉）。換句話說，有些人決定同時追求事業和養小孩，相關的成本卻拋給其他納稅人，他們從沒有對自己的決定進行成本收益的權衡，其他人也沒有根據這些決定，做成本收益的權衡比較。除非，有與此事沒有個人利益瓜葛、也不會計較得失的第三方觀察員。

多複雜因素以及相關的大量專門知識。畢竟，玻璃不僅可用於相機鏡頭，還可用於製造顯微鏡、望遠鏡、窗戶、鏡子等。具體分配多少玻璃給每一種產品，所需的專門知識遠超過任何個人，或任何有限規模的組織所能夠掌握的數量。

儘管在二十世紀初，許多個人和團體期待有一天用中央計畫經濟取代價格來協調經濟，並且二十世紀的數十年間也經歷了中央計畫經濟的起落。到二十世紀末，即使是世界上最具社會主義和共產主義特色的政府，也已開始使用價格來協調經濟發展。不論中央計畫多具吸引力，現實的實驗卻讓支持者也愈發依賴價格協調的市場經濟。二〇一二年的一份關於自由市場的國際研究報告發現，世界上最自由的市場是香港，而治理香港的卻是一個社會主義國家。

INDUSTRY AND COMMERCE

｜第二部分｜

產業與商業

第五章 企業的興衰

失敗是企業自然循環的一部分。公司時有興亡，只有資本主義不斷向前。

——《財星》雜誌

通常我們傾向把企業看作賺錢的機構，但這種看法至少在兩個方面是錯的。首先，新建立的企業約三分之一活不過兩年，一半以上會在四年內倒閉，顯然許多企業是虧損的；再者，不只新企業虧損，有些經營了數代的企業——有的甚至超過一整個世紀——也會因虧本倒閉。從經濟學角度來看，重要的並不是企業家想賺多少錢或賺錢的願望是否得到滿足，而是所有企業如何影響具有多種用途的稀有資源的使用，進而又如何影響整個社會中其他數百萬人的經濟福利。

適應變化

我們從報章雜誌上看到的企業，通常都是已獲成功的企業，特別是那些極為成功的企業，如微軟、豐田、SONY、瑞士信貸等。在較早期，美國人都聽過A＆P百貨連鎖店，它是當時世界上最大的零售連鎖店。

該公司在一九二九年擁有一萬五千家分店，數量超過美國其他任何零售連鎖店。現在A＆P百貨連鎖店的規模已縮減到微不足道的地步，幾乎不為人所知。這一事實說明工商業並不是靜止不變的，它是一個動態過程，產品、個別公司和整個產業，都會在其中隨著不斷變化的環境進行殘酷競爭，發生起伏演替。

二〇一〇到二〇一一年，僅一年間就有二十六家企業跌出《財星》世界五百大企業名單，包括服裝品牌Levi's和美國知名電子零售商RadioShack。幾世紀以來，這種變化從未停止，包括整個金融中心的變遷。從一七八〇到一八三〇年代，美國的金融中心是費城的栗樹街（Chestnut Street），但從那之後的逾一個半世紀裡，紐約的華爾街取代栗樹街成為美國金融中心，後來又取代倫敦成為世界金融中心。

這樣的變遷主要是利潤和虧損在起作用。從迫使企業有效利用稀有資源的角度來看，利潤和虧損同樣重要。工商業涉及的不僅是利潤自動增減一般管理問題。在經濟環境和社會環境的不斷變化中，存在大量不斷變化的細節，即使是最大、最成功的企業，虧損的威脅也無所不在。為什麼公司管理人員的工時通常比普通員工長；為什麼只有三十五％的新公司能撐過十年，這都是有原因的。只有旁觀者的眼中，經營企業才是容易的。

正如公司隨時間推移經歷興衰一樣，利率也會隨時間漲跌，速度甚至更快。二〇〇七年初，《華爾街日報》報導了昇陽電腦（Sun Microsystem）的盈利是這家公司「自二〇〇五年後半年以來的首次盈利」。一九八〇年代後期，CD開始迅速取代黑膠唱片，《遠東經濟評論》報導稱日本的CD播放器製造商「生意蓬勃」。但「幾年之內，CD播放器也只能為製造商帶來極其微薄的利潤」。

對許多產業的許多產品來說，這是一種非常普遍的經歷。首先推出消費者喜愛的某種產品的公司可以獲得豐厚利潤，但正是這些豐厚的利潤為現有公司吸引更多的投資，也鼓勵了新公司相繼成立，這兩種情況都增加了產出，降低了價格和利率，因為價格會隨供需變化而變化。有時價格會下降非常多，公司於是從盈利變為虧損，有些甚至因此破產，直到該產業回到可持續下去的供需均衡狀態。

長遠來看，公司在該產業的相對排名會發生非常巨大的變化。例如美國鋼鐵公司（U.S. Steel）在一九〇一年成立時是當時世界上最大的鋼鐵生產企業。它生產的鋼鐵曾用於修建巴拿馬運河和帝國大廈，並製造超過一・五億輛汽車。然而二〇一一年美國鋼鐵公司的排名已下降到鋼鐵業的第十三位，當年損失五千三百萬美元，第二年又虧損一・二四億美元。波音公司是第二次世界大戰中著名的B-17「空中堡壘」戰鬥機的生產者，也是商用客機（如波音七四七）的最大生產者。一九九八年，波音公司銷售的飛機數量是其最大的競爭對手法國空中巴士公司（Airbus SE）的兩倍。但在二〇〇三年，法國空中巴士公司超過波音公司成為世界上最大的商用飛機製造商，且它在未來要交付的預訂飛機數量也遠超過波音公司。然而法國空中巴士公司過於自負，二〇〇六年由於新飛機的研發沒趕上計畫進度，公司解雇了一些高層主管，波音公司趁勢奪回飛機銷售量第一的寶座。

總之，儘管公司可能被認為是不具性格的、神祕的大型組織，但它們最終都是由各不相同、各具缺點且會犯錯誤的人來經營的，這一點不論在哪種經濟制度、哪個國家的經濟組織中都是如此。對既定的某一情勢適應極好的公司，在情勢突然轉變，而且競爭對手反應較為迅速時，就會被拋在後面。有時候這些變化是技術性的，像是電腦產業中的變化；有時候這些變化則是社會或經濟方面的。

社會變化

A&P百貨連鎖店曾一度非常適應美國的社會和經濟環境，是當時美國最大的連鎖百貨商店，以物美價廉著稱。一九二〇年代，A&P的投資報酬率相當驚人，每年不少於二十%，大約是全美平均值的兩倍，且在一九三〇到一九五〇年代一直持續繁榮昌盛。但從一九七〇年代開始，一切急遽轉變，A&P在一年內損失五千萬美元。幾年後，A&P又在一年內損失了一・五七億美元。自此，衰落已成定局，A&P在接下來幾年中被迫關閉了數千家門市，規模越來越小。

不管是蓬勃發展，還是輸給競爭對手，A&P的命運展現了基於價格調節的經濟具有的動態性，及利潤與虧損在其中的作用。A&P能在一九五〇年代飛速發展，是因其非凡的營運效率讓成本保持低於其它競爭對手，因而能以較低的售價吸引大量消費者。後來A&P的消費者開始流失，轉向其他連鎖店，這也是因為其他連鎖店的成本比A&P更低，於是商品售價也更低。這樣的轉變源自周圍社會環境的不斷變化、不同的企業是否體察到這些變化、是否意識到這些變化的意義，以及對變化做出調整的速度差異。

這些變化究竟是什麼呢？第二次世界大戰結束後的幾年中，都市化和美國民眾日益富足，讓位於郊區並附有大型停車場的大型商場，如A&P，具備市中心社區商店沒有的絕對優勢。汽車、冰箱和冷凍櫃的普及完全改變了零售業的經濟學。

汽車讓郊區化成為可能，也讓消費者和超市得以享有規模經濟。與戰前人們要徒手從市區的社區商店把東西拎回家相比，消費者現在可以一次購買更多物品，這時汽車就發揮了重要作用。此外，冰箱和冷凍櫃的普及，使人們能儲存肉製品和奶製品等易腐食品，這就減少了人們的購物次數、增加了單次購物量。

對超市而言，這表示能在任何一個地方實現大量銷售，它可以吸引周邊幾英里範圍內的消費者，然而位於市中心的社區商店，卻幾乎無法吸引消費者從十個街區外步行前來。大量銷售能節省從生產者到超市的運輸成本，相比之下，將等量的貨物運送到零星分散的小商店成本更高，且這些小商店的銷售量加起來，也不過是一家超市的銷售額。這也意味著超市銷售成本的降低，因為在超市，一位購買一百美元商品的消費者結帳所花的時間，少於在社區商店十位各購買五美元商品的消費者的結帳時間之總和。由於這些經營成本的差異，超市能通過降低價格獲得可觀的利潤，社區商店卻只能勉強支撐。

這些變化不僅降低了提供商品的成本，也改變了不同地區的商店在經濟上的相對優勢與劣勢。一些超市連鎖店，例如 Safeway，在應對這些全新的條件時，比A&P做得更快更好。A&P的分店駐留在市區的時間較長，而且也沒有跟隨人口一起轉移，進入美國加州等「陽光地帶」。

A&P也不願為新的銷售據點簽訂長期租約或支付高費用。結果就是這家以低價著稱的大型百貨連鎖店，突然發現競爭對手的經營成本更低，並以更低的售價也搶走了消費者。

正是低成本帶來的低價格，使A&P在二十世紀上半葉成為全球最大零售連鎖店。同樣地，低成本下的低價格，使其他超市連鎖店在二十世紀下半葉搶走了A&P的消費者。A&P在一個時期成功，在另一個時期失敗，但重要的是，美國整體經濟在這兩個時期都取得了成功，讓民眾得以按當時最低的價格，獲取日常雜貨。二十一世紀初，產業標竿仍持續更替，零售商沃爾瑪（Walmart）成為雜貨業龍頭，門市數量幾乎是Safeway的兩倍。

其他許多企業也曾居其產業中的龍頭地位，但在變化來臨時隕落甚至破產。在二十世紀上半葉曾開闢了大西洋和太平洋商業航線的泛美航空公司，就因為解除航空業管制後航空公司間愈演愈烈的競爭，在二十世紀末破產了。

一些著名報刊，如有百年歷史的《紐約前鋒論壇報》（*New York Herald Tribune*），在新環境影響下被迫停刊，因為電視成為新聞的主要來源，而且報業工會增加了發行成本。從一九四九到一九九〇年，紐約市每日賣出的報紙份數從六百多萬份下降到不到三百萬份。不只是紐約，從一九四七年到一九九八年，整個美國的報紙日發行量下降了四十四%。《紐約前鋒論壇報》是美國因電視興起而破產的多家地方報紙之一。一九四九年每日發行量有一百多萬份的《紐約每日鏡報》（*New York Daily Mirror*），也在一九六三年停刊。

截至二〇〇四年，日發行量在一百萬份及以上的報紙只剩下全國發行的報紙，如《今日美國》（*USA Today*）、《華爾街日報》和《紐約時報》。早在一九四九年，單紐約市就有兩份日發行量超過一百萬的地方報紙——日發行量為1,020,879份的《紐約每日鏡報》和日發行量為2,254,644份的《紐約每日新聞報》（*Daily News*）。二十一世紀下降的趨勢還在繼續。從二〇〇〇年到二〇〇六年，整個美國的報紙發行量又減少了大約四百萬份。

其他衰落或消亡的大型工商企業，同樣也是殘酷競爭的紀念碑，但伴隨而來的卻是大眾消費的繁榮。個別公司或產業的興衰並不是最重要的。重要的是，有多種替代用途的稀有資源被更有效地分配利用，讓較低價格得以實現，而消費者是這一結果的主要受益者。在其中起關鍵作用的不只有價格和利潤，還包括虧損。虧損迫使企業隨環境變動而改變，還讓企業更快意識到自己被競爭對手拋在後面，因為競爭對手察覺到了新趨勢、可更好地理解周圍環境並做出反應。

不管在什麼經濟體中，知識都是最稀有的資源之一，從知識中提煉的洞察力則更是稀有。基於價格、利潤和虧損的經濟體，能賦予擁有更多知識和洞察力的企業決定性的優勢。

換言之，知識和遠見能引導資源配置，即使大多數人——包括國家領導人——並不具備相關的知識，也沒有在當下理解事件的洞察力。顯然，在政治領導人控制經濟決策的經濟體系中，事情卻不是這樣的，因為那些領導人有限的知識和洞察力變成整個經濟體進步的主要障礙。即使單一領導人比一般社會成員具備更多的知識和更敏銳的洞察力，他們也未必比得上散落在數百萬人民腦中的大量知識和洞察力。

不一定非得是技術性或科學性的知識和洞察力，才有經濟價值，才會對整個社會的物質富足具有決定性的影響。平凡如零售業，在二十世紀發生根本性的變化，也帶來百貨商場和雜貨店的變革，並通過降低運輸物品的成本提高了數百萬人的生活水準。

為了繼續生存，民營企業不得不隨時間推移做出劇烈轉變。對大多數美國人而言，西爾斯（Sears）

和華德（Ward's）在二十世紀是百貨公司的代名詞。然而，這兩家企業最初都不是連鎖百貨。蒙哥馬利・華德（Montgomery Ward）——華德百貨公司最初的名字——在十九世紀創立時是一家郵購商店。那時還沒有汽車或卡車，許多美國人居住在規模較小的農村社區。在這種情況之下，向散布在各處的地方商店運輸商品的成本很高，商品的價格也因此很高，一般民眾很少負擔得起我們今日視為必需品的許多物品。

蒙哥馬利・華德透過郵購的營運模式來削減運輸成本，從它位於芝加哥的巨大倉庫直接銷售給全美各地的消費者。它利用已有的鐵路貨運服務，以及後來的郵政系統，以較低的成本將商品提供給消費者，價格也就比農村地區的商店更低。它也在十九世紀後半葉成為全球最大的零售商。

原本在鐵路公司工作的理查・西爾斯（Richard Sears）也建立了一家郵購公司，經過多年的經營，其規模甚至超過蒙哥馬利・華德好幾倍。在其鼎盛時期，兩家公司都擁有通往其芝加哥倉庫的專用鐵路軌道，這也是它們降低運輸成本的一種方式。二十世紀初，美國仍以農業為主，這種方式讓它們能提供比地方零售店價格更低的商品。一九〇三年，《芝加哥論壇報》（*Chicago Daily Tribune*）的一則報導指出，郵購公司的興起讓大批農村商店瀕臨倒閉。

比起這兩個企業的命運更為重要的是，千百萬人可以享有更高的生活水準。如果商品還是通過高成本的通道來運輸，人們將很難負擔得起這樣的生活水準。同時，隨著越來越多人開始移居城市，美國社會在那些年也發生許多變化。雖然變化並不隱祕，但並不是每個人都注意到了這些逐漸發生的變化，而能洞悉到這些變化將對零售業產生重要意義的人就更少了。一九二〇年的人口普查表明，美國城鎮人口在美國歷史上首次超過農村人口。

蒙哥馬利・華德的高層主管羅伯特・伍德（Robert Wood）就是喜歡仔細研究這些統計資料的人。他意識到，通過城市百貨公司來出售貨物，比僅通過郵購商店銷售效率更高、獲利也更大。然而，蒙哥馬利・華德的總裁不僅沒接受他的意見，還因他試圖改變公司政策而把他解雇了。

無獨有偶，一個名叫佩尼（James Cash Penney）的人具有同樣的洞察力，而且已經著手建立自己的百貨連鎖公司。到了一九二〇年，傑西潘尼百貨（J.C. Penney）的分店近三百家，到了一九二〇年代末，更擴張至超過一千家。這些連鎖店將商品送至城市消費者手中的效率更高，對消費者而言是一大福音，但對郵購巨頭西爾斯和蒙哥馬利・華德卻造成很大的經濟問題，兩家公司都出現虧損。此時，羅伯特・伍德已經去了西爾斯，成功說服西爾斯的高層主管建立自己的百貨商場。面對這樣的情形，蒙哥馬利・華德只能做出遲來的跟進，雖然它再也無法趕上西爾斯百貨。

我們要從經濟整體和人民生活水準的角度來看待這一問題，而不應糾纏於某些企業的歷史細節。由價格調節的經濟，在利潤和虧損帶來的誘因之下運作，這樣的經濟最大的優勢之一就是它可以激發出稀有知識和洞察力，即使大多數人——甚至是知識分子和政治精英——並不具有這種知識和洞察力。

觀點正確的人具備很大的競爭優勢，他們能在數量上、甚至經濟上戰勝錯誤的一方。佩尼在創業時並沒有多少錢，事實上，他出身寒門，零售生涯始於美國懷俄明州某一個小城鎮上的一家商店。當時他只是這家商店的三個合夥人之一，而西爾斯和蒙哥馬利・華德已是美國零售業無可爭議的巨頭。然而，他洞察到零售業形式的變化，並最終迫使這兩大巨頭必須用他的方式來經營才能避免滅亡。

後來，一位名叫山姆・沃爾頓（Sam Walton）的傑西潘尼百貨店員，將零售業相關知識學得透徹清楚後，在把自己的知識和洞察力運用到自己的商店中，最終這家商店發展成沃爾瑪連鎖超市（Walmart），銷售量超過西爾斯和傑西潘尼百貨兩家的總和。

由政治當局來運作經濟的一大缺陷，是來自大眾的洞察力沒有足夠的影響力讓當權者改變其行為模式。不管在何種形式的經濟或政治體系下，掌權者往往會變得自滿、傲慢。說服他們做任何事都不容易，尤其是要說服他們以完全不同以往的新方式做事。自由市場的一大優點是，你不必說服任何人接受任何事物，你只要在市場上與他們競爭，讓市場來檢驗哪種做法效果最好。

想像佩尼必須說服西爾斯和蒙哥馬利・華德，擴展至郵購零售業務之外，建立一個遍及全美的連鎖商店。在這樣的經濟體系中，這兩家巨頭的反應很可能是：「這個叫佩尼的傢伙是誰？一個不起眼的鄉下小鎮商店的合夥人也敢指手畫腳，告訴我們如何經營全球最大的零售公司？」

在市場經濟體系下，佩尼不必說服任何人做任何事。他只需要以更低的價格將商品提供給消費者。結果就是佩尼獲得了成功，西爾斯和蒙哥馬利・華德則出現鉅額虧損，為了再次盈利，這兩家產業巨頭不得不仿照這個後起之秀的經營方式。佩尼成長於赤貧，比今天享有福利救濟的大多數人還要貧困，但他的思想和洞察力卻戰勝了那個時代最富有的人，這些人最終意識到：如果放任佩尼或其他人搶走消費者，公司每年將損失數百萬美元，他們將無法保持富有。

經濟的改變

經濟上的改變不僅包括經濟體的變化，還包括公司管理的變化，尤其是它們對外在經濟變動的反應。現在我們習以為常的許多現代經濟特徵，在首次出現時也曾遭拒，通過市場的力量努力抗爭才得以立足。即使是信用卡這種已經廣泛使用的東西，剛推出時也曾遭到頑強的抗拒。一九六〇年代，當萬事達卡（MasterCard）和BankAmericard首次出現時，梅西（Macy's）和布魯明戴爾（Bloomingdale's）這兩家紐約著名的百貨商場就宣稱不接受消費者以信用卡結帳，但當時紐約市區早已有數百萬人擁有信用卡。直到信用卡在小型商店成功後，大百貨商場才開始接受信用卡。二〇〇三年，使用信用卡和簽帳金融卡（debit card）消費的次數首次超過使用現金消費的次數。同年，《財星》雜誌報導稱，許多公司從它們自己的信用卡業務中獲得的利潤——從中收取的利息——甚至超過它們出售產品和勞務的利潤。西爾斯的利潤有一半以上來自信用卡業務，電路城（Circuit City）的利潤甚至全部來自信用卡，電子產品的銷售則虧損了一千七百萬美元。

無論是個人還是企業，都不可能永遠保持成功。光是破產的威脅，就足以讓管理階層產生變動。在人的因素日益重要，以及人與人之間的差異性、甚至同一個人在人生不同時期的差異，企業之間的相對位置隨著時間會出現巨大的變化，這一點不足為奇，甚至已成為一種常態。

個別高層主管在國家變革的某一時期，或在他們人生的某一階段，獲得非常巨大的成功，但之後卻一蹶不振。例如席威爾・艾弗瑞（Sewell Avery）在二十世紀很長一段時間中都是非常成功且廣受贊譽的領導者，曾在美國石膏公司（U.S. Gypsum）和蒙哥馬利・華德擔任主管。但他在晚年卻飽受批評，其經營蒙哥馬利・華德公司的方式備受爭議。他被認為管理不當，卻不肯放下控制權。艾弗瑞辭去執行長後，蒙哥馬利・華德公司的股價應聲上漲。在他的管理下，蒙哥馬利・華德公司曾為應對經濟衰退儲備了鉅額的資金，以至於《財星》雜誌稱其為「偽裝成百貨商店的銀行」。與此同時，像西爾斯這樣的競爭對手卻在利用自己的資金拓展新市場。

重要的並非個人或公司的成敗，而是盛行一時的特定的知識和洞察力所取得的成就，儘管它們被某些企業家和管理者忽視或拒絕。我們都知道智力是稀有的資源，因此若在一個經濟體中，知識和洞察力在市場競爭中起決定性作用，那這個經濟體也就具有巨大的優勢，能為人民創造更高的生活水準。一個只有世襲貴族、軍政府或執政黨成員才能做出重大決策的社會，是一個拋棄了大多數人的知識、洞察力和天賦的社會；一個只有男人才能做出重大決策的社會，是一個拋棄了人類一半的知識、洞察力和天賦的社會。

在決策力沒有受到限制的社會裡，一位步行八英里去底特律找工作的農村孩子，最終建立了福特汽車公司，通過大規模製造汽車改變了美國社會的面貌；或是一對年輕的腳踏車技師發明了飛機，並改變了整個世界的面貌。低微的出身、學歷，或缺乏資金都不能阻止有用的思想，因為投資資金總是在尋找勝利者並以此獲利。一個能從人民的各個階層汲取各種智慧的社會，比那些只用預先篩選出的少數人的智慧來決定命運的社會具有更大的優勢。

沒有哪個經濟制度可以一直依賴目現有領導者的智慧。在一個擁有競爭市場並受價格調節的經濟體中，不必仰賴這個，因為領導者將不得不做出改變，不然就會由於虧損、憤怒的股東、外部投資者準備接收、或是破產而被取代。在這樣的經濟壓力下，由執政者指揮的經濟幾乎無法與基於競爭和價格的經濟相媲美。

技術變革

在二十世紀的幾十年中，電視機是用陰極射線管（CRT）技術來製造的。在陰極射線管中，圖像可從射線管小小的末端投影到更大的前端螢幕上，形成觀眾看到的圖像。但到了新世紀，這一技術被新技術所取代，人們能製造出更薄、更平且圖像更清晰的螢幕。到二〇〇六年，在美國出售的電視機中只有二十一％使用的是電視顯像管技術，使用液晶螢幕（LCD）的電視機占四十九％，還有十％使用的是電漿螢幕（PDP）。

一個多世紀以來，伊士曼・柯達（Eastman Kodak）一直是全世界最大的攝影器材公司。一九七六年，柯達公司所售相機、底片在美國市場上分別占八十五％和九十％。但新技術帶來了新的競爭者。二十世紀末到二十一世紀初，生產數位相機的不僅有 Nikon、Canon 和 Minolta 等傳統底片相機生產者，還有 SONY、三星等其他電子產品生產者。此外，智慧型手機也具有拍照功能，能方便地替代柯達生產的小型、簡便且低價的相機。

二〇〇〇年以後，底片銷售量首次下降，三年後數位相機的銷量首次超過底片相機。在生產數位相機的公司日益瓜分柯達客戶的情況下，柯達開始將重心轉至生產數位相機。諷刺的是，數位相機是柯達發明的，但顯然其他公司看到它的潛力並更好地發展了這一技術。

截至二〇一一年第三季度，柯達爆出了二·二二億美元的虧損，這已是三年內第九個季度的虧損了。不論是它的股價，還是員工數量，都只剩不到十分之一。二〇一二年一月，柯達申請破產。與此同時，柯達最大的競爭對手，同時生產底片和相機的日本富士公司，向其他領域進行了多元化轉型，包括化妝品和平板電視等。

類似的技術革命在其他產業和其他時期也曾發生過。幾個世紀以來，鐘錶都依靠發條和齒輪來轉動指針計時。瑞士因高品質的機械裝置而聞名於世。二十世紀中葉美國主要的製錶公司寶路華（Bulova）就為其最暢銷的手錶安裝瑞士製造的機械裝置。然而一九七〇年代初，出現了成本更低、計時更準確的石英計時技術，使寶路華手錶的銷售量急劇下降，甚至讓這家製錶公司無利可圖。正如《華爾街日報》的報導：

「一九七五年，寶路華的銷售額為五千五百萬美元，虧損兩千一百萬美元。並且當年該公司手錶銷量僅占美國國內市場的八%，是一九六〇年代初頂峰時期的十分之一。」

商業龍頭的變化

說到工業和商業，我們常會忽略，工商業經營者們在洞察力、遠見、組織能力和奉獻精神方面都存在著巨大差異，就像人們在人生的不同階段具備的能力也各有不同。因此，他們經營下的公司，效率也會因各自的工作執行程度不同而不同。而且，這些差異會隨著時間的變化而變化。

汽車業就是其中一例。據《富比士》（*Forbes*）商業雜誌二〇〇三年的報導，「其他汽車製造商在降低製造成本方面，根本趕不上豐田汽車（Toyota）」，且這也表現在公司帳面利潤上。《富比士》報導稱：「豐田每銷售一輛汽車能賺一千八百美元，通用汽車（GM）只能賺三百美元，而福特汽車則要虧損兩百四十美元。」根據二〇〇五年的《經濟學人》雜誌報導，豐田創造的淨利比底特律三巨頭的總和還要多。但到二〇一〇年，就每輛汽車的利潤而言，底特律的三大汽車製造商高於豐田和本田公司（Honda）的平均值。二〇一二年，福特的年利潤為五十七億美元，通用汽車為四十九億美元，豐田的利潤則只有三十四・五億美元。

豐田也無法保持汽車的高品質。《商業周刊》（*BusinessWeek*）雜誌二〇〇三年的一則報導稱，雖然豐田製造單輛汽車耗時更短，但汽車的不合格率卻比美國三大汽車製造商中的任何一個都低。一九七〇與一九八〇年代，豐田在《消費者報告》中的高品質排名幫助它被美國市場廣泛接受。並且，儘管本田和速霸陸（Subaru）在二〇〇七年《消費者報告》上的排名超過豐田，但當時豐田在排名上仍然力壓任何一家美國汽車製造商。然而，這麼多年來，來自日本汽車製造商的競爭使美國製造的汽車取得很大的進步，正如《華爾街日報》所說：「縮短了與亞洲汽車製造商之間的品質差距」。二〇一二年的《消費者報告》中關於「安全問題引發的風暴」，福特汽車公司退出前十名，而豐田「榮登榜首」。

雖然豐田超越通用汽車，成為世界上最大的汽車製造商，但在二〇一〇年，由於加速器出現問題，豐田不得不停產並回收八百多萬輛汽車。在自由市場上，不論是品質還是其他方面的領先都是暫時的。

比起某個公司的命運，更重要的是這些公司所取得的效率能為消費者帶來多少利益。正如《商業周刊》對沃爾瑪連鎖超市的評論：

「沃爾瑪的『天天平價』可不只是個口號，它是該公司信奉的基本原則……根據紐西蘭顧問公司估計，僅去年一年，沃爾瑪就幫其美國消費者節省了兩百億美元。」

高明的商業領導者不僅是企業取得相對成功的一個因素，他們還讓更新、更好的經營方式更為普及，在公司和產業間進行競爭的同時，也促進整個經濟的發展。促使公司改進的動機是公司的盈虧，而對整個經濟來說的盈虧，是購買這些公司的產品和勞務的消費者是否因此提高生活水準。我們以桶為單位測量石油儲量，這源於十九世紀運輸石油的方式。現在，石油以鐵路油罐車或油罐卡車陸運，或用大型油輪海運。美國史上最著名的財富故事，即洛克斐勒的家族致富，就始於對石油提煉和運輸方式的革命性改進，從此大幅降低了提供給消費者的各類石油終端產品的成本。當洛克斐勒在一八六〇年代進入石油業之時，汽車尚未發明，也沒有電燈，所以石油的主要用途是生產用於煤油燈的煤油。用石油提煉煤油的過程中會產生副產品汽油，當時人們並沒有認識到汽油的價值，有些石油公司乾脆將汽油排放到河裡。

在這個產業中，有很多投資者和企業倒閉破產，但洛克斐勒通過徹底改革，獲得世界上最大的財富。他放棄油桶，改以鐵路油罐車運輸石油，這種節省成本的方法與其他諸多創新，使洛克斐勒的標準石油公司（Standard Oil）成為該產業最大、最賺錢的企業。他還雇用科學家研發以石油為原料的新產品，從油漆到石蠟、從凡士林到麻藥，他們還將汽油用作生產過程中的燃料，沒有浪費。在標準石油公司，煤油仍然是石油的主要產品，但它不必通過燃油銷售收回所有的生產成本，於是能以更低廉的價格銷售煤油。結果就是標準石油公司的燃油銷量最終占全美的九十％。

從消費者的角度來看，結果更驚人。隨著煤油價格從一八六五年的每加侖五十八美分降低到一八七〇年的每加侖二十六美分，然後又在一八七〇年代降至每加侖八美分，更多人能在日落後獲得光亮。就像一位傑出的歷史學家描述的：

「一八七〇年以前，只有富人能買得起鯨魚油和蠟燭。為了省錢，其他人不得不早早上床睡覺。到一八七〇年代以後，隨著煤油價格下降，全國各地的中產階級和工人階級也能以每小時一美分的成本，在晚上點亮自己的家園。自此以後，工作和讀書也就成了大多數美國人天黑後的新活動。」

後來，汽車的崛起為汽油創造了廣闊的新市場，而標準石油公司生產石油產品的效率也不斷提高，並促進了汽車工業的發展。

對一個企業來說，像洛克斐勒之於標準石油公司那樣，一個人決定企業成功的情況並不多見。真正關鍵的是知識發揮的作用和對整個經濟的洞察力，無論這些能力是集中在一個人身上，還是更廣泛地分散在組織中。有些商業領導者很擅長管理某些方面，卻不擅長其他方面，而企業的成功取決於哪方面的能力在特定時期恰好是最關鍵的。有時，擁有非常不同的技能和弱點的兩個企業執行長可以組成很成功的管理團隊，而同樣情況下分開單獨管理團隊的兩人可能都會以失敗告終。

麥當勞連鎖店的創建者雷・克洛克（Ray Kroc）在經營上很有天賦，沒人能比他瞭解漢堡、奶昔、炸雞和炸薯條，但他對複雜的財務管理卻束手無策。於是，這些事情就由哈里・桑納伯（Harry Sonneborn）來處理，他是個財務天才，在艱難的創業早期曾不止一次把這家公司從破產邊緣拯救過來。但哈里・桑納伯甚至沒吃過漢堡，更別說對如何製作漢堡、推銷漢堡這種問題感興趣了。然而作為一個團隊，雷・克洛克和哈里・桑納伯讓麥當勞成為世界頂尖企業之一。

當經濟中某個產業或部門正在以一種全新的方式經歷快速變革時，有些領先者會發現很難打破他們以前的經營模式。例如當快餐業在一九五〇年代快速變革時，當時的餐廳業領先如霍華德・強生（Howard Johnson）創立的同名企業豪生酒店，與後起之秀如麥當勞在快餐業市場上競爭時，表現得十分失敗。即使霍華德・強生仿照新的快餐店經營模式推出新店「小豪生快餐店」（Howard Johnson Jr.），也沒有取得成功，因為他們把在傳統餐廳中成功運作的方式用來經營快餐店，但這些經營方式對於新的快餐業來說運行得太慢了，廉價食品的快速周轉才是新型快餐店盈利的關鍵。

與企業經營的其他方面一樣，選擇管理者也存在風險。一九五〇年代，新的麥當勞連鎖店正是透過錯誤才發現哪種人能成功經營餐廳。最初幾家特許經營店都由富有經驗的人經營，卻都失敗了。而最初取得成功的兩家麥當勞連鎖店是由一對勞工階級夫婦經營的，他們拿出畢生積蓄加盟，起步非常拮据，開業那天收銀台甚至拿不出一百美元，但最終他們成為百萬富翁。

其他原本為勞工階級、傾囊加盟麥當勞連鎖店的經營者也在很大程度上取得了成功，儘管他們沒有任何經營餐廳或管理企業的經驗。甚至麥當勞自己的直營店，也無法趕上這些投入畢生積蓄的人所經營的餐廳。但這都是我們無法預料的。

來自丹麥的一項針對企業執行長的研究，也以另一種方式呈現了個人因素對企業管理績效的重要性。一位執行長若遭遇家庭成員去世，其管理的公司的盈利能力平均下降九%；如果是配偶去世，會下降十五%；如果是孩子去世，則下降二十一%。據《華爾街日報》稱：「如果這個去世的孩子在十八歲以下，盈利能力將會下降得更多；如果是獨子死亡，下降的幅度則更大。」雖然談及企業時，我們常說它是在非人格的市場上運行的非人格化的組織，但市場和企業都反映了個人偏好和人的特性。

市場經濟體不僅要依靠不同生產者之間的價格競爭，使最有效地利用資源的生產者延續和擴張，還必須找到某種方式來淘汰不能利用本國資源獲利的企業經營者和管理者。這種方式就是虧損。那些一直不能趕上競爭對手所使用的標準，或還在生產已被其他產品替代、超越的產品的企業，將以破產告終。

然而在破產之前，虧損往往會迫使企業對自身的政策和人員重新進行內部評估，其中也包括對執行長的評估。沒有得到預期紅利收入而憤怒的股東可能會將他撤換掉。

比起現有的股東，只要潛在投資者確信能改善它的績效，一家管理不善的企業可能對潛在投資者來說更有價值。因此，只要現在的管理者被更好的管理者替代後股價上升到預期水準，潛在投資者就能向現在的股東支付比目前股價更多的錢而且還能有盈利。例如，在無效管理的情況下，市場上每股股價為五十美元，潛在投資者可以用每股六十美元的價格收購股票，直到他們對該公司擁有控股權。

利用這種控制權解雇現在的管理者，並代之以更有效的管理團隊，股價可能會隨之上漲到每股一百美元。雖然吸引投資者的是在這個過程中產生的利潤，但從整個經濟的視角來看，重要的是，股價上升經常代表企業能為更多消費者服務、為消費者提供品質更高／價格更低的商品、或以更低的成本運營，或同時出現以上這些情形。

在外人眼裡，經營一家企業看起來很容易。在一九一七年俄國革命前夕，共產主義運動領袖列寧宣稱，「會計精算與控制」是經營企業的關鍵因素，並且資本主義已經將企業監管「簡化」成「極其簡單的操作」，「任何有點文化素養的人都能勝任」，不過就是「監督和記帳，懂點四則運算，填好收據」。在列寧看來，這些「登記、歸檔和檢查都是極其簡單的活動」，可以由獲得平均工資的人「很容易地執行」。

然而，作為蘇聯的領導者，幾年後列寧就面臨一個與預想非常不同又十分痛苦的現實。他寫道，經濟領域發生的「燃油危機」已經「威脅到整個蘇聯的運轉」，並在國家內部造成「破壞、飢荒和災難」，他甚至承認農民暴動已成為「一種普遍現象」。簡而言之，一些看起來非常簡單且容易執行的經濟功能，變得極其困難。

事後，列寧才認識到需要「精通管理藝術」的人才，並承認「這類人只存在於舊階級中」，也就是那些資本主義商人。在一九二〇年共產主義大會上，列寧警告他的同志：「對企業管理的看法，往往充滿十足的無知，一種反對專家的錯誤精神。」就在三年前還覺得的簡單事情，此時轉而需要尋求專家的幫助。由此開始了列寧的新經濟政策，該政策允許更多的市場活動，蘇聯的經濟於是開始復甦。

近一百年後，俄羅斯經濟的年增長率不到二%，另一位俄羅斯領導人又開始重新吸取同樣的教訓。

二〇一三年《紐約時報》的一則頭版報導指出：

「面對俄羅斯的經濟衰退，普丁總統提出了一個計畫，以求扭轉事態，那就是特赦身陷牢獄的商人。」

第六章

利潤與虧損的作用

洛克斐勒找到更便宜的方式開採石油，因而得以靠賣石油發家致富。

——美國評論家　約翰・史托賽（John Stossel）

對企業經營者來說，盈利顯然是他們夢寐以求的事，虧損則是一個噩夢。但經濟學並不是企業管理。從整個經濟體系的角度，以及經濟學的關注焦點——配置具有多種用途的稀有資源來看，利潤與損失在維持和提高整個人類的生活水準方面，有著同等重要的作用。

基於價格調節的經濟能有效運行，部分是因為商品能單純「聽從金錢的指揮」，而生產者卻不用真正知道為什麼人們要在這裡買這樣東西，在那裡買另一樣東西，或者在不同季節購買不同的東西。然而，企業經營者人不僅要盯著消費者手裡的錢，還要關注有多少錢流入原物料、勞動力、電力和其他資源中。密切關注這些進進出出的貨幣流量，將決定他們是盈利還是虧損。因此，我們不能漫不經心地使用電力、機器或水泥，這種漫不經心的方式曾使蘇聯每單位產出的投入比德國或日本多很多。從整個經濟體系和消費大眾的幸福感來看，虧損的威脅和盈利的前景同等重要。

在市場經濟中，當一家企業發現降低成本的方法，與其競爭的企業除了也努力降低成本別無他法。沃爾瑪自一九八八年開始銷售日用品後日益壯大，到二十一世紀初，它已是全美國最大的日用品銷售商了。它的低成本不僅使消費者受益，而且使其他日用品商店也同樣受益。正如《華爾街日報》的報導：

「去年在休士頓克羅格超市（Kroger Co.）附近，新開了兩家沃爾瑪超市和一家有競爭力的地區性超市，使克羅格超市的銷售量下降了十％。該店經理班・巴斯托斯（Ben Bustos）迅速採取行動，大幅度降低價格、削減人工成本，例如採購現成蛋糕而不再自己烘焙，還從供應商那裡訂購預先切好的沙拉吧食品。他的員工以前都要花時間擺放商品，現在成堆運來的水果和蔬菜直接就能亮閃閃地陳列出來。

與四年前商店剛開張相比，這些措施縮短了員工三十％到四十％的工作時間，並且降低了主要產品的價格，例如穀物、麵包、牛奶、雞蛋和紙尿布。今年年初，克羅格超市的銷售量終於比前年有所上升。」

經濟更有效率地運行，並使消費者獲益，原因不僅在於沃爾瑪能夠降低它成本和價格，也在於迫使克羅格超市不得不跟進。這個微小的變化會傳遍整個自由市場經濟體系。一項調查研究顯示，「當沃爾瑪開始在某個社區銷售日用品，這個社區的日用品平均價格就會下降六％到十二％」。擁有較低成本的銷售商在其他產業引起的相似競爭，往往也會產生相似結果。因此，在這樣的經濟體系中，人們往往有著更高的生活水準。

利潤

在經濟學中，利潤是最易受到誤解的術語。長久以來，社會主義者要不是像費邊（Fabian）社會主義者蕭伯納（George Bernard Shaw）那樣，認為利潤只不過是「要價過高」（overcharge）；就是像馬克思那樣，稱其為「剩餘價值」（surplus value）。印度第一位總理尼赫魯（Jawaharlal Nehru）警告國內的主要的企業家：「不要跟我談利潤，這是一個骯髒的詞彙。」哲學家約翰・杜威（John Dewey）要求「生產首先是為了使用，其次才是利潤」。按照這些觀點，利潤只是加在產品與服務的固有生產成本之上的不必要的費用，增加的是消費者的成本。

當社會主義還只是一個理想主義理論，現實世界還沒有任何具體實例的時候，它包含的一個偉大訴求就是試圖消除這些所謂的不必要的費用，使人們，特別是低收入人群買得起各類商品。當社會主義從理論轉化為世界各國的實際經濟制度之後，人們發現，在資本主義國家國民可以輕易負擔，並視為當然必要的東西，在不少社會主義國家中卻很難見到。

從理論上來說，消除利潤，價格應該更低；相應地，群眾的生活水準應該更高。為什麼現實中卻不是這樣呢？

利潤是一種誘因

讓我們再回到根本的道理。在市場經濟中，對盈利的渴望和來自虧損的威脅迫使企業主以最低的成本生產，並出售消費者最願意購買的商品。計畫經濟下，由於缺少這些壓力，企業管理者也就很少有動力在既定的條件下盡可能地提高效率，更別說要他們跟上不斷變化的形勢並快速地做出反應了。而在市場經濟下，企業如果想生存下去就必須這麼做。

前蘇聯總理布里茲涅夫（Leonid Brezhnev）曾說過，蘇聯的企業管理者「像魔鬼躲避焚香一樣」迴避創新。考慮到國有和政府控制的企業面臨的誘因，如果企業採用的新方法或新產品成功了，他們也獲得不了什麼利潤，而如果失敗了，管理人員則會丟掉工作或更糟。在這樣的情況下，他們何必冒險嘗試新方法或新產品呢？在史達林統治時期，企業失敗常常等同於蓄意破壞，而且會受到懲罰。

印度剛獨立的時候也實行過溫和的計畫經濟。當時，對於那些受國家保護的企業而言，創新是絕對沒有必要的，汽車製造業就是這樣。印度在一九九一年開放市場前，該國最受歡迎的汽車一直是印度斯坦汽車公司（Hindustan）生產的Ambassador——一款抄襲英國Morris Oxford車款的複製品。不僅如此，即使已進入一九九〇年代，《經濟學人》指出Ambassador不過是「一九五〇年代的Morris Oxford的升級版」。倫敦當地報紙《獨立報》（*The Independent*）報導：「多年來，Ambassador在印度一直因拙劣的外型、難以操控及容易引發交通事故而聲名狼藉。」不過仍有很多人排隊購買Ambassador，甚至願意為此等上數月到數年，因為國家不准外國汽車進口與之競爭。

在資本主義下，鼓勵卻以相反的方式在作用。即使是最賺錢的企業，如果它不能做到持續創新以防止被競爭對手比下去，也會失去自己的市場。例如，IBM是電腦製造領域的領先者，它在一九四四年率先製造了一台電腦模型，占地三千立方英尺。但到一九七〇年代，英特爾（Intel）研發出只有指甲大小，功能卻一樣的電腦晶片。此後英特爾仍然不斷以增進指數級速度的方向來改進晶片，而它的競爭對手如美國超微半導體公司（AMD）、Cyrix及其他競爭對手也不斷地在技術上競賽。英特爾不止一次投入鉅資研發晶片，甚至一度危及公司的財務狀況。但如果不這麼做，就會被對手超越，而對英特爾的生存造成更大威脅。

儘管英特爾一直在世界電腦晶片銷售中占據領先地位，但來自AMD的不斷競爭誘使著這兩家公司持續熱衷於創新，正如《經濟學人》在二〇〇七年的報導：

「在晶片設計上，AMD也曾有一段時間超過英特爾，它發明了一種聰明的方法，使晶片在三十二位和六十四位兩個主幹上都能處理數據，而英特爾在二〇〇四年也不得不採用該方法。二〇〇五年，AMD推出一款能在雙『核』（晶片的大腦）之間拆分數值計算的處理器，這大幅提高了功能，並減少耗能。但是英特爾以自己設計的雙核處理器予以強力反擊。第二年，英特爾推出了一個矽片上就有八核的新晶片，又領先AMD至少一年。」

雖然這種技術競爭為消費者帶來好處，但對英特爾和AMD都造成重大且非常痛苦的經濟影響。後者在二〇〇二年損失十億多美元，股票市值損失了五分之四。四年後，英特爾的股價在短短三個月內就下跌二十％，利潤下降五十七％，並宣佈裁減一千名管理者，而當年AMD的利潤增長五十三％。英特爾銷售的電腦晶片占全世界市場八十％以上，但仍免不了這種慘烈競爭。

總之，在自由市場上，即使是企業巨頭之間，在創新上的競爭也非常殘酷，就像為搶占微型晶片市場而展開的拉鋸戰那樣。耶魯大學管理學院主任把電腦晶片產業描述為「一個處於不斷騷動中的產業」，英特爾執行長也寫了一本名為《10倍速時代，唯偏執狂得以倖存》（*Only the Paranoid Survive*）的書。

AMD和英特爾的命運並不是問題的重點，企業為了能在激烈的競爭中賺取利潤、避免損失一定會改進技術、降低價格，重要的是消費者如何才能從技術進步和低價格中受益。也不單單是電腦晶片產業如此。

二〇一一年，《財星》雜誌報導世界五百強企業中有四十五家出現虧損，金額總計超過五百億美元。這些虧損在經濟中起到了至關重要的作用，它們迫使企業巨頭改變目前的作為，否則就會面臨破產倒閉，沒有一家企業能承受這樣的巨大損失。

惰性可能是全世界所有人的共性，普遍存在於商界、政界及其他產業。但自由市場上的企業會因財務赤字而踩剎車，它們不可能像受政府保護而免於競爭的印度斯坦汽車公司那樣隨波逐流。

即使是在印度，自由市場也在二十世紀末使汽車產業進入競爭，迫使印度斯坦汽車公司投資於技術改進。據《獨立報》所說，現在它生產的新型汽車「比以前更可靠實用」，《經濟學人》也說它現在甚至具備了「可以覺察到的加速力」。然而，長久以來在印度銷量第一的Ambassador卻將它的寶座讓給日商於印度成立的汽車公司瑪魯蒂（Maruti）。一九九七年，印度市場上銷售的汽車有八十％是瑪魯蒂。

不僅如此，《經濟學人》還指出，在競爭越來越激烈的印度汽車市場上，「瑪魯蒂汽車也在改進，以應對將來可能出現的新競爭者」。隨著通用汽車、福斯汽車（Volkswagen）和豐田開始在印度投資新工廠，瑪魯蒂汽車的市場占比在二〇一二年下降到三十八％。

印度的手錶業也經歷類似的情形。一九八五年，全球電子錶的產量是機械錶的兩倍以上，但印度出售的絕大部分手錶都是由HMT公司生產的，且其生產的手錶超過九十％仍是機械錶。到一九八九年，全世界出產的手錶有五分之四以上都是電子手錶，但HMT生產的手錶依舊有九十％以上是過時的機械錶。然而，在政府對經濟的限制大為減弱後，一九九三到九四年間，電子錶很快成為印度手錶生產的主流，其他手錶公司瓜分了HMT的市場，後者的市場率只剩十四％。

雖然市場經濟存在著計畫經濟所沒有的一個可見成本——利潤，計畫經濟中也存在著一個看不見的成本——低效率。在市場經濟中，低效率透過虧損與破產被清除。大多數商品在市場經濟中更容易獲得也更便宜，這一事實暗示著利潤的代價比低效率小很多。換句話說，利潤就是為了獲得效率而支付的價格。很顯然，更高的效率必須要超過利潤，否則計畫經濟就會出現理論家期望的低價格和繁榮，但在現實世界這些都沒有實現。

如果獲得利潤的成本超過了由利潤帶來的效率提高的價值，那非營利性組織或政府機構就能比營利性企業以更低的成本更好地完成相同的事情，也就能在市場競爭中取代營利性企業了。不過即使有，這樣的情況也很少，相反的情況卻越來越多，民營企業接管了各種本來由政府機構或非營利組織執行的職能，例如學院和高校。[1]

雖然企業主一直被認為是賺取利潤的人，但從消費者那裡賺到的錢還需支付生產成本，企業主真正得到的是對這部分剩餘的合法所有權。這一剩餘金額有可能是正數，也有可能是負數或是零。企業必須支付工人薪資，也必須償還債權人的債務，否則他們可以採取法律行動來奪取公司的資產，甚至在採取法律行動之前，他們還可以在公司停止支付工資或債務時，終止勞動和資金的投入。只有企業主一人的收入是根據企業經營好壞而定的，這就給企業主帶來了巨大壓力，促使他們監督企業及產品市場上發生的一切。

與國營企業一層層的監控相對照，就企業只要企業的經濟效率而言，企業主基本上是一個**不受監督的監督者**（unmonitored monitor）。利己主義取代了外部監督，使企業主更加密切地關注細節，花更多的時間精力在工作上，這是任何一套條例或權威都不可能辦到的。這一簡單事實顯示了市場經濟的巨大優勢，更重要的是，它使生活在有價格調節的市場經濟中的人們獲得明顯更高的生活水準。

將利潤誤解為任意加在產品與服務生產成本上的費用的人，不僅無知的民眾，也包括受過高等教育且具有高知識的人，諸如蕭伯納、尼赫魯及約翰・杜威。即使在今天，對許多人而言，高額利潤仍然被認為是受「貪婪」驅使而索取高價格的結果。事實上，美國史上大多數財富神話都是因為有人找到了一種降低成本的方法，以更低的價格使產品占據大片的市場，例如汽車業的亨利・福特，石油界的洛克斐勒，鋼鐵產業的卡內基，還有西爾斯、佩尼、沃爾頓等百貨公司連鎖店的創立者。

市場經濟體系中的連鎖超市，即使按照定價每銷售一美元商品只能獲得一美分的淨利，也能很成功。因為在大型超市中，可以好幾台收銀機全天候同時收款，所以這些微小的利潤加總起來就能為連鎖超市帶來非常高的年投資報酬率，並且很少為消費者帶來負擔。如果商店的全部商品能在兩周左右的時間內銷售出去，全年來看，每一美元賺一美分就相當於每一美元賺二十五美分，因為這些美元循環流轉了二十五次還多。在計畫經濟體系下，每一美元應賺取的一美分被取消了，同時管理層的成本控制壓力也不復存在。而企業管理者失去降低成本的誘因和壓力後，價格非但不會降至九十九美分，還有可能會上升。

利潤率

當大多數人被問到，他們認為利潤率平均有多高時，他們的回答通常比實際利潤率要高很多。在一九六〇到二〇〇五年期間，美國公司的資產稅前平均獲利率最高為十二・四％，最低為四・一％。稅後利潤率的範圍變為二・二％到七・八％。然而人們誤解的不僅是利潤率的數字，還誤解了它在價格調節的經濟體系中所起的作用，它應該是一種誘因，不論波動將它帶到什麼領域，它都會發揮這一作用。此外，許多人並不瞭解銷售利潤率與投資利潤率有著巨大的區別。

如果一家商店以十美元的單價購進一批零件，並以每個十五美元的價格售出，那許多人就會說商店每賣出一個零件獲利五美元。但是商店還必須支付工資、繳電費，以及購買其他支持商店營運的商品和

---

1 本書第二十四章將進一步探討這一現象。

服務。支付完這些費用後，剩下的才是淨利，其金額通常遠低於銷售毛利。但這筆金額仍不等於投資利潤，這只是銷售淨利，仍未考慮到建立商店時所花費的初始投資成本。

對投資者來說，至關重要的是總投資利潤。某個人投資一萬美元，不管他是投資於商店、房地產還是股票債券，他想瞭解的是這項投資將會帶來的年報酬率。在這個過程中，重要的不是具體的銷售利潤，而是對企業的總投資的利潤。總投資利潤不僅對投資者來說非常重要，對整個經濟體系來說也很重要，因為不同經濟部門之間不同的利潤率會使投資在不同部門之間流入流出，直到利潤率在各經濟部門之間均等化，就像水位最終達到一致一樣。在市場經濟中，不斷變化的利潤率可以配置資源——當這些利潤率是投資利潤率的時候。

銷售利潤率則另當別論。商品的售價可能比採購價高出很多，不過如果這些商品待在商店貨架上幾個月都賣不出去的話，這些商品的投資利潤率就比那些利潤率空間雖然不大，但卻在一周之內就能賣出的商品少很多。一家出售鋼琴的商店，每賣出一架鋼琴的利潤率毫無疑問比超市銷售麵包高很多。但鋼琴在賣出之前滯留在商店的時間比麵包長很多，如果麵包跟鋼琴滯留在商店的時間一樣長的話就會變質發霉。當連鎖超市購買了價值一萬美元的麵包，那它的資金回籠就會比鋼琴經銷商購買等值的鋼琴快。因此，如果鋼琴經銷商想要使其投資的一萬美元獲得同樣的年報酬率，每架鋼琴的售價就必須比麵包還高。

即使不同產品的周轉率不同，利潤率也會有所不同，但為了獲得投資而進行的競爭會使利潤率趨向均等化。鋼琴店要經營下去，就必須在售價中包含高加成以彌補較低的周轉率。否則投資者就會把錢投資到其他地方，而鋼琴店就會漸漸消失。

如果超市在較短的時間內就能收回資金，那它就能進行再周轉和再投資，購買更多的麵包和日用品。在一年內同樣的資金會在超市周轉許多次，且每一次都會獲得利潤，因此同樣的初始投資，即使超市的一美元只賺一美分利潤，一年當中能產生的總利潤率，也會與毛利很高但周轉很慢的鋼琴店的利潤率相當。

即使是同一產業，不同的公司也會有不同的周轉率。例如，沃爾瑪每年的存貨周轉次數就比目標百貨（Target）多。二〇〇八年，美國市場上一輛汽車在賣出之前滯留在經銷商手裡的時間平均是三個月，而在二〇〇七年平均是兩個月。然而二〇〇八年，美國市場上的大眾汽車平均在庫時間約為兩個月，而克萊斯勒汽車的平均在庫時間則為四個多月。雖然超市因較高的周轉率而傾向於較低的銷售利潤率，但是其他企業的銷售利潤率也通常比人們想像低。《財星》雜誌列出的美國五百強企業在二〇〇二年的平均收益是「一美元投資賺一美分」，與之相比，「二〇〇〇年（利潤高峰年）一美元投資的收益是六美分」。

銷售利潤與投資利潤不僅是概念上的區別，它們會向相反的方向變動。一九二〇年代，A&P連鎖百貨能占據統治地位的關鍵因素之一，就是公司管理人員做出了一個明智的決定，即通過削減銷售利潤率來增加投資利潤率。由於降低了每件商品的銷售利潤，A&P的定價也隨之降低，吸引大量的新消費者，而銷售量的增加使總利潤比以前大。雖然賣出一美元的物品只能賺幾美分，但由於存貨一年周轉了近三十次，因此A&P的投資利潤率急劇飆升。這種薄利多銷的策略於是成為一種模式，並擴展到其他連鎖百貨和其他類型的企業。消費者受益於較低的價格，A&P也從其投資中獲得了較高利潤——這一點進一步證明，經濟交易不是一個零和博弈的過程。

後來，大型超市得以將銷售毛利削減得更低，但因為銷貨量變得更高，使它們能以更低的價格取代A&P在產業中的領導地位。相反，一項針對低收入社區的價格的調查發現，低收入社區的商店對消費者收取的價格包含了更高的利潤，但與此同時，投資利潤率卻低於正常水準。更高的銷售利潤是為了彌補在低收入社區做生意的高額成本，但顯然不足以完全覆蓋全部成本。就像現實情況所表明的，許多企業都避免在低收入社區開設商店，包括連鎖超市。

低收入社區的商店也可以提高價格來補償高額的成本，但是它們面臨一個限制因素，那就是許多低收入社區的居民會去高收入社區的商店購物，高收入社區的商店售價要低很多，即使需要支付交通費用或計程車費用也是值得的。低收入社區的價格越高，越多的人就會到其他地方購物。因此這些低收入社區的商店只能在一定範圍內提高價格以彌補高額的成本和低周轉率，並常陷入財務危機。即便如此，它們還被譴責「剝削消費者」。

我們也應注意到，在高犯罪率的低收入社區，做生意的成本更高，這些額外的成本可以輕易地超過利潤，讓許多企業難以為繼。假設一家商店每出售一件成本二十五美分的商品可以淨賺一美分，如果每二十五件商品就有一件會被偷，那在這樣的社區，這家商店就無利可圖了。該社區大多數人是誠實的消費者，他們會付錢購買商店的商品，但是只要有一小部分小偷（或搶劫者，或蓄意破壞者）就會使位於該社區的商店無利可圖。

生產成本

影響價格和利潤的關鍵因素之一，是所售產品或勞務的生產成本。不是每個人的生產效率都一樣，也不是每個人都有實現低成本的環境。不幸的是，成本也跟利潤一樣，常常被人誤解。

規模經濟

首先，生產某個產品或勞務，並不存在「一成不變」的成本。亨利・福特在很早以前就證明，一年生產一百輛汽車與一年生產十萬輛汽車相比，單輛汽車的生產成本是絕對不同的。透過在自己的工廠先實行大規模生產方式，他在二十世紀初成為汽車製造產業的領導者，這一生產方式不僅在他的工廠引起一場革命，也讓其他企業紛紛採用了他所發明的量產模式。生產一輛福特T型汽車底盤所需的時間從十二小時縮減為一・五小時。由於龐大的汽車市場規模，汽車製造商能投資於昂貴但節省勞動力的量產設備，因為這些成本分攤到數量龐大的汽車上，最終每輛汽車只承擔了適中的成本。但如果汽車銷量只有預期的一半，那分攤到每輛汽車上的成本就是原來的兩倍。

龐大的固定成本隨著產量增加分攤到每一個產品中，降低了單位生產成本。隨著產量的增加，單位產出的生產成本下降，這就是經濟學家所說的「規模經濟」。

據統計，現在想要充分實現規模經濟，汽車年產量至少要達到幾十萬輛。回到二十世紀初，美國最大的汽車製造商一天也只能生產六輛汽車。在這樣的產出水準下，汽車的生產成本非常高，只有真正的富人才買得起車。但亨利・福特的量產方式降低汽車的生產成本，讓美國的一般大眾也能買得起汽車。一九一〇年到一九一六年期間，福特T型汽車的價格下降了一半。

同樣原理也適用於其他產業。為分散在城鎮周圍的十個社區商店各分別送十箱牛奶，和為一個大超市運送一百箱牛奶，後者的成本更少。生產啤酒的支出包括廣告費用。儘管安海斯—布希公司（Anheuser-Busch）每年要花數百萬美元為百威啤酒（Budweiser）和它的其他啤酒品牌做廣告，但由此產生的巨大銷售量使其每瓶啤酒分攤的廣告成本比競爭對手 Coors 和 Miller 低一些。這些節約的成本加總起來，就可以讓大型企業降低價格或獲得巨大的利潤，有時也可兩者兼得。長期以來，小型零售店在與要價更低的大型連鎖商店的競爭中夾縫求生。這些小商店每單位產出的成本都更高，因此它們不可能把價格降到和大型連鎖商店一樣低。

廣告有時僅被描述成是添加到產品和勞務的生產成本上的另一種成本，然而由於廣告帶來更多的銷量，產生的規模經濟可以減少生產成本。因此，同一種產品，做廣告時成本可能會減少而不是增加。當然，廣告本身也有成本，包括資金和資源，但這是一個經驗性的問題，而不是必然的結果——不管廣告成本與它帶來的規模經濟減少的生產成本相比是大還是小。顯然，不同公司或產業間的差別很大。

規模不經濟

規模經濟僅是一個方面。如果規模經濟是全部的話，我們就不得不提出這樣一個問題：為什麼不由更龐大的企業來生產汽車呢？如果將通用、福特和克萊斯勒全部合併，它們是否能比分別生產時製造出更便宜的汽車、贏得更大的銷售額和利潤？

這大概是不可能的。每一個企業增加產量都會面臨一個臨界點，超出這個臨界點，單位產出的生產成本就不再隨著生產量的增加而減少。事實上，當一家企業的規模變得過於龐大，監督和協調就很難進行，單位產出的成本實際上是上升的，因為右手不可能總是知道左手在幹嘛。[2]追溯到一九六〇年代，美國電信公司AT&T還是世界上最大的公司，其執行長曾說：「AT&T是如此龐大，如果你今天在它屁股上踢一腳，兩年後它才會發出『哎喲』一聲。」二〇〇六年，《經濟學人》對世界各地銀行做了一次調查，報告顯示銀行的規模正發展得越來越大，這一趨勢代表效率水準會逐漸降低：

> **「管理人員將會發現他們越來越難歸納、瞭解銀行發生的所有事情，重複開支、忽視隱藏的風險以及內部控制失效的情形不斷發生。」**

換句話說，只要高層主管能覺察，銀行的潛在風險總能得到很好的控制；但龐大的金融帝國不斷擴展，總有一些地方的一些交易會讓銀行陷入風險中，而高層主管卻無暇察覺。一家國際銀行紐約總部的高層主管不會知道，新加坡分行的職員所做的交易不僅會使銀行陷入金融風險，還會面臨刑事訴訟。這

2 《紐約時報》曾連續兩天刊登兩個人對我寫的書的不同評論，一個人對我的書給予好評，另一個人則批評。顯然，這是因為周刊與周末版處於兩個不同的部門之下。

一問題並不是銀行產業或美國特有的。倫敦商學院的一名教授指出，一些機構「達到的規模和複雜程度幾乎不可避免地會導致風險管理失誤；還有一些機構則官僚主義盛行、強枝弱幹，以至於無法應對不斷變化的市場。」規模較小的競爭者反應更快，因為它們的決策者不必通過層層官僚管理階級，能直接行動。

在通用汽車長期蟬聯世界最大汽車製造商寶座的時期，有人估計它每輛汽車的生產成本比福特、克萊斯勒或日本的主要汽車製造商高數百美元。企業規模引起的有關問題除了影響價格，還會影響品質造。例如，針對醫院的一項調查顯示，對病人來說，相較於大而全的大型醫院，小而專門的醫院更安全。

規模經濟和規模不經濟可以同時存在於同一個企業的不同產品部門中。也就是說，有些事情企業規模越大做得越好，有些事情企業規模越小做得越好。印度一名企業家曾指出：「小公司喪失的是經濟影響力、技術資源和持久力，但它們卻更靈活，也沒有官僚主義作風，能迅速做決策。」管理人員在位於加爾各答的公司中，能快速決定如何提高公司在加爾各答的業務，但如果他們還必須說服新德里總部的高層人員，那他們的決策就不能迅速實行或全部生效；有時新德里的高層還會因為無法充分瞭解加爾各答的情況，拒絕支持對加爾各答來說有意義的決策。

隨著企業規模不斷擴大，規模不經濟會超過規模經濟，於是公司規模超過臨界點就無法獲得利益。這就是為什麼一個產業通常由若干公司，而不是由一家巨大的超級有效的獨占企業組成。

蘇聯曾痴迷於規模經濟，卻忽視了規模不經濟，因此它的工業企業和農業企業都是世界上最大的。例如，蘇聯農場的平均規模是美國的十倍，雇用的工人則是美國的十倍以上，但蘇聯農場的效率之低眾所周知。引用蘇聯經濟學家的話來解釋，效率低是因為「缺乏協調性」。我們可以用一個例子來解釋這個一般性問題：

「在廣闊的田地上，成隊的曳引機呈扇形展開耕作。計畫完成度是基於耕種的公頃數來評判，因此會導致工人盡可能以最快速度耕作最多土地。工人們會逐漸從田地邊緣開始減少犁溝的深度。當他們逐漸深入田地，就會開始抬高犁頭，並加速曳引機，因此犁溝就會越來越淺。第一道溝深九到十英吋，再遠一點，深度只有五到六英吋；在田地中央，曳引機司機很確定沒有人會監督他們，因此犁溝就會淺至兩英吋。一般而言，沒有人會發現田地中央的犁溝是這麼淺，直到農作物發育不良，人們才會發現這些問題。」

這再次表明，那些從經濟體系來看適得其反的行為，從當事人的角度來考慮卻是完全理性的。顯然，曳引機司機都知道，他們的工作在田地邊緣比在田地中間更容易受到監督，因此他們會相應地調整工作的方法和品質，在所耕之地上使收入最大化。在那些不易受農場官員檢測的地方，曳引機司機可以不用把地耕得太深，這樣他們就能在既定的時間內更快地耕種更多的土地，即使他們所耕之地很多是得不到有效利用的。

在市場經濟中，這種行為絕不可能發生在那些耕種自己土地的農民身上，因為他們的行為受利潤誘導，而不是外部監督的控制。

企業規模的缺點蓋過其優點的臨界點，因不同產業而異。這就是為什麼餐館比鋼鐵廠規模小。經營餐館的失敗案例很多，因此一個經營良好的餐館通常需要所有者親臨現場提供充分的鼓勵，持續監督是邁向成功的必要步驟。不僅食物要符合用餐者的口味，而且必須確保服務生能讓消費者感到用餐愉快而願意再次光臨，餐館的陳設也必須要滿足它服務的消費者群體的要求。

這些都不是一次就可以解決的問題。餐館所有者必須持續不斷地監督食物供應商，確保農產品、魚、肉及所需的其他原料的種類和品質能為消費者提供滿意的服務。他要監督廚師，讓他們繼續保持現有餐點的口味標準；而當出現受歡迎的新食物和飲料，消費者不再愛點從前的菜色時，還得增強廚師們的技能。餐飲業常見的員工高流動率，讓所有者也需要具備持續挑選、訓練並監督新員工的能力。此外，餐館所處環境——例如周圍的街區類型——的變化也會對生意興衰產生重要影響。僅僅要讓餐館生存下去，所有者就需要把所有這些因素、甚至更多的因素牢記於心，並予以權衡，不斷做出調整，更不用說想要獲利了。

與鋼鐵廠、汽車廠或礦廠相比，飯店需要有人到現場予以指揮和控制，提供固定薪水以外的誘因，這一系列細節都限制了飯店的規模。即使全國性連鎖飯店，也是由獲得授權經營的獨立所有者經營，然後由總部機構提供廣告、一般性指導和標準，現場監督工作還是要留給當地所有者。霍華德・強生在一九三〇年代率先實行飯店授權經營，資金由他和當地管理者一人一半。這就使當地獨立所有者從飯店利潤中獲得利益，而不是只拿一份固定薪水。

成本與生產能力

成本不僅會隨著產量的不同而不同，也會因不同產業而產生不同程度的變化，同時還會隨著現有生產能力的利用情況不斷變化。

許多產業和企業的生產能力必須設置在足以應付尖峰需求的水準，這表示離峰時段會出現過剩的產能。在產能過剩時，為更多用戶提供產品或勞務所花費的成本，遠低於在旺季時服務那些消費者的成本。例如，一艘遊輪必須跟遊客收取足夠的現金，才能支付船員薪水、購買食物和燃料消耗等流動成本，還要能支付購買船隻的費用以及航線指揮部的開支這類固定成本。

一艘容量固定的遊遊輪，在旺季要應付兩倍的遊客數量，這就需要再購買一艘遊遊輪，還要雇用另一批船員，購買兩倍的食物和燃料。然而，淡季的乘客數量如果只是高峰期的三分之一，那即使增加一倍的遊客也沒必要再購買另一艘遊輪，反而可讓現有的遊輪減少空艙數量。因此，遊輪通常會在淡季用大幅降價的方式來吸引那些有經濟頭腦的乘客。如退休群體，他們可在一年中的任何時候安排旅遊，不必受限於工作假期的安排，或子女上學時間的限制。不論是陸上或海上旅遊，老年人在淡季享受大幅優惠非常常見。旅遊業者通常負擔得起這些折扣，因為在淡季這樣做的成本很低，而且任何一個企業都必須這麼做，否則競爭對手就會搶走消費者。

產能過剩也可能是因為建設時過於樂觀。就像《華爾街日報》說過的「不合時宜的豪華遊輪建設熱潮」，在二十一世紀初，豪華遊輪公司在短短一年時間內就增加了四千個泊位。它們發現客艙增加的同時，現有的價格卻不足以吸引足夠的需求。水晶遊輪公司（Crystal Cruises）將穿越巴拿馬運河的航線從二九九五美元降到一六九五美元；世鵬遊輪公司（Seabourn Cruise Line）也將加勒比海航線從四四九五美元降到一九九九美元。要不是競爭對手的壓力逼得這些企業別無選擇，他們是絕不會這樣做的，同時也是因為產能過剩，即使降價也能支付不斷增加的成本。

產能閒置會在經濟體中的許多部門造成價格異常。二〇〇一年年中，墨西哥坎昆市（Cancun）價位中等的最佳西方旅館（Best Western）最便宜的房間是一晚一八〇美元。附近高檔的麗思卡爾頓酒店（Ritz-Carlton）一晚的價格是一六九美元。因為最佳西方剛好客滿，而麗思卡爾頓卻碰巧有空房。這種情況不僅限於墨西哥。紐約曼哈頓一家四星級旅館的房間曾低於可附近的兩星級旅館，而鳳凰城的腓尼基豪華旅館（Phoenician）也比同城的假日旅館（Holiday Inn）便宜。

為什麼平時非常昂貴的旅館，會以低於廉價旅館的價格把房間租出去呢？關鍵仍在於產能的利用。前往度假勝地而預算有限的旅客，會提前預訂價格便宜的旅館，以確保他們能負擔得起住宿費。這就代表波動部分的遊客就會住進房價比較高的旅館。二〇〇一年，由於遊客數量下降，導致豪華旅館空房爆增，只能減價吸引更多遊客入住。因此，美國佛羅里達州的豪華博卡拉頓度假村（Boca Raton Resort & Spa）推出第三晚免費的優惠，遊客還能在最後一刻於南卡羅來納州希爾頓黑德（Hilton Head）島上，獲得豪華海灘別墅的訂房優惠——通常這些房間需要提前六個月預定。

相對地，旅遊景氣興旺時也會對豪華旅館帶來很大影響，它們的價格將比平時更高。《華爾街日報》就曾指出，經過連續三年的利潤下降之後，二〇〇四年旅遊業的復甦帶來了更多遊客，酒店開始「迅速降低折扣額度」。豪華酒店的反應是提高價格，如紐約四季酒店最小、最便宜的房間是五四五美元一晚，同時還取消了各種額外的免費服務：

「許多人發現，往年商務旅館為降低空房率而免費提供的早餐和其他特別服務，今年沒有了。」

根據是否存在產能過剩，同一間旅館的同一個房間的價格變化幅度差距會很大。於是就誕生了輔助性公司，幫助遊客發現當天最實惠的旅遊服務，例如 Priceline 和 Travelocity[3]就是最佳案例。這些公司如雨後春筍般出現，為尋求廉價物品的消費者提供意想不到的旅館空房。

所有對產能過剩的反應，都可歸因於市場經濟中的利潤前景和損失威脅所創造的誘因，因此同樣的原理並不適用於由政府提供產品或勞務並收費的領域。很少有什麼誘因激勵或迫使政府官員索取與成本相配的價格，有時他們還會對最不會造成成本的民眾收取較高的費用。

例如，興建或拓寬一座橋的成本，基本上是為了應對交通高峰而擴大承載能力所花費的成本。在離峰時段過橋的車輛，幾乎不會產生任何成本，因為這段時間橋上通常沒什麼車流，有足夠的橋寬。但在收取通行費時，使用回數票或電子通行證的駕駛每次支付的通行費價格，往往低於只是偶而過橋的駕駛。

儘管導致建造或拓寬橋梁鉅額成本的，是那些每天都在尖峰期使用橋梁的駕駛，但他們負擔的成本

3 編注：Priceline 和 Travelocity 皆為旅遊服務網站。

卻很少，因為他們是人數較多，對與通行費相關的政策有著更大的影響力。看似愚蠢的經濟行為，對官方任命管理橋梁的官員來說，卻是一種政治謹慎，也是為了保住他們自己的工作。若不按照一天中的不同時段差別收費，最終的經濟結果就是尖峰時段過橋的車輛將更多。尖峰時段的高額通行費能鼓勵一些駕駛提前或推遲過橋時間。反過來，這意味著橋梁不需具備過高的承載能力就能應對尖峰時段的通行壓力，既節省金錢成本，又可將稀有資源用作他途。

「轉嫁」增加的成本和節省的開支

人們常說，企業會將加到它們身上的一切額外成本轉嫁到別處，不管是稅賦提高、燃料價格上升、工會提高了員工薪資，還是各種其他資源的成本增加。同樣地，當這些成本因為某些原因減少時，如降稅、技術改進，人們也會提出這樣一個問題：這些降低的成本是否反應在價格調降上，使消費者受惠？

賣方總是希望能完全掌控價格，將成本變化轉嫁給消費者，但這樣的想法很少會直言無諱地表達出來。然而，不管是成本增加還是節約，轉嫁並不是自動的過程，主要取決於企業面臨的競爭方式，以及有多少競爭業者都面臨同樣的成本增加或降低。

如果你在南非經營一家黃金開採公司，當地政府對每盎司黃金的稅收提高了十美元，你就不能把這一成本轉嫁給遍布全球各地的黃金購買者，因為其他國家的黃金生產者不需支付額外的十美元稅收。對世界各地的黃金買家來說，黃金就是黃金，不管它是哪生產的。他們不會為你的一盎司黃金多付十美元。在這情形下，你在全世界市場銷售黃金的利潤，將以每盎司十美元的幅度縮減。

同樣的原理也適用於運輸成本的上升。如果你是以鐵路將產品運輸到市場上，只有當你的競爭對手也是以鐵路運輸產品的情況下，你才能將鐵路部門提高的運費成本轉嫁給買方。但如果你的競爭對手是用卡車或船來運輸，而你所在的地理位置又不允許你也這樣做的話，那通過提高價格來抵消額外的鐵路運費，只會讓你的競爭對手用更低的價格奪走消費者。當然，如果你所有的競爭對手也以鐵路的方式運輸相同的距離，那你們就都可將高額的鐵路運費轉嫁給所有的消費者。但如果你的產品平均運輸距離是一百英里，而競爭對手的產品平均運輸距離只有十英里，那你只能將十英里的鐵路運費成本反應在售價上，自己吸收其他九十英里的成本，降低利潤。

談到把節約的開支轉嫁給消費者時，也適用同樣的原則。例如若你引進新科技使生產成本降低一半，那你大可繼續和競爭對手維持相同價格，將成本節約帶來的額外利潤納入囊中。你也可以選擇——現實情況也常常如此——降價吸引競爭對手的消費者，儘管所售出的每單位產品所帶來的利潤減少了，但往往會讓你獲得更大的總利潤。許多美國的頂尖富豪，如洛克斐勒、卡內基等人之所以能致富，都是因為找到了成本更低的生產方式或運輸方式，而能壓低價格，將對手的消費者變成自己的囊中物。

一段時間後，競爭對手通常也會開始使用相同的先進技術或組織創新來降低價格與成本；但在此過程中，企業仍可以通過率先創新來贏得財富。這就鼓勵了市場經濟中追逐利潤的企業留心尋找各種新方法，這與那些處於政府管制經濟體系中的企業，以及受法律保護而免受國內或國際競爭的民營企業形成鮮明對比，例如蘇聯的許多企業，印度向世界市場開放競爭之前的企業。

專業化與分銷

一家企業不僅在整體規模上受限，也在能有效執行的功能範圍上受限。通用汽車製造了數百萬輛汽車，卻未曾製造過一個輪胎。因為它從固特異（Goodyear）、米其林（Michelin）或其他輪胎製造商那裡購買輪胎，這些廠商能比通用汽車公司更有效率地生產汽車輪胎。汽車製造商也沒有遍布全國的汽車經銷店。一般而言，汽車製造商會把汽車賣給地區經銷商，再由他們將車賣給民眾。通用汽車不可能掌握全美各地區的情況，而正是這些情況決定買下或租一塊土地來設立一間汽車經銷處需要多少成本，也決定哪一個地點是社區中的最佳地點。他們也不可能瞭解當地消費者用來以舊換新的二手車的狀況。

沒有人能坐在汽車公司總部，就決定西雅圖的一輛有著些許凹痕和刮痕的雪佛蘭汽車（Chevrolet），或邁阿密一輛嶄新的本田汽車的折舊價值。而如果在洛杉磯有效的銷售技巧在波士頓卻不起作用，現場的銷售人員一定會比密西根的汽車公司管理者更瞭解原因。總而言之，汽車製造商專門製造汽車，其他的職能則交由擁有對應的知識和技能的人專門去做。

中間商

長久以來，想要「取消中間商」的願望一直在經濟現實中遭逢挫敗。任何個人或可管理規模下的管理人員所具備的知識和專業技術都是有限的。在生產和分配這個巨大鎖鏈中，同一個群體能有效掌握和操作的只有其中的幾個環節而已。超出了某一個臨界點，由那些有著不同技能和經驗的人依次進行下一步操作成本更低、更有效。因此，在這一臨界點上，公司將產品賣給那些能更有效地進行下一步操作的其他企業就是值得的。正如我們在前面幾章已經講到的，這是因為自由市場上商品總是流動到最有價值的用途上，而且由那些在特定階段能更有效地完成工作的人來做，商品將會更有價值。傢俱製造商往往不需擁有或經營傢俱店；大多數的作家也不用自己做出版，或是擁有自己的書店。

價格在其中扮演的重要角色，就像在市場經濟的其他方面一樣。任何一種經濟體系不僅要配置具有多種用途的稀有資源，還必須決定最終產品在轉移到能更有效進行下一步操作的人手裡之前，還要在誰的手裡停留多長時間。尋求獲利的企業被它們自己的盈虧數字指引，但這一盈虧數字本身卻取決於他人能做什麼，以及成本多少。

當一種產品在別人手裡更有價值，那這個人就會出更多錢買該產品，而且所出的金額大於該產品對現在的所有者的價值，於是所有者是因自己的利益銷售產品，而不是因為整體經濟的利益。然而，最終結果卻是更有效率的經濟，因為商品轉移到了使它們最有價值的人手裡。儘管從表面上來看「取消中間商」很有吸引力，但是中間商將會繼續存在，因為由他們來做這一部分工作比其他人更有效率。某一方面的專業人士在從事他們的特定專業時，比其他人效率更高，這一點不足為奇。

與工業化程度較高的國家相比，第三世界國家通常會有較多的中間商，這項事實讓許多沒考慮到箇中道理的觀察家深感悲嘆。例如，南非農民種植的花生往往要經過多次易手才能到花生醬加工公司手中，而在美國就不會出現這種情況。我們也可以在日用消費品產業發現類似的模式，但運行方向卻是相反的。火柴從火柴製造商到購買它的非洲消費者手裡，中間也要經過多次易手。二十世紀中期，一位到過西非的英國經濟學家描述和解釋了這種情形：

「西非出口的農產品，是由成千上萬的非洲人以一種小規模且分散的生產方式產出。他們幾乎沒有相應的儲藏設備，也沒有或只有很少的現金儲備……那些購買出口農產品的中間商數量龐大，本質上是因為想要將大量小農產品生產者變成一個大整體，以獲得規模經濟……農產品行銷鏈中第一個環節就是收購，來自數百英里以外的卡諾（Kano）的幾磅花生，在經過幾個階段的匯集後，經由數噸重的卡車運到這裡。」

與其讓某個地區的十位農民花時間將他們零散的小額農產品從農場運到遙遠的城鎮上銷售，不如由一名中間商將這十位農民的農產品收集起來，一次賣給一個農產品買主，這樣可以讓這十位農民將他們的稀有資源——時間與勞動力——用於其他的用途，種植更多的農產品。因此，從整個社會來說，節約了將農產品從農場運到下一個環節的買主時所需的資源，也省去了出售時個人談判的次數。在收穫的季節，這些環節節約的時間尤其重要，因為有些農作物在採摘前就已經成熟，如不能及時採摘、迅速存入倉庫或加工廠就會腐爛。

在比較富裕的國家，每家農場的農產品產量都很大，而現代化運輸也會減少將農產品運到下一個銷售點的時間，這樣每噸農作物耗費的時間就會少很多，為了運輸農作物而需要的中間商數量也會大幅減少。此外，富裕國家的現代化農民很可能有自己的存儲設備、收割機械及其他工具。不管是從農民個人角度來說，還是從整個經濟角度來說，有沒有效率取決於所處的環境狀況。這些環境狀況在富裕和貧窮國家有著根本上的不同，因此在不同國家裡截然不同的方法可能都是有效的，也並不需要一個在任何國家都有效的方法。

出於同樣原因，在貧窮國家，工業製造商和最終消費者之間也常會有更多的中間商。然而，與第三方觀察者，尤其是來自不同社會的觀察者假想的情況不同，每一位中間商賺取的利潤並不只是一種浪費。因為在這些地方，消費者的貧窮是一個限制因素，限制了他們一次能購買的數量。二十世紀中期西非的例子就特別簡單明瞭：

「進口產品成批地堆到這裡，因此需要在更大的區域內尋找終端消費者。這些西非的消費者因為貧窮只能購買極少量的產品……在伊巴丹（Ibadan）與其他地方的零售商組織為我們示範了小商販同時為供應商和消費者兩邊提供的服務。這裡沒有方便的中央市場，我們常常會看到小商販帶著商品坐在歐洲商行門口。這些小商販賣的商品與這些商店大致一樣，但數量卻少很多。」

「取消中間商」看來可能是一種理想的情形。這些小商販就駐紮在銷售同樣商品的商店門外，消費者只要經過他們，到店裡面就能以更低的單價購買同類商品。但是在這些小商販手裡，可以買到數量極少的商品，比如十根火柴或半支香煙。然而對這些小販背後那些商店而言，由於其勞動力與資金有其他更好的用途，因此花時間把包裝好的商品拆開賣，簡直就是浪費。其他可行的方案對非洲小商販來說幾乎無利可圖，所以這些小商販這麼做是合理的，但歐洲商人這麼做就毫無道理可言。此外，即使當地小商販為賺取利潤而提高了價格，極度貧窮的非洲消費者購買他們的商品也是合理的，因為這些消費者通常買不起歐洲生產者提供的既定數量的商品。儘管這一切看起來很好理解，卻受到很多知名作者的誤解，更糟的是，不論是殖民政府還是後殖民政府，對中間商都懷有敵意，並往往通過制定法律或政策來表達這種敵意。

社會主義政治經濟學

在其他情況下，要理解價格、利潤和虧損所起的作用，最好的方式之一就是看看它們缺席時會怎麼樣。計畫經濟不僅缺乏各種誘因機制來促使獨立企業高效運作和創新，還缺乏市場經濟體系下的財務誘因，去引導體系中的每一個業者將本身的工作限制在低於其他業者的成本的階段。市場經濟中的企業從能低成本生產零件的廠商那裡購買零件，再把自己的產品賣給可以最有效分銷的中間商。但計畫經濟體系可能會放棄專業化的優勢。

例如，蘇聯許多企業仍生產自己的零件，即使有很多專門生產這類零件的製造商能以更低的成本生產。兩位蘇聯經濟學家估算，蘇聯一家機械製造企業生產零件所需的成本，是專業製造商生產同樣零件的兩到三倍。但是在一個利潤與虧損不具決定性作用的體系中，成本自然不在企業考量範圍內。達到政府設定的月生產指標才是企業考量的重點，但計畫經濟缺乏經濟誘因，無法確保配合廠商能準時供貨，在此情況下，唯有自己生產零件才能保證實現該指標。

這不是機械製造企業獨有的現象。誠如蘇聯經濟學家所說：「自己自足的觀念，滲透到經濟與行政金字塔結構的所有階層，從上到下無一例外。」在蘇聯，超過一半的磚都是由非產磚企業生產的，它們用自己生產的磚建設自己的生產廠房。因為這些蘇聯企業不能指望工業建築材料部提供它們建築材料，而且由於缺少經濟誘因，提供磚頭時也無法做到準時交貨與品質可靠。

由於類似的原因，很多蘇聯企業不得不自己生產機械工具，而它們最初的設立目的卻並不在此，也無法達到最高的生產效率。與此同時，那些以生產機械工具為目的而建立的專業化企業卻產能過剩。也就是說，這些專業化企業所生產的機械工具單位成本更高，因為許多企業都自己生產機械工具，專業化企業也就沒有那麼多產品可以分攤間接成本了。在市場經濟中，磚塊或機械工具的廠商要想在競爭中留住消費者，只能生產消費者想要的產品並確實將這些產品銷售出去。然而，當某一特定產品受到政府控制時，情況就不會是這樣。

中國也是一樣，在計畫經濟時期，許多企業自己負責運輸產品，而美國大多數的企業會付費聘請卡車、鐵路或航空貨運公司運輸產品。正如《遠東經濟評論》指出：「中國在實行計畫經濟的幾十年中，幾乎所有的大型企業都自己運輸產品，儘管效率不高。」雖然理論上專業運輸公司運作效率更高，但對於國營企業來講，他們缺乏經濟誘因來滿足客戶需求，因此專業運輸企業在運輸時間和運輸途中貨物管理（如果有的話）上相當不可靠。雖然一家中國的電視機製造公司，在運輸上的效率不及專業運輸公司，但至少他們在運輸途中會小心搬運，避免損壞電視機。

專業運輸的不可靠還有一個副作用，就是中國企業不得不保有更多的存貨，這點與日本的「及時生產」（just in time）物流實踐相違背，後者降低了日本企業的倉儲成本。同樣地，美國的戴爾電腦公司（Dell Computers）之所以能在大銷售量下維持較小的庫存，正是因為有 FedEx、UPS等物流企業，戴爾可以依靠它們安全、快捷地獲取零配件以及將電腦送達消費者。

計畫經濟時代遺留下來的習慣和行為模式，使中國在交通運輸方面的花費占國民收入的比重是美國的兩倍，而美國的領土面積更大，並且有兩個州與其他四十八個州相隔千里之遙。

倉儲的規模以及相應的成本在國與國之間差異很大。日本的庫存量最少，蘇聯最大，美國居中。正如兩位蘇聯經濟學家指出的：

> 「在日本，備用零件真的是『剛從卡車卸下』就被使用。製造商一天內要向訂貨廠家送三到四次貨。豐田汽車的倉庫庫存量只夠一小時使用，而福特汽車的庫存量則長達三周。」

這些蘇聯經濟學家說：「我們的庫存幾乎跟我們一年的產量一樣多。」換句話說，蘇聯工廠中的大部分工人即使「帶薪休假一年」，經濟體系還是可以依賴庫存維持下來。但這並不是優點，而是一種障礙，因為庫存也有成本，卻賺不到錢。從整個經濟的角度來看，產品庫存消耗了資源但卻沒有提高民眾的生活水準。正如蘇聯經濟學家指出的那樣：「我們的經濟一直受到大量庫存的重壓，甚至比資本主義經濟在最嚴重的衰退期的壓力還大。」

然而從蘇聯的經濟環境，以及在該環境下固有的誘因與限制因素來考慮，保有巨大的庫存並非不合理的決策。蘇聯的企業除了維持成本高昂的庫存沒有其他的選擇。供應商越不可靠，企業需要持有的存貨就越多，他們需要存貨來避免最重要的部件不夠用。[4]然而，庫存導致生產成本增加，進而使價格提高，反過來又減少了消費者的購買力，使生活水準下降。

地形也會增加所需的庫存。諸多不利的地理障礙限制了撒哈拉以南非洲的部分陸路運輸[5]，導致當地的農業和工業生產必須持有大量庫存。因為這些地區過度依賴河運，如果雨季推遲或提前結束使水位下降而不能航行，運輸也會中斷。總之，撒哈拉以南非洲的地理障礙對陸上運輸的限制以及一年中不同時期降雨量的巨大差異，都大幅增加庫存成本，嚴重降低生活水準。在非洲其他地方，持有巨大的庫存意味著消耗了稀有資源，卻並沒有相應提高消費者的生活水準。

通用汽車不用自己生產輪胎就可以生產汽車，原因是它可以依靠固特異、米其林或其他輪胎製造商，它們都等著把生產的輪胎賣給汽車製造商。若供應商不能如期交貨，對通用汽車來說是一場災難，對輪胎公司自己而言更是一種財務上的自殺，因為它將失去一個每年都會訂購數百萬輪胎的消費者，更要付出數十億美元的違約金。在這樣的情況下，難怪通用汽車不用像蘇聯企業那樣，自己生產所有零件。

---

4 在這種情況下不太可能會出現過剩。蘇聯的庫存常常被證明是不足的，因為製造企業仍然會缺乏零件。按照蘇聯經濟學家波波夫所說：「從裝配線上下來的汽車中，有三分之一是缺少部件的」。參見《轉折點》（*The Turning Point*），一三六頁。

5 參見拙作《征服與文化》（*Conquests and Cultures*），一〇一～一〇八頁。

想像一下，一輛從裝配線上下來的凱迪拉克沒有輪胎可安裝，這樣的場景也許很荒謬，但回到蘇聯時代，一名高級官員曾抱怨說「成千上萬的機動車因為沒有輪胎而閒置一旁」。在一個經濟系統中，複雜的協調機制看似全然自發，人們甚至忽略了它的存在，但這並不代表在另一個不同的經濟體系中運作的協調機制也同樣能自發運轉。[6] 諷刺地是，就是在那些沒有人控制整個經濟的地方，價格變動帶來了自發調節，而有意實行計畫經濟的地方卻一再證明，很難或不可能實現相同的協調水準。

不論是製造層面還是零售層面，在市場經濟中，留住消費者是企業存亡的關鍵，於是可靠性也就成了實物產品的固有附屬品。回到一九三〇年代早期，冰箱開始普及，西爾斯賣出的第一批量產冰箱卻出現許多技術和生產問題。西爾斯別無他法，只能回收三萬台冰箱並退費。這一情形讓西爾斯承受極大的財務壓力，它要不選擇停止銷售冰箱（該公司某些執行主管和許多商店的經理都希望這麼做），要不就得大幅改善冰箱的可靠性。它最終選擇提高冰箱的可靠性，成為美國首屈一指的冰箱銷售商。

---

6 這並不是說在市場經濟中就絕不存在運輸很差的供應商。波音公司就曾發生耗資上億美元的飛機建成之後只能閒置一旁，等著其他公司的廚房、廁所或其他零件到位才能出售。一位波音公司的工作人員指出：「你有一大筆不能動用的資產，只是為了等著一個廚房。」一名空中巴士公司的行政高層說：「這一問題已經嚴重到迫使我們不得不去問『這中間究竟發生了什麼？』」從零件供應商那購買了價值數百萬美元產品的大公司問這種問題，可不是為了練習口才。總之在所有的經濟體系中，人類都有共同的缺點，但不同的是為了改正這些缺點所產生的壓力。在二〇〇八年八月份的《華爾街日報》上，丹尼爾・麥克斯（Daniel Michaels）和J・林恩・倫斯福德（J. Lynn Lunsford）說過：「座位、廚房的不足拖累了波音公司和空中巴士。」

第七章

大廠商的經濟學

對不得不面對競爭的人來說，競爭往往是、並將永遠是個大麻煩。

——十八世紀法國經濟學家　弗雷德里克・巴斯夏（Frédéric Bastiat）

大廠商（big business）的「大」可以指不同的方面。它們可以是一種絕對的大，比如沃爾瑪，每年銷售額達數千億美元，是全美最大的廠商，儘管其銷售量在整個產業的商品總量中比例不高；也可能是在整個產業的銷售量中比重很大，例如微軟，它在世界各地出售個人電腦作業系統。這兩個不同意義上的「大」存在巨大的經濟差異。獨占某個產業的企業（company），可能在規模上會比另一個在競爭者眾多的產業中的大企業還小。

競爭者眾多的市場上的誘因和限制，迥異於只有一家企業獨占的市場上的誘因與限制，這種差異會引起不同的行為，並給整個經濟帶來不同的後果。由獨占、寡占或同業聯盟控制的市場需要個別分析，但在分析之前，讓我們從總體上對大廠商——不管是規模上絕對大還是相對於整個產業的產品市場來說較大——進行考慮。第六章提過大廠商的一個普遍特徵，即規模經濟和規模不經濟，兩者共同決定了某一產業中的企業要生存和發展下去所需的實際生產規模。大廠商的另一普遍特徵是它們通常採用公司（corporation）的形式，而不是由某個人、某個家庭或某些合夥人共有。這種組織形式能成功的原因及結果都需進一步檢驗。

公司

並不是所有的廠商都是公司。美國第一家公司哈佛董事會（Harvard Corporation），是為了管理美國第一所大學而在十七世紀成立的。公司不同於由個人、家族或合夥人控制的企業。在這些其他類型的企業中，所有者個人要承擔組織的全部債務。如果這類組織沒有足夠的錢來償還債務或賠償訴訟帶來的損失，法院可以命令扣押企業所有人的銀行帳戶或其他個人財產。但公司具有獨立的法人身份，所有者不必為公司債務承擔個人責任。公司以其全部資產承擔有限法律責任，因此，英國公司名稱中的有限責任英文縮寫「Ltd.」（for limited liability）與美國公司名稱中的股份有限英文縮寫「Inc.」（incorporated）用法一致。

有限責任不僅對公司股東來說是一種方便的特權，對整個經濟來說也具重大意義。每年交易額達數十億美元的大型公司很少僅憑幾個富有的投資者就能創建或運營。世上遠沒有那麼多富豪可以做到這一點，即使有，他們也不願冒險把所有財產都投在一家公司上。相反地，巨型公司常常由成千上萬，甚至是數百萬的股東共同所有。其中不僅包括直接擁有公司股份的人，也包括那些從不認為自己是股東的人——他們把退休基金用來購買了公司股票。大約有一半美國人都直接或間接地把錢投資於公司股票。

同樣地，透過觀察有限責任缺席時的情形，我們可以更容易理解它的意義。第一次世界大戰期間，軍事衝突導致的封鎖和破壞使歐洲大陸出現大量忍飢挨餓的人，赫伯特・胡佛（Herbert Hoover）總統設立一間慈善企業來購買、分派食物給飢民。被招募來管理這家企業的一位銀行家問胡佛，該機構是否為有限責任組織，當胡佛給出否定回答後，這位銀行家立刻辭職，因為如果該組織無法募集到足夠的捐款為歐洲所有飢民提供數百萬美元的食物，那他的畢生積蓄將化為烏有。

對建立或投資公司的人來說，有限責任的重要性顯而易見。但股東的有限責任對更大範圍的社會人群來說，甚至具更大的重要性，這些人群包括既沒有購買任何股票，又與公司沒有任何關係的人。對整個經濟和社會來說，有限責任讓許多巨型經濟活動得以開展。對個體來說，他們無法負擔這些過於龐大的經濟活動；而且如果每個投資者都要承擔企業債務，企業規模之大又不利於股東密切監管其業績，那對於將資產投入企業的大量個人來說，風險就會相當高。

規模經濟為大型公司帶來的低價格，以及規模經濟帶來的相對更高的生活水準，使大量消費者能負擔得起更多本來超出他們經濟能力的產品和勞務。簡言之，公司在經濟中的影響遠超出公司所有者、管理者和員工的範圍。

債權人從公司收回債務時，只能以公司自有資產為限，不能為了彌補損失從公司所有者那獲得超出這一範圍的資金，這樣的情況下，債權人要怎麼辨呢？公司名稱中的「Ltd.」或「Inc.」已預先提醒了債權人，這樣他們就可以相應地限制借款金額，並根據風險對利率做出調整。

公司管理

有些企業的管理者就是所有者，與這樣的廠商不同，一家大型公司有大量的股東，他們無法直接指揮公司的運營。於是，掌握公司最高權力的董事會雇用執行長，將公司管理交給執行長來負責，在必要的時候也會解雇執行長。這種管理模式不僅運用於商業機構，還運用於學院和大學。掌握最高權力的校董事會並不親自管理學院和大學中的日常教學和學術活動，而是雇用管理者來管理，他們也能解雇這些管理者。

跟有限責任一樣，所有權和管理權的分離也是公司的一個重要特色，同時也是公司批評者的主要攻擊對象。許多人聲稱，「所有權與管理權的分離」讓公司管理者在經營公司的時候追求他們自身的利益，損害股東利益。雖然二十一世紀發生了一些重大公司醜聞，證實了作假和濫用職權的可能性，然而不論是在民主還是集權的政府治理下，這些現象也曾出現在非公司企業中，還曾出現在聯合國和非營利性慈善組織。我們尚不清楚，有限責任的公司較其他類型的組織是否更容易發生弄虛作假和濫用職權，也不清楚是否為非作歹者更難被察覺和懲罰。

對所有權與管理權分離的批評經常忽視這樣一個事實：公司的股東並不一定願意為掌管公司承擔這種既耗時又費力的責任。許多想得到投資報酬的人並不想做令人頭痛的管理工作，公司的大股東尤其如此。如果他們想承擔管理責任，完全可以用投資的資金建立自己的企業。「公司」這一形式可以使那些只想做投資而不想承擔管理責任的人實現這一願望，並把監督現有管理工作誠實與否的任務留給監管和執法機構，把監測管理效率的任務交給市場競爭。

外部投資專家經常尋找管理不善卻可以改善的公司，他們認為通過購買大量股票接手這家公司，並改變經營方式就可以改善公司狀況。這種收購威脅非常有效地促使管理者遊說政府頒行相關的禁止法律。但這些外部投資者有動力，也有專業知識來評估公司的效率，能比大多數普通股東更好地評估公司的經營效率。

認為公司「不民主」的批評者忽視了一點：儘管那些自稱「消費者權益保護者」的人努力推動法律，以使公司把管理控制權分割給股東或自稱代表大眾利益的外部人士，但股東可能並不希望公司民主，消費者也不希望如此。商業企業存在的原因在於，經營企業的人比那些沒有經濟利益，也不具備必要的專業知識，卻自稱是「消費者權益保護者」或「公益」組織的外部人員，更明白怎樣履行相應的職能來讓組織生存下去並繁榮發展。

值得注意的是，許多激進分子試圖讓股東投入更多資金到執行長的薪資上，卻遭到持有公司股票的共同基金所反對。這些共同基金並不希望他們的鉅額投資被那些履歷、技能和議程與公司目標不符的人損害。

與其他商業機構一樣，一個公司的經濟命運最終掌控在無數消費者手中。但大多數消費者可能不像股東那樣對承擔管理責任有興趣，而不願承擔管理責任的消費者也不必去管理。當非管理人員對公司運營擁有發言權，這些消費者和股東會在管理過程中努力表達自己的觀點、代表自己的利益，否則持異見者就會踐踏他們的利益、擾亂公司管理，而且這些外部人士還不必為錯誤付出任何代價。

不同國家對於公司股東享有的法律權利有不同的法律規定，造成的後果也不同。一位專門研究商業組織的法學教授寫在《華爾街日報》上的一篇文章指出：

> 「美國的公司法嚴格限制股東的權利，日本、德國和法國的公司法也是如此。相反的，英國卻像股東的天堂。在英國，股東可以在任何時間召開會議解散董事會。他們可以通過決議要求董事會採取某項行動，他們有權投票決定股息和執行長的薪資，也可以迫使董事會接受一項本想拒絕的惡意收購。」

那英國公司的業績與其他國家的相比如何呢？據英國《經濟學人》雜誌報導，世界上最大的三十家公司中有十三家是美國公司，六家是日本公司，德國和法國各有三家，而英國只有一家，還有一家英國只擁有一半的股權。就連像荷蘭這樣的小國，擁有的全球最大公司份額都比英國大。不管英國的股東在參與公司決策中得到多少精神安慰，卻很少真正有利於公司利益。公司的作用是什麼，這樣的問題完全會因在特定情形下特定的公司該做什麼而不同。管理公司的人囊括了所有的類型，從最聰明的到最笨的，從最誠實的到最不誠實的，他們與其他組織或活動中的人一樣——包括那些自稱是「消費者權益保護者」、「大眾利益」組織成員或「股東民主」的倡導者。

高層薪資

二〇一〇年，標準普爾指數（Standard & Poor's Index）名單上的大公司執行長，平均薪資是一千萬美元，雖然這遠超過大多數人的報酬，但還是比許多職業運動員和演員賺的還要少很多，更別提金融家了。一些批評者聲稱由於董事會隨意亂花股東的錢，給公司高層的報酬普遍過高，尤其是執行長們。然而，比較股東眾多的上市公司與少數大金融機構名下的公司的執行長的報酬，就能檢驗這一說法是否正確了。在後一種公司中，金融家用自己的錢支付執行長的薪資，也正是這些公司的執行長的薪資最高。鑒於這是金融家用自己的錢雇人經營一家投入了數十億美元的公司，他們沒有動機支付過高的報酬，但也沒有理由為了貪小便宜而吃大虧。他們也不必擔心引起那些很容易就去向媒體抱怨公司高層報酬太高的股東的反對。

更讓股東大為不滿的是，他們必須支付因自己的失敗而離開的高層高達數百萬美元的遣散費。然而，有時候離婚成本遠超過結婚費用，或夫妻某一方必須給付另一方賠償金，但沒有人會對這些高額費用感到奇怪。對公司來說，迅速結束一段不適合的關係非常重要，即使要支付數百萬美元也是值得的，因為繼續任用一名失敗的執行長，將會繼續因他的錯誤決策損失更多的資產。

獨占和同業聯盟

雖然前面章節討論的大部分都是自由競爭市場如何運轉，但自由競爭市場並不是唯一的市場類型，政府實行價格管制或中央計畫經濟也不是干擾自由競爭市場運行的唯一形式。獨占、寡占和同業聯盟所引起的經濟後果與自由競爭市場也有巨大差異。

獨占的字面意義就是只有一個賣方。然而，只有少數賣方的時候，即經濟學家所謂的「寡占」，這些賣方也許會在定價上或明或暗地相互合作，帶來類似獨占的結果。只要某一產業中存在一個能設定價格和產出量的正式組織，即同業聯盟，即使在這個同業聯盟中包含許多賣方，結果也會和獨占非常相像。儘管各種非競爭產業各不相同，但它們的影響通常有害，需要法律和政策來預防或消除這些影響。政府介入時，有時會採取直接的價格管制形式，或在沒有競爭、競爭較少的產業推行非競爭性企業政策。除此之外，政府還會禁止某些做法，但不會企圖微觀管理（micro-manage）相關的企業。然而，首要且最根本的問題是：獨占性企業對經濟的危害有多大？

有時候某個地區或國家的某種物品或服務全部由一家企業生產。多年來，美國的地方性電話企業在它們所在的地區都是一家獨占企業，在其他一些國家情況也是如此。第二次世界大戰前約半個世紀，美國鋁業公司（Alcoa）生產美國全部的鋁錠。這種情況雖然不常見，但足以引起我們的重視。

大多數大型廠商並不是獨占企業，也並非所有的獨占企業都是大型廠商。在汽車和鐵路還未普及的時代，一個封閉的農村社區的一家雜貨鋪，可能就是方圓幾英里內唯一的商店。儘管這家雜貨鋪的規模相當小，但它的獨占程度不低於《財星》五百大榜單上的任何一家企業。相對地，如今即使像 Safeway 這種營業額數十億美元的全國性連鎖商店，都因為有眾多競爭者，因此不能像獨占企業那樣對所售商品自行定價。

獨占性價格與競爭性價格

理解了價格不能自主發揮作用時會怎樣，我們就可以更好地理解價格的作用；同樣地，對競爭市場和非競爭市場上的情況進行比較之後，我們就能更好地理解競爭在經濟中的作用。

以蘋果汁這種簡單商品為例。消費者怎麼知道蘋果汁的要價並沒比它的生產成本高出太多？畢竟，大多數人沒種過蘋果，更別說把蘋果榨汁、裝瓶、運輸、儲存了，因此大部分人並不知道這些環節的成本是多少。但是，市場上的競爭讓消費者不需要知道這些事情。瞭解內情、從事投資的少數人有充分的動機投資於報酬率最高的地方，並減少報酬率低甚至出現虧損的投資。如果蘋果汁的價格高於生產成本，就會產生高利潤率，吸引更多的投資進入該產業，直到新進入的生產者相互競爭，讓價格降低到與經濟中的平均投資回報相同的水準，也即剛好收回成本的水準。

到那時，來自其他經濟部門的投資才會停止，驅使資金流入的誘因才會消失。但如果在蘋果汁的生產領域存在獨占的情況，就非常不同。獨占價格將可能繼續保持在高於蘋果汁生產投入的水準，包括足以吸引所需資金的必要投資報酬率。獨占者將會得到高於吸引資金的必要報酬率。但是若沒有競爭企業生產競爭性的產品來壓低價格，獨占者所得到的報酬率就會持續高於吸引投資的必要水準。

許多人不承認獨占者的定價高於競爭企業定價這一事實。但是，將貨幣從社會其他成員轉移給自己並不是獨占者帶來的唯一危害。從整體經濟來看，雖然這種轉移以一種令人反感的方式重新分配了社會財富，但並不會改變整個社會的總財富。獨占者對整個經濟的總財富量產生的負面影響，恰恰在於它對具有多種用途的稀有資源的分配所產生的影響。

獨占者的要價高於競爭情況下的價格時，消費者購買的產品往往會少於較低的競爭價格下的購買量。簡言之，在可獲得的資源、技術和成本相同的情況下，獨占者的產出量比競爭企業的要少。當消費者仍願意為產品支付高於生產成本（包括正常的利潤）的費用並購買更多產品時，獨占者卻不再提供該產品，因為獨占者要收取高於正常生產成本的價格以賺取高於正常利潤的利潤。

就分配具有多種用途的資源的角度而言，最終的結果是一些本來會用於生產更多蘋果汁的資源被投入經濟中其他產品的生產，即使在自由競爭市場上，這些產品也不如蘋果汁有價值。總之，存在獨占時，經濟中的資源就不能得到有效利用，因為這些資源將從較有價值的用途，轉移到價值較低的用途。

幸運的是，若沒有保護獨占企業不受競爭的法律，獨占很難維持。投資者不斷尋找最高的報酬率，最終使投資湧進經濟中任何能獲得更高利潤的部門，直到流入的投資相互之間的競爭加劇，使該部門的利潤降低，這就像水總是往低處流。但是，正如水壩可以阻止水往低處流，政府干預可以讓獨占的高利潤不受競爭的影響。

過去幾個世紀，在眾多經濟領域建立企業都需要獲得政府的許可，特別是在歐洲和亞洲，許多廠商的所有者都有獨占權力，他們或者直接向政府付費得到這些權力；或者賄賂有權授予這些權力的政府官員，抑或兩者兼而有之。然而，到十八世紀末，經濟學得到了很大發展，很多人明白了獨占對整個社會的危害，且越來越多人對此提出反對，力圖使經濟從獨占和政府管制中解放出來。獨占因此變少，至少在國家層面上更罕見了，然而許多城市還是普遍存在對競爭的限制，比如嚴格的許可法限定營業的計程車數量，導致車資被人為抬高，並使計程車數量少於在自由市場中應有的數量。

同樣地，這種限制損害的並不只是消費者的利益。對計程車執照數量的人為限制，不允許那些願意接受更低價格的人開計程車，整個經濟也會因此遭受損失，因為這部分人不得不做一些價值更低的工作或失業。如果其他工作價值較高，報酬也較高，那麼這些人當初就不會想當計程車司機了。

從整體經濟來看，獨占定價表示獨占性產品的消費者將稀有資源用於這種產品，而放棄其他價值更大的用途。正是這種無效率使獨占下的經濟創造的財富少於自由競爭時本該創造的財富。人們有時說獨占者「限制產出」，但這並非有意為之，限制產出並非獨占者的目的。獨占者希望消費者在高昂價格下購買更多產品，但消費者的購買量要少於自由競爭條件下低價格時的購買量。正是獨占者的高價使消費者減少購買量，導致獨占者限制產量。但為說服消費者購買更多產品，獨占者可能會斥鉅資做廣告。

同樣的原則也適用於同業聯盟——這是一群廠商彼此同意索取較高的價格，或避免相互競爭。理論上，同業聯盟可以合作經營，效果等同於獨占。然實際上同業聯盟的各個成員往往在背地裡相互欺騙，對一些消費者降低價格，從其他同業聯盟成員那裡搶奪消費者。當這種做法成為普遍現象，同業聯盟存在與否就無關緊要了。

十九世紀，各個鐵路公司相繼建立，它們在美國各大城市——如芝加哥和紐約——之間的線路上形成競爭。這些大城市間的鐵路被稱為「主幹線」，以此區分於「支線」，支線從主幹線通往一些較小的社區，並且只有一條鐵路。這種情況使支線形成了獨占，而主幹線上的價格競爭卻非常激烈，結果就是主幹線上的長距離運輸費用反而低於支線上的短距離運輸費用。更重要的是，對於鐵路公司來說，主幹線的價格低到幾乎賠本。為解決這問題，各個鐵路公司組成同業聯盟：

「這些同業聯盟企業一直處於鬆散狀態……在兩個地方之間一趟火車發車的成本與火車載貨量幾乎毫不相關。因此在某一臨界點之上，多運的每一噸貨物都是利潤。為了得到這個臨界點之上的純利潤，背地裡向貨主提供回扣的誘惑遲早會變得無法抵抗。一旦這種祕密回扣開始出現，價格戰很快會讓這樣的同業聯盟分崩離析。」

出於同樣的原因，在鐵路企業之前，輪船企業也試圖形成同業聯盟，而且正如在此之後很多其他同業聯盟一樣，這個同業聯盟也因相似原因解體了。一個成功的同業聯盟不僅需要企業間的協議，還需要可以相互監督並防止成員違反協議，同時還需要限制同業聯盟之外的公司引起的競爭。這些都是說來容易做起來難。美國最成功的同業聯盟是鋼鐵產業的，它有一個企業很容易相互監督的價格體系[1]，但它最終被法院判定為違反了反托拉斯法。

政府與市場的反應

有些龐大的廠商組織曾被稱為「托拉斯」（trust），而旨在禁止獨占和同業聯盟的立法被稱為「反托拉斯法」（anti-trust laws）。不過這些法律並不是打擊獨占和同業聯盟的唯一形式。非同業聯盟成員的民營廠商有動力在市場上與之鬥爭。而且，政府要歷經數年才會在重大的反托拉斯案件中成功結案，而民營廠商的行動較迅速。早在美國托拉斯全盛時期，蒙哥馬利・華德曾是它們最大的對手之一。

不論面對的托拉斯是農業機械、腳踏車、糖、釘子還是麻繩，蒙哥馬利・華德都能找到非托拉斯成員的生產者，並以低於同業聯盟的價格購買產品，再以低於同業聯盟成員的價格出售給大眾。當時，蒙哥馬利・華德是全美國最大的零售商，如果有必要，它甚至可以建立自己的工廠製造產品。像西爾斯和A&P百貨這些零售業的後起之秀，同樣也使大生產者面臨這種競爭，因為它們既能生產自己的競爭產品在自己商店裡出售，又能從一些同業聯盟之外的小企業購買價格更低的商品，並促使這些小企業成長為強大的競爭者。

在這兩方面西爾斯都做到了。它自己生產烤箱、鞋、槍支、壁紙與其他商品，此外還轉包其他產品的生產。A&P百貨進口並烘焙自己的咖啡，生產自己的鮭魚罐頭，每年還要烤五億個麵包在店裡銷售。像西爾斯、蒙哥馬利・華德和A&P百貨這些企業巨頭能單獨和一些同業聯盟組織競爭，小公司同樣也可以在它們的產業中從同業聯盟那裡搶奪銷售量。它們的動機與同業聯盟一樣，都是利潤。只要獨占者把價格維持在高於正常利潤的水準，其他企業就會被吸引到這一產業。由此帶來的競爭加劇往往會使價格和利潤下降。對獨占者來說，要成功地維持高於競爭條件下的利潤水準，就必須想辦法阻止其他

---

1 在這一體系中，美國所有鋼材價格都基於鋼材的固定價格加上從匹茲堡出發的鐵路運輸費用之和——不論鋼材產地是匹茲堡、伯明罕還是其他地方，也不論是由鐵路、船舶還是其他方式運輸。若非如此，鋼材這種很重的產品，從不同的地方以不同方式運輸的費用會很高，且容易發生變化，個別鋼材生產者也就很容易暗中降價，也很難說清是誰破壞同業聯盟的協議價格。在這一同業聯盟定價體系下，不管鋼材在哪裡生產，或以什麼方式運輸，都可以很容易確定全國任何地方的鋼材的總交貨成本應該是多少——價格加上從匹茲堡出發的鐵路運輸成本。但從經濟的角度來看，這一價格體系卻造成資源錯配，因為住在伯明罕附近的人購買匹茲堡生產的鋼鐵的速度，和在伯明罕生產的速度一樣快，但都要付同樣的價格和從匹茲堡出發的鐵路運輸的成本。這代表有更多的鋼鐵比在自由競爭市場情況下經過更長距離的運輸。

企業進入這一產業。

阻止潛在競爭者進入的一種方式，就是讓政府立法禁止其他業者在某個特定產業中營運。國王授予或出售獨占權的歷史長達數個世紀，而現代政府則控制各行各業的許可證發放，從航空、貨運到編辮子頭。這些限制從不缺乏政治依據，但這些政策在經濟上的最終結果卻是保護了現有企業免受潛在競爭者的競爭，並因此維持人為的高價格水準。

例如，印度政府不僅決定哪家公司允許生產哪種產品，還限制每個公司能生產多少產品。一個印度踏板摩托車製造商曾因為產量超過許可額度而被政府約談；一個印度感冒藥生產者擔心民眾在流感期間購買「過多」感冒藥，所以聘請律師，為它的生產和銷售超過許可數量而花了幾個月時間準備相關的法律辯護，以防被政府傳喚。這些高昂的法律費用都必須有人買單，而這些人就是消費者。

如果政府沒有禁止企業進入某個特定產業，現有企業還可以私下利用一些技巧建立障礙，阻擋競爭對手的進入，並保護獨占利潤。但其他企業也有充分動機，展現同樣的精明來繞過這些障礙。因此，阻礙進入的成效，因產業而異，即使在同一產業中，也會因時而異。電腦產業曾門檻很高，那時電腦還是占地極大的巨型機器，製造這種巨型機器的費用也很龐大。但隨著微型晶片的發展，更小型的電腦也具備同樣的功能。現在晶片生產成本也很低，小公司也可以生產。這些公司遍布世界各地，這樣一來國內的獨占者也不能排除該產業的競爭。儘管美國是生產電腦的先驅，但電腦的實際製造卻迅速在東亞蓬勃發展，那裡供應了美國市場中大多數的電腦。

第八章

管制與反托拉斯法

即使只存在幾家獨立的企業，競爭也不會被輕易壓制……競爭是荒野勁草，而非精緻嬌花。

——美國經濟學家　喬治・斯蒂格勒

十九世紀末，美國政府開始對獨占和同業聯盟做出回應，一方面對獨占組織的協議價格進行直接管制，另一方面依照一八九〇年通過的《休曼反托拉斯法案》（Sherman Anti-Trust Act）以及其他隨後制定的反托拉斯法，對獨占者採取懲罰性的法律行動。鐵路公司在具有獨占地位的地區收取高獨占價格，由此產生的不滿促成了一八八七年美國州際商務委員會（Interstate Commerce Commission）的成立，該委員會是最早成立的旨在控制獨占定價的聯邦管制委員會。

地方電話公司是它們各自負責的地區中的獨占者，其母公司——美國電話電報公司（AT&T）——則在長途電話服務上享有全國性的獨占地位。在這一時期，美國聯邦通信委員會（Federal Communication Commission）管制著AT&T索取的價格，各州監管部門則管制各州的電話費。另一種方法是通過立法來防止獨占的形成和持續，或防止非競爭性市場行為，如價格歧視。這些反托拉斯法意圖讓企業的運營不受管制委員會的嚴格監督，但大體上仍受監控，就像交通警察的監控那樣，只有發生具體的違法行為才出面干預。

管制委員會

雖然管制委員會的功能在理論上很單純，但實際上它的任務卻複雜許多，且在某些方面甚至是不可能完成的。另外，管制委員會所處的政治氛圍引發的政策及後果，經常與委員會的創建人期望的結果背道而馳。

在理想情況下，管制委員會設定的價格與競爭市場中的價格相等。但實際上，根本沒辦法知道這些價格應該是多少。只有市場的實際運作才能揭示價格。在市場的實際運作中，低效率的企業會因破產被淘汰，只有最有效率的公司才能生存下來，而它們的低價格就成為市場價格。外部觀察者無法瞭解特定企業和產業最有效的運營方式是什麼。實際上，一個產業的許多管理人員會發現他們原以為最有效的經營方式，其實並不足以有效地應對競爭，甚至還會失去消費者。管制機關所能做的，頂多是接受看似合理的生產成本，以及允許獨占者獲得收回成本後的合理利潤。

要確定生產成本多少，絕不是容易的事。正如第六章所指，可能不存在「固定」生產成本這種東西。例如，發電的成本可能會因發電的時間和地點不同有巨大差異。當你深夜醒來打開燈的供電成本微乎其微，因為發電系統夜以繼日地運轉，所以當人們在深夜熟睡時，發電系統存在閒置的生產能力。但在炎炎夏日，很多家庭和辦公室已經開空調了，當你在午後打開空調時，可能就會超出發電系統的極限。為了避免停電，就必須啟用成本高昂的備用發電機發電。

據估計，用電高峰期使用洗碗機的供電成本，比用電離峰期的成本多一百倍。在午夜時分使用洗碗機，與在深夜打開電燈一樣，並沒有增加發電系統的成本，因為發電系統二十四小時運轉。

超出發電系統正常產能的額外電量，每千瓦時的發電成本比正常產能的成本高出許多倍，其中有很多原因。為廣大消費者服務的主要供電系統，可以利用規模經濟使發電成本降到最低，而備用的發電機通常發電量很小，無法充分利用規模經濟，因此每千瓦時電量的發電成本更高。有時技術進步使供電系統成本降低，但過時的設備並未丟棄，而是保留下來用作備用發電設備。用這種過時的設備提供額外的電量，成本當然也就更高。當地方供電能力達到極限，額外的電量就不得不從外部購買，從更遠的距離輸電將大幅提高用電成本，遠高於距離較近的供電系統的發電成本。

發電成本的其他變動可以歸因於各種燃料成本的波動，即發電機運轉所依靠的各式燃料，如石油、天然氣、煤礦、核能等。所有這些燃料都有除發電以外的其他用途，所以其他產業、家庭或汽車對這些燃料的波動式需求使它們的價格難以預測。當降雨量發生變化，增加或減少了流經水壩的水量時，各個水壩的發電量也會產生變化。當水壩的固定成本分攤至不同的發電量時，每千瓦的電力成本也因而產生變化。

既然發電成本會發生劇烈且不可預期的變動，管制委員會應該怎樣設定消費者用電的價格水準呢？如果美國各州管制委員會基於發電的平均成本來設定電價，那當某個州出現需求過量或供給不足時，其他州的供應商可能不願意用低於備用機組發電成本的價格跨州輸電。這就是二〇〇一年那場加州大停電的原因之一。當發電成本在某些時候遠高於平均水準或遠低於平均水準時，「平均」成本就無關緊要了。

一般民眾不可能熟知供電過程涉及的所有複雜的經濟學知識，所以他們很可能會因遠高於以往的電價而被激怒。這樣的後果會誘使政治家介入，並基於以往的價格實施價格管制。正如在其他章節提到的，價格管制會導致短缺，而電的短缺就會導致停電。價格管制下，需求量的增加和供給量的減少是常見的反應。然而，政治家的成敗並非取決於他們是否熟知歷史和經濟學，他們的成功有賴於附和一般民眾與媒體普遍相信的看法，包括陰謀論或相信高價格是因為「欺騙」和「貪婪」。

在印度，試圖提高電價的政策，引來人們街頭示威抗議，這與美國加州的情形一樣。印度國大黨（Congress Party）在印度卡納塔卡省（Karnataka）是執政黨，該黨曾努力調整電價，卻遭到反對黨發動群眾上街頭抗議。然而，在相鄰的安得拉省（Andhra Pradesh），印度國大黨是當地的反對黨，卻領導遊行示威來反對電價的上漲。換句話說，這些示威無關意識形態或政黨立場，而是投機取巧順著民眾的誤解炒作。

政治複雜性加劇了管制委員會設定價格時包含的經濟複雜性。管制機關的設立，往往是由於一些政治改革倡導者已經成功地發動調查或宣傳活動，並說服當局建立一個常設委員會，來監督和控制一個獨占企業或某一群企業（數量少到可能聯合起來，形成像獨占企業集團的產業）。然而，在委員會成立並擁有權力之後，改革倡導者和媒體就對它失去興趣，並將注意力轉向其他事。與此同時，被監管的企業會繼續密切關注這個委員會的行動，並遊說政府，獲得有利的管制政策，以及將一些較有利於它們的人派至委員會任職。

最終結果是，為了消費者利益而建立以管制某些企業或產業的委員會，往往會變成保護現有被監管公司的機構，保護它們免受來自擁有新技術或新管理方法的新公司的威脅。美國的州際商務委員會建立的初衷是防止鐵路公司向民眾收取獨占價格，現在卻把控制權限擴展到卡車運輸業，以此回應卡車運輸的崛起，因為卡車在運貨方面的競爭威脅到鐵路產業的經濟效益。

管制鐵路運輸的最初理由，是這些鐵路公司往往在某些地區擁有獨占地位，但在卡車運輸威脅到鐵路公司的獨占地位時，州際商務委員會的回應卻不是聲明對運輸業的監管已經不再緊迫或甚至可以取消。相反地，為了限制卡車運輸業者的活動，它在一九三五年獲得國會通過《汽車運輸法案》（Motor Carrier Act），獲得更大的權力。儘管來自卡車的競爭能讓各種貨運更有效率，卡車運輸的收費也更低，但該委員會的介入讓鐵路在新的經濟條件下存活下來。如今，只有獲得州際商務委員會頒發的執照，確實符合該委員會界定的為「公共需要與便利」服務時，卡車才被允許跨州運營，這就使鐵路公司避免了在未受管制的市場中會面臨的結局——因為被卡車搶走消費者而破產。

簡言之，貨運不再遵循公開競爭條件下資源消耗最少的方式，反而以一種符合州際商務委員會任意要求的方式來完成。例如，委員會可能授權一家卡車公司從紐約載貨到華盛頓，卻禁止它從費城載貨到巴爾的摩，儘管這兩個城市就在紐約往華盛頓的路上。如果執照沒有授權卡車公司從華盛頓載貨回紐約，那麼卡車將空車折返，並由其他卡車將貨物從華盛頓運至紐約。

從整體經濟觀點來看，貨運過程中產生了龐大的不必要成本，但這種政治上的安排卻讓更多的卡車運輸公司和鐵路公司得以存活，而且獲利高於市場競爭沒有任何限制時。在自由競爭的市場上，即使更低的成本和更低的價格會導致一些成本太高、不能與貨車競爭的鐵路公司破產，但運輸公司別無選擇，只能以最有效的方式來運輸貨物。正是在貨運中使用了超過必要水準的資源，使那些本無必要存在的公司生存下來。

雖然開放和不受限制的競爭會為整個社會帶來經濟利益，但這種競爭將對管制委員會產生政治威脅。因為競爭而面臨經濟滅亡的企業，肯定會訴諸政治煽動和陰謀，這將不利個別委員繼續留任，也不利於整個委員會或其權力的存續。工會也傾向維持現狀，以免因各種新技術競爭導致人力需求減少。

一九八〇年美國國會削弱了州際商務委員會對卡車運輸產業的控制權力，貨運價格從此一路下降，消費者也普遍反應運輸服務品質提高了。這完全拜運輸業效率提高所賜，因為空跑的卡車少了，雇用工人的工資也取決於供需關係，而不是由工會決定。在競爭的產業中，卡車運輸變得更可靠，購買它們勞務的廠商也就能減少存貨，於是就節省了總計達數十億美元的費用。

有兩個現象可以表明管制帶來的無效率，一是美國聯邦政府放鬆管制後所節約的成本，另一個是在聯邦管制削減、州內管制卻仍然非常嚴格的地方，州際運輸成本和州內運輸成本差異很大。比如，在美國德州境內把藍色牛仔褲從艾爾帕索市（El Paso）運到達拉斯市的成本，與把同樣的牛仔褲從台灣運到達拉斯市的成本相比，約高出四十％。

管制帶來的嚴重低效率並不是美國州際商務委員會特有的。美國民航委員會（Civil Aeronautics Board）也是如此，它把潛在的競爭性航空公司拒之門外，維持高價機票以確保現有航空公司能存活下來，而不是迫使它們面對其他票價更低、服務更好的航空公司的競爭。於是，民航委員會一被解散後，機票價格立刻下降，一些航空公司因此倒閉，但也有新的航空公司崛起，最終飛機運載的乘客人數遠遠多於管制下的人數，同時還為飛機乘客省了數十億美元。

這不是航空公司的損失正好等於乘客收益的簡單零和變化。整個國家都能從放鬆管制中受益，因為這個產業的效率提高了。正如放鬆卡車貨運管制後，空駛的卡車變少了。同樣地，放鬆航空業管制後，飛機空座率降低了，乘客對某一航線可選擇的航空公司也更多了。一九九七年歐洲航空業解除管制之後也發生過類似的情形，來自新的廉價航空公司，如瑞安航空（Ryanair）的競爭，迫使英國航空、法國航空和漢莎航空降低了票價。

各行各業最初實施管制是為了防止價格過度上漲，但多年後管制卻變為監管限制，為了讓現有的企業生存下去而防止價格下降。政治改革倡導者常信奉似是而非的理論，但即使這些理論依據確實可信且能被正確實施，實際的結果也可能與最初的目標南轅北轍。在人類活動的各個領域，人們都會犯錯。但在競爭經濟中出現重大錯誤時，犯錯的人會因錯誤帶來的損失而離開市場。然而在政治上，即使最初存在的理由消失之後，管制機關往往也能繼續保留下來，而他們之後的所作所為，也遠超過該機構設立或獲得權力時的設想。

反托拉斯法

對待反托拉斯法，要和對待管制委員會一樣，我們一定嚴格區分它最初的理論依據和實際作為。反托拉斯法的基本理論是防止獨占及其他價格上升到高於自由競爭市場水準的非競爭性情形。實際上，美國大多數著名的反獨占案都涉及一些收費低於競爭對手的廠商，往往也正是來自競爭者的不滿促使政府採取行動。

競爭與競爭者

反托拉斯法下，政府提起的許多訴訟是基於某些企業的行為威脅到競爭。然而，關於競爭最重要的是，它是市場中的一種狀態。這種狀態不能由某個產業在某時某刻有多少現存競爭者來衡量，然而政治人物、律師和其他人，往往將競爭存在與否和現有競爭者的數量混為一談。但作為一種狀態，競爭卻恰恰能消除許多競爭者。

如果某企業消滅了所有競爭者，那該企業理所當然將成為獨占者，並至少在新的競爭者出現前可以收取遠高於競爭市場水準的價格。但這種情況極為罕見。然而，對獨占的憂慮經常被用來為政府干預政策辯護，而政府干預的這些產業可能並沒有嚴重獨占危險。例如，當A&P百貨還是全球最大的零售店時，其他雜貨店銷售的貨物占全美國雜貨總量仍有五分之四以上。然而，司法部門卻對它提反托拉斯訴訟，把這家公司的低價格和它達到這一低價格的方式，視為對其他雜貨店、連鎖商店進行「不正當」競爭的證據。

在整個反托拉斯訴訟的歷史上，什麼不利於競爭和什麼不利於競爭者，這兩個問題一直沒有得到明確區分。在混沌不清中，什麼對消費者有利這一問題也常常被我們拋在腦後。

還有一個問題也經常被我們忽視，即整個經濟的效率，它是檢查消費大眾獲得利益的另一種方式。舉例來說，大量交易產品，比如大型連鎖商店經常一整車一整車地交易商品，此時消耗的稀有資源比單獨小份地出售並運送給多家小商店少許多。當產品交易量大到足以裝滿一節火車車廂，單位產品的運輸和銷售成本就會更低。

對生產者而言，比起需要加班來完成的許多同時期的意外小訂單，可以超前安排生產計畫的大訂單的生產成本更低。

無法預測的訂單很可能帶來空閒期，到那時候，工廠得因為訂單不足而解雇工人。而在空閒期遭解雇的工人可能會找到其他工作，並不會因原雇主訂單再次增加而返回。這樣雇主就需要雇用新工人，這必然會產生培訓成本並降低生產率，直到新工人獲得足夠的經驗來達到最高效率。不僅如此，無法提供穩定工作的雇主會發現，招募工人越來越困難，除非支付更高的報酬來彌補工作的不確定性。

在這些情況下，多個不確定的訂單的生產成本要高於一個大買家，如一家大型連鎖超市，它能承攬生產者在相當長時間內的大部分產出。後者能節省生產成本，以更低的價格讓連鎖店受益，同時也讓生產者獲益，因為降低生產成本能帶來更多的利潤。然而，一直以來，這一過程卻被認為是大型連鎖店利用「權力」來「迫使」生產者以較低的價格出售給他們。

例如《舊金山紀事報》的一篇報導稱：

「幾十年來，目標百貨、沃爾瑪這樣的大型零售商用它們超常的規模擠壓供應商的價格，這些供應商為了既得利益也樂於取悅他們。」

但是，所謂的為了零售連鎖店單方面的利益用「權力」向供應商「擠壓」價格，實際上是稀有資源消耗量的減少，讓更多的稀有資源可以流向其他的用途，使整個經濟受益。另外，儘管使用了「權力」這個詞，連鎖店並不能減少生產者的其他選擇。毛巾或牙膏的生產者還擁有無數其他的客戶，不必被迫出售給以前的A&P百貨或者今天的目標百貨、沃爾瑪。只有當規模經濟讓提供大買主毛巾或牙膏（或其他產品）變得更有利時，供應商才會發現降低要價是有利可圖的。所有的經濟交易都涉及相互妥協，為了達成一項交易，每個交易者都必須讓另一方獲得淨利。

美國政府常無視規模經濟，不斷對一些企業採取反托拉斯行動，這些公司提供的數量折扣要不是不受政府歡迎，就是不被理解。例如一九四〇年代一起著名的反獨占訴訟案，針對的就是美國莫頓鹽業公司（Morton Salt Company）提供大量購買（整車）的買方折扣。它對購買量少於一整車的企業要價是每袋一・六美元，對整車購買的企業要價為每袋一・五美元，對那些購買五萬袋或更多的企業要價則為每袋一・三五美元，可以一次購買這麼多鹽的企業很少，很多企業的購買量根本無法達到。美國最高法院據此表示「損害了一些商家的競爭機會」，並支持美國聯邦貿易委員會針對摩頓鹽業採取反托拉斯行動。同樣地，在一九五〇年代，美國政府對標準石油公司採取了反托拉斯行動，原因是它提供以油罐車為採購單位的商家折扣。一九六〇年代，波登公司（Borden）也同樣由於賣給大型連鎖店的牛奶的價格低於賣給小雜貨店的價格而被告上法庭。在這些例子中，關鍵是這種差別定價被認為是對無法承擔大規模購買的競爭企業的「歧視」和「不公」。

雖然賣方可以在法庭上為自己辯護，指出銷售產品時，成本會因不同類型的買方而不同，但與反方律師、會計師和經濟學家辯論時，看似簡單的「成本」概念卻會變得不再簡單。通常的情形是雙方都不能確切地證明成本是什麼，而被告往往敗訴。基本上，這背離已有數百年歷史的英美法傳統，因為政府只需根據粗略的數字提出一個有表面證據支持，或有希望成案的訴訟案，就能將舉證責任推卸給被告。多年後，同樣的原則和程序又出現在各種平權法（civil rights law）提出的就業歧視案中。企業非常明白，不論實情如何，自證清白在事實上是不可能的，因此與反托拉斯案一樣，就業歧視案也產生了大量的自願協議和庭外和解。

以保護競爭的名義強調保護競爭者，在美國之外的其他國家也以各種形式存在。歐洲針對微軟的反托拉斯案依據的觀點就是，微軟有責任給那些想把它們的軟體產品套用到微軟作業系統的競爭者提供方便。另外，《紐約時報》的一篇社論為歐洲做決定時所依據的理論辯護：

> 「微軟在歐洲反獨占案中的慘敗樹立了令人欣喜的原則，美國應該採用這樣的原則，作為美國訊息經濟未來發展的指標。」

法院同意歐洲管制機關的說法，認為微軟濫用其 Windows 系統的獨占地位，將播放音樂和電影的媒體播放器 Media Player 加入 Windows 系統。這種做法把 RealPlayer 之類的競爭對手拒之門外。這一判決首開先河，即公司不能利用其在某個市場（作業系統市場）上的優勢，幫助自己在另一市場（播放器市場）擴張。法院也認為，微軟應該為其他軟件公司提供所需訊息，以使其他公司的產品能更好地與微軟的服務器軟件相容。

《紐約時報》的社論似乎也很驚訝有人把這場反托拉斯案中的判決看作「對資本主義的致命一擊」。但是當第三方干預替代了市場上的自由競爭，並迫使公司為競爭對手提供方便，我們很難說清楚這是促進競爭還是保護競爭者。

對兩者的混淆由來已久。柯達克羅姆底片（Kodachrome）還是世界領先的彩色底片時，就被稱為「最難沖洗的底片」。由於柯達公司十分重視維護柯達克羅姆底片的聲譽，因此在出售底片時同時綁定銷售沖洗服務，以免消費者將其他沖洗商不合格的沖洗視為柯達底片的缺陷。然而，反托拉斯訴訟案迫使柯達公司分開銷售沖洗服務和底片，讓其他廠商進入市場。柯達其他底片並沒有綁定銷售沖洗服務，說明柯達公司並不是要阻止競爭者進入底片沖洗市場，而是要保護這種特殊底片的品質和聲譽。然而，保護競爭者的觀點在法庭上占了上風。

對市場的「控制」

美國經濟中鮮少有真正的獨占，也就造成了許多死扣著法律條文的突發奇想，為的就是把各種公司認定為獨占、潛在獨占或初級獨占。一九六二年，美國最高法院終止兩家製鞋企業的合併，即使合併成功，新公司在美國市場的占有率也不到七%，對法律條文的濫用可見一斑。一九六六年，法院同樣終止兩家地方連鎖超市的合併，但它們合併後的銷售額，不過占洛杉磯全境的不到八%。一九六九年印度通過的《獨占和限制性商業行為法》（Monopolies and Restrictive Trade Practices Act）同樣隨意畫分「獨占公司」，把資產超過一定量（約兩千七百萬美元）的公司都認定為獨占公司，並限制其擴展業務。

美國法庭和反托拉斯法文本的標準做法是，把某公司的銷售百分比作為該公司對市場的「控制」率。根據這一標準，一些現已倒閉的公司，如泛美航空公司就曾經「控制」了大部分的市場。實際上，它們什麼也控制不了，否則就不會倒閉。A&P百貨這樣的前商業巨頭規模急劇縮小，也表明「控制」說辭根本不符合現實。但這樣的說辭在法庭上依然有效，也深植在民眾觀念裡。

即使真的有真正的獨占者獨立存在，即不是因政府的政策創造出來或維持的，其實際影響也往往沒有理論上推斷的那麼可怕。有幾十年的時間，美國鋁業公司一直是美國唯一的鋁錠生產者，它每年的稅後投資報酬率大約是十%。不僅如此，鋁的價格在那些年中持續下降，只有美國鋁業公司建立前的價格的幾十分之一。然而，美國鋁業公司卻被起訴違反了反托拉斯法，並被判定有罪。

理論上，獨占條件下，價格會持續上升，為什麼鋁的價格卻持續下降呢？雖然美國鋁業公司「控制」了鋁的市場，但它卻明白不能隨意抬高價格，否則將會面臨許多使用者以其他材料，如鋼鐵、錫、木頭、塑膠來代替鋁。技術進步降低了生產這些替代材料的成本，經濟競爭則讓競爭企業相應地降低了產品價格。

這就帶來了一個更大的問題。所謂這家或那家公司「控制」了市場的百分之多少，實際上忽視了替代品的作用，而替代品可能被官方歸類在其他產業，但如果獨占產品的價格大幅度上漲，許多買家就會選擇替代品。不論是在獨占市場上還是在競爭市場上，從技術上看非常不同的產品也可能作為替代品使用，如電視機替代了報紙作為訊息來源和娛樂方式，又如具拍照功能的智慧型手機嚴重威脅到簡易低價的柯達相機，後者曾長期為柯達公司創造大量利潤。計算柯達公司市場「控制」率時，手機和相機被歸類在兩個相互分離的產業，但經濟現實卻不是這樣。

西班牙開通馬德里和塞維爾之間的高速列車後，選擇鐵路和航空的旅客比例分別從三十三%和六十七%變成八十二%和十八%。很明顯，許多人把航空運輸和鐵路運輸看作兩個城市之間能相互替代的旅行方式。不論一家航空公司在馬德里和塞維爾之間的航空運輸中占有（「控制」）多高的比例，也不論一家鐵路公司在鐵路運輸中占有多高的百分比，每個公司都要面臨來自兩座城市間所有航空公司和鐵路公司的競爭。

同樣地，一九五四年，橫跨大西洋的旅客中有一百萬人乘坐遠洋客輪，六十萬人坐飛機。十一年後，輪船的載客量僅六十五萬人，飛機則有四百萬人。技術上差異很大的東西，並不代表它們不能在經濟上成為替代品。二十一世紀的拉丁美洲，航空公司甚至在與長途客車的競爭中獲得成功。據《華爾街日報》的報導：

「巴西、墨西哥和哥倫比亞的低成本新式航空公司，在很大程度上避免了與目前主流的全方位

> 服務式航空公司的競爭。相反地，透過在中等城市增加經濟實惠的廉價航班，這些新式航空公司刺激了新的交通需求。長久以來，這些中等城市中的許多居民只能倚賴長途客車。
>
> 因此，這些國家的航空旅客人數激增。新發現的流動性促進了商業流動，大幅減少偏遠地區的旅行時間，這些地區地形惡劣，道路狀況不良，幾乎沒有鐵路服務。」

一家航空公司開設至墨西哥城的低成本航線，價格「大約只有十四小時通宵巴士票價的一半」。巴西和哥倫比亞的情況也很類似。在這兩個國家中，低成本新式航空公司都減少了長途客車乘客人數，但總出行人數增加了，極大地促進了航空旅行。飛機和長途巴士在技術上有很大的不同，但它們可以在市場上服務於同一目的並相互競爭，這個重要事實往往被人忽視，他們只盯著公司的市場「控制」率。

那些反托拉斯訴訟案一般會狹隘地界定相關市場，使被起訴企業所「控制」的市場比例更高。例如，針對微軟的著名反托拉斯案中，相關的市場被定義為使用英特爾製造的電腦晶片的個人電腦作業系統市場。這不僅把蘋果電腦作業系統排除在外，而且也沒有考慮其他的作業系統，如 Linux 作業系統。

在這種定義十分狹隘的市場中，微軟當然占據了「絕對」的市場占有率。然而，反托拉斯案並沒有指控微軟不合理地大幅度提高價格，而這才是獨占理論中的典型行為。相反，微軟的 Windows 作業系統自帶免費的網際網路瀏覽器，這一做法削弱了競爭對手網景瀏覽器（Netscape）的競爭能力。

在那個定義狹隘的市場之外，還存在著許多潛在競爭對手，這就很好地解釋了為什麼微軟沒有提高價格，短期內它也許能因提高價格受益，但代價是長期的銷售量和利潤受損。因為如果其他作業系統的價格更合理，消費者就會使用它們作為微軟系統的替代品。事實上，德國慕尼黑市政府在二〇〇三年把一萬四千台使用 Windows 作業系統的電腦改為 Linux 作業系統，Linux 系統不受微軟市場「控制」，顯然是微軟產品的替代品。

二〇一三年，司法部曾提起一項反托拉斯訴訟，阻止百威和其他啤酒釀酒商購買可樂娜牌（Corona）啤酒的全部股權。百威控股下的各種不同品牌的啤酒，使它「控制」了全美國啤酒銷售額的四十六%，這符合反托拉斯法對「控制」的定義。實際上，即使該項併購成功，美國銷售的大部分啤酒仍是由其他釀造商生產的，僅前一年，全美國就新增了四百多家啤酒釀造商，使美國啤酒釀造商的總數達到創紀錄的兩千七百五十一家。更根本的問題是，將相關市場定義為啤酒市場忽略了啤酒只是含酒精飲料中的一種。據《華爾街日報》報導，面對其他酒精飲品的競爭，「十幾年來啤酒在這個更大的市場上的占有率不斷降低」。

國際自由貿易的擴展，意味著即使某些產品在某國形成了真正的獨占也不算什麼，只要這一產品可以從其他國家進口。假設巴西只有一家零件生產者，鄰國阿根廷有十幾家零件生產者，世界範圍內有數百家零件生產者，那巴西這家生產者在任何經濟意義上都不算是獨占者。只有當巴西政府禁止進口零件時，該國唯一的生產者才在某種意義上成了獨占者，因為它就可以索取高於競爭市場行情的價格。

如果說根據某個企業目前銷售的國產產品數量，來定義相關市場和「控制」程度非常愚蠢，那根據一九六二年美國最高法院具有里程碑意義的判決進行界定也是同樣的愚蠢，這一裁決根據「國內生產的非膠鞋」來界定鞋的市場。這一界定結果把運動鞋、滑板鞋和各種進口鞋都排除在外，增加了被起訴企業的市場占有率，結果這些企業全部被判違反了反托拉斯法。

到目前為止，無論是零件、鞋子，還是電腦作業系統，我們一直都在以某種產品的某個功能來界定市場。但技術不同的產品也能具備同樣的功能。玉米和石油似乎是不同產業的產品，但塑膠製造商卻可以用其中任意一種提煉出油，生產塑膠製品。

當二〇〇四年石油價格暴漲時，塑膠製造商使用的原料就從昂貴的石油轉向了玉米油，因此嘉吉公司（Cargill Dow）用玉米油生產的樹脂銷售量比前一年增加六十％。兩種物品在經濟中是否是替代品，並不取決於兩者看起來是否相似或是否在慣例上被定義為同一產業。人們不會把玉米看作石油產業的產品，也不會在計算其他產品的生產者「控制」了多少市場時，想到這兩種物品。這凸顯了界定「控制」時的統計數據不足。

即使是沒有相似功能的產品，也可能在經濟上成為替代品。如果高爾夫球場的收費翻倍，許多業餘的高爾夫球手可能就會減少他們打高爾夫球的次數或完全放棄，並把原本用來打高爾夫球的錢花在新的娛樂方式上，增加旅行次數，或培養一些其他愛好，例如攝影或滑雪。這些活動與打高爾夫球在功能上相差很大，但這並不重要。在經濟上，A的價格上升使人們購買更多的B，那A和B就是替代品，不論它們看起來或操作起來是否相似。但法律和政府政策卻很少這樣看待問題，尤其是在界定企業「控制」的市場有多大的時候。

從國內市場到國際市場，隨著生產者服務範圍的擴大，地方生產者對某地在統計學上的支配或「控制」程度將越來越沒有意義。例如，二十世紀中期，美國某社區報紙的發行數量在電視出現後驟降，很多人由此憂慮現存報紙在地方市場上「控制」率不斷增加。許多地區只有一家地方報紙存活下來，如果根據它「控制」的市場份額來界定，那它就成了獨占者。然而，其他地方報紙在越來越廣泛的地區發行，使這種統計意義上的「控制」越來越不具有經濟上的意義。

例如，住在美國加州舊金山市往南三十英里處的帕洛阿爾托社區（Palo Alto）的人，不一定要買帕洛阿爾托當地的報紙才能知道市區正在上映的電影有哪些，因為《舊金山紀事報》也有這些訊息，而且這份報紙在帕洛阿爾托的發行量很大，並且提供宅配。此外，要獲得國內或國際新聞，帕洛阿爾托的居民就更不用依賴地方報紙了。

技術進步使《紐約時報》或《華爾街日報》在加州印刷，就跟在紐約印刷一樣方便，而且可同時進行，因此它們都成為全國性報紙，在美國大城小區都能買到。《今日美國報》（USA Today）的發行量全美第一，但它根本沒有地方性的發源。

像這樣，報紙在總部所在地之外的更大範圍內發行，帶來的最終結果是許多地方「獨占」報紙面臨財務困難，甚至難以生存下去，更別說賺取額外的獨占利潤了。然而，基於市場占有率的反托拉斯政策仍在繼續限制地方報紙合併，唯恐合併會導致現存報紙過度「控制」當地市場。但根據報社總部所在地來界定市場範圍根本就是不得要領。

市占率數據具有多大的誤導性？我們可以看一個極端案例。拉斯維加斯一家當地連鎖電影院包攬了全部電影的首輪放映。它被控告為獨占，但當這一案件上訴到美國第九巡回上訴法院時，另一家拉斯維加斯連鎖電影院的首輪放映電影，數量卻超過了這個正在被起訴的「獨占者」。幸運的是，在這種情況下，理智占據了上風。美國第九巡回上訴法院的柯辛斯基法官（Alex Kozinski）指出，獨占的關鍵不是市場占有率——就算市場占有率是百分之百——而是阻止別人進入市場的能力。一個不能阻止競爭者進入市場的公司不是獨占者，不管它在某個時刻的市場占有率是多少。

這就是為什麼《帕洛阿爾托每日新聞》（*Palo Alto Daily News*）在經濟意義上不是獨占者，即使它是唯一在小鎮發行的當地日報。關注某個時刻的市場占有率也會產生這樣一種情況：美國政府對某個產業中的領頭企業提起訴訟的時候，往往也是這家企業巨頭將要失去領導地位的時候。企業隨著時間盛衰起伏是很正常的事情，反托拉斯案的律師可能要花數年時間來準備起訴某家處於全盛期的公司，而那時這家公司卻將要跨過頂峰，走向衰落。一個大型反托拉斯案要最終結案可能會花費十年甚至更長的時間。市場的反應速度往往比反獨占或反托拉斯的訴訟案快，正如二十世紀初，托拉斯企業發現，政府還沒來得及對它們提起法律訴訟，西爾斯、蒙哥馬利・華德和A&P百貨這類大型零售商早已超越了它們。

「掠奪性」定價

作為反托拉斯法傳統的一部分，「掠奪性」定價是一個引人注目的理論。根據這一理論，想要除掉小競爭者並獲得更多市占率的大公司，會將產品價格降低到虧損的水準，迫使不能承受持續損失的競爭者在耗盡資源後退出市場。然後獲得獨占地位的大公司就會提高價格，而且價格不僅會回到以前的水準，還會提高到獨占地位帶來的更高水準。這樣，根據掠奪性定價理論，它會以犧牲消費者的利益為代價，彌補之前的損失，並在此後享受超額利潤。

關於這一理論，最引人注目的一點是，它的支持者甚至很少提供具體的實例來證明這樣的事情曾經發生過。也許更引人注目的是，即使在法庭上，在反托拉斯法案件中，他們也不用提供具體實例。諾貝爾經濟學獎得主蓋瑞・貝克（Gary Becker）曾說過：「我從未見過任何有記載的掠奪性定價的例子。」

雖然一九四〇年代的A&P百貨連鎖店、一九九〇年代的微軟公司都曾被指控實行了「掠奪性」定價，但在這些案件中，都沒有出現掠奪性定價理論中的結果。低價格（A&P百貨連鎖店）和包含免費瀏覽器（微軟案）被解讀成是為了取得獨占地位，即使它們並沒有真正實現這些目標。

由於這一理論幾乎不可能進行證偽，被起訴的企業不能辯稱它沒有追求這一目標，端看法官是否選擇相信它。

掠奪性定價不只是一個沒有證據的理論，它也幾乎或根本沒有經濟意義。為了將一個競爭者逐出市場，以低於成本的價格出售產品，這個公司遵循的是非常危險的策略，它會不斷虧損。它唯一能確定的是一開始會賠錢。長期來看能否獲得足夠的額外利潤以補償這筆賭資是未知的。它能否得到補償並同時避免反托拉斯法的制裁就更不可知了，而且反托拉斯法會帶來數百萬的罰款並導致公司被拆分。但即使這家可能的掠奪者公司成功地克服了這些難題，也並不能保證消滅現存的所有競爭者就代表消除了競爭本身。

即使一家競爭對手被迫破產，它的實物設備和技術人員也並不會隨風消逝。這些設備和人員可能會被新產生的企業家獲得，而且獲得這些實物設備和失業工人的成本很可能非常低，使這個新競爭者的成本比破產的競爭者更低，這樣它就成為更危險的競爭者，因為它能用更低的價格或相同的價格提供更高的品質。

為了說明之後會發生什麼，我們可以追溯到一九三三年，當時《華盛頓郵報》（*Washington Post*）面臨破產，儘管並不是因為掠奪性定價。不管怎樣，它的破產沒有導致印刷機、大樓或記者的消失，這些資產都歸出版商尤金・邁耶（Eugene Meyer）所有。就在四年前，尤金・邁耶曾競價收購這家企業卻沒成功，如今只用不到原來五分之一的價格就將其納入囊中。在接下來的幾十年中，在新的所有者和新的管理方式下，《華盛頓郵報》成長為華盛頓最大的報紙，並在二十一世紀初成為美國發行量最大的五份報紙之一。

假設一九三三年《華盛頓郵報》是由於某個競爭者的掠奪性定價而破產，那這個競爭對手所獲得的不過是《華盛頓郵報》的再次崛起，因為尤金・邁耶擁有比原所有者更低的生產成本，於是《華盛頓郵報》成為更強大的競爭對手。

破產可以消除特定企業的所有者和管理者，但它並不能消除新進入者帶來的競爭。這些新進入者既可以接管一個已破產的企業，也可以在該產業中白手起家創辦自己的企業。摧毀某個競爭者，或是摧毀所有現存的競爭者，都不意味著消除了競爭，它還會以新企業的方式出現。總之，「掠奪性」定價是一個成本高昂的險招，要想用隨之而來的獨占利潤來補償初始損失，希望微乎其微。它不過是一個沒有具體實例的理論，不用感到驚訝。我們應該感到驚訝的是，這一未經證實的理論在反托拉斯案件中如此受到重視。

反托拉斯法的得失

美國反托拉斯法最顯著的正面效益，也許是全面禁止企業勾結共謀訂定價格。不論是出於什麼原因，串通定價都是違法行為，往往會遭受重罰。但它是否能抵消反托拉斯法對市場競爭帶來的其他各種負面影響，又是另一個問題了。

印度實施了更嚴格的反獨占法，造成許多適得其反的後果，而這些法律最終在一九九一年被廢止。印度禁止企業領導人擴大已取得巨大成功的企業，防止它們超出「獨占」界限，因為獨占的界定不考慮「獨占者」有多少競爭者。結果印度企業家把精力和資金放到印度之外，為那些沒有「獨占」限制的國家提供產品、就業機會和稅收。例如，有一位印度企業家從加拿大採購紙漿，在泰國生產纖維，然後運到他在印尼的工廠製成紗，最後出口到比利時，在那裡織成地毯。

究竟有多少印度企業由於嚴格的「獨占」限制而在印度之外的國家投資，我們不得而知。我們所知道的是，一九九一年印度廢除限制後迎來了大型企業的擴張，這裡面既有印度的企業，也有外國企業，因為這些外國企業現在發現印度更適合建立和擴大企業了。印度的經濟增長率因此不斷飆升，隨之而來的是貧困人口下降，印度政府的扶貧能力也加強了，因為經濟活動的增加帶來稅收的增加。

印度的《獨占和限制性商業行為法》（Monopolies and Restrictive Trade Practices Act）本想限制大型企業，實際效果卻是為企業阻擋了來自國內外的競爭壓力，結果就是降低了企業追求效率的誘因。回顧這一時期，印度的企業家領袖，也就是塔塔集團（Tata Industries）的拉坦・塔塔（Ratan Tata），談到他自己的大型企業集團時說：

「集團在受保護的環境中運營。這些不敏感的企業不擔心競爭，不擔心它們的成本，也不關心新技術。許多企業甚至不關心市場占有率。」

總之，具緩衝作用的資本主義造成的後果類似於社會主義下的計畫經濟。後來當印度經濟的門戶大開，引發了令人震驚的變化。當塔塔鋼鐵公司（Tata Steel）的董事知道，運費上升使公司面臨每年兩千六百萬美元的虧損時，他們「焦慮不已」。過去，他們只需相應地提高鋼鐵價格即可，如今面臨其他鋼鐵生產者的競爭，內陸運費不能直接通過漲價轉嫁由消費者承擔，因為這樣會把消費者拱手讓給其他競爭者，造成更大的損失。塔塔鋼鐵公司別無選擇，只能選擇倒閉退出或改變經營方式。據《富比士》雜誌報導：

「塔塔鋼鐵花費二十三億美元關閉破舊的工廠，更新了鐵礦、煤礦和鋼鐵廠，並新建了一座高爐……多虧了設備更新和不合格率降低，一九九三年到二〇〇四年，生產率從每人每年七十八噸鋼猛增至兩百六十四噸。」

二〇〇七年，《華爾街日報》報導，塔塔鋼鐵公司聲稱自己是世界上生產成本最低的鋼鐵生產者，分析人員已證實這一說法的真實性。但如果這家公司和其他印度公司在預防「獨占」的假象下不參與競爭，那它們就不用進行這些調整。印度的鋼鐵業，如同其汽車業、鐘錶業及其他產業一樣，都因競爭徹底改革了。

第九章

市場與非市場行為

一般來說，「市場整體」的智慧要高於市場中最聰明的單個參與者。

——《華爾街日報》編輯、普立茲獎得主　羅伯特・巴特利（Robert L. Bartley）

雖然商業企業已經成為現代工業化國家最普遍的經濟單位之一，但很多人並不理解企業內部是怎樣運作的，以及它們是如何適應龐大的經濟體系和社會。企業廣泛存在於世界各地的眾多經濟體中，人們對此習以為常，很少會去問為什麼單單是這種方式戰勝了其他履行經濟功能的方式，為我們提供必需品和生活用品。

縱觀歷史上不同時期、不同地點出現過的許多經濟性生產活動，資本主義企業僅僅是其中之一。人類在沒有企業的情況下經歷了數千年。部落時期以打獵和捕魚為生。封建社會時期，無論是農奴還是貴族，都不是商人。即使在最近的幾個世紀，美國仍有數百萬家庭生活在自給自足的農場，自己種植作物，自己建造房子，自己做衣服。甚至是現在，還有一些合作社組織，例如以色列基布茲，裡面的人自願向他人免費提供產品和勞務。在蘇聯的現代工業經濟中，政府和所有政府經營的企業取代了市場經濟中的廠商，並從事同樣的經濟活動，但它們不用面對市場經濟中的廠商所需面對的誘因或限制。

即使是在營利企業正常化的國家，除了像郵局和公共圖書館這樣的國營企業，也存在民營的非營利企業，如大學、基金會、醫院、交響樂團、博物館等，它們提供各種產品和勞務。其中一些企業提供的產品和勞務跟那些營利企業提供的不同，還有一些企業卻提供相似或重複的產品與勞務。

大學能出版圖書賺錢，也能舉行體育賽事收取數百萬美元的門票。《國家地理》（*National Geographic*）雜誌是由一家非營利企業發行的，就像美國史密森學會（Smithsonian Institution）和美國布魯金斯學會（Brookings Institution）、美國企業研究所及胡佛研究所（American Enterprise Institute and the Hoover Institution）這類獨立的非營利科研機構（「智庫」）發行的其他雜誌一樣。機動車輛管理部門的某些職能，如駕駛執照更新，也可以由非營利組織美國汽車協會（American Automobile Association）來執行，且它還能像商業旅行社一樣，安排航班和郵輪航線。

總之，營利組織與非營利組織從事的許多活動都是重疊的，政府機構從事的活動也是如此，不管是地方政府、國家政府還是國際組織。不僅如此，隨著時間的推移，許多活動會在這些組織中間轉移。例如，在市政府接管無軌電車、公共汽車、地鐵之前，美國的市政交通曾是由民營營利組織來提供的。近年來，許多活動也在反向轉移，一些地方的政府職能，如垃圾回收和監獄管理等，已經轉交給私人營利企業；非營利高校的許多職能，如經營校園書店，也轉交給了傅麗德（Follet）和巴諾書店（Barnes & Noble）這樣的企業。傳統的非營利學術機構則由鳳凰城大學這樣的營利大學作補充，它擁有的學生數量不僅超過任何一所民營非營利學術機構，甚至超過一些美國州立大學。

各種組織同時從事類似或重疊的活動，讓我們有機會深入理解經濟活動的不同組織方式，將如何影響組織中的決策者所面臨的不同誘因和限制，而這些誘因和限制又如何反過來影響經濟活動的效率以及企業影響經濟體和社會的方式。

如果一個社會中大多數的人既不學習經濟學又不經營企業，那對企業的誤解幾乎不可避免。在一個大多數人都是員工和消費者的社會中，人們很容易把企業視為「非我族類」——一個不具人格的組織，其內部運作大多不為人知，其資金量也深不可測。

企業與非市場生產者

在市場和企業之前，非市場化的生產和服務方式已經存在了好幾個世紀，沒有幾千年也有幾百年，那一個顯見的問題就是：為什麼企業能在全世界這麼多國家取代非市場生產者呢？

企業大範圍取代其他組織商品生產和服務的方式，表明成本優勢相當重要，而成本優勢就反映在價格上。這不僅是自由市場派經濟學家的結論，馬克思和恩格斯在《共產黨宣言》（*The Communist Manifesto*）中描述資本主義企業時說：「商品的低價格像重炮一樣打爛了所有難以逾越的障礙。」不管是在當時還是以後，企業都免不了要遭受批評。

很少有人想回到封建時期或自給自足的家庭農場歲月，而如今國營企業是資本主義企業的主要替代形式。這些政府企業可能是特例，也可能是在政府對生產工具所有權的基礎上建立的某種綜合性組織的一部分，如社會主義。關於市場或非市場方式生產產品和勞務的優劣，已經有很多理論。但是對市場和非市場生產者的真實追蹤記錄，才是真正的問題。

原則上，市場或非市場的經濟活動都可由競爭性企業或獨占企業進行。然而事實上，競爭性企業基本上只侷限於市場經濟之中，而政府通常會建立一個獨家授權的機構來完成一項具體事情。

不管是在市場經濟中還是計畫經濟中，獨占都是效率的敵人。這兩種體系的不同處在於，計畫經濟體系下獨占更常見。就算在混合式的經濟體系中，某些經濟活動由政府執行，另一些由民營產業執行，政府執行的活動通常具有獨占性，而民間市場中的經濟活動，通常是由彼此競爭的企業來實行。

因此，當颶風、洪水和其他天災襲擊美國某一地區時，參與緊急救援的通常有美國聯邦緊急應變總署（Federal Emergency Management Agency, FEMA），以及消費者的房屋或財產遭受損失的民營保險公司。與私人保險公司相比，FEMA是出了名的拖延、效率不彰。保險公司理賠的速度，不能比它的競爭對手慢。因為若保險公司不能及時理賠，而其保戶的鄰居卻已從另一家保險公司收到鉅額預付款來渡過難關，不僅災區的現有客戶會轉換保險公司，有關的消息也會傳遍全國，導致其他地方的數百萬人將價值數億美元的保險業務從效率低的公司轉移到效率高的公司。

然而，政府機構就不用面對這種壓力。就算FEMA因沒有及時將救援設備送到災區受害者手裡而受批評或嘲弄，都沒有與之競爭的政府機構能給人們帶來同樣的服務。此外，掌管這些政府機構的人領的是固定薪資，而不是基於他們能多快或多好地服務於災民。在一些罕見的例子中，政府獨占機構被迫與那些做同樣事情的民營企業競爭，結果往往跟印度的郵政服務一樣：

「自孟買地區的郵政大臣斯瑞瓦斯特瓦（A.P. Srivastava）在二十七年前踏入郵政系統以來，郵政人員通常會雇用額外的勞動力來幫忙配送一袋袋裝滿信件的麻袋，這些信件往往要花一整天的時間才能配送完。

今天，民營郵遞公司，如 FedEx、UPS，市占率已達全國一半以上。這就代表該城市成千上萬的郵差在午飯前就能完成任務。斯瑞瓦斯特瓦先生並不能解雇過剩的職員，於是就花費大量的時間來編造一些新計畫讓他的員工有事可做。他已將在孟買郵政局賣洋蔥的方案取消，因為它們太容易腐爛了。不過他正在考慮銷售髮油和洗髮精。」

印度郵政部門在一九九九年配送了一百六十億封郵件，但 FedEx 和 UPS 進入後，它在二〇〇五年配送的郵件不到八十億件。競爭就有輸家和贏家，這是顯而易見的事實，但這並不代表人們能廣泛理解認可其中意義。《紐約時報》一名記者在二〇一〇年發現了一個「悖論」，德國一家高效率的博物館陳列櫃製造商讓其他國家的同類製造商「日子不好過」。德國其他產品的製造商同樣也非常成功，但是「他們的成功有些卻是以其他國家為代價的，如希臘、西班牙、葡萄牙」。他的一個廣為人知的結論就是：「政策制定者要全力應付的問題，是如何糾正德國競爭力造成的經濟失衡。」

在美國，數十年來，一系列廉價零售商因為把高價格競爭者擠出市場而背負惡名。一九三六年的美國《魯賓遜—帕特曼法》（Robinson-Patman Act），有時也被稱為《反西爾斯—羅巴克法》（the anti-Sears, Roebuck Act），而且國會議員帕特曼還譴責了經營 A&P 百貨的人。到了二十一世紀，沃爾瑪又繼承了這個壞人的角色，因為它使那些高成本的競爭對手越來越難以生存。在印度，高成本的競爭者是政府機構，由於政府規則僵硬，例如不能解雇多餘的工人，因此與為了應對新競爭而調整、努力求生存的民營企業相比，他們較難做出調整。

從社會整體的角度看，高品質或高效率並不是問題所在，惰性和低效率才是問題的關鍵。不管是在市場經濟體系下還是在計畫經濟體系下，惰性都很常見，但在市場上惰性是有代價的。二十世紀初，西爾斯和蒙哥馬利・華德都不願經營商店，因為數十年來它們透過郵購獲得巨大成功。直到一九二〇年代，連鎖商店的競爭大幅減少了它們的利潤，出現財務赤字，西爾斯和蒙哥馬利・華德別無他法，只能開始經營連鎖商店。一九二〇年，蒙哥馬利・華德損失了將近一千萬美元，西爾斯則負債四千四百萬美元，而且當時的美元實際價值比現今大好幾倍。在計畫經濟體系下，西爾斯和蒙哥馬利・華德能永久地當個郵購零售商，政府也沒有動力建立競爭性的連鎖商店讓人們的生活更豐富。

計畫經濟和市場經濟不僅在產量上不同，品質上也有差別。在蘇聯，從汽車、照相機到餐廳服務、航空服務的品質都很差。這並不是偶然現象。在市場經濟中，生產者為了生存下去，必須滿足消費者需要；而在計畫經濟中，考驗企業生存的是，它是否完成了政府中央計畫設定的生產配額，這兩種誘因有著本質區別。在市場經濟中，消費者關注的不只是數量還有品質。但中央計畫委員會要審查的產品有數百萬之多，他們往往只能監督總產量。

這種低品質的情況不是全然由於俄國經濟體系的特質所致，它也會在別處出現。例如在美國或西歐，當自由市場價格被租金管制或其他形式的價格管制，又或是政府分配所取代時，也會出現品質惡化的情況。不同的誘因同時存在時，出色的服務和糟糕的服務會出現在同一個國家，正如印度一名推銷員發現的那樣：

「我在路邊小餐館或煎餅攤用餐，只要三分鐘就能吃到飯。如果我額外再要一份烤肉，也只要三十秒。在紗麗商店，即使我一件紗麗也不買，店主還是會展示一百件給我看。在我離開之後，他還要不辭辛勞地把紗麗一件件折好，放回架上，這是毫無收益的行為。相反地，當我去買火車票、付電話帳單或去國營銀行領錢時，我就成了討厭的人，被苛待，要排長隊等候。市集能提供出色的服務是因為店主知道，他要生存就需要依賴消費者，如果他彬彬有禮，用具競爭力的價格提供高品質產品，那消費者就會回報他。否則，消費者就會拋棄他，轉而去下一家商店。但鐵路、電信或銀行並不存在競爭，因此他們的員工就絕不會以消費者為中心。」

《經濟學人》雜誌同樣指出，在印度，人們會「看到一家國營銀行的出納員在聊天，而消費者已經大排長龍到大街上了」。對比國營機構與民營機構，人們常常會忽略一個事實，即所有權和控制權並不是兩者的唯一區別。政府經營的機構幾乎總是獨占企業，而民營機構通常存在競爭者。設立競爭性政府機構去執行相同的職能，常常被消極地認為是「不必要的重複」。然而那些在國營銀行排隊等候而受挫的消費者是否會覺得另一家銀行是不必要的重複，這又是另一個問題了。對印度出現的這一問題，私有化提供了一個答案，正如《華爾街日報》報導的：

「銀行部門仍由龐大的印度國營銀行控制，但不斷壯大的中產階級正在將大部分業務轉到高科技的民營銀行，如住房發展銀行有限責任公司（HDFC Bank Ltd.）和印度工業信貸投資銀行有限責任公司（ICICI Bank Ltd.），這就使國營銀行只能經營利潤最低的業務，和最糟糕的借款人合作。」

雖然很多國家的民營企業提供的服務很差，也有些自由市場上的企業有偷工減料的情況，但它們這麼做要承擔生存風險。當加工食品產業於十九世紀出現在美國，生產者在食品中摻入便宜的原料很常見。例如，芥末經常被裝在有顏色的瓶子裡出售，以掩蓋摻假。後來亨利・約翰・亨氏（Henry J. Heinz）開始用透明的瓶子賣純正的芥末，也就讓他有了決定性的優勢戰勝競爭對手，當競爭對手紛紛退出時，亨氏公司卻成為美國食品工業歷久不衰的巨頭之一，一直持續到二十一世紀。二〇一三年亨氏公司售出時，價格是兩百三十億美元。

類似的還有英國食品加工企業C＆B公司（Crosse & Blackwell），它的優質食品不僅暢銷英國而且還銷往美國，在整個二十世紀到二十一世紀，一直是食品加工產業的巨頭之一。不管是在市場經濟體還是非市場經濟體中，都不存在完美，而任何人類行為也不可能完美，但市場經濟會要那些使消費者失望的企業付出代價，獎勵履行義務來滿足消費大眾要求的企業。在美國，那些在經濟上取得巨大成功的企業都熱衷於維護產品的聲譽，儘管這些產品相當普通而且很便宜。

麥當勞憑標準化的漢堡以及監察員建立聲譽，這些監察員經常暗訪供應商，調查肉類採購的品質，甚至會在半夜突襲。肯德基創辦人桑德斯上校（Colonel Sanders）就因為會突然出現在肯德基分店而讓店員膽戰心驚。如果他不喜歡雞肉的做法，就會把雞肉全倒進垃圾桶，然後繫上圍裙親自烹調炸雞，演示雞肉到底應該怎麼做。後來，他的學徒戴夫・湯瑪斯（Dave Thomas）創立了溫蒂漢堡（Wendy's hamburger restaurants），也採用了類似的做法。儘管肯德基爺爺和湯瑪斯不可能監督他們在美國的每一家分店，但沒有一個加盟店願意冒險，看著自己的利潤被連鎖店的大老闆倒入垃圾桶。

在信用卡時代，防止信用卡用戶的個資被盜已成為信用卡服務品質的一部分。相應地，像VISA和萬事達卡等公司「已通過罰款、發送警告函以及召開研討會的方式對餐館施加壓力，迫使它們更加小心地保護信用卡用戶的資訊」。根據《華爾街日報》的報導：

> 「所有接受信用卡結算的公司必須遵循由VISA、萬事達卡、美國運通公司和摩根史坦利（Morgan Stanley）制定的一套複雜的安全規則。」

隱藏在這一切背後的基本事實就是，企業不僅僅銷售有形產品，而且還銷售與產品相關的名聲。開車旅行的人到達一個不熟悉的地方，更有可能走進麥當勞或溫蒂漢堡店而不是其他餐館。這種品牌名聲會轉化成美元，對麥當勞或溫蒂漢堡來說，甚至可能達到數百萬或數億美元。擁有這筆至關重要的財富的人，是不可能容忍任何人毀壞他們的名聲的。麥當勞的創始人雷・克洛克如果發現麥當勞的停車場有垃圾，他會怒火中燒。他的特許經銷商不僅要保持店裡沒有垃圾，還要做到在餐廳的兩個街區半徑之內沒有麥當勞的垃圾。

在這樣的背景下談品質，重要的是與商品所服務的特定客戶相關的品質。漢堡和炸雞不可能被認為是美食或健康食品，一家全國量產食物的連鎖店也不可能達到那些更有特色、更高級和更昂貴的餐館的品質水準。連鎖店能做的就是確保品質在特定消費者期望的範圍之內，而這一品質標準通常高過政府強制制定或使用的標準。正如《今日美國》報導的：

「美國農業部聲稱他們為全美學校午餐計畫購買的肉『符合或超過商業產品的標準』，但事實並非如此。肯德基、漢堡王和好事多（Costco）會更嚴格地檢查細菌和危險病原體，這些品牌每天都會檢查自己購買的牛絞肉五至十次以上，比美國農業部為學校生產的牛肉進行的檢測更頻繁。

連鎖快餐店 Jack in the Box 與其他大型零售商，針對漢堡肉裡的某種細菌設定的檢測次數高達十次以上，這比美國農業部為學校牛肉設定的標準嚴格許多。

至於雞肉，美國農業部為學校提供的成千上萬噸雞肉都是劣質品，這些雞肉甚至可以拿去做堆肥或寵物食品。這些雞肉都來自『衰竭的母雞』，因為它們已過了產蛋期，這些雞不符合肯德基爺爺的要求，肯德基不會購買，而且它們也不符合做湯的要求。金寶湯公司（Campbell）聲稱出於『品質考量』，一年前就停止使用這樣的雞肉了。」

雖然市場經濟本質上是一種非人性化的資源配置機制，但許多最成功的企業還是通過關注個人元素獲得了成功。沃爾沃斯零售連鎖店成功的原因之一，就是創始人沃爾沃斯（F.W. Woolworth）堅信禮貌對待消費者至關重要。這源自他自身的痛苦經歷：他曾是一個窮困潦倒的農場男孩，去逛商店買東西時，店員待他如垃圾。

雷・克洛克熱衷於維持麥當勞乾淨整潔的聲譽，他也因此獲得了回報。在麥當勞早期急需貸款來維持經營的關鍵時刻，克洛克因為這一聲譽獲得了資金。一位參觀過麥當勞餐廳的金融家說：「如果他們的停車場很髒；如果他們的圍裙油跡斑斑；如果他們的食物不好，麥當勞就絕不可能得到這一筆貸款。」同樣地，克洛克與紙杯、牛奶、餐巾紙等商品的供應商也保持著良好的關係，讓這些供應商同意借錢給他，幫助他擺脫了一次財務危機。

所謂「資本主義」，更準確地說，可以稱為消費主義（consumerism），也就是說消費者最大，想要盈利的企業主必須學會怎麼隨之起舞。

二十世紀初，人們滿心期待能出現一種效率更高、更人性化的由代表人民利益的政府規畫和控制的經濟，取代市場競爭。然而，到二十世紀末，現實的結果打碎了所有的努力，世界各國，甚至是大多數社會主義國家都放棄了中央計畫，民主國家的社會主義政府也開始出售政府經營的企業，這些企業長期以來的損失為納稅人帶來了沈重的負擔。

私有化被保守黨政府奉為圭臬，如英國首相柴契爾夫人，美國總統雷根。但最能證明市場效率的證據是，即使是最反對資本主義的人領導之下的社會主義和計畫經濟政府，在目睹了工商業因缺乏價格、利潤和虧損引導而造成的情形後，也轉向了自由市場經濟。

贏家與輸家

許多人會感激市場經濟創造的繁榮，但他們不會惋惜某些個人、群體、產業或地區沒有完全享受到總體經濟的進步，或情況變糟。政治領導人與候選人可能會譴責這一不公平的現象，並提出各種的政府「解決方案」來「糾正」這一情況。

不管各種政治方案的優劣如何，在評價它們的時候我們必須牢記於心的是，不同經濟部門的幸與不幸有著密切的因果聯繫，因此防止出現壞的結果也會把好結果拒之門外。史密斯・科羅納（Smith Corona）打字機每年損失數百萬美元，戴爾電腦卻年賺百萬美元，這並不是巧合。因為電腦正在取代打字機。同樣地，隨著數位相機的出現，底片銷售量開始削減，這也不是巧合。稀有資源有著多種用途，意味著有些企業會失去這些資源，以便讓其他企業使用它們。

當原料和勞動力等資源可以用來生產大眾更想要的電腦，就必須阻止史密斯・科羅納使用稀有資源來製造打字機。用來生產底片相機的資源也必須重新分配來生產數位相機。這並不是任何人的錯。不管史密斯・科羅納生產的打字機有多好；不管它的工人多麼技術純熟和認真，當大眾能通過其他選項達到相同或更好的結果時，他們就不再想要打字機了。許多極其出色的底片相機在數位相機製造出來後就停產了。

不論在什麼時代，如果新產品或新的生產方法能提高生活水準，稀少性就意味著資源必須從一些人手裡轉移到另一些人手裡。

如果看不到農場和農民的數量在二十世紀大幅度下降，就很難理解同一時期的工業如何能增加數百萬工人，而這些工人的產出大幅度提高了民眾的整體生活水準。很少有人或企業會為了社會整體更進一步而放棄他們已經習慣做的事情，尤其是當他們在這一方面已獲得成功的時候。但在任何一種經濟或政治體制中，如果想要實現或維持更高的生活水準，就必須放棄現有資源，改變正在做的事。

要實現資源的轉移，自由市場的經濟壓力只是方式之一，國王和官員只要命令個人或企業從做A改為做B。無疑地，還有其他方法能追求到相同目標，但其功效和效率卻千差萬別。然重要的是，資源轉移不可避免。換句話說，某些人、某些地區或產業被人「遺忘」，或無法從整體繁榮中得到他們「應得的一份」，這不是一個可用政治手段解決的問題，儘管這類政治提案非常多，特別是在大選年期間。

雖然所有經濟部門以同樣的步調同時發展，能讓我們的生活更愉悅、更簡單，但在任何一個變化的經濟體中，這都不可能成為現實。我們無法預測新的技術和組織方式或融資方法會是什麼時候、在哪裡出現。想要知道新發現是什麼，就需要在新發現之前先發現它。很明顯，這是相互矛盾的。

讓政府來援助那些受經濟變化負面影響的特定產業、地區或人口，往往是一種很大的政治誘惑。但要這樣做，只能將資源從更先進的經濟部門轉移到產品生產或技術方法效率較低的地方，換句話說，只會阻礙經濟對稀有資源進行最有價值的配置，而整個社會的生活水準取決於稀有資源是否流向最有價值的用途。此外，由於經濟變化永無止境，如果政府屈從於干預特定產業、地區、人口的政治誘惑，那阻礙資源流向最有價值用途的政策就會持續下去，從而犧牲整個社會的生活水準。

我們需要做的，就是意識到經濟變化已持續好幾個世紀，沒有跡象顯示它會停下來，或這些變化帶來的必要調整會停下來。政府、產業以及人民都要意識到這一點。沒有企業或個人會花光他們全部的收入，就好像他們不需要為難以預測的意外做準備一樣。然而，許多觀察家仍在繼續哀嘆，即使是經濟上有準備的人也被迫做出調整，一名《紐約時報》記者寫了本關於失業的書，書名聳人聽聞，叫作《可被拋棄的美國人》（*The Disposable American*）。書中闡述了諸多案例，其中提到一位工作於某大型公司的行政主管，她因公司重組失去工作，為此不得不賣掉自己擁有的「三匹馬中的兩匹」，並出售了「價值一萬六千五百美元的寶僑公司（Procter）股票，甚至在找工作期間，不得不為維繫生活而節約開支」。

雖然這名行政主管擁有超過一百萬美元的存款和十七英畝的莊園，卻被用來當作社會失敗的悲劇代表，因為不斷變化的經濟一開始創造了巨大繁榮，現在她卻不得不做出調整以適應經濟的不斷變化。

WORK AND PAY

｜第三部分｜

勞動與報酬

第十章
生產力與報酬

誤解或不恰當地使用政府數據，會導致許多錯誤的結論。

——美國經濟研究所（AIER）研究員　史提芬・坎寧安（Steven R. Cunningham）

我們迄今探討的大多是無生命的資源如何配置。但人也是經濟體系的一部份，而不只是扮演消費者而已。人們是製造產出時，所需投入的一種主要資源。大多數人並不願意無償提供勞動，他們只能在為了報酬工作與被迫勞動之間做選擇，無論如何總要有人工作，因為我們需要生活，想要享受現代化生活水準下的各種便利設施。在過去的許多社會，人們作為農奴或奴隸被迫勞動；在自由社會中，人們有償工作。但報酬並不僅是個人的收入。報酬也是每個勞動者或潛在勞動者面臨的一組誘因，以及雇主面臨的一組限制。因此雇主不能像蘇聯那樣使用稀有資源——保留多餘的勞工「只是為了以防萬一」——這些勞工本可在其他地方從事更有效率的生產活動。

總之，支付薪資帶來的經濟作用不只是為個人提供收入。從整體經濟來看，為勞動支付報酬是一種配置具有多種用途的稀有資源的方式。勞動是一種稀有資源，因為工作總是比人們能用來工作的時間多，所以人們擁有的時間就必須在競爭性用途中分配。如果貨車司機的工資翻倍，一些計程車司機可能會更願意去開貨車。如果工程師的收入翻倍，那本想主修數學或物理的學生，可能就會轉而選擇工程學。如果所有工作的工資都翻倍，那一些已退休的人可能會重新就業或兼職，而那些本打算退休的人可能會延後退休時間。

人們能夠獲得多少報酬取決於多方面的因素。我們常聽說職業運動員、電影明星或大公司的執行長獲得天價報酬的故事，於是就有記者和一些人提出這樣的疑問：某個人「實際」值多少錢。

從第二章中我們已瞭解到，根本沒有所謂的「真實」價值，所以我們大可不必像其他人那樣，把時間和精力用在這些沒有答案的問題上。我們可以問一個更實際的問題：什麼因素決定了人們的工酬？答案也非常實際：供給和需求。進一步問，為什麼供給和需求會讓一個人賺的比另一個人多呢？

勞工顯然都希望報酬越高越好，雇主則希望支付的報酬越低越好。只有當提供的報酬和能接受的報酬有重疊時，才會形成雇用。那為什麼工程師的工資是郵差的好幾倍呢？

郵差當然想得到工程師那樣高的報酬，但是能夠成為郵差的人太多了，雇主不會提高薪資標準。由於培訓一個工程師要花費很長的時間，同時也不是每個人都能掌握這些培訓的內容，所以相對需求而言，工程師供給不足。這只是從供給方面考慮。又是什麼決定了勞動需求，什麼決定了雇主願意支付的界限呢？

工程師的稀有並不是他們更有價值的唯一原因。工程師能為公司帶來更大的利益，才使雇主願意為他們的勞務競價，並以此設定出價的上限。一位工程師只能為公司帶來十萬美元利潤卻要求二十萬美元的薪水，那他顯然不會被雇用。如果這個工程師能為公司帶來二十五萬美元的利潤，那假設沒有其他工程師願意以更低的薪水做同樣的事情，該工程師就值得以二十萬美元雇用。

生產力

雖然「生產力」這個詞可以用來形容員工為公司收益所做的貢獻，但這個詞在其他方面經常有不同的定義。有時，它的含義是指每個勞工與生俱來的某種生產力，而不是依賴於外界環境獲得生產力。

一個使用最新的現代化設備的勞工，每小時的產量顯然高於使用舊設備的勞工的產量，管理欠佳、生產組織效率較低的公司之產量也會較低。例如，一九三〇年代，日本人在中國開辦的棉紡廠比中國人開辦的棉紡廠工資更高，但在日本人開辦的棉紡廠，每單位產出的勞動成本卻更低，因為每個勞工有更高的產出。這並不是由於設備不同——他們使用的機器一樣，而是由於日本人的管理效率更高。

同樣地，二十一世紀初一家國際顧問公司發現，美國人在英國設立的製造業企業的生產力，比英國人設立的高很多。據英國《經濟學人》雜誌報導：「英國工業公司的業績與它們的美國同行相比差距驚人」，而談到「節約使用時間和材料」時，只有四十％的英國製造商「考慮過此事」。不僅如此，「英國工程學優秀畢業生更願意為外資公司工作」。總之，即使生產力以每單位勞動的產出來衡量，英國公司的生產力也更低，這反映了管理方面的差距。

一般而言，在生產過程中任何投入的生產力不僅取決於它自身的數量和品質，也依賴其他投入的數量和品質。這樣來看，南非的勞工比巴西、波蘭、馬來西亞或中國的勞工有更高的生產力，因為正如《經濟學人》雜誌指出的，南非的企業「相對於勞動更依賴資本」。換句話說，南非勞工不一定比這些國家的勞工工作更努力或技術更高，他們只是在工作中有更多更好的設備。

同樣的原理也適用於通常並不被我們認為是經濟活動的活動。它適用於純粹的個人專長，如棒球員打出全壘打的機率。如果一個強打者的棒次在另一個強打者前面，那他打出全壘打的機率就更大。但如果排在他後面的打者不太可能擊出全壘打，那投手就很可能會在關鍵時刻保送他上壘，不論是有意投好球，還是用其他方式，這樣在整個賽季中，他打出全壘打的機率就小多了。

在泰德・威廉斯（Ted Williams）的職業生涯中，按照擊球比例看，他是美國棒球史上打出全壘打機率最高的球員之一。然而他只在一個賽季打出了四十個全壘打，因為他平均單季被保送一百六十二次，在那個賽季有一百五十四場比賽的年代，平均每場比賽被保送超過一次。

相比之下，漢克・阿倫（Hank Aaron）在八個賽季中擊出四十個或更多的全壘打，儘管如此，他的全壘打機率也沒有泰德・威廉斯高。雖然漢克・阿倫在他的職業生涯擊出七百五十五個全壘打，但在他參加的二十三個賽季裡，從沒達到過一百次保送上壘。在漢克・阿倫職業生涯的大部分時期，排在他後面打擊的艾迪・馬修斯（Eddie Mathews）打出全壘打的機率與漢克・阿倫差不多。這樣就沒什麼必要保送阿倫上壘，否則在馬修斯打擊時，場上就多了一個人在壘上。總之，身為一個全壘打打者，漢克・阿倫的生產力更高，因為他打擊時，下一棒是艾迪・馬修斯。

實際上，幾乎在所有場合，你的生產力不僅取決於你自己的工作，也取決於協作因素，如設備、管理和周圍其他勞工的品質。電影明星希望有好配角演員、好化妝師和好導演，這些人都有利於影星的表演。學者非常依賴他的研究助手，將軍則依靠其幕僚和軍隊來贏得戰爭。

不論某個人的生產力源自哪裡，它決定了雇主為了獲得這個人的勞務會出多高的價格。正如任何勞工都可以通過互補性因素（工作夥伴、機器以及更有效的管理）提高自己的價值一樣，他們的價值也會因個人無法控制的其他因素而降低。

如果一個地方的運輸成本比另一個地方的高，即使是勞工每小時產出相同，他們的價值也可能不同，雇主從銷售中獲得的淨收益也更低，因為收益中必須扣除較高的運輸成本。在競爭性市場上出售相同的產品如果運輸成本不同，那運輸成本較高的企業就無法將全部運輸成本轉嫁給消費者，因為他們的競爭對手運輸成本較低，定價也低，高價格只會造成客戶流失。第三世界國家可能沒有現代化的高速公路或高效的鐵路和航空，那裡的企業可能要被迫承擔更高的運輸成本。即使他們與更先進的經濟體中的企業一樣，用相同的價格出售相同的產品，獲得的淨收入也會較少，因此生產這些產品的勞動的價值也會相應減少。

在貪污情況嚴重的國家，為得到當局許可而進行的必要賄賂，也同樣要從銷售收入中扣除，也就降低了產品和勞工的價值，即使這些勞工每小時的產出與現代化程度更高、貪污更少的經濟體中的勞工並無差別。事實上，第三世界的勞工每小時的產量都比較低，從銷售收入中扣除較高的運輸和貪污的成本後，第三世界勞工的收入只相當於其他國家勞工收入的一小部分。

總之，生產力不只是個別勞工行為的結果，也是其他無數因素的結果。有人說對勞動力的需求基於勞工生產力的價值，但這句話並不代表報酬基於價值。價值和生產力是兩個截然不同的東西，就像道德和因果關係是兩個不同的東西一樣。

報酬的差異

迄今為止，我們討論的是影響勞動力需求的因素。那供給方面又是怎樣的呢？如果沒有必要，雇主很少會支付高價，因為還有其他人願意並能夠以更低的價格提供相同的勞務。

薪資，與其他價格一樣，有相同的經濟作用，它們引導具有多種用的稀有資源被用於最有價值的用途。但因為這些稀有資源是活生生人，我們會用不同方式來看待薪酬。我們經常會問一些帶有強烈感情色彩的問題，即使它們在邏輯上毫無意義並且無法界定。像是：工資「公平」嗎？勞工被剝削了嗎？這是一份「可以維持基本生活的工資」嗎？

沒人願意看到自己的同胞生活在貧困髒亂的環境中，而且很多人都願意採取行動解決這一問題，就像我們看到的，除了政府花費數十億美元為窮人提供更好的生活條件，每年各種慈善機構收到的善款也高達數十億美元。這些重要的社會活動同時發生在價格調節的經濟中，服務於不同目的。試圖抹去價格（包括人們的勞動和才能的價格）的信號功能，讓它無法指導資源流向最有價值的用途，也就使價格無法有效達成最基本的目標，有賴於此的整個社會的繁榮也將失去根基。歸根結底，是經濟繁榮讓人們有可能捐贈數十億美元去幫助不幸的人。

收入「分配」

有些人賺比其他人多，這是個更簡單易懂的事實，但原因各有不同。例如有些人只是因為年齡大就賺的多，他們有更多的經驗、技術，接受正規教育和在職培訓的時間也更長，因此能更有效地完成某項工作或者能夠承擔更複雜的工作，而新手或缺乏經驗和培訓的人則難以勝任。於是年齡會影響收入多寡是毫不稀奇的。隨著歲月流逝，年長者對工作更在行，越來越多的人會注意到他們和他們的能力，也就帶來新的工作機會或晉升。收入最高的前五％的人中，大多數都在四十五歲以上，這種情況並不少見。

這些關於個人收入差異的原因都屬平常。但在對「收入分配」這個含糊的術語進行抽象討論時，這些原因和其他許多常識性原因往往都會被忽略。在討論高收入和低收入階層時，他們經常被稱為「富人」和「窮人」，就好像他們是不同階級的人，但實際上他們只是處於生命不同時期的人。一九七五年收入最低的二十％的美國人，有四分之三在十六年後成為收入最高的四十％的美國人。

無須驚訝，十六年過後，人們通常都多了十六年的工作經驗，可能是通過在職培訓，也可能是經過了正式教育。而那些做生意的人或專業人士，有十六年的時間建立自己的客戶群。如果他們不能因此賺到更多的錢，那才令人驚訝。

這都不是美國獨有的現象。一項對歐洲十一國的調查也發現了類似的情況。處於貧困線以下的人很多都在兩年內脫貧，收入超過貧困線。這一比例在希臘是二分之一，在荷蘭是三分之二。在英國，一項調查在五年內追蹤數千人，最終也有類似的發現。五年後，最初收入水準處於最底層的十％的人，大約有三分之二脫離了這一階層。在紐西蘭的調查同樣顯示，收入最低的二十%的人中，有很多在不到一年的時間內收入提升，當然更多的人花了更長的時間脫離這一階層。

有些人在貧困中出生、生活和死亡，同時另一些人則在奢侈中出生、生活和死亡，這樣的情形與年輕人還沒有達到（比如他們的父母）的收入水準的情況是非常不同的。但是，媒體甚至學術界經常引用的統計數據，通常不區分這種迥異的情形。此外，那些公佈統計數據的人好像在說，他們討論的是階級之間的收入差異，而不是年齡段之間的收入差異。儘管在很少的情況下，人們很可能一生都停留在某一收入水準，但是他們卻不可能一直待在某一年齡段。

由於人們在收入階層之間移動，所以他們在一生中的收入不平等程度並不等於某年的收入不平等程度。紐西蘭的一項調查顯示，在整個工作生涯中的收入不平等程度要小於任意一年的收入不平等程度。

對「富人」和「窮人」的許多討論，或者說對最富或最窮的十%或二十%的人的討論，不能說明哪些收入應畫分到這些類型中。二〇一一年，收入為一〇一五八三美元的家庭足以躋身收入最高的二十%的美國人之列。但一對夫妻兩人年收入都超過五萬美元，卻兩人都不會被歸入「富人」行列。即使要成為收入最高的五%，也只需要超過十八・六萬美元的家庭年收入，即工作的夫妻只要兩人各賺九・三萬美元。這是個不錯的收入，但人們工作幾十年後才能從較低的薪酬水準達到這個收入，因此很難說是富裕的標誌。

把特定收入階層的人看作「富人」是錯誤的，因為收入和財富根本就是不同的東西。不管在某年有多少收入經手，你的財富取決於這一年你保留並積累了多少。如果某一年你賺了一百萬美元，卻花了一百五十萬美元，那你並沒有變得更富有。我們反而會發現，許多收入不高但很節儉的人去世後，為繼承人留下驚人的財富。

即使是真正富有的人也會出現流動。《富比士》雜誌在一九八二年首次發布最富有的四百個美國人名單時，上榜的有十四名洛克斐勒家族成員、二十八名杜邦（du Ponts）家族成員和十一名亨特（Hunt）家族成員。二十年後，這份名單上包括三名洛克斐勒家族成員、一名亨特家族成員，沒有杜邦家族成員。登上一九八二年《富比士》榜單的最富有的美國人，有略多於五分之一的人的財產是繼承來的，然而到二〇〇六年，上榜的人中只有二％的人財產是繼承來的。雖然談論了這麼多「收入分配」，但大多數收入根本不是分配來的，不像報紙或社會福利金支票那樣，從某個中心分配來的。大多數收入只是數字統計意義上的分布，就像人口的身高分布，有些人是五呎四吋高，有些人是六呎二吋高，但這些身高並不是由某個中心分配的。然而，我們經常讀到記者和其他人探討「社會」如何分配收入這樣的問題，而不是簡單地描述為一些人賺的比其他人多。

每個人的工作值多少錢，「社會」對此並沒有集體的決定。在市場經濟中，從某人的產品或勞務中獲得直接利益的人決定了產品和勞務的價格。偏愛集體決策的人會堅持為他們的決策方式辯護。但是認為如今「社會」根據一組結果來分配它的收入，並且應該以未來的不同結果來改變分配，這樣的建議只會帶來誤導。

這是一個誤導性的隱喻。討論收入差距所使用的體系，跟這個隱喻一樣容易令人誤解。與個人收入的統計數據相比，家庭收入的統計數據尤其誤導人。個人的含義通常是相同的，即一個人；但是家庭的規模在不同時期、不同民族和種族、不同收入層級之間差距很大。

舉例而言，對美國人口調查數據的詳細分析表明：二〇〇二年，家庭收入最低的二十%的人口有四千萬，但家庭收入最高的二十%的人口卻有六千九百萬。粗心的人會假定這種五分法代表把國民畫分成「五個等量的層級」，但這些層級並不等量，它們代表的是數量差異很大的人群。

不僅低收入家庭和高收入家庭的人口數量差異很大，介於低收入和高收入之間的家庭，它們之間的工作人口占比也有非常大的差異。二〇一〇年，前二十%的家庭中，戶長在工作的有兩千零六十萬人；相比之下，後二十%的家庭中，戶長在工作的還不到七百五十萬人。這些差距雖然驚人，但是還沒有區分工作是全職還是兼職。在收入最高的五%的家庭中，全年從事全職工作的戶長人數，比收入最低的二十%的家庭中全年工作五十周及以上的全職戶長還要多。也就是說，前五%的家庭與後二十%的家庭，全年都有全職工作的戶長人數分別為四百三十萬和兩百二十萬，可以看出前五%的家庭絕對數量更高。

回到一八九〇年代，那時收入最高的十%的人工作時間要少於最底層的十%的人，但這種情況早已逆轉。我們談論的不再是悠閒的富人和勞累的窮人。今天，我們常常談論的是有穩定工作的人和沒有穩定工作或根本沒有工作的人。在這樣的情況下，工資增加就加劇了收入不平等。發表在《哈佛商業評論》（*Harvard Business Review*）上的一項調查顯示，收入最高的六%的人中，有六十二%每周工作超過五十小時，有三十五%工作時間超過了每周六十小時。

家庭規模不僅在某個時期中隨收入水準轉變而變化，也會隨著時間的變化而變化。這些差異並非偶然。他們從根本上改變了「收入分配」的趨勢，例如每個美國家庭的真實收入在一九六九年到一九九六年間只增長了六%，但同一時期的實際人均收入卻增長了五十一%。產生這種差異的原因是家庭的平均規模在這一時期下降了。也就是說，更小的家庭——有些家庭只有一名成員——賺的收入和上一代更大的家庭的收入持平。把時間拉長來看，從一九六七年到二〇〇七年，實際家庭收入中位數增長了三十%，但是實際人均可支配收入在同一時期卻增長了百分之百。每個家庭的成員人數下降是這些差別的主因。

經濟繁榮促使家庭規模縮小。早在一九六六年，美國人口調查局就曾報告家庭數量的增加快於人口數量的增加，並總結道：「家庭加速形成的主因是個人，尤其是在毫無關係的個人之間，越來越傾向擁有自己的家庭或住房，而不是與親戚一起住，或作為房客或寄宿者住進現有的家庭。」然而，基於經濟繁榮的結果所得到的家庭收入統計數據，卻被廣泛用來表明經濟並沒有真正得到發展。

《華盛頓郵報》的一位作者稱：「過去三十年中，大多數美國家庭的收入始終停滯不前。」這些作者總是對經濟事實視而不見。即使家庭收入保持不變，現在一個家庭中有兩人工作，收入卻與以前一個家庭中有三人工作時相同，所以實際上人均收入增加了五十%。

雖然對「富人」和「窮人」的一些帶有誤導性的討論，是基於人們暫時的收入水準，但真正的富人和真正的窮人確實存在，也就是那些一生中都會生活在奢侈或貧困中的人，然而這部分人口比總收入統計所報告的要少得多。正如大多數美國「窮人」不會一直很窮一樣，大多數最富有的美國人也不是出身豪門。美國的百萬富翁中有五分之四是自己賺到財富，他們並沒繼承什麼財產。此外，和真正貧窮的人一樣，真正富有的人也很少。

即使我們把淨值一百萬美元作為富人的標準，也只有三・五％的美國家庭能達到這一水準。考慮到淨值已經包含了從家居用品、衣服到個人養老金在內的所有東西，這個標準實際上是很平常的水準。有五％的人口在多年內一直處於最底層的二十％，如果我們把這部分人口算作真正的窮人，那真正的富人和真正的窮人加起來也不到美國總人口的十％。但一些政治言論可能會說，大多數人要不是「富人」就是「窮人」。

一段時間內的收入趨勢

如果我們關心的是有血有肉的人的經濟福利，就不應在不同收入階層之間進行統計比較，我們需要關注人均實際收入，因為人並不是靠他們在總收入中的份額來生活的，他們靠真實收入生活。一九七五年美國收入最低的二十％的人中，九十八％的人實際收入到一九九一年都提高了，且最低收入人群中有三分之二，在一九九一年的實際收入高於一九七五年的平均水準。

此外，即使將焦點所小至各個收入階層，收入最底二十％的家庭，其收入占美國總收入的比率，從一九八五年的四％下降到二〇〇一年的三・五％，但這一事實並無礙於這一收入水準的家庭實際收入增加了數千美元，更別說在這期間有多少人已經脫離了收入最低二十％的階層了。

與其追蹤個人收入，不如觀察同一時間段內最高收入和最低收入的比較數據，從中我們更容易發現完全不同的趨勢。有一個廣為人知的事實，即美國人口調查數據表明，國民收入中流向底層的二十％的百分比在過去幾年中不斷下降，流向頂端的二十％的百分比卻在不斷上升，並且流向收入最高的一％的資金增長尤其迅速。於是人們經常抱怨「富者愈富，窮者愈窮」，這種觀點也為媒體提供了很多戲劇性且令人震驚的新故事，受到報紙廣泛報導，電視媒體也用它們來吸引觀眾，同時還滿足了一些人的意識形態；為一些人提供政治上的用途。然而，這是真的嗎？

當我們考察特定個體隨著時間所發生的變化，就會發現截然不同的情況。不幸的是，大多數統計數據，包括美國人口調查局的數據，不會去追蹤**特定個體**所經歷的變化，即使他們的錯覺可能來自不同時期不同分類的收入數據。也有追蹤個人情況隨時間變化的調查，其中來自密西根大學（University of Michigan）和美國國稅局的兩份報告顯示了相似的狀況，都與經常被引用的美國人口調查局的數據和其他數據大相徑庭。密西根大學追蹤了一九七五年到一九九一年的同一群人，而美國國稅局追蹤了一些個人在一九九六年到二〇〇五年的所得稅申報表。

密西根大學的研究發現，一九七五年收入最低的二十％的美國勞動人口，約九十五％到一九九一年已脫離這一層級，並且有二十九％成為收入**最高**的二十％的人；相比之下只有五％的人仍然在收入最低的二十％中。一九七五年到一九九一年，收入絕對量增長最多的是一九七五年調查初期收入最低的二十％的人，收入絕對量增長最少的是當時收入最高的二十％的人。

換言之，初期處於最底層的人，收入上升得要比處於最高層的人**更多**。這與美國人口調查局的數據所描述的情形正好相反，因為它的數據以追蹤收入水準為基礎，而不是追蹤收入水準發生變化的個人。

美國國稅局的統計數據也追蹤了特定個體的狀況，並顯示類似情況。美國國稅局發現，從一九九六年至二〇〇五年，所得稅申報者中底層二十％的人收入增長九十一％，頂端的一％的人收入**下降**了二十六％。看起來美國人口調查局的數據、美國國稅局數據和密西根大學的數據不可能都正確，但它們都是正確的。研究一段時間內的收入水準和研究一段時間內的個人狀況，衡量的是完全不同的東西，但我們常會將它們搞混。

一項研究調查了加拿大一段時間內個人收入狀況，結果與美國的情形非常相似。一九九〇年到二〇〇九年，原本處於底層二十％的加拿大人，收入絕對值增長最多，增長比例也最大。原本處於底層二十％的加拿大人，只有十三％到二〇〇九年仍保持在低收入水準，但是二十一％的人上升到了頂端的二十％。

不論不同收入水準之間的關係如何，不同個人之間的關係是完全不同的情形，因為隨著時間的推移，人們會從一個收入水準轉移到另一個收入水準。因此，收入水準的命運與人的命運十分不同，而且在很多情況下是完全相反的。當收入水準處於底層的工資人群在十年內收入翻倍，那他們就不再處於底層。這並沒有什麼神祕之處，因為大多數人的職業生涯都是從初級職位開始的，隨著經驗的增長，收入也會提高。同樣地，收入水準處在金字塔頂端的人，也常在最高點徘徊，並且收入不會像底層的人那樣迅速增長，這都沒什麼好驚訝的。

在某些年份，由於收入暴增，一些美國人成為收入最高的那一％，二〇一〇年時，這種暴增大約需要達到三十六萬九千五百美元。某年出售一間房子的人，當年的收入是前後數年年收入的好幾倍；而在某年得到大量遺產或將多年積累的股票期權變現的人，情況也非常類似。收入在某年達到最高水準的人，很大一部分是由於收入突然大幅度上升。一九九六年處在收入水準頂端一％的人當中，有一半以上到二〇〇五年掉出了這一水準。一九九六年處在收入頂端的萬分之一的人中，有四分之三在二〇〇五年時已經掉出這個水準。

許多人可能永遠也不會遇到讓他們成為最頂端一%的收入暴漲，但隨著職業生涯的進階，最終也會進入收入最高的二十%。從任何意義上說，他們都不是「富人」，雖然他們可能在政治上、媒體中或學術言辭中被稱為「富人」。正如前面指出的，要成為收入最高前二十%所需要的資金量，幾乎不足以讓他們過上富人和名人的生活，甚至收入最高的百分之一的人也不足以支撐這樣的生活，因為處在這個水準的人有一半無法保住地位。

正如收入頂峰時有出現，某些年份也會遭遇收入低谷。因此，真正的富人或有錢人，可能會在某些年份出現生意或投資的虧損或關閉。於是他們的收入在某年可能很低甚至變負數，但在任何意義上，他們都不是窮人。這有助於解釋一些異常現象，如數十萬個年收入在二萬美元以下的人，卻住在價值三十萬美元以上的房子裡。

收入水準數據和個人收入數據看似相互矛盾，引起這一結果的根本性混亂都源自一個隱含的假設，即某個時期處於某收入水準的人會一直處於這一收入階層。如果這是真的，那一段時間內收入水準的變化趨勢，將會和一段時間內個人收入水準的變化趨勢相同。然而事實並不如此，因此這兩組統計數據不僅推導出不同結果，甚至還得出相互矛盾的結果。

收入越高，穩定性越差。據《華爾街日報》報導：「在過去的三次衰退中，收入最高的一%的族群（二〇〇八年收入在三十八萬美元及以上的人群），相較美國其他收入的群體，經受的收入衝擊比例最大。」收入五萬美元及以下的族群，從二〇〇七年至二〇〇九年收入下降了二％，收入百萬美元以上的族群在此期間的收入則下跌了近五十％。

相反地，當經濟增長時，收入前一％的人群「收入增長速度是美國其他人群的三倍。」無須驚訝，因為高水準人群的收入不太可能是依靠工資，更多的是依靠投資或銷售收入，而這兩類收入在經濟增長或下降時變化很大。收入的這一模式也適用於財富。《華爾街日報》曾報導：「在一九九〇年和二〇〇一年經濟衰退期間，美國最富有的五％的人（以淨資產衡量）經歷了財富的最大跌幅。」

技能差異

生產力和報酬產生差異的原因之一，是一些人比其他人擁有更多技能。工程師賺的比郵差多，有經驗的船員賺的比沒經驗的船員多，有經驗的飛行員則賺的比任何船員都多，對此沒人會感到驚訝。儘管勞工可能被認為只提供了勞動，但大多數人提供的不只是從事體力勞動的能力，還有處理任務的思考能力。在大多數現代經濟體中，僅憑「四肢發達、頭腦簡單」就足以從事很多工作的時代已經過去。雖然看似很明顯，但它的意義卻沒有被彰顯也沒有被廣泛理解。

在體力和耐力是主要工作要求的時代和地方，生產力和報酬往往會在人類生命最年輕的時期達到高峰，中年勞動者則只能獲得較少的報酬或較少的就業機會，抑或兩者兼而有之。對體力勞動的重視也使得企業偏愛男性勞工。

在一些只能勉強維持生存的極度貧困的國家，從事體力勞動的性別差異非常大，以至於最貧窮的人常殺死女嬰。雖然母親對於一個家庭來說是必要的，但額外的女性家庭成員運用原始的工具，在小塊土地上從事艱苦的農業勞動，生產的食物還不夠自己活命，而且在營養不良和飢荒盛行的時期，她消耗了其他人生產的食物，也威脅到整個家庭的生存。經濟發展的好處之一就是，人們不必再面對令人絕望的殘酷選擇。

技能和經驗相對於體力的重要性提升，改變了青年人和老年人之間的相對生產力，以及女人和男人之間的相對生產力。這種情況在當代尤其如此，因為工業社會，機器取代了人力，而且在高科技經濟體中，技能變得至關重要。即使在相對較短的時期中，大多數人達到收入頂峰的年齡也已經迅速提高。一九五一年，大多數美國人在三十五至四十四歲之間達到收入頂峰，這一年齡層的人賺的錢比二十幾歲的人高出六十%。然而到一九七三年，三十五至四十四歲年齡段的人賺的錢比更年輕的勞工賺的多了一倍以上。二十年後，賺錢最多的年齡層上升至四十五到五十四歲，這一年齡層的人賺的錢是他們在二十多歲時賺的錢的三倍以上。

同時，體力的重要性逐漸降低，降低或消除了男性勞工在更多職業中的優勢。這些變化並不要求所有雇主對自身利益有更開明的認識。有些企業通過取消對男性勞工的獎勵，使男女報酬與他們的生產力相匹配，最終降低了生產成本，與這些企業相比，那些堅持為產出沒有相應增加的勞工付更多報酬的企業處於競爭劣勢。最不開明或具有偏見的雇主承擔更高的勞動成本，他們的企業可能會因為市場的殘酷競爭而遭淘汰。正因如此，在法律規定同工同酬之前，女性的報酬就開始等同於資歷相同的男性了。

隨著技能的重要性增加，兩性間的經濟不平等將得到降低，但有技能者和無技能者之間的不平等將會增加。此外，由於技能更熟練的勞工使經濟的生產效率更高，也就帶來了收入的普遍提高，這往往會增加具有穩定工作的人和沒有穩定工作的人之間的不平等。前文提到，正如最高收入階層和最低收入階層之間存在巨大差異，有工作的人與沒有工作的人之間在數量和比例上也有顯著差別。同時增加工作報酬和福利待遇，會讓更多人不用工作也能生存，也注定了所得和報酬變得更加不平等，因為福利發放並不直接用現金，而是用住房補貼或醫療補貼等形式，這些福利不被納入收入統計。

不同的個人（或國家）之所以會處於不同的經濟水準上，看似最明顯的原因之一，是他們在不同的經濟水準上**進行生產**。隨著經濟增長愈發依賴技術，經濟複雜程度越來越高，工作對體力的要求將越來越低，對擁有更高技能的人的需求卻越來越高，這部分人也會得到更高的報酬。在這些條件下，頂端收入階層和較低收入階層之間的差距越來越大是很正常的。

就業歧視

報酬差異往往反映了技能、經驗或者從事艱難或危險工作的意願的差異，但是報酬差異也反映了對社會某類細分人群的歧視，例如少數民族、婦女、社會底層或其他群體。然而，為了確定是否存在歧視及其嚴重程度，我們需要先定義歧視。

有時，歧視被定義為在雇用、給付報酬或晉升時，對不同群體的人使用不同的標準。最嚴重的就是拒絕雇用。十九世紀和二十世紀早期，美國許多招聘廣告中常注明「愛爾蘭人請勿應徵」。在第二次世界大戰前，美國的許多醫院不招黑人或猶太醫生，一些著名的律師事務所也只雇用來自上層社會的新教白人男性。在其他情況下，不同群體的人都可能被雇用，但會被分配去做不同種類的工作。

這些情況並非美國和現代社會獨有的。相反地，有史以來的幾千年，不同群體的成員在法律上、現實中受到區別對待在全球都是普遍現象。平等對待所有人，不論他們來自哪個群體，從歷史上看是一個相對晚近的觀念，也絕不是當今世界普遍遵守的原則。

與歧視重疊，並經常與歧視混淆的是，基於不同個體的技能、經驗、工作習慣和行為方式的根本差異而產生的就業差異。比如，莫霍克印第安人（Mohawk）長期以來一直在美國從事建造摩天大樓的工作，因為他們在高聳的鋼筋結構上行走不會感到恐懼，也不會因此分心。殖民時期馬來西亞的橡膠種植園中，中國勞工在相同時間內從橡膠樹上收集的汁液是馬來西亞勞工的兩倍。

更偏愛一些群體，不想或不願雇用其他群體，經常被描述為是由於「偏見」、「歧視」或「成見」，但局外的觀察家不該如此輕易地忽視雇主們的第一手知識，畢竟他們是拿自己的錢來支持自己的信念。即使雇主對不同群體一視同仁，對不同群體使用相同的雇用標準，也會導致不同群體在雇用、解雇或晉升的比例大不相同。雖然因資質而歧視和因表現而歧視在原則上有根本的區別，但要在現實中區分它們並不容易。關於技能、經驗、表現或曠職等方面，統計資料很少包含足夠詳細的資訊，有關工作習慣和態度的資訊就更少了，因此我們幾乎無法比較來自不同群體的真正可比較的個人。

例如，長期以來，女性收入一直比男性低，但大多數女性會在人生的某一時期生孩子，且許多人會離開勞動市場，直到她們的孩子可以離開媽媽放在日托所。女性的職業中斷會減少女性的工作經驗和資歷，相應地也就阻礙了她們的收入增加，而在此期間，男性一直在工作，他們的工資自然得到增加。然而儘管女性作為一個群體，其收入要大大低於男性群體，但早在一九七一年，高中畢業後一直工作到三十多歲的美國單身女性的收入，卻略多於同樣條件下的單身男性。

這表明雇主願意為具有相同經驗的女性和男性提供同樣的待遇，只要他們在勞動市場上競爭並勝出，甚至有相同經驗的女性也可以比男性表現得更好並因此賺更多，但是家庭責任的不同阻礙了兩性獲得相同的工作經驗，以及基於工作經驗的相同收入。這些都不足為奇。若女性的報酬只相當於**有相同經驗和表現**的男人的七十五%，那雇主就可以用同樣的錢雇用四個女性而不是三個男性，從而在生產成本方面取得決定性優勢，並打敗競爭對手。

換句話說，在這種情況下，任何歧視女性的雇主都將會產生不必要的高成本，並在競爭中面臨利潤、銷售額下降，甚至面臨破產的危險。值得我們再次注意的是，我們在第四章中區分的**目的性**和**系統性**因果關係。即使沒有哪個雇主有意識地思考歧視女性的經濟意義，隨時間的推移，競爭的系統效應也將會淘汰那些根據性別差異，而不是生產力差異來支付報酬的雇主。隨著女性開始建立她們自己的企業——這樣做的人在大量增加，而且她們不會歧視其他女性——淘汰過程將加速。

女性與男性之間的主要收入差距並不都相同，但生過孩子的女性和沒有生過孩子是不同的。有一項研究顯示，沒有孩子的女性獲得的報酬是男性的九十八%，而有孩子的女性的報酬只有男性的七十五%。此外，即使是沒有孩子的女性，也不一定與男性有同樣的職業。不管是否已經當媽媽了，可能會生孩子這一事實使得不同職業對女性有不同的吸引力。像圖書管理員或教師這些職業，即使花幾年時間照顧小孩還能再回去工作，於是對期望成為媽媽的女性而言，這些工作比電腦工程師這類職業更有吸引力，在後一種產業中，變化非常迅速，幾年不工作，你在這一領域就會遠遠落後。總之，女性和男性會做出不同的職業選擇，並可以通過在接受教育的時候專修各類不同的學科組合，來為職業做準備。

女性在勞動市場上是否受到歧視或受到多少歧視，這一問題也是在問：相同領域中具有相同資歷的男性和女性在收入上是否會有很大的不同。但是，不同性別之間的收入是否均等這一問題則非常不同，因為職業選擇、教育選擇和持續就業的差異都會影響收入。男性往往會從事危險性更高的職業，收入也比安全性更高的類似職業多。正如一項研究所顯示的：「儘管職場上的男性只占五十四%，但因工作死亡的人中，男性卻占了九十二%。」

試圖對真正可比較的個人進行比較所遇到的類似問題，讓我們很難確定不同種族或民族間是否存在歧視及歧視的程度。不論在美國還是其他國家，一個種族或民族與另一個種族或民族在年齡上有十年或更長時間的差異，這並不罕見，而且我們也已看到年齡如何造成收入間的巨大差距。雖然總體統計數據顯示，美國的不同種族和民族之間在收入上存在巨大差異，但詳細數據經常顯示這種差異要小得多。例如同一年齡（二十九歲）和智商（一百分）的黑人、白人以及拉丁裔男性，他們之間的平均年收入差距在一千美元以內。在紐西蘭，儘管毛利人和白人的收入差距很大，但當我們把相同年齡、技能、文化水準的毛利人與其他紐西蘭人做比較時，差距同樣大幅度縮小。

許多關於歧視的討論總以為雇主可以隨意決定雇用或報酬而不必付出代價。但他們忽略了一個事實，即雇主並不是孤立地經營企業，而是在市場上經營企業。各個企業為了得到員工和消費者而相互競爭。不論在產品市場上，還是在勞動市場上，錯誤的決定會增加成本，正如我們在前面章節講到的，犯錯的成本會導致嚴重的後果。不僅如此，這些成本隨著市場條件的不同而不同。

歧視讓受歧視者沒有機會獲得更高的收入並因此付出代價，這一點很明顯，然而歧視也讓施加歧視的人付出了代價，他們也會因此失去獲得更高收入的機會。例如，當房東拒絕把公寓租給「錯誤」的群體時，也就代表公寓會空置更長的時間。很明顯，如果是在自由市場上，這代表著房租的損失。然而，如果存在房租管制，那對閒置的公寓來說，申請者是過剩的，這種歧視就不會使房東受損。

同樣的原理也適用於就業市場。如果雇主拒絕雇用來自「錯誤」群體的合格者，那在自由市場上他就要承擔更長時間的職位空缺風險，表示要不無法完成某些工作或訂單，要不必須支付現有員工加班費來完成工作。不論用哪種方式，都會消耗更多資金。然而當工資被人為設定在高於供給和需求決定的水準，求職者過多使得歧視不會讓雇主付出代價，因為在這樣的情況下不會出現職位空缺。

不論這些人為的高工資是由工會還是最低工資法設定，都不會改變這一原則。以往的經驗有力地證明，當代價較小時，種族歧視往往會更嚴重，代價較大時歧視就會緩和。

即使是在種族隔離時代的南非——在那裡法律支持對黑人的種族歧視——處在競爭產業的雇主也經常冒著被罰款的風險、突破政府允許的範圍，雇用更多的黑人和讓他們擔任更高的職位。雇主是出於自身經濟利益而雇用黑人。在約翰尼斯堡建房子的白人經常會雇用非法的黑人施工隊，而不是像政府期待的那樣，付更高的價錢雇用白人施工隊，這些黑人施工隊通常有一個白人作為名義上的管理者，以符合種族隔離法律的要求。在法律上只允許白人居住的地方，南非的白人房東也經常把房子租給黑人。

實施歧視的人要付出歧視成本，這是理解這類行為的關鍵。花別人錢的雇主——例如政府機構或非營利組織，歧視成本的影響更小。因此相較在競爭性民營市場中經營的企業，政府施加的歧視要更大，世界各國都是如此。瞭解歧視的基本經濟學原理，能使我們更容易理解為什麼一九二〇年代黑人能在百老匯成功演出。當時他們不被允許參加美國海軍，也不被允許擔任政府文職工作。雇用黑人演藝者能吸引大量觀眾，百老匯的製片人自然不想失去賺大錢的機會，不過大眾也許沒有意識到，政府的歧視成本其實是由納稅人在承擔。

正如最低工資法降低了雇主的歧視成本一樣，最高工資法增加了雇主的歧視成本。最近幾個世紀的最高工資法案例中，包括美國在第二次世界大戰期間實施的工資和價格管制。由於政府不允許工資上升至供給和需求決定的水準，於是勞工出現短缺，正如在房租控制下出現住房短缺一樣。於是戰前沒有雇用過黑人、婦女的雇主，或沒有雇用他們擔任理想職位的雇主，這時開始改變。第二次世界大戰後出現的「鉚釘女工」（Rosie the Riveter）的形象，部分是因為工資和價格管制。

資本、勞動與效率

生產任何東西都需要一定的勞動，但沒有什麼東西只靠勞動就能生產出來。農民需要土地，計程車司機需要汽車，藝術家需要畫材。即使單口相聲演員也需要一籮筐的笑話，那就是他的資本，正如水壩是水力發電公司的資本一樣。

在生產過程中，資本補充了勞動，但也與勞動就業形成競爭。換句話說，生產產品和勞務，要在

「大量勞動、少量資本」和「大量資本、少量勞動」之間做選擇。當運輸勞工工會迫使運輸公司將司機工資水準提高到超過競爭市場上本應有的水準時，為了節省更加昂貴的勞動，運輸公司往往會增加資本。於是公車車身變得更長，有時甚至把兩台公車用一個有彈性的設備連在一起，這樣一個司機就等於使用雙倍的資本來運輸雙倍的乘客。

一些人可能認為這樣就能帶來更高的「效率」，但效率並不容易界定。如果我們像某些人一樣，隨意將效率定義為單位勞動的產出，那說一個公車司機運載了更多乘客就是更有效率只是一種循環論證。事實上，每個乘客的運輸成本可能會增加，因為加長公車和提高司機的工資都增加了資本投入。

如果公車司機沒有工會支持，而且薪水不超過吸引合格司機所需的水準，那無疑他們的平均工資將降低。對運輸公司來說，即使雇用更多司機並使用車身較短的公車，也有利可圖。這樣不僅運輸乘客的成本會更少，公車也會變得更短、數量更多，乘客等車的時間也將減少。這點對於在寒冷的冬日街頭或夜間高犯罪街區等車的人來說十分重要。

如不考慮人的意願和偏好，就不能有意義地定義「效率」。即使是汽車引擎的效率也不僅是一個物理問題。由引擎產生的所有能量都可以被用於某個用途，像是用於驅動汽車向前移動；用來克服引擎各運動部件的內部摩擦；或用以各種方式搖晃車身。只有當我們界定了我們的目標——驅動汽車向前移動——才能把用於這一任務的引擎功率的百分比看作其效率，把分散在其他各方面的能量看作浪費。

長期以來，歐洲人認為美國的農業是「低效率」的，因為美國每英畝的產量要比大多數歐洲國家低很多。然而，美國每個農民的產量要比歐洲高出很多。原因是美國土地資源豐富卻有勞動力稀少的問題。一個美國農民要看顧更大片的土地，在每英畝土地上的投入就相應減少了。而歐洲土地稀少，根據供需關係，土地也更昂貴，歐洲農民專注於在能得到的土地上精耕細作，花費更多的時間清理雜草和石塊，或者投入更多的精力，確保每英畝獲得最大產量。

同樣地，第三世界國家往往要比更富有、工業化程度更高的國家更能充分利用資本設備。像鐵鎚、螺絲起子這樣的工具，在美國的工廠或車庫裡幾乎人手一套，但在貧窮國家這些工具通常由幾個人共用，或在大範圍內共用，而生產同樣產品的美國勞工則不需要這麼大範圍地共用工具。從另一個角度來看，在貧窮的國家，每把鐵鎚每年釘的釘子也更多，因為它在更多的人之間共用且閒置時間更少。但這並沒有使這些貧窮的國家更有「效率」，只是資本和勞動的相對稀少性不同而已。

相較富裕國家，貧窮國家的資本更稀少，也因此更昂貴；勞動力更豐富，也更便宜。貧窮的國家往往會節約更昂貴的要素，正如富裕國家會節約勞動力這類對他們而言更昂貴、更稀有的要素一樣。富裕國家的資本更豐富且更便宜，而勞動力則是更稀有且更昂貴的要素。

貨運列車進站後，需要勞工卸貨。一列貨運列車半夜到站，有可能當下就卸貨，這樣這列貨運列車就可以不受影響地前進；也有可能卸下一些車廂在支線軌道上，等到第二天早上勞工上班時再卸貨。

在資本稀少（如火車車廂）、勞動力豐富的國家，安排勞工二十四小時卸載是明智的選擇，這樣就可以立刻卸載車廂裡的貨物，避免讓車廂這種稀有資源閒置。但在一個資本豐富的國家，分離火車車廂，讓火車繼續上路往往是更經濟的做法。也就是讓火車車廂在側線閒置，等待第二天卸載，而不是讓工資高昂的勞工無所事事地等待下一列火車的到來。

這不僅是關於這些勞工的工資或這家鐵路公司的貨幣支出的問題。從整個經濟的角度來看，最根本的問題是：這些勞工的時間有什麼可替代的用途，這些貨運車廂又有什麼可替代的用途。換句話說，這並不只是金錢的問題。金錢只能反映深層次的基本現實，它們在其他非市場經濟體中都一樣。讓車廂閒置，等勞工來卸貨；還是讓勞工閒置，等著火車到來。哪個更明智取決於勞動力和資本的相對稀少性，以及它們在其他可替代用途中的相對生產力。

在前蘇聯與美蘇冷戰時期，蘇聯的車廂每年都比美國車廂運輸更多的貨物，這點常被蘇聯民眾誇耀。但這根本不代表蘇聯的經濟更有效率，只能表明蘇聯的鐵路公司缺乏美國鐵路產業那樣雄厚的資金，而且與美國的勞動力相比，蘇聯的勞動力沒有什麼其他有價值的替代用途。同樣地，二十世紀中葉一項關於西非經濟的研究指出，那裡的卡車「每周七天，每天二十四小時運行，通常都擠滿了乘客和貨物」。

由於同樣的原因，貧窮國家的汽車往往比富裕國家的汽車使用時間長。在許多貧窮國家，讓汽車的使用時間越長就越有價值，而且從富有的國家購買使用過的汽車也是值得的。短短一年間，就有九萬輛來自日本的二手車出售給阿拉伯聯合大公國。杜拜已成為出售這些二手車給其他中東地區國家和非洲國家的中心。據《華爾街日報》報導：「許多非洲城市充斥著豐田汽車，儘管在那些地方很少有新車出售。」在喀麥隆（Cameroon），計程車都是「破舊的二手豐田汽車，後面坐四個人，前面坐三個人」。即使是需要修理的車也能在國際市場上出售。

「日本的出口商還向國外出售了數以千計的破舊或損壞汽車。在杜拜，技工只需要花上相當於日本價格的幾十分之一的費用就能修好車，日本高昂的勞動成本使日本成為世界上修車最貴的地方之一。」

總之，富裕國家的人可在使用很短的時間後就丟棄汽車、冰箱和其他資本設備，貧窮國家的人卻不能這麼做。這也不是能不能承受得起「浪費」的問題。在日本、美國或德國這些經濟體中，花費同樣的精力能生產夠多替代品，因此繼續維修這個設備就是一種浪費。但在貧窮國家，勞工的時間沒有高效的可替代用途，因此像富裕國家的人那樣使用很短的時間就廢棄設備是不明智的。杜拜的勞動力比日本便宜，這並非偶然。富裕國家的勞動力有更高的產出，這也是富裕國家更富有的主要原因之一。從富裕國家向貧窮國家出售使用過的設施，是這兩種國家應對要素稀有程度和生產效率不同的一種有效方式。

在現代工業化經濟中，許多物品都是量產的，因此規模經濟降低了它們的成本。但是，修理這些產品仍然由個人手工完成，沒有了規模經濟帶來的利益，產品的維修也就相對昂貴。在這種量產經濟中，反覆修理會達到一個臨界點，超過這一臨界點更換一個新的、量產的替代品會更便宜。美國的電視機維修店的數量遠遠趕不上電視機的增長，因為量產已經把電視機的價格降低到這一點，即對於許多故障的電視機來說，更換新的要比維修舊的更便宜。由兩位蘇聯經濟學家著述的一本書回顧了蘇聯時代，指出蘇聯的「設備被無止盡地修理、修補」，以至於「蘇聯每件資本品的平均使用期限達高達四十七年，而美國僅為十七年」。這不是炫耀，而是埋怨。

第十一章

最低工資法只會帶來失業？

供給與需求告訴我們，高於市場價的價格會造成滯銷和過剩，但這並沒有阻止大多數歐洲國家對勞動市場實施管制，從而導致長達數十年之久的蕭條失業。

——美國經濟學家　布萊恩・卡普蘭（Bryan Caplan）

就像我們能夠從價格不能發揮功能時的後果，更好地理解價格的經濟作用；我們也能夠從工資不能隨供需變化的結果，更好地理解勞工工資的經濟作用。從歷史上來看，幾個世紀以來，政府當局都只設定最高工資水準，設定最低工資水準是後來才有的。然而只有後者依然常見於我們的世界。

最低工資法規定低於政府規定的勞動力價格都是違法的。根據最簡單、最基本的經濟學原理來看，與供需決定價格的自由市場相比，人為地提高價格往往會導致供給增多、需求減少。因此，不管是農產品還是勞動力，人為地提高價格，最終的結果只能是過剩。

法律規定低於既定數額的工資是違法的，但這並不能確保勞工的生產力就值這些錢，而且如果真是這樣的話，這些勞工也許就無法被雇用了。

然而人們幾乎總是從政治上討論最低工資法讓勞工從工資中獲得了好處。不幸的是，不管法律怎樣，實際的最低工資總是零，許多勞工在國家制定或上調最低工資時得到的工資也是零。因為當這些勞工進入勞動市場時，他們要不面臨失業，要不找不到工作。其中的邏輯淺顯易懂，來自世界各國的經驗就是證明，我們將會在下文看到。

失業

農產品過剩，政府可以收購；勞動力富餘，政府卻不能提供直接雇用。因此勞動力過剩就表現為失業，而且最低工資法下的失業率往往比自由市場上的失業率更高。

失業勞工並不是因為一無是處或無事可做而過剩。雖然達不到同樣的熟練或經驗值，失業勞工中的大多數人都完全有能力生產商品或提供服務。失業者因為人為設定的工資水準高於他們的生產力水準而被閒置。這毫無疑問會耽誤閒置的年輕人獲得技能和經驗，而這些技能和經驗能使他們在未來的職業中有更高的生產力，進而賺取更高的收入。也就是說，他們不僅失去了在入門級工作中可以得到的低工資，而且也失去了通過入門級工作獲得經驗來賺取高工資的機會。

雖然大多數現代工業社會都有最低工資法，但並不是所有的社會都是如此。瑞士就是一個例外，而且失業率一直非常低。二〇〇三年，《經濟學人》雜誌的一則報導指出：「瑞士的失業率在二月份接近五年來的最高，達到三・九％。」瑞士工會一直試圖推動最低工資法案，認為能夠用來防止對勞工的

「剝削」。不過，瑞士內閣仍在二〇一三年一月否決了這項最低工資法案。當時瑞士的失業率是三・一％。

新加坡同樣也沒有最低工資法，失業率保持在二・一％的水準。一九九一年，當香港還處在英國殖民統治之下時，它也沒有最低工資法，而失業率低於二％。美國在柯立芝（John Calvin Coolidge）執政期間——美國聯邦最低工資法實施前的最後一屆政府——年度失業率低至一・八％。

明確的最低工資標準低估了歐洲國家政府施加的勞動成本，而且歐洲國家政府還強制雇主參與退休金計畫，支付健康福利等。強制性福利的高成本產生的經濟效果，與最低工資帶來的高成本產生的經濟效果相當。一九八〇、九〇年代，當雇主支付的政府強制性福利大幅增加時，歐洲的失業率也隨之急劇上升。

在德國，這些福利占到每小時勞動成本的一半。相比之下，日本和美國的強制福利還不到每小時勞動成本的四分之一。歐盟國家生產勞工的平均時薪一般要比美國和日本的高很多，失業率也比美國和日本高。

比較一下加拿大和美國，我們也會發現類似的情況。過去五年間，加拿大的一些省份實行的最低工資標準占人均產出的比例比美國高，這些省份的失業率也相應地比美國高很多，平均失業期間也比美國更長，與此同時，加拿大創造就業機會的速度遠遠落後於美國。在這五年中，加拿大有三個省份的失業率超過十％，其中紐芬蘭（Newfoundland）的失業率高達十六・九％，同一時期美國五十個州，每個州的平均失業率沒有超過兩位數的。

政府官員最終對最低工資法與失業之間的關係達成了遲來的認識，於是許多國家允許真實的最低工資在通貨膨脹中縮水，避免明確廢止這些法律可能帶來的政治風險，因為大多數選民仍然認為這些法律對勞工是有利的。實際上，這些法律對那些能夠繼續留在工作機會上的勞工是有利的，也就是那些向外觀望的局內人，但代價是導致那些向內觀望的局外人失業。

工會也能從最低工資法中受益，即使工會成員的工資遠遠高於最低工資水準，它們還是這些法律最強有力的支持者。工會這樣做是有原因的。生產大多數產品和服務可以選擇使用較多勞動力和較少資金，也可以選擇使用較少勞動力和較多的資金；同樣地，生產大多數東西，也可以根據相對成本，使用不同比例的非熟練勞動力和熟練勞動力。有經驗的工會勞工會與那些年輕、缺少經驗、缺乏技能並且工資可能接近最低工資水準的勞工競爭工作。最低工資標準越高，可能就會有越多的沒有技能、沒有經驗的勞工被經驗更豐富和技能更高的工會勞工所取代。

正如企業希望政府對進口的競爭產品徵收關稅一樣，工會將最低工資作為一種「關稅」，迫使與工會成員競爭工作的非工會勞工的價格上升。

二〇一二年，有三百六十萬美國人的工資在最低工資標準以下，其中有超過一半的人年齡在十六到二十四歲，這些人中又有六十二%是從事兼職工作。但爭取上調最低工資的政治活動往往爭論的是為一個四口之家提供「基本生活保障」，而大部分領取最低工資的勞工並沒有這樣的家庭，而且在他們能夠養家糊口之前擁有四口之家也是不明智的。最低工資勞工的家庭平均年收入超過四萬四千美元，遠比能夠領取的最低工資多。但最低工資勞工中有四十二%與父母或其他親屬生活在一起。換句話說，他們不需要養活一個家庭，常常是一個家庭支撐他們。只有十五％的最低工資勞工依靠自己來養活自己，那些主張提供「基本生活保障」的人應該考慮的是這部分人。

然而，美國一些城市已經通過了基本生活保障法，這本質上是地方最低工資法，而且要比國家最低工資法制定的最低工資標準高很多。這些法律產生的影響與美國和其他國家的最低工資法產生的影響相同，也就是說，最貧窮的人最容易失業。

各式各樣的群體在圍繞最低工資法的議題中投入了巨大的財力、政治、情感和思想，所以要進行冷靜的分析是不可能的。此外，影響就業有許多不斷變化的變量，從中分離出最低工資水準對就業的影響在統計上非常複雜，因此在檢視經驗數據的時候，確實有可能存在分歧。然而說到底，大多數經驗研究表明，最低工資法在總體上減少了就業，特別是減少了低技能的年輕人和少數勞工的就業。

在英國、德國、加拿大、瑞士以及美國做過調查的大部分專業經濟學家都一致認為，最低工資法增加了低技能勞工的失業率。法國和奧地利的經濟學家卻並不這麼看。這裡的「大部分」經濟學家，在加拿大的比例大約為八十五％，在美國的比例為九十％。二〇〇六年，美國國家經濟研究院（National Bureau of Economic Research）兩名經濟學家對美國最低工資影響的研究，以及歐洲和拉丁美洲、印尼、加拿大、澳洲和紐西蘭等不同國家和地區最低工資影響的研究進行了回顧。他們總結說，儘管這些調查研究採用了不同的途徑和方法，但這些文獻資料整體上「極大地鞏固了最低工資減少低技能勞工的就業這一傳統觀點」。

對最低工資法負責的官方部門，如美國勞工部和各類地方機構，更願意聲稱這些法律不會引起失業。工會也同樣如此，因為他們在這些法律中獲得了利益，透過這些法律保護了其成員的工作。例如，針對南非的情況，《經濟學人》雜誌指出：

「主要的工會組織，南非工會大會（Congress of South African Trade Unions）聲稱，失業與勞工法無關。之所以存在失業問題，是因為企業沒有努力創造足夠的工作機會。」

在英國，設定最低工資的低收入委員會同樣也對最低工資導致二十五歲以下勞工失業率高達十七・三%這一觀點持反對態度，而當時英國整體的失業率是七・六%。

儘管大多數研究顯示，實施或提高最低工資會增加失業率，但極少數表示不會有這種因果關係的研究，卻大受歡迎，被視為「駁倒」這項「神話」。然而，研究最低工資法對就業的影響經常會遇到一個問題，即提高最低工資前後對雇主的調查只能限制在兩個階段中都能生存下來的某些特定企業。

由於在許多產業中，企業倒閉率很高，因此對倖存企業的調查結果可能與對整個產業的調查結果截然不同。[1]採用這種調查方法，你大可採訪那些玩俄羅斯輪盤的人，並且會從他們的經歷中「證明」，俄羅斯輪盤是一種不會產生傷害的活動，因為那些受到傷害的人是不可能接受採訪的。因此，你就可以「駁倒」玩俄羅斯輪盤賭命遊戲是危險的這個「神話」。

認為政府只是為低薪者頒布了更高的工資標準，而不必擔心會產生不幸的後果，這樣的想法令人心安理得；但大量證據表明，勞動力也要遵循人為制定高價格會引起過剩這一基本的經濟學原理。勞動力過剩對於那些收入低、技能不熟練或少數族裔並迫切需要找到工作的人來說是一個巨大的悲劇，因為他們只有通過獲得經驗和技能才能找到更好的工作。

在某個時間段裡，失業的人數不斷變化，勞工待業時間也有不同。國與國之間，失業率、失業持續時間有很大區別。國家以法律的形式來提高最低工資或強制雇主支付慷慨的員工福利，或者兩者兼備，都推動了勞動力成本的上升，這往往會導致這些國家的失業持續時間更長，失業率更高。例如，德國雖然沒有全國性最低工資法，但政府對雇主施加的管制、工作保障法以及強大的工會力量，都人為地提高了勞動成本。二〇〇〇年，五十一．五％的德國失業者的待業時間都長達一年，甚至更長；而在美國，僅六％的失業者是長期失業。然而，隨著美國國會延長了支付失業補助金的期限，失業一年及以上的美國人在二〇一一年上升至三十一．三％，而德國當年是四十八％。

1 假設一個產業由十家企業組成，在提高最低工資之前每家企業雇用一千名勞工，也就是說這個產業一共有一萬名員工。如果在進行第一次調查和第二次調查期間，有三家企業倒閉了，且只有一家新企業進入該產業，那只有七家企業在調查「前後」都存在，因此報導的也只是生存下來的這些企業的調查結果。隨著企業數量減少，每家企業的就業率可能都增加了，即使從整個產業整體來看就業率減少了。例如，如果倖存下來的這七家企業和新進入的企業都把自己的員工增加到一千一百名，這就意味著該產業總體上會有八千八百名員工，雖然比提高最低工資之前少很多，然而對這七家倖存下來的企業進行調查就會發現這些接受調查的企業就業率增長了十％，而不是整個產業的就業率降低了十二％。由於最低工資會通過以下方式引起失業：①使所有的企業就業率減少；②促使邊緣企業破產；③阻止替代企業進入該產業。因此，基於對倖存者展開的調查進行報導就會跟採訪那些玩過俄羅斯輪盤的人一樣得出錯誤的結論。

非正式最低工資

有時最低工資並不是由法律強制實行的，而是受習俗、非官方壓力、工會所迫，有時候國際輿論或聯合抵制會對跨國公司施加壓力，迫使他們支付給第三世界國家的勞工的工資，與更現代化的工業發達國家的勞工相當。儘管最近幾年，民眾聯合起來，要求提高支付給東南亞和拉丁美洲發展中國家勞工的工資在美國已經成了新聞素材，但這一壓力對美國人來說並不新鮮，也不只有美國人會製造這些壓力。早在二十世紀中葉，民眾對在西非殖民地經營的公司也施加過相同的壓力。

通過這些方式實行的非正式最低工資，與明確的最低工資法產生的影響是一樣的。一位研究二十世紀中葉西非殖民地情況的經濟學家發現，當時西非到處都是「職缺已滿」的告示牌。而且，這種情況不是西非獨有。這位經濟學家，也就是倫敦商學院的鮑爾（P. T. Bauer）教授，注意到「許多低度開發國家的一個顯著特徵是貨幣工資都保持在較高水準」，同時卻「有大量找不到工作的人」。當然，與發達工業化經濟體中的勞工獲得的收入相比，他們的工資水準並不高，但要高於第三世界國家勞工的生產力和其他的賺錢機會——像農業、家政服務以及個體經營的街頭小販等。這些經濟部門沒有因為受制於外部壓力而人為抬高工資水準。

鮑爾教授也在他的第一手調查資料中提及，西非的跨國公司迫於壓力而人為地支付高工資所引起的大量失業：

「我曾問奈及利亞煙草公司（英美煙草公司的一家子公司）位於伊巴丹的一家卷煙廠的經理，如果可以的話，能否在不提高工資的情況下增加勞動力。他回答說，他現在面臨的唯一的問題就是控制住蜂擁而至的求職者。約翰霍特公司（John Holt Inc.）及其制革廠在卡諾（Kano）的區域代理人也表達了同樣的觀點。一九四九年十二月，卡諾一家農產品採購公司辭退了兩名職員，在沒有公佈該職位空缺的情況下，該公司兩天之內就收到了五六十封求職信。這家公司打算建一座花生榨油廠，但公司無須發佈招聘廣告就已經收到了大約七百封求職信。」

半個多世紀後的今天，這種情況也沒有發生本質的改變。二十一世紀的南非求職者的數量遠遠超過工作機會，他們仍要排隊等候。正如《紐約時報》的報導：

「六年前，當虎牌車輪公司（Tiger Wheels）在這個不發達的工業城鎮建了一家車輪製造廠，求職者蜂擁而來，執行長艾迪・基贊（Eddie Keizan）不得不搭一個瓦楞鋼板屋頂，讓這些求職者躲避中午的炎熱。『成百上千的人一天又一天地坐在公司大門口，坐在大太陽底下，』慶山先生在一次採訪中回憶，『我們沒有那麼多的工作機會，但他們卻不願相信。』」

既然像基本經濟學原理表明的那樣，更低的工資水準能增加就業，達到我們期望的結果，為什麼工資水準不能根據供給與需求降下來呢？同一則報導中是這樣說的：

「在其他發展中國家，大批的不熟練勞工降低了勞動成本。但南非領導人發誓絕不會讓他們的國家成為西方國家的血汗工廠，因此政府會滿足擁有強大政治力量的工會的要求，實行新的保護措施，增加福利。」

這些「保護和福利」包括將最低工資水準提高到超過許多南非勞工生產能力的水準。最終的結果是，這家在南非生產了二十年鋁製車輪的公司為了擴大生產，去了波蘭，在那裡雇了更多勞工來擴大規模，獲得利潤，而不是繼續留在南非，因為該公司在南非只能收支恰好相抵，甚至會賠錢。這些在南非充滿期待卻又沮喪的非洲求職者所遭遇的不幸只是故事的一部分。如果他們被雇用，他們的產出就可以為極貧窮地區的消費大眾帶來更多的經濟福利，因為很多在富裕地區理所當然的東西在這些地區都是稀少的。

第三世界國家的勞工總體上是否從人為設定的高工資水準受益還不清楚。有工作的勞工，也就是那些向外觀望的局內人，顯然是受益者，而那些想受雇用的局外人卻遭受損失。對整個國家的人口（包括消費者在內）來說，我們也很難判斷是否會有淨收益，因為當人們願意工作卻很難找到工作時，就會導致消費品生產的減少。唯一明確的受益者是那些生活在較富裕國家中的人，他們可以享受幫助貧窮國家人民的感覺，或是覺得第三世界國家的領導人都太自負了，不能讓他們的勞工按照與生產力相稱的工資水準得到雇用。

儘管南非勞工的生產力是印尼勞工的兩倍，但他們的工資卻是印尼勞工的五倍——如果他們能找到工作的話。總之，要不是南非政治家設定的工資水準脫離了市場價格，這些富有生產力的南非勞工是不會「過剩」或「失業」的。

正如我們在第十章提到的，南非公司在每位勞工身上投入的資本很多。這會提高公司的效率，但這僅僅是因為南非的勞動法——最低工資法以及提高公司解雇成本的法律——人為地提高了勞動力的價格。如《經濟學人》的一篇文章所說：「南非的勞動力成本要比中國生產力水準最高的勞動力成本高三・五倍以上，比馬來西亞或波蘭高七十五％。」在人為的高勞動力成本之下，南非的雇主需要投入更多的資本，但對整個經濟而言，效率卻沒有提高，更糟的是大量人口失業，也就是說大量資源閒置得不到分配。

不只南非有這樣的問題。美國國家經濟研究院的一項研究，比較了歐洲和美國低技能勞工的就業率，發現自從一九七〇年代以來，在最低工資上調和雇主被強制支付更多福利的歐洲國家，機器大範圍地取代了低技能勞工。該項研究指出，自一九七〇年代以來，歐洲的勞動市場傾向於由政府和工會來控制，而美國政府和工會對勞動市場的影響則要少得多。

儘管美國產生了更多的技術變革，但最終的結果卻是歐洲發生了普遍的資本替代低技能職位的現象。有時低技能勞動力的工作不是被資本取代了，而是被直接淘汰了，就像這份研究所指出的：

> 「在巴黎、法蘭克福、米蘭，你很難找到一個泊車人員，但在紐約，泊車人員卻很常見。在美國的城市，即使入住很一般的酒店，也會有行李員、門童等；但是在歐洲，同樣的酒店你就要自己

拿行李。這些並不只是無關緊要的遊客指標，而是指向了一個更深刻、更廣泛的現象：儘管美國在高科技領域的技術進步比歐洲快，但歐洲有更多的低技能工作已經由機器取代或被淘汰。」

政府設定的低於自由市場水準的價格，往往會導致在售的產品品質惡化，因為短缺代表買方不得不接受低品質的東西，他們沒有其他的選擇；因此，高於自由市場水準的價格會使產品的平均品質提升，因為產品過剩允許買方擇優挑選，並且只購買高品質的商品。在勞動市場中，這也就代表，存在最低工資法時，對工作技能的要求可能會提升，從而許多在自由市場上通常會得到雇用的勞工可能會「失業」。失業就像短缺和過剩一樣，是不能脫離價格的。

在自由市場中，低生產力的勞工可以做低工資水準的工作，就像高生產力的勞工可以做高工資水準的工作一樣。十九世紀末到二十世紀中葉的漫長時間裡，與生活在美國南方的白人相比，美國黑人接受的教育更少、更差，然而黑人勞工的勞動力參與率比白人勞工還要稍高一點。因為在那個時代的大部分時間中，沒有最低工資法對勞工的勞動定價，也就不會導致他們失業。一九三八年，美國通過了一部全國性最低工資法，但一九四〇年代的戰時通貨膨脹，使自由市場的工資高於法律上規定的最低工資水準，這就使得該法一直到四〇年代末期都被束之高閣。該法於一九五〇年進行修訂，開啓了最低工資持續上漲之路。

如果雇主提供勞工低工資，會使勞工的情況比他們的其他選擇更糟糕，那為何勞工仍然願意為這些雇主工作呢？答案可能是：「因為他們別無選擇」。但是這個答案暗示著，對某些勞工來說，提供低工資的雇主仍比其他選擇更好，並不會使他們的情況更糟。所以說，認為提供低工資的雇主會使勞工情況變得更糟，這樣的觀點是自相矛盾的。讓低薪勞工情況更糟的是剝奪他們已經非常有限的選擇機會。這對於年輕的初級水準的低薪勞工來說尤其不利，因為從長遠來看，累積工作經驗對他們而言，要比直接支付工資更有價值。

差異化影響

由於人們在許多方面都存在差別，因此失業者不可能只是勞動人力中的隨機案例。在世界各地許多國家中，因最低工資法而喪失就業機會的大多是那些很年輕、沒有經驗或沒有技能的人。在紐西蘭、法國、加拿大、荷蘭、美國都出現了這樣的情況。那些生產力遠低於最低工資水準的人，將會是最有可能找不到工作的人，這是理所當然的。

一九七八年至二〇〇二年間，澳洲二十五歲以下勞工的最低失業率從未低於十%，而在同一時期，澳洲總體的最高失業率幾乎從未達到十%。澳洲的最低工資是全國平均工資的六十%，而美國的最低工資水準一直以來都維持在平均工資的四十%以下，相對而言，澳洲的最低工資相當高。

二十一世紀初，法國的失業率是十%，但是二十五歲以下的勞工失業率卻超過二十%。在比利時，二十五歲以下勞工的失業率是二十二%，而義大利是二十七%。二〇〇九年全球經濟低迷時期，整體上而言，歐盟國家二十五歲以下勞工的失業率是二十一%，而義大利、愛爾蘭的失業率超過二十五%，西班牙超過四十%。

二十一世紀初，隨著美國的法律和政策愈發指向其他現代工業國家的發展方向，二十五歲到三十四歲之間的美國人失業率在二〇〇〇年還低於加拿大、巴西、德國、法國、日本同一年齡段的失業率，到二〇一一年卻要高於這些國家。

歐洲一些國家為青少年設定的最低工資水準要比成年人的低，紐西蘭一直到一九九四年都直接將青少年排除在最低工資法的範圍之外。這是一種不言而喻的共識，即需求少的勞工在最低工資法引起的失業中受到的打擊可能是最嚴酷的。

蒙受最低工資法的影響大到不成比例的另一群民眾，就是不受歡迎的民族或少數族裔。事實上，人們倡導最低工資法就是因為它有可能會減少或消除個別少數民族的競爭，不管這些少數民族是一九二〇年代在加拿大的日本人，還是同時期在美國和南非的黑人。這種公開表達種族歧視的方式在當時這三個國家均被認為是合法的，且被社會所認可。

美國黑人勞工的歷史就闡明了這一觀點。正如前面指出的，從十九世紀末到二十世紀中葉，美國黑人的勞動參與率一直都略高於美國白人。換句話說，黑人在他們接受的工資水準下是可以得到雇用的，就像白人在不同的工資水準下得到雇用一樣。然而，最低工資法改變了這一現狀。一九三〇年代，在美國聯邦最低工資法頒布之前，黑人在一九三〇年的失業率略低於白人的失業率。但隨後美國分別在一九三一年、一九三三年和一九三八年頒布《戴維斯—培根法案》（Davis-Bacon Act）、《全國工業復興法》（National Industrial Recovery Act）和《公平勞動基準法》（Fair Labor Standards Act），它們都是美國政府對某一特定部門或多數部門實行的最低工資管制。

一九三五年的《國家勞資關係法案》（National Labor Relations Act）促進了美國工會的形成，但設定的工資標準也導致黑人的失業；此外，工會還規定禁止黑人加入工會來阻止他們找到工作。《全國工業復興法》在短短五個月內將美國南方紡織工業的工資水準提高了七十％，據估計，該法案致使黑人的工作機會減少了五十萬個。儘管這一法案後來被美國最高法院宣佈違憲，但是一九三八年的《公平勞動基準法》獲得美國最高法院的支持，在美國設立了全國最低工資標準。正如之前所說，一九四〇年的通貨膨脹使《公平勞動基準法》無法發揮效力，直到一九五〇年重新修訂，上調了最低工資標準，才使它對現行工資產生了實際的影響。

一九四〇年代末期，也就是一九五〇年最低工資標準開始不斷攀升的前夕，當時年輕黑人男性的失業率與此後數年的情況形成鮮明對比。例如一九四八年，十六到十七歲的年輕黑人失業率是九・四％，而同年齡段白人的失業率是十・二％；十八到十九歲的黑人失業率是十・五％，而同年齡白人失業率為九・四％。總之，當時青少年的失業率只有之後數年失業率的幾分之一，而且黑人和白人青少年的失業率非常接近。

即使一九四九年經濟衰退期間，黑人男性青少年的失業率雖然有所上升，但比例仍未超過二十％。一九四九年經濟衰退期間，黑人青少年失業率要低於一九六〇年代的繁榮期，以及此後幾十年中的任何時期。

一九四九年，十六歲和十七歲的黑人失業率為十五・八％，是一九七一年到一九七七年間失業率的不到二分之一，並低於二〇〇九年的三分之一。不斷提高的最低工資水準，顯著提高了黑人青少年的失業率。

黑人與白人青少年失業率之間這種巨大的差距，源於一九五〇年代最低工資法的上調及覆蓋範圍的擴大。對黑人青少年高失業率的解釋通常包括缺少教育、缺乏技能以及種族主義等，但這些都無法解釋他們的失業率不斷攀升，因為所有這些不利因素在更早的時候甚至更糟糕，而那時黑人青少年失業率則要低得多。

第十二章

勞動市場中的其他問題

促進經濟平等與緩解貧困並不相同，甚至往往相互衝突。

——英國經濟學家　彼得・鮑爾（Peter Bauer）

儘管勞動力配置的基本經濟學原理，基本上與非生命資源配置的原理沒有差別，但是要以看待鐵礦石或小麥價格的方式來看待勞動力與其薪酬，並不是容易的事。此外，我們會關注人們的工作環境，而不關心使用機械的環境或處理原料的環境，除非後者會對人造成影響。

勞動力還帶來其他許多問題，包括工作保障、集體談判、職業許可，以及對於是否遭到「剝削」的各種質疑，「剝削」一詞在這裡的含義因人而異。這些問題在生產中的非生物因素上並不存在。

關於勞動市場現狀的統計也會揭示一些勞動市場的專門問題，這些問題同樣不會出現在非生物因素的統計中。失業率就是一個例子。

限制性。

失業統計

作為經濟社會的健康指標，失業率是非常重要的統計數據。因此，我們有必要瞭解這種統計方法的限制性。

因為人類有決斷力，並能做出選擇，與生產的非生物因素不同，很多人可以選擇在某些時間和地點不參與勞動。這些人可能是學生、退休的人，或是在家從事家務、照顧家庭卻沒有任何工資的家庭主婦。低於某一法定年齡的兒童甚至根本不允許從事有償工作。官方統計的失業者指的是，積極尋找工作但卻找不到工作的勞動力。醫院裡的病人、軍隊裡服役的軍人和監獄裡服刑的囚犯都不會被算作勞動力。

雖然失業統計數據極具價值，但如果不牢記其定義，失業統計數據也可能會產生誤導的情形。失業率依據的是勞動力中沒有工作的人所占的比重。然而，人們可以進行選擇，決定是否在某些時間參與勞動，這表示失業率並不是完全客觀的數據，它會隨不同環境下人們的選擇不同而變化，在國與國之間也存在差異。

雖然失業率應該可以顯示勞動力中有工作與沒有工作的人口比例，但有時候失業率隨著失業人口的增加反而會下降。原因在於，長期的衰退或蕭條會導致一些人在經過漫長而徒勞的搜索後，放棄找工作。由於這些人不再被計入勞動力，他們的退出將減少失業率，即使沒有工作的人口比例並沒有降低。

二十一世紀初，美國經濟衰退緊隨而來的是失業率上升到十％。接著，越來越多人停止找工作，並因此退出勞動力大軍，失業率開始下降。勞動參與率下降到幾十年來的最低水準。雖然有些人將失業率下降視為政府政策成功的一個標誌，但這種下滑代表著更多人已放棄尋找工作，靠政府的各種補助與救濟過活。例如，《投資者商業日報》（*Investor's Business Daily*）指出，從二〇〇九年中至二〇一三年初，超過三百七十萬名勞工申請了社會保障傷殘福利金，達到「最高的申請增幅」。

除了依靠失業率，還有一種測量失業的方式，即比較機構（如高校、軍隊、醫院、監獄等）外的成年人中有多大比例在從事工作，這樣就避免了沒有把放棄尋找工作的人計入失業者的問題。如果有機會找到工作，這些人是很願意工作的。比如，二〇一〇年上半年，儘管失業率一直保持在九・五％，但機構外有工作的成年人人數卻一直在下降，達到半個多世紀以來最大的降幅。實際情況是，有更多人放棄找工作，使官方的失業率保持不變，無法反映不斷增高的求職難度。

在不同國家間進行比較，事情會變得更加複雜。比如，《經濟學人》雜誌發現冰島十五歲到六十四歲的男性中，超過八十％的人有工作，但在法國這一比例卻低於七十％。造成這種差異的原因眾多。國與國之間不僅上大學的人數有所不同，人們取得政府津貼資格的難易程度也不同，這些政府津貼讓人們沒有必要去工作或找工作，或不必接受不符合他們希望或預期的工作。多年來，法國的失業率一直很高，但法國的失業統計數據往往低估失業的成人人數。因為法國的國家福利使得老年人更容易完全退出勞動市場，而失業百分比卻是基於勞動力來計算的。結果就是，雖然瑞士五十五歲到六十四歲仍在工作的人超過七十％，但在法國這一年齡層仍在工作的比例只有三十七％。

這裡的關鍵是，選擇不去找工作的那些人雖然沒有在就業，但大家往往會自動將他們歸類為失業一族，因此，有關就業率和失業率的統計數據，未必會往相反的方向移動。根據人們在失業時生活的難易程度，兩者可能同時上升或同時下降。失業補助金是最直接的方式，它讓人們在失業後也能支撐生活一段時間。但是，補貼的時間有多長，津貼額度有多大，在不同的國家差異很大。根據《經濟學人》報導，與其他工業化國家相比，美國的失業補助金「發放時間更短，且只針對一小部分失業者」。相較於德國、英國或瑞典失業的人，美國失業的人每天會花四倍以上時間找工作。

《經濟學人》一篇文章指出：「在失去工作五年後，挪威失業的人仍可領取幾乎相當於其工資四分之三的補貼。」其他如西班牙、法國、瑞典和德國等西歐國家，失業的人第一年可領的補助金超過其工作收入的六十%，但能持續領五年的只有比利時。在美國，正常情況下只能領取一年。

有各種失業和失業統計，但僅靠這些數據並無法告訴你當前的失業是什麼樣的。例如，經濟學家稱之為「摩擦性失業」（frictional unemployment）的現象。高中或大學畢業生不一定會一畢業就開始找工作，也不一定在找工作的第一天就能找到工作。於是，雖然空缺職位很多，但人有失業的人在找工作，因為勞雇雙方若想同時找到對的人的話，往往是需要時間的。如果把經濟體看作一個龐大複雜的機器，那麼在內部摩擦下就會導致一些效率損耗。這就是為何失業率永遠不會歸零，即使是在景氣大好、雇主為了找到足夠的員工來填補職缺時，失業率也不會真正變成零。

我們必須把暫時性失業與長期性失業做個區別。失業持續的時間在不同國家各不相同。經濟合作暨發展組織一項調查研究表明，失業一年及以上的人占總失業人口的比例，在美國為九%，英國為二十三%，德國為四十八%，義大利為五十九%。總之，美國與歐洲在失業率上的差異，正顯示出勞工在兩地找工作時，成功的可能性也是有所不同的。諷刺的是，在具有嚴格的就業保障法的國家，如德國，通常人們也比較難找到新工作。在這些國家中，就業機會較少通常表現為每年工作時間減少，以及失業率上升和失業期延長等。

長期以來，激起政治情緒並導致經濟謬論的一種失業形態是技術性失業。事實上，技術帶來的效率每前進一步，就會讓一部分人失業，這並不是什麼新鮮事：

「一八三〇年，法國裁縫師巴泰勒米・提莫埃（Barthélemy Thimonnier）成功改良他所設計的高效縫紉機並申請專利。當他的八十台機器為法國軍隊製作制服時，巴黎其他裁縫因為工作受到威脅而發出警告，並搗毀了這些機器，還把提莫埃驅逐出城。」

這種反應不只發生在法國。十九世紀早期的英國，一批「盧德主義者」（King Ludd）[1]意識到工業革命會威脅他們的工作，於是搗毀機器。反對技術效率——以及從新的組織方式到國際貿易等其他類型帶來的效率——常聚焦於效率對工作的影響，但這些影響幾乎只是對某些勞工的短期影響，至於對消費者或其他領域勞工可能產生的長期影響，卻視若無睹。

1 編注：十九世紀工業革命時，以盧德（King Ludd）為首的一群人，因反對就業機會被機器取代，因此四處搗亂。後用於泛指所有反對機械化與自動化，甚至是反對新科技的人。

汽車工業的崛起無疑使飼養馬匹的工作大大減少，也使得馬鞍、馬靴、鞭子、馬車，及與馬車運輸有關的其他市場中的就業機會減少。但這並非工作的淨損失，因為汽車工業需要大量的勞工，同樣地，生產汽油、電池的產業，汽車維修以及為車主服務的其他產業，如汽車旅館、速食餐廳和郊區購物中心，也需要大量的勞工。

工作條件

政府和工會都會對工作條件訂出規範，如每周最高工時、安全條例，以及減少工作壓力或使工作更愉悅舒適的各種環境設施。

規範工作條件產生的經濟影響與管制最低工資產生的經濟影響非常相似，因為更好的工作環境與高的工資一樣，往往使某一份工作對勞工更有吸引力，對雇主而言則成本更高。此外，雇主在決定要雇多少人以及花多少錢雇人時，會將這一成本考慮進去，因為花錢創造更好的工作環境就等同於每小時支付更高的工資。

在其他條件相同的情況下，更好的工作條件意味著支付的工資更低，因此實際上勞工是自己花錢購買了良好的工作環境。雇主可能不會每次都因為工作環境而削減工資，雇主之間為得到勞工會相互競爭，在此過程中，勞工生產力的提高將導致工資標準的增加，然而這些工資標準不可能增加到不用考慮改善工作環境的成本的水準。也就是說，雇主間的競標不僅受勞工生產能力的限制，而且要考慮支付工資之外的所有其他成本。有些國家的非工資勞動成本遠高於其他國家。例如，德國的成本大約是美國的兩倍，因此相較於同樣工資水準的美國勞動者，德國的勞動力更加昂貴。雖然對政府而言，強制由雇主為提高勞工待遇買單總是具有政治上的吸引力——因為相較流失雇主的選票，政府能從勞工那裡贏得更多的選票，而且不費一分一毫——但是提出這些政策的政界人士和選民卻很少關注由此引發的經濟影響。當經濟擺脫蕭條開始回暖時，隨著產出的增加，失業者卻不能重新得到雇用的一個原因就是，延長現有勞工的工作時間對雇主來說，要比雇用新的勞工便宜。

因為增加現有員工的工作時間不需要支付額外的強制福利，而雇用新的勞工就要增加福利支出。儘管延長工作時間要支付更高的工資，然而在許多情況下，讓已有的這些勞工工作更長時間，仍要比雇用新的勞工便宜。

二〇〇九年十一月《華爾街日報》一篇標題為〈新工作未到，加班先至〉的文章中指出：「十月份，製造業裁員六萬一千人，而那些仍留在機會上的人則需要工作更長的時間：加班現象不斷增多。」其中的原因就在於：「加班能提高公司的生產力，滿足日益增長的客戶訂單，而且這樣做不會增加新員工的醫療福利等固定成本。」加班能讓公司得以滿足消費者對產品的暫時性需求增加，而不必承擔培訓新員工的費用。培訓一名新員工的成本包括：負責培訓新員工的熟練員工的生產量，支付給培訓者與被培訓者的工資，而兩者在此期間都沒有實際生產。

在資本主義經濟中，這些都以金錢的方式表現，我們很容易想像成本高昂的工作環境所帶來的後果，相似的情況也適用於蘇聯的社會主義計畫經濟。例如，一份關於蘇聯經濟的研究報告指出「十八歲以下的青少年有權利獲得更長的假期、更短的工作時間，以及進修假期，因此管理者總是避免雇用青少年」。社會主義經濟與資本主義經濟一樣都沒有免費的午餐。

由於以前的工作條件往往更糟——安全預防措施更少、工作時間更長，環境也更不愉快且不健康——有些人倡議由政府或工會對工作條件進行外部監管，按照這些人的論調，似乎若非如此，工作條件就不會得到改善。但是，以前的工資也很低，如今不管有沒有工會組織，也不管是否包含在最低工資法中，很多工作的工資都已提高。人均產出的增加允許人們擁有更高的工資和更好的工作環境，而且單一雇主對勞動力的競爭也促使雇主改善工資和環境，這跟雇主被迫改善產品是一樣的道理。

安全法

雖然安全是工作環境的一個方面，但它是一個特殊的方面，因為在許多情況下，由雇主和員工來衡量安全的成本和收益，就會忽略雇主和員工的行為可能會影響到民眾安全。典型的例子包括飛行員、貨車司機、火車職員，因為他們的疲勞不僅會使自己處於危險中，還會威脅到許多其他人。飛機墜毀、大貨車在高速公路上失控或火車脫軌，這些事故不僅會造成乘客死亡，還會帶來火災或有毒氣體擴散，影響附近的居民。因此，即使這些職業中的雇主和員工都願意接受更長工時，法律仍對此類職業的連續工作時間有所限制。

童工法

在大多數國家，保護工作場所中的兒童的法律，都比規範成年人工作條件的法律還要早訂定。這些法律反映大眾對兒童的特殊關注，因為兒童缺乏經驗，身體較弱，而且無力對抗成人的權勢等。過去，礦場會雇用兒童從事艱苦而危險的工作、讓兒童使用工廠的機器設備，對危險不夠警惕的孩子可能會因此致殘或死亡。不過，當初促使那些法律出現的環境早已有了變化，但相關的法律條文仍高懸在那。正如一位二十一世紀的觀察家注意到的：

「童工法曾保護兒童遠離危險的工廠，現在卻禁止青少年在有空調設備的辦公室裡工作。」

這些結果絕非唯一不合理的例子。和其他法律一樣，童工法並不只針對某些選民做出的反應——例如前面例子中的人道主義人士和組織——它還在那些發現該法律對自己有利的人群中拓展了新的支持者。例如，工會長期以來致力於讓孩子和青少年脫離勞動者隊伍，目的是防止這些孩子與工會成員爭奪工作機會。教育工作者，尤其是教師工會也是既得利益者，他們會想盡辦法讓年輕人留在學校的時間更長，因為這會增加對教師的需求，不僅保住飯碗，甚至可用作要求加薪的籌碼。

就人道主義組織推動童工法立法的最初原因而言，禁止青少年在有空調設備的辦公室內工作似乎是不合理的，但從這些新選民的利益來看，卻完全說得通。暫且不論從社會整體的角度來看，阻止這麼多年輕人用合法途徑賺錢是否合理，逼得這些年輕人通過非法途徑謀生又是另一個問題了。

工時

每周工時長短，是可以量化的一項工作條件。大多數現代工業國家都制定了每周最長工時，強調或以法律的形式強制雇主對超過規定工時的部分，支付更高的工資。各國對每周工時的規定各不相同。例如，法國每周標準工時是三十五小時，且縮短每周工時後，還強制雇主支付跟以前一樣的周薪。此外，法國的法律還要求必須給予員工每年二十五天的有薪假，同時國定假日也得付薪水，而美國法律對兩者都無強制要求。

基於這些事實，相比美國和日本每年超過一千八百小時的工時，法國每年的平均工時少於一千五百小時也就不足為奇了。顯然美國勞工每年多工作的三百個小時會影響年產出，從而提高生活水準。但這不僅是經濟上的差異。據《商業周刊》報導：

「**醫生的工時平均減少二十%。每周三十五小時的工時導致醫院和養老院人手不足，這是法國八月高溫奪走了一萬四千人生命的重要原因。**」

法國傳統上暑假很長，於是人員短缺問題在八月高溫時期更顯嚴重。

有時候，特別是在高失業率期間，許多國家的政府頒布命令縮短工時，會得到人們的擁護，他們認為這樣做能讓更多勞工分享到工作，進而減少失業率。換句話說，一個雇主可以雇用四十名勞工，讓每名勞工工作三十五小時，而不是雇用三十五名勞工，讓每名勞工工作四十小時。儘管這看起來很合理，但問題在於——就像法國的例子——雖然政府或工會強制縮短了勞工每周的工作時間，但雇主通常還需要支付跟以前一樣的周薪。這等於提高了時薪，並往往會使得雇主因此減少雇用人數，而不是像人們認為的那樣增加就業率。

通常，西歐國家有更多以法律形式規定的休假政策。根據《華爾街日報》的說法，歐洲勞工「在二〇〇五年平均休假十一．三天，而美國人平均休假四．五天」。

西班牙在這方面尤其大方。據《華爾街日報》二〇一二年的一則報導，西班牙法律規定勞工每年有十四天的帶薪國定假日和二十二天的有薪假，結婚有十五天婚假，若員工的家庭成員結婚、生子、住院或去世，還能有二到四天的休假。如有醫生的證明，則休病假的員工在其患病期間仍可獲得大部分工資，最長期限可達十八個月。如雇主選擇解雇一個生病的員工，則需要支付相當於該員工兩年薪水的遣散費。

這種慷慨的法律並非沒有成本，並且不只由雇主承擔全部成本，整個經濟體，特別是員工個人也需要承擔。西班牙的失業率長期居高不下，二〇一二年達到二十五％，年輕勞工的失業率高達五十二％。此外，在二〇一三年第二季度，四十九％的西班牙失業者失業時間已達一年及以上，而美國同期數字是二十七％。影響勞動市場的不僅有法律強制要求雇主提供給員工的利益，還有政府提供的福利，後者會使許多人沒有必要工作。例如，丹麥一位帶著兩個孩子的三十六歲單親媽媽「一個月就能得到大約兩千七百美元，只要她年滿十六歲就可領取福利」。《紐約時報》的這則報導還指出：「在丹麥很多地區，沒有工作的人比有工作的人還多。」

第三世界國家

最糟糕的工作環境存在於一些最貧窮的國家，也就是說，這些國家的勞工不願意以降低薪水來換取更好的工作環境或條件。歐洲或美國通常會嚴厲批評跨國公司在第三世界國家的工廠，因為他們不能容忍這些工廠的工作環境。這就表示歐洲或美國更富有的勞工，實際上是在購買更好的工作環境，就像他們能夠比第三世界國家的人購買到更好的房子或衣服一樣。如果第三世界國家的雇主迫於法律和大眾壓力提供更好的工作環境，那額外的開支就會使雇主減少雇用人數，就像工資水準高於市場供需決定的工資水準時，許多非洲人在尋求跨國公司的職位時會受挫一樣。

不管跨國公司為第三世界國家的勞工提供多少工作機會，歐洲或美國評論家卻因低薪或惡劣的工作環境而對此報以鄙視，而貧窮國家的勞工面臨的真正問題，是這些工作在與其他工作相比時會如何。例如，一名《紐約時報》記者指出：「柬埔寨工廠的工作機會非常搶手，勞工通常需要用一個月的工資來賄賂內部人員才能被雇用。」顯然，這些工作特別受歡迎。而且這種情況不僅出現在柬埔寨。第三世界國家的跨國公司支付的工資通常是當地工資的兩倍。

這樣的情況跟工作環境類似。第三世界國家的勞工會將跨國公司的環境與當地的其他工作選擇進行比較。這位身處柬埔寨的《紐約時報》記者還描述了當地人在工廠之外的謀生手段：拾荒者在垃圾堆中翻找，這些垃圾堆「臭氣熏天」，燃燒產生「刺鼻的煙霧，熏得人眼睛都睜不開」，而「拾荒者還要被成群的蒼蠅、蚊蟲叮咬」。談及其中一位拾荒者，這位《紐約時報》記者指出：

「涅普・占達（Nhep Chanda）辛苦一天後，平均只能賺到七十五美分。對她來說，倒寧願遭受成衣廠的『剝削』——一周工作六天，在工廠裡面、而不是在炙熱的陽光下工作，每天拿高達兩美元的工資——但這一切對她而言是個遙不可及的夢想。」

如果這名年輕婦女所得的工資，與歐洲或美國勞工的工資一樣高，而且工作環境也一樣的話，情況會不會更好呢？當然會更好。但真正的問題是：她的生產力如何提高到歐洲或美國勞工的水準？如果對生產力問題置之不理，僅期望通過法律或大眾壓力來改善工作環境將會發生什麼呢？毫無疑問，結果會與忽視生產力的最低工資標準類似。

這並不代表貧窮國家的勞工注定永遠要拿低工資、忍受惡劣的工作環境。相反地，隨著越來越多的跨國公司落戶貧窮國家，當地勞動力越來越熟悉現代化的生產方式，也就是說，勞工已經成為寶貴的人力資本，數量不斷增加的跨國公司為獲得當地勞動力而展開競爭，影響了當地的工作環境、生產力和工資。二〇一三年，《經濟學人》雜誌的一則報導指出：「過去十年，中國和印度的工資每年上漲十％到二十％。」十年前，「新興市場中的工資水準只相當於富裕國家工資水準的十分之一」。但在二〇〇一年至二〇一一年期間，印度電腦工程師的工資和美國工程師之間的工資差別不斷縮小。

跨國公司為獲得勞工而競爭，不僅影響了跨國公司員工的工資水準，也影響到了競爭同一批勞工的本土企業員工的薪酬水準。二〇〇六年，《商業周刊》上的一篇文章提到，某家中國本土的空調壓縮機製造商的「員工年度離職率高達二十％」，這家公司的總經理無奈地觀察到，「他能做的，只是減緩員工跳槽到三星、西門子、Nokia 以及其他相同產業內的跨國公司」。《遠東經濟評論》在二〇〇八年曾報導，廣東省的工廠「連續五年都在努力招聘員工，工資水準也翻了一倍」。

推動工資上漲的競爭壓力不斷增強。二〇一二年，《紐約時報》的一則報導稱，「中國許多工業區都面臨著嚴重的勞動力短缺，工廠需要費盡心思才能找到足夠的勞工」，並且「經常要支付招募新勞工的仲介高額費用，這些勞工往往來自遙遠的省份，需乘坐長途客車或火車抵達」。同年，《華爾街日報》的另一則報導指出，中國城市的平均工資在一年時間內就增長了十三%。

競爭壓力已經對工作環境和工資產生了影響：

「這就代表經理不能再期望僅提供八人間宿舍就能讓勞動力達到一周工作七天，每天工作十二個小時了……除了提高工資外，山東永晉公司（Yongjin Group）也改善了宿舍條件和餐廳伙食。他們共計需要六千名員工，儘管做出了這些努力，還有五座工廠缺少十%的勞工。」

二〇一二年《紐約時報》的一則報導指出，在中國一家組裝 iPad 的工廠內，那些原本坐在「綠色塑膠矮凳」上備受背部酸痛困擾的勞工，突然間都有了全新的「高靠背」木椅。這些變化並非特例，勞動市場正進行著激烈的競爭，不同產業的公司也在爭奪同一批勞工。《紐約時報》報導：

「『隨著最大的公司提高工資、減少工時，其他工廠不得不做出同樣的改變，不管它們願不願意，』惠普（Hewlett-Packard Company）副總裁托尼・普羅菲特（Tony Prophet）如是說。『大火已經點燃，這些公司正處在火焰中。它們必須不斷提高競爭力。與十八個月前相比，情況已有天翻地覆的巨變。』」

市場競爭帶來的工作條件改善和政府強制改善工作環境不同，市場帶來的改善來自於勞工具有了更多的選擇權，因為有更多的雇主為得到有更多工作經驗和更高生產力的勞工而展開競爭，而政府管制無謂地提高勞工成本——不論這些成本是否超過勞動生產力——只會減少勞工現有的選擇空間。

自由市場不是零和博弈系統。所謂零和博弈，是指一方所得即另一方所失。自由市場是一個創造更大產值的過程，隨著勞工獲得更多的人力資本，這些勞工，他們的雇主和消費者都能同時受益。然而，亞洲各國的政客們一直試圖通過最低工資法，簡單地提供較高的工資，這只會阻礙自由市場的進程，並產生其他問題，這些問題已在其他推行最低工資法的國家有著明確記錄。

同樣地，國際非政府組織也在推動工作條件改進，這一民間壓力也會在制定標準時忽視成本及影響。二〇一三年孟加拉國發生的工廠坍塌事件導致一千多名勞工死亡，這類悲劇為跨國公司帶來了國際輿論壓力，他們被要求提供更安全的工作條件，或撤離那些從不執行安全標準的國家。但這些壓力也被用來推動提高法定最低工資水準，組建更多的工會，而提倡者通常不考慮背後的成本及對就業的影響。

雇主和員工都需要面對許多不可避免的固有限制和權衡，第三方觀察者卻無須面對那些。因此，他們根本不會去考慮這些事。

集體談判

在前面的章節中，我們討論的勞動市場，都是其中有許多勞工與雇主個別獨立競爭的市場。但勞動市場並不只限於這些種類。隸屬工會的勞工，會由工會負責與雇主協議工資和工作條件，而雇主也許是個別行動，或以雇主協會之成員進行談判。

雇主組織

幾個世紀以前，雇主更有可能組織起來，一致設定工資和工作條件。在中世紀的同業公會中，高級技師集體制定規則，決定學徒和職工的雇用條件，以及對消費者索取的產品價格。今天，美國職棒大聯盟的業主也集體制定規則，決定任何一支球隊可以給付其球員的最高工資總額是多少。

在勞動市場上，雇主之間為了得到勞工而相互獨立競爭；勞工之間為了得到工作而相互獨立競爭，最終決定了工資和工作條件，與此相比，集體決定的工資和工作條件顯然非常不同。顯而易見，如果不能從雇主組織中獲益，使自己支付的工資低於自由市場上的工資，就不值得他們費工夫成立組織。關於中世紀同業公會、現代工會及其他形式的集體談判行為的公平與否已有很多論述。這裡我們要研究一下它們的經濟後果，特別是對具有替代用途的稀有資源的分配的影響。

顧名思義，這些組織的存在，都是為了讓勞動力價格脫離自由公開的競爭市場上的勞動力價格。市場競爭傾向於根據勞工的生產力決定工資水準，進而使勞動力從生產力低的地方轉移到生產力高的地方；類似地，組織起來人為地降低或提高工資，破壞了這種資源流動過程，導致整體經濟的資源配置效率降低。

例如，如果雇主協會規定零件產業的工資低於其他地方相似技能的勞工之工資，那除非提高工資水準，否則很少會有勞工來應聘零件生產的工作。如果零件製造商支付十美元的時薪，給他們原本須支付十五美元才能買到的勞動力（在自由市場上彼此競爭下的價格水準），那某些勞工就會去十二美元時薪的產業。從經濟整體的角度來看，這表示有能力每小時產出十五美元價值的勞工卻只能在其他地方工作，每小時產出十二美元價值。這對消費者來說顯然代表損失，也是整個社會的損失，因為每一個人都是消費者。

零件產業勞工的直接且可見的損失，從經濟角度來看卻不是最重要的。雇主與員工之間的損失與收益雖是社會或道德問題，但並不能改變關鍵的**經濟**問題，即資源配置如何影響整個社會可以獲得的財富總額。導致經濟中的財富總額產出少於自由市場中的產出的原因是，低於市場水準的工資將勞工束縛在生產力不高但工資卻更高的部門，他們之所以能得到高工資，是由於低生產力的職位上也存在競爭性勞動市場。

同樣原理也適用於工資高於市場水準的產業。如果工會成功地將零件產業勞工的工資提高到每小時二十美元，那與自由市場競爭中的十五美元相比，雇主在這一高工資水準下會減少雇用人數。事實上，只有那些每小時產出至少達到二十美元的勞工才會得到雇用。雇主可以通過許多方式提高生產力：留住最熟練、最有經驗的勞工。通過投注更多資本的方式，以便讓勞動力每小時產出更多的產品，或通過其他的手段，但沒有一種方式是免費的。

從零件產業流失的勞工不得不選擇次優選項。像以前一樣，那些每小時能生產價值十五美元零件的勞工，可能最終會在另一個每小時產出十二美元的產業工作。此外，這不僅是在高工資水準下找不到工作的某些勞工的個人損失，也是整個經濟體制的損失，因為稀有資源沒有被分配到生產力最高的地方。

如果工會制定的工資水準高於自由市場供需決定的水準，那零件製造商不只要為勞動力支付更多的錢，還要追加資金或後備資源來提高勞動力的生產力，使勞動力每小時的產出大於二十美元。更高的勞動生產力從表面上看可能更有「效率」，但用更高的單位成本生產更少的零件對經濟而言毫無益處，即使生產中所需投入的勞動力減少了。因為從零件產業流失了大量勞工，其他產業於是接納了比往常更多的勞動力，使這些產業能夠擴大產出。但是，這些擴大的產出並不是額外勞動力最有效的用途。只不過因為工會人為規定的工資水準，使勞動力從高生產力的地方轉移到了低生產力的地方。

不管是雇主協會人為降低工資水準，還是工會人為提高工資，都會減少零件產業的就業率。總有人必須流向次優選項，而且從整體經濟的角度來看也是次優選項，因為稀有資源沒有被分配到最有價值的用途。集體談判的當事人當然只關注他們自己的利益，但要從整體上來評判，就需要關注這一過程如何影響整個社會的經濟利益，而不是在相互競爭的社會成員中對經濟利益進行內部分割。

即使雇主看似能順利做好他們想做的事，歷史卻常證明，由於勞動市場中的競爭帶來的影響，他們做得並不好。美國南北戰爭之後，沒有比重獲自由的黑人更脆弱的勞工了。他們極度貧窮，大多數人完全沒有受過任何教育，沒有統一的組織，也不熟悉市場經濟的運作。白人雇主和南方地主為了壓低黑人的工資並限制他們作為佃農的決策權做了許多嘗試，不過最後都因為市場中白人雇主和地主間尖銳的相互指控而瓦解。

當美國白人雇主集體制定的工資水準低於黑人的實際生產力時，有些雇主為了吸引更多的勞工會支付稍高於其他雇主的工資，只要他提供的高工資不高於黑人勞工的生產力就仍有利可圖。特別是農業勞動力，隨著種植季節逼近，每個雇主都面臨壓力，因為農場主知道莊稼的收成取決於春耕時雇用了多少人手來耕作。這一不可避免的事實壓倒了農場主之間對彼此的忠誠感。美國南北戰爭後的數十年間，黑人工資的增長率一直比白人高得多，即使按絕對價值來計算後者的工資要高得多。

通常，同業聯盟需要面對的問題之一，是不管它們集體規定了怎樣的條件來使整個同業聯盟的利益最大化，各個同業聯盟都會為了自身優勢而違背這些條件；如果它們能夠僥倖成功，通常會導致同業聯盟的解體。美國南北戰爭後的南方，當地白人雇主同業聯盟面臨的就是這種情況。十九世紀末到二十世紀初的美國加州也面臨差不多相同的情況，當時那裡的白人農場主組織起來，試圖壓低日本裔農民和農場勞動力的工資。然而，這些同業聯盟在白人尖銳的相互指責中崩解，因為農場主之間的競爭導致他們紛紛違背了一開始的協議。

雇主組織實現目標的能力取決於它對成員施加限制的能力，及抑制競爭性雇主在組織之外崛起的能力。中世紀同業公會的行規具有法律效力。如果沒有法律強制力保持雇主組織的內部紀律，避免組織外競爭性雇主的崛起，雇主同業聯盟無法成功維持。

在特殊情況下，如職棒大聯盟中的雇主組織就是不受反壟斷法制約的合法壟斷組織。沒有球隊想退出大聯盟，他們無法確保在退出後還能從球迷處獲得同樣多的資金支持，也不敢保證不參加重要的聯盟球賽時還能獲得同樣的媒體關注，如此一來，內部規則就能夠強加到每支球隊。另外，也不可能出現新的聯賽與大聯盟競爭，因為新聯賽無法得到同樣多的球迷支持或媒體關注。因此，美國職棒大聯盟能夠作為一個雇主組織，行使一些曾經被中世紀同業公會使用過的權力——在它們失去法律力量並銷聲匿跡之前的強制權力。

工會

雖然雇主組織一直試圖抑制員工薪酬上漲到自由競爭市場供需決定的水準，而工會則力圖讓工資上漲到高於自由競爭市場的水準，這些完全不同的目的帶來的結果，都會體現在具有替代用途的稀有資源配置上。美國著名勞工領袖約翰・路易斯（John L. Lewis）從一九二〇到一九六〇年間一直是美國礦工工會（United Mine Workers）的領袖，在為工會成員爭取更高的工資方面取得巨大成功。然而，經濟學家也稱他為「世界上最偉大的石油銷售員」，因為煤炭價格提高以及大量罷工導致的生產中斷，促使許多煤炭用戶改用石油。這當然減少了煤炭產業的就業機會。

到一九六〇年代，煤礦產業就業機會的下降使許多煤礦社區在經濟上遭受打擊，其中一些幾乎成了鬼城。媒體在報導中很少將他們的不幸與路易斯的輝煌聯繫起來。客觀評價路易斯，他曾做出過一個明智的決定，那就是讓更少的礦工在危險的地下作業，改用更多的重型機械作業，因為機器不會被坍方、爆炸及其他的煤礦事故殺死。

然而，對一般大眾來說，他們很大程度上對這樣或那樣的權衡並不了解。許多人僅因路易斯為提高煤礦勞工工資的所作所為而振奮，幾年後，他們又對煤礦社區的衰落而同情惋惜，但卻從不會將這兩者聯繫起來。這其中包含了一個最簡單、最基本的經濟學原理，即價格較高時需求減少，價格較低時需求增多。不管我們談論的是煤礦、煤礦勞工的勞動力價格，還是其他任何東西的價格，這個原理都適用。

類似趨勢也出現在汽車產業，雖然它面臨的危險因素與採礦業不一樣。在這方面，全美汽車製造工會（United Automobile Workers）也成功地為勞工爭取到更高的工資、更多工作保障，以及更有利的工作條件。然而從長遠來看，這些額外成本推高了汽車價格，導致美國汽車的競爭力在本土與全球市場上比日本等其他國家的汽車弱。

一九五〇年，美國汽車產量占世界的四分之三，日本的汽車產量還不到美國的一%。二十年以後，日本生產的汽車差不多是美國產量的三分之二，再十年之後，日本的產量超越了美國。到一九九〇年，在美國出售的汽車中有三分之一是日本生產的。自此之後的許多年間，本田 Accord 和豐田 Camry 在美國的銷量，要比任何一家美國汽車公司生產的任何型號的汽車都多。當然，這些都會對就業產生影響。到一九九〇年，美國汽車產業的工作職位比一九七九年減少了二十萬個。

對日本施加的政治壓力迫使日本「自覺地」限制對美國的汽車出口，卻演變成日本汽車公司在美國直接建廠，雇用美國勞工生產，以彌補損失的出口額。到一九九〇年代初，這些轉移到美國的日本工廠在美國的產量與美國從日本的進口數量相當。到二〇〇七年，在美國出售的日本汽車中有六十三%是在美國本土生產的。許多轉移到美國的日本汽車公司都沒有工會組織，在政府發起的無記名投票選舉中，這些公司的員工都投票拒絕成立工會。

二十一世紀初，底特律的汽車廠商辭退了數千名勞工，豐田公司卻雇用了數千名美國勞工。汽車產業中工會勞工的減少代表了美國產業勞工的普遍趨勢。美國鋼鐵工會是另一個典型的大型工會，它成功地為其成員爭取到了高工資和其他福利。但這一產業在過去十年間減少了超過二十萬個工作機會，與此同時，鋼鐵公司投資了三百五十億美元購買機械，用來取代這些勞動力，而那些鋼鐵生產集中的城鎮在經濟上都遭破壞。

曾經人們一致認為工會對勞工來說是一件好事和必需品，現在逐漸參雜一些疑慮，懷疑工會也許會導致經濟衰退，並且和許多產業減少雇用勞力有關。面對眾多用人單位瀕臨倒閉、大幅度減少招聘，許多工會不得不「做出讓步」，放棄他們過去為自己的成員所爭取的各種報酬和福利。雖然這樣做很痛苦，但許多工會還是聲稱這是保護工會成員獲得工作的唯一方式。二十一世紀初，《紐約時報》的一則頭條新聞概述了這一情況：

> 「為了能與通用汽車、福特、克萊斯勒、固特異（Goodyear）和威訊（Verizon）等公司達成協議，工會表明願意控制自己的需求。工會聲稱讓雇主具有競爭力，是為防止工會組織的工作敗給非工會組織的工作，這些非工會組織工作常在本國其他地方或海外低薪公司中。」

多年來，工會和其成員經過一番曲折，才懂得經濟學的入門知識：價格降低時人們增加購買，價格升高時人們減少購買。這並不是複雜難懂的原理，但常常消失在時間的漩渦和不經思考的修辭選擇中。

多年來，美國勞動力加入工會的比例已經下降。因為對工會產生之經濟影響的懷疑已在勞工間傳播開來，他們漸漸開始投票反對工會來代表他們。二十世紀中葉，有三十二%的勞工加入工會，但是到二十世紀末，只有十四%的勞工加入工會。此外，工會成員的構成也發生巨大變化。

二十世紀上半葉，美國經濟體中的大型工會組織主要集中在礦業、汽車、鋼鐵和貨運部門。但到二十世紀末，最大且發展最迅速的工會是由政府員工組成的工會。二〇〇七年，只有八%的民營企業員工加入工會。截至目前為止，美國最大的工會是教師工會，即全國教育協會（National Education Association）。

市場上的經濟壓力為民營企業工會中的勞工帶來了很多問題，但政府員工卻感受不到。政府員工可以繼續得到加薪、更高的福利和工作保障，而不用擔心面臨與礦工、汽車勞工或其他有工會組織的工業勞工一樣的命運。因為政府雇用員工花的不是自己的錢，而是納稅人的錢，因此他們沒什麼理由拒絕工會的要求。此外，他們也很少面臨市場上的競爭力量，不會因為進口或替代產品而賠本。大多數政府機構執行的職能都是獨占的。[2]只有國稅局能夠為聯邦政府收稅，只有機動車管理部門能夠為州政府發放

---

2 這並不總是真的：一些州和地方政府會購買民營企業的服務，讓他們來執行傳統上由政府員工所做的工作，如垃圾收集、監獄維護等。聯邦政府也會將部分職能外包給美國及海外的民營公司。然而，這些事情可以做到的程度，取決於政治上的反應。

駕照。

在民營產業中，許多公司都有一項政策，保證支付給勞工的工資不少於工會勞工，以此來維持公司員工的非工會化。這一政策對雇主來說，暗示了成立工會替公司帶來的成本，超過了支付給勞工的工資和福利。工會對工齡和其他許多生產細節的規定，都使公司產生巨大的隱性成本，為了追求更好的效率，即使得支付員工高於工會勞工的工資，消除工會也是值得的。例如，美國有工會組織的三家大型汽車製造商，製造一輛汽車需要的時間是二十六到三十一個小時，而大多數沒有工會組織的日本汽車製造商，需要的勞動時間是十七到二十二個小時。

西歐國家的工會力量非常強大，而且它們為自己成員爭取的許多福利已對勞工的就業和整個經濟增長率產生了影響。數年來，西歐國家在經濟增長和創造就業方面一直落後於美國。對這一事實遲來的共識，使得許多歐洲工會和政府在隨之而來的經濟衰退中放鬆了它們的要求和對雇主的限制。二〇〇六年《華爾街日報》報導：

「歐洲的經濟衰退，使公司在與勞工談判時具備新的力量。歐洲政府也已放慢有利於勞工的勞動法的改革腳步，以免招致選民憤怒。許多公司選擇轉移到勞動力成本更低的海外經營，減緩歐洲的就業增長速度。在過去五年中，歐洲的高失業率減損消費者的消費支出，進而限制經濟的增長，歐元區十二個國家的經濟增長率平均只有微不足道的一．四％。」

隨著工會和政府對勞動市場放鬆限制，這些國家的經濟增長率從一・四％上升到二・二％，失業率從九・三％下降到八・三％。儘管統計數據仍比不上同期的美國，但與之前相比已有進步。

剝削

通常，那些譴責「剝削」的人並不曾試圖理解其含義，因此這個詞經常被簡單地用來譴責他們無法接受的高價格或低工資。如果這只是在陳述某些人內在的情緒反應，而不是對外部世界真相的描述，那我們也就不必去反對這個詞。在第四章中已經看到，低收入街區的商店收取更高的價格被指責為「剝削」，事實上，這些較高的價格背後存在著很多經濟因素，商店靠著高價格也只不過是在竭力生存而已，他們並沒有賺取超額利潤。我們在第十章同樣也看到，第三世界勞工的低收入背後也有許多原因，許多人認為這些勞工正在遭受「剝削」，理由是相較富裕國家的勞工，第三世界的勞工工資要低得多。

隱藏在「剝削」理論背後的一般想法是，透過向消費者收取高於必要價格的費用，或向員工支付低於必要水準的工資，有些人獲得了超過生產投入的報酬和產出分配。在某些情況下這是可能的。但我們需要檢查這些情況，並探究這些情況在現實世界中何時成立，何時又不成立。

正如我在前幾章中提到的，如果投資報酬率高於彌補風險和投入的必要收益水準，幾乎可以肯定，其他人會被吸引過來，投資現有公司或乾脆設立自己的新公司，以求分一杯羹。如此一來，同樣可以肯定的是，隨著現有公司的規模擴大或新公司數量增多，投資與生產擴張，市場競爭會不斷加劇，從而削平超額報酬率。只有在限制新競爭的領域，高於平均水準的投資報酬率才有可能持續。

政府管制是最常見、最有效地限制新競爭的方法。第二次世界大戰期間，西非的英國殖民政府對生產和貿易進行了廣泛的戰時管制，英國國內也進行了同樣的管制。一位經濟學家描述了當時西非實行管制的結果：

> 「在貿易管制期間，利潤遠高於確保貿易商運轉的必要水準。在這個貿易特別繁榮的時期，由於有效地限制了新公司進入，那些已經在這個領域中經營的公司獲得了巨大利潤。」

這種情況不是非洲特有的，也不是專指英國殖民地政府。美國民用航空局（Civil Aeronautics Board）和美國州際商業委員會（Interstate Commerce Commission in the United States），與眾多國家和地方的政府機構一樣，限制了公司或個人進入各種職業、產業的數量。事實上，世界各地政府都在不同的時間地點，對允許多少人、哪些人從事特定職業或在特定產業建立公司進行限制。過去幾個世紀中，這種情況更常見，國王經常授予特定個人或企業獨占權，特許他們從事鹽、酒或其他商品的生產，有時候這也作為一種皇家恩寵，但更多時候是由於這些人用重金購買了這些獨占權。

進入壁壘的目的或淨效應，是為了維繫住高於自由市場競爭決定的收入，和高於吸引必要資源的高盈利水準。這可以被合理認為是對消費者的「剝削」，因為它要求消費者支付的價格，超過了吸引人們提供產品或勞務的必要價格水準。然而，收入高於自由市場競爭決定的水準，並不一定表示這些收入也高於競爭性產業的收入水準。有時候，在自由市場競爭中被早早淘汰出局的低效率公司，在政府的保護下仍能存活。因此，即使這些低效率公司的報酬率很低，消費者卻仍被迫要支付高於自由市場價格的錢，因為在自由市場中，更有效率的公司將生產絕大部分產出，通過更低的價格促使低效率的企業破產出局。

雖然這些情況能被合理地稱為剝削——剝削的定義是價格高於提供產品或勞務的必要水準——但它們往往並不是剝削。還有一種可以被合理地描述為剝削的情形，即某人的工作所得，低於自由市場中的水準或低於持續吸引相應技能、經驗和智力水準的人才所必需的收入。然而，這種情況很少涉及低技能、低收入的人，更多的是牽涉到擁有高技能、高收入的人才。

如果把剝削定義為個人創造的財富與其所得收入之間的差異，那貝比・魯斯（Babe Ruth）可能是有史以來遭受剝削最嚴重的一個人了。魯斯不僅「奠定了洋基球場」，整個洋基王朝都建立在魯斯的功績之上。在他加入紐約洋基隊之前，這支球隊從來沒有贏得過冠軍，他們沒有自己的球場，只能借用紐約巨人隊的球場。魯斯的神奇表現吸引了大量觀眾，鉅額門票收入為洋基隊在今後數十年統領美國棒球界奠定了堅實的財務基礎。

魯斯最高年薪為八萬美元——一九三二年的價格水準——該薪酬與其對球隊的貢獻並不相符。但獨家終身合約意味著，洋基隊不需要與其他願意支付更高薪酬的球隊競爭魯斯。道理在於，不管什麼情況下，沒有競爭就是剝削的關鍵。值得注意的是，雖然洋基隊可以剝削魯斯，但卻不可能剝削在洋基球場打掃地板（且做不好）的勞工，因為這些勞工可以在無數的辦公室、工廠或家庭得到打掃地板的工作，所以不可能支付低於勞工在其他地方能得到的工資。

在某些情況下，身處某些職業的人當前所得到的工資，可能會低於持續吸引合格的人才進入該職業中的水準。例如，醫生為了接受昂貴的醫學院教育投入了鉅資，此外還投入了在大學和醫學院學習期間本可賺到的收入，在完全有資格開設獨立診療之前還要忍受實習期的低工資。但是在政府管理的醫療體系下，政府可以在任何時間設定醫療工資水準，或制定醫療服務價格，這種工資或價格有時會很低，不足以持續吸引足夠數量具有相同能力的人在未來進入醫療產業。

然而，如果政府支付所有的醫療費用或雇用所有的醫生，那現有的醫生幾乎沒得選擇，只能接受政府的管制。現有的醫生可以進入並能獲得更好報酬的產業非常稀有，因為要成為律師或工程師，需要再次投入昂貴的教育和培訓成本。因此，大多數醫生很少有現實可行的替代職業，他們也不太可能成為卡車司機或木匠。事實上，如果他們預先知道今後的實際收入水準，他們一開始就不會進入醫療產業。

在某些情況下，低收入的勞工也可能遭受剝削，比如無法搬遷或搬遷成本過高，也許是因為交通成本高昂，也許是因為他們租住的是有政府補助的住房，如果他們搬到其他地方，就不得不按照市場價格支付房屋租金——至少在申請到新的政府補助住房漫長過程中必須如此。在過去幾個世紀中，奴隸們當然遭受了剝削，因為他們受到強迫。契約傭工或契約勞工，尤其是在海外工作的勞工，搬遷成本同樣很高，所以在短期內會遭受剝削。然而，許多收入非常低的契約勞工，會選擇延長契約，儘管他們已經知道工資待遇和工作條件如何，顯然這種現象表明——不論工資有多低，工作條件有多差——現有待遇仍足以吸引他們從事這份職業。剝削無法解釋這種情況，因為契約勞工缺乏更好的替代機會，也不具有勝任更好工作的技能。

若是某種特殊類型的勞動力，只有一個雇主可以選擇，那當然這個唯一的雇主可以將薪酬設置在低於吸引新人進入的水準。但這種情況更可能發生在高度專業化的熟練員工身上，如太空人。非專業勞工則很少遇到這種情況，因為非專業勞工可以受雇於各種各樣的企業、政府機構，甚至私人雇主。在現代交通普及之前，地方上的勞動市場往往是孤立的，而某個雇主可能是當地某個職業唯一的勞動購買者。但隨著低成本交通的普及，這樣的情況變得稀有。

一旦我們看到進入或退出壁壘——後者在絕對意義上是指身處奴隸制下的奴隸，或是從退出成本角度來看，如醫生改行，又如生活在當地政府補助住房中的人等——是問題的關鍵，那剝削經常能合理地套用在不同於人們通常所指的人身上。它也適用於一些在某個地方投資了大量固定資產和無法轉移的資產的企業。例如修建水壩的公司，即使地方政府將稅率提高兩三倍，或要求該公司支付勞工的工資必須高於自由市場上其他地方的類似勞工之報酬，這家公司還是不可能將大壩搬遷到其他地方。然而，從長遠來看，願意在政治氣候不利的地方投資的企業將越來越少，從加州撤離的眾多企業就是典型案例。但是，已經在這些地方投資的企業很少會付諸行動，只能接受當地的低報酬率。

「剝削」一詞是否適用於某種特定情形，不是簡單的語義問題。政策是建立在錯誤還是正確的信念之上，產生的結果將大不同。如果按照第三章和第十一章的說明，剝削事實上並不存在，因此實施價格管制以防止消費者被「剝削」，或推行最低工資法以防止勞工被「剝削」只會使問題變得更糟。一個特定的雇主或少數幾個雇主串通一致，就雇用某些類型的勞工組成地方同業聯盟，這樣這個同業聯盟就可以支付較低的工資，在這種情況下，政府強制推行提高工資的政策，可能在一定限度內不會導致勞工失去工作，這種情況類似於在競爭市場中推行最低工資法。但是這種情形非常罕見，而這些雇主同業聯盟也很難維持，美國南北戰爭後的南方雇主及十九世紀的加州雇主集團崩潰，就證明了這一點。

人們往往傾向於把低工資看作勞工正在遭受剝削，如果把這一傾向作為一種尋求改正錯誤的道德訴求或政治運動，就很容易理解。但是正如經濟學家亨利・赫茲利特（Henry Hazlitt）多年前所說的：

「貧困的真正問題不在於『分配』，而在於生產。窮人之所以貧窮，不是因為他們被剝奪，而是因為他們沒有足夠的產出，無論這是出於什麼原因。」

把剝削視為原因對貧困問題沒有絲毫幫助，只會讓解決方案變得更困難、更不確定，也更耗時。同時這樣的解決方案還會要求，除了和願意施以援手的人合作，同處貧困的人也要相互合作，少了這些合作，誰也無法解決問題。窮人不應受到指責，因為他們的貧窮可能是由於許多身不由己的因素，包括以往的經歷等，這些都遠非人們當下所能控制。我們將在第二十三章中詳述這類情形。

就業保障

事實上，幾乎每個現代工業化國家都面臨著就業保障問題。在許多國家——如法國、德國、印度、南非——就業保障法使得民營企業要不很難解雇員工，要不解雇成本高昂。世界上許多國家、許多產業的工會都試圖制定就業保障政策。美國的教師工會在這方面做得非常成功，學區解雇一名教師的成本達到數萬美元，有些地方甚至達到數十萬美元以上，有時這名教師的能力甚至並不出眾。

就業保障法的目的是為了減少失業，但是我們並不能說這些法律能夠達到這一實際效果。充分實行就業保障法的國家往往並不具備低失業率，甚至反而比沒有普遍實行工作保障法的國家失業率更高。法國擁有歐洲最嚴格就業保障法，但其失業率經常升到兩位數，反觀美國人會因為失業率達到兩位數而恐慌不安。在南非，政府也承認這種嚴厲的就業保障法已產生「意料之外的後果」。數年來，南非的失業率一直在二十五％以上，二〇〇二年更達到三十一％的高峰。正如英國《經濟學人》雜誌上的一篇文章所指：「解雇員工成本高昂，相當令人頭疼，於是許多公司一開始就不願意雇用勞工。」但這絕不是只有南非才有的問題。

用更新更好的方法完成工作，生產更多的產品，這樣的追求使得現代工業社會以前所未有的效率提升人類的生活水準，也使我們不可能一直使用同樣的勞工、同樣的方法做同樣的工作。例如，二十世紀初，美國約一千萬農民和農場勞工養活了七千六百萬人口。到二十世紀末，只剩下不到五分之一的農民和農場勞工，卻養活了三倍於前的人口。並且，比起缺乏食物，當今美國人最大的問題是肥胖和為過剩農產品尋找出口市場。出現這一情況的原因，是農業已經成為一個與以往全然不同的事業，它引入了機械、化工產品和在二十世紀初還聞所未聞的方法，所需的勞動力也大大減少了。

農業沒有就業保障法來保護勞工，加之農業勞工過剩，百萬人湧入工業部門，大幅提高了國家的產出。當然，農業並不是二十世紀唯一發生革性變化的產業。全新的產業異軍突起，航空製造業、電腦產業，甚至連零售業這樣的老產業也在公司和經營方法上發生了根本性的變化。一九九〇年到一九九五年間，超過一千七百萬美國勞工失去了工作。但在此期間，美國失業人口並沒有達到一千七百萬，也遠低這個數字。事實上，美國的失業率在一九九〇年代達到最低點。美國人從一個工作換到另一個工作，而不是依靠就業保障一直待在一個地方。美國人在十八歲到三十四歲期間，平均換過九份工作。

歐洲的就業保障法及其執行要比美國嚴格，但歐洲人卻更難得到工作。一九九〇年代的十年間，美國創造的就業機會是歐洲工業化國家的三倍。實際上，歐洲民營領域的就業機會一直在減少，全靠政府職位的增加才保持了工作機會的淨增加。這一點無須驚訝。就業保障法導致企業雇用成本增加，就像任何其他昂貴的東西一樣，價格提高，對勞動力的需求就會減少。就業保障法保護了現有的勞工，代價卻是減少整個經濟體制的靈活性和效率，進而抑制財富的創造，而新增財富能夠為其他勞工提供新的工作機會。

就業保障法為民營企業雇用新勞工帶來了風險，因此當產品的需求增加時，民營企業可能會讓現有的勞工延長工作時間，而不是雇用新的勞工，或投入更多的資金來替代勞動力，例如引入大型汽車而不是雇用更多的司機來操作普通規格的車。然而，不管怎麼做，資金對勞動力的替代性將不斷提高，導致更多勞工失業。從整體來看，在業人員的就業保障可能也沒有淨增加，相反，那些一直在尋找工作的失業者的不安全感卻在不斷增加，特別是剛加入勞動力隊伍的年輕勞工，和孩子長大後想重新加入勞動力隊伍的女性。

許多政府官員都明白就業保障法與失業之間的關係，但顯然只有為數不多的大眾理解其中的關係，包括受過教育的大眾。二〇〇六年，法國試圖放鬆對第一份工作的法律保障，以此減緩年輕人高達二十三%的失業率，巴黎大學和法國其他大學的學生卻在巴黎等城市製造了騷亂。

職業許可

就業保障法和最低工資法只是政府干預勞動市場的某些手段，透過這些干預來使勞動市場區別於自由競爭下的市場。政府干預勞動市場變動還有一些其他方法，像是透過法律，要求從事某些職業需有政府簽發的許可證；或沒有許可證不能行醫也不能當律師。原因顯而易見，不經過必要的培訓獲得技能，直接從事這些專業職業，往往會犯下危險的錯誤。然而，一旦政府有理由行使特定的權力，權力將擴展並違背初衷。而職業許可有著非常久遠的歷史。

雖然經濟學家們經常會首先解釋自由競爭市場如何運作，然後展示違背市場的各種方式會怎樣影響經濟結果。但是在歷史上，幾個世紀以來，都是管制市場遠遠領先自由市場。幾個世紀以前，獲得政府的批准才能從事各種職業是通行的做法。自由市場的興起得益於十九世紀古典經濟學的開創和傳播。雖然產品市場和勞動市場在十九世紀變得更加自由，但試圖擺脫競爭的勢力從未得到完全根除。漸漸地，越來越多的職業開始需要許可。在經濟蕭條時期——如一九三〇年代的大蕭條——或當人們越來越普遍地接受政府干預經濟的時候，這個過程就會加速。

雖然對特定產業要求許可證的做法有合理性，即為了保護大眾免遭不合格或不道德的從業人員帶來的各種風險，但大眾很少要求這種保護。對許可證的要求，無一例外都來自這些職業的現有從業人員，他們真正的目的是保護自己免受競爭。事實也證明他們的動機，例如職業許可立法通常豁免現有的從業人員，他們自動獲得許可證，就好像大眾不需要在面對不稱職或不誠實的現有從業人員時獲得保護。

職業許可有多種形式。在某些情況下，許可證會自動發放給所有申請者，只要這些申請人可以證明擁有從事特定職業的能力，有時則額外要求具有良好的守法記錄。在另一些情況下，無論有多少合格的申請者，許可證的數量卻存在上限。後一種情況在計程車牌照中非常常見。例如，紐約市自一九三七年開始發放牌照給每輛營運中的計程車，但也一直有在限制計程車牌照的數量，人為製造了計程車短缺，造成很多影響。其中最明顯的是紐約計程車牌照價格不斷攀升，從一九三七年的十美元上升到一九八〇年代的八萬美元，到二〇一一年已超過百萬美元。

TIME AND RISK

| 第四部分 |

時間與風險

第十三章
投資與投機

到紐約格林威治村旅遊的一位遊客決定讓一位街頭畫家為他畫一幅素描肖像。肖像畫得非常好，但要一百美元。

「太貴了，」他對畫家說，「不過我會付錢，因為這是一幅非常好的素描。但是，實際上你只畫了五分鐘。」

「是二十年又五分鐘。」畫家回答道。

許多東西都需經過時間的積累才能使用，藝術才能就是其中一種。有些人可能認為投資只是一種簡單的金錢交易。但從更廣泛、根本的角度來看，投資是為了在未來擁有更多物品而犧牲當前的物品。以本章開頭引述的藝術家故事來說，投資就是為了擁有五分鐘內畫出一幅打動人心的素描畫的技能，所投入的二十年時間。從社會整體來說，投資更可能採取的形式是停止當前的消費品生產，以便將原本用於生產這些消費品的勞動力和資本，轉用於建造廠房、生產機器，從而引致未來更大的生產量。伴隨而來的金融交易可能是個人投資者的關注焦點，但對整個社會來講，金錢只是促進實物流動的人造工具，而實物才能構成真正的財富。

因為未來不可預知，投資必然包含風險，有形物品投資也是如此。如果投資要延續，風險必須得到補償。發展藝術才能、找到正確鑽井位置的石油探勘、積累學分達到符合學位申請要求，這些投資若要延續，就必須收回在此期間維持生存所需的成本。

回收成本無關道德，而是經濟議題。如果投資的回報不夠高、不值得做，未來進行這項投資的人將變少，消費者也因此無法使用到本來應該生產的產品與服務。

沒人有義務確保**所有**投資都能獲得回報，但是有多少投資應獲得回報、相應得到多少回報，取決於有多少消費者認可此一投資帶來的好處。

如果消費者不認可正在生產的東西，投資就無法獲得回報。如果人們堅持專營一個需求很少的領域，他們的投資就是在浪費稀有資源，因為這些資源本可用來生產其他人們想要的東西。該領域的低回報和少得可憐的就業機會，都是讓他們以及他們的追隨者停止投資的強烈訊息。

一些不通過市場、不被認為具有經濟性的活動中也包含投資原則。將用過的東西收好，就是在當前投入時間，以減少將來尋找它們時所用的時間。解釋自己的行為做耗時費力，但它也是一種投資，可以避免將來因可能出現的誤解而產生更大的不愉快。

投資的種類

投資有很多種形式，不管投資的是人力、鋼鐵廠還是電力傳輸線，但不管是這些投資，還是其他投資，風險都是不可分割的一部分。規避風險的方式有投機、保險以及發行股票和債券。

人力資本

雖然人力資本有多種形式，但我們傾向於把它等同於正規教育。然而，採取這一方式不僅會忽略許多其他有價值的人力資本形式，還會誇大正規教育的價值，而且由此產生的一些適得其反的結果，有時也未能得到充分理解。

創造工業革命的並非受過高等教育的人，而是由那些有實際工作經驗的人發起的。飛機是由幾個從沒上過大學的腳踏車技師發明的；電力及伴隨而來的其他許多發明因為愛迪生而成為現代世界的核心，而他僅受過三個月的正規教育。這些人都擁有高價值的知識和洞察力，即人力資本，它們來自實踐，而不是教室。

當然，教育也對經濟發展以及生活水準的提高做出重要貢獻，但這並不表示所有的教育都是如此。從經濟角度來看，有些教育有很大的價值，有些則沒有價值，還有些甚至會產生負面效應。例如，我們很容易理解醫學、工程學方面的專業技能具有很高的價值，數學也能為許多產業提供基礎，但諸如文學這類的學科，就無法說自己也能使人獲得具有市場價值的技能，但它會以其他方式做出貢獻。

在教育、高等教育剛起步或匱乏的國家，許多已獲得文憑或學位的人可能會覺得自己的能力足以勝任許多工作。在這樣的社會，即使是工程師也更願意待在辦公室，而不願意穿著長筒橡膠靴去泥濘的建築工地。基於他們的所學，新接受教育的人可能會有更高的期望，而他們的能力水準所能創造的財富卻遠遠滿足不了他們的期望。

特別是在第三世界國家，家庭中第一批接受高等教育的成員，往往並不會學習科學、醫學、工程學這類難度大、要求高的學科，他們傾向於更簡單、更籠統的學科，這些學科並不會為他們帶來具有市場價值的技能，而正是科學、醫學、工程學這些具有市場價值的技能才能夠為他們自己或國家創造財富。

大量接受教育卻沒有獲得具經濟價值之技能的年輕人，在第三世界國家造成了大批失業族群。由於市場不能為他們提供期望的職業，政府不得不擴建不必要的官僚機構來雇用他們，以此消除潛在的政治不滿、國內動亂與叛亂。反過來，這些官僚機構和他們冗長、費時的繁文縟節，卻阻礙了那些真正有技能和創業精神的人，為國家經濟進步做出貢獻。

例如，印度的兩大企業家族塔塔（Tatas）和伯拉（Birlas）家族，在試圖取得擴張企業所需的政府許可過程中，屢屢受挫：

「一九六〇年至一九八九年間，塔塔家族上交了一一九項關於建立新公司或擴建老公司的申請，但最終都被官僚扔到垃圾桶。年輕有為的伯拉家族繼承人埃迪亞・伯拉（Aditya Birla），在麻省理工學院接受過教育，他對印度的政策心灰意冷，於是決定在國外拓展企業，並最終在遠離家鄉敵對氛圍的泰國、馬來西亞、印尼和菲律賓建立了充滿活力的公司。」

據一名印度主管表示，印度用來控管企業的眾多規定，是為了「確保每家企業每月都會違反某條法律」。企業在自由市場經濟中可以自行從事的許多活動，在印度卻需要提出申請，取得政府許可。為此，大量印度企業在新德里建立了與政府機構類似的自己的官僚機構，以便時刻跟蹤申請的進展情況；並且在必要時行賄以獲得政府許可。

印度這種令人窒息的政府管制造成的影響，不僅表現在它們帶來的阻礙上，還表現在放鬆和消除管制後國家經濟的巨大改善上。一九九一年的改革使許多企業免於某些嚴厲的管制，此後印度的經濟增長率急劇上揚，外國投資也從一・五億美元增加到三十億美元，即增長了十九倍。

在某些地區，新晉的本地受教育人群往往更強烈地敵視具有創業精神的少數族裔，如南亞的華人、西非的黎巴嫩人。這些本地人認為，相較這些沒上過幾天學的少數族裔，自己的文憑和學位帶來的經濟報酬太少了。

總之，更多的教育並不會自動轉化成更多的人力資本。在一些情況下，它還會削弱一個國家使用現有人力資本的能力。此外，有些社會群體會專攻不同類型的教育，學生的能力水準也有不同，又或者能夠進入的教育機構品質參差不齊。所以，從經濟意義上來說，接受教育的時間一樣，並不表示接受的教育就一樣。事實上，不管是馬來西亞的華人和馬來人之間；以色列的西班牙裔猶太人和德裔猶太人之間；還是斯里蘭卡的泰米爾人（Tamils）和僧伽羅人（Sinhala Jathiya）之間；抑或是比較美國的各族群，這種品質上的差異都很普遍。

金融投資

當數百萬人進行金錢投資時，他們所做的實際上是放棄當前的金錢能買到的產品和勞務，以期望在將來能夠得到更多的貨幣，也就是說，冀望他們能在將來擁有更多的產品和勞務。從經濟整體來看，投資表示許多本可用來生產目前的日常消費品（衣服、傢俱、披薩等）的資源，卻用來建造能在未來供產品和勞務的工廠、船舶和水壩。貨幣總額能使我們瞭解投資的規模，但投資本身最終會增加國家的實際資本，不管是物質資本還是人力資本。

例如，個人可以通過購買公司股票進行直接投資。他們現在為公司提供資金，以期待公司有效利用這些資金帶來未來價值的上升，並從中分得一份收益。然而，更多的投資是由銀行、保險公司和退休基金這些機構來進行的。二〇〇九年，世界各地的金融機構擁有六十萬億美元的投資總額，其中美國金融機構擁有的投資總額就占了四十五%。

各金融機構擁有的這些數量驚人的貨幣總額，是數百萬人手中小額資金聚集起來的結果，如大型公司的股東、儲蓄銀行的存款人，或工資不多但定期支付養老金的勞工。這就表示大型公司的所有者數量，比直接購買公司股票的個體買家多得多，也與那些通過金融中介機構將貨幣投入公司的人不同。到二十世紀末，超過一半的美國人擁有股票，他們直接擁有，或通過退休基金、銀行帳戶與其他金融機構間接擁有。

金融機構使大量不可能彼此相互瞭解的人也能夠使用彼此的金錢。這一過程往往通過某一中介機構進行，由它承擔評估風險的責任，採取預防措施降低風險，通過借貸給個人或機構轉移風險，或通過投資商業、房地產和其他風險資本轉移風險。

金融中介機構不僅能通過交易將無數個人手裡閒置的資金匯集起來，為大型企業提供資金，而且還能夠逐漸使人們重新分配自己的個人消費。借款者實際上是拿未來的收入來償還今天的採購，並為這種便利支付利息。相反，存款者推遲消費，並為這種延後獲得利息。

一切都取決於個人不斷變化的生活環境，許多人在他們生命的不同階段既是債務人又是債權人。例如，中年人通常比年輕人有更多儲蓄，不僅因為他們的收入高，還因為他們需要為以後的退休生活和年老後可能需要的高額醫療費用做好經濟上的準備。在美國、加拿大、英國、義大利和日本，五十五歲到五十九歲的儲蓄率最高，三十歲以下儲蓄率最低。加拿大三十歲以下的人，整體淨儲蓄為零，而美國同年齡層的淨儲蓄甚至是負的。雖然儲蓄的人不會把自己當作債權人，但他們存入銀行的錢被銀行貸給了借款人，而銀行在其中起著中介作用。

這些活動不僅是個人財務問題，因為金融交易對整個經濟來說，是配置具有多種用途的稀有資源的另一種方式，即按照時間來配置，以及在某個時間段中在個人與企業之間配置。建造一座工廠、一條鐵路或一個水壩都需要勞動力、天然資源和其他生產要素，這些本可以在當前用來生產日常消費品的要素卻轉而製造其他東西，且數年後才會生產出在將來使用的產品。總而言之，從社會整體的角度講，人們為了將來的產品和勞務而犧牲了現在的產品和勞務。

只有當將來的產品和勞務比現在犧牲的產品和勞務更有價值時，金融機構才能夠從投資中獲得足夠的回報，這樣它們才能向無數的個人提供足夠高的報酬率，以吸引他們犧牲當前的消費，拿出存款。

金融中介機構跟其他經濟制度一樣，通過觀察它們無法履行職能時的後果，我們能夠更清楚地看到金融中介機構的作用。一個缺乏良好運作的金融機構的社會很少有機會創造更大的財富。貧窮的國家會因此一直貧窮，雖然它們有豐富的天然資源，但它們還沒有建立起綜合完善的金融機構，無法將無數個體手中的零散存款籌集起來，也就無法進行更大的投資，把天然資源轉化成可以使用的產出。有時候，在金融機構完善的國家，外國投資者是唯一能夠行使這些職能的人。而大部分貧窮國家並不具備可靠的法律和保障財產所有權的法律框架，來保護國內或國外的機構行使職能。

金融機構不僅能將資源從一組消費者轉移到另一組消費者手裡，還能夠將資源從一種用途轉移到另一種用途上，它們還能將缺少資金但具有企業家精神的人，與有存款的人連接到一起，從而創造財富，或為剛成立不久的公司和工廠提供資金。

許多美國大企業和富豪都源於企業家白手起家。例如，惠普公司始於一個用借來的錢租用的車庫，許多著名的企業家——如亨利・福特、愛迪生、卡內基起點都同樣普通。這些人以及他們創建的企業後來都變得很富有，但這一結果不過是一種副產品，來自於他們為整個國家創造了大量的財富。然而，貧窮的國家沒有能力採用相同的路徑，因為他們缺少相應的金融機構，將資源分配給具企業家精神但缺乏金錢的人。

西方國家花了幾世紀才發展出了這些金融機構。十九世紀的倫敦是世界上最大的金融中心，但在前幾個世紀中，英國人對複雜的金融幾乎一竅不通，他們也曾依靠外國人來經營金融機構，這些外國人通常是倫巴底人和猶太人。這就是為什麼在倫敦金融區會有倫巴底人街和老猶太人街。除了第三世界國家，東歐的許多國家也沒有形成成熟的金融機構來促進經濟的發展。雖然他們現在也實行資本主義，但還沒建立起資金調度規模與西歐或美國相當的金融機構。

這並不代表財富在不發達經濟體中不存在。問題在於缺乏能夠評估風險、市場和報酬率等複雜任務的金融機構，於是這些經濟體無法將無數的小資源聚集起來形成財富，再大筆分配給特定的企業。

近幾年美國和西歐的銀行已進入東歐填補了這一空缺。二〇〇五年，波蘭銀行體系中七十%的資產都被外國銀行所控制，而保加利亞則有超過八十%的銀行資產由外國銀行控制。但這些國家在使用信用卡，甚至是開設銀行帳戶上仍落後西歐國家。在波蘭，只有三分之一的人擁有銀行帳戶，只有二%的購物使用信用卡支付。

金融機構的複雜性造成只有少數人能理解它們的運作，使得金融機構在政治上很容易被攻擊，評論家把它們的活動描述得很邪惡。由於精通金融機構運作的人不是外國人就是本國的少數人群，因此他們特別容易受攻擊。放貸者鮮少受人歡迎，像「夏洛克」（《威尼斯商人》〔*The Merchant of Venice*〕中的猶太商人夏洛克〔Shylock〕）或「投機者」這樣的稱呼絕不是褒義詞。歷史上不同時期、不同國家中那些輕率的人，都將金融活動看作對經濟沒有「真正」貢獻的活動，並且把從事金融活動的人看作寄生蟲。

尤其是大部分人都在工業或農業部門從事艱苦的體力勞動的時代，那些閒坐著處理幾份文件，卻不生產任何可見的或可以感覺到的東西的人，不僅可疑而且可憎。於是，對從事這些活動的人的敵意由來已久，並且被付諸行動。不論這些人是歐洲的猶太人、東南亞的華人，還是在印度、緬甸、東非、斐濟的齊智（The Chettiar）[1]。這些群體常受驅逐或騷擾，被迫離開該國——有時候是因為群眾暴動——因為當時流行的一種觀點就是這些人是寄生蟲。

有這些錯誤觀點的人常會驚訝地發現，經濟活動和生活水準隨著這些人的離開而下降。對基礎經濟學有所瞭解，可避免許多人間悲劇，並規避許多經濟無效率。

投資的報酬

對之前成本的延遲回報，就是投資報酬，不論這些報酬是以公司股票分紅的形式，還是就讀大學或醫學院所帶來的收入提高。

許多人生活中最大的投資，就是花費數年時間和精力撫養孩子，這項投資的報酬以往會包括孩子在父母年老時照顧他們，但現在的父母通常只要看見孩子過得好，且有所進步時就心滿意足了。就整體社會的立場而言，每一代人對後代的這種投資，是對上一代人所做投資的回報。

1 編注：Chettiar為一名詞，用以稱那些來自南印度的商人，主要在英屬領地活動，進行放高利貸的生意。

「非勞動收入」

有時，這些延遲的收益也被稱作「非勞動」收入，僅因為它們不是現階段所付出貢獻的報酬。投資建設一家工廠，可能要等雇了員工和管理者，生產產品並銷售後才能獲得報酬，這通常要花數年時間。當工廠終於開始分紅時，雖然投資者可能沒做出任何貢獻，但這並不代表他們收到的報酬是「不勞而獲」。

真實可見的事物總是比看不見的事物更生動。參觀工廠，人們會看到勞工生產產品，但他們看不到推動工廠生產的投資。風險是看不到的，即使是當前的風險。觀察者只看到企業在經歷風險後大獲成功，卻忘記了企業剛剛成立時所面臨的過往風險。

同樣容易被忽略的是管理決策，例如選址、採購設備或處理與供應者、消費者以及員工的關係，任何一個決策都會對企業的成敗產生重要影響。此外，無法看見的還包括那些已破產關門的類似企業，而它們之所以破產是因為沒有做到現存企業所能做到的事，或是執行的成效不如他們。

人們很容易將可見因素當作唯一的或最重要的因素，即使一家管理有方的企業因這些因素繁榮壯大，同時同一產業中有些具相同可見因素的企業卻破產。不論是在經濟上，還是在政治上，這種誤解並非無關緊要，許多法律和經濟政策都基於這些誤解。複雜的意識形態和大眾運動都是基於這樣的觀點，即只有勞工才「真正地」創造財富，而其他人只是榨取利潤，他們沒有對財富做出任何貢獻，卻不當地分享了財富。

這些誤解還會對世界各地的放貸者產生重大影響。幾世紀以來，許多文化中的放貸者都因收回的錢比借出去的多，即等待回報和承擔風險的「非勞動」收入而遭廣泛的譴責。並且，對放貸行為的污名化往往非常嚴重，以致於只有生活在既存社會體系之外的少數群體才會從事這一受人非難的活動。因此，幾世紀以來，猶太人在歐洲占據了這一職業，就像東南亞的華人、印度的齊智人（Chettiars）和馬爾瓦爾人（Marwaris），以及世界其他地方的其他少數群體在當地放債一樣。

對放貸的誤解，導致人們常常試圖訂定相關法令，放寬償還貸款的條件來幫助借款人，卻提高了放貸者難以收回到期債款的風險，反而讓借款人很難獲得貸款，也很難以較低的利率獲得貸款。沒有政府頒行政策保護債務人，貸款才能保持較低的利率。

有些社會不鼓勵人們借錢給親人或同社區成員時收取利息，也不鼓勵嚴格按照貸款協議及時支付報酬。這些前提使人們從一開始就不願意放貸，有時甚至不願意讓別人知道他有足夠的錢可以放貸。在這種社會壓力特別強烈的地方，獲取財富的動力被削弱了。這不僅是那些本可全力以赴來創造財富的個人的損失，也是整個社會的損失，因為人們有能力生產許多其他人願意付錢購買的產品，卻不能這麼做。

投資與分配

利息作為投資基金的價格，與其他價格一樣，在調節供需平衡中起著相同的配置作用。當利率較低時，借錢投資建造房子、改造提升工廠或從事其他經濟活動更有利。另一方面，低利率也會使人們減少存款。而高利率會誘使更多的人把更多的錢存入銀行，但投資者也因為借錢成本增加而減少借錢。與一般產品的供給與需求一樣，資金的供需失衡也會引起價格的上升與下降，即利率的上升和下降。正如

《經濟學人》雜誌指出的：

「大多數時候，儲蓄與投資之間的期望水準不匹配，通常可以很容易通過利率機制來使它們達成一致。如果人們儲蓄的期望超過了投資的期望，利率就會下降，這樣人們的儲蓄動機就會減少，投資意願則會增加。」

在一個不變的世界中，儲蓄與投資之間的這種不匹配將會終結，投資者的投資金額與存款人的儲蓄金額將完全一致，從而利率穩定不變，因為這個世界不存在變化。但在現實世界，利率是不斷波動的，就像一般的價格波動一樣，它們會隨著技術、需求以及其他因素的變化，不斷將資源重新分配到不同的方向。因為利率是潛在現實的外在表現，也是這一現實的固有限制條件。因此通過法律或政府政策來改變利率所產生的影響，遠超過人們當初改變利率的預期，並對整體經濟產生影響。

例如，二十一世紀初，美國面臨國民產出和就業增長下跌，美國聯邦儲備理事會（U.S. Federal Reserve System）為了維持生產與就業而降低了利率，由此帶來的影響包括房價的上升。低利率意味著低抵押貸款，使更多的人能夠買得起更多、更大的房子。這反過來又會使租房子的人減少，因此導致租房需求減少，房租下降。人為的低利率也不利於誘因人們儲蓄。

這些只是美聯儲改變利率所引起的貫穿經濟整體的諸多變化之一。簡單說，這說明市場經濟的每一部分是如何複雜緊密地聯繫在一起的，以致體系中任何一個部分發生變化，就會自動地傳輸到該體系的其他部分。

然而，並不是所有被稱為利息的東西都是真正的利息。例如，借貸時人們收取的利息不僅包括用來補償延遲收回資金的必要報酬，還包括一筆附加金額，用來補償貸款無法收回、不能及時收回，或是無法全部收回的風險。所謂的利息還包括處理貸款的成本。特別是小額貸款，手續費是非常重要的一部分，因為手續費並不會隨著貸款金額的不同而不同。放款一千美元所需的文書工作，並不是放款一百美元的十倍。

換言之，小額貸款的手續費可能構成廣義利息的大部分。人們之所以批評位於低收入社區的小型金融機構，是因為他們誤解了被稱作利息，實際上卻不是利息的各種費用。嚴格來說，經濟學家用利息這個詞來表示延遲收到款項的報償，以及可能收不到全款、不能及時收款，或根本收不到款的風險補償。

針對低收入者的短期貸款通常被稱為「發薪日貸款」（payday loans），因為借款人通常會在下一個發薪日償還，或是當社會保障金或福利金發放時償還，期限只是幾周甚至幾天。按照《華爾街日報》的說法，這種貸款通常「在三百美元到四百美元之間」。顯然，使用這種貸款的人通常是收入和資產很少、因為某一緊急事件而急需一筆小額資金的人，或僅是錢花完了的那些人。

在媒體和政客看來，這些貸款的年利率（他們通常泛泛地使用「利率」一詞）簡直是天文數字。例如，《紐約時報》指出，許多此類貸款「年利率高達三一二%」。但是，發薪日貸款的期限並不會達到一年，因此這種年利率除了能夠觸動媒體和政客外，根本無關緊要。一家經營發薪日貸款業務的老闆指出，討論發薪日貸款的年利率跟討論鮭魚的成本是每噸一萬五千美元或旅館的房租是每年三萬六千美元一樣，因為大多數人都不會買一噸鮭魚或住一年旅館。

不管發薪日貸款的成本是多少，這些成本及風險成本必須能從收取的利息中得到補償：貸款期限越短，補償固定成本的年利率就越高。以一筆兩周期限的貸款為例，發薪日放貸者一般每貸出一百美元收取十五美元的利息。如果法律規定的年利率是三十六％，就表示這筆兩周期限的貸款利息不到一・五美元，這一金額甚至無法彌補辦理貸款的手續費，更別說貸款涉及的風險成本了。美國奧勒岡州頒布法律規定年利率上限為三十六％後，該州數百家發薪日放貸者有四分之三都倒閉了。美國其他州頒布類似的法律，也使許多發薪日放貸者倒閉。

所謂的「消費者權益保護者」可能會讚揚這些法律，但低收入借款者卻因無法借到急需的一百美元，而不得不支付超過十五美元的信用卡滯納金，或承受其他後果，如汽車被收回與斷電。顯然，與支付十五美元相比，借款人會認為滯納金的危害更大，否則他們一開始就不會使用發薪日貸款。

利率上限越低，借款人就需要越可靠才能得到貸款。當利率上限低到一定的程度，只有百萬富翁才能借到錢，而利率上限繼續降低，就只有億萬富翁才能借到錢了。由於不同族群收入水準不同，平均信用分數也不同，因此價格上限實際上造成不同族群在抵押貸款、信用卡及其他形式貸款中的不平等。

例如，亞裔美國人的信用分數平均要比西班牙裔美國人、美國黑人——甚至美國白人要高。貸款時，一些種族或民族要比其他的種族更容易被拒絕，並且人們常常把這歸因於放貸者的種族歧視。但美國大多數放貸者通常是白人，而他們拒絕白人的次數要比拒絕亞裔美國人的次數更高，因此種族歧視看起來不是一個可靠的解釋。

有些放貸人專門向高收入人群放貸，以高價的財產作為擔保，進行短期大額貸款，若按年息算，這樣的「抵押貸款」收取的利息超過百分之兩百。而利率高昂的原因與向低收入人群的發薪日貸款的利息居高不下的原因相同。但是，為高收入者設計的貸款有抵押品作保障，貸款無法償還時，放貸者可以出售抵押品獲得補償。這種高利率的貸款，相較於為低收入人群提供的無抵押貸款，利率水準較低。此外，由於網路當鋪 Pawngo 等抵押貸款放貸人發放的貸款額度平均為一萬美元到一萬五千美元，固定的手續費在貸款總額中占比很小，因此相應地會降低所收取的利率。

投機

市場上大多數的交易都牽涉到對已存在事物的買賣，價格依買方獲得的價值，或是賣方索取的價格決定。然而，也有一些交易涉及的物品暫時還不存在，或該物品的價值還未得到確定，或兩種情況兼有。例如，在亞馬遜公司的股價在公司開始賺錢之前就已開始上升。顯然人們預期亞馬遜最終一定會盈利，於是有人不斷推高它的股票價格，因此不管亞馬遜有沒有盈利，原始股東都可以賣出股票獲得利潤。亞馬遜創立於一九九四年，虧損數年之後，終於在二〇〇一年獲得第一筆利潤。

石油探勘是另一種代價高昂的投機行為，因為在探明是否真有石油可以開採前，需投入數百萬美元，且石油產量不一定足夠用來償還已投入的資金。

為了獲得未來可能實現也可能無法實現的收入，人們還會購買許多其他東西：可能永遠不會被拍成電影的劇本，不確定是否會出人頭地的藝術家的畫作，會隨著時間升值但也可能貶值的外幣。每個人或多或少都會從事投機行為這種經濟活動，但只有專業的投機者才會將它作為畢生事業。

專業投機者的主要作用之一，就是讓其他人不必再從事投機行為，不必經常面對投機。以農業為例，種植季節的天氣和收成時的價格都無法預測。換句話說，人類生活各方面都難以避免風險。投機就是付出一定的代價，由一些人專門承擔各類風險。想達成這種交易，風險的初始承擔者轉移風險的成本，必須要高於風險接收者收取的費用。同時，風險接收者承擔風險的成本必須要低於收取的價格。

換句話說，為了使風險轉移對雙方都有意義，風險經過轉移後必須降低。投機者能夠用較低的價格承擔風險，可能是採用了複雜的風險評估方法，或擁有可靠的大量資金來安全渡過短期損失，又或是因為投機者面臨的大量且多樣的風險降低了他們的整體風險。投機者不可能避免投機活動的損失，但只要隨著時間的推移，收益超過損失，投機就是一種可行的商業活動。

交易的另一方也必須能夠從風險的淨減少中獲益。位於美國愛達荷州或內布拉斯加州的農民準備種植小麥時，不可能知道小麥收穫時的價格是多少。這取決於無數其他種植小麥的農民，不僅包括美國的農民，還包括俄羅斯或阿根廷的農民。

如果俄羅斯或阿根廷的小麥欠收，那小麥的世界市場價格就會因供需關係而上升，於是美國農民就可以獲得高價格。但如果俄羅斯或阿根廷的小麥大豐收，那世界市場上的小麥將遠超過人們的需求，過剩的小麥不得不儲存進昂貴的倉庫設備。這就會導致世界市場上的小麥價格驟降，因此美國農民一年的勞動可能只有很少的收穫，幸運的話僅能剛好打平。與此同時，他的家庭就只能依靠儲蓄過活，甚至得向放貸機構借錢。

為了避免這樣擔心揣度的過程，農民會付錢給專業的投機者，讓他們來承擔風險，而農民只管種植。投機者簽訂合約，按照事先確定的價格購買或銷售在未來交割的商品，把這項活動的風險從參與其中的人——如種植小麥的農民——轉移給其他人。對接收風險的人來說，他們實際上賭的是自己能夠比其他人更好地預測未來價格，他們也有應對不可避免的失敗的財務資源，且在賭注結果好時獲得淨利。

投機常被誤解為賭博，但它事實上與賭博完全相反。不論是賭錢遊戲或俄羅斯輪盤，賭博包含了人們為了錢、為了顯示本領或無所畏懼而憑空創造出來的風險。而經濟上的投機所涉及的是人們以投機這種方式應對、降低固有風險，以及把風險留給那些做好充分準備的人。

當商品投機者購買尚未種植的小麥時，農民種植小麥就會變得簡單，因為農民不必知道收成時的小麥市場價格。不管交割時點的市場價格如何，期貨合約保障了賣方預先指定的價格。這就將農業和經濟預測分離，分別交給擅長不同活動的專業人士來做。投機者利用市場知識、經濟與統計分析資料，盡力做到比農民的猜測更準確。於是提供農民有吸引力的價格，讓農民覺得可以現在賣出小麥，而不是等到收成時按照那時的價格賣出。

雖然投機者很難在每筆交易中都獲利，但為了生存，他們必須在長遠中表現出色。他們的利潤取決於支付給農民的平均價格要低於收成時的價格。當然，農民也知道這個道理。事實上，農民付錢給投機者，就是要他們承擔風險，就跟人們在保險公司投保一樣。跟其他產品和勞務一樣，問題取決於投機者提供的服務是否值這個價。就個人層面來說，每個農民都可以自己決定這筆交易是否值得。每位投機者當然必須以競價來擊退其他投機者，正如每位農民，無論是制定期貨合約還是收成時售出作物，都必須與其他農民競爭。

從經濟整體來看，競爭決定了價格，也就決定了投機者的利潤。如果利潤超過了誘使投機者願意在這個不穩定的領域投入資金的均值，那就會有更多的資金進入這個市場，直到競爭使利潤降到剛好能夠彌補他們的開支、努力和風險的均值。

投機者之間的競爭相當激烈，他們要在商品交易所裡面大聲喊叫，才能報價競標。價格每時每刻都在波動，交易只要延遲五分鐘完成，就可能造成獲利與虧損的天壤之別。即使是從事商品投機的小型公司，一天的盈虧也可能達到上萬美元，而大型公司幾個小時的盈虧就有數百萬美元。

在技術先進的國家，商品交易市場上不僅有大企業，甚至還有農民。一份發自印度的《紐約時報》報導說：

「在這個有著兩千五百人的村莊裡，拉維．沙姆．休亨瑞（Ravi Sham Choudhry）每天至少要去客廳打開電腦登錄芝加哥商品交易所一次。他用農民特有的沾滿泥土的指甲緩慢地敲擊鍵盤。但是，他知道自己想要什麼資訊：大豆的期貨價格。」

這不是特例。二〇〇三年，印度有三千個機構，幫助多達一百八十萬印度農民與世界商品交易市場聯繫在一起。剛才提到的那位農民，就是周圍村莊的農民同伴的代理人。休亨瑞先生去年從這項與種植無關的交易活動中賺了三百美元，現在他一個月就能賺這麼多，對於印度這樣的貧窮國家，這是相當大的一筆錢了，這也顯示了網上商品資訊的傳播速度之快。

農產品並不是商品交易商投機的唯一商品。商品投機最具有代表性的一個例子就是一九八〇年白銀價格的起落。一九七九年初，每盎司白銀為六美元，但到一九八〇年初，每盎司銀價急劇飆升到五十・五美元。不過，這一價格在當年三月二十六日後降至二一・六二美元。此後，僅一天的時間，這一價格又降了一半，到十・八美元。在這個過程中，大量投機白銀的億萬富翁亨特兄弟（Hunt brothers）在短短幾周內損失了十億美元。投機對於個人投機者來說是財務風險最大的活動之一，雖然它降低了經濟整體的風險。

那些通常不被認為是投機者的人也可能會從事投機生意。追溯到一八七〇年代，以亨利・亨氏（Henry Heinz）為首的食品加工公司簽訂合約，以事先約定的價格從農民手裡買進黃瓜，而不管黃瓜收成時的市場價格如何。沒跟任何人簽訂期貨合約的農民，就是對收成時的價格進行投機，而不管他們是否認為自己是投機者。順便一提，曾經有一次黃瓜大豐收，遠超出了亨利・亨氏期望或能夠支付的數量，這筆災難性的交易使他破產，花了好幾年時間才重新振作，最終建立了亨氏公司，並延續至今。

有風險才有投機，所以投機失敗是一種常見的現象，雖然失敗往往意味著經濟破產。即使是學識非常淵博的人，在大量預測中也會有失誤。英國《經濟學人》在一九九九年三月預測每桶石油價格將會下跌，結果卻上漲了，而且到當年十二月，油價比《經濟學人》預測的價格上漲了四倍。在美國，美聯儲對通貨膨脹的預測失敗時有發生；國會預算辦公室也一樣，它預測某項新稅法將帶來更多的稅收，而事實上稅收收入非但沒有上升，反而下降了；在另一個例子中，國會預算辦公室預測某個新稅種的稅收收入會下降，但事實上該項稅收收入卻增加了。

簽訂期貨合約是為了以事先約定的價格在未來某個時間交割黃金、石油、大豆、外幣以及許多其他物品。商品投機僅僅是投機的一種。人們還會投機於房地產、公司股票或是其他東西。

風險的全部成本不只包括投入的金錢，還包括在等待過程中的擔驚受怕。農民期望自己的作物可以每噸賣一千美元，但他也知道有可能每噸只能賣五百美元，或賣到一千五百美元。如有投機者願意用每噸九百美元的價格購買他的作物，而且這個價格能夠使他避免好幾個月的失眠擔憂，那這就是合意的價格。因為農民不用再擔心收成時的價格太低不能彌補種植作物的成本，無法養家糊口。

投機者不僅財務狀況更加良好，足以應對投機失敗，在心理上也做好了準備，因為過分擔憂的人通常不會參與商品投機。我認識一位商品投機者，有一年他的公司一直到十二月份都還在虧損，但就在十二月出現了諸多變化，讓他在這一年最終實現盈利。他為此感到驚訝，其他人也是。這個職業並不適合心理脆弱的人。

經濟投機是配置稀有資源的又一種方式，而它配置的稀有資源就是知識。投機者和農民都不知道作物收成時的價格將會如何。但投機者比農民具有更多的市場和經濟學知識，以及更多的統計分析知識，而農民則擁有更多的種植農作物的知識。我的商品投機商朋友承認他從沒見過大豆，也不知道它們長什麼樣子，儘管數年來他可能已經買進賣出了價值數百萬美元的大豆。他只是在收成時將紙面上的大豆所有權轉移給大豆購買商。他真正做的並不是大豆生意，而是風險管理生意。

庫存

經濟體系不僅透過經濟投機行為，也透過維持庫存來因應固有的風險。換句話說，庫存是知識的替代品。如果廚師提前知道每個人的食量，然後烹飪相應分量的食物，飯後就不會有廚餘要扔掉。因為庫存會有成本，一家企業必須盡力限制手裡的庫存量，與此同時還要保證不能陷入因產品缺貨而無法銷售的風險。

日本汽車製造商出了名的庫存少，甚至有些汽車零件一天要多次運到工廠，才能保證汽車在裝配線上順利進行組裝。這就減少了持有大量零件庫存的成本、減少了製造汽車的成本。然而，二〇〇七年日本的一場地震致使它的活塞環供應商暫停營運。正如《華爾街日報》的報導：

「僅因為缺少一．五美元成本的活塞環，將近七十％的日本汽車生產在這一周陷入暫時癱瘓。」

庫存太大或太小都意味著要遭受損失。很顯然，庫存最接近理想規模的企業才具有提高利潤的前景。更重要的是，經濟中的所有資源都會得到更有效的配置，這不僅是因為每一個企業都有動機來提高效率，還因為經常做出正確決策的公司更有可能生存下來，並繼續做出正確的決策，而那些重複持有過多庫存或過少庫存的企業，可能因為破產而從市場上消失。

過多的庫存會造成經營成本過高，相比之下，競爭對手的成本更低、能用更低的售價爭奪消費者。過少的庫存則表示消費者買不到需要的商品，這樣不僅會錯失即時的銷售收入，消費者還可能會轉而尋求更可靠的供應商。正如第六章指出的，在一個商品和零件的配送總是不確定的經濟中，如蘇聯，持有較大的庫存就是準則。

許多關於風險的經濟學原理同樣適用於與市場無關的活動。即將要上戰場士兵不會只攜帶射擊所需的子彈，或只帶上受傷時會用到的急救用品，因為誰都無法預見戰場上的形勢。士兵需要攜帶一定量的彈藥和醫藥用品以應對各種意外。但同時，如果他攜帶過多每一種可能用到的東西，他就無法投入戰鬥。這會使他行動緩慢，減少機動性，很容易成為敵人的箭靶。換句話說，超過了某一個臨界點，任何試圖使他更安全的行為都只會讓他更危險。

庫存還以另一種方式與知識和風險關聯在一起。在正常的年代，每個企業都會持有一定量的庫存，並且這些庫存和銷售成一定比例。然而，當人們所處的年代變得不穩定，比如在經濟衰退或經濟大蕭條時期，他們就會賣出存貨並且不再生產新產品。例如，二〇〇三年第三季度，隨著美國逐漸從經濟衰退中恢復過來，銷售額、出口額以及利潤額都上升了，但是《商業周刊》報導稱它的製造商、批發商以及零售商「賣的都是貨架上的商品」，而且「庫存率也創造了最低紀錄」。

最終結果是，創造的就業要遠少於過去同期貿易活動增加所創造的就業機會，我們可以用「失業型復甦」來描述這一情形，因為企業並不相信復甦會持續下去。總之，對賣方來說，出售庫存是應對經濟風險的一種方式。只有在庫存見底之後，企業才會雇用更多的人來生產更多的產品，隨著規模的擴大，再用「失業型復甦」來描述就不合適了。

現值

雖然人們購買許多產品和勞務是為了能馬上使用它們，但有許多其他的收益會隨時間慢慢增加，例如棒球比賽的季票以及退休後每個月的養老金。人們可能會在某一時間購買全部收益，支付的價格就是經濟學家所說的「現值」，即季票的價格或年金的價格。然而，除了用來確定支付價格，它還包括很多同樣重要的內涵。現值的含義能夠影響經濟決策及它們的後果，甚至也會對一些通常被認為不屬於經濟的領域產生影響，如決定後人在未來可用的天然資源的數量。

價格與現值

現在對房子、企業和工廠進行保養、維修或改善，都會決定它們的使用壽命以及將來的運行效果。然而，已經進行改善的資產擁有者，不必等待就能看到這項行動對財產價值的影響，這些未來收益會利刻反映在財產的現值中。資產的現值實際上就是對未來收益預期的加總，並對延後利益打個折扣。你的房子、企業和農場的狀態現在可能不比鄰居的好，但如果你安裝了強度較高的管線、堅硬的木料或其他更耐磨的建築材料，那隨著時間的推移，它們將來因為磨損而損失的費用就會少很多，這就使你的財產的市場價值立刻超過了你的鄰居，即使現在看來它們的運行狀態沒有什麼區別。

相反地，如果市政府宣佈明年要在你家附近建一個污水處理廠，你的房價就會立刻下降，直到相鄰的土地也被動用。資產的現值反映了它將來的收益與損失，因此任何能在預期上提高或降低收益或損失的東西，都會對今天所售資產的價格產生影響。

現值通過多種方式將未來與現在聯繫在一起。一位九十一歲的老人種植需要二十年才能成熟的果樹也可能是合理的，因為土地價值會因這些果樹立即提高。只要願意，他可以在一個月後將這片土地賣掉然後去巴哈馬群島生活，因為即使他可以從這些果樹的果子得到額外的價值，那也是在他過世之後的事情了。他現在的財富價值就包括了還沒有長出來的水果的價值，未來出生的孩子可以吃到這些水果。

經濟與政治最大的不同之處在於，政客不用關注下一屆選舉之後的未來後果。民選官員很可能會因提出令大眾滿意的政策而被選為下一任執政者，即使這些政策在幾年後會產生破壞性的後果。對政治決策者而言，將選舉日之後浮現的影響納入考量，並不具有「現值」。

雖然大眾沒有足夠的知識或教育來認識今天的政策將會產生怎樣的長期影響，但處理政府債券的金融專家卻能夠認識這一影響。因此，在二〇〇一年電力危機期間，標準普爾公司的債券評等服務，調降美國加州的債券評級，雖然這些債券並沒有違約，支付給債券購買者的報酬也沒有減少，且加州的金庫還有數億美元的盈餘。

標準普爾公司的理解是，加州政府要承擔重大的經濟責任來解決電力危機，這代表馬上就會有高稅收和高債務。這就增加了將來違約或延期付款給債券持有者的風險，因此也就降低了債券的現值。

任何在將來多次支付的報酬，都可以折算為一個較低的一次性付清的現值。在幾年內分期獲得獎金的彩券得主，可以將這些獎金賣給金融機構，獲得一筆馬上支付的固定現金；從保險公司得到分期賠款的事故受害者也可以這麼做。在未來幾十年內多次定期支付的報酬，因為要對延遲進行折現，所以它的現值要比所有這些定期報酬的總額低很多，而一次性支付的現值可能比定期報酬總額的一半還少。於是，一些為瞭解決當前的經濟問題而將定期報酬賣掉的人，後來會後悔這筆交易。然而，有些人卻很樂意，而且在將來還會再做類似的交易。

相反地，還有一些人可能想將一筆固定的資金換成一筆未來多次支付的報酬。老年人雖然退休後有足夠的資金來維持生活，但他們還必須考慮壽命長過預期的情況——也就是「錢沒了，人還活著」——否則可能在貧窮中死去。為了避免這樣的情況，他們會用一部分錢來購買保險公司的養老金。例如，二十一世紀早期，七十歲的老人可以購買價格為十萬美元的養老金，就能每月領七七二美元直到過世，不管他是再活三年還是三十年。換句話說，風險以價格的形式轉嫁給保險公司。

在其他情況下，風險不僅可以轉移，還能夠降低，因為保險公司能準確地預測購買養老金的數百萬人的平均壽命，他們的預測比任何個人的預測都準。另外，付同樣的保險金，七十歲的老婦人得到的月付款更少——比如七二五美元，因為女性的壽命通常比男性長。

風險降低是因為大量保險數據增強了可預測性。幾年前一則新聞報導講述一位投機者與一位急需用錢的老婦人達成了一項交易。老婦人讓投機者繼承房子，作為交換，投機者只要每月支付老婦人固定一筆錢，直到她去世。然而，這個一對一的交易並沒達到預期的效果，老婦人的壽命比預期的長得多，投機者甚至比她早就去世了。保險公司不僅在收集處理大量數據上有優勢，它更大的優勢是不受人類壽命的限制。

天然資源

現值會深刻影響天然資源的發現和使用。地底下的石油也許夠用幾百甚至上千年，但它的現值決定了為回報某段時間內的發現成本應該開採多少石油，而這些石油可能還不足以使用十幾年。不理解這一基本經濟現實的人，已造成大量且廣為人知的錯誤預言，例如我們即將「耗盡」地球上的石油、煤炭以及其他天然資源。

例如，一九六〇年一本暢銷書指出，以目前的使用速度來看，美國國內的石油只能使用十三年。當時，美國已知的石油蘊藏量還不到三百二十億桶。十三年後，美國已知的石油蘊藏量已超過三百六十億桶。最初的統計資料與方法都是正確的，為什麼美國沒有在一九七三年用完石油資源？是單純靠運氣發現了更多的石油，還是有更加根本的經濟原因？

短缺與過剩不僅與已有的物質資料的多少有關，還或多或少地與人口有關。同樣地，已知的天然資源蘊藏量也不僅與地底的物質資源的多少有關。對於天然資源，價格同樣起著至關重要的作用。現值也起著重要的作用。

已知存在多少天然資源，取決於發現這些天然資源花費的成本。例如，石油探勘成本非常高。二〇一一年《紐約時報》一則報導提到：

「海底兩英里深處，在一個與休士頓市區一樣大的山脊上，投資者認為他們找到了一個大油田。現在他們要做的，就是花一億美元來查明自己是否正確。」

生產石油的成本不僅包括地質探勘的費用，還包括最終發現石油之前鑽取乾井所花費的昂貴成本。隨著投入成本的增加，全世界有越來越多的石油被發現，而不斷增多的已探明石油蘊藏量會通過供需關係降低石油價格。最終達到一個臨界點，即在某個地方每多發現一桶石油並進行提煉的成本，超過了可能會發現的每桶石油的現值。達到這一點時，就不值得再繼續探勘石油了。在這個臨界點發現的石油總量，能使用的年份可能不超過十三年，進而導致我們預測石油有耗盡的危機。但是，隨著現有的石油漸漸被用光，上升的價格就會使人們對石油探勘進行更大的投資。

以石油開發涉及的各種成本為例，一家大型石油探勘企業在墨西哥灣花八千萬美元，用於初始的探測和租賃；又花了一・二億美元用於探勘鑽井，只為了證明是否有足夠的石油值得進一步深入；然後又用五・三億美元建設鑽井平台、輸送管線及其他基礎設施；最後花費三・七億美元在證實蘊藏有石油的地方鑽採石油。這些成本加起來總共是十一億美元。

想像一下，如果向銀行或投資者借貸這筆鉅款的利息是原來的兩倍，使探勘成本變得更高；或者石油公司自己擁有這一大筆錢，而且能把錢存入銀行，同時安全地賺取高於平常兩倍的利息。在這種情況下，他們還會投入這筆錢，進行探勘石油這樣高風險投資嗎？你會嗎？很可能不會。高利率就可能導致石油探勘的減少和已知石油蘊藏量的減少。但這並不表示我們將要耗盡石油，反而利率降低的話，已知的石油蘊藏量會相應增加。

隨著已知石油蘊藏量漸漸用完，剩餘的石油現值就會上升，探勘額外的石油就會再次變得有利可圖。因此，在任何一個既定的時間內，都不值得去探勘地底或海底的所有石油。可是，人們卻經常歇斯底里地預測我們即將用盡天然資源，因為類預測不僅有利圖書銷售和電視收視率，也為個人建立政治權力和名聲帶來好處。

二十一世紀初，一本名為《沙漠黃昏》（*Twilight in the Desert*）的書曾總結說，「遲早有一天，全球的石油使用量會達到峰值」，這是因為「石油，如同另外兩種化石燃料煤炭和天然氣一樣，是不可再生的」。從理論上講當然是正確的，正如從理論上講，太陽總有一天會變冷退化。但若要據此判斷，我們將在下個世紀或下一個千年中遇到與此相關的任何問題，情況就很不一樣了。然而，其隱含的意思是，當前我們正面臨著持久的能源危機，原油價格飆升至每桶一四七美元，汽油價格飆升至每加侖四美元，讓這種隱喻變得更加確鑿。但是二〇一〇年《紐約時報》報導：

「正當全球石油資源似乎就要耗盡的時候，巴西和非洲海岸發現了巨大油田，而加拿大的油砂建設也在飛速進行，由加拿大運往北美的石油數量現在甚至已經超過沙烏地阿拉伯。此外，美國也增加了國內石油產量，是本世代的第一次。」

就算整個二十世紀對能源資源的大量使用，也並未減少許多資源的已知蘊藏量。歷史上，鐵路、工廠機器以及城市電力的發展，帶來巨大的能源消耗，據估計，二十世紀頭二十年消耗的能源，比人類在此前歷史中消耗的所有能源還要多。此外，整個二十世紀的能源使用持續上升，已知的石油蘊藏量也在上升。到二十世紀末，石油的已知蘊藏量是二十世紀中葉的十倍以上。科技進步提高了石油探勘和開採的效率。一九七〇年代，為了尋找石油所鑽探的油井中只有大約六分之一能夠真正產油。但到了二十一世紀初，這些探井中有三分之二能產油。

適用於石油的這些經濟因素同樣也適用於其他天然資源。不管地底下有多少鐵礦，當它每噸的現值少於探勘和提煉成本時，就不值得去探勘更多的鐵礦。然而，雖然鐵和鋼的使用量在二十世紀大幅增加，已探測到的鐵礦蘊藏量卻增長了數倍。銅、鋁、鉛等其他天然資源的已知蘊藏量也同樣如此。一九四五年，銅的已知蘊藏量是一億噸。接下來的四分之一個世紀，銅的使用量經歷了前所未有的增長，而銅的已知蘊藏量卻達到此前的三倍。到一九九九年，銅的蘊藏量又翻了一番。僅在二〇〇六年至二〇〇八年期間，美國天然氣的已知蘊藏量就增長了大約三分之一（從一千五百三十二萬億立方英尺到兩千零七十四萬億立方英尺）。

即使地底或海底的大量石油也納入開採和提煉，經濟因素也會防止這些石油被耗盡。正如《經濟學人》雜誌指出的：

「幾十年前，油田的平均採油率是二十%，隨著科技取得巨大進步，如今油田的平均採油率已經上升至三十五%。」

換句話說，近三分之二的石油仍保留在地下油田中，因為在目前的科技和油價均值下，想要開採出油田中全部的石油——甚至只開採出大部分石油——成本太高了。不過，石油會留在油田裡，而油田的位置我們已經確定。在今天的開採和提煉成本下開採的石油真正「用完」時，接下來開採和提煉石油的成本就會更高一點，再接下去還會增加。但顯然我們所處的時代，並沒有讓已經發現的石油荒廢在地底或海底。隨著技術的進步，我們還會在經濟上提高現存油井的石油產出率。二〇〇七年，《紐約時報》報導了大量的實例：

「雪佛龍（Chevron Corporation）的工程師在一八九九年發現的科恩（Kern）河油田中注入高壓蒸汽，抽出更多石油，使得這塊油田重獲生機。一九六〇年代，這塊油田的日產量下滑到一萬桶，現在它的日產量達到八萬五千桶。」

受這些經濟因素影響的並不只有石油。地表的煤炭很容易開採的時候，就不值得在地下挖掘礦井，因為開採地下煤礦的成本太高，無法在價格上與地表開採的成本較低的煤礦競爭。只有開採成本較低的地表煤炭耗盡之後，開採地底煤炭才有利可圖。

經濟學家朱利安・西蒙（Julian Simon）和環保人士保羅・埃爾利希（Paul Ehrlich）間的賭注，就表明天然資源使用的經濟學方法與思考模式之間的差異。西蒙教授打賭說任何人選擇任何一個包含五種天然資源的組合，在任何一段時間內，這五種資源的實際成本都不會上升。以埃爾利希教授為首的另一組人於是選出五種天然資源。他們以十年為期限，來衡量這些天然資源的實際成本變化。到了第十年年底，不僅這五種天然資源的成本下降了，連他們本來預期成本會上升的個別天然資源的成本也下降了！很顯然，如果我們真的將要耗盡這些資源，它們的成本就會上升，因為這些變得更稀少的資源的現值會上升。

從某終極的角度來看，資源總量當然在不斷下降。然而，一種資源在報廢之後經過數個世紀才會耗盡，或在太陽變冷後的一千年以後才能用完，這並不是一個嚴重的現實問題。如果一種資源會在一段時期後用完這一事實具有現實針對性，那提高將耗盡資源的現值就會自動地使資源受到保護，無須大眾的極端呼籲或政府勸告。

正如價格使我們在某一時間內與他人分享稀有資源及其產品一樣，現值會使我們與後代分享資源，即使我們並沒有意識到這種分享。當然，政治上分享資源也是可能的，通過由政府取得天然資源的控制權——就像它對其他資產或實際上對整個經濟體系的控制權一樣。

政治控制與市場價格的非人性化控制在效率上的差別，一定程度上取決於哪一種方式能夠更準確地傳達基本現實。正如在前面章節中提及的，與價格調節市場經濟相比，政治機構進行的價格管制和直接分配資源，要求這些少數的計畫者具備更加明確具體的知識；而在由價格調節的市場經濟中，數百萬人會根據自己個人的情況和偏好獲得第一手知識，然後做出反應——在這個過程中，每個人面對的只是少數價格。

計畫者很容易制訂錯誤的計畫：不管是出於無知還是因為各種政治動機，像是追逐更大的權力、再次當選或其他的目標。例如，一九七〇年代，政府要求科學家估計美國天然氣的蘊藏量以及在目前的使用率下還可以用多久。他們估計的結果是，美國的天然氣足夠用一千多年！雖然有些人認為這是一個好消息，但當時在政治上是一個壞消息，因為美國總統試圖獲得更多大眾的支持，制訂更多應對能源「危機」的政府計畫。因此卡特政府否定了這一估計結果，並開始了一項新的研究，而新的研究得出了在政治上認可的結果。

有時候，某種天然資源的已知蘊藏量看起來特別小，這是因為在目前的成本下，可獲得的資源數量實際上在幾年之內就會耗盡。雖然在較高的開採和提煉成本下我們可能得到大量的天然資源，但在低成本的資源耗盡之前，人類不會觸及額外的資源。例如，地表還有大量煤礦可開採的時候，有些人曾發出警告說我們正在「耗盡」這些「經濟上可行的」、無須「過高的成本」就可以獲得的煤礦。但價格的目的就是抑制。只要存在成本更低的資源可以使用，價格的這種抑制就可以防止成本過高的資源被不必要地開採出來。

今天仍存在類似的情況，油井裡大部分石油都沒有被開採，因為這些石油的提煉成本比最容易獲得的石油的開採成本高很多，在當前的市場價格下根本無法獲得回報。二〇〇五年石油危機期間，美國石油的價格在不到兩年的時間內翻了一倍，人們擔心石油會耗盡，《華爾街日報》報導說：

「舉例來說，加拿大亞伯達省阿薩巴斯卡地區（Athabasca），理論上這塊五萬四千平方英里的油田能產出一・七萬億到二・五萬億桶石油——僅次於沙烏地阿拉伯的石油蘊藏量。阿薩巴斯卡的大部分石油蘊藏量尚未得到開發，因為從沙子中提煉石油相當昂貴、複雜。使用兩噸沙子才能提取出一桶油。但是，如果油價仍保持在目前的水準——事實上，如果石油仍保持在二〇〇三年末以來的三十多美元一桶——從油砂提煉石油就會有利可圖。有限的投資和產出一直制約著阿薩巴斯卡地區。」

如果技術從未進步，那隨著時間的推移，所有的天然資源成本都會提高，最易取得且最易提煉的礦藏將最先用盡，然後是那些不易得到、數量不多或很難提煉的礦物質。然而，隨著技術的改進，未來獲取天然資源的成本實際上會更低，就像朱利安·西蒙和保羅·埃爾利希打賭的那樣。例如，一桶石油的平均成本從一九七七年的十五美元，下降到一九九八年的五美元。無須驚訝，隨著石油成本的下降，已知的石油蘊藏量大大增加了。

並非只有石油的供給受價格影響。鎳的生產也同樣如此。二十一世紀初，鎳的價格上升後，《華爾街日報》報導：

「幾年前，莫林莫林（Murrin Murrin）這家位於澳洲西邊沙漠深處的大型鎳礦公司命途多舛，它也成為採礦領域的一個標準失敗案例。現在，莫林莫林公司是投資者的最愛。這家公司的股票價格……在過去的一年內增長三倍多，一些分析師認為它還有增長的空間。這一令人吃驚的轉折強調了近期商品熱潮的一個關鍵事實：在這一高價格下，特別是對於鎳來說，即使一個存在技術困難或長期問題的項目也會看上去不錯。鎳最廣泛地應用於製造不鏽鋼。」

雖然人們通常會從實際數量方面來談論一個國家的天然資源蘊藏量，但要想得出有實際意義的結論就必須考慮成本、價格和現值等經濟概念。除了天然資源將會耗盡的警告，還存在一種相反的不合情理的樂觀言論，即許多貧窮的國家擁有價值數十億美元的「自然財富」，這些財富以鐵礦、鋁土礦或其他天然資源的形式存在。

這些言論沒有考慮開採和提煉的成本，而且不同的地方成本差別也很大，因此它們是毫無意義的。例如，從加拿大的油砂中提取石油的成本非常昂貴，直到最近幾年，那裡出產的石油才被納入世界石油蘊藏量。但是當石油價格上漲到每桶一百美元，加拿大就成為世界石油蘊藏量最大的國家之一。

第十四章 股票、債券和保險

冒險是資本主義的母乳。

——《華爾街日報》

經濟活動存在風險，但我們可以用各種方式加以因應。除了上一章討論的商品投機和庫存管理，應對風險的其他方式還包括股票和債券。另外，還有一些類似於股票、債券的其他經濟活動。它們在經濟層面上雖然頗為類似，但從法律角度來看則存在著差異。

只要一間房屋、一家企業或其他資產的價值隨時間而增加，這種增益就可以稱為「資本利得」（capital gain）。雖然它是收入的另一種形式，但與薪資不同，它不是在發生後立刻支付，常要在一定年限後才能拿到手。例如，三十年期的債券只能在三十年後才能兌現。如果你永遠不出售房子，那不管它的價值增加多少，都只能被稱為「未實現的資本利得」。開一間雜貨店也是如此，隨著雜貨店在周邊地區被人熟知，並擁有一批習慣於在這裡購物的消費者，它的價值將提升。可能雜貨店主去世後，他的配偶或子女決定出售這家雜貨店，也只有在那時資本利得才能實現。

有時候資本利得來自於純粹的金融交易。在這種情況下，你今天給某人一定數量的金錢，是為了在以後收回更多的金錢。當你把錢存入支付利息的銀行帳戶，當一位當鋪老闆借錢給別人，或當你以低於一萬美元的價格購買一萬美元的國債時，都屬於這種情況。

不管是哪種做法，都是以今天的錢來換未來的錢。需要支付利息，表示同樣數量的金錢在今天比未來更有價值。至於價值高多少，取決於很多方面，也因時間以及國家的不同而異。

十九世紀英國工業化正如火如荼的時候，鐵路公司通過出售年息五％的債券，籌集了鉅額資金用於修建鐵路、購買火車。只有在大眾對鐵路公司和貨幣的穩定性很有信心的時候，這種情況才有可能發生。如果通貨膨脹率達到每年六％，購買債券的人在實際價值上就會虧損，但當時英鎊的價值非常穩定可靠。

自那時起，通貨膨脹越來越常見，因此現在的利率必須要能夠補償預期的通貨膨脹水準，而且也會從購買力增加這個角度，預留有實質的資本利得。不同國家、不同時期的通貨膨脹率都不盡相同，因此投資報酬必須包含對通貨膨脹風險的補貼。二十一世紀初，墨西哥政府債券的利率比美國高二・五個百分點，而當時巴西政府債券利率比墨西哥債券利率還要高五個百分點。並且，當巴西出現一位左派總統候選人後，利率飆升了十個百分點。

總之，不同的風險——通貨膨脹只是其中一種——反映在基礎純利率上所增加的各類不同風險貼水（risk premium）[1]中，而純利率是對於延遲支付的回報。我們通常所稱的利率就包含風險貼水的部分。例如，二〇〇三年九月，短期利率在香港不到二％，到了俄羅斯卻高達十八％，土耳其則高達三十九%。

如不考慮通貨膨脹，對你而言，一年後到期的一張一萬美元債券，今天值多少錢？也就是說，現在你會為一張明年兌現的一萬美元債券出價多少呢？顯然，它不值一萬美元，因為未來的金錢不如今天等量的金錢有價值。即使你覺得自己在一年後還活著，並且不存在通貨膨脹，你仍更願意立刻拿到這筆錢。即使不考慮其他情況，你可以把現在得到的錢存入銀行，並賺取一年的利息。同樣地，如果你要在購買一年期的債券和購買同樣面值的十年期債券之間做出選擇，你不會支付同樣的價格買一筆十年後才到期的東西。

這說明，視收回時間的長短，面值相等的錢具有不同的價值。如果利率夠高，你可能會願意等待較長的時間來回收自己的金錢。人們常會購買三十期的債券，而其報酬率往往比一年期金融債券的報酬率還要高。另一方面，如果利率太低，你會想立刻收回所有的錢。

處於這兩者之間的某一利率水準，會讓你對借出或保留資金持中性態度。在該利率水準下，既定數額的未來金錢的現值，恰好等於數額較小的現在的金錢。例如，若你對四%的利率處中性態度，那對你而言，現在的一百美元就等於一年後的一〇四美元。任何想從你這裡借一百美元的企業或政府機構，都必須在一年後還你至少一〇四美元。如果其他每個人都跟你有相同的偏好，那整個經濟體的利率就會是四%。

1 編注：指投資者對投資風險所要求的較高報酬率，以彌補投資者對高風險的承受，這種額外增加的報酬率即風險貼水。

如果其他人與你的偏好不同會怎樣呢？例如，假設只有在一年後多收回五%，其他人才會把錢借出去呢？在這種情況下，整個經濟體的利率就是五%，因為企業和政府無法以少於這一均值借到想要的錢，當然也不必高於這一水準。如果全國的利率都為五%，你也沒理由接受更低的利率，雖然必要時你也願意接受四%的利率。

在此情況下，讓我們回到原來的問題：你願意為一年後到期、面額為一萬美元債券付多少錢？在整體經濟體利率為五%的情況下，為獲得一年後到期的一萬美元債券，出價高於九五二三・八一美元是不值得的。以五%的利率把相同數量的錢投資於其他地方，你也可以在一年後拿回一萬美元。因此，你沒有理由為一萬美元的債券，出價超過九五二三・八一美元。

如果整體經濟的利率為十二%而不是五%，則為獲得一年期的一萬美元債券出價超過八九二八・五七美元是不值得的。總之，人們願意花多少錢購買債券，取決於相同數量的錢用在其他地方能獲得多大的收益。這也解釋了為什麼利率上升時債券價格下降，利率下降時債券價格上升。

這也說明，如果利率為五%，則二〇一四年的九五二三・八一美元相當於二〇一五年的一萬美元。這就引發了資本利得的稅收問題。如果有人用九五二三・八一美元購買了一份債券，並在一年後以一萬美元出售，政府當然想對這四七六・一九美元的差額徵稅。但既然這兩筆錢本身是等價的，這部分差額真的等同於價值增值嗎？如果通貨膨脹率為一%，且投資者預計通貨膨脹會降低債券的實際價值，收回的一萬美元無法補償等待的時間會如何？如果通貨膨脹率為五%，收回的金錢不會比最初借出的金錢更有價值，延遲支付完全沒有獲得報酬又會怎樣？顯然，比起從未購買債券，投資者的處境會更糟。這樣看來，這所謂的「資本利得」怎麼能夠被稱為是一項收益呢？

考慮到一些因素，對資本利得徵稅，比對薪資等其他收入的徵稅更復雜。一些國家的政府完全不對資本利得徵稅；而在美國，對資本利得適用何種稅率仍是一個在政治上有爭議的問題。

變動報酬與固定報酬

既定數量的金錢具有的實際價值，隨著收回時間的不同而不同，也隨著全部收回的可能性的不同而不同，對此現實中有很多應對方式。而應對不同風險的多種方式中就有股票和債券。但即使是那些不考慮購買這些金融證券的人，在為自己選擇職業，或為整個國家考慮公共政策方面的議題時，也必須面對同樣的風險問題。

股票與債券

債券不同於股票，因為債券是在固定日期支付固定數量金錢的法律承諾。股票只是發行股票的企業的一定份額，而且不能保證企業一定會盈利，也不能保證企業會把利潤用來發放股息，而不是重新投入企業自身。不論企業盈虧如何，債券持有者都有要求獲得承諾報酬的法律權利。就此而言，他們就像企業的員工，因為企業必須支付承諾員工的時薪、周薪或月薪。不管企業盈虧如何，他們在法律上都有資格得到這筆錢。企業的所有者——不論是一個人還是上百萬的股東——在法律上沒有資格從公司得到任何報酬，除非公司支付完員工、債券持有者和其他債主的報酬之後還有剩餘。

大多數新企業會在一年內倒閉，剩下的企業可能賺錢也可能賠錢。換句話說，建立企業的人可能不僅賺不到錢，還要賠掉部分最初投資。簡言之，股票和債券的風險程度不同。此外，不同企業用不同的方式，同時發行股票和債券的現象，也顯示出這些企業在先天上即具有風險。

設想有人正在為企業籌集資金，而該企業可能：（1）有一半的機率會破產；（2）若能渡過經濟難關，將帶來十倍於最初投資的價值。也許這位企業家正打算開採石油或炒外匯。如果他想讓你為他的企業投資五千美元，你是買五千美元的股票好，還是買五千美元的公司債券好？

如果你購買債券，收回全部投資的機會仍是五十%。如果企業成功了，不論該企業家用你的錢賺了多少，你都只能獲得債券一開始指定的報酬率。這種情況下購買債券顯然不是一個划算的交易。另一方面，如果你能承受風險，購買股票可能更合理。但如果企業破產了，你的股票就會一文不值；而基於被出售的剩餘財產，儘管債券持有人和其他債主只能收回最初投資的一小部分，債券仍還有一些價值。如果企業成功了，它的資產就會增加十倍。那你的股票的價格也會相應地翻十倍。

這就是通常所說的「創業投資」（venture capital），以區別於購買不太可能破產或投資報酬很高的老牌公司的股票或債券。一般來說，為了彌補諸多不成功投資的損失和還沒完全收回的投資，創業投資者在成功投資項目上必須獲得五十%以上的報酬率。現實中，不同時期的風險投資報酬率差別很大。以二〇〇一年九月三十日來說，一年後創投基金虧損了三十二•四%。也就是說，創投者不僅沒有獲得任何淨利潤，還損失了幾乎三分之一的投資。但再早幾年，創投者的平均報酬率為一六三%。

從創投者的角度來看，「這種投資活動是否有價值」的問題就留給他們去考量。從整個經濟的角度來看，問題在於這種金融活動是否代表具有多種用途的稀有資源得到了有效配置。雖然各個風險投資者都可能會破產，就像他們投資的公司會破產一樣，但創投產業整體往往並不會賠錢，即它並不會浪費經濟中的可用資源。實際上值得注意的是，從整個經濟的角度來看，一些看似與創投一樣高風險的東西，卻常能夠帶來利益，儘管對於個別創投者來說並非如此。

現在，我們從籌資進行高風險業務的企業家的角度來觀察股票和債券。這位企業家很清楚，高風險之下，債券將無法吸引投資者，銀行也同樣不願借錢給他，那這個企業家幾乎肯定會通過出售股票來籌資。風險最小的是供水、供電等公用事業，這些產業提供大眾持續需求的產品。把錢投給這類企業風險往往很小，因此公用事業單位可以發行、出售債券，避免支付投資者在股票中獲得的高報酬。[2]最近幾年，一些養老基金開始尋求安全、長期的投資，並以此支付養老金。像是投資收費公路的建設，基於收費公路將有收入，他們預期未來可以從該項投資中得到持續的回報。

總之，不同的企業風險千差萬別，財務安排也相應不同。極端的情況下，商品投機者從盈利到虧損再到盈利，只需要一天時間。這就是為什麼我們常在電視上看到，許多人在商品交易市場內，不斷瘋狂揮手吶喊，因為商品交易價格變化如此之快，立刻交易與五分鐘之後交易就會產生鉅額的盈虧差別。

---

2 幾乎每條規則都有例外。購買美國加州電力公司的債券作為安全投資以保障退休生活的人，在二〇〇一年加州電力危機期間親眼見證了這些投資的價值損失殆盡。加州強迫這些電廠以低於它們支付給供應商的價格，將電力出售給消費者，導致電廠欠下數十億美元的債務，它們的債券價格也因此降低，成為垃圾債券。

成功的企業具有一種普遍的模式，即初始階段收益很低或沒有收入，隨著企業發展客戶並建立聲譽之後收益提高。例如，牙醫從牙科學校畢業後開始執業，購買了必需且昂貴的醫療器械，在他還未被當地社區熟知並能大量吸引消費者之前，第一年的淨收入可能很少或沒有。在這個過渡時期，牙醫的助理可能賺的比牙醫還多。當然，這情況日後就會扭轉，那時一些觀察家可能會認為，醫生的收入是助理的許多倍是不公平的。

即使數量不等的多筆收入與固定的一筆收入總額相同，它們的吸引力也可能不同。有兩份平均工資相等的工作——例如在接下來的十年內平均年薪都是五萬美元——供你選擇，其中一份工作為年薪五萬美元，另一份工作的年薪從一萬美元到九萬美元不等，你會對從事這兩份工作有相同的意願嗎？要使年薪不等的工作與可靠固定收入的工作具同樣的吸引力，年薪不等的工作的平均收入必須更高。因此，股票的平均報酬率往往比債券高，因為股票的報酬率是變動的（有時根本沒有報酬），債券則有掛保證的固定報酬率。股票平均報酬率更高是因為，除非人們預期從股票中獲得報酬率比債券更高，否則他們不會承擔購買股票的風險。

投資的風險不僅會根據投資種類不同而異，也會根據時期的不同而產生差異。期限為一年的投資，債券很可能比股票更安全。但是，對於二十年或三十年期限的投資，通貨膨脹的風險會威脅債券或其他固定金額資產（如銀行存款）的價值，而股票價格與房地產、工廠或其他實物資產一樣，往往會隨著通貨膨脹而上升。作為實物資產的股份，在通貨膨脹時期，股票價格會隨著資產本身價格的增益而上升。因此，股票和債券之間的安全性差別，從長期來看比短期更明顯。

為幾十年後的退休做投資計畫的人，可能會發現投資某種股票組合，比那些在一兩年內就需要錢的人做相同的投資更安全。「存在銀行裡的錢」（money in the bank）被用來形容一個非常安全的交易，但錢在銀行裡存十年並不會比其他投資方式更安全，因為通貨膨脹會偷走很大一部分價值。對債券來說也是如此。最後，在生命的最後幾年，再把投資於股票的錢轉向債券、銀行以及其他短期內更安全的資產，將是精明的決定。

風險與時間

股票市場並不像商品投機或創業投資那樣高風險，但它們都不是穩定的投資模式。即使是在經濟和股市繁榮的時期，衡量大公司股票價格波動的道瓊工業指數，也可能在某一天下跌。在美國股票市場的歷史上，道瓊工業指數連續上漲的最長時間是十四天（工作日），且已經是一八九七年的事了。二〇〇七年，《華爾街日報》的一則報導稱：「直到昨天，道瓊工業指數經歷了二〇〇三年以來的最長時間連續上漲——連續八個交易日上漲。如果再堅持一天，將成為十幾年來的最長連續上漲。」雖然媒體常常會報導股市的波動，好像這是什麼大新聞一樣，有時還會對某天的波動做出預測。但幾個世紀以來，全世界的股票價格一直有起有落。

有一個極端的例子可以說明風險會如何隨著時間而互異。一八〇一年用一美元投資的債券到一九九八年將值一千美元左右，而一八〇一年將一美元投資於股市，到一九九八年它的價值可能已超過五十萬美元。這些都是將通貨膨脹納入考量按實際值計算的。與此同時，如果一八〇一年把一美元投資於黃金，那到一九九八年它將只值〇・七八美元。當我們討論長期情況時，「美好如黃金」（as good as gold）這句話就像「存在銀行裡的錢」一樣具有誤導性。雖然短期內，也有債券和黃金保住價值而股票價格卻暴跌的情況，但這些不同種類投資的相對安全程度，隨著投資期限長短而存在巨大差異。此外，不同時期模式也不一樣。

一九三一年至一九四〇年經濟大蕭條的十年中，美國股票的實際報酬率只有三・六%，而債券的報酬率則是六・四%。然而，一九四〇到一九七〇年代經濟繁榮時期，債券的實際報酬率為負，而股票的報酬率是正的。換句話說，在高通貨膨脹的這幾十年內，投資在債券上的錢在兌現時能購買的東西，還不如購入債券時的多，儘管最終拿到了更多的錢。隨著二十世紀最後二十年價格回歸穩定，股票和債券都取得了正的實際報酬率。但在二十一世紀的第一個十年裡，一切都發生了變化，正如《紐約時報》所報導的：

> 「如果你在二〇〇一年一月一日，將十萬美元投資於先鋒指數基金（Vanguard index fund），到了二〇〇九年十月中旬，基於標準普爾五百指數，你會獲得八九〇七二美元。經過通貨膨脹調整，根據二〇〇〇年一月的美元價值計算，這筆錢只剩下六九一一四美元。」

然而，使用更多樣化的投資組合和更複雜的投資策略，最初的十萬美元投資在同一時間段也可能增加到三一三七四七美元，考慮通貨膨脹後，其價值為二〇〇〇年一月的二六〇一〇二美元。

做出決策的那一刻，風險總是明確的。人們往往是「事後諸葛」，但風險需要的是往前看，而不是向後看。麥當勞創業初期也財務不穩定，該公司急需現金，以至於其創建者雷・克洛克提出要以兩萬五千美元出售麥當勞的一半股份，但沒有人接受這個提議。假如當時有人接受，多年後他將成為億萬富翁。但在當時，不管是克洛克想要賣出一半的股份，還是其他人拒絕這項提議，都不是愚蠢的行為。

各種投資的相對安全性和盈利能力還取決於投資者擁有的知識。一位經驗豐富的金融交易專家，可能會靠投資黃金而富有，缺乏相關知識的人卻會遭受巨大損失。然而，投資黃金不大可能會賠得一乾二淨，因為黃金總是能夠用來製作首飾或用於工業用途。並不是只有新手會在股票市場上賠錢。二〇一一年，最富有的四百位美國人一共損失了兩千八百三十億美元。

風險與多樣化

應對不同程度、不同種類的風險，可以增加投資種類——也就是人們所說的「投資組合」——這樣當某一種投資的表現欠佳時，其他種類的投資可能正繁榮向上，於是就降低了總資產的整體風險。正如前面提到的，在股票收益頗豐的時期，債券可能會表現欠佳，反之亦然。而包含了股票和債券的投資組合，可能比單獨進行任何一種投資的風險都要小得多。即使在投資組合中加上某種高風險投資，如價格非常不穩定的黃金，也可以降低整個投資組合的風險，因為黃金的價格往往與股票價格反方向變動。

主要或甚至全部由股票組成的投資組合，可通過購買不同公司的股票來降低風險。這種投資組合可能是由一個職業投資者挑選的一組股票，他幫投資者選擇股票並通過「共同基金」管理投資者投入的金錢，並收取一定費用。共同基金購買的股票，也不過是道瓊工業指數或標準普爾五百指數中的股票組合，它們所需的管理很少，服務收取的費用也很少。共同基金管理著投資者的鉅額資金：有五十多家共同基金的資產都一百億美元。

理論上，相較僅購買組成道瓊斯工業指數或標準普爾五百指數的股票組合的共同基金，管理人積極追蹤各類市場並仔細挑選股票（該買哪些、該賣哪些）的共同基金應該報酬率更高。事實上，一些積極管理的共同基金確實比指數型基金表現得更好，但多年來指數型基金的報酬率卻要比大多數積極管理的共同基金更高，這讓後者極為尷尬。例如在二〇〇五年，買賣大型公司股票的一千一百三十七家積極管理型共同基金中，只有五十五・五％的基金表現比標準普爾五百指數要好。

另一方面，指數型基金幾乎沒有機會賺到大錢，而非常成功的積極管理型共同基金卻可以。《華爾街日報》的一位記者向那些沒有時間或信心自己購買股票的人推薦指數型基金，他說：「當然，你可能不會輕易發財，但你會嚐到一些小甜頭。」然而，指數型基金的價值在二〇〇〇年損失九％，可見你根本不可能完全消除風險。對於共同基金整體而言——包括積極管理型共同基金和指數型基金——一九九八年投資的一萬美元，在二〇〇三年初的價值還不到九千美元。截至二〇〇三年，一千多家共同基金中，只有一家在過去十年中能夠實現每年都盈利。然而，重要的是它們是否經常賺錢。

雖然共同基金是在二十世紀最後四分之一的歲月才首次亮相，但是分散風險的經濟學原則卻早已被投資者所認識。過去幾個世紀，船東發現擁有十條船各十％的股份，比完全擁有一條船更安全。在木船和帆船的時代，每一條船沈沒的危險比現在的金屬機械船更大。擁有十條不同的船各十％的股份，每條船沈沒都會帶來損失，但損失的嚴重程度卻大大降低了。

人力資本的投資

投資於人力資本與投資於其他類型的資本在某些方面相同，有些方面則不同。人們接受無薪工作或薪酬比其他地方低得多的工作，事實上是在投資他們的工作時間而非金錢；他們希望透過獲取工作經驗在未來得到更大的回報，這種回報是一開始就從事高薪工作無法獲得的。但是對投資於別人的人力資本的人來說，要獲得投資報酬並不容易。用他人的錢支付自己教育費用的人，通常會從父母、慈善捐贈或政府那得到這筆錢，要不就來自借貸。

雖然學生可以發行債券，但他們很少發行股票。也就是說，有許多學生通過借貸來支付教育費，但很少有人會出售他們未來收入的某一份額。對於選擇後者的個別學生，最後往往會感到後悔，因為在支付完最初的投資額之後，他們還要繼續拿出收入的一定份額。不論最初的股票購買價格是否已完全得到補償，發行股票的公司同樣也要繼續支付股息。這就是股票與債券的區別。

只從人力資本投資的報酬來看待這種情況是一種誤導。公司之所以發行股票，正是由於股票存在不能被償清的風險。考慮到有許多大學生畢不了業，且即使畢業了有些人還是收入微薄，因此風險的分擔往往使大學生可以普遍獲得更多的私人資金。

在理想狀態下，如果有前途的學生可以而且確實會發行股票和債券，就沒有必要由父母或納稅人來支援教育費了，即使是非常貧困的學生也可以在沒有助學金的情況下去最昂貴的大學就讀。然而，法律問題、制度僵硬和社會態度等因素，阻礙了這種措施在高校中普及。耶魯大學在一九七〇年代提供一種還款額隨借款人的未來收入變化而變化的貸款，主修法律、商業和醫療的新生往往都不會透過這項計畫從學校貸款，因為他們有很高的預期收入，參加這項計畫意味著他們需要償還的金額遠多於貸款額。他們更願意發行債券而不是股票。

然而，經過一些努力之後，人們實際上可以為自己發行股票和債券。拳擊手的經理人往往能夠從拳擊手的收入中抽成，這樣許多貧窮的年輕人就可以獲得他們本來支付不起的拳擊訓練費用。只為了支付這些訓練而借錢也不可行，因為對債權人來說風險太大。比方說，一些拳擊手根本不是那塊料，永遠無法從比賽中得到足夠的收入來償還訓練和管理費用。這些拳擊手也不大可能找到可以償還鉅額貸款的其他職業，以補償他們拳擊生涯上失敗的代價。

大多數拳擊手出生於低收入家庭，有非常高的風險永遠也賺不到大錢，因此通過發行股票的方式，為早期的訓練籌資要比發行債券更合理。拳擊手經理人會從貧困街區挑選十幾個年輕人作為拳擊手，他知道大部分人無法替他投入的時間和金錢帶來回報，但只要有幾個資質尚佳的可成為搖錢樹，投資就不致於完全泡湯。由於無法事先知道能帶來報酬的是哪幾個人，所以關鍵就在於從成功的拳擊手的收入中取得足夠的經濟利益，以抵消那些永遠賺不到足夠的錢來償還投資的拳擊手所帶來的損失。

基於類似的原因，好萊塢經紀人會投入時間和金錢幫助一些有前途但不知名的年輕演員發展和推廣才藝，並從這些年輕演員的未來收入中取得一定份額，因為只有這樣才是划算的交易。另一種方法是讓那些想成為影視明星的人以借貸來負擔發展和推廣服務，這樣的選項通常並不可行，因為大多數未能如願的人將永遠無法償還貸款，而且當他們認清無法在好萊塢取得一席之地時，很可能選擇消失。

承包勞動人力的工頭或人力仲介業者供應移民勞工，讓他們在農場、工廠或工地工作，並從這些勞工的收入中抽成作為交換，這種情況在不同的時期和不同的地區都很常見。事實上，這些承包商擁有的是移民勞工的股票，而不是債券。這些勞工往往非常貧窮，又不熟悉該國語言和習俗，因此靠他們自己找到工作的前景非常渺茫。十九世紀與二十世紀早期，大量的義大利勞工和中國勞工分別前往西太平洋和東南亞國家，而印度的契約勞工則遍及當時的大英帝國領地。

總之，與其他資本一樣，對人力資本的投資也能以股票和債券的形式進行。雖然法律上從未用過這些字眼，但就經濟層面而言卻是如此。

保險

很多事物被冠以「保險」之名，但有些其實與保險無關。本節我們將首先討論幾個世紀以來保險營運中的原則，這有助於我們釐清保險與其他投資方案的區別，雖然這些投資方案新近才出現，並在政治辭令中被稱為「保險」。

市場中的保險

和商品投機者一樣，保險公司處理的也是固有且不可避免的風險。保險轉移並降低了這些風險。投保人支付保險費，作為交換保險公司賠償車禍、房屋火災、地震、颶風以及其他災難造成的損失。僅在美國，就有接近三萬六千家保險公司。

除了轉移風險，保險公司也盡力降低風險。例如它向謹慎的司機收取較低的價格；拒絕為包圍在灌木叢和其他易燃物中的房屋提供保險，除非這些易燃物被移除；從事危險工作的人也需要交更高額的保險費。保險公司以各種方式畫分人群，並對風險不同的人收取不同的價格。通過這種方式，保險公司降低了自己的總體風險，並且在這一過程中，向從事危險工作或居住在危險環境中的人發出訊號，讓他們知道多出來的成本都是由他們所選擇的行為、職業和居住地點所帶來的。

人壽保險是最常見的一種保險，它為一種不可避免的厄運提供賠償。死亡不可避免，每個人的死亡時間都是一種風險。如果每個人都事先知道自己會在八十歲死亡，那人壽保險就沒有任何意義了，因為這時不存在風險，每個人都可以預測死亡時間，事先安排好自己的經濟事務。在這種情況下，付保險費給保險公司即不具任何意義，因為逐年成長的保險費在累計後的總額，幾乎就等於現存受益人在被保險人身故後所領到的補償金。事實上，人壽保險公司變成了發行預定時期兌現的可贖回債券的機構。二十歲購買人壽保險相當於購買六十年期的債券；三十歲購買人壽保險就相當於購買五十年期的債券。

人壽保險之所以不同於債券，是因為投保人自己和保險公司都不可能知道該投保人的死亡時間。伴隨家庭經濟支柱離世或商業合夥人死亡而來的經濟風險，以某一價格轉移給保險公司。並且數百萬投保人的死亡率，要比任一特定個體的死亡時間更容易預測，這些風險也被降低了。與其他形式的保險一樣，人壽保險不僅把風險從一方轉移給了另一方，而且也在此過程中降低了風險。正因為如此，才使得投保與承保成為互惠互利的交易。保險單對投保人的價值要大於承保人所承擔的成本，因為承保人的風險比投保者在沒有買保險時所面臨的風險小。

當某個群體有足夠大的風險樣本時，購買保險可能不會帶來利益。例如，赫茲租車公司（Hertz）擁有大量汽車，於是風險能夠充分分散，也就不必付錢讓保險公司承擔風險。它可以運用保險公司也在使用的統計方法來確定風險的經濟成本，並納入汽車租賃收費中。風險若無法在保險的過程中降低，也就沒必要進行轉移，因為保險公司收取的費用必定等於投保者承擔該風險的成本，另外還要加收費用來覆蓋企業管理成本，並為保險公司留出一部分利潤。因此，對風險樣本足夠多的企業來說，自我保險是一個切實可行的選擇。

保險公司並非簡單地將收到的保險金存起來，等賠付時再進行支付。例如，二〇一二年，一半以上的房屋保險費被用於支付當前的索賠：美國州立農業保險公司（State Farm）的比例是六十%，好事達保險公司（Allstate）是五十三%。支付完索賠和其他經營費用後，保險公司才能把剩餘部分用於投資。也正因為這些投資，保險公司才能有更多的可用資金，而不是一直把這些錢放在金庫裡積灰塵。人壽保險公司的收入約有三分之二來自投保人支付的保險費，約四分之一來自投資收益。顯然，保險公司必須將錢用於相對安全的投資項目，如政府有價證券和保守的房產貸款，而不是用來進行大宗商品投機。

如果你在超過十年內，為一些資產支付了總額為九千美元的保險費，當你遭受了一萬美元的財產損失，保險公司就必須賠付一萬美元，看起來似乎保險公司做了虧損的交易。然而，如果你把支付的九千美元保險費用於投資，當你需要補償財產損失的時候，這筆錢已經漲到了一萬兩千美元，也就是說保險公司最終將獲利兩千美元。據《經濟學人》雜誌的報導：「單有保險費是不足以支付賠償金和各項費用的」，而且在美國，「過去的二十五年中，財產／意外保險公司一直如此。」二〇〇四年，美國的汽車和財產保險公司從實際承保業務中獲得的利潤，是一九七八年以來的第一次獲利。

雖然保險公司看似僅從保險業務本身就能盈利，但現實中的競爭會降低保險費，這與競爭迫使任何商品的價格下降一樣，直到價值能收回成本並為投資者帶來一定報酬率，卻無法吸引更多競爭性投資為止。在投資者不斷尋求更高利潤的經濟中，保險產業的高利潤率，往往會引來新的保險公司前來分一杯羹。保險產業中已有許多競爭者，但是還沒有哪家公司居支配地位。二〇一〇年，美國四家最大的財產和意外保險公司加在一起，也只取得了二十八％的保險費，剩下的四十六家最大的保險公司取得了五十二％的保險費。

一家網站列出了所有提供定期壽險的公司及各自的保險費，此後定期壽險的價格就一路走低，從中我們可以看到競爭在促進價格和利潤平均化過程中的作用。環境的其他變化也反映在由於競爭而不斷變化的價格中。例如，當嬰兒潮一代步入中年，進入最安全的年齡段，他們的交通事故率也隨之下降，前些年急劇上升的汽車保險費也就此止步。

保險與廣告一樣，保險費的成本並不能簡單地加總到企業產品的價格中。正如第六章中提到的，廣告帶來的銷售量增加，能讓企業及其客戶受益於規模經濟及其帶來的價格下降。而在保險的例子中，如果沒有保險，就必須使企業產品的價格足夠補償該保險所承保的風險。購買保險的唯一目的就是降低風險，所以購買保險的成本肯定小於未投保風險的成本。因此，生產投保產品的成本要小於生產未投保產品的成本，於是相較於必須收取更高的價格來補償未投保風險，已投保產品的價格通常更低。

「道德風險」與「逆向選擇」

雖然保險在轉移風險的過程中也降低風險，但保險本身也會帶來風險。投保人可能會比他在不投保時採取更危險的行為。已投保的車主會把車停在盜竊和破壞行為猖獗的社區，在這樣的社區停車對於沒有投保的汽車來說是高風險的行為。已經投保的珠寶可能不會像未投保時那樣被小心妥善地保管。投保帶來的這種風險被稱為「道德風險」（moral hazard）。

保險帶來的這種行為變化，使保險公司更難計算應收多少保險費才合適。如果每年有萬分之一的汽車會遭受恣意破壞並損失一千美元，看似對這一萬名車主每人加收十美分的保險費就足以補償這一損失，但如果已投保的車主因此粗心大意，以致每年有萬分之二的汽車會受到恣意破壞並損失一千美元，那為了補償這一成本，該項保險費就要漲到原來的兩倍。換句話說，對車主當下的行為和當下所蒙受的損失所做的統計，可能會低估他們投保之後會帶來的損失。正因如此，道德風險為保險公司帶來了風險，也是投保人被收取高額保險費的原因。

基於類似的原因，僅瞭解某種疾病的患者在總人口中的比例，也會誤導人們計算針對該疾病的保險應該收取多少保險費。假設每十萬人中有一人會患上某疾病，平均治療成本為一萬美元，看起來保險公司只需要對每份保單多收十美分就能讓保險的承保範圍覆蓋某疾病。但如果有些人比其他人更易患此病，且他們知道自己更容易患病，情況會如何呢？

如果在水中或水邊工作的人比在乾燥、有空調的辦公室裡工作的人更易患上這種疾病，情況會如何呢？如果這樣，那漁民、救生員和水手就會比祕書、執行長和電腦工程師更有可能購買此種保險。生活在夏威夷的人比生活在亞利桑那州的人更有可能購買此種保險。這種情況被稱為「逆向選擇」（adverse selection），因為對總人口中某疾病患病機率的統計，可能大大低估了那些更願意購買包含該疾病的保險的人群患上某疾病的機率，像在水邊工作或生活而更容易患上這種疾病的人群。

雖然在確定各種保險的成本和機率的過程中涉及對風險的複雜統計運算，但是並不能將其簡單地看作純科學，因為在這個過程中也存在著一些不可預測的東西，例如保險本身造成的行為改變，以及對這種風險已經投保和未投保的人群之間的差異。

政府管制

政府管制對保險公司及其消費者面臨的風險所帶來的影響並不確定。政府權力可用來禁止一些危險的行為，比如在學校儲存易燃液體或為汽車安裝薄胎面輪胎。這樣就減少了道德風險，即已投保群體中發生額外的高風險行為及損失。強迫每個人都購買某種保險，例如讓所有司機都購買汽車保險，同樣也可以消除逆向選擇問題。但政府對保險業的監管並不總是能帶來淨收益，因為有些政府管制會增加風險和成本。

例如，在一九三〇年代經濟大蕭條期間，美國聯邦政府強迫所有銀行購買一種保險，如果銀行破產，該保險將會賠償存款人。並無理由說明為什麼在此之前銀行沒有自願購買這種保險，但那些完全遵循謹慎政策的銀行，以及資產充分多樣化而不會因為經濟中的某個部門受挫而遭受重大損失的銀行，會發現這種保險根本不值得購買。

雖然有數千家銀行在經濟大蕭條時期倒閉，但這些銀行絕大多數是沒有分支機構的小銀行。也就是說，這些銀行的貸款和存款基本都來自某一特定的地理區域，因此它們的風險過於集中，不分散。那些最大和最多樣化經營的銀行都存活了下來。

強迫所有銀行和儲蓄貸款協會購買存款保險消除了逆向選擇的問題，但也增加了道德風險。儲戶不用再擔心已投保的金融機構的決策是謹慎還是輕率，因為他們的存款已經投保，即使銀行或儲蓄貸款協會破產，他們也能得到一定的金錢。換句話說，這些機構的管理者不用再擔心管理層進行高風險投資時，儲戶會撤回存款。最終它們做出了更多的冒險行為，正因為道德風險，儲蓄貸款協會在一九八〇年代損失了超過五千億美元。

當保險原則與政治原則發生衝突時，政府管制也會對保險公司及其客戶產生不利影響。例如，往往存在這樣的論調（並相應地通過了一些法律）：只因為一些年輕司機的肇事率較高，就對謹慎的年輕司機也收取較高的保險費[3]；或由於同樣的原因，對年輕的男性司機收取的保險費高於同齡的女性司機；或根據司機的居住地點的不同，對相同駕駛記錄的人收取不同的保險費，這些都是「不公平的」。美國

3 儘管在機動車導致的死亡中，年齡在二十到二十四歲的司機造成的死亡率最高，但死亡率隨年齡下降的趨勢在五十五至五十九歲時結束，隨後又上升了，年齡在八十至八十四歲之間的司機所造成的死亡率，幾乎和十六至十九歲的年輕人相當。引用自保險資訊學會著：《二〇一二年保險年鑑》（*2012 Insurance Fact Book*），一五五頁。

加州奧克蘭市的一位市檢察官曾召開新聞發佈會，質問相比另一社區，「為什麼住在弗魯特維爾（Fruitvale）的人要多付三十%的保險費？」他大聲疾呼：「這怎能算公平？」

這些政治主張隱含的觀點是，讓人們為沒有做錯的事情受懲罰是錯誤的。但是保險與風險有關，而不是價值；如果你住在一個汽車很容易被盜、被恣意破壞或很容易撞上街頭飆車族的地方，風險就大。詐欺性保險索賠在每個地方都不一樣，但詐欺越普遍的地方，保險費就越高。因此，為同一車輛購買同種保險，價格會隨著城市甚至是同一城市的區域不同而有所差異。

同樣的汽車保險，在底特律要花五一六二美元，在洛杉磯只要花三二二五美元，而在綠灣則僅需九四八美元。為相同的汽車購買相同的汽車保險，在布魯克林所花的錢要比在曼哈頓多，因為布魯克林是保險詐欺最嚴重的地區之一。

這些都是同一個司機在不同地區所面臨的不同風險。保險公司不得不向風險不同的群體收取相同的保險費，保險費將普遍上漲，安全性更高的人於是就在補貼那些容易讓自己陷入危險，或居住在危險地區，而容易受到外人傷害的消費者群。對汽車保險而言，也就代表很多不謹慎的司機因為購買了汽車保險，能夠比以前更加沒有負擔地開車上路了。這樣，他們的受害者為此付出的代價，將是不必要的傷亡。

過度關注政治上定義的「公平」而非風險，導致了二〇〇三年美國參議員以九十五比零的投票通過了一項法案，禁止保險公司對基因測試顯示的某些疾病的高發病率人群實施「歧視」。當然，這些人的基因恰巧如此，並不是他們的錯誤，但保險費基於的是風險而不是錯誤。通過法律禁止風險反映在保險費和保險範圍中，意味著保險費總體上必然會上升，因為不僅要補償禁止獲得關於某種風險的知識所帶來的不確定性，還要補償來自那些聲稱遭到歧視的投保者日益增多的訴訟所帶來的成本，不論這些訴訟是否屬實。這種政治思維並不是美國所特有的。法國禁止向不同性別的人收取不同的保險費，並且歐盟其他成員國也在盡力推廣這項禁令。在自由市場上，保險費或養老金費用能夠反映男性更易發生交通事故，而女性壽命更長這一事實。因此男性投保汽車保險和一般壽險時費用更高，而女性若想拿到和男性相同金額的養老金，必須付更高額的保險金，因為支付給女性的養老金年限更長。

比起區分性別並對保險和養老金收取不同的費用，不分性別的保險和養老金需要支付的總金額更多。因為當一種性別補貼另一性別時，如果有高於預期數量的女性購買年金或高於預期數量的男性購買人壽保險，保險公司的盈虧狀況就會有很大的變化。人們會自己選擇從哪家公司購買保險和養老金，因此沒有哪家公司能提前知道有多少男性或女性會購買他們的保險或養老金，儘管公司的盈虧狀況取決於不同性別的群體購買的是哪種產品。換句話說，出售不區分性別的保險單和養老基金將面臨更大的財務風險，而這一額外的風險必須通過收取更高的價格加以補償。

政府「保險」

政府應對風險的方案經常被歸類為保險，而且有時甚至就被官方稱為「保險」，雖然實際上它們並不是保險。例如，美國的國家洪水保險計畫保障的房屋，所處的位置對於真正的保險公司來說風險過高，並且國家洪水保險計畫收取的保險費也遠低於彌補其成本的必要水準，因此未補償部分就必須由納稅人來補償。此外，美國聯邦緊急應變總署（FEMA）還幫助洪水、颶風和其他自然災害的受害者恢復和重建家園。該署不只為遭受無法預知的災難的人提供幫助，還為高危險頻發地區的富裕度假社區提供幫助。

正如美國北卡羅來納州翡翠島上的一個富裕度假社區的前鎮長所說：「翡翠島基本上把聯邦緊急應變總署當成了一份保險。」憑借大量補貼的財務保護，北卡羅來納州的海岸線上興建許多危險的沿海社區。正如《華盛頓郵報》的報導：

> 「過去二十年我們經歷了前所未有的海濱小鎮建造熱潮，過去冷清的小漁村被改造成海濱勝地。土地價格上漲了一倍又一倍，海濱地段價格賣到了一百萬美元甚至更多。海邊古樸的村舍早已被有十間臥室、遊戲廳、電梯、按摩浴缸和游泳池的超大型出租住宅所取代。」

出現這樣的情形，正是由於這些建在颶風襲擊區的脆弱又昂貴的濱海房產能獲得政府資金來修繕。據《華盛頓郵報》報導，一次颶風過後，聯邦緊急應變總署購買了「價值約一千五百萬美元的沙子」，來代替被颶風從海邊吹走的沙子。

與真正的保險不同，聯邦緊急應變總署和國家洪水保險計畫這類保險項目並不會降低總體風險。人們常會在颶風和洪水高發的地方重建家園和企業，而且媒體還常對他們的這種「勇氣」大肆贊揚。但是，由此引發的經濟風險並不像保險那樣由造成風險的人承擔，而是由納稅人承擔。這就說明了政府的介入使住在高風險地區的人所要承擔的代價降低，而整個社會要承擔的成本卻增加了；當人們必須自己承擔住在高風險地區的成本時，他們將面臨高昂保險費、財產損失和時時刻刻的擔憂。

電視評論員約翰・斯托塞爾（John Stossel）的經歷就是典型的例證：

「一九八〇年，我在海濱蓋了一棟房子，很漂亮，有四間臥室，每個房間都能看到大西洋的風景。建房子的地方很荒唐，就在大海旁邊，我的房子和大海之間僅隔著一百英尺的沙灘。我父親對我說：『不要在那蓋房子，太危險了。房子不應該離海這麼近。』但我還是蓋了。為什麼？正如我面前的這位很想接受這一委任的建築師所說：『為什麼不呢？如果海水衝垮了你的房子，政府會給你錢讓你再蓋一棟新的。』」

海水在四年後沖毀了斯托塞爾先生的房子的一樓，政府進行了重修。又過了十年，海水再次撲來，整棟房屋全部被沖毀。政府於是為他的整座房子及裡面的財物支付了賠償金。斯托塞爾說他為國家洪水保險計畫保單支付的費用「極便宜」，而民營保險公司同樣的保險單無疑會「超級貴」。但這並不是為低收入者提供的保險項目。它所保障的範圍是位於馬里布的豪宅，以及富裕家庭在海恩尼斯（Hyannis）和肯納邦克波特（Kennebunkport）的度假屋。國家洪水保險計畫實際上是美國最大的財產承保者。

超過兩萬五千處房產因為不同的損失情況，從美國聯邦政府獲得過超過四次的洪水保險金。波士頓的一處房產遭受了十六次洪災，需要八十多萬美元的修繕費用，遠超過該房產本身的價值。一九七八至二〇〇六年期間，有四千五百處房產的保險賠償金超過其本身的價值，斯托賽爾的房產只是其中一例。提供地震、野火、龍捲風和其他自然災害的受災者救助及重建資金，是一種無法抗拒的政治傾向。電視上的悲慘畫面讓人顧不得思考如果他們決定住到災難倖存者住的地方情形會怎樣。據估計，卡崔娜颶風過後重建紐奧良的費用，足以發給每個紐奧良四口之家一筆八十萬美元的資金，如果他們願意的話，這筆錢足以讓他們定居到更安全的地方。但幾乎沒有人這樣做，無論是在紐奧良還是其他經常受到野火、颶風等可預見自然災害侵擾的地方。

甚至目前沒有發生自然災害，僅是對這種災難的預期也常會激起人們呼籲政府補貼。就像《紐約時報》的社論所說：

> 「隨著保險費不斷上漲，以及保險公司削減了從墨西哥灣到美國佛羅里達州東海岸和長島的住宅綜合保險，數百萬人可能馬上就買不到保險了，這將引起真正的危險。這為政府援助提供了一個令人信服的理由。」

按照這一觀點，真正的問題好像只是彌補損失，而不是搬離危險地區，從源頭降低受損的風險。私人保險公司會在高危險地區收取高額保險費，以此吸引該地區的居民搬遷。但政府對保險公司實施的價格管制導致了可預見的結果，正如上文《紐約時報》的同一篇社論中提到的：「民營保險公司在允許範圍內將保費提到最高，當它們被禁止提價時，就把超過價格的高風險房屋排除在承保範圍之外。」

政府提供的災難救助與保險公司提供的私人賠付在其他方面也有不同。民營保險公司間的競爭不僅會影響價格，而且也會影響服務。

當某一地區遭到洪水、颶風或其他災難侵襲時，A保險公司賠償速度不能比B保險公司慢，否則後果將很嚴重。

想像一下，若洪水或颶風毀壞了某個投保人的家園，在等待保險員現身之際，卻看到鄰居的保險員在第一時間抵達現場，並立即預付幾千美元應急，用來尋找臨時住所，心中會作何感想？如果A公司服務快捷、B公司反應遲鈍的評論在全美流傳開來，不僅這位消費者很可能會換掉B保險公司，全美各地其他客戶也會這麼做。對反應遲鈍的B保險公司來說，這意味著失去價值數十億美元的業務。《紐約時報》的一篇報導就印證了保險公司如何避免其行動晚於競爭對手：

「為了應對最壞的情況，一些保險公司要求汽車安裝全球定位系統，為汽車在路牌和路面毀壞的地區提供導航；而且，許多保險理賠員都帶著電腦繪制的地圖，以辨別每位消費者的準確位置。」

二〇〇五年卡崔娜颶風侵襲紐奧良後，《華盛頓郵報》報導民營部門與政府在應對災難時的差別：

「民營部門在卡崔娜颶風襲擊之前就已開始制訂計畫。家得寶公司（The Home Depot）的『作戰室』將緊急物品——發電機、手電筒、電池和木材——運到受災地區周邊的物資分發區。電話公司準備好行動通訊基地台並用發電機和燃料發送訊號。保險公司派出特別小組搭飛機趕到受災地區，並開通熱線電話處理索賠。」

我們也可以從卡崔娜颶風的重建過程觀察到兩者在反應時間上的差別：

「二〇〇五年八月，卡崔娜颶風夷平了兩座橋梁，一座供汽車通行，另一座供火車通行。這兩座橋梁橫跨在寬兩英里的水面上，將這座城市與帕斯克里斯琴（Pass Christian）連接在一起。十六個月後，公路橋梁才打好樁，而火車已在鐵路橋梁上繁忙運輸了。不同之處就在於，還沒修好的公路橋梁由美國政府所有。而鐵路橋梁則歸傑克遜維爾（Jacksonville）的CSX鐵路公司所有。卡崔娜颶風登陸後的幾周之內，CSX鐵路公司就派出了施工隊伍來修建這條貨運鐵路線，只花了六周，該鐵路橋梁就重新通車了；而公路橋梁（也是美國九十號州際公路的一部分）局部通車至少用了五個月的時間。」

在政府應急計畫中沒有競爭者，也缺乏市場競爭，而正是競爭促使民營部門迅速反應。雖然政府應急計畫可以類比保險，但卻產生不了相同的誘因和結果，政治動機甚至會妨礙自然災害救助。一九九九年印度遭龍捲風襲擊，並造成數千人死亡，該國媒體報導稱，政府不願尋求國際機構的幫助，因為害怕人們會將此看作印度政府承認自己無能。最終，災難過去兩周後，仍有許多村莊沒有得到救助和資訊。

第十五章 關於時間與風險的其他問題

資本市場的作用就是引導稀有資本得到最充分的利用。

——羅伯特・巴特利

風險最重要的一點，也許就是它不可避免。某些個人、群體或機構也許能規避風險，但其實是由其他人為其承擔風險。然而從社會整體來看，並沒有其他人能夠為它承擔風險。這看似淺顯易懂的道理，卻很容易被人遺忘。過去，當大多數人都從事農業生產時，風險普遍存在且被廣泛熟知。除了乾旱、洪水、蟲害以及植物病害等自然風險，農民在收成時還要面臨價格不確定的經濟風險。今天，風險同樣存在，但人們對風險的認知卻不再普遍，甚至沒有意識到風險的不可避免，因為現在很少人必須獨自面對風險。

如今，大部分人是領固定工資的員工，有時候工作期限也是固定的，例如公務員、教授或聯邦法官。這就意味著不可避免的風險現在都集中到了那些提供固定職業的人身上。員工所面臨的風險也絕不可能全部消除，但整體而言，比起農業社會，雇傭者社會（employee society）中風險不再清楚、直觀、具象，人們也不再任由不可掌控的自然和市場擺布。雇傭者社會的一個結果，是源於風險波動的收入常常被人視為奇怪、可疑和邪惡。相較於通過自己的工作獲得比較固定的收入，「投機者」不是美稱，「意外的收益」假使不是違法也相當可疑。

許多人認為，企業收入偏離所謂的正常利潤，政府就應該進行干預。「正常」利潤的概念也許在某些情境下有用，但在其他情況下卻會引發諸多困惑和危害。由於本身的性質和一些不可預測的情形，投資和企業家才能的報酬率並不確定。短短幾年內，甚至一年中的不同時間裡，公司利潤都可能會急劇飆升，也可能會一再遭受巨大損失。不管是利潤還是損失，都發揮著重要的經濟職能，將資源從需求小的地方轉移至需求較大的地方。如果政府介入其中，降低攀升的利潤或補貼巨大的損失，就會打破市場價格在配置具有多種用途的稀有資源中的完整作用。

在一個依靠個人報酬以獲得一切所需——不管是人力、投資、發明、研究還是管理組織——的經濟制度，都會面臨這樣的事實：即重大任務的執行和成功完成之後收到報酬之間必然存在時間間隔。不僅如此，這些時間間隔的長短也存在巨大差別。擦皮鞋的人在擦亮鞋子後立刻就能得到報酬，但從石油公司探勘石油礦床，到這些礦床的石油最終能夠在加油站出售，並獲得收入開始補償多年來的成本，這之間的時間間隔能長達十幾年甚至更久。

每個人願意等待的時間不同。承包商可以雇用那些靠打零工獲得報酬來滿足眼下需求的勞工，並創造出一項有利可賺的業務。通常這些人是不會願意在周一上午就上工，直到周五下午才領工資，因此承包商會在每天結束後就先發薪水給他們，等到工作全部完成後，再跟雇主一次結清全部費用。另一方面，有些人會購買三十年期的債券，期待退休後能增值。然而，大部分的人介於兩者之間。

在某種程度上，投入與報酬之間不同的時間間隔，必須跟無數個體的耐心以及風險承受能力的差異相協調。但為了做到這一點，必須全面確保人們能夠及時得到報酬。這就是說，必須確保某人專門擁有某些特定事物，並從這些事物中獲得經濟收益的財產權。此外，對財產權的保護，是整體社會獲得經濟收益的前提條件。

不確定性

在經濟學領域中，「風險」與「不確定性」（Uncertainty）是兩個聽起來相似，但實際上不一樣的概念。風險是可以計算的：如果你玩俄羅斯輪盤，中槍的機率是六分之一。但如果你惹惱了一位朋友，這位朋友會做什麼就不確定了，可能性包括絕交，甚至報復。它是不可計算的。

在經濟學中，風險和不確定性之間的區別很重要，因為市場競爭會更容易把風險考慮進去，無論是透過購買保險的方式，或是留出一筆可估算的錢來應對。但如果一項投資需要好幾年才能取得成效，而政府政策在此期間會搖擺不定，這樣一來市場就具有不確定性，許多投資者可能會選擇不投資，直到局勢明朗。當投資者、消費者和其他人僅因為不確定性而收緊錢袋的時候，帶來的需求缺乏會對整個經濟產生不利影響。

二〇一三年，《華爾街日報》上一篇題為〈不確定性是復甦的敵人〉（Uncertainty Is the Enemy of

Recovery）的文章，指出即使經濟復甦緩慢，許多企業仍「發展不錯，有資金可進行投資」，該文接著設問：「他們為什麼不將更多的資金注入經濟、創造就業、刺激國家經濟引擎呢？」答案是：不確定性。據某金融顧問機構估計，美國經濟在近兩年時間內的不確定性將帶來兩千六百一十億美元的成本。此外，如果能消除當前的不確定性，預計每月將會新增四萬五千個工作機會，兩年時間就能超過一百萬個機會。

這種情況非美國特有，也不是二十一世紀初才有的經濟問題。在一九三〇年代大蕭條時期，羅斯福總統說過：

「國家需要——除非我弄錯了——也要求大膽而鍥而不捨的實驗。試用並採取一種方法，這應該成為一種共識。如果失敗，坦率地承認失敗，再去嘗試另一種辦法。但最重要的是，一定要敢於嘗試。」

無論政策優缺點如何，這種方法會產生不確定性，使投資者、消費者和其他人不願意花錢，因為政府將如何改變管理經濟的規則，或政府不可預知的規則變化會導致怎樣的經濟後果，他們對此無法形成可靠的預期。在大蕭條時期，貨幣流通速度因為不確定性而下降，但有些人卻認為這是因為經濟復甦需要時間。

時間與金錢

古諺說：「時間就是金錢。」這句話不僅正確，而且含義深刻。它意味著，誰有能力拖延，誰就能把成本強加到其他人身上，而且有時候是極高的成本。

例如，計畫建造住房的人，通常會借款數百萬美元來建設房屋或公寓大樓，並且必須為貸款支付利息，不管他們的建設是否按計畫進行，是否因法律問題、政府官員拖拉而延期。房屋建設可能會因為環境危害接受調查，也可能因為是否應該增加各種基礎設施，如公園、池塘或腳踏車專用道，包括一般大眾福利設施，以及房屋將會出售給誰、出租給誰等問題，在地方計畫委員會內部或委員會與建築商之間引起爭論。這些都會造成房屋建設本身很高的利息支出。

權衡一下這些公共設施的成本與延期的成本，建築商或許會決定聽從地方行政官員的指示，加裝建商或購屋者並不需要的設施，但他們最終會從更高的房價和更高的租金得到回報。最大的成本可能會被掩蓋起來，即第三方通過延緩建設進程帶來的額外成本強加於建築商，減少了房屋和公寓的建成數量。總之，當A通過低成本的延期，將高成本強加給B時，A就可以剝削B的錢財或者阻撓B從事A不喜歡的活動，或兩種情況兼有。

全世界的人都喜歡抱怨政府官僚效率低下，這不僅是因為官僚不論效率高低都能領取相同數額的薪水，而且還因為許多國家的貪污官僚能在收受賄賂後加快辦事速度，並用這樣的方式來增加自己的收入。政府權力範圍越大，繁文縟節越多，因延誤而強加的成本就越大，可以敲詐的賄賂也就越多。

在貪污腐敗不太嚴重的國家，賄賂的形式可能包括為了政治目的強制他人做某事，例如強制建築商建造第三方想要的建築，或為了迎合當地房東和環境保護者想保持現狀的意願，而禁止建商在當地建樓。在比較計畫延誤所帶來的代價後——比方說，得繳交好幾百萬的貸款利息，而在進行環評程序時，這些借來的錢等於閒置——環評報告的成本或許相當低。

即使報告最終認定建造過程不會造成任何環境危害，報告本身卻引起了相當大的經濟損失，有時這些損失足以令建築商放棄建設計畫。結果就是，管制機構以強權隨意施加的強大不確定性，以及由此帶來的不可預測，會讓其他建築商遠離這一領域。

對進口水果、蔬菜、鮮花或其他不宜長期保存的物品實施的衛生條例，也適用同樣的原則。雖然這些規範或許具有正當功用，正如環保相關規範那樣，但仍掩蓋不了以下事實：這些規範可能會被有心人士利用，透過延誤把較高的成本強加在他人身上，藉此防止人們進行其反對的事情。

時間就是金錢還體現在另一方面。當政府無法支付許諾的養老金，通過修改退休年齡就可以推遲支付的時間。只要將退休年齡提高幾歲，就可以節省數百億美元。違背這一合約，就相當於政府對數百萬人的財政責任的違約。然而對那些不認為時間就是金錢的人來說，他們會從政治上用全然不同的方式做出解釋。

退休年齡不僅關乎政府官員，還涉及民營企業的員工，因此政府不僅違背了自己的承諾，還打破了私企雇主與員工之間早先簽訂的協議。在美國，憲法明確禁止政府改變私有企業的合約條款；但近些年來，法官總會無中生有地「解釋」這一法律條款。

政府改變私企雇用協議的條款，最終會在政治上表述為是為了解決對年老勞工的「強制退休」。事實上，強制退休即使存在，也很少。現實中企業不再有義務雇用那些超過一定年齡的前員工，但這些人可以自由地在其他願意雇用他們的地方工作，而且通常還能繼續領取養老金。因此，從哈佛大學退休的教授可以在加州大學的某個校區教書，軍官也可以去生產軍事裝備的公司工作，而工程師或經濟學家可以到顧問公司上班，許多其他職位的人都可以向願意雇用他們的人販售自己的技能。

雖然沒有所謂的強制退休，但熟悉政治辭令的人，卻能將政府不履行支付養老金給既定年齡勞工的行為，描述成對老年勞工的一種道德救助。這無疑是在一心謀私利之下，將數十億美元的財政責任從政府轉移到民營企業的雇主身上。

有時候時間也有成本，但時間成本往往不是有意為之的結果，而是由於不願為未達成的協議付出任何代價的敵對個人或群體僵持不下的副產品。

例如，二〇〇四年，人們對重建一九八九年因地震損毀的舊金山海灣大橋產生了爭論，由此引起的拖延，使得在二〇〇五年重新開工前增加了八千一百萬美元的額外成本。二〇一三年九月，新大橋終於落成並通車，這已是地震後的第二十四年。

記住，時間就是金錢，它能抵抗政治囈語，且它本身也是一條重要的經濟原則。

經濟調整

時間在其他方面也很重要，因為大多數經濟調整都需要時間。也就是說，決策所產生的影響會隨著時間慢慢展現出來，而且針對不同的決策，市場調整速度也不同。

經濟後果不會馬上顯現，這一事實使得許多國家的政府官員能犧牲未來，創造當前收益，在政治上大獲成功。政府養老金計畫就是一個經典的案例，因為大多數選民很樂意被納入政府養老金計畫，只有少數經濟學家和精算師指出，政府承諾的福利並沒有足夠的財富來支持。然而，只有等幾十年後，經濟學家和精算師才會被證明是正確的。

人的遠見有限，因此風險隨時間而來。這種固有的風險，必須與賭博或俄羅斯輪盤產生的風險嚴格區分開來。用來應對不可避免風險的經濟活動，會設法最小化風險，同時將風險轉移到最有能力應對它們的人那裡。接受這些風險的人通常不僅有足夠的經濟資源來經受短期損失，且在某些情況下要比那些轉移風險的人更能降低風險。例如，大宗商品投機商可以從事比農民更廣範圍的風險活動，來全面降低風險。

雖然全球小麥大豐收使小麥價格遠低於播種時預期的價格，並導致種植小麥的農民遭受損失，但相似的災難卻不可能同時打擊小麥、黃金、家畜以及外匯，因此對這些商品進行投機的專業投機者，相比那些只對其中一種商品進行投機的人（如種植小麥的農民），承受的風險要小得多。

投機者具有的各類統計知識或其他專業知識，能進一步降低風險，遠低於農民或其他生產者所面臨的風險。更重要的是，從稀有資源的利用效率來看，投機降低了整個經濟的風險成本。除了有更多人因為有保障的市場，而能在晚上睡個好覺，還有一個重要的影響就是，更多人能在高風險條件下進行生產了。換句話說，雖然投機者對如何種植大豆一無所知，不過由於大豆投機者的存在，經濟體能夠生產更多的大豆了。

理解將不同經濟群體相互聯繫在一起的共同利益非常重要，農民和投機者只是其中一個例子；而最重要的是理解這種共同利益對整個經濟體產生的影響，因為媒體為了提高報紙發行量和電視節目收視率，熱衷於強調爭議，共同利益因此常常遭到忽視和扭曲。政客同樣會將不同的群體描述成是彼此針鋒相對的敵人，聲稱自己是某一群體的救世主，並從中獲益。例如，當小麥價格飆漲時，抱怨投機者可以舒服地坐在空調辦公室裡數鈔票，農民卻要連續數月在炎熱的太陽底下揮汗如雨地辛苦勞動，沒有比這種抵制不公平的呼籲更容易蠱惑人心的了。當然，這時候大家都忘了在豐收之年，投機者遭受經濟重創，農民卻因為有投機者提供的保障價格而能舒服度日。

同樣地，當即將出現的或預期的短缺抬升價格，政客及媒體就會對過高的零售價格感到憤怒，因為賣方從供應商那採購商品的價格很低。但是，商品以前的成本是歷史；當前的供需狀況才是經濟。

例如，一九九一年波灣戰爭早期，人們預期中東地區石油出口可能因即將到來的軍事行動而受阻，於是全球油價大幅上升。有鑒於此，一位投機商租用一艘油輪，從委內瑞拉購買了一整船石油運到美國。然而，在該油輪到達美國港口之前，波灣戰爭比預期更早地結束了，於是油價下跌，導致投機商只能以低於成本的價格出售石油。在這種情況下道理也是一樣，他在過去支付的成本已經成為歷史，現在得到的才是經濟。

從整體經濟來看，不同預期、不同時間購買的不同批次的石油，在今天一同進入市場時都是一樣的。只要目標是以最有效的方式來配置稀有資源，就沒有理由設定不同的價格。

時間與政治

政治和經濟在處理時間的方式上截然不同。例如，城市公車的票價太低顯然會導致公車在損壞時無法加以替換。長遠來看，符合邏輯的經濟結論是提高票價。然而，以「不公平」來反對提高票價的政客，可能會在下一屆選舉中獲得乘客的選票支持。而公車不會立刻損壞，也不可能在將來某一時日同時損壞，因此票價過低的影響不會即刻全部顯現出來，而是分散在不同的時間裡。多年之後，很多公車出現故障或報廢，卻沒有足夠多的新車來替換，到那時乘客才會發現等車的時間似乎變長了，公車也不再像往常那樣按照計畫的班次抵達。

當城市交通系統變得糟糕無比，人們就會遷離城市，進而導致稅收流失。此時距離發生公車票價政治爭議的時候已久遠，很少會有人記起這場爭議或明白它與當前問題之間的關係。與此同時，那些因扮演維護公車乘客利益的角色而深受歡迎，並在市政選舉中獲勝的候選人，現在也已晉升到州政府甚至國家政府中了。隨著稅基的下降，城市服務惡化，基礎設施被忽略，昔日公車乘客心中的英雄人物甚至會自詡說他們擔任市政官員時情況要好得多，並將當前的問題歸罪於繼任者的無能。

然而，在經濟方面，未來的影響可以用「現值」來預期。如果公車票價不是由市政府來管制，而是由自由市場上營運的民營公車公司制定，如果在財務上有任何疏忽，以致無法讓公車在損毀時加以替換，就會立刻導致該公車公司股票價值下降。換句話說，那些關注資金安全性和盈利能力的專業投機者對長期影響的預測，會導致公車公司現值的下降。

如果公車公司的管理者決定維持較低的票價，或決定提高管理人員的工資，而不是預留一部分資金用來維護公車，會導致公車報廢後無法得到重置，但九十九％的大眾不會意識到這件事或它的長遠影響。剩下一％的人中最有可能意識到這一點的，就是那些擁有公車公司股票，或考慮購買該公司股票，以及貸款給該公車公司的金融機構負責人。這些投資家、潛在的投資家或債權人會檢查公車公司的財務帳目，並且早在第一輛公車報廢之前，就已經看出該公司的現值已開始下降。

在其他情況下，市場經濟使得精確的知識能夠有效地影響決策制定，即使九十九％的人並不具備這樣的知識。然而在政治上，九十九％無知的人卻能立刻使民選官員和那些最終危害整個社會的政策在政治上獲勝。期望大眾都成為金融或其他方面的專家顯然是不理智的，因為一天只有二十四小時，而且人們還要生活。更理智的做法是，讓更多選民認識到通過政治過程制定經濟決策的危險性。

時間能夠讓規模經濟從經濟優勢變成政治債務。一家公司斥巨資投資一項固定設施，如大型汽車工廠、水壩、摩天大樓，這些不能移動的資產極易成為當地高稅收或工會員工的目標，工會員工可以罷工，使它關閉並使其遭受巨大損失，直到公司滿足他們的要求為止。如果勞動成本只占企業鉅額投資成本的一小部分，為了使數十億美元的投資運轉下去，即使將工資增加一倍也是值得的。但這並不代表投資者會任由公司或產業的報酬率無休止地降低。因為在經濟的其他方面，一個因素發生變化就會對其他方面產生影響。

雖然工廠或大壩不能移動，但辦公人員——即使是國內或國際公司總部的員工——卻能夠很容易地轉移到其他地方。正如紐約的情況，高稅收導致許多大公司將總部搬出了該城市。

如果時間足夠長，甚至有著大型固定設施的產業也會改變它們的區域分布，並不是真正地轉移已有的大壩、建築物或其他設施，而是避免在老工廠或老設備所在的沒有前景的地方建設新設施，他們會將新的、更先進的設施或裝備安置到能夠很好地把企業當作經濟資產，而不是經濟獵物的區域。同時，那些把企業當作獵物的地區，典型的如底特律，當企業紛紛離開，稅收和就業機會隨之而去，還會遭到世人同情，認為是運氣不好。

一家酒店不能跨越州界，但一家連鎖酒店卻可以在任何地方開設新的酒店。一家擁有最新技術的新鋼鐵廠同樣可以在任何地方設廠，而那些老式陳舊的鋼鐵廠要不是倒閉就是被淘汰。在公車公司的案例中，票價過低導致公車公司無法在長期中維持同等水準和品質的服務；同樣地，由於時間間隔過長，很少有人將過去的政策和事件，與目前某些地區青年就業機會減少、稅基減少以及公共服務無以為繼的衰敗聯繫在一起，這些地區就成為「鐵鏽地帶」（rustbelt）。

「鐵鏽地帶」並不只代表失去工作機會的地區。即使是在高度繁榮的地區，工作也一直在消失。區別在於，商業發達地區一直有新的工作取代原有的工作。但是「鐵鏽地帶」是因高稅收、政府和工會的繁文縟節等損害效率，而導致企業無利可圖的地區，幾乎不會有足夠的新工作來代替原有的工作，而原有的工作隨著時間推移以及經濟環境的變遷將逐步消失。然而，政客和媒體可能只注意到原來的工作已經消失，卻未曾注意到沒有出現替代的新工作，這些新的工作沒有留在那些仇視經濟活動的「鐵鏽地帶」，而是轉移到了其他的地方。

時間與預期

雖然很多政府官員除了下一屆選舉對其他都漠不關心，然而受制於政府法律和政策的個體公民卻能夠預見這些法律和政策產生的影響，會與最初的目標截然不同。例如，當政府撥出一部分資金用來幫助有學習障礙和心理問題的兒童時，隱含的假設就是這類兒童的數量或多或少是既定的。但是，這筆資金促使人們把更多的兒童被歸為具有學習障礙和心理問題。負責這些兒童項目的組織會根據哪些問題容易獲得政府資金，而將一些有問題的兒童診斷為具有這些特定的問題。許多依靠福利救濟的低收入母親甚至會讓她們的孩子在考試以及學校中表現得差些，以便能夠為微薄的家庭收入增添一些資金。

新的法律和新的政府政策往往會產生意想不到的後果，因為受法律和政策影響的對象會對改變後的誘因做出反應。例如，二〇〇五年的新破產法使美國人越來越難以透過破產來擺脫債務。在沒有該法案的時候，美國平均每周有三萬家公司申請破產，就在該法案生效之前，申請破產的公司數量達到每周四十七萬九千多家，而在新法案生效後立刻降至每周四千家。顯而易見，許多人都意識到破產法的變化，並在新法律生效之前匆忙申請破產。

有些第三世界國家的政府試圖沒收土地，重新分配給貧窮的農民，而重新分配土地的政治運動與實際轉讓土地之間可能相隔多年。這些年間，現有土地所有者對未來的預期，會導致他們放鬆對土地的維護，並放棄獲得長期受益，因為這些長期收益需要投入時間和金錢除草、灌溉、築柵欄和其他土地維護工作來獲得。當土地真正到窮人手上時，土地狀況可能變得非常差。正如一位發展經濟學家曾提出的，土地改革有可能是「對無力承受者開的一個糟糕玩笑」。

揚言要沒收富裕的外國人的財富——不論是土地、工廠、鐵路還是其他東西——在政治上廣受歡迎，於是很多第三世界國家的領導人做出這樣的威脅，即使他們也很害怕真正實施這些威脅所帶來的經濟後果，因此並不會真正去實施。以二十世紀中期的斯里蘭卡為例：

「雖然理想的共識認為外國房地產應該國有化，但執行國有化的決定卻往往被習慣性地擱置。不過它仍是一個非常有力的政治威脅，不僅使倫敦證券交易所的茶葉公司股票價格一直偏低，也嚇跑了外資與外國企業。」

甚至是非常一般的威脅或不負責任的聲明都會對投資產生影響，例如馬來西亞在一次經濟危機期間的表現：

「馬來西亞前總理馬哈地．穆罕默德（Mahathir Mohamad）試圖將危機歸罪於猶太人和白人『仍然想統治世界』；但是每當他指責一些外國替罪羊時，馬來西亞的貨幣和股票市場就會下跌五個百分點。於是他的大嘴巴逐漸閉上了。」

總而言之，人類是具有遠見的，無論是地主、領取救濟金的母親、投資者、納稅人或其他任何人都是。可是著手推動政策的政府往往過於天真，以為只會發生他們所預期的效應，但結果往往出乎他們意料之外，因為人們在面對這些政策時，會基於使自己受益或保護自己而做出各種反應，這些反應帶來的副作用常使政策產生的結果與計畫全然不同。

先見之明會在許多不同種類的經濟中，以各種形式出現。例如，在通貨膨脹期間，人們手裡的錢會花得更快，他們會囤積日用消費品和其他實物資產，這就加劇了市場上不斷減少的實物商品與不斷增多的用來購買商品的貨幣之間不平衡。換句話說，當貨幣迅速失去價值而無法發揮作用時，人們就會預期無法在將來獲得所需的商品，也就會預留一些資產以備不時之需。在一九九一年蘇聯惡性通貨膨脹期間，消費者和企業都在囤積貨物：

「囤積達到了前所未有的規模，俄羅斯人囤積了大量的通心粉、麵粉、醃菜和馬鈴薯，堆積在他們的陽台上，冰箱裡也塞滿了肉和其他易腐爛的商品。」

就連企業也同樣以實物交易，而不是使用貨幣：

「到一九九一年，企業更願意相互使用貨物支付，而不是俄羅斯盧布（事實上，最聰明的工廠經理也因受到國內和國際實物交易的衝擊，不再支付員工俄羅斯盧布，而是發放食物、衣服、日用品甚至是古巴蘭姆酒）。」

對社會和經濟政策的討論常常根據其所宣揚的目標，而不是它們所引發的誘因。對許多人來說，這未免有些目光短淺。對政客來說，他們關注的時間範圍通常僅限於下一屆選舉為止，這表示任何一個廣受歡迎的目標都會為他們爭取到大量的選票，而它的長遠影響往往需要很長時間才會顯現，無法在選舉期與政治聯繫起來；而且隨著時間的流逝，這種因果關係很難得到證明，除非使用大部分選民都無法掌握或無法使用的複雜分析方法。

然而，在民營市場，人們可以雇用專家來做這樣的分析，並進行預期模擬。因此，債券評級服務機構穆迪（Moody）和標準普爾在二〇〇一年調低了加州的債券信用評等，雖然當時並沒有發生違約，而且該州預算仍有盈餘。穆迪和標準普爾的判斷依據是加州電力危機會耗費巨大成本，這可能會在未來幾年內給該州財政帶來非常大的壓力，於是提高該州債券違約或延遲付款的風險，這相當於部分違約。在這些機構調低加州債券評等一年後，加州的鉅額預算盈餘突然變成巨大的預算赤字，震驚世人。

THE NATIONAL ECONOMY

|第五部分|

國民經濟

第十六章 國民產出

評判一個經濟體成功與否，基於常識所作的觀察與統計數據都是必要的。

——英國作家暨精神科醫師　西奧多．達勒普爾（Theodore Dalrymple）

有些基本經濟原理適用於特定市場上的特定產品與勞務，也有些經濟原理適用於整個經濟。就像存在對特定產品和勞務的需求一樣，也存在著對整個國家總產出的總需求。不僅如此，總需求會上下波動，正如單樣商品的需求會波動一樣。一九二九年股市大崩盤後的四年間，美國的貨幣供給下降了驚人的三分之一。這意味著，**在舊的價格水準**（包括以前的工資水準）上無法售出和以前一樣多的商品，或雇用一樣多的人了。

如果價格和工資也立刻下降三分之一，那減少後的貨幣供給就仍可購買如以前一樣多的商品，而且同樣的實際產出和就業也可以繼續保持。實物產出的數量將保持不變，只是產品標價降低了，因此雖然工資減少了，仍可購買到和以前一樣多的商品。但實際上複雜的國民經濟根本不可能做出這樣迅速、完美的調整，因此就出現了總銷售量的大幅度下降，以及相應的產量和就業下降。一九三三年，美國的實際產出相較一九二九年降低了四分之一。

股票價格暴跌，嚴重縮水，美國的公司普遍經歷了連續兩年的虧損經營。失業率也從一九二九年的三％上升到一九三三年的二十五％。這是美國歷史上最嚴重的經濟災難。而且，不僅在美國，全球都遭遇了蕭條。德國在一九三二年的失業率達到了三十四％，為納粹在一九三三年獲得選舉的勝利埋下伏筆，而這次選舉勝利又促使希特勒在一九三三年掌權。在世界各地，一九三〇年代大蕭條所帶來的恐慌、政策和制度直到二十一世紀仍清晰可見。

合成謬誤

我們在討論某些特定商品、產業或職業的市場時適用的一些原理，雖然可能在討論國民經濟時也同樣適用，但我們不能事先假定情況始終如此。考慮國民經濟時，一個特殊的問題就是避免哲學家所說的「合成謬誤」，這種錯誤的假設認為，適用於局部的東西也自動地適用於整體。例如，一九九〇年代的美國，新聞裡充斥著企業和產業大幅減少就業機會，一些大公司裁員數萬人，一些產業裁員數十萬人。然而，一九九〇年代美國整體經濟的失業率卻是最低的，而全美增加的工作數量也達歷史新高。

媒體報導的各個經濟部門的情況，與整個經濟的真實狀況恰好相反。

合成謬誤的另一個例子是，加總所有的個體投資得出一個國家的總投資。例如，都個人購買國家債券時，對個人來說它是一份投資，但對整個國家而言，實際投資並沒有比沒有這些債券時有所增長——

沒有新建工廠、辦公大樓、水壩等。個人所購買的，只是未來從納稅人那裡徵收來的稅收的一份權利。對個人來說的額外資產是納稅人的額外負擔，對整個國家來說兩者相互抵消。

合成謬誤並不是經濟學特有的錯誤。在體育館裡，任何一個人只要站起來就能更清楚地觀看比賽，但如果每個人都站起來，那就誰也沒辦法看清楚比賽。在一座起火的大樓裡，對任何人來說，逃生時用跑的肯定比用走的更快。但如果每個人都跑起來，那人們的驚慌逃竄很可能會把門口堵住，導致更多不必要的喪命。這也是為什麼需要火災演習，這樣人們就能養成在緊急情況下有序撤離的習慣，挽救更多生命。

合成謬誤的核心問題是它忽視了個體之間的**相互影響**（interactions），也就使得對個人來說正確的東西對所有人來說卻是錯誤的。

關於合成謬誤，一個普遍的經濟案例就是，在一些因各種原因引起的高失業率的產業中嘗試「保住工作機會」。對任何一個企業或產業來說，不論是通過補助、由政府機構購買企業或產業產品，還是通過其他形式，總能在政府介入後被挽救。支持這些政策的人忽視了事物間的相互影響，而政府花費的每一筆錢都是從別人那裡獲得的。在零件產業保住了一萬份工作，可能會因為政府從其他經濟部門徵稅，導致這些部門的資源流失一萬五千份工作。這一謬誤並不在於相信能夠保住某些特定產業或經濟部門的工作，而是在於相信能夠保住整個經濟體的淨工作。

產出與需求

要理解國民經濟，最基本的指標之一就是總產出加總後的數量。我們也需要理解貨幣在國民經濟中的重要作用，這一點我們在一九三〇年代的大蕭條中已清楚瞭解。國民經濟中另一個重要因素幾乎總是政府，雖然它並不是在每個產業都很重要。和其他領域一樣，國民經濟領域的事實相對簡單且不難理解，複雜的是澄清誤解。

不斷增加的產出，最終會超出經濟的吸收能力，這種擔憂是國民經濟中的一個最久遠的困擾。如果真是這樣，大量賣不出去的商品會導致產量的持續削減，進而導致大量持久的失業。在過去的兩個多世紀中，這種觀點不時出現，雖然經濟學家通常不這樣認為。然而，二十世紀中期，一位名叫西摩・哈里斯（Seymour Harris）的哈佛大學經濟學教授似乎表達了這樣的看法：「私有經濟面臨著一個棘手的難題，就是將其生產出來的產品銷售出去。」一九五〇年代，暢銷書作家萬斯・帕卡德（Vance Packard）表達了同樣的擔憂，他認為「商品、設施以及生活裝飾品的大量過剩」已變成美國的「重大國家問題」。

羅斯福總統將一九三〇年代的大蕭條歸咎於某類人，這些人「手上生產的產品超過了其購買力」。一本被廣泛使用的歷史教科書是這樣來解釋一九三〇年代大蕭條的起源的：

「是什麼導致了大蕭條？一個基本的解釋是農場和工廠生產過剩。諷刺地是，一九三〇年代的蕭條是出於過剩，而不是需求。這是『巨大的過剩』或『充足的災禍』。」

然而，今天的產出是大蕭條時期的好幾倍，是十八和十九世紀產出的許多倍，當時有人也表達了相似的觀點。為什麼巨大的產出沒有在今天造成長期以來人們擔心的問題：沒有足夠的收入來購買不斷增加的產出？

首先，雖然收入通常用貨幣來衡量，但是實際收入是由這些貨幣能夠購買什麼物品、購買多少實際的產品和勞務來衡量的。國民產出同樣由實際產品和勞務構成。國民經濟中每個人的實際收入總和與國民總產出是一回事。它們並不是在特定的時間或地區恰巧相等。它們必定相等，因為它們是從不同角度觀察到的同一事物：從收入的角度和從產出的角度。基於產出超過實際收入而擔憂經濟增長存在長期阻礙，不論是在今天還是在過去幾個世紀（當時的產出僅是今天的一小部分）都是毫無根據的。

為「總產出會超過實際總收入」這一觀點披上合理外衣的，是產出和收入都會隨時間而波動，而且有時候波動非常劇烈，像在一九三〇年代。某些時候，出於某種原因，消費者或企業或兩者都可能不願意花費他們的收入。由於每個人的收入都取決於別人的消費，這種遲疑就會降低總貨幣收入，以及與之相關的總貨幣需求。如果各項政府政策帶來不確定性和擔憂，也會讓個人和企業不願意花錢，直到他們看清楚結果會如何。

當數百萬人同時採取這樣的行動，就會讓事情惡化，因為總需求將在總收入和總產出以下。如果人們不再盡其所能地消費和投資，經濟就不能繼續全力生產，因而產量削減和失業就會隨之而來，直到這一問題得到自我調整。

這種情況是如何發生的？自我調整需要多長時間？什麼政策最有利於解決問題？對於這些問題，不同學派的經濟學家並沒有達成一致。然而，經濟學家普遍同意，這種情況區別於有些人擔憂的單純由於人們缺少購買所有物品的收入而供過於求的情況。人們所缺少的只是將他們的收入進行消費和投資的意願。

僅是把一部分收入儲蓄起來並不一定會降低總需求，因為儲蓄在銀行或其他金融機構的錢隨後會借貸出去或用作其他投資。不論是用於買房、建設工廠還是其他用途，不管怎樣，這些錢將會被不同人用於不同地方。由於總需求的減少，消費者、投資者或者兩者同時會由於各種原因而在花錢時遲疑不決。這時當前的國民產出無法全部銷售，生產者就會削減產量以保證產出能夠售出，同時價格又能彌補成本。當這種情況在整個經濟中蔓延，國民產出就會下降，失業就會升高，因為產出減少，所需的勞工數量就會減少。

一九三〇年代大蕭條時期，一些人把錢藏在家裡的罐子裡或床墊下，因為銀行大量破產使得他們不再信任銀行。隨之而來的是總需求下降，因為這些藏在家裡的錢也沒有用於投資。

一九二九年的國民產出以當年的美元計算為一千零四十億美元，到一九九三年下降到五百六十億美元，從中可以看出大蕭條的嚴重程度和持續時間。考慮到大蕭條期間貨幣價值的變化，直到一九三六年美國才恢復到一九二九年的實際產出水準。一個經濟體花費七年時間才回到原來的產出水準極為罕見，但也只是一九三〇年代大蕭條的諸多意外之一。

衡量國民產出

我們在第十章對個體進行探討時，分析了收入和財富之間的區別，在探討整個國家的收入與財富時，這種區別也同樣適用。一個國家的總財富包括它在過去積累的一切事物，而它的收入和國民產出是當年生產的物品。積累的財富和當前的產出在不同的方面都非常重要，因為它們表明有多少資源可以用於不同的目的，這些目的包括維持或改進人們的生活水準，或發揮政府、企業以及其他組織的功能。

一年中的國民產出可以用多種方式來衡量。目前最常用的衡量指標是國內生產毛額（Gross Domestic Product，簡稱GDP），它指一國國境內生產的所有產品和勞務的總和。一個歷史更悠久的相關指標是國民生產毛額（Gross National Product，簡稱GNP），它指一國國民生產的所有產品或勞務的總和，不論這些國民及他們擁有的資源處於哪個國家。這兩種衡量國民產出的指標非常相近，若不是經濟學家，根本不必在意其中的差別。例如美國的GDP與GNP間的差異還不到一%。

我們必須要明確區分，衡量一年內的國民產出的指標：實際收入**流量**（flow），與衡量一定時期內的財富積累**存量**（stock）的指標。[1]在某個時期，一國可通過消耗部分過去積累的財富存量，獲得超越當前產量的生活水準。例如，第二次世界大戰期間，美國停止汽車生產，並把以前生產汽車的工廠用來生產坦克車、飛機與其他軍事裝備。這就表示當前的汽車存量只會隨著時間而報廢，不會被新的汽車替代。大多數電冰箱、公寓樓和其他國內財產也都如此。戰時政府海報這樣寫道：

「物盡其用！勉力為之！化無為有！」

第二次世界大戰結束後，汽車、電冰箱、住房以及其他國民財富的生產都經歷驚人的增長。這些物品曾因為服務於緊急的戰時需要被逐漸損耗掉。一九四四年至一九四五年間，即戰爭的最後一年，消費者擁有的耐用品的實際價值都下降，而在以後的五年間，耐用品的實際價值卻翻了一倍以上，因為在戰爭中被耗盡的耐用資產存量得到重新補充。這是前所未有的增長率。戰後貿易也經歷了與耐用品同樣快速的增長。

正如國民收入並不是指貨幣或其他紙上資產一樣，國民財富也不是由這些紙製品構成的，它由貨幣能夠購買到的產品和勞務構成。否則，任何國家只要印更多的貨幣就能立刻變得富有了。有時候，國民產出或國民財富是由當時的貨幣價格加總而成的，但大多數嚴謹的長期研究使用實際值來衡量產出和財富，把不同時間的價格考慮在內。對產出或財富的衡量必然是一個不準確的過程，因為不同物品的價格會隨著時間的變化而變化。例如，從一九〇〇年到二〇〇〇年的一個世紀中，美國的電力、雞蛋、腳踏車和衣服的實際成本都下降了，而麵包、啤酒、馬鈴薯和香煙的實際成本都上升了。

1 瞭解微積分的人可以將前者看作微分，而後者看作積分。

不斷變化的產出組合

隨著時間變化的並不只有價格。構成國民產出的實際產品和勞務也隨著時間不斷變化。一九五〇年的汽車與二〇〇〇年的汽車並不一樣。老式汽車通常沒空調、安全帶、防鎖死剎車系統或在過去幾年中新增的其他功能。因此，當我們試圖測量汽車生產實際增加了多少時，只計算兩個時期的汽車數量將忽視汽車間的巨大差異，而武斷地將它們定義為同一樣東西。市調公司 J.D. Power 在一九九七年進行的一項調查顯示，當時的汽車和貨車都是有史以來最好的車輛。同樣地，二〇〇三年，《消費者報告》（*Consumer Reports*）雜誌關於運動型多用途汽車（SUV）進行了一則報導，開頭這樣寫道：

「報告中測試的五輛SUV，總體表現都比五年前最好的SUV更好。」

隨著時間推移，住房的品質同樣也發生了變化。與二十世紀中期的美國住房相比，二十世紀末美國的普通住房面積更大了，房子的臥室更多了，而且更多房子安裝了空調和其他便利設施。僅計算兩個時期住房的數量並不能告訴我們住房的產量增加了多少。從一九八三到二〇〇〇年之間，美國新建的獨戶房子的平均面積，就從一五六五增加到了二〇七六平方英尺。

雖然這些問題可以留待專業的經濟學家和統計學家來解決，但對其他人而言也至關重要，至少他們要明白以上這些問題，才不會被出於某種利益到處宣揚某些數據的政客或新聞評論員所誤導。使用同樣的詞，如一輛「汽車」或一處「住房」，並不代表討論的是相同的東西。

在一個世代中，構成國民產出的產品和勞務發生了巨大的變化，統計數據的比較實際上毫無意義，因為他們是在拿蘋果與橘子作比較。二十世紀初，美國的國民產出還不包括飛機、電視機、電腦或核能發電站。到二十世紀末，美國的國民產出已經不再包括打字機、計算尺（在計算機出現之前曾是工程師的必備工具），以及曾經廣泛使用的與馬有關的大量裝備和用品（馬曾是世界各地的基本交通工具）。

不同時期GDP的構成差異巨大，在這樣的情況下說二〇〇〇年的GDP比一九〇〇年的增加了百分之幾是否有意義呢？說今年的產出比去年增加五％或降低三％可能有一些意義，因為這兩年的產出所包含的物品大致雷同。但時間跨度越大，這種統計方式就越不具意義。

對不同時間段的數據進行比較時，遇到的另一個更複雜的問題是，測量實際收入需要對存在通貨膨脹偏差的統計數據進行調整。調整貨幣收入要考慮生活成本，而生活成本是根據人們日常購買的一些物品的成本來衡量的。這種方法的問題在於，人們購買什麼東西受到價格的影響。錄影機剛出現時，每台售價三萬美元，並在專售奢侈品的尼曼馬庫斯百貨（Neiman Marcus）出售。多年後，其價格下降到兩百美元以下，錄影機才被廣泛使用，也就被囊括進用來決定生活成本（用消費者物價指數〔Consumer Price Index，簡稱CPI〕來衡量）的物品組合中。但錄影機價格在前些年的急劇下降，並不影響匯總成消費者物價指數的統計數據。

無數商品也經歷了這種從只有富人能買的稀有奢侈品，轉為大多數消費者都買得起的普通物品的模式，因為只有變成常用商品，才能被納入決定消費者物價指數的產品和勞務組合中，而它們的價格決定了消費者物價指數。

因此，一些價格下降的商品並沒有用來衡量生活成本，一些價格上升的常用物品卻被計算在內。消費者物價指數和其他生活成本衡量標準中還存在另一個深刻的通貨膨脹偏差，有些商品的價格上升了，但品質也上升了，因此價格上升並不必然反映通貨膨脹，只有相同品質物品的價格上升才代表通貨膨脹。我們可以從一些主張中看到這些偏差的實際影響和政治影響，如聲稱美國人的實際收入在過去幾年中下降了。實際工資就是對由消費者物價指數衡量的生活成本做出調整後的貨幣工資。但是，如果該指數偏高就表示實際工資偏低。

許多經濟學家對消費者物價指數的預測，平均偏高一個百分點或更多。這意味著，當消費者物價指數反映每年通貨膨脹率為三%時，事實上很有可能通貨膨脹率為二%。雖然看起來差別很小，但造成的後果卻不小。

每年一個百分點的差異，如果累積二十五年，屆時美國人的平均年收入大約被低估了九千美元。換句話說，二十五年後，一個三口之家的美國家庭，實際年收入要比基於實際工資的官方統計高出兩萬五千美元。

媒體和政治上的警告說，統計數據顯示實際工資隨時間下降，但這常是一種統計結果，而不是實際生活情況。正是在「實際工資下降」期間，美國的人均消費大幅度上升，人均淨資產也漲了一倍多。

衡量生活水準變化時的另一問題是，很多工作薪酬增加的形式是增加與工作相關的福利，而不是直接增加工資。因此，在美國「實際工資下降」時期，總薪酬卻增加了。

國際比較

比較同一時期的兩個不同國家的產出，也會出現比較同一個國家不同時間的產出時會遇到的問題。加勒比海國家的產出基本上是由香蕉和其他熱帶作物構成，而斯堪地那維亞國家的產出則更多是由工業產品和寒冷氣候下的典型作物構成，這時該如何比較由這些不同物品組成的總產出呢？這不只是拿蘋果與橘子相比，可能更像是在比較汽車與糖。

同一個國家在不同時期的產出有品質差異，同一時期的不同國家的產出也存在這種差異。例如，蘇聯時期的產品，從相機到汽車都因品質差、技術落後而聲名狼藉，餐館和航空公司的服務品質也同樣很差。一九八〇年代，印度生產的手錶清一色是機械手錶，而世界上其他地區生產的手錶大部分都是電子錶，對手錶產量進行國際比較，與比較蘇聯與西方工業國家的產出一樣具有誤導性。

此外，二十世紀末，印度解除諸多對經濟的限制後，對產量增加的純粹定量記錄低估了由此帶來的經濟成就，因為這些定量記錄並沒有量化印度的手錶、汽車、電視機以及電信服務為了應對國內國際企業的競爭而進行的巨大品質改進。這些品質改進，既涵蓋快速的技術進步，也包括購買這些產品和勞務的便捷性提高，不再需要排隊等待。

一些統計數據低估了國與國之間的經濟差異，還有些統計數據則誇大了這些差異。比較西方國家與非西方國家之間的收入數據時，會受到年齡差異的影響，就像某個國家的總人口之中總是存在年齡差異一樣。例如，奈及利亞、阿富汗和坦尚尼亞的平均年齡低於二十歲，而日本、義大利和德國的平均年齡都超過四十歲。這種巨大的年齡差距會誇大國際間某些所得差異的實質意義。

在熱帶國家，大自然免費提供鳳梨和香蕉生長所需要的高溫，而其他國家在溫室裡種植同樣的水果要投入鉅額資金；同樣地，自然法則為年輕人免費提供了許多對老年人來說成本昂貴的東西。

一國的產出數據也包括為應對高齡化引起的健康問題而生產的昂貴藥物和治療方法，但一個人口年齡結構較年輕的國家很少需要這些東西。因此，人均實際收入的統計數據也就高估了西方國家的老年人與非西方國家的年輕人之間的經濟福利差距。

如能從國民統計中，把所有額外的輪椅、心律調節器、養老院，以及從營養補充劑 Geritol 到威而鋼之類的藥品剔除的話——這些都是老年人口得花錢取得，但大自然卻會免費提供年輕人的東西——那國家間的實際收入對比將能夠更精確地反映經濟福利的實際水準。畢竟坐在輪椅上的老人會很願意與不需要輪椅的年輕人易地而處，因此不能依據輪椅的價值，就說這個老年人相較年輕人具有更多的經濟優勢，即使這是經過國際統計數據比較後得出的結果。

進行國際比較的常用方式之一，是把一國產出的貨幣總價值與另一國進行比較。然而，在比較過程中，兩國貨幣的官方匯率將帶給我們新的問題，他們的官方匯率不一定能夠反映各自貨幣的實際購買力。政府可以隨意設定官方匯率水準，但是並不代表他們能夠隨意設定貨幣的實際購買力。購買力取決於賣方為獲得一定數量的貨幣願意出售的貨物。這就是為什麼「黑市」上的非官方貨幣兌換者會為一美元支付高於官方設定數量的本國貨幣，此時官方匯率高估了本國貨幣在市場上的價值。

如果我們按官方匯率來衡量，則A國的人均產出可能要多於B國；而如果我們按貨幣購買力來衡量，則可能會得到相反的結果。當然，如果B國可以買下A國所生產的所有物品，而且仍有剩餘，那我們就可以說B國的總產出價值更大。和其他例子一樣，這個問題不在於是否理解了其中的基礎經濟學知識，而在於政客、新聞媒體，和其他試圖用統計數據證明某一觀點的人所散播似是而非的論調。

例如，有些人根據美元與日元的官方匯率計算得來的數據，聲稱日本的人均收入要比美國高。但事實上，美國的人均年收入可以購買日本人均年收入所能購買的所有東西，而且仍有剩餘。因此，美國人的生活水準要比日本人的生活水準高。

然而，基於官方匯率的數據可能會表明，某些年份日本人的收入要比美國人的收入高數千美元，這使人們留下錯誤的印象，認為日本人比美國人富有。現實中，日本的人均購買力只有美國的七十一%左右。

在國家間進行比較的另一個問題是，某一個國家的產出可能大部分在市場上銷售，而另一個國家的產出可能大部分由政府生產並由政府分配，或以低於生產成本的價格銷售。在市場經濟中，當生產的汽車太多而無法盈利時，積壓的車輛只能被動接受任何價格，即使價格可能低於生產成本。而加總國民收入時，這些汽車根據售價來計算。在政府提供許多免費或補貼物品的經濟體中，這些物品的價值是以政府生產它們的成本來計算的。

這種計算方式誇大了政府提供的產品與勞務的價值，而這些東西之所以多由政府生產，正是因為在自由市場經濟中銷售，它們的生產成本將永遠不可能得到補償。雖然在加總國內生產毛額時，社會主義國家的產出相對於資本主義國家的產出存在這種高估的傾向，但統計數據通常還是會表現出資本主義國家具有更高的人均產出。

雖然在兩個迥異的國家或兩個跨度很長的時期中比較國民產出會面臨很多問題，但是國內生產毛額數據對同一時期相似國家間的比較提供了一個粗糙但合理的基礎，尤其是在比較人均國內生產毛額時將人口規模差別考慮在內。因此，當數據顯示二〇〇九年挪威的人均國內生產毛額是義大利的兩倍以上時，我們就能合理地總結：挪威人的生活水準顯然要高得多。但我們沒有必要假裝精確。正如凱因斯所說：「粗糙的正確好過精確的錯誤。」

理論上，我們希望能夠測量出人們的個人幸福感，但這是不可能的。俗話說：「金錢買不到快樂。」這句話絕對是真的。然而，來自於歐洲各國的意見調查都發現，國民財富與個人幸福之間有一些大致聯繫。不過，正如統計學家經常警告的那樣，聯繫並不等於因果，而且提升幸福感的一些因素（如安全和自由）也同樣能夠促進經濟繁榮。

哪些國民產出的數據最有效取決於比較的目的。以確定哪個國家有最大的總產出為目標來進行跨國比較，也就是衡量能夠用於軍事、人道主義或其他目的的東西，與以確定哪個國家生活水準最高為目的有很大的差別。例如，根據購買力來衡量，二〇〇九年國內生產毛額最高的五個國家是：

1. 美國　2. 中國　3. 日本　4. 印度　5. 德國

雖然中國的國內生產毛額排世界第二，但它絕不是人均國內生產毛額最高的國家之一，因其產出要除以世界上最大的人口數量。事實上，二〇〇九年中國的人均國內生產毛額還不到日本的十分之一。

國內生產毛額最高的五個國家，都不在人均國內生產毛額前五強之列。而人均國內生產毛額最高的都是國內生產毛額較小的小國家。一些小國，如百慕達，因為是避稅天堂而吸引了來自其他國家的富人的財富，表面上這些富人在這個國家有一處住所，但他們可能並不是該國國民。不過百慕達的人均國內生產毛額比美國高，並不代表百慕達的常住人口的生活水準比美國高。

統計趨勢

若比較國民產出在一段時間內的變化，可能會衍生一些問題，例如我們很可能會在毫無根據的情況下，隨意選擇某一年當作這段時間的起點。例如，一九六〇年美國總統選舉中的一個重大議題，就是當時政府管理下的美國經濟的增長率。總統候選人甘迺迪承諾，如果當選，將從經濟上「再次推動美國前進」，暗示國民經濟在其對手黨的領導下將停滯不前。這種指責的有效性，完全取決於將哪一年作為比較的起始點。美國國民生產毛額的長期平均年增長率大約為三%。一九六〇年，這一增長率可能只有一・九%（以一九四五年為起點），也可能高達四・四%（以一九五八年為起點）。

不論當時政府在這方面的影響如何，其執政的優劣都取決於選擇以哪一年做為基期而定。媒體報導或政治宣佈的諸多「趨勢」，也完全取決於他們將哪一年作為趨勢的起點。如果是從一九六〇年開始衡量至今，美國的犯罪率是上升的；但如果從一九九〇年衡量至今，犯罪率則是下降的。收入不平等的程度在一九三九年和一九九九年大致相同，但你也可以說收入不平等程度從一九八〇年代到一九九九年增加了，因為在兩個大致相等的年份之間存在波動。二〇〇三年末，一筆投資於標準普爾五百指數型基金的投資年報酬率可能為十・五%（從一九六三年算起），也可能為零（從一九八八年算起）。這一趨勢完全取決於選擇哪一年作為基準年。

經濟以外的趨勢也同樣難以解釋。據稱，自從美國聯邦政府開始實施各種安全管制後，車禍死亡率已經下降。這是事實，但車禍死亡率在美國聯邦政府實施安全管制之前的數十年中就一直在下降，這也是事實。長期存在的趨勢在某一政策實施之後繼續發展，能夠被視為政策有效的證據嗎？

在一些國家，尤其是第三世界國家，很多經濟活動發生在「表外」，可以說國民產出的官方數據漏掉了許多該經濟體生產的商品與勞務。世界各國，家庭內部不需支付薪資的勞務，如做飯、撫養孩子、打掃房間，是不會計入國民產出的。如果每個時期沒有計入國民產出的經濟活動占比相同，那這種誤差就不會隨時間直接影響趨勢。但實際上，隨著時間的推移，許多國家的家內經濟活動都經歷了重大變化，並且在特定時期，不同社會中的家內經濟活動也存在很大差異。

例如，隨著更多的女性進入勞動市場，許多以前由妻子和母親承擔的家務（不計入統計，不會產生任何收入數據），如今由收費托兒所、家庭清潔服務公司、餐館或披薩外賣來承擔。此時這些活動都是市場上的正式貨幣交易，而不是家庭中丈夫和妻子間的非正式交易，如今的統計數據包含了以前沒有納入計算的產出。這就代表國民產出的統計趨勢不僅反映了產品與勞務的實際產出增加，也反映了以前沒有納入計算的東西，雖然它們以前就存在。

對比的時間期限越長，從家庭轉向市場的經濟活動就越多，統計數據就越不可比較。在過去的幾個世紀中，一個家庭往往會在自家花園或農場種植所需的食物，並將這些食物儲存在自己家的罐子裡，而不是從商店購買罐頭食物。一七九一年，亞歷山大・漢彌爾頓（Alexander Hamilton）在《製造業報告》（*Report on Manufactures*）中描述到，美國人的衣服有五分之四是家庭自製的。在美國建國初期，或當今一些發展中國家，房屋可能是在朋友和鄰居的幫助下建造的。

隨著這些經濟活動和其他一些經濟活動從家庭轉向市場，為這些活動支付的金錢使它們成為官方統計的一部分。於是我們很難知道，隨時間流逝，產出的統計趨勢中有多少代表真正的產出增加，又有多少代表記錄帶來的差異。

統計數據可能會高估國民產出的增長，也可能會低估這一增長。在非常貧窮的第三世界國家中，從統計數據上看財富增長可能是停滯的。極其貧窮的後果之一是高嬰兒死亡率，另外還有缺乏食物、住所、醫療服務和污水處理設施等，都會提高人們的健康風險。隨著第三世界國家經濟的增長，提高人均收入的首要結果之一便是更多的嬰兒、小孩和體弱老人能存活下來，因為他們負擔得起更好的營養和醫療服務了。

收入最低的國家尤其如此。由於更多的窮人能夠存活下來，不論是從絕對意義上來說，還是相對於富有階層來說，該國人口中窮人的百分比就更高了。從統計上看，包含更多窮人的平均值將拉低該國實際收入的平均增長水準，甚至從數據上看平均收入下降了，但該國每個人的收入都比過去更高了。[2]

---

2 假設在一個有一億人口的第三世界國家，四分之一的人口平均年收入為一千美元，另外四分之一的人口平均年收入為兩千美元，還有四分之一的人口為四千美元，而收入最高的四分之一的人口平均年收入為五千美元。進一步假設：（1）每個人的收入增長二十％，並且（2）由於最容易遭遇營養不良和醫療保健不充分的人口死亡率下降，最窮的兩個階層的人數翻了一倍，而兩個高收入階層的人數沒有變化。計算下來，你會發現整個國家的人均收入沒有變化，雖然每個人的收入都上升了二十％。很明顯，如果收入上升少於二十％，人均收入將會下降，即使每個人的收入都增加了。

第十七章
貨幣與銀行體系

用來防止銀行恐慌的制度，製造了美國歷史上最嚴重的銀行恐慌。

——米爾頓・傅利曼

大多數人都對貨幣感興趣，但是為什麼非銀行家也應該對銀行產業感興趣呢？貨幣與銀行體系在促進產品與勞務生產方面扮演著至關重要的作用，而人們的生活水準就取決於產品與勞務的生產；而且貨幣和銀行也是經濟整體維持充分就業和有效利用資源的重要因素。不過貨幣並不是財富，否則政府只要印雙倍的貨幣，就能夠讓我們的財富增加一倍；一個精心設計、維持良好的貨幣系統，有助於財富的生產與分配。

銀行體系在上述過程中起著關鍵作用，因為大量實際資源，如原物料、機器、勞動力，都是通過銀行體系中的大量貨幣（上萬億美元）來實現轉移的。例如，二〇一二年美國的銀行資產超過十四兆美元。該理解這一龐大的數字？一兆秒鐘以前，這個星球上還沒有人能夠讀寫，羅馬帝國和中國古代王朝都沒有形成，我們的祖先還生活在洞穴中。

貨幣的作用

遠古時期，許多經濟體都是在沒有貨幣的情況下運作的。人們簡單地互相交換實物產品和勞動力。但是這些經濟體通常規模很小、結構很簡單，用於交易的物品也相對較少，因為大多數人自己生產食物、建造住處與製作衣物，只和他人交易有限的工具、設施或奢侈品。

以物易物是非常不方便的。如果你生產的是椅子但想要一些蘋果，你肯定不可能用一把椅子交換一個蘋果，只有足夠多的蘋果加起來才能抵上一把椅子的價值，然而你可能並不想要這麼多蘋果。這時，如果椅子和蘋果都可以兌換成某種能夠分割成很小單位的第三方物品，那更多的交易就可以通過使用該中介物來實現，使椅子製造商和蘋果生產商都能獲益，從而也會使其他人受益。而人們要做的就是，在選擇交換媒介上達成一致，而這一交換媒介也就漸漸發展為貨幣。

有些社會將貝殼當作貨幣，有些社會則將黃金或白銀當作貨幣，還有一些將政府印發的特殊紙張作為貨幣。在殖民地時期的美國，由於硬通貨供應短缺，人們把煙草倉庫的收據作為貨幣流通。英屬西非的早期殖民時代，成瓶成箱的杜松子酒有時也被當作貨幣，這些杜松子酒通常有好幾年的時間在不同的人之間轉手，而未曾開瓶飲用。第二次世界大戰期間，戰俘營裡的罪犯將紅十字會發放的香煙當作貨幣，久而久之就產生了與貨幣有關的經濟現象，例如利率和格雷欣法則（Gresham's Law）[1]。蘇聯建立

1 「格雷欣法則」是指劣幣將良幣驅逐出流通領域。例如，在戰俘營中，最不受歡迎的香煙會被用來當作貨幣，而最受歡迎的香煙則自己享用。

之初，絕望和經濟混亂籠罩著人們，「麵粉、穀物和鹽等商品逐漸發揮貨幣的作用」，兩位蘇聯經濟學家曾對那個時代做過研究，指出「鹽或烤麵包幾乎可以買到一個人所需要的任何東西」。

位於太平洋的雅蒲島（Yap）以環形石頭來行使貨幣職能。這些石頭中最大的直徑有十二英尺，很顯然它們不可能真正地進行流通，流通的只是這些石頭的**所有權**。從這方面來看，這一原始的貨幣體系的運轉跟今天最先進的機制很相像，貨幣所有權可透過電子轉帳迅速地轉移，而無須貨幣真正地轉移。

這些不同的東西之所以能夠成為貨幣，緣於人們接受它們作為支付產品和勞務的工具，而且事實上它也構成了實質的財富。對個人來說，貨幣等同於財富只是因為其他人會為了得到貨幣而提供真正的產品與服務。但對國民經濟整體而言，貨幣並不等於財富。它只是一件用來轉移財富或誘因人們創造財富的人造物。

雖然貨幣只是促進了真實財富的創造，就像用油幫車輪潤滑一樣，但並不能說它的作用無關緊要。油潤滑之後的車輪行進更順利。當金融體系因為某些原因崩潰，人們不得不回到以物易物時，很快就會發現其中的不便。例如，二〇〇二年阿根廷金融體系崩潰，導致經濟活動減少，而且還出現了以物易物的易貨俱樂部（trueque）：

> 「本周，易貨俱樂部用早先交易得來的半噸木柴，從當地一家麵包店店主那裡『購買』了兩百二十磅的麵包，麵包店主需要這些木柴來烤麵包……在巴勒摩（Palermo）的富裕社區還會舉行奢侈的以物易物，他們用古老的陶瓷來交換阿根廷頂級牛肉。」

儘管貨幣本身不是財富，但缺少運行良好的貨幣體系，交易就會降低到以物易物的水準，真實財富也會流失。貨幣體系崩潰後回歸到以物易物，或採取其他應急手段的國家並不只有阿根廷。一九三〇年代大蕭條期間，由於貨幣供給大幅度減少，據估計美國「三十個州中有一百五十家以物易物機構或其他臨時通貨機制」。

一般來說，每個人都想得到貨幣，但在某些特殊的國家或特殊的時期，卻沒有人想要貨幣，因為人們認為貨幣沒有價值。事實上，人們不會接受毫無價值的貨幣。當貨幣買不到任何東西，它就成了廢紙或沒用的小金屬圓片。一七九〇年代，絕望的法國政府頒布了一項法律，對不使用貨幣交易的人處以死刑。這代表政府發行貨幣並不代表人們就會自動接受，而政府發行的貨幣也不一定會真正執行貨幣的職能。因此，我們需要知道貨幣是如何行使其職能的，以避免其功能失常。而貨幣功能失常帶來的最嚴重的兩個問題就是通貨膨脹與通貨緊縮。

通貨膨脹

通貨膨脹是指價格的普遍上漲。全國價格水準上漲的原因跟某一具體產品和勞務價格上漲的原因相同，即某一既定價格下需求大於供給。人們擁有的錢越多，通常花得也越多。在既定的價格水準下，需求量大於供給量，產出沒有相應增加的話，現有產品和勞務的價格就會上漲，或因為人們抬高價格與他人競爭購買短缺的產品或勞務，或者因為賣者意識到人們對產品的需求增加而相應地提高產品和勞務的價格。

不管貨幣由什麼構成——貝殼、黃金或其他任何東西，它在國民經濟中的數量越多，意味著價格越高，除非相應地增加產品和勞務的供應。幾個世紀以來，人們已觀察到貨幣總量與總體物價水準之間的關係。亞歷山大大帝從波斯掠奪的財富，導致了希臘物價上漲。同樣地，當西班牙人從西半球的殖民地攫取大量黃金，西班牙乃至整個歐洲的物價水準都上漲了，因為西班牙人用大部分的財富從其他歐洲國家進口商品。他們用黃金來支付，增加了整個歐洲大陸的貨幣供應。

這些並不難理解。但當我們開始思考貨幣的「內在價值」這一神祕、荒謬的東西，或認為黃金在某種程度上會「支撐」我們的貨幣，或以某種神祕的方式來表現貨幣的價值時，問題就變得複雜難懂了。

長久以來，許多國家一直將黃金當作貨幣。有時直接以硬幣的形式，有時（大額採購的時候）以金塊、金條或其他形式。而政府發行的可隨時兌換成黃金的紙幣更便於攜帶。隨身攜帶紙幣不僅更方便，而且與攜帶大量金屬貨幣相比也更安全，因為金屬貨幣會在口袋裡叮噹作響，不然就是把口袋撐得鼓鼓的，容易引起歹徒注意。

政府創造貨幣衍生的一個大問題，就是掌權者總是無法抗拒多發貨幣多消費的誘惑。不管是古代的國王還是現代的政治家，幾世紀以來，此類事情層出不窮，並引發通貨膨脹以及隨之而來的諸多經濟和社會問題。因為這個原因，許多國家更願意使用黃金、白銀或其他有限材料作為貨幣。這是剝奪政府擴大貨幣供應權力，進而控制通貨膨脹的一種方式。

長期以來，黃金一直被認為是實現上述目的的最佳選擇，因為黃金供應通常不可能大幅度增加。當紙幣可以在人們需要時隨時兌換成黃金，黃金就成功「支撐」了紙幣。若我們將這一表述理解為黃金的價值可以在某種程度上轉移給紙幣，它可能會引起誤解，事實上這一表述的關鍵點是：黃金會限制紙幣發行的數量。

美元曾經可以在需要時兌換成黃金，但這種自由兌換在一九三三年被終止。自此之後，美國只能使用紙幣，而唯一限制紙幣供給的，是政府官員對是否能夠脫離政治懲罰的考量。許多經濟學家曾反覆告誡，這將賦予政府官員一項非常危險的權力。例如，凱因斯就寫道：「通過持續的通貨膨脹，政府能夠祕密地和不被察覺地沒收公民的大量財富。」

二〇一三年的《投資者商業日報》（*Investor's Business Daily*）曾指出通貨膨脹累積效應的一個例子。文章說，一九六〇年「用一美元可以購買六倍於現在的商品」。換句話說，人們在一九六〇年存下來的錢，有超過五分之四的價值被悄悄偷走了。

這樣的通貨膨脹在美國也許算嚴重的，但與其他國家的通貨膨脹程度相比就相形見絀了。如果某一年美國的通貨膨脹達到兩位數，勢必要引發政治恐慌，但拉丁美洲和東歐各國，都曾經歷過高達四位數的年通貨膨脹率。

貨幣是我們認可用作購買實際產品和勞務的任何東西，因此許多其他的東西也可以行使類似於政府發行的官方貨幣的職能。例如信用卡、簽帳金融卡以及支票。口頭承諾也可以執行貨幣的職能，當承諾人非常值得信任時，口頭承諾就可以用來取得實際產品和勞務。誠信商家的欠條曾經被作為貨幣在個人之間轉手。正如在第五章指出的，二〇〇三年有更多的人以信用卡或簽帳金融卡購物，而非現金。

這就意味著，總需求不僅來自政府發行的貨幣，還來自各種其他途徑的信貸。因此不管出於何種原因，信用的清算或破產都將減少總需求，就像縮減官方貨幣供應一樣。過去，一些銀行會發行自己的流通貨幣，它們並沒有法律地位，但如果某家銀行特別可靠並願意將發行的貨幣兌換成黃金，那該銀行的貨幣就會被廣泛地作為支付手段。一七八〇年代，北美銀行發行的貨幣要比當時官方發行的貨幣更廣泛地被人們所接受。

有時候，其他國家發行的貨幣要比本國發行的貨幣更受歡迎。從十世紀末開始，中國貨幣在日本要比日本本國貨幣更受歡迎。二十世紀的玻利維亞經歷了披索（peso）惡性通貨膨脹，一九八五年玻利維亞大多數的儲蓄帳戶都是美元。二〇〇七年，《紐約時報》報導：「南非蘭特（rand）已經取代了毫無價值的辛巴威貨幣，成為辛巴威的首選貨幣。」美國南北戰爭後期，南方人傾向於使用華盛頓發行的貨幣，而不是他們自己的聯邦政府發行的貨幣。

雖然黃金不能賺取利息，存進銀行的貨幣卻能夠獲得利息，但許多國家仍偏好將黃金作為通貨。黃金價格的變動不僅反映了珠寶製作（占黃金需求的八十％）和其他產業對黃金需求的變化，更重要的是，這些變動還反映了人們對通貨膨脹削弱官方貨幣購買力的可能性的擔心程度。這就是為什麼重大政治或軍事危機會導致黃金價格急劇飆升，此時人們會拋售貨幣競相購買黃金，因為貨幣的價值可能會受到影響，而黃金則是保住已有財富的一種可靠方式，儘管它不能賺取任何利息和紅利。

黃金價格取決於人們對貨幣價值的預期，它會因為不斷變化的經濟和政治環境大幅上升或下降，或突然扭轉。黃金價格在一年中漲幅最大的一次是一九七九年的一三五％，而最大的降幅就發生在兩年後，跌幅達三十二％。

通貨膨脹或預期的通貨膨脹通常都會導致黃金價格的上漲，因為人們會想方設法保護自己的財富不被政府用通貨膨脹悄悄掠奪。經濟長期繁榮及價格穩定則會使黃金價格下降，因為人們為了增加財富會將財富從黃金轉移到能夠賺取利息或紅利的其他金融資產。一九七〇年代後期和一九八〇年代早期的經濟危機過去之後，隨之而來的是長期穩定的經濟增長和低通貨膨脹，黃金價格因此從原來的每盎司約八百美元降到了一九九九年的每盎司二五〇美元。而二十一世紀早期美國以及歐洲許多國家破紀錄的政府赤字，又使黃金價格猛增至每盎司一千美元。

隱藏在黃金需求後面的巨大恐懼就是對通貨膨脹的恐懼。這不是不理性的恐懼，不論何種政體，從君主立憲、獨裁政權到民主政體，都將通貨膨脹作為一種不必直接向大眾徵收高額稅收的斂財方式。

提高稅率常令當政者陷入政治危機。選民會反對提高稅收的人，令他們的政治生涯毀於一旦。有時，大眾反抗高稅收甚至會釀成武裝叛亂，正如高稅收引發了美國反抗英國的獨立戰爭。提高稅收除了引來負面的政治行動，還會引發負面的經濟活動。當稅收過高，某些經濟活動將被拋棄，因為人們發現這些經濟活動的稅後淨報酬率不足以彌補他們的付出。羅馬帝國衰退時期，人們大量放棄農業，湧入城市，政府不得不救濟越來越多的民眾，而同時間這麼多人放棄耕種使食物供應也不斷減少。

為了避免提高稅率引起的政治風險，幾千年來，世界各地的政府都選擇採取通貨膨脹。正如凱因斯觀察到的：

「長期戰爭或社會重大動盪往往伴隨著法定貨幣的變化，每一個有完整編年史的國家，都能夠從有記載以來的經濟記錄中看到法定貨幣真實價值的不斷惡化。」

如果一場大規模戰爭需要一半的國家年產出，政府並不會將稅率提高到人們收入的五十%，而會選擇印更多的貨幣來購買戰爭物資。在貨幣越來越多的同時，國家一半的資源都被用於生產軍用裝備和物資，於是民用商品越來越稀少。貨幣與民用商品的比率變化將引起通貨膨脹，因為更多的貨幣在競購更少的商品，價格上漲就是其結果。

通貨膨脹通常伴隨軍事衝突而來，但並不是所有的通貨膨脹都是由戰爭引起的。即使在和平年代，政府也需要花錢辦很多事，包括國王或獨裁者的奢華生活，民主政府和非民主政府中都屢見不鮮的各種華而不實的工程。為了應對這些開支，利用政府權力印刷更多的貨幣通常被認為比提高稅收更容易、在政治上也更安全。換言之，通貨膨脹實際上是一種隱性稅收。人們的儲蓄被剝奪了部分的購買力，政府正是通過新發貨幣將這部分購買力轉移到了自己手中。

通貨膨脹不僅是一種隱性稅收，而且還是一種大範圍稅收。政府可以宣佈不提高稅收或只對「富人」（然而這需要界定）提高稅收，但通過製造通貨膨脹，政府實際上能夠從所有貨幣持有者那裡拿走一部分財富；也就是說，它從各個階層吸走財富，從最富有的人到最貧窮的人。富人會將一部分錢投資股票、房地產或其他隨通貨膨脹升值的有形資產，於是能輕鬆免於這種事實上的稅收，而低收入群體卻無法倖免。

紙幣時代，轉動印鈔機就能增加貨幣供應。而在印鈔機出現以前，政府則通過減少既定面額硬幣中的金銀含量這種簡單的方法來製造更多的貨幣。因此法郎或英鎊剛開始時都含有一定量的貴金屬，但慢慢地，法國或英國政府發行的硬幣中貴金屬含量越來越少，於是政府在黃金或白銀供應量既定的情況下也可以發行更多的貨幣。新硬幣與舊硬幣法定價值相同，因此隨著貨幣增多，它們的購買力都減弱了。

政府控制中央銀行的國家還採用了更複雜的方法來增加貨幣數量，但最終結果仍是相同的：貨幣數量增加，實際商品的供應卻沒能相應增加，這代表價格上升，也就即將產生通貨膨脹。相反地，十九世紀英國工業革命期間，由於產出大增，而貨幣供應量沒有相應增加，英國的物價反而下降了。

商品數量保持不變的時候，貨幣供應量增加一倍，物價水準可能增加不止一倍，因為當人們對保持貨幣價值失去信心，貨幣的流通速度就會加快。一九九八年俄羅斯盧布急劇貶值期間，一位莫斯科的記者曾報導：「許多人趕在貨幣還有一些價值時，盡可能快地花掉縮水的俄羅斯盧布。」

俄羅斯在第一次世界大戰期間和一九一七年革命之後的數年間也發生過非常類似的情況。到一九二一年，俄羅斯政府發行的貨幣量與一九一三年戰爭前夕流通的貨幣量相比，增加了數百倍，物價水準與一九一三年相比上漲了數千倍。貨幣流通速度加快對物價的影響，相當於流通中的貨幣增加。當貨幣增加和貨幣流通速度加快同時大規模發生，就會引起惡性通貨膨脹。一九九一年，蘇聯最後一年，也是暗濤洶湧的一年，俄羅斯盧布的價值低到人們用它作壁紙和衛生紙，而真正的壁紙和衛生紙則供不應求。

二十世紀最著名的一次通貨膨脹發生在一九二〇年代的德國。一九二〇年六月，四十馬克相當於一美元，但到了一九二三年十一月，四兆馬克才值一美元。人們發現他們畢生的儲蓄還不夠買一包香煙。

事實上，德國政府僅靠一千七百多台印刷機日以繼夜地開工印刷貨幣，就幾乎奪走了人們擁有的每一件東西。有些人指責這一時期的經濟混亂和急劇崩潰為希特勒和納粹的崛起鋪了路。就在德國惡性通貨膨脹期間，希特勒生動地將德國人描述為「飢餓的億萬富翁」，因為那些擁有十億馬克的德國人卻買不起足夠的食物來養活自己。

通貨膨脹率通常用消費者物價指數的變化來衡量。與其他指數一樣，消費者物價指數只是一個近似值，因為不同物品的價格變化是不一樣的。例如，到二〇〇六年三月以前的十二個月內，美國的居民消費價格上漲了三・四%，這些變化包括能源價格上漲十七・三%，醫療價格上漲四・一%，但服裝價格卻下降一・二%。

雖然通貨緊縮的影響要比通貨膨脹的影響更明顯——貨幣越少購買力越低，新商品的產量也就越低，相應地又會減少對勞動力的需求——然而，通貨膨脹同樣也會引起經濟停滯。惡性通貨膨脹使生產商面臨生產風險，因為出售產品收回的貨幣與投入生產的貨幣在購買力上可能並不一致。當拉丁美洲的年通貨膨脹率在一九九〇年達到六百%的最高點，拉丁美洲的實際產出毫無疑問下降了。但當通貨膨脹連續幾年趨於平緩，實際產出以每年六%的速度穩健增長。

通貨緊縮

雖然通貨膨脹帶來的問題已有幾世紀之久，但在某些時間和地點，通貨緊縮也會產生許多問題，其中有些甚至是毀滅性的。

從一八七三年到一八九六年，英國的物價水準下降二十二%，美國下降三十二%。當時英國、美國及其他工業化國家都實行金本位制，而且這些國家的產出比世界黃金供應增長得更快。雖然現有產出和投入的價格一直在下降，用貨幣計算的債務卻保持不變——實際上，以真實購買力衡量的貸款和其他債務比它們發生時的負擔更重。當債務人不再償還債務並違約時，債務人的問題就變成了債權人的問題。

物價水準下降對農民的打擊尤其嚴重，因為農產品的價格會大幅下降，但農民需要購買的物品的價格卻幾乎不變，且貸款和其他農業債務的金額仍和以前一樣。

二十世紀美國發生了一次災難性的通貨緊縮。第十六章開頭提到，一九二九到一九三三年美國的貨幣供應下降了三分之一，使得美國人無法在原有的價格水準上購買同樣多的產品和勞務。有些產品和勞務的價格確實下降了，一九三一年的西爾斯百貨目錄有許多商品的價格要比十年前更便宜，但也有些價格因涉及法律合約而不能變更。

住房、農場、商店以及辦公大樓的抵押貸款，都規定了每月支付一定金額的貨幣。經濟中的貨幣穩定增長時，這些規定可能非常合理而且很容易得到滿足；但當時來看就好像這些還款額被隨意提高了一樣——事實上，從實際購買力來看，它們的確被提高了。國家貨幣供應縮減之後。許多房屋所有者、農民和企業就無法償還貸款，於是失去了居住和生產的地方。租戶也面臨著相同的問題，因為他們越來越難以負擔房租。企業和個人信用卡購買大量產品和勞務所產生的債務，也同樣要比在大量供應貨幣、信貸擴張的經濟體中更難償清。

薪水和工資在合約中有明確約定的人——從工會勞工到職業棒球員——與最初簽訂合約時相比，則能夠合法地擁有更多的購買力了。政府員工也是如此，他們的薪資水準由法律強制規定。但是，雖然仍保有工作的人能從通貨緊縮中獲益，企業卻越來越付不出工資，也就代表多人將失業。

同樣地，許多人辛苦償還貸款，而擁有抵押貸款的銀行則能夠因為這些貸款的購買力增加而受益——如果它們能收回全部貸款的話。但很多人無法償還債務，導致許多銀行紛紛倒閉。從一九三〇到一九三三年的四年間，就有九千多家銀行停業。許多債權人也因為債務人無法償還債務而蒙受損失。

為了在貨幣進一步喪失價值之前購買商品，人們會比以往更快花掉貶值的貨幣，這就讓通貨膨脹雪上加霜；同樣地，人們持有貨幣的時間更長也會讓通貨緊縮進一步惡化，特別是在經濟蕭條時期，大範圍的失業導致人們的工作或生意得不到保障。一九二九到一九三二年的經濟低迷時期，不僅流通中的貨幣減少了，而且貨幣流通速度也減慢了，這就進一步減少了對產品和勞務的需求，進而減少了對生產產品和勞務的勞動者的需求，從而引起大規模的失業。

理論上，政府可以增加貨幣供應量，使物價恢復到原來水準。早在威爾遜（Woodrow Wilson）執政的二十年前，美國聯邦儲備系統就已建立起來以應對國家貨幣供應量的變化。

威爾遜總統解釋說，聯邦準備系統「在需要時增加貨幣供應，在不需要時縮減貨幣供應」，而且「指揮這一信用系統的權力要交到一個由公正的官員組成的政府公開委員會手中」，以避免被銀行家或其他特殊利益人控制。

不論這聽起來多麼合理，理論上政府能夠做的事情並不一定等同於政治上會執行的事情，或政府領導人能夠深刻理解的事情。此外，政府官員在制定決策時不涉及個人經濟利益，並不代表從政治利益來說他們在制定決策時就是「大公無私的」。

即使美國聯邦儲備官員沒有受到經濟和政治利益的影響，也不表示他們的決策就必定正確，而且與那些決策受到市場矯正的人不同，政府決策制定者不需要面對這一自動矯正機制。回顧一九三〇年代的大蕭條，不管是保守派經濟學家還是自由主義經濟學家，都認為當時美國聯邦儲備系統制定的貨幣政策混亂且適得其反。經濟學家傅利曼稱那些年執掌美國聯邦儲備系統的人是「笨拙」之人，經濟學家高伯瑞（John Kenneth Galbraith）則稱他們「驚人得無能」。例如，美聯準在一九三一年時提高了利率，結果使經濟衰退接近谷底，全美國數千家企業破產、銀行倒閉，並隨之引起大量失業。

如今，只要稍有經濟學基本知識的人都知道，提高利率不能擺脫經濟衰退，因為高利率減少了信貸，並進一步減少了總需求，而此時正需要擴大需求來恢復經濟。

在經濟大蕭條期間任職的美國總統，精通經濟學的程度顯然比不上美聯儲的官員。共和黨的胡佛和他的繼任者民主黨的羅斯福，都認為不應該降低工資水準，於是這種應對通貨緊縮的方法沒有得到聯邦政府的支持——不論是出於人道主義還是政治原因。他們認為，維持工資率就可以維持購買力，從而能防止銷售額、產出和就業的進一步下降。

不幸的是，這一政策只有在人們擁有工作的條件下才能發揮作用，而在某些特定條件下，特別是通貨緊縮時期，高工資會導致就業的減少。因此，提高實際時薪並不會提高勞動者的總收入，因此也不會如兩位總統所預期的那樣擴大總需求的根基。熊彼特（Joseph Alois Schumpeter）作為那個時代傑出的經濟學家，就認為拒絕下調工資只會使經濟大蕭條雪上加霜。在一九三一年的一封信中，他寫道：

「大蕭條雖然不是由工資率引起的，而是有其他因素的作用，但工資率卻使大蕭條進一步惡化。」

顯然，不是經濟學家也能明白胡佛和羅斯福兩位總統未能明白的道理。專欄作家李普曼（Walter Lippmann）在一九三四年的一篇文章中寫道：「大蕭條中，人們不能按照大蕭條前的價格出售產品或勞務。如果堅持如此，商品就賣不出去。如果人們堅持要大蕭條前的工資水準，他們就會失去工作。」數百萬人失業——許多人處於絕望的經濟環境中——並不是因為他們想要得到大蕭條前的工資率，而是由於政府試圖維持大蕭條前的工資率。

胡佛和羅斯福政府用來應對農業問題的邏輯（或根本沒有邏輯）正是他們應對勞工問題的邏輯：政府維持農產品的價格，以確保農民的購買力。胡佛總統做出決定，聯邦政府應該「對價格大幅下降的農產品予以間接支持」。隨後上台的羅斯福總統將農產品價格支持計畫制度化，從而導致了這一時期許多人挨餓的同時卻有大量的食物腐爛。總而言之，兩個黨派都對經濟學存有錯誤概念。

對經濟學的錯誤理解並不僅限於美國。凱因斯在一九三一年的著作中寫道，英國政府制定貨幣政策的理論「甚至無法撐過十分鐘的理性討論」。

政府能採取很多政策措施干預經濟，但並不足以改進狀況。貨幣政策就是其中之一。而關鍵是政府實際上更傾向於做什麼，往往這都會讓狀況更糟糕。

通貨緊縮不僅只在國內和國際大災難發生期間——如一九三〇年代大蕭條——才會成為一個嚴重問

題。即使在十九和二十世紀初金本位制的全盛時期，只要產品和勞務的增長快於黃金供應量的增長，物價就會下降；同樣地，只要貨幣供應量的增長快於商品的增長，物價就會上漲。例如，美國平均物價水準在十九世紀末要比十九世紀初低得多。通貨緊縮——也就是貨幣購買力增加，使抵押貸款、租賃、合約和其他用支付貨幣的法定義務的實際價值上漲。總而言之，就真實購買力而言，債務人的負債比借錢時允諾償付的更多。

除了法律規定的固定貨幣條款造成的問題，價格變動對不同人群的收入影響不同也會帶來通貨緊縮的其他問題。和通貨膨脹一樣，通貨緊縮對不同價格的影響並不相同。前文已經提到，美國農民銷售農產品的價格，往往比他們需要購買的物品的價格下降得更快：

> 「幾十年來，小麥價格一直徘徊在每蒲式耳（bushel，一種通行於英美之間的度量單位）一美元左右，而它在一八九二年的平倉價低於九十美分，一八九三年是七十五美分左右，一八九四年接近六十美分。一八九五到一八九六年間的寒冬，小麥價格降至每蒲式耳五十美分。」

同時，農民抵押貸款的貨幣還款額卻保持不變——因此在通貨緊縮期間其真實價值不斷增加。不僅如此，用於償還這些抵押貸款的農場收入卻只有取得貸款時的一半甚至更少。這就是一八九六年詹寧斯（William Jennings Bryan）參加美國總統選舉的背景，對結束金本位制的呼聲，以及激動人心的演講「你不應該將人類釘死在黃金十字架上」，將選舉推向了高潮。

在那個時代，更多的人生活在農村而不是城鎮，詹寧斯以微弱的劣勢敗於麥金利（William McKinley）。真正使結束金本位制的政治壓力得到緩解的是在南非、澳洲和美國阿拉斯加新發現的金礦。這些礦藏的發現帶來了二十年來物價的首次上漲，其中農產品的價格上漲尤其迅速。

金本位制下的通貨緊縮效應消散，不僅緩解了美國在金本位制問題上的政治兩極分化，也使全世界更多國家在十九世紀末和二十世紀初踏上金本位制。不過，金本位制既無法阻止通貨膨脹，也不能避免通貨緊縮，雖然它能限制政客操縱貨幣供應量的能力，進而將通貨膨脹和通貨緊縮控制在有限的範圍內。產出的增長速度快於黃金供應量的增長速度會引起平均物價水準普遍下降，大型金礦的發現——如十九世紀美國加州、南非以及加拿大育空地區發現的金礦——同樣也會導致物價上升到通貨膨脹的水準。

銀行體系

為什麼會產生銀行？

原因之一是它在保障資金安全方面有規模經濟。如果餐館或五金行將賺來的錢都放在屋裡的某個密室，那歹徒就會竭盡所能地搶劫更多的飯店、五金行以及其他企業和家庭。如果他們把金錢交給銀行，個人和企業就能用更低的成本讓別人來守護他們的金錢。

銀行會投資於金庫並雇用保安，或購買裝甲車，定期從企業取走資金運到戒備森嚴的地方儲存起來。美國的聯邦儲備銀行就儲存著民營銀行的資金以及政府擁有的資金和黃金。它的保障系統高度有效，雖然民營銀行時常被搶劫，但聯邦儲備銀行卻從未遭遇過搶劫。德國政府曾將一半的黃金儲存在紐約聯邦儲備銀行中。總之，規模經濟能夠確保銀行比其他企業或家庭在保管資金上每單位財富耗費的成本更低，也能使聯邦儲備銀行比民營銀行以更低的成本確保資金安全。

銀行的作用

銀行不僅是儲存貨幣的地方，它們的作用遠比貨幣倉庫更加積極。正如前面章節曾指出的，企業收入無法預測，它可能會從盈利轉為虧損然後又回到盈利，如此循環往復。同時，不管企業盈虧如何，它都必須不停地履行自己的法定義務——支付員工日薪、定期支付電費，以及向其他為企業營運提供必要物品的人支付報酬。這就表示當企業在付款期限日沒有足夠的資金履行義務時，就必須有人為企業提供資金。銀行正是此類資金的主要來源，當然企業必須用以後的利潤償還。

一般來說，企業不會每次都等到現有收入不足以支付當前義務時才申請貸款。銀行會授予企業一定數量的貨幣信用額度，企業根據需要可用完全部的信用額度，盈利後再償還債務，也就補充了信用額度，這樣做能同時節省企業和銀行的時間與金錢。

理論上，每個企業都可以在經濟寬裕時儲蓄以度過困難時期，而且許多企業也正是這樣做的。但需要再次指出的是，商業銀行持有大型中央基金能夠產生規模經濟，而個別企業可以根據需要從中取款，維持穩定的現金流，用來支付勞工工資和其他人報酬。商業銀行當然會對這項服務收取一定的利息，但規模經濟和風險共擔協議讓商業銀行的成本比它們的客戶要低，所以銀行和它們的客戶都會因風險被轉移到了承擔成本更低的地方而在經濟上受益。

銀行不僅自己具有規模經濟，還是能夠讓個別企業達到規模經濟的金融機構之一，它使企業降低生產成本，進而降低價格來提高大眾的生活水準。在一個複雜的現代經濟中，企業可以通過大規模經營降低生產成本，而這樣的大規模需要更多的勞動力、機械、電力以及其他資源，即使非常富有的人也無法獨自負擔。大部分巨型公司並不是由少數幾個有錢人所有，而是從大眾手中聚攏資金，無數人手中的每一筆微小的資金通過銀行、保險公司、共同基金和養老基金等金融中介機構轉移給了企業。

許多個人也會透過購買股票和債券，更直接地把資金轉移給企業。但他們得自己評估風險。而金融中介機構具有大部分個人都不具備的專業知識和經驗來評估投資風險和收益預期，因此大部分人會透過金融中介機構來進行投資。

經金融機構轉移貨幣的個人需要評估的，就是金融機構本身的風險和收益預期。個人可以決定將自己的錢投入保險儲蓄帳戶、公積金計畫，或投入共同基金，抑或交給商品投機商，而這些金融機構也要評估接受資金的企業所面臨的風險和收益預期。

銀行還透過信用卡為消費者購買商品提供資金支持，持卡人每月分期付款，償付信用卡公司及銀行本金及利息。銀行體系於是成為金融中介機構精巧體系中的一個重要組成部分，使數百萬人能夠使用其他數百萬陌生人的錢，用於企業投資或日常消費。例如，信用卡公司 Visa 建立了一個包含一萬四千八百家銀行和其他金融機構的網絡，為一億多信用卡用戶提供資金用於購物，在全球兩千萬家廠商通用。

在一些貧窮的國家，雖然天然資源豐富，但缺乏有知識、有經驗的可靠金融機構，我們會發現陌生人之間無法實現大規模資金轉移，從這一點我們也能夠體會到金融中介對經濟整體的重要性。金融中介有助於促進天然資源轉化成產品和勞務、住房以及企業——也就是財富。

雖然貨幣本身不是財富，但從社會整體來看，它在促進生產和財富轉移方面具有非常重要的作用。人們有權從國民產出中獲得真正的財富，也就是有形的東西，可以通過銀行和其他金融機構，利用貨幣作為轉移工具，重新進入其他生產領域。因此，如果消費者願意花錢購買傢俱，木材就會被用來製造傢俱，但當這些消費者更願意把錢存入銀行而不是消費，且銀行把這些錢貸給雜誌出版商的時候，木材就會轉而用來製造印刷雜誌的紙張。

然而，現代銀行的功能遠不只是轉移現金。而轉移貨幣並沒有改變經濟中的貨幣總需求，只是改變了人們各自對貨幣的需求。這些交易也沒有改變產品和勞務組合的總需求，雖然它們對於實現其他目的來說非常重要。但是，銀行體系影響了經濟整體的總需求，遠超其他金融機構。銀行體系發放的貸款，實際上就是通過所謂的「部分準備金制度」增加了貨幣的供應。簡要瞭解該制度產生的歷史可以使我們更清楚地瞭解這一過程。

部分準備金制度

幾世紀以來，金匠為了儲藏用來製造珠寶等物品的貴金屬，需要一個安全的地方。等他們建好保險庫或其他安全儲藏點，其他人往往也會把黃金交給金匠保管，而不是自己再耗費成本建立安全儲藏設備。換句話說，保險庫或其他安全據點在儲藏黃金上就具有規模經濟，因此金匠最終不僅儲藏自己的黃金，也幫他人儲藏黃金。

自然而然地，金匠會出具收據，授權黃金所有者在需要的時候取回自己的黃金。由於這些收據可以兌換成黃金，實際上也就「與黃金無異」，且能夠像貨幣一樣流通，在不同人之間轉手，用於購買產品和勞務。

金匠從經驗中發現，黃金擁有者很少會同時把自己所存的黃金全部贖回，若金匠確信對方在既定時間內的黃金兌換比例絕不會超過三分之一，那他就可以將三分之二的黃金借貸出去賺取利息。由於黃金收據和三分之二的黃金同時進行流通，因此事實上金匠會讓整體的貨幣供應增加。

這樣，現代銀行就具有了兩個主要的特點：一是只需持有一部分必要的儲備金來支付存款；二是使貨幣供給的總和增加。存款人不會同時取走所有的錢，因此銀行可以把大部分錢借給其他人，用這些貸款賺取利息。銀行透過支付存款帳戶利息，將其中一部分貸款利息與存款人分享。另外，存款人也會用自己的帳戶開出支票，於是存款帳戶中的一部分資金也會因此進入流通，所以銀行體系實際上為國家貨幣供應貢獻的增長數量，遠遠超過政府的貨幣發行量。而一部分銀行信貸又可以存入其他銀行，隨之產生新一輪的貨幣供應，因此經濟中的銀行存款總額往往要超過政府發行的現金總額。

這一系統發揮作用的一個原因，是整個銀行體系從來不用為存款人開出的所有支票真正提供現金。如果 Acme 銀行的存款人從 Zebra 銀行的存款人那收到一張價值一百萬美元的支票，Acme 銀行並不會要求 Zebra 銀行支付一百萬美元。相反地，Acme 銀行會將這些支票與自己的存款人開出的流入 Zebra 銀行的支票抵消。例如，若 Acme 銀行的存款人為企業和個人開具的支票價值總計一百二十萬美元，這些企業和個人隨後又將這些支票存入 Zebra 銀行，那 Acme 銀行就只需支付和 Zebra 銀行的往來差額。也就是說，只需要二十萬美元，就可以應付兩家銀行帳戶上開出的價值兩百萬美元的支票了。

兩家銀行都只需要持有一小部分現金存款，因為只需一小部分資金就能用來結算兩家銀行間的存款人開出的支票差額。存款人不會同時取走全部現金，因此一小部分現金就能夠讓銀行創造出更多信貸，並在經濟中執行貨幣職能。

這一機制即「部分準備金制度」（fractional reserve banking），通常運行良好。但是，當所有存款人同時要求提取現金時，它將變得非常脆弱。雖然在正常情況下，大多數存款人不會同時領回存款，但也會出現特殊情況，也就是過多的存款人想要領錢，超過了銀行持有的儲備現金。一般來說，存款人擔心自己的錢無法收回時就會出現這種情況。以前，只要發生銀行搶劫事件就會讓存款人擔心銀行倒閉，這時所有的存款人都會同時去銀行取款，試圖在銀行破產之前拿回自己的錢。

如果銀行只有三分之一的錢可以給全部的存款人，卻有一半的存款人要求拿回自己的錢，那銀行就會因資金短缺而崩潰，剩下的存款人將失去一切。銀行劫匪造成的損失，往往要遠小於隨之而來的銀行擠兌造成的破壞。

銀行可能聽起來相當可靠，有足夠的資產來償還債務，但這些資產無法立即出售換成貨幣支付給存款人。當存款人排隊在銀行窗口急著領錢時，銀行擁有的大樓不可能立刻找到買主，也不可能立刻將三十年期限的抵押貸款全部收回。這些資產不屬於「流動」資產，它們不能輕易地轉換成現金。

評估資產流動性涉及的不僅是時間。標價一角錢的鑽石肯定會很容易很迅速地賣出去。資產是否具有流動性，取決於它在多大程度上能夠不損失其價值而轉化成金錢。美國運通（American Express）的旅行支票具有流動性，因為它們能在全美任何一個運通公司的辦事處按其面值換成金錢。下個月到期的美國國庫券非常容易變現，但並非完全具有流動性，雖然你能夠像出售旅行支票一樣迅速地賣掉它，但當下沒有人願意為這張國庫券支付全額面值。

銀行的資產不可能在短時間內全部變現，因此任何引起銀行擠兌的事都會使銀行倒閉。如果多家銀行同時發生擠兌，不僅許多存款人會失去存款，整個國家對產品和勞務的總需求也會突然減少。畢竟，部分貨幣需求是銀行在貸款過程中創造的信貸。當信貸消失，也就不再有足夠的需求去購買生產中的所有商品了；至少價格如果保持在貨幣和信貸供給較大時的水準，需求將減少。一九三〇年代美國大蕭條期間，數千家銀行破產，國家貨幣總需求（包括信貸）縮減了三分之一。

為了避免這種災難再次發生，美國聯邦存款保險公司（Federal Deposit Insurance Corporation）就此成立，它保證已在保險銀行投保的存款人在銀行破產時能從美國政府獲得補償。現在存款人已經沒有理由去擠兌銀行了，也就很少有銀行破產，因此國家貨幣和信貸總供給突然急劇減少的可能性也降低了。

雖然聯邦存款保險公司是防止銀行倒閉擴散到整個經濟系統的一道防火牆，但控制國家貨幣和信貸供給的一個更有效的方式是美國聯邦儲備系統。美聯儲是美國的中央銀行，在美國政府的管理之下控制民營銀行。它有權力要求銀行必須保留一部分存款儲備金，除此之外的存款才可以貸出去。它還可以貸款給銀行，銀行再貸款給大眾。通過設定貸款給銀行的利率，美國聯邦儲備系統也就間接地控制了銀行對大眾收取的貸款利率。

結果就是，美國聯邦儲備系統一定程度上控制了整體經濟中的貨幣和信貸總額，進而間接控制了人們對整個國家的產品和勞務的總需求。

由於美國聯邦儲備系統強大的槓桿作用，銀行家和投資者會仔細研究美國聯邦儲備委員會主席的公開聲明，想從中找到美聯儲可能會緊縮還是放寬貨幣供給的線索。美聯儲委員會主席一個不謹慎的聲明，或金融家對其聲明的誤解，都會引起華爾街的恐慌，引發股票價格大幅下跌。反之，如果美國聯邦儲備委員會主席看上去很樂觀，那股票價格就可能不斷上漲，並最終難以為繼，當價格驟跌，許多人可能家破人亡。考慮到這一劇烈的後果會影響到全球金融市場，美國聯邦儲備委員會主席數年來一直試圖講一些高度謹慎且晦澀難懂的術語，而聽者時常困惑不已，無從揣測真意。

《商業周刊》雜誌用來描述前美國聯邦儲備委員會主席艾倫・葛林斯潘（Alan Greenspan）的話，也可以用來描述他的許多前任：「華爾街和華盛頓要費盡精力去破解艾倫・葛林斯潘的隱晦聲明。」二〇〇四年，《舊金山紀事報》的商業版出現了下面這一段新聞：

「艾倫・葛林斯潘在星期三打了一個噴嚏，華爾街就感冒了。雖然美國聯邦儲備委員會主席和他在中央銀行政策制定委員會的同事沒有改變短期利率，但他們發表了一段聲明，而該聲明沒有談及在近期會議中提到的要在『相當長的時間』保持低利率這一觀點。驚愕的貿易商們將這一疏忽作為拋售股票和債券的信號。」

道瓊工業平均指數、那斯達克（NASDAQ）和標準普爾五百指數都應聲下跌，國家債券的價格也同樣大幅下跌，僅因為美聯儲沒有提到保持低利率。

即使不是葛林斯潘任職該委員會主席，人們也會仔細研究美國聯邦儲備委員會的晦澀聲明。葛林斯潘的繼任者班・伯南奇（Ben Bernanke）任職期間，美聯儲購買了大量美國政府債券，從而為美國經濟注入新的貨幣。但是，伯南奇在二〇一三年五月表示，如果經濟好轉，聯邦儲備委員會「在接下來的幾次會議上可能會採取措施，減少債券購買量」，於是引起迅速而深遠的影響。日本股市在不到一個月內市值損失了二十一％，而同一時期世界各地的股市總損失達三兆美元，比法國及其他大多數國家一年的總產出還要大。

評價美國聯邦儲備系統和政府其他部門的作用，必須明確區分它們聲稱的目標與它們的實際成果或影響。一九四九年建立美國聯邦儲備系統是出於對通貨緊縮和銀行破產的恐懼。然而，美國歷史上最嚴重的通貨緊縮和最嚴重的銀行破產卻是在美國聯邦儲備系統建立之後出現的。一九〇七年的金融危機促成了美國聯邦儲備系統的建立，但它與一九二九年因股票市場崩潰而引發的金融危機和一九三〇年代的經濟大蕭條相比，就小巫見大巫了。

銀行法律和政策

銀行和銀行體系在不同的國家各不相同。它們不僅在具體的制度安排上不同，在更基本的層面上某些國家在一般設置和歷史經驗上也不盡相同。這些不同有助於解釋建立一個成功的銀行體系的普遍要求，還可以用來評價具體政策的影響。

對銀行體系的要求

銀行業務就像許多其他事情一樣，表面上來看很簡單，不過是吸收存款、發放貸款、從中賺取利息，並將一部分利息支付給存款人以使他們繼續將錢存入銀行。然而，我們不能低估商業整體的複雜性。

二十一世紀初，許多東歐國家都在建立適合自由市場的銀行體系上，遭遇到重重困難。例如，在阿爾巴尼亞和捷克，銀行雖能然可以接受存款，但在貸款時卻受到阻礙，其中最大的問題在於，他們不知道要如何在貸款給民營企業的同時，還能確保其投資報酬率。《經濟學人》雜誌曾這樣報導：阿爾巴尼亞的「法律基礎設施非常薄弱」，銀行主管甚至「不敢借出任何貸款」。即使有阿爾巴尼亞的銀行從事貸款業務，它從違約的借款人那取得的抵押品也「不可能賣得出去」。一家阿爾巴尼亞銀行擁有全國八十%的存款，卻完全沒有貸款業務，僅通過購買政府債券來獲得報酬率低但可靠的收益。

這對國家整體經濟意味著什麼？《經濟學人》是這樣報導的：「資金短缺的企業又少了一種經濟資

源。」在捷克，雖然貸款規模更大，但損失也更大。而且政府參與進來，採取措施彌補銀行損失，而銀行則把他們的資產換成國家債券，這跟阿爾巴尼亞的情形是一樣的。這些問題是否會隨著時間自行解決？需要多長時間？對捷克人和阿爾巴尼亞人來說這顯然是個問題。經歷了數十年的計畫經濟和政治制度，在法律體制開始適應市場經濟之時，民營企業需要時間來跟蹤記錄，民營銀行也需要積累更多經驗。然而，對於我們來說，他們的經歷再次說明這樣一個事實：要瞭解和評價一種經濟職能，最好方式就是通過觀察這一職能不存在或發生故障時會發生什麼。

與幾個世紀以前英國的情況相同，東歐國家聘用了外國人來經營金融機構，因為舊體制下的本國人不懂如何經營。截至二〇〇六年，在捷克、斯洛伐克、羅馬尼亞、愛沙尼亞、立陶宛、匈牙利、保加利亞、波蘭、拉脫維亞等國，外國人擁有超過一半的銀行資產，從拉脫維亞的六十%到愛沙尼亞的幾乎百分之百。

印度面臨的則是一個完全不同的問題。儘管按國民經濟比例來算，印度的儲蓄率比美國高很多，但印度人特別不信任銀行，所以印度的個人黃金持有率為世界最高。從國家的角度來看，這意味著它有相當一部分財富無法用於金融投資以擴大產出。存入印度大型國營銀行體系的存款中，有七十%貸給了政府或政府所有的企業。

中國的儲蓄率甚至比印度更高，國營銀行吸納了九十%的儲蓄，並以低利率借給國營企業，實際上是對那些資本報酬率較低甚至處在虧損狀態的國營企業的補貼。總之，中國大部分的儲蓄都由銀行分配給了國營企業，而不是分配給效率更優、更好的企業，因為這些企業多在民營部門或具有外資性質。

印度和中國的情況顯然並不利於有效配置具有多種用途的稀有資源，但它們都非常適合政府官員進行管理。如果民營銀行可以在這些國家自由營運，那它們會把錢貸給或投資到投資報酬率最高的地方，也就是那些最成功的公司和產業。這樣，民營銀行也就能夠支付更高的利率給存款人，進而將利率較低的國營銀行的存款吸收過來。

為存款人支付更高的利率，最終結果往往會提高儲蓄率，以及更有效地將這些存款配置給更成功的企業，從而提高整體經濟的增長率。但它也會讓政府官員更感頭痛，他們必須努力防止國營銀行和國營企業破產。儘管經濟學家可能會說，為了經濟發展，這些低效率的企業應該被淘汰出局，但政府工作人員卻不太可能願意為了他人的利益而損害自己的職業。

政府與風險

銀行管理著貨幣，它們還必須管理風險。銀行擠兌只是風險之一，無法收回貸款也是常見的風險。風險不僅會造成經濟損失，而且還會危及制度本身。正如前面指出的，政府的所作所為既可能增加風險也可能減少風險。

政府控制銀行帶來的一個問題是財產權不明確，它對銀行風險具有重大影響。世界各地的銀行都無法避免政府的管制，而且相比其他企業更易受政府管制，因為銀行危機對整個經濟具有潛在影響，而政府管制銀行本質上能夠增加或減少銀行風險。

在美國，最有效的降低風險的方式之一就是政府所有的聯邦存款保險公司。而州存款保險比聯邦存款保險出現得更早。許多州禁止銀行設立分支機構，這種做法導致風險增加，從而推動了州存款保險法的產生。禁止銀行設立分支機構的目的顯而易見，是為了保護當地銀行免受來自其他地方的更大、更著名的銀行的競爭。這些法律產生的最終結果是使銀行更易遭受風險，因為這可能會使一家銀行的存款人以及貸款人都集中在銀行所在地。

例如，如果銀行建立在小麥種植區，世界市場上的小麥價格下降，就會同時減少該地區很多銀行存款人和貸款人的收入，進而同時減少銀行存款以及抵押貸款和其他債務的還款額。於是，州存款保險致力於處理州銀行法規所產生的風險。

但事實證明州存款保險制度不足以完成這一任務。一九二〇年代，特別是在一九三〇年代的大蕭條期間，美國倒閉的數千家銀行，絕大多數都集中在那些制定法律禁止設立銀行分支機構的州。一九三五年建立的聯邦存款保險，杜絕了破壞性的銀行擠兌，它所解決的問題很大程度上由其他政府干預引發。

正當美國有數千家銀行倒閉時，加拿大的銀行卻運行良好，即使加拿大政府在這一時期還沒有提供銀行存款保險。加拿大十家銀行有三千家分支機構遍布全國各地。由於不同地區的經濟條件不同，某一家銀行的風險就能夠分散。而具有無數分支機構的大型美國銀行同樣也很少倒閉，即使是在經濟大蕭條期間。

存款保險不僅能夠減少風險，同樣也會增加風險。透過投保想規避風險的人（不管是銀行風險、汽車風險還是房屋風險），可能會因為已投保而從事風險更高的活動。換句話說，他們可能會把車停在環境更亂的社區，而在以前，如果沒有對汽車破壞和盜竊投保的話，他們是絕不會這麼做的。他們也更有可能將房屋建在更易遭受颶風或火災襲擊的地區，在沒有投保的情況下他們的房屋被破壞後將得不到經濟保護。金融機構在投保之後也會更有動力去從事風險活動，因為相較更安全的投資，投資風險越大，收益通常越高。

美國政府會限制由聯邦存款保險公司擔保的銀行，為的就是最小化它們從事的高風險投資活動。但對風險進行控制並不能抑制人們追求風險。不僅如此，政府可能會誤判很多風險，這時納稅人將不得不承擔超過存款保險的那一部分損失。

就像印度或是其他一些國家，政府官員會干預銀行借貸，直接把錢貸給受政府官員青睞的借款人，而不是通常情況下銀行機構更有可能會認定的借款人。美國一九七七年的社區再投資法案（Community Reinvestment Act）也是如此，它試圖引導人們到低收入社區投資，包括為中低收入個人提供房屋抵押貸款。

社區再投資法案沉寂多年，在一九九〇年代的運動中得到復興，這些運動旨在推動那些因為低收入、信用記錄不合格、無法支付二十%的頭期款，而無法達到抵押貸款要求的群體能夠買得起住房。在政府施加的壓力與威脅之下，銀行開始降低貸款標準，以實現政府的目標或配額。帶來的結果是在二十一世紀初期，美國跟其他國家一樣，貸款風險更大，違約率更高，造成銀行和其他貸款機構倒閉。借貸者無法償還每月抵押貸款利息，也使華爾街上那些擁有抵押貸款相關資產的公司走向崩潰。

第十八章
政府職能

對人類制度的研究，無一例外都是對最能容忍的缺陷的尋找過程。

——美國法律學者　理查德·愛普斯坦（Richard A. Epstein）

現代市場經濟並非存在於真空之中。市場交易發生在一定的規則框架下，且需要掌權者執行這些規則。政府不僅要執行它自己設定的規則，也會確保實施經濟體中相互交易的各方簽訂的協議和合。有時，政府也要設立標準，定義什麼是一磅、一英里或一蒲式耳。為了自身需要，政府也必須徵稅，這反過來又會左右受稅收影響的人做出的經濟決策。

幾乎所有人都認同政府的這些基本職能，但除此之外，政府還發揮著更廣泛的作用，甚至會直接擁有並經營一個國家所有的農業和工業部門。政府在經濟中應該承擔什麼職能，世界各國對此進行的爭論已持續一個多世紀。在二十世紀的大部分時間，不論計畫經濟國家還是市場經濟國家，那些贊成政府發揮更大作用的人明顯處於優勢地位。蘇聯等計畫經濟國家固然是一個極端，但所謂民主國家，如英國、印度、法國等，政府也在接管各個產業的所有權，並對一些允許保留私人所有制的產業推行嚴格控制。

大部分政治家、知識分子，甚至企業都贊成政府職能的這種擴張。

然而，一九八〇年代開始，這股潮流開始轉向，趨向於減少政府職能。這種情況首先發生在英國和美國。而後，這股浪潮迅速席捲了其他的市場經濟國家，甚至中國也開始讓市場更自由地運行。蘇聯社會主義陣營的瓦解，使東歐步入市場經濟。正如一九九八年一篇文章描述的那樣：

「全世界的社會主義者都在擁抱資本主義，政府在出售以前的國營企業，各個國家都在努力吸引跨國公司，而就在二十年前他們曾極力驅趕這些公司。」

經歷，尤其是痛苦的經歷，要比任何新理論或分析都更能促進這一改變。雖然政府可以承擔並已承擔了大量的職能，但我們在本章中將對普遍認可的政府基本職能進行分析，並解釋為什麼這些職能對於具有多種用途的稀有資源的配置非常重要。

政府最基本的職能之一就是提供法律框架和秩序，保障人們自由地從事他們想從事的經濟和其他活動，並相互達成他們認為合適的合約和協議。還有一些活動，會為活動參與者之外的其他人帶來巨大的成本或收益。在這種情況下，政府就可以將市場忽略的這些成本或收益考慮進來。

政府各工作人員，常常也會對其所面臨的誘因做出反應，這跟公司、家庭或其他機構和活動中的工作人員一樣。政府既不是一個完全獨立統一的整體，也不是單純的公共利益的化身。為了理解政府的職能，就必須考慮其誘因和限制所在，就像從事市場交易的人，也必須考慮市場中的誘因和限制。

法律與秩序

如果政府將自己的經濟職能僅限於充當法律與契約的執行者，有人就會說，就經濟而言，這種政策等同於「無為而治」。然而，這種所謂的「無為」常常要經過幾個世紀才能實現，也就是說，擁有可靠的法律框架需要經過很長時間。並且，只有擁有可靠的法律框架，經濟活動才會繁榮，否則，即使一個國家擁有大量豐富的天然資源，也可能無法發展到應有水準和繁榮。

貪腐

與考察價格的作用一樣，透過觀察缺少可靠的法律框架時會發生的情況，我們能更容易理解可靠的法律體系將發揮哪些作用。即使擁有大量天然資源，如果政府無效、專斷或貪腐透頂，國家仍會很貧窮，因為不管是國內企業還是國外企業，都不願冒風險進行大額投資，也就無法將天然資源轉換成製成品，而只有這些製成品才能普遍提高生活水準。典型的例子就是非洲國家剛果，該國除了資源豐富，就只剩貧窮了。在它的首都金沙薩（Kinshasa）的機場可以看到這樣的情形：

「金沙薩是世界上最貧窮的城市之一，即使對機組成員來說也非常不安全，他們為了過夜常常不得不乘車去其他地方。飛機在坑坑窪窪的瀝青碎石路面上滑行的感覺，就像在鐵路枕木上開車一樣。如果要在夜間打開飛機跑道上的燈，管理員會加收費用，而且乘客在登機離境前可能會被層層索賄。」

玻利維亞是另一個法律和秩序遭到破壞的第三世界國家：

「媒體大量報導了與警察有牽連的販毒和車輛盜竊、權力裙帶關係及非法收取服務費用。而收入微薄的官員則住在豪宅裡。」

在埃及，一位富有且與政治有密切聯繫的商人由於雇凶殺害舊情人而被判處死刑，人們「又吃驚又高興」。據《紐約時報》報導，因為「這種權貴，埃及人一直以來都認為是不受法律控制的」。

不論特定法律的優缺點為何，都必須有人來執行，而執行法律的效率與正當性則會產生迥異的經濟後果。「法律延遲」（the law's delay）這一術語至少可以追溯到莎士比亞時期。這種延遲會使一些人付出代價，他們的投資被迫閒置，運輸業務被迫停止，而本可按計畫實施自己的經濟活動的人受到繁文縟節和行動遲緩的官僚機構掣肘。此外，官僚能造成延遲，常常意味著他們有機會以加快辦事速度為由索取賄賂，所有這些都會增加商業的成本。這又表示消費者要支付更高的價格，以及整個國家的生活水準會相應地下降。

貪污的成本並不僅限於收取的賄賂，因為賄賂是財富的內部轉移，而不是國民財富本身的淨減少。由於稀有資源具有多種可替代的用途，所以實際成本是放棄其他用途的成本——被延期或取消的經濟活動、沒有創建的企業、沒有進行的投資，在一個徹底貪腐的社會裡，更不會發生實現產出與就業的增長，以及技術熟練、受過良好教育和有企業家精神的人離開本國帶來的損失。據《經濟學人》雜誌報導：「出於經濟上的原因，外國投資者和國際援助機構在進行投資和借貸時，正逐漸把賄賂與貪污程度納入考量了。」

由世界銀行（World Bank）所做的一份研究總結道：「世界範圍內，高貪污水準與低增長和低人均收入高度相關。」全世界貪污最嚴重的三個國家分別是海地、孟加拉和奈及利亞，他們全為貧窮所苦。

十九世紀末與二十世紀初，當帝制時代的俄國推行工業化時，最大的障礙之一就是普遍存在於民眾間的貪污，除此之外，俄國政府的貪污也很猖獗。外國企業雖然會雇用俄國勞工甚至俄國高級管理人員，但都特別注意不會雇用俄國會計。這種貪腐一直持續到蘇聯時期，已成為一樁國際醜聞。一項研究顯示，一家俄羅斯石油公司出售的股票價格大約是美國類似石油公司股票價格的百分之一，因為「市場預計這家俄羅斯石油公司將會被內部人士系統性接管」。類似的貪污腐敗也普遍存在於俄羅斯的高校中，《高等教育報》（*The Chronicle of Higher Education*）駐莫斯科記者在一篇報導中稱：

> 「據《消息報》（*Izvestia*）報導，若要進入位於莫斯科受人推崇的高等院校學習，僅用於行賄的費用就高達一萬到一萬五千美元……在距莫斯科約七百英里的阿斯特拉罕國立技術大學（Astrakhan State Technical University），有三位教授據稱以分數向學生索賄而被拘捕……在去年的一次採訪中，副總理瓦倫蒂娜・馬特維延科（Valentina Matviyenko）說，總的來看，俄羅斯學生及其父母要為這

些『非官方』的教育經費每年至少花費二十億美元，有時可能高達五十億美元。」

除了直接賄賂，貪污當然還有多種形式。比如，聘用政客或他們的親戚作為公司董事會成員，以期從政府得到更優惠的待遇。這種貪污與更公開的貪污一樣，因國家不同而迥異。《經濟學人》將之描述為：「貪污情況越嚴重的國家，與政治關聯的企業越普遍。」俄羅斯在這方面尤其突出，市場上八十％的企業與政府官員有聯繫。而在美國，這一數字還不到十％，部分是因為美國法律對此進行了限制。普遍的貪腐在俄羅斯並不是什麼新鮮事物。英國哲學家暨經濟學家彌爾（John Stuart Mill）在十九世紀就曾寫道：

「俄國官員的普遍貪污必定會嚴重拖累俄羅斯帝國獲得強大的經濟增長能力：因為公職人員的收入取決於他們是否能增加更多『煩惱』，以藉此索賄。」

阻礙經濟活動的不僅有貪污，還有十足的官僚作風。即使印度最成功的實業家埃迪亞・伯拉（Aditya Birla）也不得不因為印度政府機構行動遲緩而轉向其他國家擴大投資。

「在他成功的背後，有許多讓人悲傷失望的事情。其中之一就是新德里官員花了十一年的時間，才批准了門格洛爾那間煉油廠，即使以印度官僚的標準來說，這也算破紀錄了。有一天我倆正

在孟買運動場等待法庭開庭，我問埃迪亞・伯拉，是什麼促使他向國外投資的？他用深沈而真誠的聲音說，他別無選擇。在印度，障礙太多了。首先，他需要拿到許可證，而政府是不會發的，因為伯拉家族被列在壟斷與限制性貿易法案（Monopolies and Restrictive Trade Practices）的『大戶人家』名單上。即使他奇蹟般地得到了許可證，政府也會限制他的投資方向、使用的技術、工廠的規模、獲取資金的方式，甚至連他公開發行證券的規模和組合也要由政府決定。然後他還必須同官僚主義鬥爭，以取得進口資本品和原物料的許可證。在那之後，他還要面臨數十道國家層級的審批——電力、土地、營業稅、消費稅、勞動力等。『這些全都要花費很長的時間，而且坦白說，光想我都精疲力竭。』」

這個領導著三十七家公司，總銷售額高達幾十億美元的商業領袖（一個可以為印度創造緊缺的工作機會的人），最終選擇在泰國生產纖維，這些纖維被運到其在印度尼西亞的工廠裡紡成紗，然後出口到比利時，在那裡織成地毯後，再出口到加拿大。本來會讓印度受益的這些工作機會、收入、商機以及稅收，由於印度自身的官僚主義而流失。

不論是政府造成的商業延遲，還是由此帶來的負面經濟後果，都不是印度獨有的。世界銀行的一項調查顯示，創辦一家新企業所需的時間，從新加坡的不到十天到剛果的一百五十五天不等。

法律框架

要促進經濟活動並帶來繁榮，法律必須可靠。如果法律隨國王或獨裁者的意願、民選政府的更替、現任官員的想法或貪腐而改變，那投資的風險就會加大，因此投資規模也就小於擁有可靠法律框架的市場經濟中出於純粹經濟考慮會進行的投資。

十九世紀的英國之所以能夠成為第一個工業化國家，主要因素之一就是當時英國法律的可靠性。英國人不僅在投資本國的經濟時充滿信心，不用擔心收入被沒收或被索賄，也不用擔心簽署的合約由於政治原因而被改變或作廢；而且在英國做生意或投資的外國人也同樣能夠滿懷信心。

幾個世紀以來，英國法律可靠與公正的聲譽，吸引了來自歐洲大陸的投資和企業家，也吸引了擁有熟練技術的移民與難民，他們在英國建立了全新的工業。總之，從中世紀開始，外國的物質資本與人力資本就對英國經濟的發展做出了巨大貢獻，使英國從西歐的落後經濟體成為世界上最先進的經濟體，為英國工業革命創造了條件，從而帶領全世界進入工業化時代。

在世界其他國家，可靠的法律框架能夠同時促進國內和國外投資，並吸引擁有熟練技術的移民，這些技術往往是當地所缺少的。例如，十八和十九世紀的東南亞殖民統治地區實施了歐洲法律，取代原有的地方統治者和部落的權力。在這些新的法律框架之下——通常被其齊一性所涵蓋的地區要比過去更大——吸引了中國和印度的大量移民，他們的技術和企業家精神創造出全新的產業，並改變整個地區各個國家的經濟。

歐洲的投資者同樣把資本轉向東南亞，投資於採礦和運輸業，這些企業所需的資金通常要超過中國和印度移民擁有的資金，也超過了本地人擁有的資金。比如，在殖民統治時期的馬來西亞，為該國提供了大量出口收入的錫礦和橡膠種植園都是由歐洲人出資的，並雇用華人和印度人從事相關工作，而大多數地方的工商業都掌握在華人手裡，大部分本地馬來人反而成為他們自己經濟現代化的旁觀者。

雖然公正是法律的重要特性，但即使有差別待遇的法律，也仍會促進經濟發展，只要這種差別待遇有事先明確說明，而不是任由法官、陪審團或官員所胡亂做出的充滿偏見或腐敗的決定即可。在歐洲殖民統治下的東南亞國家的華人和印度人，從未獲得過與那裡的歐洲人同等的法律權利，移民東南亞後也沒有和當地人平起平坐。然而，不管他們擁有什麼樣的權利，在法律上都是可靠的，這些權利因而成為華人和印度人在整個東南亞地區創辦企業的基礎。

鄂圖曼帝國也有類似的情形，基督徒和猶太人無法享有與穆斯林同等權利。但在該帝國最繁榮的幾個世紀裡，基督徒和猶太人擁有的權利非常可靠，使他們能在商業、工業和銀行產業中表現的比大部分穆斯林更出色。此外，他們的經濟活動也促進整個鄂圖曼帝國的繁榮。西非殖民地的黎巴嫩人、斐濟殖民地的印度人，以及依靠不公正但很可靠的法律繁榮起來的其他國家的少數民族，都有類似的情況。

可靠性並不僅適用在政府對待人民上，還必須防止人們之間的互相干擾，防止罪犯和歹徒造成經濟生活的風險，進而抑制經濟發展和繁榮。

基本上，政府都可以施行其法律，只是成效各不相同，甚至同一個政府也可能在一些地區實施法律比在另一些地區更有效。中世紀長達幾個世紀的時間裡，英格蘭與蘇格蘭王國的邊界地區，長期都不受兩者控制，於是該地區一直都是法外之地，經濟也長期落後。山區往往很難維持秩序，不論是在巴爾幹地區、美國的阿帕拉契地區，還是其他山區，在經濟發展上往往都很落後，也幾乎吸引不了外來人口和外來資本。

如今，高犯罪率的地區以及惡意破壞行為或騷亂高發地區，也同樣由於缺乏法律與秩序而在經濟上備受折磨。很多企業根本不會在那裡落戶；而建在那裡的企業，與建在其他地方的企業相比，效率更低或更不合人意，並且在其他地方，這些不合格的企業將無法從競爭中勝出。商店內外增加的額外安全設備，以及雇用保安的成本都增加了營業成本，反映在價格上就是高犯罪率地區的居民購買產品和勞務的價格更高，儘管在這些地區居的大多數人都不是罪犯，且也難以承受由犯罪者帶來的額外成本。

財產權

財產權是法律與秩序中最容易遭到誤解的一個方面。有幸得到大量財富的人將這種權利視為個人利益，但從經濟學的角度來看，重要的是財產權怎樣影響具有多種用途的稀有資源的配置。財產權對財產所有者的意義，遠沒有它對整個經濟的影響重要。換句話說，評價財產權要根據它對大多數人的福利所產生的經濟影響。這些影響從根本上說是一個實證問題，不能根據假設或修辭學加以解決。

有沒有財產權到底有何差別？曾訪問蘇聯的美國農民代表團的經歷就能說明問題。他們對蘇聯農產品的運輸方式感到震驚：包裝馬虎，任由變質的水果和蔬菜留在袋子或箱子裡加劇腐爛。在美國，個人擁有的農產品被視為他們的私人財產，因此美國農民不可能如此漠不關心和浪費，因為這樣將導致不必要的損失，甚至可能會破產。在蘇聯，這種浪費造成的損失其實更嚴重，因為這個國家連人民都餵不飽，可是由於沒有財產權，無法將這些損失直接轉嫁給引發腐敗的農產品處理人員和運輸者。

在一個沒有財產權的國家，或食物「歸人民」所有的國家，沒有哪個人會得到足夠的誘因，來保證食物在沒賣給消費者之前不被無謂地浪費掉。運輸食物的人得到的是固定的薪水，與食物的好壞完全沒有關係。

至少在理論上，更嚴密地監督農產品處理人員可以減少腐爛的發生。但監督不是免費的。用於監督的人力資源本身就是具有多種用途的稀有資源。此外，監督還會引起更深層的問題：誰來監督監督者？蘇聯試圖通過讓共產黨員在全社會內形成蜂窩結構，來報告玩忽職守和違反法律的行為。然而，即使是在史達林集權主義之下，仍存在普遍的貪腐與無效率，這說明與資產擁有者的自我監管相比，政府監督具有限制性。

美國農民不需要監督者的密切監視，也不需要有人提醒他從籃子裡揀出壞桃子以免加劇腐爛，因為桃子是他們的私人財產，他們也不願意承擔毫無必要的虧損。財產權造就了自我監管，相比第三方監管，它更有效、成本更低。

大多數美國人既不擁有農田，也不擁有莊稼，但他們能獲得更多的食物，食品價格也更低。這些都是沒有農田和農產品財產權的國家的人無法享有的，在沒有財產權的國家，許多食物都無謂地腐爛。食物的售價必須彌補生產該食物的全部成本（包括腐爛並被丟棄的那部分食物），因此食物腐爛越嚴重的地方，價格就越高，即使生產食物的最初成本相同。

瀕臨滅絕的動物都是那些不屬於任何人的動物。肯德基爺爺不會讓雞滅絕，麥當勞不會袖手旁觀讓牛滅絕。同樣地，被污染的無生命物也不屬於任何人（如空氣和水）。在過去的幾個世紀裡，人們在無主的土地（即所謂的「公有地」）上放羊，結果公有地因為過度放牧變成了寸草不生的荒地，留給牧羊人的也只有飢腸轆轆、骨瘦如柴的羊。但公有地旁邊的私人土地的狀況往往要好得多。忽視無主土地的事在蘇聯也有發生。據蘇聯經濟學家所述：「被砍伐的林區沒有補種樹木。」對於資本主義經濟中的伐木公司來說，在自己的土地上發生這種事情無異於自殺。

所有這些事情從不同的方面闡明，私有財產權對整個社會的價值。即使是幾乎沒有私產的人，也能夠從財產權帶來的更高的經濟效率中受益，因為更高的經濟效率能夠使人們普遍享有更高的生活水準。

雖然財產權往往被視為富人的特權，但很多財產權事實上對於並不富裕的人來說更有價值，而這些財產權常因為富人的利益受到侵犯和破壞。根據定義，富人比並非富人擁有更多的錢財，但後者由於人多，因此擁有的財富總和往往比前者要多得多。這意味著，在私人財產權不受限制的自由市場上，富人擁有的許多財產會被購買力更大的非富人購買。於是，被豪宅所盤據的大片土地，最後會透過市場機制轉移給開發商，用來建造更多但更小的房屋或公寓，提供給收入不高、但財富加總起來非常驚人的非富人居住。

有人曾說：「是貧是富都不重要，只要有錢就行。」雖然是句玩笑話，但它卻具有很深刻的含義。在自由市場上，普羅大眾的錢與富人的錢一樣管用，而且從總量來看，前者的錢往往更多。不富裕的個體不必直接和富有的個體競價。企業家或他們的公司可以用自己的錢，或是從銀行和其他金融機構借來的錢收購豪宅與房產，把它們改建成中產階級的住宅和中等收入人群的公寓大樓。這樣做當然會以富人不喜歡的方式改變這些社區，然而有更多人會喜歡住在這種新式社區裡。

富人總是想推動法律以各種方式限制財產權，阻止這種形式的資產轉移。例如，美國加州、維吉尼亞州和其他地方的許多富裕社區，就立法要求求售的土地不得小於一英畝，求售的房屋也不得低於某單價，使得這些土地和房屋的價格就超出了大多數人所能負擔的範圍，也使並不富裕人群所擁有的更大的總購買力變得無效。

想要使居住的社區保持不變的人還利用都市計畫委員會、開放空間的法律、歷史文物保護機構及其他組織和措施，嚴格限制出售相關私人財產用於他們反對的用途，這些人常常將社區稱為「我們的社區」，然而沒有人擁有整個社區，每個人只擁有自己的私人房產。這種字面上的集體主義可不僅僅停留在口頭上，它往往採取法律和政治行動否定私人財產權，並把整個社區當成真正的集體所有。

通過破壞和否定財產權，鉅額財富的擁有者就能夠把一般收入者或低收入者排除在外。同時，隨著該地區人口的增長，他們擁有的資產將變得更稀有，價值也將增加。雖然嚴格遵守財產權使得房東有權隨意驅逐房客，但房東在經濟誘因的驅使下會做出相反的行為，即盡可能地把房子租出去，且租用時間越長越好，只要房客按時支付租金且不惹麻煩就好。只有在實施租金管制或其他限制財產權的政策時，房東才會改變做法。在實施租金管制和房客權益法案後，房東會想盡辦法將房客趕走，不論是在紐約還是在香港，都是如此。

眾所周知，香港在實施嚴苛的租金管制和房客權益法案後，房東會深夜偷溜進自己的房子，破壞屋內設施，為的是讓他們的房子不再吸引房客甚至完全無法居住，這樣房客就會搬走，然後他們就可以合法地拆除房子，改建成可以獲得更多收益的工商業房產。這當然不是香港制定租金管制法的目的或初衷，但它再次說明了區分意圖與目標的重要性——當然不僅限於財產權法案。簡言之，誘因很重要，需要根據財產權的存在、改善與廢除所產生的誘因，對財產權的經濟影響做出評價。

盈虧經濟體所創造出的有力誘因，得依賴這個原則：利潤是私有財產。蘇聯國營企業的利潤並不是它們的私人財產，而是屬於「人民」，或更直白地說，這些利潤由政府分配。蘇聯經濟學家史密列夫和波波夫指出這種情況對誘因可能產生的負面影響，並深感痛惜：

「但是，在許多經濟部門中，將企業的大部分利潤——有時甚至高達九十到九十五%——充公的理由是什麼？部長有什麼政治或經濟權力這樣做呢？而且我們剝奪努力工作的人的勞動成果，卻讓那些什麼都不做的人有吃有穿。這樣還怎麼談論獨立、開創，又怎麼可能獎勵效率、品質和技術進步呢？」

當然，國家領導人可以繼續大談獨立、創新、效率等，但破壞了存在於財產權之中的誘因機制，這些目標只是空中樓閣。由於缺少財產權，經營企業並盈利的人「不能將他們賺到的錢用來購買或建造東西」，「如果沒有上級的批准，這些錢只是銀行帳戶上的數字，沒有實際的價值」。換句話說，與市場經濟中的情形不同，成功並不能自動擴大成功企業的規模，失敗同樣也不能縮小失敗企業的規模。

社會秩序

秩序不僅包括法律和執行法律的政府機構。它還包括人自身的誠信、可靠與合作。諾貝爾經濟學獎得主肯尼斯・阿羅（Kenneth Arrow）說：「道德在經濟體系的運行中發揮著重要的作用。」

不同的國家，人們誠實可靠的品德相差極大。正如一位知識淵博的觀察家指出的：「在中國做生意如果不賄賂的話，那簡直無法想像，不過要是在日本，這樣做則相當失禮。」在印度，入店行竊或員工監守自盜所造成損失占銷售額的比例是德國或台灣的兩倍多。

一項試驗故意將裝有錢的錢包丟在公共場所，統計分文不少地歸還錢包的百分比，在不同國家間得到的結果差別很大。例如，在丹麥，幾乎所有的錢包都被歸還，而且裡面的錢分文未少。聯合國代表在紐約不受當地法律限制，享有外交豁免權，許多中東國家的外交官對大量的違規停車罰單完全置之不理，如科威特的外交官就有兩百四十六張罰單，而來自丹麥、日本或以色列的外交官都會支付罰單。

即使在同一個國家，不同人群的誠實與可靠程度也存在很大的差異，並帶來很大的經濟影響。一些封閉的群體依賴他們自己內部的社會控制來與信任的內部成員做交易。印度的馬爾瓦人（Marwaris）就是這樣的群體。他們的商業網絡建立於十九世紀，還從印度擴展到中國和中亞，他們「進行鉅額交易僅靠商家的口頭保證」。但對整個印度來講，就不是這樣了。

陌生人之間的商業交易是成功的現代大眾經濟的重要組成部分，這種經濟需要合作，包括從不可能相互認識的大眾手中匯集海量金融資源。關於印度陌生人之間的信任程度，《經濟學人》曾這樣報導：

「從銀行取一萬印度盧比，你可能會拿到一疊面額一百盧比的鈔票，厚重的像磚頭一樣，而且被工業級釘書針給釘得死死的，要使勁才能把它撬開。這樣做是為了防止有人暗地裡抽掉幾張。在火車上，廣播中可能會建議你弄壞空礦泉水瓶，以防有人重新裝上自來水當作新的礦泉水出售……如果有什麼生意需要依賴司法系統，最好放棄這門生意。」

在一般民眾缺乏誠信，以及司法體系又不廉潔的地方，經濟活動就會受限制，甚至被扼殺。同時，某些特定群體的成員能夠相互信賴，如印度的馬爾瓦人，這樣的群體在與其他群體競爭時就會有很大的優勢，他們能在經濟活動中確保相互合作，並擴大合作的時空範圍。反之若處在其他社會裡，從事這樣的經濟活動是非常危險的，外國人要面臨的風險就更不用說了。

紐約鑽石區的哈西德派（Hasidic）猶太人跟印度馬爾瓦人一樣，經常相互代售寶石，並根據口頭協議分配銷售所得。哈西德派猶太人與社會（甚至是與其他猶太人）的極端隔離，使得在這個社區中長大的人，如不履行與哈西德同伴的協議會付出沈重的代價，讓家族蒙羞，失去自己的地位，也會失去與經濟社會的關聯。

在地球的另一端也在上演幾乎同樣的故事。東南亞各國的海外華人少數群體，相互之間只作口頭協議，而這些協議並不受當地法律系統的保護。鑒於這些國家的後殖民法律系統的不可靠和貪腐，華人可以依靠自己的社會和經濟制度，擁有比東南亞當地競爭對手更佳的經濟優勢，當地人往往缺乏同等可靠、廉價且安全的交易或投資方式。因此，華人做生意的成本就比馬來人、印度尼西亞人或該地區的其他商人更低，從而使他們擁有競爭優勢。

紐約大學經濟學教授威廉•伊斯特利（William Easterly）貼切地稱其為「互信範圍」（the radius of trust）。不同的群體和國家，互信的範圍也很不同。在某些群體和國家，互信範圍僅限於家庭：

> 「馬拉加西（Malagasy）[1]的糧食商人要親自檢查每一批糧食，因為他們不信任雇工。三分之一的糧商表示不會雇用更多的勞工，因為害怕雇工盜竊。這就限制了糧商的企業規模，從而降低了糧商成功的可能性。在許多國家，公司往往是家族企業，因為家庭成員是僅有的值得信任的人。因此，公司的規模受家族大小的限制。」

即使在同一個國家內部，互信的範圍也有很大差異。雖然美國一些社區中的企業必須花錢購買笨重的安全門，以避免打烊後遭偷盜與惡意破壞，還要雇用保全保障營業，為此支付額外的成本；但另一些社區的企業則沒有這些開支，並能夠以較低的售價盈利。

汽車租賃公司在有些社區可以將車停在沒有柵欄和保全的空地上，而在其他社區這樣做無異於拿自己的「錢途」冒險。但是，還有些地方雖然沒有防護，汽車盜竊卻極少發生，偷盜造成的損失比雇用保全和修建柵欄的費用要小，因此在這樣的社區，汽車租賃公司以及其他企業的營運成本更低，也更易發展壯大。這些社區的經濟也會繁榮起來，因為它們吸引大量企業和投資，這些企業創造了就業，增加了稅收。

總之，誠實不只是一個道德準則，也是一個重要的經濟因素。政府雖然不能直接創造誠實，但它能以各種方式間接地支持或破壞誠實行為賴以存在的傳統。例如，學校中傳授什麼知識，公職人員樹立什麼樣的榜樣，或政府制定了什麼樣的法律。法律既能對道德行為產生誘因，也能對不道德行為產生刺激。如果法律創造了一種只有靠違反法律才能避免毀滅性損失的環境，政府無疑地會降低人們對法律的尊重，並變相鼓勵某些失信行為。

例如，租金管制的支持者經常列舉房東的失信行為，以論證租金管制和相關的房客權益立法的必要性。然而，租金管制法案會加大特定公寓在誠實房東和不誠實房東之間的價值差異。如果法律規定的服務（暖氣、維修和熱水）成本，等於甚至超過法律允許收取的租金金額，那對於誠實的房東來說，房屋的價值就是零甚至是負的。然而，對於願意違反法律並為了省錢不提供服務的房東，或是在租金管制的住房短缺時期，接受來自潛在租戶賄賂的房東，該建築可能仍然有一定的價值。

如果某種物品對不同的人具有不同的價值，那它往往會通過市場轉移到最有價值的用途，並且這種用途的出價也是最高的。在上面的例子中，不誠實的房東能輕易地從誠實的房東那裡競買房屋，而有些誠實的房東可能會因擺脫租金管制帶來的枷鎖而如釋重負。有些房東甚至寧願縱火將房屋燒毀，因為若能把火災後的土地用作工商業用途，就能獲得最大利益，也能擺脫房客與租金管制。一項研究發現：

1 編注：馬拉加西人（Malagasy）是對馬達加斯加居住民族的總稱。

「在紐約的一些區域，房東縱火現象非常頻繁，該市還為此提供了特殊的福利津貼。有一陣子，屋子被燒毀的房客被列入炙手可熱的公共住房供給名單的最前面。這無異又給了房客一個燒毀房屋的誘因，他們也確實這樣做了，他們常常將電視機和傢俱搬到人行道上，然後才放火。」

正是那些最痛恨不誠實的人推動的法律，讓誠實的行為無法得到經濟利益，反而誘因了不誠實行為，但他們卻從不認為自己應該為這樣的現象負責。縱火只是租金管制法引起的不誠實行為之一。精明而不擇手段的房東自有一套方法能夠讓房屋不受租金管制影響，他們保養和維修房屋、拖欠每月貸款利息、拖欠稅款，並最終讓房屋因為違約成為市政府的資產。然後繼續用同樣的破壞手段對待其他租金管制房屋。

若沒有租金管制，房東就會面對完全相反的誘因。不實行租金管制時，房東面對的誘因是保證房屋品質以吸引房客，還要保護房屋不發生火災或其他危及房屋的災害，因為在自由市場上，房屋對他們來說是非常有價值的財產。總之，雖然租金管制的提倡者對房東行為的譴責並非毫無根據，但這些倡導者很少能看到租金管制與房東道德水準下降之間的聯繫。誠實的房東在租金管制下蒙受損失，不誠實的房東卻能從中獲利，房產將不可避免地從前者轉移到後者手中。

很多嚴格的管制措施都會使誠實行為的成本過高，並因此助長不誠實行為的蔓延，租金管制法只是其中一種。大量（有時是大部分）經濟活動發生在「地下」的情形在第三世界國家中非常普遍，而且這些地下經濟活動往往是非法的，因為大部分人都難以承擔官僚作風和繁文縟節帶來的成本。

例如，在非洲的喀麥隆，一家小型企業需要支付給政府的費用總額（不包括賄賂），比喀麥隆普通民眾一年賺到的錢還要多。法律制度使得其他經濟活動也同樣要承擔很高的成本：

「購買或出售一項資產的成本大約為該資產價值的五分之一。法院強制執行一張未支付發票的時間需要將近兩年，成本則超過發票票面價值的三分之一，需要經過五十八道獨立的程序。這些荒謬的規章制度對實施者（官僚）來說是件好事。每個程序都是他們收受賄賂的良機。」

當法律和政策抬高了誠實的成本，政府實際上就是在鼓勵不誠實行為。這種不誠實行為很快就會超越所涉及的特定法律和政策，使人們普遍地養成不遵守法律的習慣，從而對整個經濟和社會產生不利影響。正如一位俄羅斯母親所說：「現在我的孩子告訴我，我撫養他們的方式完全錯了。現在已經沒有人需要誠實與公平了。誠實的人會被當作傻瓜。」

不論在哪個國家，當這種習慣普遍蔓延，將是經濟和社會的共同災難。從政府控制經濟轉向自由市場經濟的國家，幾乎都經歷了經濟增長率的飆升，俄羅斯卻在蘇聯解體、國有資產轉移到以資本家身份出現的前國家領導人手中之後，經歷了產出及國民生活水準的陡然下降。猖獗的貪腐抵消了市場的益處，因為貪污會抵消豐富的天然資源以及高教育程度的人口所帶來的好處一樣。

在普遍誠實的國家，市場經濟運行得更順暢，而市場經濟往往也會懲罰不誠實的行為。以曝光企業對消費者的各種詐欺行為而開展職業生涯的美國新聞調查員史托塞爾（John Stossel）發現了這種模式：

「我曾調查過數百起此類詐欺案例，但是多年後，我開始意識到民營部門的騙子很難成為非常富有的人。這並不是由於『消費者詐欺調查員』會抓捕或制止他們，大多數詐欺行為甚至從沒被政府發現。實際上，詐欺者受到了市場的懲罰。他們會賺一陣子錢，但人們隨後會意識到受騙而不再購買他們的東西。當然也有例外。在一個擁有大量企業、產出達數萬億美元的經濟體中，總會存在一些得逞的欺騙者，或是像安隆公司（Enron）這樣的大騙局，但是從事消費者報導的時間越長，我越難發現值得在全國性電視節目中報導的欺騙行為。」

各級政府的貪腐程度不僅在國家之間有很大的不同，它們也會在一國內隨時間而變化。腐蝕一個誠實的政府，比扭轉貪腐的生活方式要容易得多。但從貪污到誠實的轉變有時也能做到。在對二〇一三年非洲國家經濟進展的報導中，《經濟學人》雜誌指出：「記者訪問了二十三個國家，過程中從未遇到索賄，這在十年前是不可能的。」

外部成本與收益

通過市場做出的經濟決策並不總是優於政府制定的決策。這在很大程度上取決於市場交易是否真實反映了交易的成本和收益。在某些情況下，市場做不到這一點。

當有人購買了一張桌子或一台曳引機，它們是否值那麼多錢，就要由做出購買決定的購買者用行動來回答。然而，當電力公司購買煤礦用於燃煤發電時，發電過程中的很大一部分成本是由那些吸入煙塵，以及房子和汽車被煙灰弄髒的人來承擔的。這些人支付的清洗、粉刷和醫療費用在市場上沒被納入考量，因為這些人沒參與到煤炭生產者與電廠的交易中。

這種成本被經濟學家稱為「外部成本」，因為它由產生這些成本的交易雙方之外的第三方承擔了。於是，外部成本在市場中不會被計算在成本內——即使它們非常高昂——不僅包括貨幣損失，還可能包括健康受損和早逝。雖然在許多決策上市場比政府更有效，但有關外部成本的決策就是一種政府比市場更有效的決策。即使傅利曼這位自由市場的擁護者也承認，存在「某些對第三方的影響，並且無法對這些影響進行收費或補償」。

清潔空氣法旨在減少有害氣體的排放。清潔水及防止將有毒廢物排放到危害大眾的區域等相關法律，同樣使人們在做決策時考慮外部成本，若沒有這些法律，外部成本在市場交易中將常常遭到忽視。

同樣地，也有一些交易會使決策方以外的人受益，雖然他們的利益並沒有被考慮在內。汽車和貨車裝上擋泥板就明顯能在暴風雨中使後車受益，使他們避免被前面的汽車或貨車甩出的泥水弄髒擋風玻璃而模糊視野。即使每個人都同意擋泥板的利益超過了成本，但仍然沒有合適的方式使人們能夠在自由市場上購買這種利益，因為你不能從你購買並安裝在自己車上的擋泥板中獲益，只能從別人購買並安裝在他們汽車或貨車上的擋泥板中獲益。

這就是「外部收益」。只要制定法律，要求所有的汽車和貨車都安裝擋泥板，政府就可以讓整個社會集體獲得外部收益，僅靠個人是無法從市場上獲得這種利益的。

還有一些利益是不可分割的。要不每個人都獲得這種利益，要不就沒人能獲得。國防就是其中一個例子。如果個人必須在市場上購買國防，則感受到外國勢力威脅的人就會為槍支、軍隊、大炮和其他軍事威脅和防防禦手段付費；而看不到這些危險的人就會拒絕為這些物品付費。但對於這兩種人而言，軍事安全水準是相同的，因為軍隊的支持者和反對者雜居在同一個社會裡，敵人的行動帶來的危險也是相同的。

有鑒於這種利益的不可分割性，即使是完全意識到軍事威脅的人，以及那些認為國防收益大於成本的人，可能也會感到沒有必要為此花費自己的錢，因為他們個人的貢獻並不會對他們自己的安全（它主要取決於其他人貢獻了多少）產生重大影響。在這種情況下，最終很可能會沒有足夠的國防，即使每個人都瞭解有效防禦的成本，並認為收益要大於成本。

通過將國防決定集體化，並讓政府做出決策，最終將更接近大多數人想要的結果，這是讓單一個人分別做出決定無法達到的。即使是自由市場的倡導者，也很少有人建議讓個人在市場上購買國防。

總之，有些事情政府能夠比個人更有效率，因為外部成本、外部收益或不可分割性使得市場上基於個人利益的個人決策，不能很有效地衡量整個社會的成本和收益。

雖然外部成本與外部收益在市場上並不會自動被我們列入考慮，但這並不表示我們不能夠以一些充滿想像力的方式將它們計算在內。例如，英國的池塘或湖泊往往由私人所有，所有者會竭盡所能避免他們的池塘湖泊受到污染。因為清潔的水更能吸引漁民或船夫使用池塘或湖泊並付費。商場也同樣如此：雖然商場所有者在商場中配備椅子、休息室和安全人員，打造乾淨宜人的購物環境，所花費的資金並不是來自消費者，但配備了這些設備和人員的商場能吸引更多的消費者，於是這樣的商場要比沒有這些設施的商場更有價值，憑借這些設備設施，商場所有者能夠從各個店主那裡收取更高的租金。

雖然在有些決策上個人更有效，另一些決策上集體更有效，但這種集體行動並不非得出自中央或地方政府，可以由個體自發地組織起來，解決外部成本或外部收益問題。例如，美國西部拓荒時期，人們在不屬於任何人的廣袤平原上放牛，於是存在過度放養牲畜超過土地承載能力的危險，就像在公有地上放羊的例子一樣，因為沒有哪個牧民有動力去限制放牧的數量。

美國西部拓荒初期，養牛人自己組織成立畜牧者協會，制定規則並以各種方式阻止新來者加入。這實際上是將平原變成了集體制定規則進行管制的集體所有土地，並由集體雇用的槍手保護。

現代的商會有時也能夠比單一企業主更有效地為整個產業做出集體決策，特別是當市場經濟中存在支持政府干預的外部性時尤其有效。這些私人協會能夠推進資訊分享，以及產品與程序標準化，讓他們自己和消費者都能從中受益。鐵路可以相互連接並規範軌道數據標準，這樣火車就能在不同鐵路線上行駛；酒店可以規範房間預訂程序，這樣在不同地區間出行的客人都可進行預訂。

總之，雖然在確定政府職能時需要嚴肅考慮外部因素，但這並不能為所有行為的正當性背書，也不只是提供一套具有魔力的說詞，自動讓大家忽視經濟學，盲目追求徒具政治吸引力的目標。面對某一特定問題在市場誘因和政治誘因這兩者間做選擇時，務必仔細權衡。

誘因與限制

政府當然不能與政治相分離，因此我們必須區分什麼事情政府能夠比自由市場做得更好，什麼事情是政府出於政治誘因與限制的影響傾向去做的，並記住它們之間的差異。當我們將政府僅僅看作社會的代理或整體的執行者時，我們就會模糊政府能夠做什麼和政府傾向做什麼之間的區別。事實上，一國政府中的許多個人和機構都有各自的利益、誘因和議程，它們會更多地對此做出回應，而不是對公共利益或政治領導者制定的政策議程做出回應。

即使在蘇聯這樣的計畫經濟國家，政府的不同分支機構和部門也會追求各自的不同利益，並常常會對經濟和社會帶來不利影響。例如，隸屬不同部門的工業企業，會盡可能避免在設備和供給上相互依賴。位於海參崴的一家企業可能會向位於幾千英里外的明斯克（Minsk）的企業訂購所需的設備和供給物，只因為它們隸屬於同一個部門，而不會從位於海參崴附近的隸屬於別的部門的企業訂購。於是一些原料被運往東邊數千英里之外的地方，隸屬於另一個部門的另一個企業，卻在同一條鐵路上，將同一種原料運往西邊，而蘇聯的鐵路本來就已經負擔過重。

這種造成經濟浪費的交叉運輸是稀有資源無效配置的情形之一，因為即使是在集權主義社會，政府也不是一個利益整體。在民主社會中，無數的利益集團自由地組織，並對政府的不同分支機構和部門產生影響，我們不可能指望政府組織會遵循一個連貫的政策，更不用說讓代表大眾利益的理想政府遵循一個政策了。在美國，一些政府機構一直嘗試推動限煙，而另一些政府機構卻一直補貼煙草種植。參議員莫尼漢（Daniel Patrick Moynihan）曾說：「有時美國聯邦政府就像交戰中的君主國。」

普選政府基於政治誘因會去做受大眾歡迎的事情，即使結果比什麼都不做或做一些不受歡迎的事情還要差。如今，幾乎每個人都同意，尼克森政府在一九七一年實施的美國史上第一個和平時期的全國性工資管制和價格管制，產生的效果完全與預期相反。

國際知名的經濟學家亞瑟・伯恩斯（Arthur Burns）出席了這項重大決定的裁定會議，他強烈反對這項政策，但抗議無效。出席會議的其他人也並不是對經濟一竅不通。尼克森總統自己也一直反對工資和價格管制政策提議，而且在轉變為支持並接受這一提議的十一天前還公開反對過它。但通貨膨脹下，來自大眾和輿論的壓力要求政府「有所作為」，再加上第二年就要進行大選，政府當局不能眼睜睜地看著通貨膨脹失控而無所作為。據一位參加會議的人員回憶，除了這些政治因素，所有與會者在當天「為他們做出的重大決策振奮不已」。回首往事，這位與會者後來又說道：「我們用了更多的時間討論演講的時機，而不是討論經濟方案將如何實施。」大家關注的是在黃金時間播出總統演講，會不會導致當時非常受歡迎的電視節目《牧野風雲》（*Bonanza*）停播，而引起大眾的不滿。於是就發生了這樣的事情：

> 「尼克森的演講儘管占用了《牧野風雲》的播出時間，但還是引起強烈回響。大眾感到政府要整治那些價格詐欺者了……第二天晚上的新聞廣播中，九十%的報導都關於尼克森新政，並且都是正面的。而道瓊工業指數也上漲了三十二・九個點，是有史以來單日最大漲幅。」

簡而言之，這些管制政策在政治上獲得了巨大的成功。但是造成的經濟後果呢？

「農場主不再向市場供應牛，農民也將他們的雞溺死，而消費者則將超市貨架上的物品搶購一空。」

總之，人為的低價格導致供給減少和消費者需求的增加。例如，美國的牛更多地向國外出口——大部分是出口到加拿大，而不是在價格管制的美國市場上銷售。這樣一來，尼克森政府實施的價格管制，造成了與戴克里先（Diocletian）統治時期的羅馬帝國、共產黨統治下的俄羅斯、恩克魯瑪（Nkrumah）統治時期的加納，以及曾試圖實施管制政策的其他時期和地區相同的結果。

在政治上，管制政策的制定和實施過程也不是獨一無二的。資深經濟顧問赫伯特・斯坦（Herbert Stein）曾參加尼克森政府的那次會議，二十五年之後，他體悟到：「政府制定政策時未能考慮未來，這種情況太普遍了。」或我們可以說，政治的時間跨度總是短於經濟的時間跨度。在工資和價格管制政策的負面經濟後果完全顯現出來之前，尼克森已經以壓倒多數的得票率再次當選。沒有現值因素，來迫使政治決策制定者在當前的決策中考慮長期後果。教育是因政治短視而被忽視的重要領域之一。正如一位印度作家所說：「沒有人關心教育，因為要在教育領域取得成果需要很長的時間。」這種情況並不是印度特有的。從根本上改革教育，困難重重又耗時彌久，改革的結果也要等接受更好教育的人成年之後才會顯現，因此在政治上，民選官員的權宜之計是將納稅人的錢更多地投向教育，以展示他們對教育的迫切「關心」，儘管這樣只會增加漂亮的建築物，對教育毫無益處。

政府決策運作中的限制與誘因一樣重要。作為法律規則的框架，限制非常重要且有益，這也意味著在限制下處理很多問題必須直截了當，而不能像在市場經濟中那樣漸進應對。對法律的絕對執行，防止了政府的巨大權力因為一位官員的自由裁量和心血來潮而濫用，並防止因此產生的貪腐和獨斷專行。

確實有許多事情需要酌情進行漸進調整，正如在第四章中提到的，因為絕對法律對於這些事情很難起作用，或造成的結果與預期目標相反。例如，儘管防治空污和水污染被普遍認為是政府的法定職能，而且由政府來防治污染可以比自由市場更經濟、更有效，但依賴絕對法律來解決這一問題會產生嚴重的後果。雖然「潔淨水」和「清潔空氣」這類明確措辭在政治上很有吸引力，但事實上並不存在這樣的東西，從來沒有過也永遠不會有。此外，去除水或空氣中的污染物所得到的回報也越來越少。

合理的做法是以大多數人都能接受的成本，降低水或空氣的污染物，使它們的數量在致命程度以下。然而，隨著潔淨標準越來越高，為了消除那些更不明顯或更具爭議的小危害，這一成本將逐漸升高並超出收益。即使消除九十八％的污染物的成本是消除九十七％的兩倍，而消除九十九％的污染物的成本甚至達到十倍，都不影響「潔淨水」這樣的措辭所表達的政治吸引力。不管是在嚴重污染，還是在消除了九十九％的污染物時，這一政治辭令同樣有效。這種情況早在一九七〇年代就已存在：

「美國經濟顧問委員會指出，將全美國的河流變得九十九％純淨，而不是九十八％純淨時，成本遠高於清潔河流的收益，但美國國會卻對此置若罔聞。」

根據污染物的種類，微量殘留可能會也可能不會造成嚴重危險。但在科學的層面上，並不能解決對水中污染物的政治爭論，因為人們的熱情會因沒有提供所謂的「潔淨水」而受到打擊。不管水有多純淨，總有人要求清除更多的污染物。而且，除非大眾理解清除更多污染物的邏輯和經濟影響，否則這種要求會在政治上變得不可抗拒，因為沒有哪個官員願意在大眾眼中變成清潔水反對者。

我們甚至不能確定降低極微量的物質是否會降低污染危害，即使該物質大量存在時確實會造成危害。而水中含有的極微量的砷，也可能有益於健康。俗話說：「劑量決定毒性。」許多物質都有類似的研究發現，包括糖精和酒精。雖然過量的糖精會增加實驗鼠的罹癌機率，但低量的糖精卻可能減少罹癌機率。雖然大量飲酒會縮短人的壽命，但適量的酒精，如每天一杯葡萄酒或啤酒，往往能減少高血壓等威脅生命的疾病的發病率。

如果某種物質超過某一閾值後它才有害，那就提出了這樣一個問題：我們花費大量的金錢試圖從空氣和水中清除最後一小部分污染物，是否必然會讓大眾更安全？但是，有哪位政客願意讓人們把他看作阻止消除砷這種「水污染物」的人呢？

同樣的原則適用於許多其他的情況，殘留的微量污染物可能會造成重大的政治和法律衝突，並且耗費大量稅收資金，但幾乎注定不會為大眾的健康和安全帶來實際利益。例如，美國新罕布夏州的一個有毒廢棄物場址引起了一場長達十年的法律戰役。那裡的廢棄物已被稀釋，即使有任何兒童居住在那或是在那玩耍，而且即使他們一年中有七十天吃這裡的土，也不會危害健康，更何況那兒並沒有任何兒童。

最終政府花費了九百多萬美元治理污染，兒童即使一年吃兩百四十五天這裡的土也絕對安全。不僅如此，訴訟的雙方都認為，即使什麼也不做，超過一半的揮發性雜質也會在二〇〇〇年之前全部揮發掉。但是，假想的危險和假想的兒童使得這種事情一再發生，耗費資金。

環境安全與其他類型的安全一樣，某一方面的安全會帶來其他方面的危險。例如，為了減少汽車廢氣排放，美國加州要求該州銷售的所有汽油中都包含一種添加物。然而，這種新的添加物很容易從加油站的儲油罐或汽車油箱中漏出，以致於先是會污染地下水，還會導致更多的汽車火災事件。同樣地，為了在發生車禍時減少傷亡，政府要求在車上安裝安全氣囊，但安全氣囊本身也可能導致兒童死亡。

所有的問題都在於漸進地權衡，以找到最佳的數量和安全度，因為在這個世界上，要找到絕對的安全，跟獲得清潔度百分之百的空氣或水一樣是不可能的事。個體在市場交易中始終要不斷權衡取捨，但是反對人們追求更多的清潔空氣、清潔水或更安全的汽車就等於政治自殺。因此，說政府能改善個體在自由市場上交易的結果，並不等同於說政府實際上確實要這樣。社會中最大的外部成本來自於立法者和官員，他們為了應對來自利益團體或意識形態倡導者的壓力，將幾十億美元的成本強加給他人，自己卻不需付出一分一毫。

美國的政府管制使大型企業員工造成的損失估計在每人七千八百美元左右，使小型企業員工造成的損失在每人一萬零六百美元。這意味著大量政府管制往往會讓大型企業獲得競爭優勢，因為大企業在遵守這些規章制度時有明顯的規模經濟。

有些人會從政府管制帶來的利益方面為其辯護，但從經濟的角度來看，問題是這些利益是否值得美國實施這些耗費數千億美元鉅額總成本的管制？在市場上，花費五千億美元的成本，必定要確保有消費者會為此買單，並帶來超過五千億美元的收益。否則，該生產者可能就會破產。

然而，對政府而言，很少有誘因和限制促使他們權衡成本和收益。政府往往振振有詞，聲稱新的政府管制會解決某些問題或帶來某些利益，並認為這樣就足以讓政府官員實施這項管制。政府管制還會帶來一些可以想見的好處，成本則由納稅人來承擔，於是對於實施更多的管制，誘因更多而限制更少。《聯邦公報》（*The Federal Register*）是收集美國政府法規的出版物，它的頁數一直在增加。一九八〇年代雷根政府執政時期，才很罕見地出現了頁數下降。但是，在雷根政府之後，《聯邦公報》的頁數又重新開始增加了。

我們一定要牢記，特定政策的目標與實際結果截然不同，同樣我們也要牢記，某項法律的目的與該法律實際被用於什麼樣的目的也截然不同。例如，在第一次世界大戰期間，美國為了防止與敵國貿易，而通過法律賦予總統權力，以創造出所謂的「金本位制」，直到一九三三年才被羅斯福總統廢止。雖然當時一戰已結束了十幾年，美國也不再有任何敵國，但他們仍為了完全不同的目的在使用那套制度。危機創造了權力，但是權力不會隨危機終止而終止。立法者也並沒有太大的興趣廢除過時的陳舊法律。當促使某些機構成立的環境消退時，這些機構更是不可能自行關閉。

考慮政府職能時，我們常常假定某些活動最好由政府承擔，而不是交給非政府機構，僅因為這些活動過去都是由政府來開展的。郵遞就是其中一例。印度允許民營企業從事郵件遞送業務後，政府的郵遞服務數量從一九九九年的一百六十億件，下降到了二〇〇五年的八十億件。印度也曾由政府經營電話公司，但是當這一領域向民營企業開放後，來自《華爾街日報》的報導稱，這些民營電話公司「使得室內電話、長途電話，以及行動電話服務、網際網路等各項業務的服務品質都獲得提升，費用也隨之降低」。

政府權力和活動，都不應僅因為以往由政府實施，就想當然地認為必然還是應該由政府執行。他們的誘因機制、限制和行為記錄都需要受到檢查。

除了特定的政府政策或計畫的某些優點或不足，在擴大政府作用時還應進行其他方面的考慮。彌爾早在一個多世紀前就說過：

「在政府現有職能之外增加的每一項功能，它對人們希望和恐懼心理的影響都會得到更廣泛地擴展，並且越來越多地使活躍而富於進取的那部分大眾變成政府的依存者，或者變成旨在組成政府的某一黨派的依存者。假如公路、鐵路、銀行、保險機關、大型股份公司、大學以及各種公共慈善機構等，都變成政府的分支機構；假如市政公會和地方議事會以及現在委任給它們的一切，也都變成中央行政系統下的部門；又假如所有這些不同企業的員工都由政府任命並支付薪資，指望政府來賜予它們生活上的提升；那即使憲法規定有新聞自由和民眾參與立法的自由，也不足以使這個國家或任何國家成為一個名副其實的自由之國。」

第十九章
政府財政

政府徵稅的意願明顯低於其消費傾向。

——美國經濟學家　亞瑟・伯恩斯（Arthur F. Burns）

如同個人、企業和其他組織，政府為了持續存在必須擁有資源。幾世紀以前，政府直接占有人們的一部分農作物、牲畜或其他有形資產來獲取這些資源，而在現代工業和商業社會中，政府以貨幣的形式占有國民產出的一定份額。然而，這些財政事務對經濟的影響，遠不止金錢轉手這麼簡單。

當消費者使用的一些物品被徵收重稅，而另一些物品卻免於重稅時，他們就會改變購買決策。當一些產品被徵收重稅，而另一些卻能得到補貼時，企業就會改變它們製造的產品種類。當投資報酬的稅率提高，投資者就會把錢投資於免稅的市政債券，或轉入稅率低的國家；而當投資報酬的稅率降低時，則相反。總之，人們會根據政府財政的運行狀況改變他們的行為。這些運行狀況包括徵稅、出售政府債券以及各種當前的花錢方式，或允諾的未來開支，比如為銀行存款做擔保，建立覆蓋一部分人口或所有退休人口的養老金制度。

二〇一三年，美國政府花費了將近三・五兆美元。處理政府財政運作帶來的諸多複雜問題的方式之一，就是將這些複雜問題分解成政府籌資方式和政府支出方式，然後根據這兩種方式的運作情況對整個經濟的影響，分別對兩種方式進行檢測。實際上，政府財政影響已經超出了國界，對其他國家也產生了影響。

不論是古羅馬帝國、中國古代封建王朝還是現代歐美各國，獲得財富一直以來都是政府最關心的事之一。現在，稅收收入和債券銷售收入常常是中央政府最大的資金來源。為政府活動籌資用哪種方式——是當前稅收收入，還是用發行債券的銷售收入（也就是負債）——會對整個經濟產生深遠影響。就像經濟學的其他方面一樣，事實相對來說很簡單，但是用於描述事實的詞語往往會導致不必要的誤解或將事實複雜化。用於探討政府財政運作的一些詞語，如「預算平衡」、「赤字」、「盈餘」、「國債」，都需要進行清晰地界定，以避免誤解甚至產生過於激烈的情緒。

當前所有的政府支出都來自稅收收入時，政府就達到了預算平衡。如果當前稅收所得大於當前支出，那多出的部分就是預算盈餘。如果稅收收入不足以覆蓋政府的所有開支，就需要通過發行政府債券來彌補缺口，這時政府就處於赤字狀態，因為債券是需要政府在未來償還的債務。隨著時間的積累，赤字的總和就是政府債務，即所謂的「國債」。如果這個詞真的和它的字面意思一樣，就應該包括該國所有的債務，既包括消費者的債務，還包括企業債務。但在現實中，國債只表示中央政府的債務。

政府的收入來源很多，政府的支出也有多種形式。包括當年項目，如公務員與軍人的工資，各種政府機構運行所需的電力、紙張和其他物資，以及對當前和未來都有用的項目，如公路、橋梁和水壩等。

雖然在媒體和政治討論中，政府支出的各個項目常常混為一談，但某種支出往往與支付這筆錢的特定籌資方式關聯在一起。例如，對當前納稅人來說，稅收適合用於支付政府提供的當前利益，而未來也能夠使用或收益的項目更適合發行債券，讓未來世代支付一部分成本，如前面提到的公路、橋梁、水壩等。對城市政府來說，地鐵和公共圖書館既能為當前一代人服務，又能為未來世代服務，因此建設成本需要進行合理分配，既徵收當前的稅收，也出售債券籌集未來納稅人的資金。

政府收入

政府收入不僅來源於稅收及債券銷售，還可從政府提供的各種物品與勞務中收費，以及通過出售政府擁有的資產來籌得資金，如土地、舊辦公物品或剩餘的軍事裝備。美國的地方、州和聯邦政府都從它們提供的各種物品與服務中收費，從市政運輸費用、市政高爾夫球場使用費，到國家公園的門票或在國有土地上伐木的許可費。

政府提供的物品與服務所收取的費用，很少能達到自由市場上提供同樣物品與服務的企業收取的價格，因此政府銷售也很少對具有多種用途的稀有資源的配置產生同樣的影響。總之，這些交易並不只是貨幣的轉移，根本上來說，是用一種對經濟運行效率產生影響的方式轉移有形資源。

美國建國初期，聯邦政府以各種方式從原住民或外國政府——如法國、西班牙、墨西哥和俄國政府——手裡獲得大量土地並出售給大眾。幾世紀以前，歐洲和其他國家的政府也常常出售壟斷權，以從事各種經濟活動，如出售鹽或進口黃金。世界上許多國家的政府都曾接管本國的工商業企業，二十世紀後期，它們開始將這些企業出售給私人投資者，以便使經濟更加市場化。政府獲得金錢的另一種方式是開動印鈔機，歷史上各個時期的許多政府都曾這樣做。然而，由此帶來的通貨膨脹所造成的災難性後果，使得這方法對大多數政府而言，都有很大的政治風險。即使是美國聯邦儲備系統在二十一世紀初為應對美國經濟蕭條不景氣而想要印更多鈔票時，仍要創造一個新名詞「量化寬鬆」（quantitative easing）這個很多人都無法理解的新詞，來取代直白的「印鈔票」。

賦稅

「死亡」和「稅」一直被視為不可避免的兩大現實。各種獲取稅收的方式，以及推行的稅率，會讓個人、企業和整體經濟的回應方式有所不同。根據這些反應的不同，較高的稅率可能會、也可能不會帶來更高的稅收，較低的稅率是否會帶來更高的稅收，也同樣不確定。

當稅率提高十%，有些人可能會認為稅收也會增加十%。但實際上，更多的人會搬離重稅地區，或較少購買重稅商品，增加的稅收也就可能因此遠少於預計數額。在某些情況下，稅率提升可能使稅收下降。

當二〇〇八年馬里蘭州批准並實施對年收入為一百萬美元及以上人群提高稅率時，居住在馬里蘭州的這一收入人群從將近八千人下降到不足六千人。雖然馬里蘭州此前預計能夠從此類人群中增加一・〇六億美元的稅收，但實際稅收下降二・五七億美元。二〇〇九年奧勒岡州對年收入二十五萬美元及以上的人群提高所得稅稅率時，稅收也下降了五百億美元。

相反地，一九九七年美國聯邦政府將資本利得稅率從二十八%降到二十%時，政府曾估計資本利得稅的收入將會少於一九九六年的五百四十億美元，而且在往後的四年，也只能徵收到兩千零九十億美元。但是，資本利得稅率降低後，聯邦政府的資本利得稅收入反而增加了，在接下來的四年中，資本利得稅收入達到三千七百二十億美元，幾乎是原稅率下預計數額的兩倍。

人們會根據更有利的投資前景調整他們的行為，擴大投資規模，於是相較原來的高稅率、低投資總量，新的低稅率吸引了更多的投資，使得政府獲得的總收入也更多。例如，投資者不再把資金用於購買免稅的市政債券，他們現在會將資金投資於報酬率更高的實際物品和服務的生產，因為這樣更有利，低稅率讓他們能夠保留比以前更多的收益。免稅債券的報酬率通常要比收益需要納稅的證券更低。

如果免稅市政債券的報酬率是三%，而需要納稅的企業債券的報酬率是五%，那所得稅稅率為五十%的人群，最好選擇報酬率為三%的免稅市政債券，而不是報酬率五%的企業債券，因為企業債券的收益有一半需要納稅，只能剩下二・五%的收益。但是，如果所得稅的最高稅率被削減至三十%，那相同收入區間的人就會購買企業債券，因為納稅後仍然留有三・五%的收益。基於該收入區間內的人口數量和他們購買債券的數量，政府可能最終會徵到更多稅收。

不必驚訝，許多企業因降低售價而獲得了更多利潤，因為雖然單位銷售利潤率降低了，但銷售量卻增加了，因而總利潤也就增加了。稅收是政府收取的價格，有時候政府也可以在低稅率下獲得更多的總收入。這取決於初始稅率的高低，以及人們對稅率升降會有怎樣的反應。當然，有時候較高的稅率會相應帶來更多的稅收，而較低的稅率帶來的稅收則較少。

稅收不會自動跟稅率同方向變動，世界各國都是如此。一九九一至二〇〇一年間，冰島的企業所得稅稅率從四十五％降到十八％，稅收卻比原來增加三倍。為了逃避稅率上升，英國高收入人群開始遷移，就跟馬里蘭州和奧勒岡州的情況一樣。《華爾街日報》在二〇〇九年曾報導：「英國計畫將最高個人稅率提高到五十一％之後，許多避險基金的經理和其他金融服務業的專業人員都在逃離英國。律師估計，在過去一年內，已經有近一百五十億美元的避險基金轉移到瑞士，而且可能還會更多。」

政治和媒體上經常提到政府「加稅」或「減稅」，這些名詞模糊了稅率和稅收之間的本質區別，政府能夠改變稅率，但大眾對這些改變的反應究竟會導致稅收增加還是減少，則得視情況與反應而定。因此，像「減稅五千億美元」或「加稅七千億美元」之類的提案，完全會誤導我們，因為政府所能做的只有改變稅率，只有等稅率變動產生實際影響，納稅人做出相應調整之後，政府對稅收的實際影響才能確定。

稅收的影響

政府稅收由誰支付，支付多少？

我們不能僅僅根據稅法，或基於這些稅法而做的預估來回答這個問題。我們已經知道，人們會改變自己的行為，來應對稅收的變化，而且為了避稅，不同的人改變其行為的能力也不同。

投資者可以投資於報酬率較低的免稅債券，也可以投資於報酬率高但需要納稅的其他資產；收入來源單一，只拿工資的工廠勞工則沒有選擇，他所得到的薪水已經扣除了需要繳納給政府的各種稅收。各種複雜的財務配置能夠幫富人避稅，但這些複雜的配置需要有律師、會計師和其他專業人士的協助才能進行，使得收入較低的人無法和富人一樣避掉稅收的負擔，最終他們繳納的稅額占其收入的百分比，可能比富人還要高。

由於所得並非政府課稅的唯一來源，因此個人納稅總額的多少還取決於他需要繳納的其他稅收有多少，以及此人的處境如何。很明顯，房屋和汽車相關的稅收僅限於房屋和汽車的所有者，而營業稅則由購買需納稅物品的人支付，當然，在消費財上的花費金額占其收入的百分比，也會因人而異。通常低收入者的大部分收入往往都用於購買消費品，而高收入者則將大部分收入（有時是很大部分）用於投資。

最終，與高收入者相比，低收入者往往要將更大份額的收入用於支付營業稅。營業稅是一種「累退稅」，而與之不同的「累進稅」是收入越高，稅率也越高。社會安全保險稅（Social Security taxes）類似於累退稅，因為只有收入在某一水準下的人才需要繳納，而收入高於這一水準的人則不用繳納。所得稅正好相反，收入在某一水準以下是免稅的。不同種類的稅收有不同的規則，理論上要計算出稅收對不同人群產生的總影響並不容易，在實踐中就更難了。

稅率相關的問題和爭論常常聚焦於對「富人」和「窮人」徵稅所產生的影響，但事實上，徵稅的對象是收入，而不是財富。一個真正富裕的人，根本不必去工作，他可能年收入很低或根本沒有收入。不僅如此，即使他年收入很高，所得稅率也很高，徵稅也不會觸動富人積累的財富。我們在討論稅收問題時所說的「富人」，大多數實際上並不是富人，而是奮鬥數十年後收入達到顛峰，在此之前薪水只能算是適中。「累進的」所得稅往往影響的是這些人，而不是真正的富人。

每個人都同時繳納累進稅和累退稅，還有一些物品需要繳稅，有些則不需要繳稅，所以我們很難確定，一個國家的稅收實際上是由誰支付的。

當經濟行為發生改變，要確定真正負擔某種稅收的人是誰就更難了。例如，美國用於社會安全保險的稅收有一半來自雇主，用於失業金的稅收則全由雇主繳納。然而，正如我們在第十章中所看到的那樣，雇主願意為某名勞工的勞務開多少工資，取決於雇用該勞工能為企業帶來多少收入。但如果社會安全保險、失業金和其他就業成本加起來總共為一萬美元，那一個能為公司帶來五萬美元銷售收入的勞工，可能連四萬五千美元都不值。這時雇主為該員工的勞務支付的工資上限為四萬美元，而不是五萬美元。

即使該勞工並不直接支付這一萬美元，如果這個勞工得到的工資比沒有社會安全保險時低一萬美元，那不論是誰向政府繳納了這筆稅款，這些稅收的負擔實際上也落在了該勞工身上。這就類似於向企業徵稅，企業會漲價。消費者最終可能不需要承擔這部分稅賦，也可能承擔部分或全部稅賦，這都取決於稅收的屬性，以及市場上的競爭態勢而定。總之，官方所訂定的合法課稅範圍未必會告訴你，最終是由誰真正承擔這一經濟責任。

某些地方的企業或產品需要繳納的某些稅收無法轉移給消費者，只要消費者有其他選擇，能夠購買沒有此類稅收的地方生產的同種產品。就像第六章曾提到的，雖然南非政府對一盎司黃金徵收十美元稅金，在世界市場上，南非的黃金卻無法比沒有課這筆稅的國家生產的黃金高十美元，消費者關心的只是黃金，不是它在哪個國家生產的。如果南非政府禁止從沒有這筆稅的國家進口黃金，那在南非境內生產和銷售的黃金價格可能會上升十美元。如果周邊的其他黃金生產國向南非運輸黃金的運輸成本為每盎司兩美元，那南非境內的黃金價格也會上升。但這樣只有這每盎司兩美元的稅收能夠通過價格上漲轉移給南非消費者，其他八美元稅收不得不由南非黃金生產者自己消化；同樣地，在南非境外銷售黃金，十美元的稅金也必須由他們自己消化。

不論是哪種產品、哪種稅收，稅收負擔實際由誰承擔是由許多經濟因素共同決定的，並不僅僅取決於法律要求誰向政府繳納這筆錢。

通貨膨脹能夠以其他方式改變稅收的影響。在所謂的「累進稅」下，收入更高的人不僅支付更多的稅收，而且稅收占其收入的百分比也更大。在高通貨膨脹時期，收入微薄的人會發現，他們的貨幣收入和生活成本都增加了，儘管整體來看他們甚至買不起和以前一樣多的實際物品和服務。但稅法是基於貨幣來徵稅的，當中等收入市民的名義收入上漲到曾經只有富人能達到的水準時，他們就要將收入的更大份額用於納稅。總之，通貨膨脹與累進所得稅的結合代表實際收入的稅率上升，即使稅法並沒有改變。相反地，通貨緊縮時期意味著實際收入的稅率下降。

當收入以資本利得的形式存在，通貨膨脹的影響會更加嚴重，因為在投資與獲得報酬之間（或者期望獲得報酬的時間點，因為預期並不總能實現）存在著時間間隔。如果企業進行了一項一千萬美元的投資，而物價水準在幾年間翻了一倍，這項投資將價值兩千萬美元，即使它沒有賺到任何錢。由於稅法基於貨幣價值計稅，企業就必須為多出來的一千萬美元納稅，即使投資的實際價值並沒有增長。

不論這樣的企業損失了多少，更大、更根本的問題是通貨膨脹對整個經濟的影響。金融市場根據預期報酬來進行投資或拒絕投資，在持續通貨膨脹和高資本利得稅時期，曾經合適的報酬率不再具有吸引力，因為對實際資本利得的稅率更高了，而且即使根本沒有實際資本利得也可能要繳納資本利得稅。投資水準的下降意味著經濟活動水準的下降和工作機會的減少。據一位經濟學家所言：

「一九六〇年末到一九八〇年代初，資本的實際稅率平均超過了百分之百。一九六八到一九八二年，實際資產價值（根據通貨膨脹調整後的股票價格）暴跌了將近三分之二，這也許並非偶然。這一時期生產力降低、通貨膨脹率上升以及美國經濟普遍低迷共存。」

地方稅

稅收既存在於國家層面，也存在於地方層面。在美國，地方徵收的財產稅為地方政府提供大部分收入。像其他政府部門一樣，地方政府也傾向於最大化自己的收入，反過來又促使政府官員用這些稅收謀畫再次當選，塑造最好的大眾形象。但與此同時，稅率上升會產生不利的政治影響，降低官員再次當選的可能性。

地方官員為逃避這種困境有多種方式，其中一種也被聯邦政府官員使用，即發行債券以支付目前的大部分支出，從而產生可以分配的直接利益，並因此獲得選票，未來的納稅人在債券到期時將不得不支付這筆債務。而大部分未來的納稅人現在還太年輕，無法參加投票，還有一部分未來納稅人甚至還沒出生，目前的支出赤字最大限度地提高了眼下的政治利益，同時最大限度地減少了對當前納稅人和選民的影響。

財政開支赤字之所以對地方政客特別具有吸引力，其中一個原因就是許多市政和國家債券都是免稅的。對於高收入人群來說，這樣的債券尤其有價值，因為高收入人群需繳交很高的聯邦稅賦。於是，不管這些項目是否滿足成本收益的標準，大量資金都被投入當地靠發行免稅債券籌資的項目。高收入購買者為這些債券支付的，就是免於聯邦稅賦的收入。與民營經濟中債券或股票購買者不同，這些免稅地方政府證券的購買者，並不關心該證券所投資的特定項目是否實現了其目標。即使這些免稅債務支持的項目未能實現它們的目標，納稅人也必須償還債券持有者。

從配置具有替代用途的稀有資源的角度來看，最終這些基於政治選擇的項目能夠獲得的資源，比它們在私人自由市場上能獲得的更多，但其中有些資源在其他地方會更能發揮價值。從政府收入的角度看，地方政府能夠輕而易舉地出售債券，政府債券的利率也低於私人證券，因為私人證券的購買者必須繳納所得稅。地方政府從中獲得的財政收入，就是國家相應損失的財政收入，因為國家無法對這些地方債券徵稅。最後，地方納稅人在未來將遭受損失，為這些用免稅債券方式融資的政治項目繳納更高的稅賦。不提高地方稅率就能提高地方稅收收入的另一種方式，是以高價值的資產取代低價值的資產，因為在既定的稅率下，高價值的資產能夠帶來更多的稅收。只要宣佈低收入和中等收入社區中的房子和企業是「破舊的」，並利用強制徵用權來獲得這些財產並轉移給商場、旅館或娛樂場地建設企業就能實現這樣的替代效應，從而獲得比現有房主和企業所有者繳稅額更高的稅收。

這些房主和企業所有者得到的補償一般比他們損失的資產的市場價值低得多，但這些憤怒的房主和企業所有者往往只能影響很小一部分選票，如果準確計算的話，地方官員不必擔心這部分選票會影響最終結果。地方官員往往還能在媒體上和公開場合中讓其他人相信，正是這些被驅逐的房客、房主和企業所有者的「自私」阻礙了整個社區（地區）的「進步」。

當地「再開發」前後拍攝的照片，顯示了更新、更高級的社區取代舊的社區，也展示了這種明顯的「進步」。但這種地區性進展，大多數都是全國範圍的零和博弈過程的一部分：本可在某個地方建設的東西，要移到另一個地方建設，只因為對新業主來說，沒收財產的成本要低於它在自由市場中的成本。但新業主的財務收益是老業主的財務損失。即使最初的所有者獲得的補償是其財產的全部市場價值，也仍低於財產對他們而言的價值，因為顯然在被強行徵用前，他們並不準備出售自己的財產。在這種情況下，已經不僅僅是零和過程，還是一個負和過程，即一方的損失超過另一方所得。

二〇〇五年，在凱洛訴新倫敦市案（Susette Kelo, et al. v. City of New London, et al.）中，美國最高法院的判決擴大了政府為「公共利益」使用行政權徵用資產的權力，延展了憲法賦予的為了「公共用途」（如建設水庫、橋梁或公路等）徵用私人財產的權力。對已經在行使的將私人資產從一種用途轉移到另一種用途的權力而言，這項判決是一種確認，即使轉移後的另一種用途是修建遊樂園或其他娛樂設施。

從配置具有多種用途的稀有資源的角度來看，其經濟含義是可替代用途的價值不必高於原來的用處，因為其他用途的使用者不必競價就能從原來的所有者手上獲得這筆資產。他們只要依靠政府的強制徵用權，由政府將徵得的資產，以低於原有業主自願轉讓時能接受的價格賣給他們。

政府債券

出售政府債券就是借錢，並用未來的稅收來償付。頂著「國債」的名號，政府債券也很容易引起混淆。這些債券與其他債券一樣，其實只是一筆債務，但是根據環境的不同，一定量的債務具有的經濟意義將截然不同。無論是對政府而言，還是對個人而言，都是如此。

對工廠勞工來說的鉅額債務，對百萬富翁來說可能不算什麼，他在方便時可輕而易舉地償清這筆債務。類似地，若一個國家的收入較低，該國的債務就會引發危機，而國民收入較高，其債務也就容易管控。因此，雖然大眾持有的美國國債在二〇〇四年達到創紀錄的新高，但只占當年國內生產毛額的三十七%。而在幾十年前，美國國債數額雖然較小，卻在國內生產總毛額中占有更大百分比。一九四五年，美國國債超過當年國內生產毛額的百分之百。

與其他統計總量一樣，國債也會隨著人口和國民收入的增加而擴大，而且通貨膨脹也會降低一定量的金錢所代表的真實財富或實際負債。這就為批評執政黨的人製造了政治機會，他們借此抨擊政府積欠下鉅額債務，遺留給未來世代償還。根據某個國家在某一時刻的特定環境，這種情況可能會引起強烈關注，而這些批評也可能僅僅是一場政治演出。

國家債務不僅需要和國民產出或國民收入進行比較，而且也要與該國某一時期的其他數據作比較。例如，在一九四五年美國聯邦債務達到兩千五百八十億美元，而當時美國的國民收入是一千八百二十億美元。換句話說，美國國債比其國民收入高四十一%。因為這些國債要支付第二次世界大戰的鉅額支出。然而，不抵抗法西斯或日本帝國主義的成本更高，以致高額的國債在當時不過是次要的問題。

即使是在和平時期，如果一國的公路或橋梁因缺乏維護而坍塌，這雖然不會顯示在國債的統計數據上，但被忽略的基礎設施也會成為負擔，傳遞到下一代，正如國債會傳遞到下一代一樣。如果維修成本帶來的好處是值得的，那通過發行國債來獲得重修這些基礎設施的資金就是合理的。而且，與不發行債券相比，未來世代的負擔也並不會因此更大，只不過它是以欠債的方式，而不是以坍塌或危險的基礎設施的方式存在，而且如果長期忽視不管的話，由後代人來修復的費用可能更高。

戰爭時期與和平時期的政府花費，都可以由稅收或出售政府債券獲得的資金來支付。哪種方法更經濟部分取決於這筆資金是用於購買當前產品和勞務，如政府部門的用電和紙張或軍隊所需的食物等，還是用於增加資本存量，如供後代在未來使用的水壩或國家高速公路。

用負債來進行長期投資對政府而言是合理的，就像個人借入超過年收入的資金用於購買房屋一樣。那些為了享受現在的奢靡娛樂生活而貸款超過年收入的人，純粹是超前消費，很可能會遇到財務問題。這和政府為了當前利益而將成本傳遞給下一代來支付，道理是一樣的。

評估一國債務時，還必須考慮債權人是誰。政府將其所有債券都出售給自己的國民，與將所有或很大一部分債券出售給外國國民有很大的不同。區別在於，國內債券的持有人，也是繳納稅收以償還債務本金及利息的人。但如果美國政府發行的債券很大一部分被中國人或日本人購買，那債券持有者與納稅人就不再是同一群人。中國和日本的未來世代，將能從未來幾代美國人那裡獲得財富。二〇一一年，大約有一半的美國聯邦債券（四十六％）都由外國人持有。即使一國國債全部由本國國民持有，不同人持有的債券占比不同，承擔的稅收占比也不同。這在很大程度上取決於後代如何獲得發行給當代人的債券。如果下一代人僅僅繼承了當代人購買的債券，那他們既繼承了這筆債務，又繼承了償還這筆債務所需的財富，因此新的負擔並沒有代代相傳。然而，如果上一代人將他們的債券出售給下一代——不論是透過個人交易，還是政府發行新債券來兌現原來的債券——那上一代人的債務就得到了清算，並傳給了下一代人。

財政安排及其影響不應該掩蓋真實產品與勞務的變化。美國在二戰期間積累起來的鉅額國家債務，並不表示當時的美國人通過借債憑空獲利。坦克車、轟炸機和其他用於戰爭的軍事裝備和軍需品，都出於當時的美國經濟——是以當時美國工業本來可以生產的消費品為代價。這些費用並不是從其他國家的人那裡借來的，而是美國的消費者縮衣節食，只消費了很少一部分美國的產出來達成的。

從財政上看，這場戰爭的費用綜合運用了提高稅收和銷售債券這兩種方式。但無論兩者如何組合，都不能消除那一代人為了戰爭而犧牲生活水準。某種意義上，只有「二戰」一代把他們在戰爭期間購買的債券賣給其他人，才能彌補他們的犧牲，也只有這樣，二戰的費用負擔才能夠傳遞給下一代。然而，事實上，戰時通貨膨脹意味著，債券在兌現時的實際購買力並不如他們在戰時購買債券時的購買力大。「二戰」一代永久地承擔了其中的損失。

一般而言，無論政府是通過徵稅，還是出售政府債券的方式獲得資金，都不能減輕當前民眾的經濟負擔，除非政府將債券出售給外國人。然而，即使在這種情況下，也只是延遲了負擔。這種選擇可能對政府的政治意義更大，因為當前的開支不是全部透過徵稅籌來的，還依靠出售政府債券補充稅收的不足，此時政府面對的阻礙就會更少。這一便利往往會誘使政府已出售債券來為當前的支出籌資，而不是只為長期項目利用債券籌資。顯然，當權者可以通過財政支出讓當前的選民獲利，並將成本轉移給當時還年幼沒有選舉權的人（包括未出生的人），然後從中獲得政治利益。

雖然政府債券到期後需要償還，但政府往往會發行新的債券，這樣國債其實是被轉移了，並未得到償清，儘管在特定歷史時期，一些國家會償清部分或全部的政府債券。這並不表示出售政府債券就沒有成本或風險。政府的成本包括必須支付的國家債券利息，但更重要的是為經濟帶來的成本，政府吸收的投資資金本來可以投入私有部門，增加該國的資本設備。

當國債達到一定規模，投資者就會開始擔心政府債券到期時，它是否還能在不提高利率以吸引所需買家的情況下，仍然讓債券的發行和銷售持續下去。此時很容易會產生日後會有更高利率的預期心理，而這一預期會立即抑制當前投資。提高政府債券利率，往往會影響其他利率，金融市場上為爭取投資資金而展開的競爭會使其他利率也上升，反過來又會減少貸款以及持續繁榮所需要的總需求。

這一危險的嚴重程度取決於國債的規模——不是絕對量，而是相對國民收入的規模。職業金融家和投資者對此了如指掌，如果相對於經濟規模而言算不上是鉅額債務的話，即使有破紀錄的高額國債也不會產生恐慌。

二十一世紀初，眾多政治辭令粉飾了政府的預算赤字以及不斷膨脹的國家債務，但傑出的經濟學家邁克爾・博斯金（Michael Boskin）卻在二〇〇四年說：「即使預算赤字不斷飆高，華爾街也會無聊地猛打哈欠。」二〇〇五年，當赤字規模降到比二〇〇四年的水準還低時，金融家的行為被證明是正確的。

據《紐約時報》報導：

「當稅收比二〇〇四年增加十五%時，大家都驚訝得說不出話來。公司的稅收在連續四年低迷後，激增了四十%，個人的稅收也增加了。」

歷史上不是沒有過不提高稅率卻增加稅收的先例。實際上，很多地方都發生過稅收增加而稅率降低，且發生過很多次。

雖然在有些情況下，國債的絕對規模可能會誇大該國的經濟風險，但在另一些情況下，也會低估風險。如果政府即將面臨大量的金融負債，但還不在政府預算中，則官方的國債可能會大大低於政府的全部負債。

例如，相較貸款擔保額度，二十一世紀初美國的房地產金融危機爆發後，聯邦住房管理局（Federal Housing Administration）手頭上的錢要比預計的少得多。隨著越來越多的抵押貸款違約，聯邦住房管理局伸手向財政部要更多的錢也只是時間問題。但從財政部轉移的這類資金，都會增加官方年度赤字，成為國家債務，這會在選舉前帶來不利的政治影響。

雖然二〇〇九年《華爾街日報》報導稱，聯邦住房管理局的「儲備資金已經所剩無幾，很有可能最終會要求納稅人買單」。但這種緊急救助直到二〇一三年才發生，因為二〇一二年要舉行大選。財政部提供了十七億美元給聯邦住房管理局，自此政府的金融債務才被寫進官方的年度赤字報告中，成為國家債務的一部分。然而在政治上，管理當局不可能讓聯邦住房管理局對其擔保的抵押貸款違約，所以在財政部救市實施之前，該金融負債就已經被列入了官方的國家債務中。

隨著美國的國家債務在二〇一三年上升至近十七兆美元——是美國國內生產毛額的一倍多——華爾街沒法再像九年前博斯金教授說的那樣打呵欠了。

世界大戰結束時國家債券和國內生產毛額一樣多甚至更多是一回事，回歸和平代表軍隊支出急劇下降，隨後幾年這些國家債務將會得到支付。但是，在和平時期擁有如此多的國債就要做出更艱難的抉擇，因為政府不能像戰後那樣降低財政支出。

對產品與勞務的收費

前面已提到，地方與中央政府都會提供各種產品與勞務並從中收取費用。這些收費與它們在自由市場上的價格差別很大，因為設定這些費用的官員面對的誘因，不同於自由市場上的情形。因此，對具有多種用途的稀有資源的配置也不同。

城市大眾運輸系統一旦由民營企業提供，它們收取的費用既包括經常性支出：如購買燃料、支付司機工資等，又包括長期經營成本：如車輛報廢後用於購買新的公共汽車、電車和地鐵車廂的費用，還要提供足以讓投資者繼續投資的一定報酬率。不過在經過一段時間後，許多原本為民營的城市運輸系統，到最後都歸政府所有，大眾運輸的價格受市政當局管制，而且政府不允許大眾運輸系統將收費提高到足以維持經營的水準，尤其是在通貨膨脹時期。例如，多年來紐約的五美分地鐵票價在政治上一直是神聖不可侵犯的，即使是在高通貨膨脹時期，所有物品的價格，包括維持地鐵營運的設備、供給品和勞動力的價格都在飛漲。

很明顯，在這種賠錢的情況下，民營的地鐵系統將無法生存。因此，這些系統的所有權就轉移給市政府。雖然市政交通仍然在賠錢，但這些損失如今由納稅人繳的稅來補償。

在可能破產的威脅下，如何避免損失對民營企業而言是至關重要的，但在市政府經營下的運輸系統，損失自動由稅收補償，於是，即使成本大於乘客願意為之付費的利潤，大眾運輸系統仍然會繼續提供服務。換句話說，由於來自納稅人的補貼，那些對經濟體中的其他人來說更有價值的資源，被配置到市政交通。

政府在某些誘因下，以低於民營企業的價格提供產品和勞務的案例，不僅限於城市運輸系統。較低的價格會帶來比高價格更多的需求，掌握政府提供的產品與勞務定價權的人，就有動力確保所售產品與勞務具有持續充足的需求，這樣他們才能確保自己的工作穩定。不僅如此，相對於高價格，低價格降低了產生政治上的抗議和壓力的可能性，因此當價格被置於自由市場上本應具有的水準之下，控制政府提供的產品與勞務的工作就會變的更容易、更安全，壓力也更少，只要使那些產品與勞務的價格一直低於自由市場的普遍水準即可。

當來自產品與勞務的收入收歸國庫所有，而不屬於提供產品與勞務的政府部門時，這些政府部門就更沒有動力去收取足以補償供應成本的價格了。例如，優勝美地、黃石和其他國家公園的門票收費都要上繳美國國庫，而這些公園的維護費用也來自國庫，即來自一般稅收。於是，對經營國家公園的官員而言，沒有誘因推動他去收取更高的費用來補償經營公園的成本。

即使公園和設施由於擁擠和過度使用而損壞，他們也仍然沒有動力提高門票，國會將從稅收中撥出多少資金給這些公園，才是他們關心的。簡言之，在這些情況下，並不存在正常的價格機制，能讓消費者在物資分配上進行自我調節，並讓生產者將成本控制在消費者願意付的價格以下。

價格與成本的分離，為官員製造了政治機會，使他們能提供年長者低價格來迎合一些特殊利益。例如，年長者只需要花十美元買一張通行證，終其一生就可以免費進入任何一個國家公園，而其他人每次進國家公園都需要付二十五美元。事實上，年長者的所得通常比一般民眾為高，但對政客來說，他們著眼的是年長者的投票率較高。

雖然在許多情況下，政府提供的產品和勞務的價格低於成本，但在另一些情況下，這些勞務的定價遠高於成本。例如，政府在建造橋梁時，常向橋梁的使用者收取通行費，以彌補橋梁的建造成本。然而，在收回幾倍於初始成本的費用之後，或用於維護和修理的必要費用只占通行費的一部分時，政府通常會繼續收取通行費。

只要主管橋梁的政府部門被允許繼續收取通行費，它們就完全有動力使用這筆錢補貼其他項目，也就是擴大這些部門控制的官僚系統。例如，主管橋梁的機構可能會決定，在橋梁橫跨的水面上發起或補貼渡輪服務，以滿足過往者的一項「未滿足需要」。正如第一章中提到的，任何經濟體中都有「未滿足需要」，只要渡輪收費足夠低，總會有人使用渡輪，反過來又證明了政府所說的「需要」是存在的，即使收費遠不能補償渡輪服務的成本。

總之，如果橋梁與渡輪在自由市場上獨立營運，兩方都必須收取費用來彌補成本，資源將不會分配給渡輪。更重要的是，將分配給渡輪的資源用於其他用途，可能會產生更大的價值。

例如，在加州，從舊金山到索薩利托（Sausalisto）和拉克斯珀（Larkspur）的渡輪每年有兩百萬班次，每次都會獲得十五美元左右的補貼，每年總補貼金額達到三千萬美元。二〇一二年開闢的從南舊金山到奧克蘭以及阿拉米達（Alameda）的渡輪線路，平均往返票價為十四美元，每張往返票從納稅人和通行費中獲得的補貼金額高達九十四美元。毫無疑問，這條新渡輪線路提供的服務能夠使乘客受益。但相關的經濟問題是，收益是否能覆蓋成本。在這個例子中，每趟渡輪往返的成本是一〇八美元，而乘客只支付了十四美元。要確定收益是否真的值得每趟花一〇八美元的成本，唯一的方法是每張往返票收一〇八美元。但如果掌管渡輪的政府官員很容易就能夠從納稅人和橋梁使用者那獲得補貼，他們就不會有動力去收取足以支付成本的價格。

有時候，用稅收來補貼政府提供的產品和勞務被認為是合理的，因為如若不然，「窮人」將不能獲得這些產品或勞務。我們暫且先不考慮大多數「窮人」是一個永久的階級，還是一些暫時處於低收入階層的人（包括與中產階級或富裕的父母一起生活的年輕人），甚至假定我們接受這樣的觀點，認為某些特定的產品和勞務對「窮人」而言是不可或缺的，但僅為了幫助一小部分人而補貼每個使用這些產品和勞務的人，似乎比用現金或代金券來補貼「窮人」，同時讓其他人自己付費效率更低。

不使用納稅人的錢進行交叉補貼，而是透過向一些人（如橋梁使用者）收費來補貼另一些人（如乘坐渡輪的人）時，也適用同樣的道理。補貼「窮人」這一理論的缺陷還表現在，稅收補貼經常被用於補助那些「窮人」很少使用的財政項目，如城市高爾夫球場或交響樂團。

一般而言，政府從產品與勞務中獲得的收入並不只是貨幣轉移的問題，它還對經濟中的資源進行了重新配置，而這種配置通常並不能讓全體人民獲得最大淨收益。

政府支出

政府花費可能是自願的，也可能是非自願的。官員可能會主動創建一個新項目或新部門，增加、減少撥款。但當經濟衰退使得更多人失業時，政府可能會被迫根據現有法律支付失業保險。當農民因大豐收而不能以農業補助法所保證的價格出售所有農產品時，政府也有法律義務去購買過剩的農產品。失業補助金與農業補助只是所有「政府津貼」項目中的兩個。只要補貼這些項目有相關的法律支持，它們的支出就不為任何行政管理部門所控制。只有將已實施的既定法律廢止，才能終止該項支出，然而這樣做將會冒犯所有從這些法律中獲益的人，他們的數量要比起初支持該法律通過的人數多得多。

總之，人們往往將政府支出及其造成的年度赤字，與不斷膨脹的國債總量歸咎於執政官員，但大部分這類支出並非來自他們的決斷，而是來自已有的法律規定。比如，美國二〇〇八年年度財政預算在醫療保險、醫療補助計畫和社會安全保險上的非自主性支出比軍費預算還要多，而此時美國正處於戰爭狀態。

與稅收一樣，政府支出也會對經濟產生影響，而且在一定程度上，支出的去向與稅收的來源，都不是當前政府所能控制的。當經濟體中的生產與就業下降時，來自企業與勞工的稅收往往也會減少。與此同時，失業補助金、農業補助和其他費用則會增加。這意味著政府收入在減少，支出卻在增加。因此，總地來說，衰退時期政府若增加經濟體的購買力，往往能緩解產出和就業的下降。

相反地，生產與就業繁榮時期稅收增加，需要政府財政幫助的個人或企業卻在減少。因此政府往往會在這一期間降低經濟體的購買力，否則就可能發生通貨膨脹。這樣的制度安排有時被稱為「自動穩定器」（automatic stabilizers），因為它們不需要任何政府機構做出決策，就能在經濟中實現向上或向下的逆向運動。

有時，人們會要求政府支出更多，但通常缺乏現實支持。不論是地方層面還是國家層面，許多政府項目除了宣稱能帶來某些利益外，還宣稱這筆資金在花出去後，可以回收並再次使用，從而創造出幾倍於最初開支的財富。事實上，不論是政府還是個人，花費的任何一筆錢都會被再次花費出去。政府從一方（納稅人或購買政府債券的人）把錢轉移到另一方，最初擁有這筆錢的一方損失的購買力就是另一方得到的購買力。只有在某些情況下，政府比原來擁有這筆錢的人更可能在花費這筆錢時為整個經濟帶來淨增長。凱因斯對經濟學的歷史性貢獻就在於闡明了這一情況可能出現的條件，但凱因斯經濟學對這一情況和其他領域的解釋還存在爭議。

要讓經濟走出衰退，凱因斯主義為政府開的處方就是花錢，而且是花掉比稅收還要多的錢。根據凱因斯主義經濟學家的說法，這一赤字開支會增加經濟中的貨幣總需求，使人們購買更多產品和勞務，也就增加了對勞工的需求，進而降低失業率。凱因斯主義政策的反對者和批評者認為，市場能夠透過正常的調整過程，而不是政府干預，更好地恢復就業。但無論是凱因斯主義經濟學家，還是其對手——以傅利曼為代表的芝加哥學派經濟學家——都不贊同美國歷史上政府對市場的實際干涉，如胡佛領導的共和黨政府，以及羅斯福在一九三〇年代大蕭條時期領導的民主黨政府。

成本與支出

當我們討論政府政策或政府項目時，通常並沒有闡明這些政策與項目的「成本」是政府的成本，還是整個經濟體的成本。例如，禁止在某些地方建造房屋或設立企業給政府帶來的成本，僅僅是處理這些事務的政府機構的營運成本，是非常低的成本，尤其是在相關法律或政策內容廣為人知之後，很少有人會試圖在禁止區域建房從而引致司法懲罰。雖然這樣的禁令為政府造成的成本非常低，但是禁止創造有價值的資產，卻會使整體經濟遭受巨大損失。

相反地，沿河岸修建、維護防洪堤可能會花費政府大量的資金，但如果政府不這樣做，人們就會因洪水遭受更大損失。當我們考慮任一政策的成本時，應該清醒地認識到我們討論和考慮的成本是誰的成本（政府的還是整個經濟體的），這一點非常重要。

修建更多的監獄能夠更長時間地關押更多犯人，但也有很多反對的聲音，其中就有觀點認為更長時間地關押更多的犯人將每年耗費政府一大筆錢。有時，人們會把罪犯關在監獄裡的成本，與同樣時間段內人們在大學學習的成本相對比。然而，與監禁成本相對應的，應該是罪犯在監獄外面為大眾帶來的成本。例如，二十一世紀初，英國的犯罪帶來的經濟成本據估計為六百億英鎊，而維持監獄的總成本還不到三十億英鎊。當然，政府關注的是政府需要承擔的三十億英鎊的成本，而不是其他人需要支付的六百億英鎊。據估計，在美國，將一名職業罪犯關在監獄的成本為一年一萬美元，少於他在監獄外所造成的損失。

政府支出帶來的另一個嚴重誤導是，「再開發項目」或「開放空間」政策下的土地購置成本。地方政府官員用徵用權拆毀現有住房和企業，「重建」某特定社區，只要政府官員公開討論這樣的願景，就足以讓想要購買該社區房屋或企業的潛在買家產生負面情緒，於是這些房屋和企業的現值在政府採取具體行動前就會開始下降。

到政府採取行動時（通常可能在數年後），這個受影響的社區的資產價值很可能已經遠低於政府公開討論重新開發計畫之前的價值了。因此，即使按照法律要求支付房產所有者「公平補償價」，他們得到的也只是房產貶值後的價值，而不是政府官員開始討論重建該社區以前的價值。因此，政府的補償開支可能遠低於社會失去這些資源造成的實際成本。

同樣道理，以「開放空間」或「明智開發」（smart growth）的名義限制土地使用時，土地價值也會下降，因為其他人無法再使用這些土地，也不會再為其競價。除了一些地方政府機構或希望將它作為「開放空間」的非營利組織外，這片土地的所有者如今只有很少的潛在買家——如果有的話。不論是哪種情況，購置這片土地的支出，肯定低於這一資源不能用作其他用途時對社會造成的損失。與其他情況一樣，在任何經濟政策或經濟制度下，資源的實際成本都是這些資源的其他用途。因人為原因而貶值的土地價格，完全低估了土地的其他用途在自由市場上的價值。

收益與淨收益

作為具有多種用途的稀有資源配置的一部分，對成本與收益進行的權衡也會受到政府支出的影響。有些產品與勞務幾乎人人都想要，但不同的人想要的程度不同，願意支付的價錢也不同。如果某產品的成本為十美元，但一般人僅願意付六美元，那顯然的，這產品只會被少數人購買，即使絕大多數的人在某種程度上很想要得到它亦然，而這種情況無異在政治上為官員或希望當選的人提供了機會。

經濟上的正常情況，在政治上可能會被重新定位為「問題」。也就是說，大多數人想花更少的錢得到成本很高的物品。解決這一問題的建議方案往往認為，政府應該想辦法讓更多的人「負擔得起」人人都想要的產品。價格管制很可能會造成供給減少，因此更可行的做法是，政府為這種合意產品的生產提供補貼，或為購買這種產品提供補貼。不論是哪種情況，大眾為該產品支付的費用既包括購買者直接支付的部分，也包括所有人通過稅收支付的部分。

若要讓這種價值十美元的產品變得「負擔得起」——也就是說，達到大多數人願意為之支付的價格——那它的價格就不能高於六美元。因此，政府必須提供至少四美元的補貼以彌補這一缺口，而這筆錢就出自稅收或發行債券。在這種情況下，最終人們要為這些對他們來說只值六美元的產品支付十美元（稅收加上產品價格）。總之，在這種情況下，政府財政對具有多種用途的稀有資源進行了錯誤的配置。

更貼近實際的情況是，政府實施補貼計畫的成本也要納入生產成本中，這樣該產品的總成本將會高於原來的十美元，使得資源誤配更加嚴重。而且，該價格不大可能只降低到一般人願意支付的水準，因為這代表還有一半的人不能以他們願意支付的價格購買此產品。政治上更可能出現的情況是，價格降低到六美元以下，而成本高於十美元。

許多政府支出模式也很難根據為大眾帶來的成本和收益來解釋，對這些模式負責的官員所面臨的誘因和限制也必定是不合理的。例如，我們經常看到政府將資金用於修建體育場館或社區中心，而忽略了道路和橋梁的修護。

車輛在坑窪的道路上行駛會磨損更快，這些車輛因此損失的成本總和遠高於修復這些道路的成本——可能只是建設一個全新的社區中心或一座壯觀的體育場館所需費用的一小部分。如果政府被視為公共利益的代表，不同於其他產業和活動中的人，不是一個由以自我利益優先的官員操縱的組織，那政府的這種支出模式並不合理。

對民選官員而言，最重要的是連任，這就需要源源不斷的有利宣傳，使該官員的名字能夠經常出現在大眾眼前。例如，任何重大設施開張——不論是否必要——都可以吸引媒體報導剪綵儀式，從而為這些官員創造政治機遇。而修整路面、修護橋梁或更新污水處理廠的設備，卻不會提供他們剪綵或演講的機會。政府支出模式源於這種誘因和限制並不新鮮，也不僅存在於某些國家。亞當斯密（Adam Smith）針對十八世紀法國的情形，提出了一個類似的模式：

「奢華的宮廷中那些愛慕虛榮的官員，往往非常願意從事壯麗輝煌的工作，如修一條大公路，這種項目常常會受到重要貴族的關注。這些貴族的贊賞，不僅能滿足他們的虛榮心，還能提高在宮廷中的地位。但許多瑣碎的工作既不引人注目，也不能引起別人的欽佩，總之不能讓他們感受到自己的巨大效用，從各方面來看，都太卑微而不能引起長官的重視。」

政府預算

政府預算，包括稅收與支出，並不是已經發生的收支記錄，而是對即將發生的收支進行的計畫或預測。當然，沒有人真正瞭解將會發生什麼，因此凡事都依賴於未來計畫。在美國，國會預算辦公室的稅收計畫並沒有完全考慮稅率如何影響經濟行為，也沒有考慮改變後的經濟行為如何影響稅收。例如，一九八六年，美國國會預算辦公室建議美國國會將資本利得稅稅率從二十%提高到二十八%，並認為能夠因此增加稅收。事實上，提高稅率後，該稅種帶來的收入反而下降了。相反地，資本利得稅稅率在一九七九年、一九九七年和二〇〇三年降低後，都帶來稅收增加。

不僅如此，美國國會預算辦公室還估計，資本利得稅稅率降低到十五%後，如果再延長實施時間，將使美國財政部損失兩百億美元的收入，但當時這個臨時性的稅率降低，已經使財政收入增加了數十億美元。從二〇〇三年到二〇〇七年，美國國會預算辦公室估計的稅收偏差不斷擴大——二〇〇三年低估了一百三十億美元，二〇〇七年低估了一千四百七十億美元。許多媒體也以美國國會預算辦公室的推理方式進行推理，並為稅收沒有符合他們的預期而吃驚不已。二〇〇六年，《紐約時報》曾報導：「來自公司和富人的稅收急劇增加，降低了今年預計的預算赤字。」

一年後，赤字繼續下降，僅略高於國內生產毛額的一%。而且，來自最高收入人群的稅收占美國聯邦稅收總收入的百分比還在不斷增加，雖然人們普遍認為降低稅率是「對富人減稅」。回到一九八〇年，對最高收入人群的最高邊際稅率是七十%，在雷根政府的一系列減稅政策實施之前，三十七%的所得稅收入來自收入最高的五%的人群。到二〇〇四年，實施了數年「對富人減稅」的一系列政策之後，最高邊際稅率降到三十五%，有一半的所得稅收入來自收入最高的五%的人群。

然而，「對富人減稅」的說法繼續活躍於政界和媒體中。霍姆斯（Oliver Wendell Holmes）法官曾說過的，口號讓「深入分析延遲了五十年」。涉及稅收政策，這些口號對深入分析造成的拖延將更長久。

不論是美國國會預算辦公室還是其他任何人，都無法精准預測某種稅率的提高或降低會帶來怎樣的結果。而無法預測的不僅是準確的收入數量，收入會向哪個方向變動也無法事先知道。結果都靠有根據的猜測，或者更糟，只是機械地估計人們的行為不會因為稅收變化而變動時的收入是多少。但人們的行為變化得太快，也太劇烈，根本無法根據這樣的假設來做出正確的預測。早在一九三三年，凱因斯就觀察到，「稅賦太高將無法實現目標」，而且「若有足夠的時間來收穫成果，降低稅率，而不是提高稅率，更有利於平衡預算」。

預算並不是記錄已經發生了什麼，而是預測未來將會發生什麼，這取決於所做的假設以及由誰來做假設。雖然國會預算辦公室會預測未來的成本和支出，但他們得出這些預測所依據的假設來自國會。如果國會不切實際地假設經濟增長速度很高，因此稅收也會很多，國會預算辦公室就會根據國會的假設，計畫未來預算赤字或盈餘，而不管國會的假設在現實中能否實現。媒體或大眾可能會以為國會預算辦公室的預測出自一群中立的經濟學家和統計學家，但決定最終的結果是由政客提供的假設。

類似的情況也存在於州政府，無論政客提供的假設是關於增長率、政府投資報酬率，還是其他任何決定政府財政預算的因素。

二〇一一年，佛羅里達州曾預測該州用於支付職工退休金缺口的資金量，這項預測基於隨意做出的假設，即用這筆資金進行投資的年報酬率是七・七五%。但事實上如果它只能獲得七%的報酬率，不到一個百分點的差異將增加近一百四十億美元的債務。

如果佛羅里達州用於支付職工退休金的資金的投資報酬率僅為五%，則相較官方估計的七・七五%報酬率，資金差額將是官方估計的五倍。實際上，佛羅里達州此類投資的報酬率，在過去的十年中僅為二・六%，通過以上的比較可以看出，只要改變這些預算估計所依據的任意假設，政府預算編制就可能出現欺騙行徑。

此類情況並非佛羅里達州所獨有。正如英國《經濟學人》雜誌所說的，「幾乎所有的州都對它們的債務採用了樂觀的折現率，這就使得負債似乎比實際要小」。其中的原因是「州長和市長們長期以來都在提供公職人員豐厚的養老金，並因此贏得當下的選票，但帳單卻留給了未來的納稅人」。

第二十章 關於國民經濟的其他問題

在制定公共政策時，謠言會擊敗數據。

——國會議員 迪克．阿米（Dick Armey）

經濟決策不僅影響經濟，還會影響政府權力的範圍，以及政府財政債務的擴張——包括但不限於國債。人們有時也會對政府性質產生一些誤解，於是向政府提出不切實際的要求，當這些要求無法得到滿足時，就立刻譴責政府官員「愚蠢」和「非理性」。要理解國民經濟中的諸多問題，既需要瞭解經濟過程，還要洞察政治程序。

政府的範圍

雖然有些決策明顯是政治決策，而另一些決策明顯是經濟決策，但在許多領域中，兩種決策都可以使用。政府和市場都可以供給住房、交通運輸、教育以及許多其他事物。由於這些決策既可以透過政治途徑做出，又可以用經濟方法做出，因此我們不僅要判斷哪種結果更合意，而且要判斷哪種途徑最可能達到滿意的結果。這反過來又要求，理解各個途徑在實際中如何運作（按照各自的誘因和限制條件），而不是紙上談兵。

大眾為表達他們的意願，可以在投票時做出選擇，也可以通過市場做出選擇。然而政治選擇並不常有，並且受選舉時點的限制。此外，政治程序提供的是「全套交易」（package deal）的選擇，在與另一個候選人比較後，候選人的總體觀點，包括經濟、軍事、環境和其他問題上的立場，必然作為一個整體被接受或拒絕。選民可能在一些問題上偏愛其中一位候選人的立場，在另一些問題上偏愛另一位候選人的立場，但在投票時卻沒有這樣的選擇。相比之下，消費者每天都在市場上做出選擇，他們能購買A公司的牛奶和B公司的奶酪，或者選擇聯邦快遞寄送一些包裹，另一些包裹則用UPS。消費者能夠在一天後或一個星期之後改變主意，然後做出完全不同的選擇。

實際上，人們會花很多時間決定從事哪份工作、在哪裡租房或買房，但幾乎沒有人會花同樣多的時間或精力來決定投票給哪一位候選人。另外，人們在市場上購買的往往是製成品，但在政治舞台上他們只能選擇競爭性的承諾。在市場上，當你做決定時，你要買的草莓或汽車就在你眼前，而候選人承諾會遵循的政策，則或多或少是一種一廂情願，這些政策的最終結果更是無從確認。投機只是市場經濟的一個方面，但它卻是選舉的本質。

另外，每一位選民在選舉時都只有一張人人相同的選票，而在市場上，消費者用於表達其意願的貨幣數量卻天差地別。然而，隨著個人經過多年工作，從某個收入階層進入另一個收入階層，這些貨幣差別在個人的整個生命周期中會趨於平衡，雖然這種差異仍然存在於任何一個時間點。

財富在市場上的巨大影響讓許多人傾向於把決策過程搬到政治舞台上，他們認為政治提供了一個更平等的競技場。然而，財富能夠購買更多更好的教育，也使富人有更多的休閒時間參與政治活動和掌握法律知識，所有這些都轉化為富人在政治程序中具有更大影響。實際上，並不富裕的人的財產加總起來比富人的更多，也就讓普通人在市場上的權重（視不同的問題和環境）比在政治和法律領域更大。

人們傾向於把政府看作完整而統一的政策制定者或公共利益的化身。基於此原因，政府中的不同部分對不同的外部選民做出回應時，會彼此產生管轄權的摩擦而對立。政府官員的許多作為都是對特定誘因和限制的回應，雖然觀察家稱之為「非理性的」，但政府官員的回應比政府官員是公共利益的化身這一假設更合理。

政客喜歡救助某些產業、職業、階層、種族或民族，因為他們預期可以從中得到選票或資金支持，並把為這些群體帶來的利益看作整個國家的淨利益。這種情況並不只存在於某個國家，全世界所有現代民主國家中都能找到這樣的傾向。一位印度作家描寫道：

> 「政客沒有勇氣去民營化那些虧損的大型公共部門，因為他們害怕失去工會勞工的選票。他們反對取消電力、肥料和水的補貼，因為他們害怕失去重要的農民選票。他們不會去碰食品補貼，因為窮人手中掌握著大量選票。他們不會開除那些一直在找民營企業麻煩的眾多州政府巡視員，因為他們不想失去公務員的選票。與此同時，這些不正當的交易擾亂了州財政，並增加了不光彩的財政

赤字。除非赤字在可控範圍之內，否則印度將無法提高競爭力，增長率也難以繼續保持在八%和九%，而這一增長率是短期內創造就業機會、並讓大多數人更好地發揮才智的必要條件。」

這些問題在印度可能更嚴重，但絕不只存在印度。二〇〇二年，美國國會通過一項農業補助法案，並得到兩黨的支持。據估計，在接下來的十年中，由於食物價格上漲，該項法案將使每個美國家庭平均多花費四千美元。巴西政府發放給員工的大額養老金雖然使得政府員工在退休後的經濟狀況比工作時還要好，卻為巴西帶來了巨大的財政問題。

大部分政府，尤其是民選政府，都承受著一種壓力，就是要「有所作為」，即使它們無法改善現狀，甚至只能使狀況惡化。經濟過程與其他過程一樣，也需要時間，但政客可能不願為經濟過程留出運行必需的時間，尤其是政治對手正在倡導迅速的解決辦法時，比如尼克森執政時期的工資和價格管制，或一九三〇年代大蕭條時期的國際貿易限制政策。

在大蕭條以前的一百五十多年間美國政府對經濟自由放任。二十一世紀，美國政府不可能在政治上任由經濟衰退自然發展，大蕭條期間共和黨的胡佛總統和民主黨的羅斯福總統，都以史無前例的力度干預經濟。現在，人們普遍認為在經濟衰退時政府必須「做些什麼」是不證自明的公理。很少有人會將政府干預的結果與政府沒有干預的效果進行比較。

大蕭條

雖然一九二九年十月的股市崩盤，與一九三〇年代的大蕭條常常被看作資本主義市場失靈的例子，但股市暴跌不一定會帶來大量失業。歷史也沒告訴我們當政府決定「做些什麼」時，就一定比它什麼也不做有更好的結果。

雖然失業率在一九二九年股市大崩盤初期增加了——股市崩盤兩個月後失業率上升到九%的峰值，但隨後就開始下降，在一九三〇年六月下降到六・三%。

一九二九年股市崩盤後的十二個月內，失業率從未達到十%。但在一系列空前的政府重大干預措施之後，失業率卻在三十五個月內激增到二十%。

這些干預政策始於胡佛總統，特別是一九三〇年的《斯姆特—霍利關稅法案》（Smoot-Hawley tariffs），它是一個世紀以來的最高關稅，目的是降低進口，促進美國製造的產品能夠更多地銷售出去，這樣就能為美國勞工提供更多的就業。這是一個似是而非的信念，實際上政客們做的許多事情都是似是而非的。當時，由美國著名高校的一千多位經濟學教授聯名簽署的一份公開聲明反對這些關稅，稱《斯姆特—霍利關稅法案》不僅不會降低失業率，反而會阻礙生產。

然而，這些都無法阻止國會通過這項立法，也無法阻止胡佛總統在一九三〇年七月簽署此項法案。在短短五個月內，失業率的下降趨勢就出現逆轉，並在一九三〇年代第一次上升到兩位數，而且在之後的十年時間裡，失業率再也沒有下降到兩位數以下。政府的每一次重大干預措施被證明是無效的，甚至是適得其反的。

如果政府拒絕「做些什麼」來對抗經濟衰退，情況又如何呢？由於胡佛總統所推行的聯邦干預前所未有，從美國一七七六年建國到一九二九年股票市場崩潰的這段時期，本質上可以被視為一種「什麼都不做」的時代，直到聯邦政府為應對大蕭條開始實施干預。

在這段漫長的時期沒有發生過與大蕭條相當的衰退，相較之下，一九三〇年代的大蕭條在胡佛政府和羅斯福政府的大規模政府干預後，產生了災難性的後果。一九二一年也曾發生過一次經濟下滑，比一九二九年十月股票市場崩潰後的十二個月內的衰退程度更甚。在哈定（Warren G. Harding）總統執政的第一年，失業率為十一・七％。然而，除了因應稅收下降減少政府開支外，哈定總統什麼都沒做——這樣的做法與後來的凱因斯主義經濟學家的主張正好相反。第二年，失業率就降到六・七％，到第三年，失業率已降低到二・四％。

即使一九三〇年代的大蕭條之後，政府必須介入經濟衰退已成為一個政治公理，然而當一九八七年股市暴跌，且單日跌幅打破一九二九年創下的紀錄時，雷根總統並沒有遵循這個公理。雖然媒體對他未能採取行動感到憤怒，雷根總統仍堅持讓經濟自行恢復。實際上，美國經濟最終實現了自我復甦，並且在接下來的二十年經歷了《經濟學人》稱之為「令人羨慕的穩定增長和低通膨並存」。

當然，它們並不是受控試驗，任何結論都僅具提示性，而不具有確定性。但歷史回顧至少提出了這樣的疑問，即股市崩盤是否一定會導致長期嚴重的蕭條？它也提出了一個更重要的問題，一九三〇年代失靈的是市場還是政府，以及政府有所作為是否一定比什麼都不做更好？

貨幣政策

即使是名義上獨立的機構——如美國聯邦儲備系統——也受到新法案的潛在威脅，因為法案不僅能改變美聯儲的當前政策，還能剝奪其獨立性。一九七九年，傑出的經濟學家、前美國聯邦儲備系統主席亞瑟・伯恩斯回顧了在他領導下的美聯儲為應對不斷增長的通貨膨脹所做的努力。他說，由於美聯儲「不斷嘗試和探究其自由限度，它不斷遭到政府行政機構和國會的強烈批評，因此不得不花費大量精力避開可能為結束通貨膨脹帶來負面影響的立法」。

比起貨幣政策可能產生的問題，更根本的問題是，在複雜環境中讓制定的政策帶來預期的效果將非常困難，當數百萬人根據他們自己對政策的預期做出回應時，產生的後果和政策本身一樣嚴重。理論中非常容易解決的經濟問題，在真實世界中的實踐卻極具挑戰性。僅是估計問題的變化維度就屬不易。威廉・麥切斯尼・馬丁（William McChesney Martin）和亞瑟・伯恩斯擔任美聯儲主席期間，美聯儲低估了一九六〇年代和一九七〇年代的通貨膨脹增長。但在保羅・沃爾克（Paul Volcker）和葛林斯潘繼任美聯儲主席的時期，美聯儲又高估了該時期的通貨膨脹率。

即使是成功的貨幣政策也充滿了不確定。例如，通貨膨脹從一九七九年危險的每年十三％降低到二〇〇三年微不足道的二％，但這是透過一系列貨幣政策試錯之後才達到的，而所有這些政策都對企業生存和勞工就業產生負面影響。例如一九八〇年代初，美聯儲為抑制通膨而收縮了貨幣和信貸，企業因此倒閉和破產帶來的失業達到了幾十年來的最高水準。

在此期間，時任美聯儲主席的沃爾克被媒體妖魔化，而在民意測驗中雷根總統的支持率也急遽下降。但至少沃爾克有著伯恩斯所沒有的優勢，即白宮的支持。然而，即使有人相信美聯儲的貨幣政策能夠有效應對失控的通膨，他們也不知道平息通脹將花費多長時間，也不確定國會是否會在問題解決之前就通過立法限制美聯儲的獨立性。這一時期的一位美聯儲官員後來表達了他自己的反應：

「我手心出汗嗎？我晚上睡不著覺嗎？這都是我當時的反應。我經常在建築工人、汽車經銷商等群體前演講，這時若有人站起來朝我大喊：『你這王八蛋，害死我們了。』對我而言，這還不是最糟糕的。我不能承受的是，有人站出來輕聲地說：『長官，我做汽車經銷已經三十年了，我苦心經營著我的事業。但下星期，我就要關門了。』然後，他靜靜地坐回椅子。這個現實真要來臨了。」

應對現實世界的通貨膨脹問題，對此負有實際責任的人，他們所經受的不安，與前些年的很多經濟學家形成鮮明對比，這些經濟學家相信，經濟學發展到今天，不僅能以一種普遍的方式解決衰退或通膨問題，還能對正常時期的經濟進行微調。這些信心爆棚的經濟學家的政策建議，在很大程度上造成了美聯儲如今試圖解決的通膨問題。正如經濟學家羅伯特・薩繆爾森（Robert J.Samuelson）所說：

「在衡量經濟前景時，我們需要吸取大通膨時期的教訓。其長遠意義在於，它是自我造成的傷害：我們以最好的初衷、按照最完美的建議，對自己造成了傷害。而造成這些錯誤的學術專家都是博學者，畢業自耶魯、麻省理工、哈佛和普林斯頓等頂尖大學，但崇高的學術地位並不能讓他們的觀點更切合實際或更有建設性。學者也可能視野狹隘、受他們自己的政治或個人立場限制。像政客一樣，他們也可能在公共領域追名逐利。即使他們的動機是單純的，但觀點卻可能是錯誤的。教育背景並不能保證知識和見解的實用性。」

政府責任

除了當前的財政支出，政府還承擔著各種未來支出的法律責任。這些責任以政府債券的形式加以明確指出並量化——這些債券要在未來的不同時期以不同數量的金額兌現。另一些責任是全面性的，例如在未來不管是誰，只要符合請領失業補償金或農業補助的資格，政府便負有支付的法律責任。這些責任不僅無期限，而且還很難估計，因為它們所依賴的，都是政府無法控制的事物，如失業水準和農產品的收成。

其他難以估計的全面性責任包括，政府為私人貸款和給外國政府的貸款提供的「擔保」和保證。只要這些貸款能都得到償還，這些保證看上去就不費成本。鼓吹這些貸款保證的人經常在媒體上吹噓，指出在政府不花一毛錢的情況下，這麼做將能拯救許多企業與工作。但事實上，這些不讓納稅人花半毛錢的保證往往都是虛構的，因為借貸者是否會償還是無法預測的，一旦這些貸款未能償還，損失將由納稅人共同承擔。

當美國政府向儲蓄及信貸機構的存款人保證他們的存款將由政府保險來擔保時，看起來並沒有產生成本，直到這些機構的損失擴大到五千億美元——這些錢都可以用來打好幾年仗了——而且紛紛倒閉後，存款人才會從政府手中獲得補償。

許多政府最大的負擔是對未來退休者承諾的養老金。基於老年人口的規模和他們的死亡率，這類負擔更可預測，但問題是沒有足夠的錢來履行政府承諾的養老金。這一問題並不限於某些國家，而是普遍存在於世界各國，因為任何地方的民選官員都能透過向選民保證養老金而在民意調查中受益，相反地，為了兌現高額養老金承諾而提高稅率的人則會敗選。所以更簡單的辦法就是，把爛攤子留給未來的官員去傷腦筋，讓他們去解決這龐大的財政缺口。

要理解政治誘因與經濟誘因之間的區別，可以觀察政府提供的養老金與保險公司提供的養老金之間的差別。政府會把相關計畫稱為「社會保險」，就這點而言可說是與保險公司的做法不謀而合，但政府提供養老金計畫的誘因，與保險公司販售養老金的誘因不同，所得到的結果也不同。私人養老金與政府養老金之間最根本的區別，是前者通過投資保費創造實際財富，而後者並沒有創造實際財富，僅僅是用來自當前勞動人口的保費來支付當前退休人員的養老金。

這表示私人養老金將保費投資於生產——建設工廠、公寓大樓或其他有形資產，而它們的收益可用來回報養老金出資人。但政府養老金計畫，例如美國的社會保障，收到保費的時候就花出去了，很大一部分保費都被用於支付當前退休人員的養老金，剩餘部分則被用來為其他的政府活動提供資金，從戰爭經費到國會公費旅遊開銷。這個過程並沒有創造出相應的財富可以在將來支付養老金給繳納社會保險的人。相反地，當前的勞工投入到社會保險系統中的部分財富，被抽走用於國會決定的其他政府支出項目。

用一部分政府債券和社會安全信託基金換取資金，並用於政府的其他項目，這樣做給人好像是在投資的假象。但是，這些債券同樣不代表有形資產，只是用未來納稅人的錢來還款的承諾。整個國家並沒有因為這些印刷出來的債券增加一美元的財富，因此根本無法與創造有形資產的私人投資相提並論。即使沒有這些債券，當未來的社會安全保費不足以支付未來退休人員的養老金時，未來的納稅人仍然要彌補這一缺口。不過即使有了債券，同樣的事情也會發生。當社會安全體系持有政府債券時，從會計程序上看好像將一筆資金進行了投資，但現實中政府或任何人都不可能同時花一筆錢又存一筆錢。

有一種情況推遲了社會安全信託基金，以及其他國家類似的政府養老金計畫的「最後審判日」。一九三〇年代出生的這一代人數量較少，隨後一九四〇、一九五〇年代出現了「嬰兒潮」，由於嬰兒潮這代人擁有更高的收入，因此向社會安全體系繳納了更多的養老金，也就能輕鬆地支付上一代退休人員的養老金了。這樣不僅使一九三〇年代出生的這一代人的承諾得到了兌現，而且使這一代人帶來的額外收益還能為候選人贏得選票，授予這筆額外收益的政客也會獲得明顯的政治利益。

然而，隨著時間的推移，不斷降低的出生率以及不斷延長的壽命，使得付錢給社會安全體系的人數和從該體系領取錢的人數開始出現變化。對私人養老金而言，每代人支付的保費創造的財富將用於支付他們自己的養老金，而政府為退休一代支付的養老金則來自勞動人口繳納的保險費。私人養老金不會因人口結構的變化而損害，而政府養老金卻會受到影響，原因就在於此。

政府養老金計畫讓目前在上位的官員能把自己做的承諾推給未來的政府去實現。這就為慷慨的養老金福利以及由此帶來的未來金融危機創造了理想政治條件。這些誘因與結果也並非僅限於美國。隨著退休人口規模不斷增加，不僅是絕對數量，而且相對於目前的勞動人口所繳納的稅收（正是這些稅收用於支付養老金）規模來看也在不斷增加，歐盟國家也同樣面臨巨大的財政負債。

例如，義大利勞動者的平均退休年齡為六十一歲，從事「繁重」工作的勞工，如礦工、公車司機等，會在五十七歲退休。這一慷慨的政策帶來的成本占國內生產毛額的十五％，而義大利的國債在二○○六年時占國內生產毛額的一○七％。此後，義大利後知後覺地將最低退休年齡提高到五十九歲。雖然法國、德國和其他歐洲國家開始緊縮慷慨的政府養老金政策，但政治抗議使得溫和改革都遭延遲或修改。然而，這些政府養老金帶來的成本，不論是經濟成本還政治成本，都不是由數十年前建立養老金政策的那一代官員來承擔。

地方政府面對的政治誘因與中央政府基本相同，因此對於地方政府的員工以及受地方政府管制的企業的員工常擁有非常豐厚的養老金這件事，不必感到驚訝。由城市交通部門營運的紐約長島鐵路公司，其員工五十多歲就能退休，而且絕大多數退休人員除了養老金外，還能獲得傷殘補助金，即使大多數人在工作時並沒有申請傷殘索賠，而只是在退休後才申請。據《紐約時報》報導，二○○七年「長島鐵路公司五十歲後退休的員工中，有九十四％都拿到了傷殘補助金」，這些退休後的傷殘索賠根本無法反映工作的危險程度，而是工會合約約定的神祕工作規則巨網的一部分，工會合約允許員工工作一天拿兩天工資，還允許工程師一年拿「五倍於其基本薪資」的薪水，並在退休之後享受身心障礙補貼。

巴西的政府養老金已入不敷出，發放給工會中的政府員工的養老金赤字尤其龐大。換句話說，美國和歐洲國家政府恐懼並正在極力避免的財政危機，已經在巴西爆發，巴西的政府養老金曾被稱為「世上最豐厚的養老金」。據《經濟學人》報導：

> **「公務員在退休後仍然能拿全額工資；實際上，他們的報酬上升了，因為他們不必再為政府出力。大多數女性公務員五十歲左右就退休了，而男性公務員也在五十多歲退休。軍人的遺孀能夠繼承他的養老金，然後再傳給她的兒女們。」**

巴西公務員是一個有組織、有工會的特殊利益集團，因此這種豐厚的養老金在政治上是可以理解的。問題是巴西或其他國家的選民是否瞭解其經濟後果，從而避免因資金不足以支持慷慨的養老金（常以「社會保險」的名目出現）而造成的經濟危機。有些國家的大眾開始意識到這一點。例如，紐西蘭的一項民意調查顯示，四十五歲以下的紐西蘭人中有七十％認為，當他們退休後，政府給予他們的養老金承諾將無法兌現。

在許多國家，那些被稱為「社會保險」但事實上根本算不上是保險契約的項目，正以各種方式逼近清算日。這些項目不僅沒有創造財富，慷慨的退休計畫實際上還會減緩財富創造的速度，因為根據退休計畫退休的人本來還能繼續工作並為國家增加產出。例如，日本五十五到六十歲年齡段的人中六十二％仍在工作，在美國這個比率也有六十％，但在歐盟國家，這一年齡段仍在工作的人只有四十一％。

不僅退休年齡在不同國家間存在差別，工作時的報酬是多少，相應的養老金有多少，在不同國家也大不相同。美國的養老金大約是人們退休前收入的四十％，日本則不到四十％，但在挪威和西班牙，養老金大約是退休前收入的八十％，瑞典甚至達到九十六％。這當然會影響到人們選擇退休的時間。它也是二十一世紀初歐盟國家遭金融危機的影響因素之一。

雖然在政府提供或政府強制的福利方面，美國長期落後於歐洲工業國家，但近幾年美國政府加速改進了這方面的福利。美國原本的失業保險福利只有二十六周，現在已被延長至九十九周。其他方面的工作福利也有改善，例如社會安全「保險」中的傷殘費：

「一九九〇年，近三百萬美國人從社會保險中獲得了與工作有關的傷殘費，這一數字相較以往一、二十年只有小幅增長。但自此之後，領取傷殘費的人數驟然上升，二〇〇〇年超過五百萬人，二〇〇五年達到六百五十萬人，現在已接近八百六十萬人。」

市場失靈與政府失靈

市場的缺陷——包括外部成本和外部收益、獨占和同業聯盟——讓許多人認為政府干預是必要且有利的。不過，市場的缺陷必須與相應的政府干預及政府干預的缺陷進行比較。我們必須根據市場和政府的誘因和限制條件對它們進行考察。

國營企業面臨的誘因往往會使它們以非常特別的方式來發揮其職能，這種方式有別於自由市場經濟。例如，一九六九年印度銀行國營化之後，無法回收的負債金額大幅上升，占所有未償貸款的二十%，銀行效率也受到影響。一位印度企業家說：「我妻子在當地銀行存款或取款要花半個小時。」不僅如此，政府的所有權與控制手段也在政治上決定銀行可以貸款給誰：

「我曾碰見一家國營銀行的地方分行經理，他是個很真誠的年輕人，整天憂心忡忡，很想將自己從日常問題中解脫出來。他告訴我，他和他的員工都不能決定誰有資格獲得貸款。地方政府官員總是參與這種決定。貸款人總是與政府官員有裙帶關係，而且根本沒打算還款。他們被告知這些人要被當作『應受經濟援助的窮人』來對待，但這些人幾乎毫無例外的是真正的富人。」

印度的銀行國營化並不僅僅是企業所有權轉移給政府的問題，它還改變了銀行的誘因和限制，從市場導向變為政治和官僚主義。促成這種轉變的人所宣稱的目標或殷切的希望，與改變後的誘因和限制相比，通常都算不上什麼。當印度允許民間經營銀行後，印度銀行面臨的誘因與限制又發生改變。據《華爾街日報》報導，「該國不斷壯大的中產階級，將大部分業務交給高科技的民營銀行」，於是「留給國營銀行的是最不具盈利能力的企業以及最糟糕的借款人」。民營部門中的人與政府部門中的人並沒有太大差別，但他們在非常不同的誘因和限制下行動。

美國對銀行投資決策的政治控制雖然沒有這麼普遍，但政治因素也能改變投資的方向，使它們不同於自由市場下本來的投資方向。據《華爾街日報》報導：

> 「管制機關對合併的審查是必要的，但是管制機關依據《社區再投資法》對銀行與存貸機構的營運採取了更嚴格的措施，該法案要求這些機構在吸收存款的任何一個社區都必須發放貸款。不良貸款記錄會延緩甚至破壞一項審查，而良好的貸款記錄則能加速審查並消除社會團體的反對。」

換句話說，在金融領域既不具有專業知識又沒有經驗的人，如政客、官員和社會活動家，卻能夠影響投資的去向。然而，當二〇〇七年和二〇〇八年金融機構的「次級」貸款出現鉅額虧損時——花旗集團（Citigroup）損失超過四百億美元，曾迫使這些機構借款給信用不足者的政客卻鮮有受到責備的。相反地，正是這群積極要求借貸方冒險的政客，如今正積極地為此次危機尋找時髦的「解決方案」，依據的就是他們在國會銀行委員會的工作經驗，以及從中獲得的處理金融事務的專業知識。

正如一位印度企業家所說：「印度已經從慘痛的經歷中懂得了政府並不代表人民的利益，它們更多地代表自己的利益。」其他產業的人，以及世界上其他國家的人，也都只能代表他們各自的利益。問題是，人們往往看不見這一點，他們期望政府改正錯誤，並實現不可能達到的願望。

不論政府經濟政策有何優缺點，從歷史上來看，訴諸市場的方案是新近才出現的，而民主與自由市場的結合更是短暫罕見。正如印度的一位評論員所說：

> 「我們往往會忘記，基於自由市場的自由民主制在人類歷史上還是一個相當新的理念。一七七

六年，世界上只有一個自由民主制國家，也就是美國；到一七九〇年，有三個，包括法國；到一八四八年，只有五個；到一九七五年，仍然只有三十一個。如今，世界上約兩百個國家中有一百二十個宣稱自己是民主制國家，超過五十%的世界人口居住在這些國家（儘管美國智庫「自由之家」認為，全世界只有八十六個國家是真正的自由國家）。」

只要是民選政府的官員，就必定會顧慮連任。這就是說，他們不能承認和改正錯誤，而競爭市場上的民營企業，為了繼續生存下去，必須迅速承認並糾正錯誤。沒人願意承認錯誤，但對於民營企業而言，在利潤和虧損的誘因和限制下，往往別無選擇，只能在經濟虧損導致破產之前挽回局面。然而，在政治上，犯錯造成的損失往往由納稅人承擔，而承認錯誤的損失才會由民選官員承擔。

基於這些誘因和限制，從政府官員的立場出發，他們不願承認並糾正錯誤是完全理性的行為。例如，在超音速噴射客機研發初期，波音公司這樣的民營飛機製造商，以及提出製造協和式飛機的英國與法國政府都投入其中，而超音速噴射客機的耗油量之大，根本不可能用乘客願意接受的機票價格收回成本，這一點很早就顯露出來了。波音公司放棄了整個計畫，相較於繼續完成超音速噴射飛機的項目可能帶來的更大損失，放棄已經投入的成本要更划算一些。但曾公開承諾過要研發出協和式飛機的英國和法國政府，仍繼續實施這項計畫，而不是承認這是一個糟糕的計畫。

最終結果是，英國和法國的納稅人一直在補貼這個主要為富有乘客服務的商業風險投資，因為協和式飛機的機票價格要比同一航線上其他噴射飛機貴很多，然而即使是如此昂貴的票價也仍然無法補償研發成本。最終，當這批飛機老化之後，協和式飛機就停產了，因其鉅額虧損已人盡皆知，這時要讓大眾支持政府花費更多資金來更換這些沒有經濟利益的飛機，在政治上很難實現，也不可能實現。

雖然我們在談論「政府」時，就好像它是一個統一的整體，但事實上，任何時候政府都被不同且對立的利益所分割，而且不同時期的政府高層是由完全不同的人組成的。因此，終止成本高昂的協和式飛機項目的，並不是最初發起這一項目的人。承認別人的錯誤總是容易得多，並且還能為此受到讚揚。

相反地，在競爭市場中，錯誤的代價會不斷攀升，因此除了承認錯誤並在破產之前迅速糾正，別無他法。市場上的清算總是比政治上的來得更早，民營部門中不僅有更大的壓力促使人們承認錯誤，也有更大的壓力促使人們避免在起步階段就犯錯。在不同部門中提議新的創業投資項目時，政府官員的提議只需要在對他們來說重要的時間跨度內（往往是在下次選舉前），說服足夠多的民眾就能成行。在競爭市場上，這些提議必須令那些以自己的錢財承擔風險的人信服，這些投資者有充分的動機去獲得相應的專業知識，在實施之前評估該項目的未來。

相同的情形在這兩種程序下會產生截然不同的結果，這一點並不令人吃驚。審查在英吉利海峽建海底隧道的提議時，英國和法國政府擬定的成本與收益使這一方案看似一個極佳的投資項目，至少足以讓英國和法國大眾在政治上支持它。與此同時，經營英吉利海峽渡船服務的公司顯然並不這樣認為，因為他們不斷購買更大、更多的渡輪，如果海底隧道真的成功，那對這些公司來說無疑是致命的，因為人們將會選擇從海底隧道穿越英吉利海峽，而不是搭乘渡輪。

只有經過多年的修建和營運，海底隧道的經濟效果才能浮現。而且，到那時候，最初對這一創業投資承擔責任的英國與法國政府官員也早已遠離政局。《經濟學人》在二〇〇四年報導：

「歐洲隧道公司（Eurotunnel）執行長理查德·許瑞夫（Richard Shirrefs）本周表示：『毫無疑問的，如果我們早知道會有這些問題，就不會建造英吉利海峽隧道。』十年來，很少有人使用這條連接英法兩國的海底通道，收取的費用甚至不足以支付建造成本的利息，而龐大的建造費用讓歐洲隧道公司背負了一百一十五億美元的債務。因此，就跟超音速協和式飛機的情況一樣，英吉利海底隧道成為英法在交通上的又一次失敗之舉，並再次需要納稅人的救助……對於海底隧道的懷疑者來說，這完全在意料之中，而他們與協和式飛機的懷疑者一樣，被完全忽視了。」

儘管這些例子涉及的是英國政府和法國政府，但同樣的誘因與限制，以及同樣的結果，適用於世界上許多國家的政府。

然而，有時候，選民的健忘使得民選官員免於承擔他們曾經支持的政策失敗或被悄然放棄的後果。例如，美國各州政府與聯邦政府都徵收汽油稅，專門用於公路建設和維護，後來這兩級政府卻都將徵收來的部分汽油稅用作其他用途。二〇〇八年，美國國會通過法案，同意投入數十億美元來挽救瀕臨崩潰的金融機構。然而，就在當年，負責發放這筆錢的美國財政部公開承認，其中很大一部分資金都被用於援助其他產業的公司。

這種情況並不新鮮，也不僅限於美國。早在一七七六年亞當斯密就曾警告說，英國政府為償還國債而創設的專項基金，是「顯而易見的」挪作他用的「權宜之計」。

THE INTERNATIONAL ECONOMY

| 第六部分 |

國際經濟

第二十一章 國際貿易

事實是不容改變的東西；不管我們的意願、愛好或個人意志如何，都無法改變事實和證據。

——美國政治家　約翰・亞當斯（John Adams）

《紐約時報》曾評價具有歷史意義的一九九三年「北美自由貿易協定」（NAFTA）：「大量的證據表明工作機會迅速地在國界間轉移，我們還無法判斷，美國到底在這個貿易協定中得到更多就業機會，還是失去了就業機會。」

在對國際貿易的諸多探討中，出現這樣的詞句已然犯了一個重大謬誤，也就是在討論中假設若有一個國家是「贏家」，另一個國家必然是「輸家」。但是，國際貿易並不是零和競爭，雙方都必須受益，否則便無繼續交易的道理。雙方是否都受益，也未必是由專家或政府官員來判斷。與大多數國內貿易一樣，大多數國際貿易是由無數的個人來完成的，每一個人都能判斷所購商品是否值得花這麼多錢，也能判斷這一選擇是否比其他的選擇更好。

至於就業，在美國、加拿大和墨西哥簽署北美自由貿易協定之前，有人作過悲觀的預測，認為墨西哥較低的工資水準，會吸走很多美國的工作，產生「巨大的吞咽之聲」。事實上，在該項協議簽訂後，美國的工作機會反而**增加**了，失業率也在接下來的七年間，從七%下降到四%，達到數十年來的最低水準。加拿大的失業率同樣也在這七年間從十一%下降到七%。

為什麼實際情況與預測如此截然不同呢？讓我們重新審視這個問題。當一個孤立的國家日漸繁榮後，會出現什麼情況？它往往會購買更多東西，因為它有更多的錢可以用來消費。當它購買了更多東西後，又會出現什麼情況呢？生產這些額外的產品和勞務替工人創造出更多的工作機會。

對於兩個國家來說，原理也是一樣的。事實上，不管有多少個國家，原理都是一樣的，國家繁榮通常代表就業率上升。

國家並非一定要保衛某個**固定**數量的工作機會。當國家變得越來越富裕，往往就會創造更多工作機會。唯一的問題是：國際貿易會不會讓一個國家變得更富裕。

降低貿易壁壘後，因為墨西哥的工資水準要比美國低得多，人們就認為墨西哥是奪走美國工作機會的最主要威脅。在簽訂北美自由貿易協定後，墨西哥的工作機會確實增加了數百萬個，但與此同時，美國也增加了數百萬個工作機會。兩國的國際貿易都有所成長，尤其是北美自由貿易協定所涵蓋的商品，交易量更是急劇上升。

要理解國際貿易相關的基本事實並不難。難以釐清的，是充斥在討論中的各種誤解和術語。美國最高法院大法官霍姆斯曾說：「思考事實，而不是語句。」這一點在討論國際貿易時尤為重要，因為人們對它的描述充滿誤解和情緒化的語言，混淆了其中一些本來很容易理解的事情。例如，幾個世紀以來，人們一直用貿易「順差」來描述「出超」，用貿易「逆差」來描述「入超」。人們曾普遍認為進口大於出口會使一個國家變得貧窮，因為出口和進口的差額需要用黃金來支付，而黃金的損失則被認為是國民財富的損失。然而，早在一七七六年，亞當・斯密（Adam Smith）在其經典著作《國富論》（*The Wealth of Nations*）中就曾指出，一個國家的真實財富，由該國的產品和勞務構成，而不是黃金供應量。

即使到了二十一世紀，還是有許多人沒有掌握國民財富的全部含義。無論美國在國際貿易中是「赤字」還是「盈餘」，假若國際貿易能讓美國人獲得更多產品和勞務，那美國人就會變得更加富有，而不是更加貧窮。

順帶一提，一九三〇年代大蕭條期間，美國在這災難性的十年中，每一年都是出超——貿易「順差」。但現實情況是，與一九二〇年代繁榮的十年相比，大蕭條時期的進口和出口都大幅減少了。這種國際貿易量的減少，是由於世界各國都提高了關稅壁壘，因為各國都經歷了普遍性的失業，力圖透過阻止國際貿易來維持本國經濟中的工作機會。

許多經濟學家都認為，這種政策只會使情況更糟，延長世界經濟蕭條的時間。當實際國民收入不斷降低時，人們最不需要的就是使它更快下降的政策，這些政策會阻止消費者用最低的價格購買他們所需的物品。

含糊不清的語言會讓壞消息聽起來像好消息，反之亦然。例如，二〇〇一年春天，令美國十分頭痛的國際貿易逆差破紀錄地縮小了，正如《商業周刊》雜誌中一篇報導的標題，「貿易逆差縮小，國內經濟看來極佳」。然而，當時美國的股票市場卻正在下跌，失業率不斷上升，公司利潤也在不斷下降，美國經濟的總產出出現下降。所謂國際貿易的「好」消息，來自於經濟動蕩不安時期的進口減少。如果國家出現嚴重的經濟蕭條，國際貿易差額很可能會完全消失，但幸運的是，美國人沒能聽到這樣的「好」消息。

正如一九三〇年代大蕭條期間，美國每年都是貿易「順差」一樣，一九九〇年代經濟繁榮發展期間，美國破紀錄地成為「債務國」。顯然，這些語句不能以其字面意思作為一個國家經濟福利的指標。我們需要結合情境深入考察這些語句的含義。

國際貿易的基礎

雖然國際貿易發生的原因與其他貿易一樣，都是為了雙方利益，但我們還是有必要了解兩個國家為什麼都能獲利，特別是有那麼多政客和記者都在用相反的觀點混淆視聽。

經濟學家通常把各國都能從國際貿易中獲利的原因分為三類：絕對利益、比較利益以及規模經濟。

絕對利益

我們很容易能理解美國人為什麼會購買加勒比海地區種植的香蕉。在熱帶地區種植香蕉的成本，低於那些需要溫室或其他人工方式來維持必要熱量的地區。在熱帶國家，大自然提供免費的高溫，而氣候較冷的地區，如美國，則不得不花費高額成本提供相同高溫。因此，購買熱帶種植的香蕉，而不是在美國境內以高成本方式種植的香蕉，對美國人來說更合理。

有時，一個國家具有的優勢比起另一個國家或世界上其他國家是絕對的。例如，種植咖啡需要一系列獨特的氣候條件——溫暖但不炎熱，也不能有整天的陽光直射，水分不能太多也不能太少，只適合在某一類土壤中生長。把這些條件和其他種植咖啡的理想條件結合在一起，就會使適宜種植咖啡的地區大為減少。

二十一世紀初，全世界一半以上的咖啡只在三個國家種植——巴西、越南、哥倫比亞。但這並不代表其他國家完全沒有能力種植咖啡。只是大多數國家能生產的咖啡數量和品質並不值得投入成本，因為從以上三個國家完全能以更低的成本進口咖啡。

有時候，絕對利益僅僅是因為處在優勢的地理位置上，或語言相通。例如，印度與美國有十二個小時的時差，這代表那些想要不分晝夜提供電腦服務的美國公司可以在印度建立公司，當美國進入夜晚，印度正好開始新的一天，這樣它就能雇用印度的技術員來提供服務。在印度，許多受過教育的人都會講英語，而且印度擁有世界三十％的電腦軟體工程師，這些條件組合在一起，使印度在美國電腦服務市場上具有很大的競爭優勢。同樣地，當北半球進入冬天時，南半球正處於夏天，此時南美洲的國家就可提供水果和蔬菜。

這些例子都是經濟學家所說的「絕對利益」，即一個國家因為一些原因，能比其他國家更便宜、更好地生產某種產品。這些原因可能是氣候、地理位置，也可能是各個國家的人口具備的技術。購買該國產品的外國人就能從低成本中受益，而這個國家自身也會因產品或勞務的市場擴大而受益，而且有時候生產某一產品的某些投入是免費的，比如熱帶地區的溫度，或世界各地各種土壤中豐富的營養物質。

國際貿易還存在另一個更深奧但同樣很重要的原因，也就是經濟學家所謂的「比較利益」。

比較利益

為了說明什麼是比較利益，我們可以假設某個國家的效率非常高，它能用比鄰國更低的成本生產**任何東西**。那這個在所有方面都更有效率的國家，在與鄰國交易時還會有利可圖嗎？

答案是肯定的。

為什麼？因為能以較低的成本生產**任何東西**，並不表示它就能以較低的成本生產**所有東西**。因為稀有資源具有多種用途，當某一種產品生產較多時，就表示要減少生產其他種類的產品。問題不僅在於一個國家相較於另一國家在生產椅子或電視時需要投入多少資金或資源方面的成本，而且還在於生產一台電視需要以多少把椅子為成本，即資源從生產某一種產品轉而生產另一種產品之成本。

如果在兩個國家中資源交換的代價非常不同，而其中一個國家放棄生產椅子就能生產更多電視，那它就可以與另一個國家交易並從中獲益，另一個國家則可以放棄生產電視而並生產更多的椅子。我們用一個數據案例來說明此一觀點。

假設美國工人平均每人每月能生產五百張椅子，而加拿大工人平均每個人每月能生產四百五十張椅子；美國工人平均每人每月能生產兩百台電視，而加拿大工人每人每月能生產一百台電視。下面的說明了在上述條件下，當兩個國家同時生產兩種產品，和每個國家只生產一種產品時的產出對比。表格中我們假設，兩國各自的工人生產這些產品的人均產出相同，工人總數也都是五百名（表一）：

在這些條件下，當兩國都同時生產兩種產品時，他們的產出加總起來，相當於一千名工人一個月生產十九萬張椅子，九萬台電視。如果兩國進行專業化生產，美國將生產椅子的工人轉移去生產電視，加拿大將生產電視的工人轉移去生產椅子，結果將如何？在每個國家的**工人人均產出不變**的條件下，同樣的一千名工人，能生產的這兩種產品的總和更多（表二）。

兩個國家的工人生產率都沒有發生變化，但是相同數量的工人，總產出卻增加了：電視的總產量為十萬台，而不是九萬台；椅子為二十二萬五千張，而不是十九萬張。這是因為每個國家現在都只生產有比較利益的產品，而不管這一產品是否具有絕對利益。

經濟學家會說，美國在這兩種產品的生產中都具有「絕對利益」，而加拿大在生產椅子上具有「比較利益」。也就是說，將資源轉而用於生產椅子時，加拿大放棄生產的電視數量，要比同樣情況下美國放棄生產的電視少得多。在這樣的情況下，美國人用他們生產的電視與加拿大人交易，就能得到更多的椅子，而不用自己直接製造椅子。相反地，加拿大人也可以生產椅子，並與美國人製造的電視進行交換，來得到更多的電視，而不用自己直接生產電視。

表一

產品	美國工人	美國產出	加拿大工人	加拿大產出
椅子	200	100,000	200	90,000
電視	300	60,000	300	30,000

如果美國製造的每樣東西的產出比例和加拿大相同，而且都比加拿大更有效率，貿易才無法帶來任何利益，因為此時將不存在比較利益。但這種情況在現實世界中幾乎是不可能的。

同樣的原理也適用於個人的日常生活。例如，假如你是一名眼科醫生，而你曾靠洗車的打工收入來付大學學費。現在假設你有了屬於自己的汽車，也假設你打工的經驗能讓你比所雇之人在更短的時間裡完成洗車的工作，你應該自己洗還是雇人來洗呢？顯然，不論是對你的財務狀況，還是對社會整體福利來說，你不在手術室裡醫治人們的眼睛而花時間去洗車，是毫無道理的。換句話說，雖然你在這兩件事情上都具有「絕對利益」，但你在治療眼疾方面的比較利益更大。

要理解個體案例和國際貿易案例，關鍵在於理解資源具有稀少性這一基本的經濟事實。和所有人一樣，一名醫生一天只有二十四小時，他花時間做某一件事情，就無法同時做其他事情。對國家來說同樣如此，國家擁有的勞動力、時間或其他資源都是有限的，做某件事情就必須放棄做另一件事情。這就是經濟成本的含義：**放棄其他選擇**。它適用於所有經濟體系，不管是社會主義、資本主義、封建主義還是其他任何經濟體系，也不管是在國內交易還是國際交易。

對貧窮國家來說，比較利益的好處尤其重要。有些人指出：

表二

產品	美國工人	美國產出	加拿大工人	加拿大產出
椅子	0	0	500	225,000
電視	500	100,000	0	0

「比較利益意味著每個國家，不管它多麼貧窮，都能在自由貿易的庇護中找到立足之地，因為每一個國家的人在生產某種產品時總能比生產其他產品更有效率。」

比較利益不僅是一個理論，而且還是許多國家歷史中非常重要的一個事實。一個多世紀以前，英國就能為人民提供足夠的食物了，而英國人之所以有足夠的食物，就是因為它集中精力生產具有比較利益的產業，如製造業、船舶業以及金融服務業，並使用這些產業的收益從其他國家購買食物。比起英國自給自足種植糧食，從其他國家購買食物讓英國消費者吃得更好，而且還能獲得更多的製品。

生產任何一件東西的真正成本，是人們本可以用相同的精力來生產的其他東西，因此英國想要在食物方面自給自足，它就要放棄很多工業和商業中的資源，並將它們轉移到農業生產中去。即使英國農民的效率比其他國家農民的效率更高，從農業生產方面具有比較利益的國家進口食物對英國來說是更好的選擇。

這種資源交換並不限於工業化國家。當西非農場開始種植可可樹時，那裡的非洲人為了從可可樹中賺到更多的錢，減少了其他農作物的種植量，最終西非的可可產量達到世界的一半以上。而且他們的收入也因此增加，足以從其他地方進口食物。這些食物不僅包括該地區原本能夠生產的肉類和蔬菜，還包括被認為是奢侈品的稻米、魚罐頭和水果。

規模經濟

雖然絕對利益和比較利益是人們從國際貿易中獲益的主要原因，但它們並不是僅有的原因。有時，某種產品的生產需要對機器設備及其所需的技術工程進行鉅額投資，還要培養專業化的勞動力；也只有當產出足夠大時，產品最終才能以具有競爭力的低價格銷售出去。這就是第六章討論過的規模經濟。

根據預估，汽車要想最有效地節約單位成本，最低產量必須達到每年二十萬到四十萬輛。在美國這樣幅員遼闊的富裕國家，達到這樣巨大的產量並不是大問題，因為美國國內三大汽車製造商——福特、通用和克萊斯勒，每一家都至少有一種汽車的銷售量超過四十萬輛，豐田汽車也能達到這樣的銷售量，而福特F系列小卡車的銷售量更是在八十萬輛以上。但是對於人口較少的國家來說，比如澳洲，不可能在國內銷售如此多的汽車，也就無法彌補汽車產業高昂的初始投入成本，也無法在價格上與產量巨大的美國或日本汽車競爭。

任何一種汽車在澳洲的最大銷售量，都僅達到了實現規模經濟所需數量的一半。儘管澳洲的人均汽車擁有量要高於美國，但美國人口是澳洲的十二倍以上。

即使是澳洲本土製造的汽車，也是由其他國家研發的——豐田和三菱汽車來自日本，福特和通用汽車來自美國。它們實際上就是澳洲人製造的日本或美國汽車，這表示日本和美國公司已經付出了巨大的技術工程、研發以及其他成本。但澳洲市場不足以實現有效的規模經濟，因此澳洲無法用低成本從零開始生產本國的汽車，也就無法與市場上的進口汽車進行競爭。

儘管澳洲是一個現代化的富裕國家，人均產出也跟英國差不多，比加拿大還高，但稀少的人口仍限制了它的總購買力——不到日本的五分之一，只有美國的七分之一。

出口讓一些國家實現了只靠國內銷售量不能達到的規模經濟。許多企業會將它們的大部分產品銷往國外。例如，海尼根啤酒的銷售不必依賴荷蘭本土的小市場，它在一百七十多個國家銷售。Nokia 手機在全世界都有銷售，而不僅限於芬蘭本土。英國《經濟學人》在美國的銷售量是英國的三倍。豐田、本田以及日產汽車的大部分利潤都來自北美市場，而且總體來講，從二〇〇六年開始，日本汽車製造商在境外生產的汽車數量超過了本土。很多像韓國這樣的小國家，也都依靠國際貿易，才能生產出遠遠超過本土銷售規模的產品。

總而言之，國際貿易對許多國家實現規模經濟來說都非常必要，而規模經濟使它們可與世界市場上的相似產品在價格上展開競爭。需要在機器設備和研發上進行鉅額投資的產品，只有極少數富裕的大國才能達到單獨依靠國內市場，就能彌補所有成本的產出水準。利用國家的絕對或比較利益，以及國際貿易在世界範圍內的規模經濟創造的高效率，即使有些國家的國內市場規模不足以吸收大型生產性產業的全部產出，它們也能因此獲益。

我們要理解某種行事方式的益處，可以先觀察用其他方式行事時會發生什麼。多年來，印度一直鼓勵小企業發展，並對相關的競爭性進口產品設置壁壘。然而，二十世紀末和二十一世紀初，印度取消了進口限制，徹底改變了一切。正如《遠東經濟評論》指出的：

「印度玩具產業的噩夢來自於一種小型塑膠玩具。這種玩具由中國製造，能播放印度電影流行歌曲，售價只需大約一百盧比（兩美元）。印度的家長們在全印度的市場上搶購它，讓本地的玩具公司大吃一驚。想要跟上這些玩具的生產速度、規模和技術（正是這三個因素使這些玩具能以極低的價格出售），印度公司遠沒有這樣的能力……在玩具生產、鞋子製造等產業中，中國已經發展出巨大的規模經濟，而印度卻人為地限制了製造商的規模。」

相較於在自由貿易中面臨的經濟問題，管制進口為印度玩具製造商帶來更嚴重的問題。這種管制政策，僅因為國家想要保護小規模製造商免受國內外大製造商的競爭，卻使得這個貧窮國家中的數億人必須支付不必要的高價才能買到大部分商品。幸運的是，印度終究在二十世紀的最後十年終止這些實施數十年的政策。

國際貿易的限制

無論就全世界或個別國家而言，國際貿易有諸多好處。然而，和所有高經濟效率的行事方式一樣，它會取代低效率的做事方式，無論是在國內還是國外。就像汽車的出現使馬車業遭受巨大損失，大型連鎖超市導致很多社區小雜貨店倒閉，進口其他國家具有比較利益的產品也會使本國的相關產業在收入和就業上遭受損失。

雖然國際貿易帶來的經濟收益一般來說完全可能抵銷損失，但是在政治上，還是會有人大聲疾呼，要求政府對進口實行各種限制，避免國外的競爭。許多存在已久的經濟謬論，就來自人們試圖證明國際貿易限制的合理性。儘管亞當・斯密早在兩個多世紀以前就反駁了大部分此類謬論，但就經濟學家看來，這些謬論在今天的政治中仍保有生命力及強大力量。

例如，有些人認為，富裕國家無法與薪水較低的國家競爭。另一方面，貧窮的國家可能會說，他們要保護本國的「幼稚產業」（infant industries），避免來自發達工業國家的競爭，直到這些本土產業擁有足夠的經驗和專業技術，能平等地與其他國家競爭。所有國家都在抱怨其他國家在進出口方面制訂了「不公平」的法律。例如經常聽到的，有些國家為了獲得更大的市場占有率，人為地降低價格，在世界市場上「傾銷」商品，從短期來看這些國家會遭受損失，但是當它們取得獨占地位後，就會提高價格掠奪。在複雜的現實生活中，很少有一種觀點是絕對正確或絕對錯誤的。但大多數關於國際貿易限制的觀點，總是錯誤的。讓我們從高工資謬論開始，逐一予以考察。

高工資謬論

在美國這樣的繁榮國家裡，有種謬論聽起來似乎很合理，即美國商品無法與貧窮國家低收入工人（一些人的工資只有美國工人的幾十分之一）生產的商品競爭。儘管這一觀點聽起來很合理，但歷史學和經濟學都否定了它。從歷史上來看，高工資國家一直都向低工資國家輸出產品與勞務，而且已持續了好幾世紀。例如，荷蘭從一五九〇年代到一七四〇年代這一個半世紀裡，雖然荷蘭勞工的工資是全世界最高的，荷蘭卻一直是國際貿易的領導者。英國是十九世紀最大的出口國，而英國的工資水準卻比它銷售商品的許多國家都高很多。

相反地，印度的工資水準遠低於日本、美國這樣的工業化國家，但多年來，印度一直限制從日本和美國進口汽車和其他產品，因為印度國內製造商無法在價格和品質上與這些進口產品競爭。在印度放鬆對國際貿易的諸多限制後，印度的產業界必須重視來自中國的進口，連印度領導企業塔塔集團也不敢掉以輕心——即便中國勞工的工資高於印度，但他們的產品仍不斷輸入印度：

「塔塔集團專門設立了一個辦公室，為其龐大企業帝國的不同部門提供培訓，應對進口限制取消後可能會出現的影響。帕德黑（Jiban Mukhopadhyay）作為塔塔集團主席的經濟顧問，負責執行這一任務。在他辦公桌的抽屜裡，有一條在中國旅遊時購買的絲綢領帶。他曾問公司裡參加WTO研討會的管理人員這條絲綢領帶的價格。『它只需八十五盧比，』他說，『同樣的領帶，在印度要花四百盧比。』」

從經濟學角度來說，高工資理論的一個關鍵錯誤就是，它混淆了工資水準與勞動力成本，也混淆了勞動力成本與總成本。工資水準是以每小時的工作量來衡量，而勞動力成本則是以每單位的產出來衡量。總成本不僅包括勞動力成本，還包括資金、原物料、運輸、製造產品所需的其他東西，以及將製成品運往市場所花的成本。

當富裕國家勞工的工資水準是貧窮國家勞工的兩倍，每小時產出是窮國勞工的三倍時，高工資國家每單位產出的勞動力成本就比較低。也就是說，即使單位勞動力的報酬更高，富裕國家能用更低的成本完成一定量的工作，因為它需要的勞動力更少。工資更高的勞工可以更有效地進行組織或管理，也可以使用更多、更好的機器設備來工作，或在具有巨大規模經濟的公司或產業工作。通常，越是已開發的國家，運輸成本越低，因此將產品運輸到市場的成本就會越低。

為什麼一個國家能比另一個國家更富裕？這是有原因的，其中一個就是更富裕的國家在生產與運輸產品方面更有效率。總而言之，單位時間工資率高，並不表示單位產出成本也高。它甚至也不表示每單位產出的勞動成本就高——當然，勞動成本並不是唯一的成本。

一家國際顧問公司發現，印度現代化產業部門中的勞工，其平均生產力為美國的十五％。換句話說，如果同時在印度與美國個雇用一名勞工，而印度的工資為美國的五分之一，再要求兩位勞工分別完成同樣數量的工作，那麼最後前者會花費你更多成本。支付相當於美國工人工資的二十％的薪水，給一位生產力只有美國工人的十五％的工人，將會增加勞動力成本。

但是這並不表示低工資國家的就業成長不會導致高工資國家失業。在那些生產率的差異小於工資率差異的國家，比如印度有很多受過良好訓練、會講英語的電腦程式設計師，美國很多的電腦程式設計工作就會轉移至印度完成。各種的比較利益都代表工作會轉移到在某事上具有某些優勢的國家。但這並不表示整個經濟活動中會出現就業淨損失。不管是因為國內競爭還是國際競爭，失業對當事人來說都很現實，但是對國內或國際市場的限制通常會打破就業的淨平衡，因為限制會危及經濟繁榮，也就會影響商品和勞動力的需求。

勞動力成本只是原因之一。資本與管理成本也是很多產品成本的重要組成部分。在許多情況下，資本成本都超過勞動力成本，特別是在固定成本巨大的產業中，如電力設施公司和鐵路公司，兩者都需要在基礎設施方面投入鉅額資金。繁榮的國家通常資本豐富，在供給和需求作用下，資本成本往往也比貧窮國家更便宜，貧窮國家由於資本稀少，資本投入往往要求更高的報酬率。

沙皇統治下的俄國工業化初期的歷史說明了資本供給如何影響資本成本。一八九〇年代俄國開始大規模工業化時，外國投資者每年的投資報酬率是十七・五％，直到數年後，投資實在太多，報酬率才逐漸下降，到一九〇〇年已降至五％以下。貧窮國家由於資本成本較高，很難與資本成本較低的富裕國家競爭，即使窮國在勞動力成本上具有真正的優勢，但是通常情況下勞動力成本的優勢也並非真正的優勢。

有時，有些產業確實會受進口產品競爭的不利影響，就像它們也會受到其他更好、更便宜的產品的不利影響一樣，無論這些競爭產品來自國內還是國外。市場上總是會有其他效率更高的產品，迫使公司走向現代化、削減規模，不然就倒閉。然而，當這種情況是因外國人而發生時，政治上就會把它描述成國家間的對立，但實際上，這一直都是國內特殊利益集團與消費者之間的對立。

保護就業

經歷高失業率時，政客的壓力尤其巨大，人們冀望他們拯救那些正在遭受損失或失業的產業，他們使用的手段就是限制競爭性產品的進口。這種限制很可能會帶來悲劇性結果，比如一九三〇年代大蕭條時期，各國都樹立了貿易壁壘，增加各種貿易限制。結果是一九三三年全球出口總額只有一九二九年的三分之一。就像自由貿易會同時增加所有國家的經濟福利一樣，貿易限制也會同時降低所有國家的效率，進而導致生活水準降低，它並不能帶來人們期盼的就業成長。

世界各地的這些貿易限制起因於美國在一九三〇年通過的《斯姆特—霍利關稅法》，該法案使美國對進口產品的關稅水準達到歷史新高，其他國家則報復性地對進口的美國產品設定諸多限制。此外，在美國發揮作用的政治壓力同樣在其他國家發揮作用，因為對許多人來說，透過減少進口外國產品來保護本國的就業似乎很合理。結果就是，嚴厲的國際貿易限制被許多國家應用於針對美國之外的其他國家，而不再僅僅針對美國。最終的經濟後果也與預期的完全不同。對這一切，經濟學家早有準確預測，他們寫了一份反對增加關稅的請願書，遞交給國會議員霍利、參議員斯姆特以及總統胡佛。在請願書中，他們寫道：

「美國現在正面臨著失業問題。提高關稅的支持者認為調高稅率會增加工作機會。這是不正確的。我們無法透過限制貿易來增加就業。」

這上千名經濟學家包括哈佛、哥倫比亞和芝加哥大學的很多優秀經濟學教授，他們準確地預測到其他國家會對美國商品實施「報復性」關稅。他們還預測到，「絕大多數」堅決擁護關稅的美國農民都將遭受損失，因為其他國家也會限制對美國農產品的進口。這些預測都成真：失業更加嚴重，農產品出口直線下降，美國的國際貿易量也普遍下降。一九三〇年六月，《斯姆特—霍利關稅法》通過時，美國的失業率是六%，相較一九二九年十二月九%的峰值有所下降。但是一年後，失業率卻達到十五%，第二年失業率甚至上升至二十六%。我們不必把責任全部歸咎於關稅，但這些關稅的最終目的曾是要減少失業率。[1]

無論何時，保護性關稅或其他進口限制，都會立刻帶給某一個產業慰藉，它們會從本產業的公司及工會得到政治和財務上的支持。但是，和其他政治利益一樣，它得到的支持是以犧牲其他人的利益為代價的，也就是沒有組織、無法引起人們注意，也缺乏發言權的那些人的利益。

一九八〇年代的十年間，美國鋼鐵產業的就業機會從三十四萬個下降到十二萬五千個，造成的影響是災難性的，並成為經濟和政治大新聞。它還導致美國制訂各種法律和規定，以減少鋼鐵進口，使國產鋼鐵免受競爭。不用說，由此造成的鋼鐵供給減少，引起美國境內鋼鐵價格的上升，導致其他以鋼鐵為原料來製造產品的產業——從汽車到油井設備業——生產成本大幅上漲。

不管是在美國境內，還是國際市場上，所有這些鋼鐵製品都在與外國製造的相似產品的競爭中處於

1 人們通常將一九三〇年代的大規模失業歸咎於一九二九年的股市崩盤，然而有例子可以證明，《斯姆特—霍利關稅法》對大規模失業的影響更大。儘管失業率在股市崩潰後有所增加，但是在股市崩潰之後的十二個月中，並沒有任何一個月的失業率超過十%。而在《斯姆特—霍利關稅法》通過之後，僅僅五個月的時間，失業率就達到十一．六%，並一路上揚，而且在接下來的八年時間裡，再也沒有低於十一．六%。出自理查德．K．維德（Richard K. Vedder）和洛厄爾．E．加羅韋（Lowell E. Gallaway），《失業》（*Out of Work*），一九九三年版，七十七頁。

劣勢。根據預估，鋼鐵高關稅替鋼鐵公司創造了二・四億美元的額外收益，並保留住了鋼鐵產業中的五千個工作機會。與此同時，鋼鐵高關稅人為地提高了鋼鐵的價格，導致以鋼鐵為原料的其他產業遭受的損失，據估達到約六億美元，減少的工作機會有兩萬六千個。換句話說，限制鋼鐵進口，總體上惡化了美國工業和美國工人的淨收益。

同樣地，一份有關美國限制食用糖進口的研究顯示，儘管它保留住了食用糖產業的工作機會，但是由於食用糖價格上升，甜點產業減少的工作機會是食用糖產業保留住的工作機會的三倍。一些美國公司轉移到加拿大和墨西哥，因為這兩個國家的食用糖價格更低。二〇一三年《華爾街日報》的一則報導指出，「阿特金森糖果公司已將八十%的薄荷糖生產，轉移到瓜地馬拉一家二〇一〇年開辦的工廠」。根據《華爾街日報》提供的數字，從二〇〇〇到二〇一一年，美國食用糖平均價格是世界市場上的兩倍多。

國際貿易限制還為合成謬誤（部分正確則整體也是正確的謬誤）提供了例證。毫無疑問，某些產業或職業能從國際貿易限制中受益。但是，錯就錯在，認為整個經濟無論就業還是利潤都會受益。

「幼稚產業」

經濟學家很早就認同的一種關於國際貿易限制的觀點（至少在理論上），就是認為需要**暫時**保護「幼稚產業」（Infant Industries），直到它們具備必要的技術和經驗，能與國外老牌的競爭者相抗衡。一旦它們具備了技術和經驗，就可以取消這種保護（不管是關稅、進口配額，還是其他措施），讓這個產業在市場競爭中自生自滅。

然而，在現實中，一個新生產業在幼稚時期很少具備足夠的政治力量——員工的選票、雇主對政治活動的資助以及政府對他們稅收的依賴性——來保護它們免受國外競爭。另一方面，陳舊、低效率但曾輝煌過的產業，卻可能會有一些政治力量，能得到立法的保護或政府津貼，以使自己免於淘汰，但這樣做卻犧牲了消費者、納稅人共同的利益。

國防

即使是最積極的自由貿易倡導者，也不會希望依賴進口獲得軍事裝備和物資，因為提供這些物品的國家可能會在將來某一時期成為敵對國。因此，長期以來，人們都或多或少地支持軍需品和戰爭武器應在國內生產，以確保供應商能及時提供國防所需的任何物資。

軍需品得仰賴潛在敵人的例子在歷史上並不多見，但在美國殖民史上就曾發生過。當時北美洲的印第安人從歐洲殖民者那裡獲得槍枝彈藥，戰爭爆發後，印第安人最初贏得了大部分戰鬥，但在他們耗盡彈藥後就輸掉了戰爭，因為他們只能從白人殖民者那裡獲得武器。槍枝彈藥都是歐洲文明的產物，印第安人除了從歐洲人那裡進貨，別無他法。如果有選擇，國家總是會讓本國的生產者提供這些關係國家生死存亡的重要物品。

不幸的是，「國防必需品」這一術語早已被延伸到那些與軍事必需品關係不大或虛構的產品上。為了純粹的一己私利，這些產品被貼上國防標籤，獲得保護而免於國際競爭。總而言之，儘管為了國防安全而採取國際貿易限制的觀點是合理的，但它對某個時期某國的某個產業來說是否合理，還要看那個產業、那個國家和那個時期的實際情況。

不同的外部國家在將來成為敵人的可能性是不同的，因此依靠外國供應商提供軍事設備的危險，也會因涉及的具體國家不同而異。例如，二〇〇四年，加拿大是五角大廈最大的國外訂貨商（價值六・〇一億美元），其次是英國和以色列，這些國家都不可能與美國爆發戰爭。

有時實物產品進口並不僅僅是進口產品本身，還包含凝聚在產品中的技術，這些技術代表著一種軍事威脅。一九九〇年代，儘管美國軍方反對，但美國仍取消了對中國銷售應用先進電腦技術的產品的禁令。美國軍方希望繼續限制，因為他們認為，這種先進的技術將使中國軍隊有能力讓核子導彈更準確地瞄準美國城市。支持解除這種國際貿易限制的並不是經濟學家，而是政客。經濟學家一直以來都認為，儘管國防基本原理已經被用於許多並不適用的情況，但將國防作為自由貿易的例外是合理的。

「傾銷」

政府採取保護措施反對其他國家的競爭者所根據的一個普遍觀點就是，後者沒有遵循「公平」競爭，而是以低於生產成本的價格，在市場上「傾銷」商品。該觀點認為，這一作法會迫使國內生產者破產，而外國生產者占據市場後，將會以獨占者姿態任意提高價格。政府對這一觀點的回應，就是制訂「反傾銷」法，宣稱某些外國公司採取這一不道德做法，禁止、限制進口，或徵收重稅。

在該觀點中，關鍵在於外國生產者銷售商品的售價是否真的低於成本。正如在第六章中提到的，判斷生產成本實際上並不容易，即使是本國的企業，政府機構也很難判斷營運成本。歐洲的政府官員想要確定一家東南亞公司的生產成本，面臨的問題將更多，特別是當他們同時調查多起涉及全世界各地多家公司的傾銷訴訟時，情況會更加棘手。對於國內生產者來說則容易得多，他們要做的就是一旦進口商搶走了他們的消費者，就提起訴訟。

確定成本具有不確定性，所以政府官員們在裁決「傾銷」訴訟時，阻力最小的方法就是接受這些訴訟。例如，歐盟當局宣佈泰國的一家越野車製造商出口到歐洲的登山車低於其生產成本，因為它在歐洲出售的價格比在泰國的低。然而，由於存在規模經濟，在歐洲銷售大量越野車的泰國製造商，其成本就比只能在泰國銷售極少同樣車種的其他製造商低；泰國人口少，也更貧窮，越野車對他們來說還是一種奢侈品，需求也少得多。

實際上，這家泰國製造商在泰國境內銷售數量較少的越野車時，單位成本很可能比大量銷往歐洲的還要高。在歐洲銷售越野車的價格比在泰國低，並不一定就代表在龐大的歐洲市場上的銷售價格低於越野車的生產成本。

這種情形並非單一例子。歐盟已經對埃及的床單和枕套、印度的抗生素、中國的鞋類製品、馬來西亞的微波爐、巴西的味精，以及其他國家的諸多產品採取了反傾銷措施。不僅歐盟這樣做，美國也對來自日本的鋼鐵、俄羅斯的鋁、波蘭的高爾夫球車，以及其他產品採取了反傾銷措施。由於沒有嚴格的標準來確定這些東西的生產成本，美國政府只能依靠「所能得到的最佳資訊」，而這些資訊通常是由那些試圖阻止外國產品競爭的美國企業提供的。

不管反傾銷法背後的理論依據如何，實際上它已成為國內製造商的一種保護手段，並且是以國內消費者的利益為代價。此外，理論本身也有問題。傾銷理論是「掠奪性定價」理論的國際版本，關於掠奪性定價問題，我們曾在第八章討論過。不管是在國內還是在國外，掠奪性定價是種易於提出卻難以舉證或駁斥的指控。當政治偏見傾向於接受這一指控時，能否被證明也就不重要了。

其他限制

關稅是對進口商品徵收的一種稅，目的是提高進口商品的價格，從而使國內製造商可以更高的價格應對競爭，否則他們將面臨來自國外的廉價產品的競爭。進口配額同樣限制了外國公司與國內製造商之間的平等競爭。儘管關稅與配額具有相同的經濟作用，但它們帶來的結果對大眾造成的影響卻不一樣。對進口零件徵收十美元關稅，能使國內零件製造商的價格提高十美元，並且不會讓外國製造商奪走生意；對進口零件的數量進行適當的配額限制，也能對供需產生影響，而使零件價格提高十美元。但是，選民一般不容易察覺到進口配額的影響，也無法量化此一影響。從政治上來看，透過配額限制將零件價格提高十五美元，與透過關稅將價格提高十美元一樣，都能輕易獲得民選官員的批准。

有時，人們會聲稱某些國家對美國出口的商品施加了「不公平的」限制，以此支持進口限制。遺憾的是，為了照顧國內的特殊利益集團，幾乎所有的國家都對進口實施「不公平的」限制。然而，人們只能從實際存在的各種選項中做出選擇。其他國家實行的貿易限制，剝奪了他們以及我們能從國際貿易中得到的好處。如果我們以牙還牙，只會進一步剝奪我們更多的利益。我們選擇「放他們一馬」，雙方的損失才能最小化。

適用於進口產品的健康和安全條例，是更隱蔽的國際貿易限制措施。這些條例通常遠遠超出健康或安全的必要範圍。僅僅是法定的繁文縟節，也會增加成本，因為人們需要花費時間去遵從，易腐爛的進口產品尤其如此。如果需要花費一周時間才能讓你的草莓通過海關，倒還不如不進口。世界上各個國家都在採用這些措施，它們和進口配額一樣擁有政治上的優勢，我們很難精確量化它們對物價的影響，不管這些影響有多大。

條件變化

比較利益會隨著時間改變，進而引發國際貿易生產中心從一個國家轉移到另一個國家。例如，當電腦還是一種新興的獨特產品時，它早期的研發和生產大部分都是在美國進行的。但是，當技術開發完成後，電腦成為一種應用廣泛的產品，很多人也知道了如何生產它，此時，雖然美國仍在電腦軟體設計方面有比較利益，但機器本身可以在貧窮的海外國家進行組裝，實際情況也是如此。甚至在美國出售的美國品牌電腦，也通常是在亞洲製造的。二十一世紀初，《經濟學人》雜誌的報導指出，「世界上絕大多數的電腦配件都是在台灣製造的」。這種模式不僅限於美國和台灣，如《遠東經濟評論》報導的，「亞洲企業將美國、日本和歐洲作為獲得新技術的主要來源」，而亞洲製造商「由於全球品牌公司高昂的授權費，只能獲得極其微薄的利潤」。

如果美國大部分電腦工程師和技師整天忙於生產這些在其他國家就能輕易生產的機器，那美國的電腦軟體產業就不可能發展得如此迅速，也不可能如此成功。因為同一個美國勞動力，不可能同時做兩份工作，所以只有國家放棄沒有比較利益的產業，任其「失業」，才能轉移到具有巨大比較利益的領域。這就是為什麼媒體新聞頭條常常報導美國的一些產業有幾萬人或幾十萬人失業，與此同時，美國卻獲得了前所未有的繁榮和迅速成長的就業。

不管是哪個產業、哪個國家，企業因國際貿易創造的一百萬個工資待遇優厚的新工作機會如果被分散在全國各地，每個企業不過增加得區區數十個，比起損失了五十萬個工作機會但工會和雇主協會能發出強烈呼聲的產業，在政治上的分量可能就要弱很多。無法集中經濟利益和政治影響力，自然無法凝聚足夠的力量發起反對活動。因此，為了一些集中且聲音強大的選民的利益，某些限制國際貿易的法律往往很容易通過，即使這種限制會導致國家就業機會大量減少。

某些工作直接轉移到國外（即「外包」）引起了政客和媒體的廣泛關注，比如美國、英國的客服電話接聽工作轉移到了印度，打到倫敦哈洛德百貨的電話或打到美國電腦公司詢問技術資訊的電話，由會講英語的印度人或印度軟體工程師來接聽。印度甚至有一家名為 TutorVista 的公司，為美國學生提供電話輔導，它雇用了六百名印度家庭教師，服務一萬名美國客戶。

很多人譴責工作大量轉移到國外，但他們幾乎從未說明，這是否也是一種就業的淨損失。雖然美國很多工作已經外包到印度或其他國家，但許多其他國家的工作也外包給了美國。德國西門子公司在美國雇用了幾萬名美國人，日本汽車製造商本田和豐田也是如此。二〇〇六年，在美國出售的日本品牌的汽車中，有六十三％是在美國製造的。外國跨國公司在美國的員工也高達數百萬人。

將工作外包到海外與接受海外其他國家的外包工作，這兩者在數量上的比較會隨著時間而改變。從一九七七年到二〇〇一年，外國跨國公司在美國創造了四百七十萬個工作機會，而美國跨國公司在其他國家創造的工作機會僅有兩百八十萬個。然而，在這個階段的最後十年中，美國跨國公司派遣出去的工作，要比外國跨國公司在美國創造的工作多。不僅外包的方向不穩定且難以預測，而且與國家總就業量相比，外包產生的工作數量淨差值也很小。此外，這種比較完全沒有考慮到國際貿易促進了效率、增加了財富，因而增加了整個經濟體中的就業機會的情形。

即使一個國家在整體上工作機會正向其他國家流失，但是透過外包可以獲得的工作仍然要比沒有外包時多。因為國際貿易增加了財富，也就代表對產品和勞務的總需求增加了，其中就包括純粹由國內工人生產的產品和勞務。

自由貿易可能會得到經濟學家的廣泛支持，但來自大眾的支持卻少之又少。《經濟學人》雜誌進行的一項國際民調發現，英國、法國、義大利、澳洲、俄羅斯和美國的大眾大多更支持貿易保護主義，而不是自由貿易。部分原因是大眾並不知道貿易保護主義的成本有多大，它產生的淨收益又有多小。根據預估，歐盟國家所有的貿易保護主義措施加總起來，保留住的工作機會也不超過二十萬個，代價則高達四百三十億美元，相當於每年為了保護一個工作機會，要花費二十一萬五千美元。

換句話說，如果歐盟准許完全實行自由國際貿易，即使每年支付那些因外國競爭而失去工作的工人每人十萬美元的補償，歐盟國家仍有利可圖。當然，這些被替代的工人還可以另謀出路，在其他地方找到工作。他們在這一過程中遭受的任何損失，都比不上讓他們待在原職所花費的驚人成本。這是因為成本不只包括他們的工資，更大的成本是低效率的生產，耗用的稀有資源也沒有達到本可達到的更高的生產率。也就是說，消費者承受的損失遠大於工人的收益，進而使整個社會的情況變得更糟。

大眾支持貿易保護主義的另一個原因是，經濟學家懶得去回應特殊利益集團及那些出於意識形態反對自由貿易的觀點。這些觀點早在幾個世紀以前就已經從本質上被推翻了，現在它們在經濟學專業中完全不值一提。例如，早在一八二八年，英國經濟學家納索・西尼爾（Nassau W. Senior）就寫道：「事實上，高工資並不能保護我們的製造商免於外國競爭，它恰好是我們能與外國競爭所產生的一個必然結果……也就是說，英國勞動力有著更高的生產力。」但是，經濟學家對早已被駁倒的謬論的不屑，只會讓那些情感激烈且善於言辭的演講家們肆無忌憚地操縱大眾觀點，從而使人們很難聽到問題的另一方面。

賈格迪什・巴格沃蒂（Jagdish Bhagwati）是少數幾位不辭辛勞回應保護主義觀點的出色經濟學家之一，他同意與拉爾夫・納德（Ralph Nader）進行一場公開辯論：

「面對自由貿易的批評者，經濟學家一般的反應是不屑與漠不關心，拒絕在公共場所與批評者進行一場論戰。幾年前，我與拉爾夫・納德在康乃爾大學進行了一場公開辯論。辯論是在晚上進行的，而下午我為經濟學研究生們做了一次關於自由貿易的演講。在結束時，我問他們，會有多少人去看辯論，結果沒有一個人舉手。我問為什麼。回答都是：為什麼要浪費時間呢？結果，辯論現場擠滿了近千名學生，絕大多數反對自由貿易，支持拉爾夫・納德先生。」

「全球化」是被創造出來的流行術語，用以描述國際貿易和全球互動不斷攀升的重要性，因此許多人往往把國際貿易與國際金融交易看作新生事物，特殊利益集團和空想家於是乘虛而入，玩弄大眾對未知的恐懼。然而，「全球化」這一術語所涵蓋的，絕不只是國家間的自由貿易。它還包括減少貿易壁壘，促進資金流動方面的制度規定。制訂這些規定的國際機構包括世界銀行、國際貨幣基金組織以及世界貿易組織。這些規定一直是爭論的焦點，儘管這些爭論並不全都關於自由貿易。

第二十二章 財富的國際轉移

金融業是世界上國際化程度最高的產業，因為其產品，也就是貨幣，比其他任何產品更具流動性，應用範圍更廣。

——美國國際研究專家　麥克・曼德爾巴（Michael Mandelbaum）

財富會以各種形式在國際間轉移。一個國家的個人和企業可以直接投資另一個國家的工商企業。例如，二〇一二年，美國人在其他國家的直接投資額達到三千兩百九十億美元，而外國人在美國的直接投資則為一千六百八十億美元，美國獲得的外國投資，以及美國向他國的投資，都大於其他國家。一國國民也可以把錢存入別國銀行，銀行又可以把這些錢借貸給個人和企業，這就是間接地對外投資。另一種方式是購買外國政府發行的債券。美國政府公開發行的債券有四十六%由其他國家的人持有。

除了各種投資，居住在國外的人也會匯款給原籍國的家庭成員。二〇一二年，全世界二・五億移民匯回了四千一百億美元。二〇一一年，墨西哥的一項調查發現，該國一・一二億人口中，有五分之一的人從居住在美國的家庭成員那裡收到總量接近兩百三十億美元的匯款。這既不是新現象，也不只出現在墨西哥。二〇一一年，印度移民匯了六百四十億美元回印度，而世界各地的中國移民，則匯了六百二十億美元回中國。大筆錢被匯回貧窮的祖國，也隨之產生了重大的經濟影響。據《華爾街日報》報導：

「根據世界銀行的研究，從國外匯回的錢大約占瓜地馬拉最貧窮家庭收入的六十%，而這些來自國外的錢，也使烏干達的貧窮人口減少了十一%，使孟加拉的貧窮人口減少了六%。」

從國外匯回黎巴嫩的錢，相當於該國國內生產毛額的二十二%。位於東歐的摩爾多瓦（Moldova）的僑匯占其國內生產毛額的二十三%，在塔吉克（Tajikistan）則是三十五%。長期以來，對貧窮國家的窮人來說，國際匯款一直起著極其重要的作用。早在一八四〇年代，美國的愛爾蘭移民匯給他們在愛爾蘭的家人的匯款，不僅使家人度過飢荒，還幫助許多人移民到美國。

其他形式的財富國際轉移就沒有這麼友好了。在過去的幾個世紀裡，帝國主義列強從他們侵略的國家轉移了大量財富。亞歷山大大帝征服波斯後，洗劫了波斯的珍寶。西班牙從它征服的西半球原住民那裡掠奪了大量的黃金和白銀，並強迫原住民開採更多金銀。凱撒大帝作為眾多羅馬征服者之一，曾在羅馬城裡遊行，展示從海外帶回來的財富和奴隸。近代以來，富裕國家和國際機構常常以「外援」的名義，將部分財富轉移到較貧窮的國家。

這些都不是複雜的道理，只要我們銘記霍姆斯大法官的告誡：「思考事實，而不是語句。」就國際貿易和財富的國際轉移而言，事實很簡單，而語句往往並不可靠且容易讓人誤解。

國際投資

理論上，投資會從資本充裕的地方，流向資本短缺的地方，就像水往低處流一樣。在理想化的世界裡，富裕國家會將大量資本投入貧窮國家，因為貧窮國家的資本更稀少，因而報酬率也更高。然而，在我們生活的這個高度不完美的世界中，這並不是常有的事。例如，二〇一二年，國際銀行貸款總額約為二十一兆美元，貧窮國家只獲得了約二・五兆美元，不到總數的十二%；國際投資證券總額約六兆美元，只有不到四千億美元流向貧窮國家，比例還不到七%。可見，富裕國家往往會投資於其他富裕國家。

出現這樣的情況是有原因的，正如為什麼一些國家富裕而另一些國家貧窮有其道理一樣。不論是向哪個國家投資，最大的風險是不能收回投資。投資者會警戒不穩定的政府，因為政府人員或政策的改變可能會改變投資決策所依據的條件，最壞的後果是投資被政府沒收，即政治上所謂的「國有化」。普遍存在的貪污是阻礙投資的另一個因素，正如它會阻礙經濟活動一樣。在國際貪污指數中排名較高的國家，如奈及利亞或俄羅斯，能吸引的國際投資規模無法與它們擁有的自然資源或其他經濟潛力相配。相反地，貪污指數較低的國家都是富裕國家，大部分是歐洲國家，以及歐洲支系國家，再加上日本和新加坡。正如第十八章指出的，一個國家的誠信程度具有重要的經濟影響。

據《經濟學人》報導，除了沒收和貪污外，許多貧窮國家還「不允許資本自由進出」。資本無法輕易撤出的地方，一開始就不容易進入。當香港還是英國殖民地的時候，最初也非常貧窮，後來卻發展成為一個工業發達的地區，國際貿易量一度超過印度這樣的大經濟體。它擁有低稅率，允許資本最自由地流動，與世界各地進行廣泛的貿易，因此資本的大量流入帶動了香港經濟的發展。

同樣地，雖然如今的印度仍然是個貧窮的國家，但是自從印度政府放鬆經濟管制後，大量的投資湧入印度，尤其是邦加羅爾地區，擁有大量電腦軟體工程師，吸引了來自美國加州矽谷的投資者，一個新矽谷正在印度崛起。

財富在國際轉移的基本原理簡單明瞭，文字和會計規則卻使它看起來非常複雜。如果美國人購買的日本產品多於日本人購買的美國產品，那日本人就會得到美元，來抵消這一差額。日本人不會像對待紀念品那樣收藏這些美元，他們往往會將這筆錢再投資到美國經濟中。在大多數情況下，這些錢永遠不會離開美國。日本人會購買投資品，如洛克斐勒中心，而不是購買消費品。如果日本人不使用這些美元，對他們而言就毫無價值。

從總量上來看，國際貿易必定會達到平衡。國際會計規則把進出口算入「貿易結餘」，但是卻沒有考慮不能移動的物品，如洛克斐勒中心。會計規則和經濟現實可能是完全不同的東西。

在某些年份，美國最暢銷的車是某款本田或豐田車，但是沒有哪款底特律生產的汽車曾成為日本最暢銷的車。這就使日本的汽車製造商獲得了數十億美元的收入，並且日本在與美國的貿易中也獲得淨餘額。但是，本田與豐田的製造商會怎樣使用這些美國貨幣呢？一種情形就是在美國建廠，雇用成千上萬美國人，在更接近消費者的地方生產汽車，如此本田和豐田就不必支付橫越太平洋的運輸成本。

這些美國雇工薪資優厚，他們在無記名投票選舉中拒絕加入工會。二〇〇二年七月二十九日，第一千萬輛豐田車在美國出廠。注視事實，而非語句，也就不用過於驚慌了。讓人們擔憂的是那些說法，以及為了使數字符合這些文字的會計規則。

一國的總產出包括產品和勞務，如住房、香腸、理髮服務以及外科手術，但是國際貿易結餘只包括轉移的物品。美國經濟體生產的勞務比產品多，因此無須驚訝於美國進口的產品比出口的產品多，出口的勞務比進口的勞務多。美國的知識和技術為世界上其他國家所用，而這些國家當然要為這些勞務付費。例如，世界上大多數個人使用微軟公司生產的作業系統，但是，外國人支付給微軟公司和其他美國公司的服務使用費，並沒有計入國際貿易餘額中，因為貿易僅僅包括物品，而不包括服務。

這只不過是一個會計慣例罷了。然而，媒體報導的美國「貿易差額」，好像這個局部場景就是整體情況，而「赤字」這個充滿情緒色彩的詞彙常帶來恐慌。其實，美國往往會從其服務中獲得大量盈餘，而這顯然被貿易差額忽略掉了。例如，二〇一二年，僅僅專利費和執照費就為美國帶來了一千兩百四十億美元，而它從提供給其他國家的所有服務中獲得的收入超過了六千兩百八十億美元，是埃及或馬來西亞國內生產毛額的兩倍多。

《華爾街日報》這樣評論貿易赤字：

「在所有需要擔心的經濟事務中，『貿易赤字』大約排在第七十五名——除非政客透過實施新的貿易壁壘或貨幣貶值來對其做出反應。」

和許多其他事情一樣，貿易赤字的問題不是赤字的絕對規模，而是赤字與整個經濟相比的相對規模。雖然美國面臨著世界上最嚴重的貿易赤字，但它也擁有世界上最大的經濟規模。二〇一一年，美國的貿易赤字僅占國內生產毛額的五%，還不到土耳其同一指標的一半，僅是馬其頓的四分之一。

如果你計算的是由於各種原因而流進或流出某國的所有資金和資源，而不論是將它們用於物品還是服務，那你所討論的就不再是「貿易平衡」，而是「收支平衡」。雖然收支平衡不像貿易平衡那樣令人誤解，但仍然無法說明全部問題，與經濟健康也並不必然有所關聯。諷刺的是，二十世紀末美國的國際貿易盈餘非常罕見，但其中有一次就出現在一九九二年的經濟衰退之後。德國定期會出現國際貿易盈餘，但是德國的經濟成長率比同一時期的美國低，失業率更高。奈及利亞也常常出現國際貿易盈餘，但它是世界上最貧窮的國家之一。

這並不是說具有貿易盈餘或收支盈餘的國家就處於某種經濟劣勢，而是這些數字本身並不必然代表某一經濟體是繁榮還是貧窮。

外國投資的數據也可能產生令人誤解的文字表述。根據會計規則，當其他國家的人在美國投資時，美國就會成為這些人的「債務人」，因為他們只是把錢拿來美國投資，而不是送給美國人當禮物的，所以等於美國人欠他們錢。當世界各國的人都覺得，把錢存入美國銀行或投資於美國企業更安全時，大量的資金就會從外國流向美國。

一九八〇年，外國人在美國的商業投資達到一百二十億美元，並且逐年成長，到一九九八年，在美國的外國投資規模已經超過了兩千億美元。二十一世紀初，美國獲得的外國投資額是其他國家的兩倍還多。截至二〇一二年，外國人購買的美國資產比美國人的海外資產多四千億美元。這一數字超過了許多國家的國內生產毛額。這些錢有六十%來自歐洲，九%來自加拿大，兩者加起來，超過了在美國的外國投資的三分之二。富裕國家傾向於投資於其他富裕國家。

從**事實**的角度來看，這並沒有什麼錯。透過在美國創造出更多的財富，這些投資為美國工人創造了更多的工作，也為美國消費者帶來了更多的物品，並為外國投資者帶來了收入。然而，從**語言**的角度來看，美國對外國人的負債增加了。

美國經濟越是繁榮、安全，就有越多的外國人想把他們的錢投資於美國，那美國每年的國際收支「赤字」就會越高，積累的國際「債務」也會越多。因此，伴隨著一九九〇年代美國經濟長期繁榮而來的是破紀錄的國際收支赤字和債務水準，這根本不足為奇。美國正是繁榮的所在地，而許多外國人為了參與其中，都希望將資金投入美國。當然這並不是說，在環境不同的其他國家，情況也會同樣如此。

其他一些富裕國家在國外的投資大於外國對它們的投資。例如，法國、英國和日本對其他國家的投資額，比其他國家對它們的投資額要多出數千億美元。成為一個債權國實質上沒什麼錯，就像成為一個債務國也沒有什麼錯一樣，一切都取決於每個國家所處的特定環境、機會和制約因素。例如，瑞士對其他國家的淨投資，比瑞士的國內生產毛額還要大。大量的資金流入瑞士這個國際主要金融中心，如果瑞士人無法在他們這個小國家裡為這些資金找到好的投資機會，那將這些錢投資到別國是較完美的做法。

關鍵是，國際貿易赤字和盈餘都不是繁榮或貧窮的必然結果，另外，語句本身也無法說明某個國家的經濟狀況。「債務」這個詞包含了各種情況，其中一些實際上可能會帶來問題，另一些則不盡然。每當你將一百美元存入一家銀行，這家銀行就多了一百美元的債務，因為這筆錢是你的，而他們欠你這筆錢。如果得知保管其畢生積蓄的銀行債務每月都在不斷增加，人們就會變得很恐慌。但是，如果銀行債務的增加，只是由於其他人也將他們的收入存入這家銀行，那這種恐慌是完全不必要的。

如果你只是為了購買物品而負債，那這筆錢就是你要償還的債務。並且，如果債務超出了你的償還能力，那你就陷入了大麻煩。然而，將數百萬美元存入一家銀行，雖然代表該銀行的負債又多了數百萬美元，卻不會給銀行帶來麻煩。相反地，銀行主管很可能會為得到數百萬美元而高興，因為他們可以發放更多的貸款，賺取更多的利息。

縱觀歷史，大部分時期美國都是債務國，同樣地，大部分時期它也享有世界上最高的生活水準。促進美國經濟發展，並將美國從一個農業國轉變為工業強國的因素之一，就是西歐各國，尤其是英國的資本流入。這些鉅額資金使得美國能開鑿運河、建立工廠、鋪設鐵路，從而將整個國家的經濟緊密聯繫在一起。例如，一八九〇年代，外國投資者擁有巴爾的摩與俄亥俄鐵路公司五分之一的股票，紐約中央鐵路公司超過三分之一的股票，賓州鐵路公司一半以上的股票，以及伊利諾中央鐵路公司將近三分之二的股票。

時至今日，即便美國跨國公司已在其他國家擁有了鉅額資產，自一九八六年以來這段超過四分之一世紀的時間內，外國人擁有的美國資產也超過美國人擁有的國外資產。

很明顯，如果外國投資者認為無法收回投資資金及利息紅利，那他們很可能永遠不會在美國投資。同樣明顯的是，只有當投資帶給美國企業家的報酬在補償這些利息支付後還能留下利潤，這些企業家才會同意支付利息和紅利。這些投資通常多能按計畫進行，並持續幾代人的時間，但這也表示美國在過去幾代人的時間裡，在名義上一直是一個債務國。直到第一次世界大戰期間，美國借錢給歐洲國家，才變成一個債權國。自此之後，美國在不同的時期，擁有不同的身份。但這些只是帳目明細，並不是美國經濟問題或繁榮與否的決定性因素。

雖然外國投資在美國特定經濟部門的發展中發揮了重大作用，尤其是在工業發展和基礎設施建設的早期，但也沒有必要誇大它們的總體重要性，即使是在十九世紀也是如此。從整個美國經濟來看，十九世紀外國投資占美國所有資本形式的百分比據估約為六%。鐵路是個例外，鐵路接受的外國投資占外國對美國企業股票和債券投資的絕大多數。

外國投資在另一些國家所起的作用，比在美國更重大，雖然美國因自身的經濟規模在絕對量上獲得了更多外國投資。例如，二十世紀初，外國投資在澳洲經濟中占五分之一，在阿根廷經濟中占一半。

不論是國內經濟還是國際經濟，都不是一種零和活動（即一些人所得即是其他人所失）。當投資帶動經濟發展時，所有人都能從中獲益。經濟餡餅如果變大了，那每個人從中獲得的份也就更大。外國資本的大量注入使美國在一九一三年成為世界領先的工業國家，當時全世界超過三分之一的製成品都是由美國生產的。

雖然一些國家害怕外國投資者會帶走大量的國民財富，讓當地居民更加貧窮，但在歷史上，沒有國家被外國投資者帶走的財富多於美國。照這種推理，美國應該是世界上最貧窮的國家之一，然而美國一直是世界上生活水準最高的國家之一。美國之所以繁榮，是因為經濟交易不是一個零和活動，它們會創造財富。在一些開發中國家，會計中雖然使用的同樣詞語，尤其是「債務」，但是背後可能有非常不同的經濟現實。例如，當出口無法彌補進口的成本，並且也沒有可出口的高科技技術時，政府可能會從其他國家或國際機構借錢彌補差額。這些才是真正需要關注的債務。但是，鉅額國際貿易赤字或鉅額國際收支赤字本身並不會造成危機，雖然政治或新聞言論常常將它描述成會引起大眾恐慌的事情。

國際貿易和財富國際轉移有關的錯誤思考背後，潛藏的是零和遊戲這一假設，即只有當一些人受損時，其他人才能受益。例如，一些人宣稱跨國公司的利潤是透過「剝削」第三世界國家的勞動者來獲得的。如果事實真是這樣，那就很難解釋，為什麼美國的對外投資絕大多數都流入了工資率很高的富裕國家，而不是工資率只有富裕國家幾十分之一的貧窮國家。例如，一九九四年到二〇〇二年期間，美國對外國的直接投資中，流向加拿大和歐洲國家的投資，比流向其餘各國的總和還要多。並且，美國在貧窮地區進行的投資，如撒哈拉以南非洲和亞洲貧困地區，只占美國人在世界各地的對外投資一%。在這些年間，美國跨國公司為國外提供的大多數就業機會都在高工資國家。

正如美國的對外投資主要流向富裕國家，美國自身也是世界上最大的外來投資接受者之一，即便美國勞工擁有高工資。例如，雖然塔塔集團在西方國家需要支付高於母國印度的工資，塔塔集團仍買下了美國波士頓的麗思卡爾頓飯店以及英國的泰特萊茶葉公司（Tetley Tea），並擁有許多其他國際控股公司。

為什麼追求利潤的公司更多地投資於工資更高的富裕工業國家，而不是低工資「血汗工廠」的第三世界？為什麼他們要放棄「剝削」最貧窮工人的黃金機會呢？用來解釋國家間或一國內不同群體間存在的收入差異，剝削可能是一種思考上的捷徑和感情上的滿足，也是政治上的權宜之計，但它不能解釋尋求利潤的企業將它們的絕大多數資金是用於國內投資還是國外投資。此外，即使在貧窮國家，最貧窮的人通常也是與跨國公司接觸最少的人，因為他們住得離港口及其他商業中心很遠。

僅美國的跨國公司就為世界各地超過三千萬人提供了就業機會。但是，鑒於其國際投資模式，跨國公司在最需要就業機會的最貧窮國家所提供的工作相對較少。在某些情況下，跨國公司可能確實會投資於一些第三世界國家，只要當地的低工資足以彌補工人的低生產率、發展不足的交通運輸系統導致的高運輸成本，或在這些國家經營企業必須對政府官員進行的賄賂。

富裕國家的許多改革者或參加抗議運動的大學生等正義之士，可能一直對第三世界國家企業裡的低工資，以及「血汗工廠」中的工作條件感到義憤填膺。然而，如果這些抗議運動成功促使這些國家的政府提高工資和工作條件，最終將使投資第三世界國家的跨國公司數量減少，而且第三世界國家獲得的工作機會也會減少。由於跨國公司支付的工資往往是貧窮國家本地工資的兩倍，這些工作的喪失很可能會使第三世界國家工人的生活變得更加艱難。

各種形式的移轉

在國際投資額已高達數萬億美元的今天，財富國際轉移仍然存在很多其他方式。這些方式主要包括匯款、外國援助，以及具有技術和企業家精神的移民為主的人力資本轉移。

匯款

在外國工作的移民往往會匯錢給他們的家人，用來支撐家人的生活。十九世紀和二十世紀初期，世界各地的義大利男性移民以忍受惡劣的工作環境而著稱，他們為了將錢匯回義大利而節衣縮食。一八四〇年代，逃離愛爾蘭飢荒的人穿越大西洋的費用，大多來自已定居美國的家庭成員的匯款。此後從東歐移民到美國的猶太移民，也同樣從在美國定居的家人那獲得了匯款資助。

整個二十一世紀，匯款是流入貧窮國家的主要外部資金來源之一。二〇〇九年，全世界流入貧窮國家的匯款總額，是外國援助總值的二・五倍。

曾幾何時，生活在馬來西亞、印尼和其他東南亞國家的海外華人，因匯款給中國的家人而聞名。這些國家的政客和媒體常常宣稱，這些匯款讓中國獲利，使匯出國變得貧窮。實際上，中國人在這些東南亞國家建立了許多企業，有時甚至建立了整個產業。他們匯回中國的資金，只是他們替現在所生活的這個國家創造和增加的財富的一小部分。

同樣的指控也指向了西非的黎巴嫩人，東非的印度人、巴基斯坦人，以及世界各地的其他民族。在這些例子中，最根本的謬誤是忽視了這些人所創造的財富，他們移居的那個國家由於他們的存在而增加了財富而不是減少了財富。有時候對這些民族的敵對行為導致他們離開這些國家，或是遭到驅逐，隨之而來的往往是這些國家的經濟下滑。

移民與僑民

人是最大的財富來源之一。移民能夠建立一整個產業，並改變經濟面貌。某個特定民族或移民群體建立或主導一整個產業的現象，在歷史上並不少見。十九世紀，德國移民在美國建立了先進的啤酒廠，二十一世紀大多數的知名美國啤酒品牌，仍然是由具有德國血統的人建立的啤酒廠生產的。中國最著名的啤酒品牌之一——青島啤酒，也是由德國人創立的，而澳洲、巴西和阿根廷也都有德國人的啤酒廠。胡格諾派教徒逃離法國，將製錶技術帶到了英國和瑞士，而在此之前倫敦還製造不出手錶，此後兩國都成為世界領先的製錶者。反過來說，由於逃離法國迫害的胡格諾派教徒在周邊國家建立了與之競爭的製錶企業，法國在這個它曾獨霸的領域面臨著越來越激烈的競爭。

英國以及隨後的美國，它們崛起並成為世界領先的工業化國家，背後就有定居在兩國的移民群體帶來的技術和企業家精神，這些移民常常是為了逃避故國的迫害或貧困。在英國，羊毛、亞麻、棉、絲、紙和玻璃等產業的革命性創新，都是由外國工人和企業家帶來的，而猶太人和倫巴底人則發展了英國的金融制度。作為一個絕大多數人口都是由移民組成的國家，美國有更多的工作機會和產業是由特定的移民群體建立或主導的。殖民時期，美國的第一批鋼琴是由德國人製造的——最先在沙皇俄國、英國和法國製造鋼琴的也是德國人。到了二十一世紀，德國人建立的公司仍在不斷地生產美國最好的鋼琴，例如史坦威。

拉丁美洲國家對移民的依賴程度可能更大，並且尤其依賴來自西班牙和葡萄牙這些征服國之外的移民。著名的法國歷史學家費爾南・布勞岱爾（Fernand Braudel）認為，正是這些移民「造就了現代的巴西、阿根廷和智利」。在某些國家或地區的某個產業具有一半以上的所有權和控制權的移民，包括西非的黎巴嫩人、鄂圖曼帝國的希臘人、巴西的德國人、斐濟的印度人、阿根廷的英國人、俄羅斯的比利時人、馬來西亞的華人等。這種情況也不只發生在過去，美國加州五分之四的甜甜圈店是柬埔寨人開的。

在整個歷史中，國家經濟因為人口移居海外遭受的損失，與接受移民獲得的利益一樣引人注目。十七世紀初，當摩爾人被驅逐出西班牙後，一位西班牙教士曾問：「現在誰來為我們製造鞋子？」這個問題如果在摩爾人被驅逐之前提出的話，或許結果就不會這麼糟了，尤其該教士自己還支持了驅逐決定。一些國家大規模出口人力資源，比如有些國家受過高等教育的年輕人移民到有更好機會的其他國家。《經濟學人》曾報導，斐濟、千里達和托巴哥、海地、牙買加以及蓋亞那的大專畢業生，有六十%以上都選擇去經濟合作暨發展組織（OECD）的成員國生活。在蓋亞那，這一比例為八十三%。

雖然量化人力資本很困難，但是受過高等教育的人如此大規模地移民海外，代表著國民財富的巨大損失。移居國外的移民給國家帶來重大損失的最驚人例子就是納粹德國，反猶太人的政策導致許多猶太科學家逃往美國，正是這些科學家的努力，美國才成為第一個擁有原子彈的國家。導致大批猶太人從法西斯統治的歐洲移居海外的政策，最終使德國的盟友日本付出巨大代價。

然而，僅僅根據移民積極的貢獻來評價它的經濟影響將產生誤解。移民也會帶來疾病、犯罪、內亂及恐怖主義，但我們也不能將所有移民混為一談。在美國的日本移民，只有二%的人靠領取政府福利救濟金生活；而來自寮國的移民，卻有四十六%都靠政府救濟，並沒有一種單一的模式適用於所有移民。同樣地，來自不同國家的移民為美國或世界其他國家帶來的犯罪率以及其他積極或消極影響也具有很大差異。俄羅斯和奈及利亞常位於世界上貪污最嚴重的國家之列，俄羅斯和奈及利亞移民帶來的犯罪活動在美國也是惡名昭彰。

一切都取決於你要討論的是哪部分移民、哪個國家以及哪段歷史。

帝國主義

在人類歷史上，一個國家或民族遭受另一個國家或民族的掠奪是很常見的現象。

帝國主義能夠將財富從一國轉移到另一國，但是推行帝國主義還有其他非經濟原因，所以即使占領國會因而在經濟上受損，帝國主義還是會推行下去。軍事領導人可能想得到戰略要地，例如直布羅陀的英國基地或古巴關塔那摩灣（Guantanamo Bay）的美國基地。十九世紀，傳教士呼籲英國政府控制非洲各國，以便在那裡大規模傳教。這種要求往往遭到財政大臣的反對，因為他們明白，英國從這些貧窮國家中獲得的財富，不足以補償在那裡建立和維持殖民政權的成本。

塞西爾・羅德斯（Cecil Rhodes）[1]這樣的個人，可能會在非洲暴富，但英國的納稅人承擔的成本要比塞西爾・羅德斯的鉅額財富還多。一般而言，現代歐洲的帝國主義控制的領土面積比這些領土的經濟重要性更令人印象深刻。歐洲帝國主義在二十世紀初達到頂點時，占世界陸地面積不到二%的西歐國家，在海外控制了占世界陸地面積四十%的領土。然而，大多數主要工業國家的出口和投資，只有很小一部分流向了被其征服的殖民地，而且從殖民地獲得的進口，與這些工業國家自身生產的或從其他工業國家的進口相比較，也只是很小的一部分。

即使二十世紀初處於鼎盛時期的英國，對美國的投資也比它在亞洲和非洲的投資總和還要多。道理很簡單，投資於富裕國家可以得到的財富要比投資於貧窮國家更多。基於同樣的原因，二十世紀的大部分時期，美國對加拿大的投資要比對亞洲和非洲的投資總和還多。只有當亞洲工業化國家在二十世紀後半葉走向繁榮之後，才將美國投資者從世界其他國家那裡吸引過來。當世界油價在二十一世紀初暴漲之後，外國投資大量湧入中東產油國。據《華爾街日報》報導：「總體來看，去年（二〇〇六年），中東阿拉伯國家得到的國外直接投資達到了一百九十億美元，而二〇〇一年時僅有四十億美元。」國際投資通常會不斷湧入財富所在之處。

否定殖民地經濟對現代世界的意義，最有力的證據可能是，第二次世界大戰的戰敗國德國和日本在失去了所有殖民地和征服的土地後，重新發展並實現了前所未有的繁榮。在戰爭爆發前，日本政界普遍認同日本需要建立殖民地，因為日本自然資源稀少。但是，伴隨著戰敗和毀滅，它的軍事輝煌美夢被打碎，日本開始從資源國購買所需的自然資源，並由此走向繁榮。

帝國主義帶給被征服民族許多苦難。但是，起碼在現代工業世界中，帝國主義很少成為國際財富轉移的主要手段。

投資者傾向於投資更繁榮的國家，讓自己和富裕國家更富有，但也有些人認為，投資於貧窮國家會使窮國更窮。馬克思主義的「剝削」概念在列寧的《帝國主義論》（*Imperialism*）中被應用於全球範圍，

1 編注：英裔南非商人，礦業大亨與政治家。英國帝國主義擁護者。

並且在經濟上被等同於早期帝國主義征服者的掠奪行為。遺憾的是，正是在少有或沒有外國投資的開發中國家，貧窮程度最高。

同樣地，相較國際貿易在經濟中扮演著更大角色的窮國，國際貿易占國內經濟比例較小的貧困國家經濟成長率通常較低。事實上，一九九〇年代的十年間，後者都發生了經濟衰退，而那些更為「全球化」的國家則實現了經濟成長。

貧窮國家中的富人常常投資於富裕國家，這樣就不用擔心政治動亂或投資被沒收，他們的錢會更安全。諷刺的是，貧窮國家也因此幫助更富裕的工業國家變得更加富有。同時，在經濟帝國主義的理論（把國際投資描述為帝國主義掠奪）影響之下，許多貧窮國家的政府還在奉行拒絕外國投資的政策。

然而，到二十世紀末期，這種政策帶來的痛苦經濟後果在第三世界已經顯而易見，例如，有些政府（拉丁美洲的一些國家和印度）開始取消這些政策，以便利用其他國家的企業的投資，從中得益並從貧窮走向繁榮。

雖然在接受基本的經濟事實和原則之前，數代人遭受了不必要的損失，經濟現實最終衝破了意識形態的禁錮。這些國家的市場一旦開放外國商品和投資，就會迎來大量湧入。富裕國家在貧窮國家的投資，比起在其他富裕國家的投資，不論看來有多麼微小，在第三世界都非常受矚目，因為接受投資的國家本身實在過於貧困。一九九一年，外國公司在拉丁美洲國家擁有二十七%的企業，十年後這一比例變為三十九%。

許多經濟謬論的形成都是由於把經濟活動看作零和競爭，認為一個人所得就是另一個人所失。這種認識又常常是由於忽視了財富是在經濟活動中被**創造**出來的這一事實。如果向外國投資者支付收益使一個國家變得貧窮，那美國應該是世界上最貧窮的國家之一，因為僅二〇一二年外國投資者就從美國拿走了五千四百三十億美元的收入，比埃及和馬來西亞的國內生產毛額還要多。這些錢大部分是從外國人在美國擁有的資產中獲得的，美國已經從這些資產創造的財富中獲得了利益，而僅是將這些外國人創造財富的一部分分給他們。

剝削理論還有一種變體，聲稱自由的國際貿易加劇了富裕國家和貧窮國家之間的不平等。證據包括從世界銀行得來的統計數據——二十個收入最高的國家與二十個收入最低的國家之間的收入比，從一九六〇年的二十三比一增加到二〇〇〇年的三十六比一。但是，這些數據產生了嚴重的誤導，因為所謂最富裕的二十個國家與最貧窮的二十個國家，在二〇〇〇年和一九六〇年並不相同。若是比較一九六〇年和二〇〇〇年**相同**的二十個國家的數據，會發現最富裕的國家與最貧窮的國家之間的收入比，從二十三比一**下降**到了不足十比一。擴大國際貿易是貧窮國家擺脫最貧窮的二十國之列的一種途徑。

當然，也可以用出口收益來購買外國的技術、機器和專業知識。一個國家越貧窮，代表為推動國內經濟成長要付出的代價越高。「我們寧可挨餓，也要出口。」沙皇俄國時期的一位部長曾如此宣稱，當然他自己是不會挨餓的。蘇聯時期雖然不再有這種言論，但採用的理念卻非常相似，當時蘇聯的工業化嚴重依賴出口食物和其他自然資源換取外國進口。多年後，兩位蘇聯經濟學家這樣寫道：

「在第一個五年計畫期間，四十%的出口收入來自糧食出口。一九三一年，全世界的機器和設備進口，蘇聯購買了三分之一。在這一時期，蘇聯工廠生產經營使用的所有裝備，八十到八十五%是從西方國家購買的。」

然而，當時蘇聯國營工業的成長被讚揚為共產主義的勝利，雖然實際上體現的是以食物出口為代價來進口資本主義技術，而此時蘇聯國內正在縮減糧食消耗。在排斥資本主義的基礎上建立起來的政府主導型經濟，是不會允許外國投資的。

外國援助

所謂「外國援助」，就是外國政府以及國際機構轉移到貧窮國家政府的財富。「援助」這術語有個先驗假設，即這種轉移將會實質上幫助貧窮國家實現經濟發展。在一些情況下，確實如此，但在另一些情況下，外援僅僅會讓掌權的政客透過貪污獲益，並利用政治策略讓利給幫助他們執政的人。外援是把財富轉移給政府，不同於民間部門的投資，所以外援會鼓勵許多國家重建已經破產的國營企業，或蓋宮殿、露天廣場這類用來觀賞而非用於生產的設施，但唯有生產設施才能提高接受國的物質生活水準。

馬歇爾計畫（Marshall Plan）可能是最著名的外援了。第二次世界大戰後，該計畫將美國的財富轉移給了西歐各國。後來的模仿者也嘗試向第三世界國家提供外援，顯然馬歇爾計畫更成功。西歐國家的經濟困境源自戰爭破壞。一旦人們擁有了吃的東西，重建了基礎設施，西歐國家就會恢復曾經擁有的工業化生活方式。事實上，他們是這種生活方式的先驅。

與西歐的情況完全不同，在貧窮的、尚未工業化的國家，我們首先要建立他們缺少的工業技能。歐洲國家需要重建的是物質資本，而大多數第三世界國家需要建立的主要是人力資本。後者更難實現，歐洲歷經了幾個世紀才發展出現代經濟所需的大量技術。

雖然外援存在許多明顯的缺陷和負面效果，但這絲毫不妨礙它的延續和擴張。國際貨幣基金組織和世界銀行這類外援機構，都曾釋出大量的錢，也使這些機構的官員在窮國政府面前擁有無比的影響力。無論他們建議的計畫是成是敗，也不管他們強加了哪些東西，作為這些外援的先決條件，都無礙於這些官員無比的影響力。總之，因為不是透過真正的市場競爭，所以沒有任何經濟上的底線可以判定，究竟哪些行動、政策、組織或個人可以在市場競爭中生存下來。

除了國際機構發放的外國「援助」，還有政府直接給政府的資金撥款、運送免費食物，以及比金融市場更優惠的貸款，而且這些貸款還可能定期獲得「減免」以及延期，或者用一筆新的更大的貸款的收益償還「延期」。這樣，美國政府給印度政府的貸款，以及英國政府給一些第三世界國家政府的貸款都直接被免除了，它們將這些貸款轉變成了禮物。

有時，富裕國家會接管一整個貧窮社會，並大量給予補助。大量美國援助湧入，以至於密克羅尼西亞人（Microesians）放棄了曾經賴以為生的經濟活動，如打魚和種植。如果美國人決定終止援助，我們根本無法確定，密克羅尼西亞人的後代是否還會重拾他們曾普遍擁有的技能和經驗，回歸自給自足。

給予資助的國家或國際機構會大肆宣傳外援的有益結果，批評者則更傾向於四處宣揚失敗的情況，因此，難以一眼看出外援的淨效應。已故傑出發展經濟學家、倫敦經濟學院的教授彼得・鮑爾（Peter

Bauer）認為，總體上「官方援助更有可能阻礙，而不是促進經濟發展」。不論你是否接受這一頗具爭議性的結論，更重要的問題是「外援」這個詞，不能用於暗示一種事實和分析都無法證明的結果。

另一個預設結果（這一結果事實上可能出現，也可能不出現）的用詞是「發展中國家」，用來指較貧窮的國家，這些國家的發展可能與富裕國家一樣快，也可能比富裕國家慢，多數情況下，這些國家的經濟實際上已經歷了多年衰退。

許多第三世界國家擁有可用於創造財富的豐富資源，但是由於各種原因未能充分利用，而且這些財富往往遠超這些國家曾經得到過的任何外援。在很多貧窮國家，許多經濟活動是「在表外」發生的，或屬於「地下經濟」，因為在獲取經營企業或擁有房屋所需的法律許可的過程中，煩瑣的程序、貪污腐敗以及官僚主義的拖延產生的成本，使得法律認可的經濟活動超出了許多人的經濟能力。於是這些人可能到街頭擺攤、去工廠做工，或者為自己和他人蓋房，但所有這些經濟活動都沒有得到政府的合法認可。

據《經濟學人》報導，典型的非洲國家中十個人裡只有一個在合法的企業工作，或在擁有合法產權的房子中居住。例如，據估埃及有四百七十萬棟房屋是非法建蓋的。秘魯沒有合法產權的房產總額，比秘魯歷史上獲得的外國直接投資總量還要多十二倍。同樣的情況也發生在印度、海地，以及其他第三世界國家。總之，許多貧窮國家已經創造出了大量的物質財富，但這些財富卻不被法律認可，因此這些財富無法轉化為資金來源，也就無法被銀行、借款者或投資者利用，而在產權制度更完善的國家裡，已有的物質財富可以被用於建立更多企業，而這些企業又能進一步創造財富。

在許多貧窮國家，法律嚴重制約了經濟，因為它們阻礙許多既存企業從創業時的小規模繼續發展壯大，而這些企業匯總起來代表著鉅額的財富。許多大型美國公司剛建立時都是很小的企業，與當今遍布在第三世界國家的初創企業並沒有多大的區別。例如，賣牛仔褲的 Levi's、梅西百貨、薩克斯以及布魯明戴爾百貨，他們的創建者一開始都只不過是小商販。

這些企業可能靠個人的少量積蓄，或來自家人、朋友的借款而建立，然而它們若要擴張成為大型公司，通常需要動用許多陌生投資者的資金。能讓企業利用投資者資金的產權制度，雖然對美國人來說稀鬆平常，但是對於第三世界國家的普羅大眾來說卻難以企及。

不願意投資一家小型企業的美國銀行，卻可能會以房屋抵押的方式借錢給該企業的所有者，但房屋必須首先是貸款申請人的合法財產。當企業經營獲得巨大成功之後，其他陌生投資者看到該企業不斷增值的財富，也會願意借錢給它，或直接投資成為持股人。但是這一切都依賴於一個可靠且便利的產權體系，即使在貧窮國家，這種產權所能調動的財富，也要遠多於從其他國家或世界銀行、國際貨幣基金組織等國際機構轉移來的財富。

許多人要不是依據捐助國政府向貧窮國家轉移的財富絕對數額，就是依據政府對政府以外援方式轉移的國民收入百分比來判斷貧窮國家接受了多少幫助。但是，美國向貧窮國家轉移的財富中，約有九十％來自私人慈善捐款、商業投資或定居在美國的第三世界國家移民的匯款等形式。例如，二〇一〇年，美國給予第三世界國家的官方發展援助是三百一十億美元，但美國的個人給這些國家的私人慈善捐款就達到三百九十億美元，而流向第三世界國家的美國私人資本為一千零八十億美元，從美國向這些國家的匯款為一千億美元。

透過官方的外援來衡量一個國家對貧困國家的捐款的人也指出，雖然美國的外援規模是世界上最大的，但在美國人收入中的占比卻非常小。然而，這忽略了美國透過非政府途徑轉移給貧窮國家的更大規模的財富。自二十一世紀以來，從富裕國家轉移給貧窮國家的財富，絕大部分並不是透過所謂的外援。

這些數以千億美元的財富轉移，對接受國到底帶來了多大的利益？這個問題更難回答。然而，對於增加受援助國的產出、提高他們一般民眾的生活水準來說，以不同方式轉移的財富所產生的誘因不盡相同，其中官方外援產生的誘因最小。

國際貨幣體系

財富可能會以產品或勞務的形式在國家之間轉移，但迄今為止，最龐大的財富轉移是以貨幣形式進行的。正如幣值穩定會促進國內經濟活動一樣，當國家之間的貨幣穩定時，也會促進國際經濟活動。這不僅是某一時刻將美元兌換為日元或歐元的難易程度的問題。更重要的問題是，今天在美國、日本或法國進行的投資，經過十年或更長時間後是否能得到報酬，並且是以具有同樣購買力的貨幣計算的報酬。

當匯率出現波動時，參與國際交易的所有人都變成了投機者。就連在墨西哥購買紀念品的美國遊客，也必須在拿到信用卡帳單後，才能知道他們支付了三十墨西哥披索的商品要花費多少美元。不論數百萬美元的投資投向哪個國家，匯率的穩定性都極其重要。而且匯率的穩定性不僅對直接投入資金的人來說很重要，在維持國家的貿易和投資流動方面也很重要，因為貿易和投資流動將影響一國人民的物質福利。

金本位時代的崩潰始於第一次世界大戰，在一九三〇年代的大蕭條中走向終結。在金本位時代，各個國家都使本國貨幣等價於一定數量的黃金。例如，無論是美國人還是外國人，都可以隨時從美國政府那裡把一美元兌換成一定量的黃金。因此，任何將其資金投資於美國經濟中的外國投資者，都事先知道若他們的投資計畫實現了能得到多少報酬。毫無疑問，正是如此才有了歐洲大量資本湧入美國，並使美國發展成為世界領先的工業國。貨幣可以隨時兌換一定量黃金的其他國家，對於國內或國外投資者來說同樣也是更安全的地方。此外，這些國家的貨幣還自動與美元，以及使用金本位的其他國家的貨幣形成固定的比率。正如諾貝爾經濟學獎得主、貨幣學家勞勃・孟岱爾（Robert Mundell）指出的：「貨幣只是一定重量黃金的別名而已。」在這一時期，著名的金融家J・P・摩根（J. P. Morgan）曾說道：「貨幣不是別的，就是黃金。」由於金本位制國家與其他國家交易時，不會受到匯率波動的威脅，因此降低了在這些國家中買賣或投資的風險。

金本位終結後，各國為國家間的貨幣穩定做出了各種努力。例如，一些國家將貨幣等同於一定數量的美元。歐洲國家也聯合起來，創造了自己的國際貨幣——歐元，而日元也成為另一種在國際金融交易中被廣泛接受的穩定貨幣。然而，南美洲各國卻走向了另一個極端，它們的貨幣價值經歷了大幅波動，年度通貨膨脹率有時達到兩位數甚至三位數。

這些貨幣波動會影響產出、就業等實實在在的事情，當貨幣的價值面臨諸多不確定時，計畫和投資就很難進行，即便這些投資本應獲得成功。阿根廷和巴西的經濟問題尤其矚目，這兩個國家都擁有豐富的自然資源，並且都沒有受到二十世紀席捲其他洲的戰爭破壞。

隨著貨幣電子轉帳業務的發展，任何國家的貨幣可靠性發生變化幾乎都會引起即時反應。任何想要製造通貨膨脹的政府，都明白資金可以瞬間逃離。這樣的貨幣體系所施行的規則與金本位下的規則完全不同，但只有國際貨幣體系在未來的經濟壓力中接受了現實的考驗，我們才能知道它是否同樣有效。

與其他經濟領域相同，我們應該警惕包含情緒色彩的詞語，它們帶來的混淆可能比它們澄清的還要多。在討論各國貨幣的相對價值時，人們廣泛使用「強」和「弱」這樣的詞語。當歐洲國家剛開始引入歐元作為一種貨幣單位時，它的價值從一・一八美元降到八十三美分，並被稱為相對於美元「變弱」了。後來，歐元又升值了，在二〇〇三年年初達到一・一六美元，這時它又被稱為「變強」了。如果我們能理解詞語表示什麼、不表示什麼，那詞語就是無害的，但如果我們將字面意思當作內在含義，就會產生誤導。

「強」貨幣並不代表使用該貨幣的經濟體就一定會從中獲得利益。有時它代表相反的情況。使用「強」貨幣的國家，出口價格在其他國家的人看來是上升了。因此，一些歐洲公司抱怨歐元在二〇〇三年的升值使它們對美國的出口下降了，因為按美元計算的產品價格上漲了，於是購買其產品的美國人變少了。同樣地，英鎊變「弱」，則產生了相反的效果。據《商業周刊》報導：

> 「處於困境中的英國企業，喜歡英鎊貶值。因此，在過去的一年中英鎊對歐元的匯率下降了十一%，企業都對此表示了熱烈歡迎……隨著英鎊對歐元轉弱，英國商品在歐洲大陸的競爭力變強

了，而歐洲大陸是它們最大的出口市場。而且當來自歐元區的收益被轉換成英鎊時，公司的利潤又增加了。」

正如「強」貨幣並不總會帶來好處一樣，它也不總是帶來壞處。在使用歐元的國家中，從美國借錢的企業會發現它們的債務負擔減少了，因此償還美元債務所需的歐元減少了，償債變得更加容易了。當挪威克朗相對瑞典克朗升值時，居住在邊境地區的挪威人，會穿越國境去瑞典購物，在瑞典購買衣服可以節省四十%的錢。這裡的關鍵是，「強」貨幣或「弱」貨幣這些詞本身並沒有告訴我們經濟現實，而我們必須直接且具體地考察經濟現實，而不能依賴帶有情緒色彩的詞語來判斷。

還應當指出的是，某種貨幣可以同時既升值又貶值。例如，二〇〇八年十月到二〇〇九年四月的這一段時期，美元相對於瑞典克朗、瑞士法郎都升值了，相對於英鎊和澳元卻貶值了。

第二十三章 財富的國際差異

世界各地都存在嚴重的收入和財富不平等現象，讓大多數人感到不安。有些人享受著奢華生活，而其他人則深受貧窮困擾，面對這極大的反差，任誰都會為之觸動。

——美國經濟學家　米爾頓・傅利曼和羅斯・傅利曼

對國際經濟活動的任何研究，都不可避免地會觸碰國家間收入和財富的極大差異。例如，十九世紀初，巴爾幹半島四個國家的人均收入僅為西歐已開發國家的四分之一。兩個世紀後，西歐和巴爾幹半島及東歐國家之間，仍然存在著類似的巨大經濟差異。阿爾巴尼亞、摩爾多瓦、烏克蘭、科索沃的人均GDP均低於荷蘭、瑞士、丹麥的四分之一，小於挪威的五分之一。

類似的差異也普遍存在於亞洲，中國的人均GDP低於日本的四分之一，而印度的人均GDP還不到日本的十%。撒哈拉以南非洲地區的人均GDP低於歐元區國家的十%。

這種差異讓許多人費解不安，尤其是想到出生在這種可怕的貧窮中的人的命運，高品質的人生對他們來說遙不可期。對於這種苦痛際遇有許多解釋，有一些出於感情的泛濫，還有一些則是政治上的需要。但是一個更基本的問題是：是否存在現實的機會，讓世界各國擁有類似的經濟發展前景？

經濟發展涉及無數因素，這些因素可以任意排列組合，然而如果有一種組合能讓全世界所有國家都達到近乎相同的結果，那只能是個驚人的巧合。然而，我們可以審視這些因素，從而理解造成這種差異的原因。

地理因素

人類被畫分為不同的國家、種族和其他類別，要解釋為什麼他們不可能具有相同的直接經濟收益或開發人力資本的機會，地理只是原因之一。促進經濟繁榮和人類發展的地理因素，在世界各地的分布是不均衡的。

讓我們從最基本的因素談起，土地的肥沃程度在各個地方是不同的。被科學家們稱之為黑土的肥沃土壤，在全球的分布極不均衡。這類肥沃的土壤廣泛聚集在美國中西部平原地區，延伸到加拿大境內；而大片肥沃的土壤也貫穿整個歐亞大陸，從東歐南部一直到中國東北。在南美洲的溫帶，阿根廷南部、巴西南部和烏拉圭，也有一小部分這類土壤。

雖然在北半球和南半球大部分溫帶地區都存在這些土壤，但熱帶地區則鮮有其身影。撒哈拉沙漠以南的非洲地區，土壤有嚴重缺陷，因此該地區作物產量只有中國或美國的幾十分之一。在非洲的許多地方，表層土壤很淺，植物的根部沒有足夠的空間獲取養分和水。乾旱也抑制了化肥的使用，無法為土壤補充營養，因為在沒有足夠水分的情況下使用化肥只會抑製作物生長。雖然非洲也有濕地，並且這類濕地在亞洲被成功用於作物種植，但是在熱帶非洲，很少有人在這些濕地從事種植作業，因為非洲濕地是瘧疾、河盲症等疾病的溫床。

即使在同個國家，土壤類型也千差萬別。以中國為例，東部有著富饒的黑色土壤，而在東南部則是品質相對不佳的紅壤，這類土壤也常見於熱帶和亞熱帶地區。土地的肥沃程度不僅在全球不同地區變化不一，也會隨著時間變遷。歐洲部分地區的黏重土在推廣馬牛拉犁的耕地方式後，才變得肥沃起來，在此之前的幾百年間這些土地都被歸為劣質土，因為那時的耕地方式較原始，只適合耕種品質較輕的土壤。亞洲也是：「日本的農田原本大多不如印度北部的土地；如今，它們變得更肥沃了。」

世界上不同區域的降雨量和降雨頻率各不相同，土地吸收或保持雨水的能力也不同。比如，中國北方的黃土性土壤，相較巴爾幹地區的石灰石土壤，能吸收並容納更多的雨水，石灰石土壤會讓水分流失得更快，留下的水分更少，不利於作物良好生長。有些地方，比如西歐，一年降雨量大致上保持均衡，而其他地方，比如撒哈拉以南的非洲地區，往往在經歷了長時間乾旱之後，又驟然迎來傾盆大雨，將表層土壤衝刷殆盡。

幾個世紀以來，農業一直是世界各國最重要的經濟活動，但這個至關重要的生產活動在世界各地帶來的經濟結果並不相同——不論是以一般生活水準而言，還是從農業生產支撐、維繫主要城市社會的能力來看。鑒於城市在經濟發展和技術進步中的重要作用，缺乏城市不僅影響當前的經濟狀況，也會給未來經濟發展帶來不利影響。

諸如日照、降雨這樣的基本環境在地區之間的變化很大。雅典的年均日照時數是倫敦的近兩倍，而亞歷山卓（Alexandria）的年均日照時數是倫敦的兩倍還多。即使同處一國，不同地方的降雨量也存在很大的差異。例如，西班牙各地區的年降雨量從三百公釐到一千五百公釐不等。

陽光對農業有正反兩方面影響，在直接促進光合作用的同時，會蒸發掉植物生存所需要的水分。在地中海周邊各地，夏天充足的陽光蒸發掉的水分，比該地區夏季總降雨量還要多。因此，一些年降雨量並不低的地區，也需要農業灌溉，因為在這些地區，大部分降雨發生在冬季。還有些地區，夏季的雨水比冬季還多。在這兩種情況下，降雨量都限制了當地可種植的作物種類。

要特別注意的是，不能單獨考慮日照、降雨等不同的地理因素帶來的影響，因為它們之間的互動及時序發揮著至關重要的作用。這些因素所有可能的排列組合比單個因素的數量多，若沒有考慮這些因素間的相互作用，即使是表面上看來極為相似的地區，也會有巨大的差異。這不僅適用於土地方面的差異，還可解釋水道方面的變化；不僅可以解釋對農業的影響，還可解釋城市、工業和商業方面的差異。

地底價值巨大的自然資源——無論是鐵礦、煤炭、石油，還是其他眾多資源——在地球上的分布都是不均勻的。不僅是因為特定的自然資源傾向於集聚在特定的地區，例如石油之於中東，而且還因為如何提取和處理這些資源的知識在不同時期也在演變，因此一種特定的物質會在不同國家、不同歷史時期，成為一種寶貴的資源。雖然中東地區幾千年來一直保有大量石油儲量，但直到科學和技術足夠發達，石油成為工業國家不可缺少的物資後，石油才成為一種寶貴的資源，並帶給中東國家大量財富。

土地、礦產等自然資源可以直接促進經濟繁榮和發展，除此之外，還有一些間接促進各種經濟活動的其他地理因素，但他們的作用同樣重要。這類因素包括適航水道和動物，它們既有助於出行，也可促進農業發展。

適航水道

世界上大多數城市都坐落在河流、港灣、湖泊等水道旁邊，這是出於經濟上的原因。一些著名的城市位於或靠近大江大河的入海口（紐約、倫敦、上海、鹿特丹），還有一些位於大型湖泊或內海旁邊（底特律、芝加哥、奧德薩），另一些城市則地處大港灣（雪梨、舊金山、東京、里約熱內盧）。

選擇這些位置的經濟原因之一是運輸成本。陸路運輸成本遠超水上運輸，特別是在機動交通工具出現之前的幾千年間，而機動交通工具的出現還不過兩百年。即使是現代，陸路運輸一百英里的成本，也要比水路運輸一千英里的成本還高。一八三〇年，同樣的貨物，透過陸路運輸三百英里需要三百多美元，而透過海路橫跨大西洋穿越三千英里卻只需十美元。由於城市需要大量貨物，如糧食和燃料等，城市也有海量產出需要運往別處出售，因此許多城市都位於通航水道邊上，也就不足為奇了。

無論就河流和港灣的數量而言，還是就這些河流和港灣是否適合貨物運輸而論，通航水道在世界各地的分布都是不均勻的。河流的通航性受限於它流經的陸地的形狀。例如，西歐縱橫交錯的河流流過廣闊的沿海平原，最終匯入大海，通過海洋連通到世界各國。相比之下，撒哈拉沙漠以南的大部分非洲地區，除了狹窄的沿海平原，海拔都在一千英尺以上，而且還有很多地區的海拔超過兩千英尺。非洲狹窄的沿海平原往往穿梭在陡峭的懸崖間，既阻礙了海上船隻進入非洲內陸，內陸船隻也很難到達海岸。

受非洲大陸的地理形態所限，在撒哈拉沙漠以南的非洲地區，河流要從一千英尺或更高的高度，經歷巨大落差，才能最終抵達大海。例如，廣闊的剛果河的源頭在海平面四千七百英尺之上，它最終流入大西洋時，總共要下降近一英里。這樣的河流只在有限的區段內適合通航，能通航的船隻尺寸也有限，一年中能通航時間也很短，因為在撒哈拉沙漠以南的非洲地區，降雨較為零星，不像西歐地區那樣平均。在乾旱季節裡，即使是尼日河這樣的非洲主要河流，某些地點的河水深度也不到三英尺，而尼日河的集水區面積甚至超過德州。然而，雨季的尼日河則是「一個二十英里寬的移動湖泊」。

雖然相較密西西比河、長江、萊茵河以及世界上許多其他偉大商業航道，剛果河流入大海的水量更大，然而剛果河的入海落差超過數千英尺，其間還有疾流險川、大小瀑布，所以剛果河上的貨物運輸量遠不如其他河流。來自大西洋的船隻，只能進入離剛果河較近的內陸地區，之後就會被大瀑布阻擋。就交通運輸的經濟價值而言，河流的長度或其水量都發揮不了決定作用。

和其他非洲河流一樣，剛果河提供了一定距離的地方交通，但由於缺乏長距離的連貫適航水路，非洲廣袤的內陸地區無法透過水路和公海與國際貿易連通。這些大大小小的瀑布也制約了非洲大陸內部不同群落間的連通程度，河流被阻隔，瀑布決定了船隻能航行的距離。

有些時候，可以在瀑布前把獨木舟上的貨物卸下來，繞過瀑布後再繼續下一段航程。但是這種方式不僅限制了船隻的大小，也限制了能裝載的貨物量，還添增使用獨木舟運貨的時間和人力成本。最終，只有在運輸體積和重量小且貴重的貨物時，使用這一運輸方式才是經濟上可行的。相較之下，世界其他地區的河流在平原地區綿延數百英里，即使透過船舶運輸體積和重量較大、價值相對較低的大型貨物——如木頭、小麥或煤炭——也仍然具有經濟可行性。

類似地，世界上有些地區擁有的港灣也比其他地方少。雖然非洲的面積是歐洲的兩倍多，但是歐洲的海岸線更曲折，形成了更多適合船隻停靠的港灣，讓船隻能躲避洶湧的海水。此外，歐洲有許多港灣是深水港，這表示大型遠洋船隻可以緊鄰陸地停靠，例如斯德哥爾摩或摩納哥的港灣，而在許多撒哈拉沙漠以南的非洲地區，沿岸水淺，大型船隻必須在近海岸下錨，並將貨物卸載到較小的、可以在淺水區航行的船隻上。這是一個高成本過程，人們常常因高昂的費用而放棄使用這一辦法。幾個世紀以來，歐洲和亞洲之間貨船，通常會繞行非洲不停留。

即使在歐洲內部，東歐的河流和港灣也與西歐的不同。來自大西洋的墨西哥灣暖流為西歐帶來了溫暖，使西歐的河流和港灣在冬季的結冰期比東歐的短，結凍頻率也較低。即使是同時流經東歐和西歐的河流，在西歐經常流入公海，讓船舶可以航行至世界各大洲，而在東歐則往往流入湖泊或內海，有些還會流入北極海，而北極海常年被冰雪覆蓋，遠離世界其他地區。

西歐的萊茵河，從瑞士向北流經德國、法國和荷蘭，最終流入北海——廣闊無垠的大西洋的一部分。但是，多瑙河向東南匯流，經過東歐注入遠離大西洋的內海——黑海，要從黑海到大西洋，然後去世界上其他地方，只能穿過整個地中海，一直向西航行。從經濟角度來看，無論多瑙河對流經的歐洲地區具有多大的商業價值，若要實現海外貿易的目的，東歐和西歐的河流所起的作用顯然是不對等的。

而且，相較北方的河流，從南歐流入地中海的河流所產生的經濟價值也較小。一位傑出的地理學家曾指出：「流入阿爾卑斯山北部地區的河流，相較注入地中海盆地的河流，具有無可比擬的價值。前一類河流，流動更有規律，水更深，在這些河流中航行很少會受到低水位或凍冰的阻礙。」他還談及歐洲的航道：

「在歐洲南部，河運幾乎不重要，除了義大利的波河（Po）和西班牙的瓜達幾維河（Guadalquivir），河運幾乎不重要。大多數地中海的河流，冬季會爆發洪流，夏季則會乾涸。」

河流的深度也會造成許多與經濟相關的不均衡現象。例如，雖然尼羅河是世界上最長的河流，但是它的深度不足以支撐羅馬帝國時期最大的船隻通航，更別說現代的航空母艦和其他大型船隻了。然而，航母可以沿哈德遜河航行，直接停靠在曼哈頓市中心的碼頭。安哥拉（Angola）的一些河流只適合通航吃水八英尺以下的船隻通行。在乾燥的季節，即使是尼日河這樣的西非主要河流，通航船隻載重量也不能超過十二噸。相比之下，重達一萬噸的船舶可沿中國長江上行數百里之遙，而更小一些的船隻還可繼續千里航程。

中國有一個「在世界上都是獨一無二的，由長江及其支流編織而成的巨大適航水道網絡」，並且在中國「曲折的海岸線」上布滿了港灣。這些適航水道促使中國成為一個完整的國家並不斷發展，在過去幾千年中它都是世界上最先進的國家。

日本河流的流域面積較小，且更陡峭，於是河流入海時落差更大，通航性能也較差。數個世紀以來，日本一直都是一個貧窮落後的國家，直到十九世紀後半葉，透過引入歐洲和美國的先進技術，才開了現代化進程。一八八六年，日本的人均購買力僅為英國的四十分之一，但到了一八九八年，它已經上升到英國的六分之一。到二十世紀，日本已經躋身世界上技術最先進、經濟最發達的國家行列。

日本缺乏地理優勢——自然資源以及遍布廣闊平原的通航河流網，而正是這些地理優勢，使中國與西歐國家，在各自的代表時代成為世界上技術最先進、經濟最發達的地區。在缺乏這些地理優勢的情況下，日本很難有機會開創劃時代的先進技術，而正是這些技術推動了早期中國以及之後的西歐國家，走向引領文明的進程。但是，日本善於引進起源於其他地方的工業革命的成果，並掌握其中的訣竅，所以日本最終在技術上與西方比肩，甚至超越了舊中國。若干世紀後，舊中國最終失去其技術領先地位和社會活力。

西歐成為世界上城市化程度最高的地區之一，而撒哈拉以南的非洲地區仍然是城市化程度最低的地區，考慮到城市對水路的依賴，這一點也就不足為奇了。中國在中世紀時擁有比歐洲任一城市還大的城市。以人口以及人口的知識、技能和經驗——也就是人力資本——為標準而言，城市化的意義在於，使得中國人以及之後的西歐人，相較巴爾幹人或撒哈拉以南的非洲人，更有機會發展城市工業、商業和金融技能，而且帶來的影響範圍更廣，也使交流更密切。幾個世紀以來，世界各地的城市在許多領域取得成就和進步，遠遠超過散布在內陸地區、相同數量的人口帶來的成就。

適航水道由於有較低的運輸成本，除了產生直接的經濟效益，還具有其他價值，比如由於接觸到更大範圍的文化環境，人力資本也提高了，這種文化環境包含世界各國的產品、技術和思想。相較於國際貿易帶來的直接經濟利益，這種與更廣泛的文化世界的接觸，經濟效益可能更高。

除了作為運輸要道，水道也可以供應維持人類和動物生存必需的飲用水，以及乾旱地區作物生長所需的灌溉水。水道還可直接供應食物，比如魚類和其他水生生物。水道扮演的這些角色，在不同的地點和時間各不相同。

世界各地水域海洋生物蘊藏量不一，因此某些地方的捕魚業比其他地方更繁榮。例如，大多數地中海國家的漁獲量都小於北美或歐洲大西洋海岸地區。西歐大陸棚不斷延伸到大西洋中，為豐富的海洋生物營造了更有利的環境，地中海則缺乏這樣的大陸棚。簡而言之，和土地一樣，世界各地的水域各有不同，所導致的差異表現在很多不同的方面，從而讓實現相同的經濟產出又增加了不可能因素。

山地

山地和水道一樣，對人類的生活有著直接的經濟影響，也間接影響人類的發展。但是，與水道不同的是，山地的這些直接和間接影響往往對生活在這的人來說是不利的。正如法國著名歷史學家布勞岱爾所說：「山地的生活一直都落後於平原。」

生活在山地的人，在經濟和文化上都要落後於山下的同代人，這種模式普遍見於美國的阿帕拉契山脈、摩洛哥的里夫山脈（Rif）以及希臘的班都斯山脈（Pindus）。過去，這種對照也曾見於錫蘭（Ceylon）殖民地高地地區的人與山下的同種族人之間，以及蘇格蘭高地人和低地人之間。此外，即使雙方都已經移民到澳洲或美國，蘇格蘭高地人和低地人在經濟和文化上的差距仍然存在——低地人在經濟上普遍更成功，並在祖國和移居國都保持著更緊密的社會聯繫。幾個世紀以來演化形成的文化差異，不會隨著人們從一個環境遷移到另一個環境，或者周圍的環境發生變化，就在一夜之間消失。

在現代交通運輸和通訊技術出現以前，山地社區往往特別孤立，缺乏與低地社區的交流，也缺乏與其他山地的交流。雖然山地社區並沒有與整個外部世界隔絕，低地文化到達高地的時間仍會延遲很久。因此，居住在希臘班都斯山脈的人，在低地人講了幾百年希臘語後，仍在使用弗拉其語（Vlach），而蘇格蘭高地人在蘇格蘭低地人開始講英語後，仍用蓋爾語（Gaelic）交流。生活在摩洛哥里夫山地區的人，在山下人成為穆斯林若干世紀後，才轉信伊斯蘭教。

同樣地，科技、經濟和其他方面的發展成就，也總是在低地傳播很久之後才抵達山地地區，因此山區人一直以來都給外人留下貧窮和落後的印象，不論是在喜馬拉雅山脈、阿帕拉契山脈、阿爾巴尼亞山脈，還是摩洛哥或世界其他地方。

過去，希臘班都斯山脈村莊中的人口往往在一千人左右，但是近來這些村莊的平均常住人口通常都不足兩百人。一九九〇年代，弗拉其語在這些山區還未完全絕跡，那時講這種語言的通常都是老年人，年輕一代接受的是希臘語的教育，並認同自己是希臘人。在這些山區，有些村莊出行非常不便，因為通勤方式受限於騾子或步行，不能使用輪式車輛，還有一些村莊只可能透過徒步攀爬到達。班都斯山脈的許多村莊還不時受積雪或山崩的阻隔，斷絕了與外面世界的聯絡。

如此嚴重的地域限制並非班都斯山脈獨有。類似的環境也存在於各地山區。但是，正如一份山地研究報告指出的：「在較溫和的環境中，如歐洲西北部和北美東部，從未存在過這種嚴格的限制。」相較生活在這些「較溫和的環境」中的人，生活在偏遠山地地區的人無法獲得同等的經濟繁榮或自我發展機會。即使山地居民移居到較有前景的地區，往往也不會帶來多大的改變，因為他們缺乏技能，有時語言也不通，難以融入低海拔地區的生活。[1]

然而，並非只有生活在山地的人，才會受到地理隔離或經濟、文化阻隔的困擾。在遠離大陸的孤島，也可以看到類似的影響。例如，當西班牙人於十五世紀發現加那利群島（Canary Islands）時，那裡的高加索人仍舊生活在石器時代。

山地往往帶來陸上「孤島」，某個山谷的人多不與其他山谷的人交流，也許它們之間的直線距離不遠，但受困於崎嶇山路而難以通達。沙漠、叢林、裂谷等地理障礙，同樣可以製造陸地上的「孤島」，那裡的人與世界其他地方的進步相隔絕，由於無法學習其他地方的先進做法，也就享受不到這種進步帶來的經濟利益以及自我發展、社會進步的機會。

居住在山地的人因為貧困，往往早早讓孩子棄學從事勞動，剝奪孩子接受教育這一能夠部分地打破他們與世界其他地方物理隔離的機會。直到十九世紀和二十世紀初，地中海地區的許多山地社區的人，仍然還有很多是文盲。因此，偏遠山地社區除了有諸多直接的障礙，比如運輸成本居高不下，以及在偏遠且人口稀少的社區建設供水系統、污水處理系統、電氣系統、鐵路和公路成本高昂，還要加上在人力資本上的低投入。

---

1 讀者可參閱麥克・哈靈頓（Michael Harrington）關於「城市山地人」的討論，出自《另一個美國》（*The Other America*），一九六二年版。

山地發揮著重要的經濟作用，不僅對生活在山地的人如此，還間接影響在山地周圍生活的人。例如，山上的積雪融化後流入河流、小溪和湖泊，於是這些水道就不用完全依賴降雨。在沒有山脈的地區，比如撒哈拉以南的非洲地區，水道則完全仰仗降雨，而這種降雨本身在熱帶非洲就非常不可靠，河流和小溪會在下一個雨季到來前，連續數月縮水甚至乾涸。

雖然山地經常使生活在其中的人陷入貧困和落後，但這些山地往往同時為山下的人帶來繁榮，因為若不是來自山地的供水，山下地區將經受乾旱之苦。西班牙內華達山脈（Sierra Nevada）以及土耳其托羅斯山脈（Taurus）都為山下地區提供了豐富的水源，促進了灌溉農業的繁榮，否則在這些地區發展農業，單靠降雨是遠遠不夠的。這些水源既包括融化的冰雪，還匯聚了廣大山地中的雨水，水滴聚攏起來，順著山坡而下，匯成小溪，成為河流，提供山下的農田水利使用。

牲畜

雖然西半球的地理條件，如土地、氣候和水道等，與歐洲相似，但是在歐洲人到來之前，美洲原住民都處於完全不同的經濟環境中。當歐洲人到達時，整個西半球都缺少馬、牛和其他大型役畜。

如果沒有馬，歐洲數個世紀以來的經濟生活方式將不可能存在。在歐洲人橫跨大西洋，把馬帶到美洲大陸之前，西半球也不可能實現歐洲式生活。交通方式受到嚴重制約，表示幾千年來西半球的文化空間，要小於歐洲、亞洲或北非地區。亞洲的先進技術，如中國的火藥或印度發明的阿拉伯數字[2]，能跨越數千公里到達歐洲。但是，生活在北美東岸的原住民，甚至不知道西岸原住民的存在，更無法掌握不同文化所孕育的知識和技能。

大型遠洋船舶促進了歐洲人和亞洲人之間的貨物貿易以及知識交流。但若沒有大型役畜，就無法在廣大的內陸與貨船間進行貨物的往來運輸，大型貨船裝卸貨物也就不具有經濟上的可行性。在前哥倫布時代，西半球的水上運輸只能透過獨木舟等較小的船隻，這些船隻的經濟可達範圍和貨物承載能力根本無法與歐洲的輪船相比，也比不上當時中國的船舶。

當來自歐洲的侵略者接觸到西半球的原住民時，也是具有完全不同的文化空間的種族間的碰撞。首先，歐洲人總結了幾個世紀以來從亞洲、中東和北非傳播來的資訊和技術，具備跨越大西洋航行的能力。利用羅馬人的字母、中國人發明的紙張，西歐人得以保存自己的知識。用起源於印度的計數系統，他們得以在海上航行時進行導航計算，當他們抵達時，又用亞洲發明的火藥，在武裝衝突中取得勝利。

當英國遭遇易洛魁人（Iroquois），西班牙人遇到印加人時，都絕不僅僅是不同文化本身的發展程度的衝突。易洛魁人不知道印加人或馬雅人的存在，更別說吸取印加或馬雅文化的精髓推動自身進步了。

在歐洲人到來之前，澳洲同樣也沒有大型役畜。在這塊土地上，既沒有奶牛、山羊等家畜，也不進行牛羊放牧。這片廣袤的大陸島，孤立於南太平洋中，大部分土地都是沙漠，人煙稀少，無怪乎長期以

---

2 西方之所以稱之為阿拉伯數字，是因為歐洲人首先看到阿拉伯人使用這些數字，而阿拉伯人其實是從印度人那裡學來的。

來澳洲原住民都被視為世界上最落後的族群。在澳洲乾旱的內陸地區，降雨模式與熱帶非洲地區一樣令人捉摸不定。美國國家地理學會發表的一份報告曾描述道：「持續數年沒有降雨之後，又迎來夏季大洪水。」這樣的地理環境顯然不適合農業，甚至大多數自然生長的植被也無法在此存活。

澳洲大部分土壤的肥力都較低。然而，澳洲擁有豐富的自然資源，並一直是世界上最大的鈦鐵礦出口國。但是，一直到英國人到來後，應用了現代科學技術，這些鈦鐵礦和其他礦產品才成為有價值的自然資源。在那之前，這些資源對當地原住民而言並沒有多少價值。

澳洲沿海地帶擁有較好的土地和氣候條件，也是如今大多數澳洲人生活的地方。但是，即使在沿海地帶，也只有在英國人移民到澳洲，引進西方技術之後，農業和畜牧業才開始發展，取代原住民的狩獵社會形態。澳洲的情況與其他地方一樣，歐洲人闖進來，並裹脅著從更廣大文化空間中得來的知識和技能。地理本身就足以阻礙原住民獲得同等的經濟或其他發展機會。

位置

除了地理特徵，位置本身也可以影響整個民族和國家的命運。

「俄羅斯的河流南北流淌，大部分交通運輸為東西走向」，這樣簡單的事實代表這些河流作為交通運輸動脈的經濟價值受到極大的削弱。地理位置上的差異代表氣候的不同，而氣候會影響特定水道是否容易在冬季凍結，最終將影響貨物運輸。在俄羅斯南部，「水道有九個月的暢通期；而在北方，則只有六個星期」。大部分俄羅斯的河流都會匯入北極海。

雖然從運輸貨物的角度來看，伏爾加河（Volga）是對俄羅斯經濟最重要的河流，即便還有兩條俄羅斯河流，其水量都是伏爾加河的兩倍多，但伏爾加河的位置恰好接近人口、工業和農田的中心，其他河流則遠離人口。

農業在人類歷史上極大地改變了人類生活。在古代，農業從中東地區傳播到歐洲，因此恰巧處於地中海東部，更靠近中東的歐洲人最先接觸到了這一畫時代的進步成果，於是相較生活在歐洲北部的歐洲人，他們提前數個世紀結束了狩獵時代。農業提供一定數量的人口食物，所需的土地數量相對於狩獵減少了，這就使城市的建立成為可能。

城市在古希臘很常見，但在北歐和世界其他許多地方則很少見。這些古希臘城市孕育了蘇格拉底、柏拉圖、亞里斯多德和其他眾多傑出人物，他們奠定了西方思想和文明的知識基礎。[3]在古希臘人發展哲學、文學、幾何學和建築學時，其他歐洲人在文化和科技方面遠遠落後，他們的差距遠大於他們之間的地理位置距離。關於歐洲演化的一份學術研究報告提出，西元前五世紀，「在波羅的海、斯堪地那維亞地區，以及不列顛群島沿岸，石器時代的人開始學習原始農業」。在更遠的北方，「仍盛行遊牧文化，而南部歐洲早在一萬年前就已結束了遊牧狀態」。

在那之後，西歐人受惠於羅馬文明，而歐洲其他地方的人則無緣於此。例如，羅馬字母使得西歐語

3 雖然地理位置本身不能創造天才，但不同的地理位置會為天才的出現和成長提供截然不同的機會。那些取得舉世公認的歷史成就的人物，很少（如果有的話）是在偏遠的山地村莊中成長。相反地，某個時代的歷史成就會高度聚集在某個地區，雖然不同的時代，集聚的地區不同，但是地理上偏遠的地方很少會實現很高的歷史成就。

言發展出書寫系統，而歐洲東部的語言要在幾個世紀之後才有文字。世界其他地方也一樣，恰好位於某個先進文明（如古代中國）附近，可以使一些民族或國家比沒有這種優越位置的民族或國家獲得更大的進步。因此，韓國人和日本人能將漢字融入他們自己的語言，比遠離中國的其他亞洲地區更早地具備讀寫能力。顯然，讀寫能力可以打開通往經濟繁榮、社會發達的通道，仍處於文盲狀態的人則被拒於這些門外。

在正確的時間，恰好處於正確的位置，整個民族的經濟命運將會大為改觀。此外，所謂正確的位置，在不同的歷史時期也各不相同。在許多個世紀之後，北歐人最終在經濟和技術上超過南歐人，而古代中國在遠遠領先日本數個世紀之後，也被後者超越。不論古代還是近代，人與人之間或國與國之間的經濟不平等越來越普遍，只是這些不平等的特定模式隨著時代的變遷不斷變化。

文化

人類被畫分成不同的國家、種族和其他類別，要解釋為什麼他們不可能具有相同的直接經濟收益或開發人力資本的機會，除了地理因素，還有文化因素。受上天眷顧擁有宜人氣候、水域和其他自然優勢的地區，仍有可能陷入貧困，因為在那裡生活的人具有的文化可能會阻礙自然資源的開發。有時所謂的「與自然和諧相處」，也被稱為躺在金山上受窮。來自其他文化的人，則往往會在移居到這種地理環境後，開發資源並繁榮發展起來。

崇尚法治而不是強調領袖專制權力的文化，日益被公認為促進經濟發展的重要因素。同樣有助於經濟發展的，還有在理論和實踐中都高度重視誠信的文化。對國家誠信度排名的全球研究不斷表明，貪污腐敗最嚴重的國家幾乎無一例外地排在最貧窮國家之列，即使這些國家有豐富的自然資源，也會由於普遍存在的貪污現象，加大在這些國家進行大筆投資的風險。

對待工作的文化態度也會影響經濟發展，即使在歐洲文明內部，對待工作的態度也相差很大，都鐸王朝時期英國菁英階層的態度，與同時代歐洲其他國家菁英們的態度就有很大區別：

「歐洲的貴族們不屑勞動而坐吃山空，但都鐸王朝紳士的小兒子是不被允許遊手好閒，他必須離家，透過經商或當律師來賺錢。」

有時經濟進步取決於特定文化中的人是在尋求進步，還是滿足於按照陳規俗律做事。這兩類人口的比例在不同社會之間，以及在同一社會的不同區域間都存在差異，這也就造成國家之間以及地區之間的經濟差異。以美國為例，美國內戰前，南方地區往往不如美國其他地區發展得快：

「南方農業技術進展很緩慢，即使是犁這樣的初級工具，也只在一些零星地區被使用；遲至一八五六年，南卡羅萊納州的許多小農場主仍在使用原始的殖民地時期的鋤頭。從一八二〇年到美國內戰這段時間內，軋棉機、軋花廠或打包機領域幾乎毫無進展。」

軋棉機對於南北戰爭前的南方來說，是一種重要的經濟要素，但它卻是由北方人發明的。一八五一年，全美國所有專利中只有八％歸屬南方各州居民，而南方白人的人口占美國白人的三分之一左右。即使農業是美國南方地區的主要經濟活動，但六十二項農機具專利中只有九項歸屬南方。習慣和態度上的不同造成人力資本的差異，而這能代表經濟產出的差距。在美國南北戰爭期間，雖然南方在棉花種植方面幾乎獨占，但北方生產的紡織品卻是南方的十四倍。在其他方面，北方生產的鐵是南方的十五倍，商船噸位是南方的二十五倍，生產的槍支則是南方的三十二倍。

擁有較大文化空間的好處並不僅限於能夠接觸到來自其他文化的產品、技術或思想。不斷觀察其他社會中的不同行事方法，甚至看到由此產生的更好結果，這不僅會促使人們引入某些外國產品、技術和思想，還會打破一般人的做事慣性，正是這種慣性使個人和社會總是用相同的老舊方式行事。換句話說，由於不斷看到其他人以不同的方式做事，某個特定文化會藉此發展出它自己的全新做事方式。相反地，與外部世界隔絕的社會，則很少受到刺激去重新思考傳統方式。

人力資本

物質財富可能非常顯眼，而人力資本雖然隱藏在人們的頭腦中看不見，卻往往對一個國家或一個民族的長期繁榮有著至關重要的作用。英國經濟學家彌爾曾解釋，為什麼有些國家能以驚人的速度從戰爭的物質傷害中恢復過來：「敵人所摧毀的，很可能本來就會被居民自己在短期內破壞掉。」這是指在原本的正常的消費過程中，實物本來就會需要更新補充。鑒於資本設備的磨損，不斷再生產出新設備也同樣是必需的。戰爭**沒有**摧毀的是人力資本，而正是人力資本在起初創造了物質資本。

雖然第二次世界大戰的轟炸和大規模破壞性戰鬥造成了巨大物質破壞，戰後西歐經濟仍然快速復甦。美國按照馬歇爾計畫施與的援助常常被視為復甦的原因，但後來得到外國援助的許多第三世界國家卻沒有產生如此顯著的經濟成長。

不同之處在於，工業化的西歐國家在戰爭開始之前，就已經發展出了能夠建立現代工業社會的人力資本，但是第三世界國家還沒有開發出相應的人力資本，沒有這種人力資本，外國援助所捐贈的物質資本通常無用武之地。馬歇爾計畫推動了西歐向和平時期經濟復甦的過渡，但對於原本並不具有相應的人力資本的地方，外國援助無法產生必要規模的人力資本。同樣地，徵收物質資本對於徵收者來說，也無法帶來任何重大或持久的助益——無論是第三世界國家政府沒收（「國有化」）外國投資，或城市暴徒搶劫社區商店。他們無法徵收創造實物的人力資本。無論官吏或暴民的搶奪造成人們多嚴重的損失，實物的使用壽命是有限的。若沒能創造替代品的人力資本，強盜在未來過得並不會比被搶劫者好。

人力資本也常常被用來解釋如下事實，許多最貧窮的社群位於熱帶地區，而眾多最繁榮的國度則處於溫帶地區。然而，許多溫帶地區的人移居到熱帶地區後，通常也會取得比原住民更大的成功，如中國人在馬來西亞，黎巴嫩人在西非。這與其他情況一樣，特定的地理環境會同時產生直接和間接的影響——既提供客觀的機會，又促進或限制把握這些機會的人力資本的發展。

有時，某種地理環境具有的優勢，會使當地人無須充分發展自身的人力資本。例如，熱帶地區一年四季都能長出作物，生活在熱帶的人就不會有時間的緊迫感，也就不會養成節儉的自律習慣；而這些習慣對於生活在較差氣候環境下的人卻是不可或缺的，人們必須在春天土地解凍後就立刻開始耕地，因為溫帶地區適宜作物生長的時間有限，若想在漫長的冬季養活自己，就必須抓緊時間勞動。在現代交通工具出現以前的幾千年間，這一點尤為重要，那時還沒有經濟可行的方式能從世界各地運輸大量的食物。

為了活過冬季而不得不儲存食物，代表幾個世紀以來，對於生存在溫帶地區的人來說，「儲存」的習慣是必不可少的。但在熱帶地區，並沒有如此迫切的需求去形成這些習慣。此外，在溫帶氣候條件下儲存糧食或馬鈴薯以備冬天食用所需的技能，比在熱帶氣候條件下儲存香蕉、鳳梨或其他熱帶食物所需的技能更高。[4]人力資本不僅包括資訊，還包括習慣，而在不同的地理環境中生存所必須具備的習慣也是不同的。

與許多其他事物一樣，豐富的自然資源具有正反兩方面的影響。泰國諺語「米在地裡，魚在水」表達了對豐饒自然的信心，而對於掙扎求生的中國南方居民而言，這種心態是無法想像的，那裡的地理環境完全不同，數百年來時有飢荒，嚴重威脅當地人的生存，於是生活在中國南方的人不得不節儉、勤勞和機智。當中國南方人遷居到泰國、馬來西亞或美國等更宜居的地理環境中後，這些習慣——這種人力資本——使他們興旺發達，即使移民初期非常貧窮，後來都比相同環境中的當地人更成功。

黎巴嫩人、猶太人也有類似的故事，這些人一開始都是身無分文的移民，但擁有在更惡劣環境下磨練出來的豐富人力資本。許多其他群體也跟這些移民一樣，在他們國家內部創造出了相似模式：

「這些發達的人當中有一類人特別引人注目，他們的家鄉貧瘠且人口過剩。斯里蘭卡的泰米爾人（Tamils）、喀麥隆的巴米累克人（Bamilékés）、阿爾及利亞的卡拜爾柏柏爾人（Kabyle Berber）、肯亞的吉庫尤人（Kikuyu）、印尼的多巴塔克人（Toba Batak）、菲律賓的伊洛卡諾人（Ilocano）、印度喀拉拉邦的馬來利亞人（Malayalees），以及奈及利亞的伊博人（Ibo），他們都來自貧困的地區，那裡無法支撐那麼多人生存，於是很大一部分人都外移，並在現代社會中獲得很多機會。」

在歐洲殖民時代，原本較貧困的原住民，如奈及利亞的伊博人和斯里蘭卡的泰米爾人，接觸到西方的教育、工業、商業和行政管理而因此崛起，並獲得相較原始菁英階層更大的成功。由此招來的怨恨，以及隨之而來的政治極化效應，導致這兩個國家都陷入了血腥的內戰。

文化隔離

是否願意學習其他文化，對經濟發展具關鍵性的作用。不同文化之間，在學習其他文化的意願之差異很大。例如幾個世紀以來，英國和日本都在經濟上落後鄰國，但他們最終都趕上並超過了鄰國，這很大程度上得益於它們吸收了其他國家的文化和經濟進步，並用這些成果促進了自身發展。英國和日本的文化在很多方面非常不同，但它們在吸收借鑒其他文化方面卻很相似。接受其他地方先進成果的能力，可以部分解答一位義大利學者提出的關於英國的疑問：「一個邊陲小島如何由原本的一窮二白崛起為世

---

4 在冬天生存而儲存食物的必要性，也提供將牛奶等易腐產品轉換成奶酪等易儲存品之誘因。

界霸主？」

相比之下，中東地區的阿拉伯國家——原本比歐洲文化發達得多——卻在不願學習其他地區的文化之後，失去了領先優勢，並落後於其他發展更快的國家。當今阿拉伯世界——二十二個國家約三億人——從其他語言翻譯的書籍數量僅為希臘的五分之一，而希臘人口僅一千一百萬。聯合國的一項研究表明，阿拉伯世界五年內翻譯出版的圖書數量，每一百萬人口還擁有不到一本，而匈牙利為五一九本，西班牙則是九百二十本。

換一種說法，西班牙每年翻譯出版的圖書數量相當於阿拉伯人一千年的譯書總量。文化隔離是造成國家間財富差異的一個因素，正如地理上的隔離一樣。[5]雖然阿拉伯世界中高學歷的人可能不需要翻譯就能讀懂其他語言的圖書，但是對那些不夠幸運的大眾來說，卻並不如此。

有些時候，文化隔離是政府決定的結果，比如十五世紀的中國，那時中國遠較許多其他國家更先進。中國的統治者刻意選擇將中國與異域國家隔離。十七世紀，日本的統治者也選擇把自己與世界其他國家隔離開來。幾個世紀後，這兩個國家都震驚地發現，在它們自我隔離期間，其他國家在技術、經濟和軍事方面已經遠遠超越了它們。

文化阻礙自身發展的另一種表現是，限制人口中的某些群體從事某些經濟或社會活動。只有預先選定的群體——不論是以階層、種姓、部落、種族、宗教還是性別畫分——才被允許從事特定的職業，像這樣根據文化畫分經濟角色，與根據個人的內在稟賦畫分有著很大的差異。最終的結果就是，由於放棄了國家內部許多人的潛能，相較於不限制人民發揮天賦和潛能的社會，施加限制的社會只能獲得較少的經濟產出。

歷史上充滿這樣的例子，很多社會透過文化規範，限定特定人口從事特定職業，有些甚至將國內最富生產力的人群驅逐出境，因為這些群體獲得的繁榮，招來其他人的不滿，他們因此遭到迫害、暴力或徹底驅逐。而對於文化限制較弱的其他國家，往往由於這些難民的到來，在經濟上受益匪淺，即使難民們並沒有隨身攜帶多少金錢，但他們帶來了寶貴的技能和才華。

例如，十七世紀的英國就因成千上萬的胡格諾派教徒的到來而受益，這些人為躲避迫害而逃離法國。胡格諾派教徒建立了倫敦鐘錶業，其他難民則開創了英國眾多企業和產業。同樣地，西班牙曾於一四九二年大規模驅逐猶太人，並扣押了他們大部分的財產，但這些猶太人因保有的人力資本，使他們在荷蘭再度興旺起來，並幫助阿姆斯特丹成為世界上最偉大的商業港口之一。

在過去的幾個世紀裡，成千上萬人從歐洲各地來到美國，他們或是為了逃避迫害，或是為了尋求更廣泛的經濟機會。許多在歐洲一貧如洗或鬱鬱不得志的人移民美國後，成為經濟界的巨人，並幫助創立或促進了美國的眾多產業，使美國從一個以農業為主的國家，一躍成為世界領先的工業強國。

文化隔離可以採取多種形式，它在不同群體或社會、國家、文化之間製造了完全不同的經濟或其他方面的障礙。社會內部以及社會之間不同程度的文化隔離，會在地理和其他因素的基礎上，進一步加劇

5 由於許多阿拉伯國家的菁英講英語或其他語言，這些菁英們可以獲得相較大眾更廣泛的文化環境。因此，缺乏翻譯著作，往往會進一步加劇這些國家內的經濟和其他方面的不平等現象，並拉大這些國家和西方國家之間的經濟差距。

群體、社會、民族或文明之間的經濟發展差異。

文化發展

由於並不是所有的文化都在同一時間發展出文字，所以在某個特定的歷史時期，一種語言相較其他語言會擁有總量更多、涉獵更廣的書面知識。因此，十九世紀，捷克、愛沙尼亞或拉脫維亞人要想成為醫生或科學家，或要在其他需要高等教育的產業工作，會發現更容易找到用德語寫成的書籍和課本，而不是用他們本國語言寫成的。

雖然十九世紀以前，愛沙尼亞就已經擁有自己的文字，但是在一八五〇年以前，使用愛沙尼亞語的大多數書籍「仍以宗教為主」，而「所有受過教育的人士使用的工作語言是德語」。在相鄰的拉脫維亞以及哈布斯堡帝國的波希米亞省——以及東歐和波羅的海的其他地方——人們都是用德語接受教育。

德語是布拉格受教育階層的通用語言，不論受教育的人是日耳曼人、捷克人，還是猶太人。在俄羅斯帝國的波羅的海港口城市里加（Riga），也有類似的情形，十九世紀這座城市的絕大部分教育是用德語完成的，雖然日耳曼人只占這座城市總人口的不到四分之一。沙皇政府於一八〇二年在愛沙尼亞開辦了一所大學，那時該大學的大部分教師和學生都是日耳曼人，並且十九世紀的大部分時間都是如此。不僅正規教育如此，日耳曼人在許多不同的工藝技能方面都比東歐人更先進。俄羅斯帝國的伏爾加河兩岸和黑海地區，由日耳曼人建立的農場要比當地人的農場更具生產力，也更加繁榮。

這種模式是歷史使然。正如我們提過的，西歐語言發展出文字比東歐語言早幾個世紀之久，這是由於西歐被羅馬人征服後，掌握了拉丁語。中世紀時期，西歐人口在東歐各個城市中占據多數並不罕見。這些城市中的西歐人通常都是日耳曼人，雖然也有一些猶太人和其他西歐人。即使日耳曼人在城市居民人口中的比重較小，但他們通常構成了城市經濟菁英的大多數，這種情況可見於哈布斯堡帝國的布拉格、俄羅斯帝國的里加、塔林和其他波羅的海城市。

雖然在東歐農村，斯拉夫人常占大多數，但仍有日耳曼人的農場區，他們通常都是由東歐統治者特意招募來的，這些統治者迫切想吸引擁有更先進技術的日耳曼人到他們的領地來，以便擴充領地上的財富和軍力。這不僅使得更先進的知識、技術和經驗移植到東歐，也為東歐當地人打開獲取西歐進步文化的大門。

從純粹經濟學的角度來看，東歐輸入的這些人力資本，透過日耳曼語言和文化，為當地人口提供了更大的機會，進而促進當地經濟的崛起。然而，從社會和政治的角度來看，這種由日耳曼少數民族主導商業和專業菁英階層的局面——布拉格的日耳曼家庭裡通常都有捷克僕人，卻幾乎沒有日耳曼僕人——挑起了民族仇恨，並最終引發了民族認同運動，在政治上表達這種怨恨。類似的緊張氣氛和兩極化也普遍存在於其他國家，移民群體帶來了比原住人口更多的人力資本，並最終獲得引人注目的繁榮，比如東南亞的中國人、西非的黎巴嫩人、秘魯的日本人、斐濟的印度人。

同樣地，在各個國家內部，某些群體也會從某個地方遷移到另一個地方，帶來了經濟利益，也因為他們較高的經濟成就招來了其他人的怨恨，引發社會和政治上的反彈。無論這些衝突如何演變——有一些釀成了極大的悲劇——從純粹經濟學的角度來看，這些衝突如同諸多複雜因素一樣，在地區、種族和國家之間不但無法帶來結果均等，甚至連不平等的模式也會隨時間演變而不同。

落後群體的領導者和代言人，往往傾向於將其人民的落後歸咎於其他人，有時他們會指責招生或就業的資質標準是一種獨斷的障礙。一位印度民族主義者展現了這一觀點，他問道：「只因為我們不合格，我們就不能工作嗎？」奈及利亞一位民族主義發言人所譴責的「技能的暴政」也表明了這一觀點。在其他國家，我們也能看到類似的對成就差異所引發的政治反應。比如，在十九世紀的波希米亞，日耳曼少數民族被指責要對捷克人的落後負責，而在拉脫維亞，日耳曼人還要為拉脫維亞人的落後背黑鍋；斐濟人也在指責斐濟的印度少數民族；而東南亞的各國人，往往會指責當地的華裔少數民族。[6]

換句話說，民族領導人經常挑動他們的人民反對本來能為他們帶來發展的文化，並把他們的精力都消耗在反對這些文化，以及反對具有這些文化優勢的外族人身上。就民族領導人而言，他們的行為並不一定是不理性的，即使這種行為並不利於人民的經濟利益，他們煽動「我們反對他們」的態度，可抬高自己的政治地位。只要在有人居住的地方，無論何時何地，我們總會見到這種模式。

十八世紀，偉大的哲學家大衛・休謨（David Hume）曾敦促他的蘇格蘭同胞學習英語，以便促進自身進步。這種情況是例外，而不是原則。蘇格蘭人也確實做到了，並在許多領域迅速崛起。最終，蘇格蘭在工程與醫學領域超過了英格蘭人。這也是例外，而不是原則。十九世紀的日本是另一個例外。他們結束鎖國政策後，公開承認其與西方國家間的巨大差距，並開始引進歐洲和美國的專家來向日本介紹西方的技術。

二十世紀，日本在許多方面趕上了西方，並在另一些領域超越了西方國家。而就在美國海軍准將佩里（Perry）攜海軍武力，迫使日本政府於一八五三年打開國門之時，日本人還很落後；佩里曾將一列火車作為禮物送給日本，而從日本人對火車的反應我們可知當時日本有多落後：

「一開始，日本人站在遠處充滿恐懼地瞄著這列火車，而當火車開動時，他們都十分驚訝，屏住了呼吸，繼而發出了哭聲。

不久之後，他們開始靠近火車，仔細端詳起來，有些人還用手撫摸它，並爬上火車，他們就這樣玩了一整天。」

然而，技術極其落後的日本開始大量引入歐洲、美國的技術和工程師，大量日本人開始學習英語，以便直接瞭解西方的科學和技術。雖然開始較慢，但隨著不斷積累更多經驗，日本人在隨後一個世紀中崛起，並在許多領域中處於全球技術的最前沿，他們生產的火車比美國製造的任何一列火車都要先進。

日本作為一個單一民族國家，一九四五年以前也從未有過被征服的歷史，所以對於十九世紀的日本來說，無法把落後歸咎於別人，日本人和他們的領導人也沒有這樣做。但是，蘇格蘭和日本都是罕見的例外，他們令人矚目的崛起，以及在經濟上取得的成功，在人類歷史上也很罕見。這兩個國家自然資源

6 在這種情況下，用「指責」這個詞似乎是有問題的，因為沒有人可以選擇誕生於何種文化，也無法選擇誕生在哪個地理位置或在哪個歷史時期。

都很貧乏，並在之前的幾個世紀中處於貧窮落後的狀態。這兩個國家都不像有些國家那樣，具備工業革命發源所需的地理條件，但是，他們都掌握了由更優越的環境中的人取得的先進知識，從而克服了自身環境帶來的地理障礙，進而占據了人類成就的先進陣線。

在文化上和經濟上更先進的國家，並不一定在軍事上也更先進，他們的繁榮及其背後的文化可能會被軍事上更強大的民族摧毀，而後者在其他方面並不如前者先進。當入侵的蠻族摧毀羅馬帝國時，他們也破壞了大部分延續羅馬文化的機構制度，使得原羅馬帝國的人民在經濟上和技術上，都遠低於生活在羅馬統治時期的祖輩。

中世紀歐洲的文物顯示，自羅馬帝國時代以來，工藝品質明顯下降。中央暖氣供應曾在羅馬時代被引入英國，但在羅馬人撤出後的幾個世紀中，即使貴族階層，也很少使用中央暖氣供應，它幾乎銷聲匿跡。歐洲中世紀的城市，包括羅馬城，人口都比羅馬時代的城市少得多，公共設施也更少。至少到十九世紀初，沒有一個歐洲城市擁有可靠的供水系統，而早在一千多年前，羅馬時代的許多城市就已經做到了這一點。歷史並不總是向前進步，有時是倒退且深刻而持久。

人口

人口的規模、特徵、流動性等都能影響經濟產出。而隨著城市化程度的不同，人口的集中或分散程度會有所不同，它們也會影響經濟的發展。一國人口在不同階層之間的物理或社會分離也會影響他們在經濟活動中的合作與協調程度。

人口規模

對「人口過剩」危機的廣泛關注由來已久，甚至早於十八世紀末馬爾薩斯提出的警告。馬爾薩斯警告說人類正受到威脅，我們將沒有足夠的食物支撐過剩的人口。飢荒貫穿整個人類歷史，不論時間地點，造成的巨大悲劇讓人們相信馬爾薩斯理論已得到證實。

遲至二十世紀，史達林統治下的蘇聯還發生了飢荒，奪取數百萬人的生命。但即使是這種幾乎難以想像的災難，也不能證明世界糧食供應不足以養活全球人口。某些國家或地區發生飢荒，常常是由於當時這些國家或地區的特定因素引起的，比如當地農作物歉收，因戰爭、天氣或其他原因導致的糧食運輸中斷等。在蘇聯的案例中，飢荒集中發生在一個地區，即烏克蘭，而該地區一直以來都是小麥的主要生產國和出口國之一。

作物歉收本身是不足以帶來飢荒的，除非世界其他地方的食物不能及時到達災區，或是救濟糧規模不足以遏制大規模飢荒，以及由此帶來的營養不良造成的各種疾病。缺乏交通網絡的貧窮國家，無法在短時間內運送大量食物，使得這些國家特別容易遭受飢荒。現代交通革命為世界上大多數地方減少了飢荒的發生機率。但是因政治原因而被孤立的國家或地區，如史達林時代的蘇聯，仍然很容易爆發飢荒。

與馬爾薩斯理論相反，很少有國家（如果有的話）在人口數量減少一半時，會擁有比現在更高的生活水準。基於經驗證據的研究表明，實際情況與「人口過剩」理論的倡導者所預計的截然不同：

「在一八九〇年代到一九三〇年代間，原本人煙稀少、散布著小村莊和小漁村的馬來西亞，變成了一個擁有大城市的國家，擁有大量的農業和採礦作業，進行著廣泛的商務活動。人口也從一百萬左右增加到六百萬……相較於一八九〇年代的人口規模，在更大的人口基數下，人們享受著更高的物質水準，壽命也更長。自一九五〇年代以來，人口密集的香港和新加坡，經歷了人口快速成長，同時實際收入和工資也不斷成長。十八世紀中葉以來，西方世界的人口已經成長了三倍多，人均實際收入據估也成長了五倍多。」

然而，關於貧窮的「人口過剩」理論仍未消失，並不時出現在媒體和政客言論中，這種情況很像各種自然資源枯竭理論。此外，這兩類理論的論據也很相似。每種自然資源數量有限是不容爭辯的事實，但卻引出了不合理的推論，即認為我們正在接近這些限度。同樣地，地球可以養活的人口數量有限，這也是不爭的事實，但同樣導出了不合理的推論，即我們正在接近這種限度。

世界各地的貧困和飢荒被當作「人口過剩」的證據。但是，在撒哈拉以南非洲地區，貧困和飢荒遠比人口稠密的西歐或日本更普遍，西歐或日本每平方英里的人口數量是撒哈拉以南非洲地區的好幾倍。中世紀時，東歐的旅行者經常指出，在這塊歐洲中較貧窮的地區，有大量的土地未被使用。雖然當今世界，仍有人口稠密的貧窮國家，如孟加拉，但也有人口稀少的貧困國家，如蓋亞那的人口密度與加拿大相同，但加拿大的人均產出是蓋亞那的數倍之多，生活水準也在全球前列。

總之，人口密度無論是高還是低，都不會自動使一個國家變得富裕或貧窮。重要的似乎不是人口數量，而是人口的生產力，而後者取決於諸多因素，包括人自身的習慣、技能和經驗等。在人口密度能促進人力資本發展的限度內，比如城市社區，發展水準往往較高；而處於小規模孤立社會中的人，則往往落後於其他人的一般發展水準。

人口流動

雖然幾千年來，人們在世界上各個適宜生存的地區繁衍生息，發展各自的社會和文化，但許多時候，人們也會遷徙到世界其他地區，無論是作為征服者、移民或奴隸。有些以個人或家庭為單位遷移，另一些則集體遷移，他們或是在現有居民中定居，或是趕走原住民取而代之，比如幾個世紀以前，來自亞洲的侵略者，引發了東歐和巴爾幹地區的原住民流離失所，又如歐洲入侵者取代了北美的原住民。

在工業革命早期，技術進步依賴工人在工廠、礦山和其他生產設施中的直接操作，而不是像後來那樣是一種科學的應用，因此在工業革命早期，移民的遷徙是把技術從源頭擴散到其他國家和地區的主要手段。這樣就可以解釋，英國的技術進步成果更容易傳播到美國這樣的英語國家，而非距離更近的歐洲大陸國家。英國作為工業革命的起源地，其政府試圖限制英國工人向其他國家遷移，以保護英國的技術優勢。然而，隨著技術進步越來越成為應用科學的問題，知識可以更容易地在紙上傳播，而不要求人的實際移動。

十九世紀交通和通訊的改進也加快了技術進步的擴散。到一九一四年，英國的技術進步不僅傳播到鄰近國家，而且跨越了整個歐洲大陸。

在世界各國，人的遷移也是一種文化運動。遷移可能會導致目的地現有的文化被替代，在已有的文化中植入一種新文化，或是透過移民吸收新的文化。這些不同的前景排列組合起來，會對經濟和社會發展帶來不同的影響；並且相較於地理因素或文化差異本身，人口的遷移會使地區、種族與國家之間的發展更不平等。

有時，新來者最終接納了周邊社會的文化，他們會先改變語言，這種情況見於十九世紀和二十世紀早期美國的數百萬移民。然而，在其他情況下，比如中世紀定居於東歐的西歐人，這些移民會在數百年間保留自己的語言和文化，並在一定程度上同化原住民人口，使當地人接受移民文化。這種情況常見於當移民人口更加發達、掌握更高技能，並接受更好教育的情況。

在本土非常窮困的人，有時會在地理因素更有利，或有其他優勢的地方興旺發達起來，相較原居民，這些移民擁有的人力資本，可以將移民地的這些便利條件轉為己用。一直以來都有一個悖論，那就是除了在他們的祖國，中國人和印度人在世界各地都很繁榮。一九九四年，五千七百萬海外華人創造的財富相當於十億中國人的總量。然而，中國和印度在二十世紀後期開始的重大經濟改革，為這兩個國家都帶來更高的經濟成長率，這表明不論是本國人還是海外移民，在更好的環境條件下，都能實現發展潛能。

征服不僅在國家和民族間轉移了財富，還同時轉移了文化。在西班牙帝國的巔峰期，有兩百多噸黃金、一萬八千多噸白銀從西半球運到西班牙。比利時國王利奧波德（Leopold）也同樣從比屬剛果掠奪了大量財富。在這個例子中——以及其他征服掠奪史——帝國權力常常壓迫被征服者勞動，從被征服民族那裡攫取了大量財富。正如經濟學家彌爾所描述的，征服者將被征服者當作「踩在腳下的污泥」。這不僅是西半球、非洲和亞洲的歐洲征服者的作風，在這些地方的原住民征服者對其他原住民也是如此——幾個世紀以前，亞洲、中東和北非的征服者掠奪歐洲時也是如此。

我們暫且不論這種行為對人類本性的痛苦暗示，純粹從經濟視角考察，相應的問題是：這些以往的征服和奴役在何種程度上能解釋當前國家和民族間的經濟差異？

毫無疑問，在西班牙成為世界最強征服者的那幾個世紀中，它破壞了整個文明——比如印加和馬雅文明——使那裡的人陷入貧困，並在這個過程中使自己富裕起來。西半球大部分地區，從南美洲最南端一直延伸到舊金山灣，並囊括佛羅里達等地，都在西班牙帝國統治之下；同時歐洲的部分地區，以及亞洲的菲律賓，也在西班牙的統治下。但是，毋庸置疑，如今西班牙是歐洲較貧窮的國家之一。與此同時，從未成為帝國的一些歐洲國家，如瑞士和挪威，現在都擁有比西班牙更高的生活水準。

鉅額的財富從殖民地湧入西班牙，但是它們並沒有被用於投資建設該國的商業和工業，也未被用來增進其人民的素質和職業技能。事實上，在十六世紀西班牙的「黃金時代」，這些財富被用來購買各種進口奢侈品，以及支撐軍事冒險行動。奢侈品和戰爭都是為了統治菁英的利益，而不是為了一般西班牙人的進步。一直到一九〇〇年，超過一半的西班牙人仍是文盲。相比之下，同年美國大部分黑人都已能閱讀和寫作，儘管美國黑人獲得自由還不到五十年。一個世紀之後，西班牙的人均實際收入比美國黑人還低。

與許多征服民族一樣，西班牙人在他們的「黃金時代」不屑從事商務、工業和勞動——他們的菁英陶醉在悠閒和奢侈的生活中。這種情況導致的結果是，為了支付進口，大量流入西班牙的貴金屬又持續大量地流出到其他國家。因此，西半球殖民地的運銀船抵達西班牙短短數周後，西班牙國內就會出現白銀短缺。西班牙人自己也說，金子如雨水傾瀉到屋頂一樣湧入西班牙，隨即流到了別處。

西班牙人的情況並非個案，有很多強大的征服民族，取得了早期的歷史性征服勝利，並對其他國家的人民進行剝削，但是在之後的幾個世紀裡，並沒有取得多少經濟成果。成吉思汗曾率大軍征服中亞的廣大部落，而今他們的後裔在世界各地是較為貧窮的人。中東地區的許多人也是如此，他們的祖先曾是統治著歐洲、北非和中東廣大被征服土地的鄂圖曼帝國的一部分。蒙兀兒帝國和俄羅斯帝國的後裔，也談不上特別繁榮。

英國似乎是一個例外，它曾經擁有全世界最大的帝國——囊括全球四分之一的土地面積，包括全世界四分之一的人口，現在它仍然擁有較高的生活水準。然而，大英帝國在它短暫的支配時期是否取得了淨效益，仍值得懷疑探討。塞西爾・羅德斯等個別英國人在大英帝國全盛時期確實變得富有了，但英國納稅人承擔了征戰和維持帝國的沈重代價，負擔著世界上最龐大的軍事開支。

英國也曾在其帝國內從事世界上最大的奴隸貿易。但是，即使所有得自奴隸貿易的利潤都投入英國工業，也僅相當於當時英國國內投資額的二％。

奴隸制在一般情況下並不能持續促進經濟發展。奴隸制曾盛行於美國南部和巴西北部，而這些地方仍然是這兩個國家中經濟較不繁榮和技術較不發達的地區。類似地，奴隸制在西歐消亡很久後，仍在東歐長期存在，而西歐一直以來都是歐洲大陸發展更快也更繁榮的地方。奴隸制在世界其他地區被廢止很久後，仍在中東地區和撒哈拉沙漠以南的部分非洲地區存在，但是這兩個地區如今多以貧困著稱，而不是經濟成就。

總之，從一些國家或民族到其他國家或民族的強制性財富轉移，無論是透過征服還是奴役的形式，並不能產生持續的經濟成長。人類遭受的巨大痛苦，只有當時的菁英享受了短暫的富足，這些人生活在奢侈之中，很少或幾乎不替後代的利益進行投資。有人曾評價俄國農奴制，說它只是把「大部分財富放到揮霍無度的貴族手中」，這一說法也適用於其他地方的壓迫制度，這些制度很少或幾乎沒有為經濟發展做出貢獻。

總的來說，我們並不能明確地指出帝國主義會對被征服民族帶來經濟淨效益或淨損失，但它顯然會帶來其中一種影響。雖然羅馬人征服西歐國家後為被征服者的後代帶來了長期利益，但是當時被羅馬人征服並在他們統治下受到壓迫的人，肯定不曾獲得更好的生活。然而，即使如溫斯頓・邱吉爾這樣的英國愛國者也會指出「倫敦城的建立多虧了羅馬」，因為古代英國人自己創造的東西都沒法與羅馬人比擬。然而，遭受了苦難和屈辱的古代英國人掀起的大規模起義，卻被羅馬人用殘忍的屠殺手段鎮壓。

從經濟的角度來看，並沒有令人信服的證據表明，國家之間在收入和財富方面的經濟差異，可用帝國剝削的歷史予以解釋。在這些征服之前，國家之間通常就已經存在了較大的經濟或其他方面的差異，而這些已有的差距，助推了如西班牙和英國這些相對規模不大的國家在世界範圍的征服活動，並且這些國家征服的領土和人口都要比本國大得多。

啟示

試圖為影響經濟差異的各種因素分配相對的權重，是雄心勃勃但極其危險的行動。簡單闡述經濟發展涉及的個別因素，就已能看出不同地區、種族、國家或文明要取得相同的經濟成果，不僅在原理上講不通，在實踐中也不可行。當我們把這些因素的相互作用都考慮進來時，不同因素排列組合、相互作用帶來的影響種類將呈指數級成長，取得相同產出的機會就愈加渺茫了。舉例來說，擁有類似河流的地區，若這些河流流過的土地不同，或生活在這些土地上的人們具有的文化不同，或是河流流入的水道與市場的距離不同，都不太可能有類似的經濟產出。

相互作用是至關重要的。雖然地理環境對限制或擴大經濟發展機會非常重要，但是地理決定論是不成立的，因為決定經濟產出的是物理世界與變動的人類知識，以及各種人類文化間的**相互作用**。在自然界中發現的大部分物質，對我們來說是自然資源，對穴居人來說卻不盡然，因為那時人類的知識還沒有達到可以利用這些物質服務人類目的的水準。唯有隨著人類的知識前沿不斷推進，才有越來越多的物質成為自然資源，而這樣的進布會發生在何時何地是不可預測的，但是它會改變不同地區的相對地理優勢和劣勢。即使地理條件不變，經濟結果也可能發生變化。

然而，地理因素的影響牽涉一系列事件，這些事件中又包含了其他諸多因素，地理因素的影響也因此變得相當重要。在地理上被隔離了幾個世紀的民族——無論是巴爾幹山脈還是非洲的裂谷地區——往往在文化上也是支離破碎的。他們也常常對本地具有高度忠誠感（「部落主義」或「巴爾幹化」），這使得他們難以與其他人聯合起來，形成民族國家這種更大的政治單位。這樣一來，他們單獨的小社會很可能在若干世紀中困頓於奴役、掠奪或帝國征服。

幾個世紀以來在地理上被隔絕的地區，他們的文化也不會因為現代交通和通訊技術打破當地的孤立狀態就迅速消失。有些人把環境定義為特定時間和地點上的物理、地理或社會經濟條件。但是，這種定義忽略了從以往繼承而來的文化模式，即使當前的生活環境相同，不同群體之間的文化模式仍然存在極大的差異，這些群體儘管具有相同的機會，但由於文化模式不同，經濟產出也截然不同。雖然二十世紀初到美國的義大利和猶太移民，他們的後代都生活在非常相似的環境中，在相同的社區學校接受教育，但由於他們的文化背景對教育的重視程度截然不同，這些孩子在學校的表現也非常不同，也因此他們長大成人後的經濟格局也不同。

若進一步詳細審查，本章所闡述的個別因素也有很多複雜之處。[7]這主要是指，每個因素涉及的變量，會呈指數級成長，要取得相同的產出就更不可能了。還有一些其他因素，如地區、種族、國家和文明之間的人口差異，我們並沒有在此處進行探討，這些因素只會進一步增大複雜程度，加劇不平等狀態。不同國家、種族或特定國家內部民族群體間年齡中位數可能會相差十年或二十年，雖然他們成年後從事經濟活動的時限不同，但是不同人群產生相近經濟產出的可能性愈發不可能了。

雖然民族和國家間的眾多經濟不平等現象，有些是可以明顯地找到地理、文化或其他方面的影響，但是有時純粹的偶然事件也能發揮重要的作用。在歷史的關鍵時刻，政治或軍事領導人做出的明智決定或所犯的愚蠢錯誤，都會決定整個國家、帝國以及尚未出生的後代們的命運。當中國還是世界上最先進的國家時，昏庸的皇帝閉關鎖國的決定，使中國在之後的幾個世紀中逐步淪落，喪失了領先優勢。

英國軍事家威靈頓公爵（Duke of Wellington）曾如此描述滑鐵盧戰役：當勢均力敵的兩方軍隊在戰場上陷入混戰時，勝利和失敗只在「咫尺之間」。在那場戰鬥中，他戰勝了拿破侖，而這場戰爭也決定了此後歐洲的命運。如果西元七三二年的圖爾戰役或一五二九年的維也納之戰換了一種結果，當今世界的文化就會截然不同，經濟模式也會有天壤之別。

其他偶然事件還包括西半球原住民在面對歐洲人帶來的疾病時極為脆弱，這些疾病使當地造成的人口損傷遠遠超過歐洲的武器，而歐洲人則不易受到西半球疾病的攻擊，這兩個種族之間的鬥爭結果本質上已經由微生物預先決定了，而且當時他們都還不知道微生物的存在。[8]據說有一位慈祥友好的西班牙牧師到當地原住民中傳教，但他很可能要對原住民的眾多死亡負責，這位傳教士身上的病菌帶來的死亡，甚至多過最殘酷的征服者。

地理、文化以及其他明顯因素會為不同時間、地點的不同人群帶來或大或小的機會，而不可預知的偶然事件則會打破現有的生活模式，甚至改變歷史進程。若我們將所有這些都考慮在內的話，就會更加明白，不論是平等的經濟產出，還是無限的不平等模式，都是不可能的。

沒有人知道未來的走向。但是，在很大程度上，未來取決於全世界眾多民族及他們的領導人如何理解能促進進步或阻礙經濟成長的諸多因素。

---

7 雖然農業的出現是人類社會演化中的一個劃時代進步，它比狩獵更容易形成更大、更複雜的社會，但是對於第一批農民來說，並不需要為消耗過度的農業土壤補充養分。恰巧處於河流洪氾區的農民，由於河流每年會將別處沖刷來的養分自動補充到土地裡，他們甚至不需要理解其中的原因，就能繁榮富足起來。那時人們所掌握的農業技巧，不足以使人類在地球的大部分地區大規模聚居。只有在一些洪水每年都會給土地帶來養分的河谷，土地才能連續得到耕種。這種罕見的環境出現在底格里斯河和幼發拉底河山谷，它們都在今天的伊拉克境內。有幸生活在那裡的人們，以及世界上其他地區的人們之間，因此產生了巨大的經濟不平等，直到其他地方的農民認識到給土地施肥的必要性。

8 歐洲人有著更大的文化空間，相應的也面臨更多的疾病。正如商品一樣，來自亞洲的疾病也透過陸路或海路傳播到歐洲。來自亞洲、中東或北非的疫病可能會在歐洲殺死許多人，但倖存者會增強對這些來自地球廣大地區的疾病的生物抵抗力。同正如歐洲人移居到西半球時，除了備有許多起源於歐洲以外地區的文化元素，他們還攜帶著歐洲及其他地區的疾病。同時，西半球的原住民則擁有小得多的疾病環境，從而無法獲得足夠強的生物抵抗力，因此會被歐洲人傳播的眾多疾病打垮，而歐洲人自身卻不會受這些病菌影響。

SPECIAL ECONOMIC ISSUES

| 第七部分 |

經濟學的一些問題

第二十四章

市場迷思

許多人多年來都將某些模糊觀念如同其嗜好般珍惜，而這些觀念其實沒有任何意義，甚至完全是錯誤的。

——美國符號學家　查爾斯・皮爾斯（Charles Peirce）

關於市場，最大的迷思來自「市場」這個名稱。我們常常認為市場是一種**東西**，而事實上它是基於相互競爭與協調而進行經濟交易的**人們**。從這個意義上講，市場與中央計畫或政府管制形成對照。然而，當市場被看作一種東西時，它往往被認為是一個非人格化的機制，而事實上，它就如參與其中的人一般有人格。這種誤解使得第三方總是試圖限制個體基於相互同意的條款來進行交易的自由，並且將這種對自由的限制描述成是為了把人們從非人格化的市場「指令」中解脫出來，但實際上這只會讓人們依附於第三方的指令。

關於市場的迷思太多，我們在此只討論一部分。例如，我們常常聽說，同樣的物品因為賣方不同而價格各異，這顯然與經濟學中的供需關係相衝突。通常在這些說法中被定義為「相同」的物品實際上並不一樣。其他的誤解還涉及品牌以及非營利機構的作用等。雖然這只是有關價格與市場之謎的幾個例子，但是若仔細考察，我們就能明白，創造一個聽起來合理的概念，並讓許多聰明人接受是非常容易的事，因為這些人根本懶得去考證其中的邏輯或證據，甚至不屑於對自己使用的詞彙下定義。

經濟學迷思依然還存在的原因之一還在於，許多經濟學家認為這些觀點太膚淺，甚或是極其愚蠢的，因此懶得去反駁。但膚淺甚至非常愚蠢的觀點有時也會廣泛傳播，並成為法律和政策的基礎，從而導致嚴重甚至是災難性的後果。不去反對這些迷思是極其危險的，因此仔細審視愚蠢的觀點是一個非常嚴峻的問題。

價格

有多少種價格，就有多少種關於價格的迷思。它們大部分忽視了供給與需求的作用，也有一些混淆了價格與成本。

價格的作用

價格存在的原因以及它在經濟中扮演的角色，常常會遭到誤解。關於價格的迷思，最古老、最重要的可以總結為如下這種看法：

「價格被等同於『為私人利潤而收取的費用』，或是被比作『為了私人利潤而設置的障礙，阻礙了商品流向對它們有需求的大眾』。」

在深入研究價格協調的眾多經濟活動後，我們就會發現上述想法經不起進一步推敲，但它卻在全世界啟發各種政治運動（有些曾改變整個國家的歷史）。這些運動曾試圖消除利潤，認為利潤是不正當的收費，不必要地增加了商品的價格，相應地限制了人們的生活水準。

這一視角中隱含的假設是，企業家和投資者在生產過程中獲得的收入，超過了他們在這個過程中貢獻的價值。人們堅信這一信念是正確的，各行各業的人深受鼓舞，奉獻生活以求結束「剝削」，有些人更是冒著生命危險或犧牲了生命。他們在政治上取得了成功，用集體政治決定取代了價格協調，使這一問題超出了信仰領域，進入實證領域。二十世紀的歷史進程表明，消除價格協調和利潤並沒有提高生活水準，反而使計畫經濟國家的生活水準比使用價格分配資源的國家更低。

幾十年來，甚至幾代人以來，許多國家都堅持他們最初的假設以及建立在這一假設之上的政策，把經濟倒退歸咎於新的經濟體系發展初期的短期陣痛，或孤立的個體所犯的錯誤，而非第三方集體決策固有的問題。

沒有人會說工資只不過是為了工人的經濟利益而在商品價格之外任意加收的費用，因為很顯然沒有工人也就沒有產品，除非得到報酬，工人不會為生產做出貢獻。同樣的，經營企業的管理者以及為這些企業的設備設施進行投資的人也是如此，但是人們卻花了很長時間才明白這一道理。以這些方式做出貢獻的人收到的報酬是否過多？在回答這個問題之前，可以先回答另一個問題：以更低的價格是否能讓這些人做出同樣的貢獻呢？而正在支付這些報酬的人，完全有動機在支付現金之前了解這一問題的實際情況。

「相同」的物品，不同的價格

物理屬性完全相同的商品，卻能賣出不同的價格，這通常是由於它們所處的條件差異很大。在裝修精美，有和藹、禮貌且業務熟練的銷售人員，並配有完善退貨政策的商店，商品價格通常較高；而在簡陋且沒有退貨政策的雜貨店，物理屬性完全相同的商品價格肯定會低許多。聖誕賀卡的價格在十二月二十六日的售價，比十二月二十四日時低許多，雖然這時的賀卡與聖誕節前需求巨大的賀卡，在物理屬性上是完全相同的。

美國加州北部的一家消費類雜誌，購買了該地區各個商店同一品牌的同一組食品，並比較了它們的價格。在最便宜的商店購買這些食品只要八十美元，而在最昂貴的商店卻要一百二十五美元。實際上，在三個不同的 Safeway 門市中，售價範圍也是從九十八美元到一百三十美元不等。

價格差異的部分原因是不同地區的不動產成本不同，價格最低的商店位於不動產較便宜的弗里蒙特（Fremont），而價格最高的商店位於舊金山，那裡的不動產價格在全美國各大城市中也是最高的。商店使用的土地成本不同，而這一成本不得不由向消費者收取的價格中補償。

價格差異的另一個原因在於存貨成本的差異。在某既定時刻，物價最便宜的商店，僅四十九％的產品有存貨，而三家 Safeway 門市則有超過四分之三的產品項目有存貨。即使貨物具有相同的物理屬性，保存成本不同，價格就會有差異。

以購物時間衡量的消費者成本，也存在差異。這種差異存在於兩方面，一是消費者從一個商店到另一個商店買齊購物清單上所有商品所花費的時間，二是結帳時等候的時間。一項研究付款速度的調查顯示，一家高級超市被其九十%的消費者評為「優越」，而一間廉價便利店只得到十二%消費者的「優越」評價。消費者支付的既有金錢又有時間，更加看重時間的消費者，為了節省時間和避免排長隊，或為了避免跑好幾家商店才能買齊購物清單上的所有物品，往往願意支付更多的金錢。總而言之，在不同超市購物的人，是在為不同的物品支付不同的價格，雖然從表面上看，僅僅根據它們的物理屬性，這些物品可能被稱為「相同」的東西。

「合理的」或「可承受的」價格

有一種政治言論由來已久，即要努力使住房、醫療或其他物品和服務的價格保持「合理」或「可承受」。但是，認為價格應該合理或承擔得起，相當於認為經濟的現實要根據我們的預算或想要支付的價格進行調整，因為我們不會不打算改變去適應現實。然而，製造並運輸我們想要的物品所需的資源數量，完全獨立於我們願意或有能力支付的價格。期望合理的價格，本身就是不合理的。價格管制當然能透過政府強制實施，但我們已經在第三章中看到了這樣做的結果。我們也可以用補貼來保持低價格，但是這樣做絲毫不能改變生產產品與服務的成本。它只代表部分成本將由稅收來彌補。

與合理或可承受的價格這一觀點有關的一種想法，是透過各種政府手段來保持低「成本」。但是，價格並不是成本。價格是用來支付成本的費用。只要法律允許收取的價格無法彌補成本，產品與勞務的供給在數量上和品質上都會下降，不論這些商品是住房、藥品還是其他物品。

政府強制降低支付給醫生或醫院的費用，絲毫不能降低醫療成本。建立一所醫院並為它配備相應的儀器設備，或將一名醫學生培養成醫生所需要的資源仍然跟以前一樣多。在那些強制降低醫療價格的國家，等待看病的人往往會排成長隊，而醫院也缺乏現代化診療設備。

拒絕支付所有的費用與降低成本並不同，且往往會導致產品或勞務的供給數量減少或品質下降。

品牌

品牌往往被認為是透過廣告讓人們相信事實上並不存在品質差異的物品存在著品質差異，從而對相同的產品收取不同價格的手段。換句話說，一些人認為，從消費者利益的角度來看，品牌並沒有什麼用。印度首任總理尼赫魯（Jawaharlal Nehru）曾問道：「為什麼我們需要十九個牙膏品牌？」

事實上，從消費者的視角來看，品牌有一些重要意義。品牌是有效利用稀有知識，並迫使生產者在品質和價格方面進行競爭的一種方式。

當你開車去一個從未到過的城鎮，想替汽車加油或買個漢堡時，無法直接知道加油站的陌生人替你的油箱加的是不是汽油，或路邊漢堡店的陌生人賣給你的漢堡裡有些什麼。但如果加油站的標誌是雪佛龍（Chevron），而餐館的招牌是麥當勞，那就不必擔心了。即使在最壞的情況下，如果發生了不幸的事情，你也可以起訴一家價值數十億美元的公司。這點你明白，公司明白，當地經銷商也明白。這就降低了發生不幸事件的可能。

相反地，想像你開車到一個小鎮，去一家沒有標誌的加油站加油，那裡的陌生人加進你油箱的東西弄壞了引擎。或者更糟，你吃了一個沒有標誌的漢堡，然後因食物中毒進了醫院。你起訴當地這家企業主並打贏這場官司的機率可能很小（陪審團可能是由企業主的朋友或鄰居組成的）。而且，即使你意外地贏了官司，你獲得足以補償你惹上的麻煩的賠償的機率，比你起訴一家大型公司要小得多。

在日益全球化的經濟體中，歐洲人和美國人可能會猶豫，要不要購買地球另一端的韓國製造的通訊設備。但是，當三星這一品牌擁有了銷售記錄，柏林或芝加哥的人很快就會像購買當地生產的相關產品一樣，購買三星的產品。一般來講，直到最近，亞洲公司才投入大量的時間和金錢來推廣其品牌，而且仍然比其他跨國公司的投入要少。然而，本田、豐田和 Nikon 這樣的品牌，已享譽全球，國泰航空和香格里拉酒店（Shangri-La hotel）在國際上也越來越知名。

品牌不是保證，但它確實能減少不確定的程度。如果飯店的標牌是麗思卡爾頓飯店，你就不必擔心上一位客人退房之後，床單是否換過。即使你在陌生城鎮一家灰暗而破敗的小商店裡想買汽水，如果汽水瓶或罐上貼著可口可樂或七喜的商標，你也可以不必擔心他們賣給你的汽水品質有問題。然而，想像一下，如果這個讓人討厭的小地方的店主，用他自己的汽水飲料機做了一瓶汽水給你，你會怎樣想？你還會有同樣的自信喝下它嗎？

如同經濟中的其他事物一樣，品牌既有收益，也有成本。有麗思卡爾頓標誌的飯店，即使房間大小、住房品質與服務，和當地人經營的飯店沒有差別，其收費仍會比當地獨立經營的飯店高。定期到訪的商務旅客可能會找到一家合適的當地飯店，以更低廉代價獲得相同的「產品」，但如果你是第一次造訪，照常理來看，你還是會找有品牌的飯店。

由於品牌如同某些知識的替代品一樣，它們的價值大小，取決於你對產品或勞務瞭解多少。很瞭解攝影知識的人，可以很有把握地花更少的錢購買一個雜牌照相機或鏡頭，甚至是一個二手照相機或鏡頭。但是，對於這個擁有很多攝影知識，卻沒有多少音響設備知識的人來說，去購買著名品牌的新音響設備會是更好的選擇。

許多批評品牌的人認為，那些大品牌「都差不多」。即使這是真的，品牌也仍然發揮著重要作用。問題並不在於金寶湯公司的產品是否比其他品牌好，而是如果這兩種湯都以匿名方式出售或貼上通用標籤，它們是否會比先前更好。如果金寶湯公司的產品僅僅被標成「湯」或「番茄湯」、「蛤蠣濃湯」、「蔬菜湯」，而沒有貼上商標，那所有罐頭湯製造商在保證產品安全和品質方面的壓力就會變小。

品牌並非一直都存在。它們出現、延續並發展壯大是有原因的。例如，十八世紀的英國，只有一些奢侈品，如齊本德爾家具（Chippendale furniture），能以其製造商的品牌而聞名。約書亞・威治伍德（Josiah Wedgwood）首創將自己的名字印在他銷售的瓷器上，並最終因瓷器的品質和外觀而聞名於世。在美國，品牌大約在南北戰爭時期開始蓬勃發展。在十九世紀，美國的大多數食品加工企業並不會在銷售的食品上貼商標，這種情況使得食品摻假現象盛行。亨利・亨氏（Henry Heinz）創辦企業後用自己的名字來標誌他的產品，並出售不摻假的加工食品，從而在消費者間建立了聲譽，並從中獲益。這也讓他的公司快速擴張，並且讓帶有他名字的新加工食品，從一開始就輕易地被大眾所接受。

簡言之，品牌的興起讓消費者能做出區分和選擇，並迫使生產者為他們的產品負責，讓好產品得到報酬，不好的產品失去消費者，因此也就提升了產品的品質。一九五〇、六〇年代，麥當勞全面革新了漢堡、奶昔和炸薯條的品質標準，麥當勞的製作方法和系統也被競爭者複製過去。於是，整個產業的標準比以前提高了，因為麥當勞花費了數百萬美元來研究馬鈴薯的生長、儲存和加工。不僅如此，為了確保品質標準得到落實，麥當勞還建立了對馬鈴薯供應商和牛肉供應商的暗訪制度，也迫使奶品廠提供更高品質的奶昔混合原料。

為了生存，麥當勞的競爭對手當然也被迫進行類似的改良。多少年後，有人可能會認為這些主要的漢堡連鎖店都變得「差不多」，但是它們都變得更好了，因為麥當勞讓人們認識到這個品牌的產品品質比以前漢堡攤上的更高，而麥當勞自己也獲得了報酬。

即使有時各種品牌都要根據法律規定的相同配方生產產品，例如阿斯匹靈，當每瓶阿斯匹靈的生產者都可以被識別時，品質就比生產者匿名時更利於控制。此外，如果阿斯匹靈在生產過程中被混入雜質，並導致人們生病或死亡，那損失最大的將是品牌企業自身。對於食品和藥品來說，這尤其重要。

我們可以透過考察品牌不存在時會發生什麼情況，進而更清晰地認識品牌的重要性。在沒有品牌或只有政府創辦或批准的唯一生產者的國家，產品或勞務的品質往往更低。蘇聯唯一的航空公司——俄羅斯航空（Aeroflot），因差勁的服務、粗魯的態度而聲名狼藉。蘇聯解體後，一家由私人出資的新航空公司取得了巨大的成功，部分原因是消費者因受到了人性化的對待而心存感激。這家新航空公司的管理部門聲稱，他們不會雇用曾在俄羅斯航空工作過的任何人。

而針對消費品，蘇聯的消費者為了彌補沒有品牌帶來的不便，發明了辨別某個產品產地的方法。正如《經濟學人》曾報導的：

「在蘇聯，消費者學會了如何透過讀取條碼來代替品牌，進而辨別產品是否來自可靠的工廠。」

結果，蘇聯的消費者實際上在不存在品牌的地方創造了品牌，這表明品牌無論是對消費者，還是對生產者都是有價值的。

一家企業的資產，包括資金、機器、不動產、存貨和其他有形資產，其中最大的資產可能就是它的品牌，雖然品牌是無形的。根據預估，可口可樂公司的市場價值超出其有形資產價值一千多億美元，其中有七百億美元是來自品牌價值。對它來說，為了保持自身資產的金融價值，它有充分的理由來保持產品的品質和安全。

非營利組織

我們已經說過，把追求利潤的企業看作追逐利潤與迴避虧損的組織，有助於我們更好地理解它們的作用。來自盈虧的雙重可能性產生了壓力和誘因，使得這類企業必須對兩類回饋做出及時的回應：一種來自產品和勞務的使用者，另一種來自為了企業正常經營投入資金的人，以及為企業的生存與繁榮繼續投入資金的人。基於同樣的道理，為方便理解，我們可以將非營利組織看作某種程度上不必對這兩類回饋——產品和服務的使用者或建立和經營這些機構的出資人——做出回應的機構。

管理組織的人，不論他所管理的組織是追求利潤，還是非營利、軍事、宗教、教育或其他類型，都傾向於以各種方式利用組織資源為自己牟利，甚至會犧牲組織宣稱的目標。這種趨勢能走多遠是受強大的外部利益的影響，而組織正是依靠外部利益才能存在，如投資者和消費者。投資者既能從投資中得到滿意的報酬，也能將錢投資於其他地方；而消費者既能以願意支付的價格購買他們想要的產品和勞務，也能將錢花在其他地方。對於非營利組織，這些外部利益並不具有決定性的作用。

這並不表示非營利組織的錢是無限的或者不需要擔心支出超過收入。這表示不論非營利組織的資金如何，它們在最大限度地利用所有資源追求組織目標上壓力很小。提供這些資源的人士，包括廣大民眾以及捐款給非營利組織捐款的人，他們都不能嚴密地監視資助款項的使用情況。許多捐贈，有時甚至是絕大部分，是由那些如今已經去世的人士留下的，他們當然不再能監督了。

非營利組織擁有額外的收入來源，包括向服務使用者收費，比如到博物館參觀的人，或欣賞交響樂的聽眾，而這些收入事實上是非營利組織的主要收入來源。美國非營利組織每年的總收入高達兩萬多億美元，但是，這些收入並沒有補償他們提供的產品與勞務的全部成本。

換句話說，使用者得到的產品和勞務的生產成本，比他們支付的價格更高，而且一些人還能免費享受這些產品和勞務。對有盈虧壓力的企業而言，其消費者必須為自己得到的每樣東西支付其全額成本，因此消費者的好惡會驅使企業投其所好。但對非營利機構來說，這種受到補貼的受益人不能把這套經濟規範強加在他們身上。

非營利組織提供的產品和勞務的價值，超過了使用者的支出，使用者有時甚至不需支付任何東西，但它們的價值卻不一定配得上生產成本。換句話說，如果資源在經濟體中的其他用途上具有更大的價值，那一個要考慮利潤和損失的企業就無法繼續使用這些資源，但是非營利組織卻能繼續使用，因為它不需要從產品與勞務的使用者那裡收回使用資源的全部成本。只要非營利組織提供補貼，這筆錢的接受者就無法像追求利潤的組織的消費者那樣，影響非營利組織的經營方式。

有些非營利組織會在人類器官移植——如肝臟和腎臟的捐贈和需要移植的重症患者之間發揮中介作用，並且這些非營利組織能隨意制訂規則，連醫生和病人都沒多少能力來改變這些規則。

一般而言，經營非營利組織的人比使用其產品與勞務的人有更大的發言權，這非常類似於房屋短缺時房主的地位，此時房屋申請者過剩。在這種情況下，當前使用非營利組織的產品與勞務的人以及曾提供捐贈的人，他們的願望都無法與消費者和投資者對追求利潤的企業的影響力相提並論。而那些在某個時期碰巧負責經營一家非營利組織的人，會用他們自己的目標取代組織宣稱的目標或非營利組織創始人的目標。

例如，有人曾指出，亨利・福特和洛克斐勒如果知道以他們名字命名的基金如今在資助什麼事情，他們會死不瞑目。雖然這點我們無法確認，但是亨利・福特二世辭去了福特基金會董事會的職務，以此表示對該基金會在使用他祖父留下的資金上的不滿。更普遍的是，現在人們都意識到，建立一個基金會並讓它為一定目標服務，期望它會在我們捐贈金錢之後，尤其是在最初的捐款人過世後仍然堅持這一目標，是非常困難的事。許多錢財被揮霍，為組織蓋奢侈的辦公環境，在豪華飯店和度假村安排高級會議，在全國各地或海外高級地點舉辦會議。

非營利組織的目標會屈從於現任官員的目標，或服務於能帶給它們帶來公共知名度和掌聲的決策與活動，而不論是否符合非營利組織建立時的最初目標，或是否與目前設定的目標相一致。英國作家彼得・希欽斯（Peter Hitchens）注意到，政府建立的英格蘭教會「越來越追求員工的利益」，而不是禮拜者或國家的利益。亞當・斯密早在十八世紀就對私立大學提出了類似的指責。

斯密指出，以捐贈作為資金來源的大專院校的管理者，是如何以謀取私利的方式經營這些學校的：他們「相互之間非常寬容」，因而每個學者都「同意他的同事可以忽視他的責任，只要允許他也忽視自己的責任」。如今，人們都在抱怨教授不好好教學，卻偏愛做研究，甚至有時既不教書也不做研究，而熱衷於休閒或參加其他活動，這表明在兩百多年的時間裡，這個基本規律並沒有改變。在不以盈利為目的的大專院校中，授予保證終身雇用的教職非常普遍，但是這種情況在必須面對市場競爭的企業（包括像鳳凰城大學這樣的營利性教育機構）中，則鮮有發生。

美國的學術機構、醫院和基金會經常是非營利組織。然而，非營利機構的業務範圍很廣，而且也可以從事一些一般由盈利機構承擔的事務，如銷售香吉士柳橙或出版《史密森尼》（*Smithsonian*）自然人文月刊。不論它們從事什麼活動，非營利組織都不會面對營利組織那種生死存亡的壓力，也不會「花最少的錢，達到最好的效果」。這不僅在狹義的經濟層面上會影響效率，而且從更廣義的達成非營利機構宣稱的目標這一意義上來說，也是如此。例如，大專院校變成了某些恰巧變得流行的思想觀念（比如「政治正確」）的傳播者，以及其他觀念的限制者，但顯然讓學生接觸更廣泛的相對立、相競爭的觀點能更好地為教育目標服務。[1]

相較追求利潤並受到虧損威脅的企業，非營利組織的雇用政策具有更大的自由度。在第二次世界大戰前，醫院是美國種族歧視最嚴重的雇主，儘管它們宣傳的目標是：雇用最好的醫生，提供更好的服務，不論這些醫生是黑人還是猶太人。當時，非營利基金會也是種族歧視最嚴重的雇主組織之一。

非營利學術機構也是如此，直到一九四八年，主要大學裡才出現黑人教授。然而，早在非營利大學雇用黑人教授教化學的很多年以前，就已有數以千計的黑人化學家為營利性製藥公司工作了。類似地，在黑人和猶太醫生被非營利醫院雇用行醫前，他們就已經在私人診所裡當醫生了。

不論捐款給非營利組織的目的如何，最終捐款都由那些可以利用這筆錢滿足自己的福利、偏見或政治的人來處置。

1 彌爾在一八五九年《論自由》（*On Liberty*）一文中指出：「一個人對於一件事情若僅僅知道他自己的一方，他對那個事情就所知甚少……進一步講，一個人在聽取敵方的論據時，若僅聽到自己的教師們所轉述的樣子，其中並伴有他們所提供的作為辯駁的東西，那也還不夠。那不是對待論據的公正辦法，也不會真正觸到自己的心。他必須可以從真正相信那些論據、真誠替它們辯護、並為它們竭盡一切努力的人們那裡聽到那些論據。他必須在那些論據的最花巧又最動聽的表達形式之下來認識那些論據……」。

非營利組織的業績清楚地顯示了利潤對效率的影響。有人認為利潤僅僅是附加在產品與勞務的生產成本之上的不必要的費用，如果這一觀點是正確的，非營利組織就應能以更低的成本生產這些產品和勞務，並以更低的價格銷售。多年後，非營利機構應該會搶走營利性企業的消費者，並在經濟中逐漸取代它們。

但是，非營利組織不僅沒有搶走營利性企業的消費者，結果常常相反：非營利組織發現，它們的經濟活動越來越多地被營利性企業搶走了。大專院校只是其中一個例子。多年來，越來越多的曾經由非營利組織經營的業務，如大學書店、食堂和其他輔助性服務，被營利性企業接管，因為它們能以更低的成本或更高的品質，或同時以更低的成本、更高的品質，將工作做得更好。據《高等教育紀事》（*The Chronicle of Higher Education*）報導：

> 「福萊特公司（Follet）經營史丹佛大學的書店。愛瑪客（Aramark）負責耶魯大學的用餐。而巴諾書店（Barnes & Nobel）管理著哈佛大學合作社。美國最負盛名的大學以及許多學術界的其他機構，正不斷地將校園後勤事務外包出去。」

《高等教育紀事》稱：「錢是大學將業務外包的首要因素。」換句話說，商業企業不僅能以更低的成本提供這些服務，而且也可獲得足夠多的利潤支付給大學，甚至比非營利機構在自己的校園經營同樣的業務獲得的利潤還多。例如，南卡羅萊納大學從大學書店中「獲得的年收益僅有十萬美元」，但巴諾書店為了經營這些書店，每年支付學校五十萬美元。巴諾書店為了支付南卡羅萊納大學費用，想必要掙到比原先大學自己所賺的還更多的錢。

許多校園業務由商業性企業管理時更具營利性，原因就在於營利性企業不會為季節性的業務，雇用全年職工，也就不會造成浪費，例如，在大學書店，課本主要銷售期集中在每個學期一開始。更多的營銷經驗也讓商業性企業管理更具營利性，以喬治亞大學的書店為例，當學校自己經營書店時，七十%的書都存放在倉庫裡，福萊特公司接管之後，它將七十%的書都擺放出來，增加這些書賣出去的機會。

在中東，第一個集體農場成立於一九一〇年，它是一個非營利社區，個體成員之間相互間提供物品和服務，並在平等的基礎上分享產出。二〇〇七年，這個首創的集體農場經投票表決，決定放棄非營利性和平等主義，當時六十一%的以色列集體農場做出了同樣的決定。第一個成立的集體農場之所以決定變革，一個重要因素是年輕人傾向於離開該組織，選擇生活在市場導向的經濟中。總之，即使在集體農場等非營利機構理念中成長起來的人，也透過用腳投票的方式選擇參與市場經濟。

雖然媒體對非營利組織的資訊不感興趣，但是這些依賴大眾不斷捐贈的非營利組織，為了從捐贈者那裡獲得更多的錢，卻有動機發出警告。例如，一家常常發佈環境健康風險警告的非營利組織承認，該機構中並沒有這一領域的醫生或科學家。與接受大筆捐贈的組織不同，依賴即時捐贈的其他非營利組織也有類似的誘因，會在各種社會、政治或其他方面的問題上，向它們各自的贊助者發出警告，但卻缺乏相應的約束機制，確保發佈的這些警告準確無誤或有理有據。

第二十五章
「非經濟」價值

留意那些將重大議題道德化的人；凡事冠以道德之名，要比面對鐵一樣的事實容易得多。

——前《紐約時報》資深記者 約翰・科里（John Corry）

雖然經濟學提供我們許多深刻的洞見，讓我們更容易識破一些聽起來不錯但卻經不起推敲的流行觀念，但經濟學還是被稱為「沈悶的科學」（the dismal science），因為在世界的組織方式上，它潑了許多看起來很有吸引力且令人興奮，但實際上異常荒謬的觀點一盆冷水。當一些受人喜愛的計畫或理論，被認為在經濟學上是胡說八道時，它們可以利用的最後一個庇護方法就是大聲宣稱：「經濟學是很不錯，但是我們還需要考慮一些**非經濟價值**。」想必，應該就是指那些凌駕於極端物質主義之上的，價值更大、更高尚的東西。

當然，非經濟價值確實存在。事實上，所有的價值都是非經濟層面的。經濟學本身並沒有什麼價值。它只是衡量一種價值與另一種價值的方式之一。經濟學也不會說，你應該盡可能地賺更多的錢。許多經濟學教授本人能在私有產業賺更多的錢。許多擁有槍械知識的人，若在一個犯罪組織中擔任殺手，將賺到更多的錢。但是，經濟學不會驅使你做出這種選擇。

自由放任主義經濟學之父亞當・斯密曾將自己的一大部分錢拿出來，捐贈給遭遇不幸的人，但是他做的非常低調，直到他去世後，人們在研究他的個人檔案時才發現了這件事。十九世紀的著名貨幣經濟學家、職業銀行家亨利・桑頓（Henry Thornton），在結婚之前定期地將自己年收入的一半以上捐獻出來，而在他需要養家糊口之後，他仍捐了一大筆錢給人道主義運動，其中包括反奴運動。

紐約市第一批公共圖書館，並不是由政府建立的，而是企業家卡內基建立的，他還建立了以他名字命名的基金會和大學。洛克斐勒同樣也創建了以他名字命名的基金會以及芝加哥大學，同時他還設立了很多慈善事業機構。在世界的另一端，位於孟買的塔塔研究機構是由印度大企業家塔塔建立的，它是一個學術型企業。印度另一家大型企業家族伯拉（Birlas）則在印度各地建立了無數宗教和社會機構。

在世界各地眾多人的眼中，美國是資本主義的典範，它有數百家由私人捐款建立的大學、醫院、基金會、圖書館、博物館以及其他機構，全世界獨一無二。在這些捐贈者中，許多人在市場上賺了錢後，將他們大部分（有時是絕大部分）的收入捐出來幫助其他人。二〇〇七年，《富比士》雜誌列出了六位個人慈善捐款數額達到數十億的美國人。在這些捐款中，最大的一筆出自比爾・蓋茲，金額高達四百二十億美元，占他收入的四十二％。而占個人收入比例最大的一筆捐款出自美國億萬富翁高登・摩爾（Gordon Moore），占比高達六十三％。美國捐贈給慈善事業的錢在國民產出中所占的比例，是瑞典、法國或日本的三倍多。

一方面，市場是分配具多種用途的稀有資源的一種機制；另一方面，人們也能自己選擇將所得的財富用來做什麼。

對非經濟價值的高談闊論，經常可以歸結為某些人不想把他們自己的價值觀與其他事情進行比較。如果他們正在拯救莫諾湖（Mono Lake），或是在保護一些歷史建築，他們就不願權衡因此會付出的成本——也就是說，與同樣資源可以用來做的其他事情進行權衡比較。對這樣的人來說，思考拯救莫諾湖或保護歷史建築花費的錢，可以讓多少第三世界國家的兒童接種疫苗以對抗致命性疾病，是毫無意義的。按照這種看待世界的方式，我們應該替這些孩子接種疫苗，並且還要拯救莫諾湖及保護歷史建築——同時還要做無數其他的事情。

對於那些以這種方式思考或做出反應的人來說，經濟學充其量也不過是阻礙人們做他們想做的事情的令人討厭的東西。最糟糕的是，經濟學被認為是一種過於狹隘的（如果不是道德扭曲的話）看待世界的方式。對經濟學的這種譴責是出於這一基本事實：即經濟學研究的是如何利用具多種用途的稀有資源的問題。如果沒有稀少性限制迫使我們做出不想面對的選擇或是權衡，我們可能會活得更開心。在有記載的數千年歷史中，沒有限制的世界並不存在。

政治有時被稱為「可能性的藝術」，但是這名號更適合經濟學。政治允許人們投票贊成不可能的事情，這也是政客通常會比經濟學家更受歡迎的原因之一，因為經濟學家時刻提醒人們沒有免費的午餐，除了權衡取捨外，並沒有其他的「解決辦法」。在人們生活的現實世界中，權衡取捨無法避免，並且人類還要在這樣的世界裡繼續生活好幾個世紀。即使我們拒絕做出選擇，當我們用完所有本可以用來做重要事情的資源時，環境就會為我們選擇，除非我們不嫌麻煩，自己對資源進行權衡取捨。

拯救生命

針對非經濟價值最強有力的論點，也許在於它們涉及人的生命。許多成本高昂的法律、政策或計策，設計初衷是為了保護大眾遠離致命危害，這些法律的論點是，「如果能拯救哪怕一個人的生命」，花費多大的成本都是值得的。雖然這種言論在道德和感情上有著強烈的號召力，但是在稀有資源具有多種用途的世界裡，它是經不起推敲的。

稀有資源的多種替代性用途之一是用另一種方式拯救人的生命。沒有什麼事情比增加財富更能拯救人的生命了。一場大地震使美國加州的十二個人失去了生命，但是若發生在不太富裕的國家，則可能導致幾百人喪生，在貧窮國家甚至可能導致幾千人死亡。更多的財富使得美國加州的建築物、橋樑和其他設施，能承受比貧窮國家的類似設施大得多的壓力。在加州地震中受傷的人，也能更迅速地被送往醫院，這些醫院有更多的設備，具有更多更專業的醫護人員。這只是財富拯救生命的眾多方式之一。

富裕國家和貧窮國家都會發生各種自然災害，例如美國可能是世界上最容易遭受龍捲風災難的地方，但這些自然災害帶來的後果卻相差很大。瑞士再保險公司的報告稱，二〇一三年德國、捷克和法國因自然災害遭受的經濟損失最大。但是，同一年，菲律賓和印度因自然災害喪生的人數最多，它們都是第三世界國家。由於醫療服務以及針對疾病的預防措施（如污水處理廠和污水排放系統）成本高昂，第三世界國家的疾病困擾更嚴重，其中還包括在富裕國家已經完全絕跡的疾病。結果就是，貧窮國家的國民壽命更短。

有很多計算方法可以用來衡量國民收入的上升幅度將挽救多少人的生命。不論正確的數據是多少——假設X百萬美元可以挽救一個人的生命，那阻礙國民收入增加X百萬，在效果上就等同於犧牲了一個人的生命。如果某個安全法、政策或策略要花費五X百萬美元，不論是直接花費，還是抑制經濟成長，「而只能挽救一個人的生命」，我們就可以說它是不值得的，因為它犧牲了另外五個人的生命。只要資源具有稀少性並且有多種用途，我們就無法逃避權衡取捨。

這裡涉及的問題不僅僅是用什麼方式拯救生命。還有一個問題是，以多大的代價拯救了多少條生命。可能有人會說，不應該為一個人的生命設定價值限制。但不論這些話聽起來多麼高尚，在真實世界裡，沒有人願意花費國家一半的年產出，來讓某個人多活三十秒。然而，宣稱生命無價，卻可能從邏輯上認同這樣的做法。

撇開文字來考察行為，人們的行為並未顯示他們認為生命是無價的，即使是對待自己的生命亦是如此。例如，當工資足夠高，讓他們感到能補償其中的風險時，人們願意承擔有生命危險的工作，如試飛員或爆破專家。他們甚至會純粹為了娛樂而甘冒生命危險，比如高空跳傘、激流泛舟或攀岩。

哈佛法學院的一項研究，使用了不同國家的人為自己的生命設定的各種價值指標，估算出一般美國人為自己的生命設定的價值為七百萬美元，而加拿大人則是四百萬美元，日本人對自己設定的價值約為一千萬美元。不論合理性和準確性如何，這個結果表明，事實上人們在行動時並不假設他們自己的生命是無價的，很大程度上，他們將自己的生命價值設置成至少與別人的生命價值相等。

拯救一個人的生命要付出的成本，會隨著拯救生命的方法不同而異。替第三世界國家的兒童注射針對致命疾病的疫苗平均成本很小，卻能拯救許多人的生命，包括每個兒童的壽命都延長了幾十年。同時，為一個八十歲的老人做心臟移植手術費用非常高，而且即使移植手術完全成功，也只能增加很短的壽命，因為一個年逾八旬的人剩餘壽命無論如何都不會很長。

如果生命不具有無限的價值，我們就不能說：只要能拯救哪怕一個人的生命，無論付出多少設備、法律或政策上的成本都值得。如果拯救一個人生命，要犧牲其他的生命，這當然是不正確的。

市場與價值

人們常常指責市場阻礙了道德或社會價值。例如，解釋為什麼美國加州史塔克頓市（Stockton）的水資源供給不能委託給民營企業時，《舊金山紀事報》的撰稿人寫道：「市場是毫無道德的。」該報引用史塔克頓市市長的話說：「水是維持生命的必需品，絕不能落入市場手中。」然而，日常維持生命的食物都是由民營企業提供的。此外，大多數拯救生命的新藥也是在市場經濟體系中研發的，而不是在由政府控制的經濟體系中，這種情況在美國尤其明顯。

在阿根廷，已經存在由私人經營的供水系統。《經濟學人》報導了這一民營化的結果：

「連接水資源和排水系統的網絡增加了，特別是在那些較貧窮的家庭中：市中心大多數富有的家庭早已連接了該網絡……一九九五年，民營化還沒有真正實施時，各城市兒童死亡率下降速度幾乎一致。然而，一九九五年後，實行民營化城市的兒童死亡率加速下降……下降主要集中在因傳染病和寄生蟲病造成的死亡，這些疾病很有可能是因為水質和水源的影響。其他疾病導致的死亡率則並沒有下降。」

同樣地，與蘇格蘭政府控制的供水系統相比，英格蘭供水系統的民營化降低了水價、提高了飲用水品質、減少了漏水現象，並且提升了符合環境要求的污水處理系統的效率。這些證據可能只具暗示性，而沒有決定性，然而那些贊成政府控制水資源供給的人，則很少認為需要看到證據。對許多人來說，經驗性結果並不如根深蒂固的信念和態度一般重要。不論事情緊急與否，許多人都認為，擁有政治權力的人比直接涉及自己利益的私人更可能做出符合道德的決定。

這種態度具有國際性。一位印度企業家講述了他與一名政府部長交流的經歷：

「我認為削減消費稅稅率會降低洗髮水、護膚霜以及其他化妝品的消費價格，反過來又會增加人們對它們的需求。這樣，雖然稅率降低了，稅收卻因此增加了。但是這位部長卻覺得，印度婦女不需要口紅和面霜。我回答道，所有的婦女都希望自己看起來很漂亮。

『對於一張醜陋的臉來說，面霜起不了任何作用。這些都是富人的奢侈品。』他如此回答道。我抗議說，即使是一名鄉下姑娘，她也會塗抹薑黃膏，讓自己看起來更漂亮。

『不對，最好是讓一張臉保持自然狀態。』他不耐煩地說。『先生，』我辯護道，『你怎麼能決定她想要什麼哪？畢竟，這是她辛苦賺來的錢。』『是啊，所以我才不想讓她浪費了它。讓她買食物吧。我不想讓那些賣面霜給貧窮印度人的跨國公司因此變得更富有。』」

認為第三方觀察者能做出更符合道德的決定，這樣的觀點認為他們能定義什麼是「屬於富人的奢侈品」。然而，恰恰是自由市場經濟的發展，才使得許多原屬於富人的奢侈品，變成包括窮人在內的普通人也能消費得起的普通商品。僅在二十世紀，汽車、電話、電冰箱、電視、空調以及個人電腦，都從富人才能擁有的奢侈品，變成美國人和其他市場經濟體系中數十億人都能獲得的普通商品。第一代錄影機的價格是每台三萬美元，隨後由於技術進步、摸索實驗以及規模經濟，價格下降到大多數美國人都能消費的水準。

在過去幾個世紀中，即使是橘子、糖和可可這樣的東西，在歐洲也是富人的奢侈品。不僅第三方在界定什麼是屬於富人的奢侈品時，無法將這些變化考慮進去，而且由於第三方對自由市場的抑制，只會導致這些東西更長久地停留在奢侈品貨架上。

市場與貪婪

那些譴責貪婪的人，可能會支持非經濟價值。但是，有關非經濟價值的高談闊論，常常出於非常自私的意圖，即讓自己的價值觀得到別人的支持，顯然這是以犧牲其他人的價值觀為代價的。一個典型的例子出現在一封寫給商業報紙雜誌《編輯與出版人》（*Editor & Publisher*）的信中。這封信是一名新聞專欄作者寫的，他批評報業之所以要面對年獲利的要求，是由於「一群匿名的華爾街金融分析師的要求，而我認為他們一點也不懂報紙新聞業的特殊性」。

雖然一些交易締結方被修辭手法非人格化地描述（「匿名的華爾街金融分析師」），但他們都是人，而且都有自己的利益。因此，如果想要那些為報紙運營提供資金的人，願意繼續提供資金，就需要透過各種方式相互妥協。雖然在華爾街工作的人可能每個人都控制著數百萬美元，但是這絕不可能全部都是他們自己的個人資金。大部分資金來自百萬人的存款或養老金，而且許多人的收入都非常少。

如果「報紙新聞業的特殊性」——不管如何定義——使得報社或連鎖報社的投資報酬，很難與其他經濟活動相比，那為什麼工人們還要將養老金拿來資助這些企業，接受較低的投資報酬呢？相較許多用養老金來為報社提供經營資金的人，編輯和專欄作家的收入要高得多，因此讓低收入者資助高收入者是非常奇怪的事，比如讓老師和技工資助編輯和記者。

金融分析師作為控制無數人的養老金和其他投資的中介，為什麼會背叛將儲蓄委託給他們的人，接受比其他經濟部門更低的報酬率呢？不管體質如何優良的報紙，如果投資在他們身上的錢只能得到較低的報酬率，那麼不管報紙發行上的特殊成本如何產生，這些成本應該由受益於報紙的人來承擔——讀者可以支付更高的價格來購買報紙，專欄作家、編輯和記者可以拿較低的薪水，廣告商會支付更高的廣告費用。

為什麼技工、護士、老師等要被迫做出犧牲，用他們的個人儲蓄和養老金來購買連鎖報業發行的公司股票和債券，為它們提供資金呢？為什麼因為某個部門的利益，就剝奪了能支付更高價格的其他經濟部門使用這一資金的權利呢？

重點並不是怎樣解決報紙產業的財務問題。重點在於，若是從分配具有多種用途的稀有資源這一角度來看，事情會很不一樣。這一基本經濟事實被情緒化言論所掩蓋，而這些言論忽視了許多人的利益和價值，還把他們歸納成沒有同情心的中介，如「麻木不仁」的金融分析師，同時還把利益衝突表達成理想概念，如新聞品質。金融分析師對其所服務消費者的敏感程度，與代表不同消費者利益的其他人的敏感程度應該是相同的。

市場批評者想要的通常是對某個個人或群體進行特殊分配，不管他們是報業、種族群體還是其他人，而不承認這種分配不可避免地會犧牲其他個人或群體的利益——這些個人或群體要不是被隨意地忽視掉，就是就被用非人性化的術語歸結為「市場」。例如，《紐約時報》一名記者在描述一位中年低收入婦女面臨的問題時寫道：「如果工廠讓卡洛琳上日班，她的問題就會得到解決。」但是，他繼而表達了自己的遺憾：「工資和工時是由市場決定的，你不能期望從市場那裡得到慷慨。」

這個例子再一次表明，一個人想要什麼，與其他人想要什麼，兩者之間不可避免地存在衝突，但是用來描述這種衝突的詞句只把等式的一邊當作人類。大部分人想要上日班，而不願意上夜班，但是如果卡洛琳被安排上日班的話，其他人就要被安排去值夜班了。至於「慷慨」，除了要其他人來承受這位婦女的成本，還代表什麼？對於一個不付出任何成本的人來說——這裡指的就是《紐約時報》的記者——卻要求其他人來背負這些成本，他的慷慨又是什麼？

不論是在私有部門，還是在政府部門，總會有人認為有些價值值得讓其他人來支付，但是卻不值得自己掏腰包。沒有比討論政府政策更能用花言巧語來掩蓋價值間權衡比較的情形了。想要透過社會活動實現自己的道德事業，為此以稅收的形式拿走其他人賺來的錢來為自己籌集資金，這種情況通常被描述為人道主義行為。但是允許其他人具有同樣的自由和尊嚴，使他們也能用他們自己的收入做出自己的決定，則被認為是「貪婪」。對權力的貪婪所面臨的危險，並不比對金錢的貪婪面臨的危險少，而且歷史上，對權力的貪婪通常引發更多的流血事件。

市場與道德

無論是評估市場經濟的效果，還是評估政府或其他制度的影響，區分由這些制度催生的結果與這些制度導致的結果，是一項挑戰。因為某個制度或過程**表達**某種結果，並不代表它會**導致**該結果。正如我們在本書第四章中提到的，相比其他社區，低收入社區的商店往往價格較高，但是價格高的原因是由於在低收入社區做生意的成本較高，而不是由於這些商店為了提高利潤任意漲價。事實上，許多企業和產業都對低收入社區避之不及，因為那裡的盈利前景通常都不好。

同樣的原則適用於許多其他情況，無論是在市場經濟、計畫經濟、政府機構還是其他組織。一些醫院的死亡率比其他醫院高，這恰恰是因為他們擁有最優秀的醫生和最先進的醫療技術，可以治療疑難重症的患者，而其他醫院根本無法處理這些病人。一家治療日常感染或骨折病人的醫院，比進行腦外科手術或心臟移植等手術的醫院，死亡率更低。更先進的醫院死亡率更高，這雖表達出事實，但高死亡率卻並不是由醫院導致的。

類似地，在市場經濟、計畫經濟或政府機構中發生的一切，不一定是由這些制度造成的。一切都取決於特定場合下的特定情況。這不僅影響了因果關係，而且也影響了道德問題。例如，收入的差異可能是針對某些群體的壁壘所導致的結果，或是由於群體本身的因素導致的，如平均年齡、受教育程度，或該群體區別於另一個群體的其他因素。

大多數人，至少在西方世界是如此，會認為針對某些群體任意設置壁壘，在道德上是錯誤的，是應該被取消的東西。但是這樣的共識在有些情況下並不適用，比如收入差異是由年齡差異引起的——這個因素會在人的一生中拉平，因為在二十多歲、三十多歲或四十多歲時，所有人的消費黃金時間是相同的，但是在收集統計數據時，並不是所有人都處於同一年齡段。這種共識不適用的另一情況是，收入差異是由個人的行為選擇導致的，例如輟學或吸毒，很多人覺得沒有義務補貼這種行為。

總之，道德決定取決於現實的實際情況。然而，擁有不同道德價值觀的人，對相同的事實會做出不同的決定。因此，政策性問題往往歸結於，是否有人認為應透過政府的強制力，把他們的道德價值觀強加給持不同道德價值觀的其他人。市場經濟允許個人根據自己的道德價值觀或其他個人因素，自己做出決定，同時市場迫使他們支付決定所產生的成本。因此，問題並不在於道德價值是否應該引導市場經濟，而是**誰的**道德價值觀（如果有的話）應被強加給他人，或獲得其他人的補貼。

由於道德感受到個人、團體和國家間巨大的經濟不平等的觸動，許多人便將這些差異歸因於特定群體擁有的「優勢」或「特權」。但是，關鍵是要在成就和特權之間做出區分。這不是簡單的語義問題。特權以犧牲他人為代價，但成就增加了他人的利益。

愛迪生將電力引入千百萬人的生活，促使他完成這項發明的因素很少人能具備。但是，世界各地數量眾多的人，無論是同時代的人，還是數代之後的人，都受益於愛迪生的成就。無論愛迪生取得的成就源自何處，我們都從這些成就中獲得了收益，我們還受益於萊特兄弟，以及為人類增添了新向度的其他偉人。

類似地，研發小兒痲痺症等頑疾，或瘧疾等致命疾病的治療或預防藥物的科學家，也使人受益匪淺。甚至，找到了生產產品和勞務的更佳方法，或能以更低的成本運輸給消費者的企業領導者，他們也為提高全世界的生活水準做出了貢獻。

所有這些情形，在取得不同成就的個人、團體和國家之間，製造了經濟差異。對一些觀察人士來說，這似乎是道德上的冒犯。但是，此處的道德判斷同樣需要對事實和原因有準確的認識，並清晰地區分特權和成就。只要目的是為了使人類生活更美好——無論是物質上，還是其他方面——而不是放縱自己的情緒，無視他人遭遇的實際後果，就不能簡單地基於統計、想像和修辭進行道德判斷，並據此制訂政策。

個人、群體和國家並不具有能促進經濟繁榮或其他利益的相同因素，因此個人、群體和國家的命運並不公平。即使是具有截然不同的道德或意識形態價值取向的人，也能共享這樣的道德判斷。

正如本書第二十三章指出的，不論是地理、文化，還是歷史，都沒有提供所有個人、群體或國家平等的機會。人口或政治等其他因素也各不相同。用傑出的經濟史學家大衛・S・蘭迪斯（David S. Landes）的話來說：「自然跟生命一樣不公平。」但並不是所有不公平的根源——就非常不同的人生際遇來說——都具有道德向度：「沒有人要為空氣的溫度、降雨量與時間，或地形走向而受到讚揚或指責。」

當然，我們可以根據某些決定和行動，對人類進行道德上的判斷；而人類也需要對某些決定和行動承擔法律責任。但是，只盯住統計差異所顯示的簡單事實，並不能告訴我們這類決定或行動是哪些，更別提現在應採取什麼有效行動。為達成這些目的，我們不僅需要事實，更需要對經濟、歷史、政治、人性等進行分析。

我們還需要注意，在道德上區分兩類事情：一類是能讓我們發洩壓抑情緒的事，另一類則是在實際上很可能會幫助出身不幸的人的事情。轉移收入或財富相對較容易，但是，在落後群體中發展人力資本則更為有效，雖然這也更加困難。畢竟，轉移的收入或財富只有有限的使用期，而持續的經濟發展取決於耗盡這些收入或財富後，填補空白的人力資本。道德判斷不能脫離它們帶來的後果。

道德不是一種奢侈品，而是必需品，因為沒有哪個社會可以只靠武力來維繫。即使是極權主義統治，也以其獨特的道德觀培植理念，因為即使是具有強權鎮壓和恐怖統治力量的政治機器，也不足以創造或維持社會的良好運轉。然而，雖然道德原則對所有社會都是必要的，但光有道德原則並不充分。把道德原則應用於一個經濟體，需要理解該經濟體並具備相關知識，以及如霍姆斯大法官所說的，一種「思考事實，而非語句」的能力。

否則，舉例來說，如果我們不能區分誰長期處於真正的貧窮中，誰是因為年輕所以處在入門級的低薪職位，就試圖幫助「窮人」，這樣的努力很可能失敗，並適得其反，因為後一類人隨著不斷積累對自己和社會都有價值的人力資本，將很快開拓自己的職業生涯。提供庇護給「窮人」，會造成這一過程失效，很多人會覺得沒有必要去工作，而最低工資法會導致年輕人更難找到工作，這既損失了他們當下的薪酬，又耽誤了他們獲得未來的人力資本。同樣地，要「思考事實，而非語句」，也使得區分特權和成就，不僅是語義問題，更是在做出道德判斷時亟待澄清的重要問題。特權會傷害他人，它必須與成就區分開來，只有成就才會造福他人，並促進整個社會進步。

第二十六章

經濟學史

我確信，與思想的蠶食能力相比，既得利益的力量被嚴重高估了。

——英國經濟學家　凱因斯

數千年來，人們一直在討論與經濟有關的問題，有些人還不斷為此著書立說，因此我們不可能確定經濟學研究作為一個獨立領域究竟始於何時。現代經濟學通常被認為始於一七七六年，那一年亞當・斯密完成了他的經典著作《國富論》，但至少在此之前的一個世紀，就已存在大量研究經濟的書籍了，並且當時存在一個由法國經濟學家組成的流派，即「重農學派」（Physiocrats）。亞當・斯密在寫作自己的經濟學專著前，就曾在法國的旅行中拜訪過一些該學派的成員。《國富論》的獨特之處在於，它為持續發展了兩代經濟學家的一整個經濟學派奠定了基礎，其中包括大衛・李嘉圖和約翰・斯圖亞特・彌爾這樣的傑出人物，而且亞當・斯密的影響在一定程度上一直持續到今天。雖然在此之前，許多早期的經濟學家都對這一問題寫過見解深刻的文章，但是我們並不能宣稱他們奠定了現代經濟學。

兩千多年前，蘇格拉底的學生色諾芬（Xenophon）分析了古希臘的經濟政策。在中世紀，關於「公平」或「合理」價格的宗教觀念，以及對高利貸的禁止，引導托馬斯・阿奎那（Thomas Aquinas）分析了教義和在道德上可被接受的例外情況。例如，托馬斯・阿奎那認為，當「以某種方式改進了物品」後，為了補償風險或已發生的運輸成本，賣方可以用比他所支付的成本更高的價格，「合法」地出售該物品。換句話說，許多看似完全在占別人便宜的事情，實際上常常是為了補償將物品賣給消費者或借錢給借款者的過程中發生的各種成本和風險。

不論經濟學家與中世紀公平、合理的價格理念拉開了多大的距離，它仍然隱含在人們普遍接受的許多現代思想中，比如人們會認為物品的售價或多或少高於其「實際」價值，或個人支付的費用或多或少超出了物品的「實際」價值，並暗含在諸如「哄抬」物價等帶有強烈情緒但缺乏經驗驗證的觀點中。

剛開始，經濟學著作大多由孤立的個人撰寫，隨著時間推移，漸漸出現了連貫的思想流派，某一流派的成員在其著述中往往有著共同的假定框架——如以托馬斯・阿奎那為傑出代表的中世紀經院哲學（medieval scholastics），以及重商主義者、古典經濟學家、凱因斯學派、芝加哥學派等。甚至在十九世紀經濟學成為專業之前，學者們就已經相互結合，形成了許多思想流派。

重商主義者

經濟學最早的思想流派之一，是由一群被稱為重商主義者的作家組成，繁榮於十六到十八世紀。在各式各樣的著作中，從流行小冊子，到詹姆斯・斯圖亞特爵士（Sir James Steuart）在一七六七年寫成的多本專著，重商主義者呼籲政府應該制訂政策讓國家的出口大於進口，透過黃金的淨流入來彌補這一差額。他們將黃金等同於財富。重商主義的思想在當下仍然發揮著影響，比如將出超描述成貿易「順」差，入超描述成貿易「逆」差——儘管如我們在前面章節中看到的，根本不存在其中一種比另一種更有利的絕對情況，所有一切都取決於周遭環境。

先驅在不可避免的探索中，自然而然地會出現歧義和錯誤，經濟學家也不例外。雖然大部分已在當代經濟學家的著作中得到糾正，但重商主義者的一些錯誤仍然存在於民眾思想和政治言論中。然而，如果我們理解他們的目標以及對世界的看法，那就能體會到重商主義者著作中的連貫性。

重商主義者的目的不同於現代經濟學家。重商主義者關心的是，增進他們各自國家相對於其他國家的力量。他們的目標並不是用一種能最大化大多數人的生活水準的方式分配稀有資源。他們的目標是獲得並保持一個國家相對於其他國家在總財富和實力上的相對優勢，從而在戰爭爆發時能取勝，或者透過擁有能直接用於軍事目的的大量財富，來嚇退潛在的敵人。囤積黃金是實現這一目標的理想方式。

典型的重商主義代表作是一六六四年托馬斯・孟（Thomas Mun）的《英國得自對外貿易的財富》（*Enland's Treasure by Forraign Trade*）。書中宣稱，經濟政策的基本原則是「每年出售給外國人的物品的價值，要比我們消費的外國物品的價值更高」。反過來，國家一定要盡力在國內生產「現在從外國人那裡進口的物品」。重商主義者看重的是以可供統治者使用的財富數量為基礎的國家相對實力。

重商主義者不關心人民大眾的平均生活水準。因此，他們主張透過加強政府管制來壓低工資，以降低出口成本，從而使出口超過進口，這樣就會帶來黃金。基於同樣的原因，一些重商主義者接受了帝國主義甚至是奴隸制。對他們而言，「國家」並不代表一國的所有人口。所以，詹姆斯・斯圖亞特爵士在一七六七年寫道，奴隸制「可以無償支撐整個國家」。雖然奴隸也是人口的一部分，但他們卻並不被認為是國家的一部分。

古典經濟學

亞當・斯密

詹姆斯・斯圖亞特的數本重商主義著作問世不到十年，亞當・斯密的《國富論》出版發行，並為重商主義者的理論及世界觀帶來了沉重打擊。亞當・斯密設想，國家是生活在一國中的所有人。這樣一來，就不能透過壓低工資以增加出口的方式使國家變得富裕。亞當・斯密指出：「如果一個社會中的大部分成員貧窮又悲慘，這個社會就談不上繁榮幸福。」他也不贊成將經濟活動看作一個零和過程，即一個國家所失，就是另一個國家所得。在他看來，透過讓各個國家的人變得更富裕，所有國家都可以同時向前發展，儘管軍事力量（重商主義者的主要關注點）必然是相對的，並且是零和競爭。

總之，對重商主義者來講，首要關切的是財富**轉移**，不論是透過出超、帝國主義，還是奴隸制，但是這只會讓一部分人獲益，另一部分人則會因此受損。亞當・斯密關心的是財富的**創造**，這不是一個零和過程。亞當・斯密反對政府為了幫助商人（重商主義這一名稱的來源）而干預經濟，相反地，他站在法國經濟學家——即重農主義者一邊，提倡自由市場，**自由放任**（laissez-faire）一詞就是他們創造的。

亞當・斯密一再斥責那些旨在保護「商家和廠家」特殊利益的立法，他認為這些人的政治活動是為了欺騙並壓迫大眾。在當時的背景下，自由放任是用來反對政府偏袒商業的一種學說。

亞當・斯密與重商主義者的根本區別在於，亞當・斯密並不將黃金看作財富。《國富論》一書的書名就引出了財富包含什麼這一基本問題。亞當・斯密提出，財富由決定人民生活水準的產品和勞務構成，而且這裡的人民指一國內的所有人。基於經濟和道德兩個方面原因，亞當・斯密反對帝國主義和奴隸制。他指出，維繫帝國主義所需的「大型艦隊和龐大軍隊所帶來的收益，並不足以補償維護它們的費用」。在《國富論》的結尾，他還呼籲英國放棄帝國主義迷夢。至於奴隸制，亞當・斯密認為，它在經濟上是無效率的，在道德上也應當被唾棄，他還輕蔑地反駁了受奴役的非洲人比歐洲人低賤這一觀點。

雖然，如今亞當・斯密往往被認為是「保守」人物，事實上，在他那個時代，他攻擊了當時占主導地位的思想和利益團體。此外，關於自動實現自我平衡的系統，即市場經濟的觀點，首先是由重農主義者提出的，後來成為亞當・斯密創立的古典經濟學傳統的一部分，代表了一個全新的起點，無論從社會因果關係的角度進行分析，還是從降低政治、學術和其他領域中的菁英對大眾的指導和控制程度來講，都是如此。

自柏拉圖以來，具有重大影響的知識分子，都在討論有智慧的領導者為了社會的利益會實施什麼政策。但是，在經濟領域，亞當・斯密宣稱政府一直將「很多不必要的精力」放在不必要的事情上，這些事情若沒有政府干預，而由個人相互作用、相互協調，將會取得更好的效果。政府干預經濟，在重商主義者詹姆斯・斯圖亞特爵士看來是一個明智的政治家應該發揮的作用，而亞當・斯密則將它看作「奸猾」政客的觀點和行為，帶來的問題遠比解決的問題多。

雖然《國富論》並不是第一部對經濟學進行系統論述的著作，卻是世人皆知的古典經濟學傳統的基石，在亞當・斯密著作問世後的一個世紀中，古典經濟學得以構建。並不是所有的早期著作都是重商主義。例如，理查德・坎蒂隆（Richard Cantillon）寫於一七三〇年代的著作，以及費爾迪南多・加利亞尼（Ferdinando Galiani）在一七五二年的著作，都包含了複雜的經濟分析，而法蘭索瓦・魁奈（François Quesnay）在一七五八年出版的《經濟表》（*Tableau Économique*）中所包含的思想，鼓舞了短暫卻重要的重農主義經濟學學派。但是，正如我們已提到的那樣，這些早期的先驅者沒有像亞當・斯密那樣建立持久的學派，吸引後來的傑出經濟學家持續地以他們的著作為基礎進行研究。

在歷史的不同時期，曾湧現了眾多獨立的經濟學家，他們的著作領先於時代，卻沒有引起大家的重視，也鮮有追隨者，並且他們的身影逐漸隱去，直到被後來的學者重新發現，奉為該領域的先驅。例如，法國數學家奧古斯丁・古諾（Augustin Cournot）在一八三八年就對經濟學原理進行了數學分析，但當時數學還沒有成為經濟學家分析工具的一部分，直到約一個世紀後，經濟學家才對這一領域進行專門研究。

亞當・斯密的經濟學理論，在反對重商主義者的理論中不斷發展，後果之一就是弱化了貨幣在經濟中的作用。在古典經濟學繁榮的一個世紀中，這一觀點貫穿始終。重商主義者過於強調在許多經濟中充當貨幣的黃金，因此古典主義者對重商主義者的反對是可以理解的；然而，古典經濟學家將金錢描述成是一層「面紗」，卻常常被讀者誤解，因為它過於模糊，也無法從根本上改變被掩蓋的真實經濟活動。

傑出的古典經濟學家都明白，在既定時期，貨幣供應量的緊縮會帶來生產下降，相應抬高失業率。[1]但對其讀者來說，他們無法清晰地體會到這一點，古典經濟學家們自身的注意力也很少關注這一方面。

大衛・李嘉圖

在亞當・斯密的追隨者中，最有成就的要屬古典經濟學家大衛・李嘉圖，他是十九世紀早期的傑出經濟學家，發展了國際貿易中的比較利益理論，並取得了諸多其他成就。除了對經濟分析有巨大貢獻外，大衛・李嘉圖還創造了一種闡釋經濟學的新方法和新風格。亞當・斯密的《國富論》充滿了社會評論和哲學性探討，全書結尾還提出了強烈的建議，即英國不應該努力掌管它在美洲的殖民地，就在這部著作發佈的當年，這些殖民地發生了叛亂。與此相對應的是李嘉圖在一八一七年寫的經濟學經典著作《政治經濟學原理》（*Principles of Political Economy*），首開先河致力於分析經久不衰的經濟學原理，而沒有進行社會、政治和哲學性的評論，它所強調的是原理，而非當前的政策問題。

這不表示李嘉圖不關心社會議題或道德問題。他的一些分析深受拿破侖戰爭後英國面臨的經濟問題的啓發，但是他推導出的原理並不局限於這些問題或是當時的時代，如同牛頓的萬有引力定律並不局限於掉落的蘋果一樣。《政治經濟學原理》中所涉及的並不僅僅是當時的政策問題。利用更嚴格的名詞定義和更嚴密的邏輯推斷，李嘉圖為經濟學帶來的是專注於細分領域的系統分析。

1 關於此點，詳見拙作《論古典經濟學》（*On Classical Economics*）一書的第三十四至四十二頁。

然而，李嘉圖不僅僅只是一部推理機器，他的個人行為和私人信件都展示出他想要成為一個有良好道德品質並關心社會的人。當他成為國會議員後，李嘉圖在寫給朋友的信中說道：

「我希望自己永遠保持誠實，遵從自己的信念，而不去討好大人物和掌權者。」

作為國會議員，李嘉圖沒有違背內心的信念。雖然他自己是一名地主，他還是一再投票反對維護富有地主利益的提案，他還曾投票支持會讓自己失去國會席位的選舉改革。[2]

我們今天所說的「經濟學」，在十九世紀的大部分時期內曾被稱作「政治經濟學」。當古典經濟學家提到「政治經濟學」時，他們指的是整個國家（政府體制）的經濟學，區別於家庭的經濟學，或現在被稱為「家庭經濟學」的學科。「政治經濟學」一詞並不代表經濟學和政治學的合併，後來有些人曾使用這個詞來表達這種意思。

經濟學原理並不是現成的，也不是在靈光一閃間迸發。反之，需要連續幾代淵博而勤奮的思想家，摸索出對真實世界的經濟活動的理解，逐步掌握對此進行系統研究的學術概念。如今初學者在一個星期內就能學會的供需分析，始於十九世紀初的思想家——如李嘉圖、馬爾薩斯和讓—巴蒂斯特·薩伊（Jean-Baptiste Say）等的爭論，並且花了至少一個世紀的時間才得以形成。

李嘉圖在和他的朋友馬爾薩斯的一封信件中，討論了當時的經濟問題，李嘉圖在一八一四年寫道：「我有時懷疑我們對需求一詞所指的意思並不相同。」他是對的，他們確實有不同的理解。[3]直到兩人相繼去世，又過了數十年，這個詞才得到澄清並準確界定，與如今經濟學家理解的相同。事後看來，這可能只是邏輯上的一小步，卻是一個反覆摸索的耗時過程，而創造並完善概念定義、清晰無誤地表達思想觀點，使人們能用反對者贊同的方式探討實質性的問題，這樣做至少可以確定他們是在實質內容上有不同意見，而不至於陷入語義上的混淆。

薩伊定律

「薩伊定律」是經濟學的基本概念之一，在十九世紀初就曾受到激烈爭論，而後在一九三六年由凱因斯重新點燃。這一理論以法國經濟學家讓・巴蒂斯特・薩伊的名字命名，雖然其他經濟學家對這一理論的發展也做出了貢獻。剛開始，薩伊定律是一個相當簡單的原理，但是經過它的提倡者和批評者在十九及二十世紀的種種爭論，薩伊定律的推理和擴展不斷變得複雜。

從根本上說，薩伊定律回答了人們一直以來的一種普遍憂慮，即經濟體不斷增加的產出會超過人們的購買能力，從而導致商品滯銷和工人失業。在薩伊以前的時代，人們就表達了這種憂慮，在薩伊之後的時代，這種憂慮仍然存在。正如我們在第十六章中提到的，一九六〇年代的一位暢銷作家曾提出警告，「生活中的基本物資、福利設施和裝飾品有可能過剩，並帶來危險」，甚至成為「一個重大的國家

2 但是，不論他在行動中體現了多少道德準則，李嘉圖「不屑於說那種所費甚少而所得異常之多的甜言蜜語」。參見約瑟夫・熊彼得（J.A. Schumpeter），《經濟分析史》（*History of Economic Analysis*）。

3 讀者要探究對此區別的澄清情況，可進一步閱讀《論古典經濟學》一書第六十九至七十一頁。

問題」。從最基本的意義上來說，薩伊定律指出，生產輸出以及生產中獲得的用於購買這些產品輸出的實際收入，在整個過程中並不是相互獨立的。因此，不論一個國家的產出是大是小，生產帶來的收入都足以購買這些產出。薩伊定律常常被表述成如下命題：「供給創造其自身的需求。」換句話說，一個經濟體能生產並購買多少產出，並沒有內在限制。

薩伊曾經問道：「若非如此，如今在法國買賣的商品，怎麼可能是在查爾斯五世的無道統治時期的五、六倍呢？」甚至在此之前，一位重農主義者就曾表達過類似的觀點，即總需求「沒有已知的上限」。當然，這並沒有排除如下可能性，即在特定時期，消費者或投資者可能選擇不去行使他們能力範圍內的總需求。薩伊定律排除了反覆流行的恐慌觀念：隨著現代工業的發展，產出的快速成長將變得過於巨大，人們將沒有能力購買所有的產出。

正如思想史上經常發生的，一個最初非常簡單的概念，由於倡導者在許多方向上的擴展和反對者的眾多爭議，含義變得扭曲含混——即使兩方的經濟學家（包括十九世紀初幾乎所有的傑出經濟學家）都是認真而博學的思想家，而且相互之間只討論過往情況。造成這種情況的原因部分在於，經濟學尚未得到足夠發展，他們所談論的術語（如「需求」）還不具有所有人一致同意的嚴格定義。[4]不論後來的學生認為嚴格定義的過程是多麼單調乏味，經濟學的歷史（以及其他領域的歷史）痛苦而清晰地表明，在試圖討論實質性問題時，若討論的各方沒有清晰明確的術語來代表相同的含義，將會帶來混亂的結果。

現代經濟學

現在，我們看到經濟學是與學術部門、學術期刊和美國經濟學會這類專業組織聯繫在一起的一門專業。但是，從歷史角度來衡量，這些都是很晚才發展起來的。

經濟學經過了幾個世紀才發展成為一門獨立學科，從亞里斯多德到大衛・休謨，眾多哲學家留下了有關經濟問題的著作，阿奎那這樣的神學家，以及斯圖亞特爵士這樣的貴族成員，也都對此有過著述。但是，即使一些作家開始專門研究經濟學，他們也並沒有立刻以經濟學家作為職業。亞當・斯密是一位哲學教授，因《道德情感論》（*Theory of Moral Sentiments*）而聲名鵲起，直到二十年後，才完成了令他名垂青史的《國富論》。當李嘉圖著書立說，成為當時主要的經濟學家時，他是一位獨立且富有的退休股票經紀人。馬爾薩斯在一八〇五年被委任為歷史和政治經濟學教授，是英國乃至全世界首位學術經濟學家。當時，世界上傑出的經濟學家大部分都在英國，並且一直到十九世紀末都是如此。除了馬爾薩斯，十九世紀上半葉英國大多數傑出經濟學家的大部分收入並不是來源於教授經濟學知識，或是撰寫經濟學方面的書。那時的經濟學是一個專業，但還不是職業，且這個專業還不足以擁有自己的專業刊物。十九世紀上半葉，有關經濟學的大多數分析文章都刊載在那個時代的學術期刊上，如英國的《愛丁堡評論》（*Edinburgh Review*）、《評論季刊》（*Quarterly Review*）或《西敏寺評論》（*Westminster Review*），法國的《百

4 有關這些爭論的更深入的討論，可參考《論古典經濟學》第二十三到二十四頁。

科評論》（*Revue Encyclopédique*）或《法律和政治經濟學雜誌》（*Annales de Législation et d'Économie Politique*）。第一份經濟學專業學術期刊是一八八六年首次在哈佛大學出版的《經濟學季刊》（*Quarterly Journal of Economics*）。二十世紀，許多國家都創辦了專業的經濟學雜誌，為這些雜誌寫文章的人，大多數都是學術經濟學家，於是，英國、奧地利和其他國家的經濟學家也加入美國之列，共同成為此領域的領導者。一八七一年，哈佛大學任命了美國首位經濟學教授，四年之後，這所大學還授予了美國第一個經濟學博士學位。

一八九〇年阿爾弗雷德・馬歇爾（Alfred Marshall）的《經濟學原理》（*Principles of Economics*）出版以來，經濟學的表達方式越來越專業，雖然純粹的文字表述在今天仍沒有完全消失，其教學上越來越傾向於使用圖表和方程式。二十世紀後半葉，在經濟學中運用數學分析才開始在優秀的學術期刊和學術著作裡取代純粹的文字分析。雖然以數學為主的經濟分析最早可以追溯到一八三〇年代的奧古斯丁・古諾，但是古諾的作品並未對他那個時代的主流經濟學家產生影響，因此後人重新發現了他的許多觀點，而在此之前奧古斯丁・古諾就像從來沒有存在過一樣。

「邊際」革命

經濟分析的發展在十九世紀出現了一道分水嶺，經濟學家普遍接受了基於消費者需求，而不是僅僅基於生產者成本的價格理論。這不僅是價格理論的革命，更是將新概念和新的分析方法引入經濟學其他分支的革命。

在決定最終產出的價格時，古典經濟學將勞動和其他投入的數量當成關鍵因素。馬克思沿著這一思路走向邏輯的極端，提出了勞動剝削理論：勞動被看作財富的最終源泉，因此也是資本家和地主這樣的非工人階級獲得收入和財富的最終來源。

雖然從亞當・斯密時代開始，英國就盛行生產成本價值理論，但是在歐洲大陸盛行的卻是完全不同的理論，價值由商品對消費者的效用決定，而效用決定了消費者的需求。然而，亞當・斯密對這一理論駁斥道，水明顯比鑽石有用，沒有水人就無法存活，許多人沒有鑽石仍可以活下去，然而鑽石的售價卻比水高得多。十九世紀七〇年代，奧地利的卡爾・門格爾（Carl Menger）和英國的W・斯坦利・傑文斯（W. Stanley Jevons）提出了一個新觀念，他們都認為價格基於商品對消費者的效用。而且，更重要的是，他們完善並清晰地界定了爭論所用的術語，將這一新概念引入一般經濟學中。

亞當・斯密所比較的，是水的**總**效用和鑽石的**總**效用。換句話說，他提出的問題是：對我們來說，沒有水和沒有鑽石，哪種情況更糟糕。從這個意義上，水的總效用明顯要比鑽石的總效用大得多，因為水關乎生死存亡。但是門格爾和傑文斯卻以一種新的方式看待這一問題，並且這種方式也可以應用於價格理論之外的其他經濟學分析之中。

首先，門格爾和傑文斯認為效用完全是主觀的。也就是說，讓第三方觀察者判斷某個物品比其他物品有用是毫無意義的，因為每個消費者的需求都是基於這個特定的消費者認為哪個更有用——而消費者的需求影響價格。更重要的是，即使是同一個消費者，根據消費者已經擁有的產品和勞務數量的不同，效用也在不斷變化。

門格爾指出，維持生命必需的一定量的食物，對於每個人都有重大價值。除了為避免餓死而需要的一定量食物外，保持健康所必需的一些額外食物也是有價值的，雖然這一價值不如為避免死亡所必需的那些食物價值高，純粹為了享受而享用的食物也具有一些價值。但是，最終「對食物的需要會被完全滿足，哪怕是再多攝取一口食物，也無益於維持生命或保持健康，同樣的，也不會為消費者帶來快樂」。總之，對門格爾和傑文斯來說，重要的是增量效用，阿爾弗雷德・馬歇爾後來稱之為消費額外的一單位物品帶來的「邊際」（marginal）效用。

回到亞當・斯密關於水和鑽石的例子，獲得額外一加侖水的增量或邊際效用，與額外一克拉鑽石的邊際效用之間的相對關係才是最重要的。由於大多數人已經擁有足夠的水，所以額外的一克拉鑽石的邊際效用將更大，這也解釋了為什麼一克拉鑽石的售價比一加侖水的價格高。這一理論結束了英國的生產成本價值理論與歐洲大陸的效用理論之間的分歧，因為兩方經濟學家，以及世界上其他地區的經濟學家都接受了邊際效用價值理論。

門格爾在一八七一年的著作《經濟學原理》（*Principles of Economics*）中論述了邊際效用理論，與此同時，傑文斯的著作《政治經濟學理論》（*The Theory of Political Economy*）也做了相同的分析，得出了相同的結論。並且，傑文斯還知道如何用圖表和微分將增量效用的概念簡單地表示出來，使得他的論點比門格爾的純粹文字表述更加直觀清晰，邏輯上也更嚴謹。這也為將增量或邊際概念擴展到其他經濟學分支，如生產理論或國際貿易理論，創造了條件，運用圖表和方程式能更加簡潔而清楚地表達如規模經濟或比較競爭等概念。

這一過程被稱為「邊際革命」，標誌著古典經濟學家在方法和觀念上的雙重突破。邊際革命推進了數學在經濟學中的運用，例如用曲線以及微分來分析成本的變化率。然而，數學在理解新興的效用價值理論時並不是必需的，門格爾在他的《經濟學原理》中就不曾使用一個圖表或方程式。

雖然門格爾和傑文斯是經濟學邊際效用學派的創始人，是將邊際概念一般化的先驅，但是將圍繞這些新觀念的各類經濟學問題系統化並賦予它們基本形式，使它們得以用這種形式流傳至今日的，是阿爾弗雷德・馬歇爾在一八九〇年出版的不朽名著《經濟學原理》。傑文斯尤其致力於反駁價值通常取決於勞動或產品成本這種觀點，他堅持認為問題的關鍵在於效用。然而，馬歇爾指出：

「我們討論價值是由效用決定還是由生產成本決定，其合理性和討論一塊紙是由剪刀上邊的刃裁還是由剪刀下邊的刃裁一樣。」

換句話來說，價格是由供給（取決於生產成本）以及需求（取決於邊際效用）共同決定的。馬歇爾以不同的方式，協調了古典經濟理論與後來的邊際理論，形成了廣為人知的新古典經濟學。直到二十世紀前半葉，他的《經濟學原理》一直都是權威教科書，在他有生之年再版了八次。[5] 馬歇爾能將新的邊際效用概念與古典經濟學理論進行調和並不是多麼令人驚奇的事情。馬歇爾在數

5　一九五八至一九五九年我在哥倫比亞大學當研究生時，馬歇爾的《經濟學原理》仍被用作經濟學教科書。

學上訓練有素，因閱讀彌爾的《政治經濟學原理》首次接觸了經濟學。一八七六年，他稱彌爾的著作為「大部分活著的英國經濟學家都接受過這本書的指導」。在此之前，馬歇爾還學習過哲學，並曾批評社會中的經濟不平等現象，後來有人告訴他，在做這些判斷之前，需要先瞭解經濟學。學習完經濟學後，他用一種新的視角審視周圍環境，他保持著對窮人的關注，這促使他決定改變職業，成為一名經濟學家。後來他指出，社會改革者需要的是「冷靜的頭腦」和「火熱的內心」。在馬歇爾決定要尋求何種職業時，他說道：「我越來越迫切地想要學習經濟學，並希望用它來改善人類的福利水準。」

均衡理論

圖表和方程式被越來越多地運用於經濟學中，使得經濟學家更容易可以闡釋短缺和過剩如何影響價格波動這類情形；也有助於分析價格既不上升也不下降的狀態，即所謂的「均衡」狀態。此外，「均衡」概念也適用於價格之外的許多事物。例如，在一些特定企業，或整個產業、國民經濟、國際貿易都可能實現均衡。

許多不瞭解經濟學的人認為均衡狀態不切合實際，因為它們看起來不同於觀察到的現實世界情況。但是，這都不足為奇，因為不論是在經濟上還是在其他領域，現實世界很少處於均衡狀態。例如，雖然「水往低處流」，但並不表示大西洋的水面就如同玻璃一樣平滑。波浪和潮汐是海水達到水平的方式，瀑布也是一樣，而一切總在運動中。均衡理論允許人們分析現實世界中處於非均衡狀態的事物將會怎樣運動。

類似地，醫學院的學生多少都會學習健康的均衡狀態下，身體各個部分的理想運行方式，但是身體各個部分並不總是在健康的均衡狀態下良好運行，因為如果真是這樣，就沒有必要開辦醫學院了。換句話說，學習均衡的關鍵是，透過某種方式理解事物不均衡時會發生什麼情況。

在經濟學中，均衡概念不僅能用來分析特定企業、產業或勞動力市場，還能用來分析整個經濟。也就是說，不僅有均衡價格或均衡工資，也存在均衡的國民收入和國際貿易。分析特定市場的均衡和非均衡狀態的研究被稱為「微觀經濟學」；分析通貨膨脹、失業或總收入波動等整個經濟的變化的研究被稱為「宏觀經濟學」。然而，這種簡單的畫分忽略了經濟中的所有因素都是相互影響的這一事實。諷刺的是，兩位曾在非市場經濟體系的蘇聯生活過的經濟學家，看出了市場經濟的重要性，他們指出：「世界上所有物品的價格都相互關聯，因此某一因素的微小變動，都會影響到其他無數的因素。」

例如，當美國聯邦儲備理事會為了降低通貨膨脹的危險而提高貸款利率時，可能會導致房價下跌、儲蓄增加，以及汽車銷量下降，並對整個經濟的各個方面產生諸多其他影響。在現實中，追蹤所有這些影響幾乎是不可能的，即使是在理論上分析這些影響也非常具有挑戰性，從事這些分析工作的一些經濟學家還因此獲得了諾貝爾獎。對這些複雜且相互依賴的關係的分析——不論是對微觀經濟，還是宏觀經濟——被稱為「一般均衡」理論（Equilibrium Theory）。熊彼得在《經濟分析史》（*History of Economic Analysis*）中認為，「這種相互依賴無處不在」，是經濟生活的「基本事實」。

一般均衡理論的標誌性人物是法國經濟學家里昂·瓦爾拉斯（Léon Walras），十九世紀創立的這一經濟學分支實際上就來自他的複雜聯立方程式。早在十八世紀，另一個法國人弗朗索瓦·魁奈將各種經濟活動用線連接起來，組成複雜的交叉表，摸索出有關一般均衡的一些觀點。馬克思在《資本論》第二卷中，同樣列出了許多方程式來表明市場經濟的某些部分是如何影響經濟中的諸多其他部分的。換句話說，如同大多數發現者一樣，瓦爾拉斯也有前輩，但他仍然是這一領域的標誌性人物。

雖然一般均衡理論只有經濟學專業的優秀學生才能研究透徹，但是它的一些實際意義每個人都能理解。這些意義非常重要，因為政客常常提出一些他們要「解決」的經濟「問題」，卻根本不去注意他們的「解決措施」在整個經濟中的震蕩反響最終可能會消除「解決措施」的效果。

例如，對某些類型的貸款或所有貸款設置利率上限的法律，將減少貸款的發放數量，並改變能獲得貸款的人的類型（低收入者將越來越難獲得貸款資格），還會影響公司債券的價格，以及已探明的自然資源儲量等。[6]事實上，沒有經濟交易是孤立的，不論在那些想要對某些「問題」提出特定「解決方案」的人看來，它有多麼孤立。

凱因斯主義經濟學

二十世紀，經濟學最突出的新進展是研究從繁榮到蕭條時國民產出如何變化。一九三〇年代的大蕭條為世界各國帶來了悲慘的社會後果，而它帶來的重大且持久的影響之一，就是經濟學家一直在努力查明災難發生的原因和方式，探究可以採取什麼措施來預防它再次發生。[7]一九三六年凱因斯出版的《就業、利息與貨幣通論》（*The General Theory of Employment Interest and Money*）一書，是二十世紀最著名、最有影響力的經濟學著作。到二十世紀中葉，它已經成為世界領先經濟學專業中被廣泛接受的正統觀念——除了芝加哥大學和其他一些大學的經濟學系，這些大學的員工大多數是米爾頓・傅利曼以及其他芝加哥學派經濟學家的學生。

傳統經濟學關注的是具有多種用途的稀有資源的分配問題，凱因斯在此基礎上又增加了當時的一個焦點問題，即包括勞動、資本等在內的國家資源有很大一部分根本沒有得到利用。在凱因斯寫作《就業、利息與貨幣通論》時，即一九三〇年代大蕭條時期，情況就是如此，當時許多企業的生產量要遠低於正常的生產能力，而且有四分之一的美國工人失業。

寫作這本巨著時，凱因斯在寫給蕭伯納（George Bernard Shaw）[8]的一封信中提到：「我相信，我正在寫作的這本經濟學理論著作將會大大改變這個世界看待經濟問題的方式，雖然可能不會立刻實現，但是十年後必將成真。」這兩個預測被證明都是準確的。在經濟學領域，凱因斯的理論不僅取得了很大的成功，而且被廣泛認為是正統經濟學。

凱因斯主義經濟學不僅讓總產出和就業的變化有了經濟學解釋，而且也為政府實施干預恢復蕭條經濟提供理論依據。與其等待市場透過自身力量調整並恢復充分就業，凱因斯主義認為政府支出可以用更小的副作用、更快的速度取得相同的效果。儘管凱因斯及其追隨者認識到政府支出會引發通貨膨脹風

---

6 本書在第十三章對此進行了討論。

7 凱因斯在一九三〇年寫道：「這個世界慢慢地認識到，今年我們正生活在現代歷史上最大經濟災難的陰影之下。」凱因斯，《勸說集》（*Essays in Persuasion*）。

8 編注：倫敦政治經濟學院創始人之一。

險，尤其是當「充分就業」變成政府政策時，但是他們認為，這個風險是可接受且可控的，因為在大蕭條期間，失業規模產生了變化。

一九四六年凱因斯去世之後，後續的實證研究表明，政策制訂者實際上可以在失業率和通貨膨脹率之間做出選擇，即「菲利普斯曲線」——為了紀念提出該理論的倫敦經濟學院經濟學家A・W・菲利普斯（A.W. Phillips）而以其姓名命名。

後凱因斯主義經濟學

菲利普斯曲線可能是凱因斯主義經濟學鼎盛時期的標誌。然而，芝加哥學派開始從理論和實證研究兩方面，逐步瓦解一般凱因斯理論，尤其是菲利普斯曲線。芝加哥學派的經濟學家發現，市場一般要比凱因斯主義者認為的更理性也更敏感，而政府在這兩方面都更欠缺，至少從提高國家利益的意義上是如此，從抬高政客權位的方面來看倒是不然。此時，經濟學已變得非常專業化和數學化，以至於大多數人，甚至大多數經濟學領域之外的學者，也難以理解傑出經濟學學者的著作。人們所能看到的是，凱因斯主義經濟學的正統地位逐漸受到侵蝕，尤其是在一九七〇年代，通貨膨脹和失業同時升高，削弱了菲利普斯曲線提出的概念，即政府可以在通貨膨脹和失業之間權衡取捨。

一九七六年，芝加哥大學的傅利曼教授獲得諾貝爾經濟學獎，標誌著非凱因斯主義和反凱因斯主義的經濟學家，如芝加哥學派的成員，不斷獲得更多的關注。二十世紀的最後十年，諾貝爾經濟學獎大都頒給了芝加哥學派的成員，不論他們是在芝加哥大學，還是在其他機構。然而，凱因斯主義者的貢獻並沒有消失，因為凱因斯的許多觀點見解，如今已經成為所有學派經濟學家進行思想交流的一部分。一九六五年十二月三十一日發行的《時代》雜誌在封面上刊登了凱因斯的照片，這也是《時代》雜誌第一次刊登已故之人的照片。雜誌還隨刊做了一篇報導：

「《時代》引用米爾頓・傅利曼這位傑出非凱因斯主義經濟學家的話：『如今我們都是凱因斯主義者。』傅利曼實際想說的是：『如今我們都是凱因斯主義者，那就沒有凱因斯主義者了。』這表示，雖然每個人都吸收了凱因斯的一些重要知識，但現在沒有人完全相信這些了。」

雖然經濟學的歷史很容易被當作提升和發展經濟分析的數量及品質的一系列偉大思想家的歷史，但是這些先驅者也很少創造出完美分析。在許多領域中，先驅們的觀點總是存在隔閡、模糊、錯誤及缺點，在經濟學中也是如此。澄清、修整以及更加嚴謹地將這些偉人們所創造的知識系統化，需要眾多其他人的大量工作，他們沒有這些偉人的天賦，但是能在單個事物上看得比這些偉大的先驅更清楚。

例如，李嘉圖在經濟學史上是一位不折不扣的標誌性人物，相比之下，與他同時代的塞繆爾・貝利（Samuel Bailey）卻名不見經傳，但是貝利在分析李嘉圖經濟學時，在許多方面比李嘉圖本人表述得還要清楚。同樣地，二十世紀凱因斯主義經濟學在發展之初只有概念和定義，在凱因斯的著作裡並沒有圖表和方程式，其他傑出的經濟學家將凱因斯主義經濟學的分析擴展成專業的學術著作，用凱因斯本人都沒有用過，也想像不到的方式在教科書裡展示給學生。

經濟學的作用

有關經濟學歷史的分析往往會涉及以下問題：（1）經濟學是科學還是一組觀點和思想偏見？（2）經濟學思想是否反映了周圍的環境和活動，它能隨著環境和活動而改變嗎？

科學分析

毫無疑問，經濟學家作為個體，與數學家、物理學家等個體一樣，有他們各自的喜好和偏見。但是，人們並不認為數學和物理僅僅是主觀看法，或是有失偏頗的觀念，這是因為這些學科都有廣為接受的程序來檢驗和證明觀點。正是由於個體科學家很可能抱有偏見，因此科學家們普遍都在尋求創建並達成一些無偏私的科學方法和程序，用以制止或揭露個人偏見。

在經濟學中，凱因斯主義經濟學家偏愛政府干預，而芝加哥大學的經濟學家偏愛依靠市場，這些偏愛很可能影響他們對菲利普斯曲線等理論的分析和數據整理的最初反應。但是，凱因斯主義經濟學家和芝加哥學派經濟學家在他們的專業著作中，使用的是同一套分析和實證程序，這一事實讓他們能隨著時間的推移獲得更多的數據，得到共同的結論，從而削弱了菲利普斯曲線。

科學充滿了爭論，但促使某一領域成為科學的，並不是對特定問題無意識的一致同意，而是在有足夠數據時，被普遍接受並用於解決某一問題分歧的一組程序。愛因斯坦的相對論一開始並沒有被大多數物理學家接受，而愛因斯坦也並不想在沒有實證測試的情況下，讓人接受這一理論。一次日食期間光線的運動，為他的理論創造了檢驗機會，意想不到的結果讓其他科學家終於相信，愛因斯坦是對的。傑出的科學史學家托馬斯・孔恩（Thomas Kuhn）認為，相互矛盾的理論不能在科學領域無限期共存，這一點將科學與其他領域區分開，當能獲得足夠的數據時，某一種觀點肯定會勝出，而其他的觀點則會消失。

因此，燃素理論讓位於氧氣燃燒理論，托勒密的天動說被哥白尼的地動說所取代。然而，意識形態的歷史與科學的歷史截然不同。相互衝突的意識形態可以共存幾個世紀，人們看不到甚至想像不出這些分歧的解決辦法。[9]

科學家共享的不僅是對各種結果的認同，更重要的是測試和驗證方法上的共識，首先就是對術語的仔細且嚴格的定義。在討論流行的經濟政策時，人們一般會使用「工資」這類鬆散的術語來表示完全不同的東西，諸如單位時間的工資水準、工人的總收入和每單位產出的勞動成本等，這些都表明在經濟學中定義極其重要。[10]正如第二十一章提到的，富裕國家的工資比第三世界國家的工人工資高，但是單位產出的勞動成本更低。

---

9 這一主題在本人所著《視界的衝突》（*A Conflict of Visions*）中有深入的探討。

10 正如我們在第十七章瞭解到的，一九三〇年代大蕭條期間，輪流執政的兩黨政客試圖維持單位時間的高工資水準，以此來保持工人的「購買力」，而工人的購買力實際上取決於工人的總收入。但不論是凱因斯主義經濟學家，還是非凱因斯主義經濟學家，都明白雇用的工人人數會受到單位時間工資水準的影響，因此更高的工資水準可能意味著就業人數的減少。一些人因此失去收入，這就降低了購買力。在討論國際貿易時，經常出現的謬誤是擁有高「工資」（即單位時間的工資水準）的國家，無法與擁有低「工資」的國家競爭，理由是基於高工資國家有更高生產成本這一假設。

不論是科學還是經濟學，用數學形式表述觀點，比用大段文字表述更加簡潔，其中的複雜關係也更容易理解，也使得觀點的內涵更加清晰，缺陷更難隱藏。例如，一九三一年，芝加哥大學的雅各布・維納（Jacob Viner）教授為一篇經濟學學術論文做準備時——這篇論文具有重大的意義，並且在之後的幾十年中不斷重印——委託一名繪圖員繪製他想要的某個複雜的成本曲線。繪圖員回覆說，這組曲線中有一條曲線不可能按照雅各布・維納設定的這些特徵繪製。

後來，雅各布・維納教授意識到，他的要求是「在技術上不可能的，在經濟上也不合適」，因為在他的分析中，有一些假設與他的其他假設不相容。用數學表達這一觀點時，缺陷十分明顯，而在不精確的文字表述中，互不相容的假定則能長期共存。

對謹慎定義的術語進行系統分析，以及用經驗證據來對理論進行系統檢測，在任何學科的科學研究中都是必要的組成部分。無疑的，經濟學自產生以來，在幾個世紀中已朝著科學的方向取得了不斷的進步。然而，經濟學也只是在擁有一些科學程序的意義上來說是一門科學。它還無法進行受控試驗，經濟學理論往往也缺乏科學所具備的精確性和可重復性。另一方面，在一些被公認為具有科學基礎的領域裡，也有一些學科無法進行受控試驗，天文學就是一個例子，另一個例子是氣象學。此外，這些領域之間的精確程度也各不相同。

例如，在天文學領域，幾個世紀後的日食都能被準確預測，甚至連發生的時間也能精確預測到秒；而氣象學甚至無法準確地預測一周後的天氣。

雖然沒有人質疑天氣預測中使用的物理學原理的科學性，但是各類因素的眾多組合在特定時間、特定地點會如何相互作用具有不確定性，使得預報（*forecast*）具體某一天的天氣相當困難，比**預測**（*predict*）所有因素匯集在一起時會如何相互作用更難。

如果氣象學家提前知道從墨西哥灣向上移動的一股暖濕氣流遭遇從加拿大下來的一股乾冷氣流的時間，那他就能預測美國聖路易斯將有一定程度的降雨或降雪，因為這只是將物理學原理應用到特定的環境中。不確定的並不是這些原理，而是決定某時某地應該應用哪個原理的全部變量。

從科學上我們可以知道，乾冷空氣與暖濕空氣相遇將不會有明媚的好天氣。我們不知道的是，這些特定的氣流會同時經過，還是按順序經過，抑或根本不經過聖路易斯。需要針對它們是否會以當前的速度和方向繼續向前移動來計算統計機率。

從本質上看，經濟學非常類似於氣象學。有歷史記載以來，還未出現過政府在一年內將貨幣供給增加十倍，價格卻不上漲的情況；也不會有誰會設想發生這樣的事情。價格管制將導致短缺、黑市以及產品品質下降、附加服務減少，不論是戴克里先統治下的羅馬帝國、法國革命時期的巴黎，還是如今處於管制下的紐約住房市場；也不論實施價格管制的對象是住房、食品，還是醫療服務領域，都出現過類似的情況。

經濟學家間的爭論常常成為新聞，但是這並不代表著經濟學領域沒有公認的准則，就如同科學家之間的爭論並不代表著化學或物理學沒有公認的准則一樣。在兩種情況下，這些爭論很少是關於預測既定環境下**可能會**發生什麼，而是預測在一個有大量因素可以任意排列組合，以至於無法完全預報將會發生什麼結果的環境中實際**將會**發生的機率。總之，這些爭論的分歧往往不是針對所在領域的基本原理，而是糾結於所有這些趨勢和條件將怎樣結合，以及在特定環境下，應該應用哪個原理，或是哪個原理在這個環境中起支配作用。

假設和分析

針對經濟學有許多反對意見，有人說經濟學「過於簡化」，還有人說它提出了過多的利己和功利的理性假設，也有人說經濟學分析和預測背後的假設，並不是對現實世界的真實描述。

經濟學「過於簡化」的問題部分已經在第四章中予以解答。「過於簡化」一詞所暗含的意思是，某些解釋不僅簡單，而且**過於**簡單。這其中存在著另一個問題：什麼是太簡單？如果實際情況正如這些解釋的預測，很明顯從它們的目的來看，這些解釋並沒有過於簡單——尤其是如果事實**並沒有**更複雜，或聽起來更合理的解釋沒有準確預期事實。總之，某個特定解釋是否過於簡單是一個實證問題，不論一種解釋表面上看起來如何合理、複雜或細緻，我們都不能對它進行提前判斷，只能在有確鑿的證據檢驗預測結果之後，才能下判斷。[11]

有人試圖透過表面的合理性判斷一個理論的有效性，而不是看理論在實際測試中的表現。與此相關的一個批評是，經濟學分析描述的人們思維方式和行動方式，與大多數人的並不相同。但是經濟學最終要符合系統結果，而不是個人意圖或個人行為。

處於意識形態兩端的經濟學家都理解這一點。馬克思曾說過，當技術進步降低生產成本時，資本家會降低產品價格，這並不是由於他們希望這樣做，而是由於市場競爭迫使他們這樣做。亞當・斯密也同樣提到，競爭性市場經濟的好處是「不存在」資本家的意願。正如第四章提到的，馬克思的戰友恩格斯也曾說過：「每個人的意志都受到其他人的阻礙，最後將出現誰都不希望的結果。」經濟學努力預測的正是最終會出現什麼樣的結果，而且成功與否取決於最終的結果，而不是經濟學分析一開始看起來多麼有道理。

偏見和分析

長久以來，個人偏見是經濟學的另一個重要問題，也是對經濟學科學地位的質疑。約瑟夫．熊彼得的《經濟分析史》一書對經濟學理解的廣度和深度至今仍無與倫比，他在書中研究了個人偏見對經濟分析產生的影響這一備受爭議的問題。他發現，從亞當．斯密到馬克思，經濟學家普遍都有意識形態偏見，但他也總結道，這些偏見對經濟學家的分析性著作產生的影響非常小，他們的著作有別於具有意識形態的評論和宣傳。

熊彼得還在一篇發表在學術雜誌上的文章中，特別談到了亞當．斯密：「在亞當．斯密的例子中，有趣的並不是不存在意識形態的偏見，而是意識形態偏見的無害化。」

在熊彼得看來，亞當．斯密針對商人難以釋懷的負面印象就是意識形態偏見，源於亞當．斯密「不

11 經濟學家奧利．阿申費爾特（Orley Ashenfelter）說，他既不用品嘗葡萄酒，也不用參考葡萄酒鑑賞師的意見，只要針對生產葡萄酒所用的葡萄，透過這些葡萄生長季節天氣狀況的有關數據，就可以預測葡萄酒的價格。這一言論著實讓那些葡萄酒鑑賞師大吃了一驚。而結果表明，按他的方法預測的價格，要比葡萄酒鑒賞師的預測更準確。

屬於商人階級」的家庭背景，以及他對「相同背景知識分子」著作的努力研究。但是，就他所從事的「良好的事實性與分析性教學」而言，「所有這些意識形態，不論多麼強烈，都沒有對他的科學成就造成多大損害」。同樣地，馬克思眼中的理想社會進程，在他學習經濟學之前就已經形成。但是，「隨著他的研究日臻成熟，馬克思不僅增加了很多中立的科學研究，還增加了一些反對的觀點」，即使馬克思繼續使用「辱罵性的措辭也不會減弱他論點中的科學元素」。諷刺的是，馬克思對商人的看法與亞當・斯密並不完全相悖。[12]

依據熊彼得的觀點，「科學**本身**並不是要我們放棄自己的價值判斷，或放棄提倡某些利益的主張」。他更直白地說，「提倡並不代表撒謊」，雖然有時候意識形態會「昇華」成「不受別人觀點」影響的「信條」。但是，科學領域的標誌之一是「程序規則」，據此可以透過分析來「消除意識形態方面的錯誤」。此外，明白自己要「構想、捍衛和批判的東西」能推動實際工作和分析工作，即使這個過程有時會受到意識形態的干擾。因此「儘管由於自身的意識形態，我們進展緩慢，但是若沒有它們，我們也許就不會取得任何進步」。

事件和思想

經濟學影響事件嗎？事件影響經濟學嗎？簡短來說，這兩個問題的回答都是肯定的，但是唯一有意義的問題是：在多大程度上，並以哪種方式影響？凱因斯對第一個問題是這樣回答的：

「經濟學家以及政治哲學家之思想，其力量之大，往往出乎常人意料。事實上統治世界者，就只是這些思想而已。許多實行家自以為不受任何學理之影響，卻往往當了某個已故經濟學家之奴隸。狂人執政，自以為得天啓示，實則其狂想之來，乃得自若干年之前的某個學人。我很確信，既得利益之勢力，未免被人過分誇大，事實上遠不如思想之逐漸侵蝕力之大。」

換句話說，經濟學家對事件進程的影響，並不是透過直接影響某個時期的掌權者來實現的；而是形成某些普遍的信念和態度，為輿論製造者的思考和政客的行動提供環境。在這層意思上，被亞當・斯密所創造的經濟學理論批判了幾個世紀之後，重商主義者仍然影響著當今世界的觀點和態度。

經濟學是否由事件塑造，這個問題存在著更大的爭議。過去，人們普遍認為思想觀念來自周圍的環境和事件，經濟學思想也不例外。毫無疑問，現實世界中，某些事物引發人們思考經濟學思想，正如科學和數學等其他領域中的情況。在古埃及，尼羅河沿岸反覆暴發洪水，模糊了田地的界限，於是重新丈量土地的需要激發了三角學的發展。

12 馬克思在《資本論》中寫道：「我絕不用玫瑰色描寫資本家和地主的面貌。不過這裡涉及的人，只是經濟範疇的人格化，是一定的階級關係和利益的承擔者……不管個人在主觀上怎樣超脫各種關係，他在社會意義上總是這些關係的產物。同其他任何觀點比起來，我的觀點是更不能要求個人對這些關係負責的。」和許多其他的左派人士不同，馬克思並不認為資本家控制著經濟，反之他認為：「自由競爭會把資本主義生產的內在規律，當作外部的強制規律，而對每個資本家發揮作用。」

這是一種影響。而有的人認為事件帶來的影響更加迅速也更直接，如相信一九三〇年代大蕭條催生了凱因斯主義經濟學者。但是，即便大蕭條激發了凱因斯的思維，並促使世界各地的經濟學家廣泛接受他的思想，在歷史上經濟學的這種演化方式是否典型？其他領域的思想的歷史演進又是如何呢？

牛頓提出萬有引力定律後，從天上掉下來更多東西了嗎？還是這些東西的掉落帶來了更多的社會問題？當然，在亞當・斯密寫作《國富論》時，並無許多自由市場，《國富論》提倡更自由的市場，正是出於斯密對當時流行的各種政府干預所帶來惡果的不滿。[13] 十九世紀，經濟學完成了從生產成本決定價格的理論向消費者需求決定價格的理論的重大轉變，這並不是因為生產成本或消費者需求產生了變化所致，而是來自一種不可預測的新的理性洞見，用來解決當時經濟理論的模糊不清、前後矛盾。至於蕭條，一九三〇年代之前，已經經歷了多次經濟蕭條，但從來沒有產生過一個凱因斯。

諾貝爾經濟學獎得主喬治・斯蒂格勒指出，現實世界中的重大事件可能並不會引發知識的變遷，他指出：「戰爭可以毀滅一片大陸，或毀掉一代人，卻不可能激發新的理論問題。」在過去的幾個世紀裡，發生了許多次跨越不同大陸的戰爭，並帶來了毀壞和破壞，在這樣的殘酷現實中，已經不存在需要理智面對的新事物了，即使身處重大災難。

不論起源於何處，影響力有多大，或受到外部事件的何種影響，經濟學終究是一門研究人類處境的一個持久的部分的學問。它的價值取決於它在多大程度上有助於我們理解人類所處的某些條件，包括具多種用途的稀有資源的分配。不幸的是，經濟學專業中的知識很少被一般市民或選民所理解掌握，如果大多數人對經濟學的理解都達到一個世紀以前的馬歇爾或兩個世紀以前李嘉圖對經濟學的理解程度，那人們就不會容忍政客們自作主張做的一些事情。

至於經濟學家今天的成就，在專業內也存在著非常不同的評價。經濟學一直被人稱為「沈悶的科學」，這些人不滿於經濟學家總是揭穿那些看似大有可為的社會理論和政策建議，而且經濟學家總是認為它們將事與願違。然而，凱因斯的經濟理論提出政府干預可發揮積極作用，在此之後，人們感到經濟學能在許多方面做得更多，而不是僅是為某些問題提供真知灼見，或針對規模過大而欠縝密的政策提出警告。一九六〇年代，有些凱因斯主義經濟學家認為，他們有能力對經濟做出「微調」。這一派的代表人物之一是沃爾特・海勒（Walter Heller），是甘迺迪總統任下的經濟顧問委員會的主席，他曾提出：

「經濟學在一九六〇年代已經趨於成熟……聯邦政府擔負著維持國家經濟穩定與成長的首要責任。我們終於能掙開束縛，使用財政和貨幣政策積極尋求這些目標了……總統愈發依賴經濟學家，隨之而來的是政界及民眾都普遍相信現代經濟學將不負眾望。」

一九七〇年代失業率與通貨膨脹率同時攀升的情況卻給了凱因斯主義經濟學狠狠一擊，也嚴重打擊了政府能微調經濟的想法。針對沃爾特・海勒的上述說法，傅利曼表達了截然相反的觀點：

---

13 沒有人會特意寫一本九百多頁的書來表達他對周遭境遇是多麼滿意。

「我們這個時代的一個主要問題是，人們已經開始期待政策產生它們並不能產生的結果……近年來，經濟學家給整個社會，特別是經濟學專業造成了巨大的傷害，因為我們做出了能力範圍之外的承諾。我們由此慫恿政客做出不切實際的許諾，灌輸大眾不切實際的期望，並由於現實結果達不到經濟學家的承諾而引發廣泛的不滿。」

第二十七章

最後一點想法

在我們意識到自己所做的許多事情都十分愚蠢之前，我們不會變得更聰明。

——英國經濟學家 海耶克（F. A. Hayek）

有時候，整體會大於各部分之和。透過本書，你除了學會瞭解價格、投資或國際貿易等知識，可能還學會了對媒體、政客和其他人大量使用的粉飾詞彙和模糊用語保持懷疑。

你可能再也不會不加批判地接受關於「富人」和「窮人」的語言表述和統計數字。也不會再疑惑實施租金管制的地方為什麼同時存在住房短缺，或為什麼努力控制食品價格，卻往往導致飢餓和飢荒。

然而，經濟謬論是列舉不完的，因為人類豐富的想像力幾乎不受限制。當我們還在駁斥舊的謬誤時，又有新的謬論被有意無意地構想出來。我們所能的做的只有揭露一些較普遍的錯誤，並促使人們形成超越情感訴求的懷疑精神和分析方法，因為正是這些情感因素在政治上和媒體中，造成了大量有害甚至危險的經濟謬誤。

其中就包括更謹慎地使用和定義文字，如此一來，人們就不會再因為混淆**單位時間的高工資水準與**

單位產出的高勞動成本，而認同高工資國家無法在國際貿易中與低工資國家競爭這樣的表述。類似的迷惑還包括**單位收入稅率**與**政府的稅收總收入**，這些混淆使任何試圖理性探討稅收政策的努力付諸東流。

存在眾多經濟謬誤的原因可以概括為以下三個方面：（1）將經濟看作一組零和交易；（2）忽視競爭在市場中的作用；（3）沒有考慮超出某一政策初始結果之外的其他情況。

如果在經濟交易中，只有一方受損，另一方才能獲益，那認為透過政府干預來改變交易條款，會對某一方（如房客和員工）帶來淨利益是可以理解的。但是，如果經濟交易對雙方都有利，那改變交易條款偏袒某一方，往往會減弱另一方參與交易的意願。在一個正和交易的世界中，不難理解為什麼租金管制法會導致住房短缺，最低工資法會增加失業。很少有人會明確地指出經濟交易只對一個交易方有利，但是許多謬誤之所以一直存在，正是因為人們不願闡明（即使是向他們自己）被隱藏起來的假設。真正因為愚蠢而無法將事情想清楚的人很少。人們常常懶得去思考問題，於是即使是非常聰明的人，也可能得出站不住腳的結論。如果不用大腦去思考，他們的腦力就沒有意義。

忽略競爭在自由市場經濟中發揮中心作用的人，常常也不說明他們的假設前提。中央計畫吸引人的地方在於，它似乎可以替代不受控的市場中那些混亂且不協調的行為——尤其是在中央計畫還沒有付諸實踐，後果還不明確的時候。

還有很多人相信，工會僅僅透過減少一個產業中的投資者能獲得的收入，就可以增加工人們在這個產業中的收入。但是，這種想法忽視了投資的競爭性，投資會被報酬率更高的產業吸引，並從較低報酬率的產業撤出，從而改變這些產業中的就業前景。只要一個產業中同時存在工會公司與非工會公司的競爭，比如美國汽車製造業中，常常會看到通用汽車公司大幅削減在職員工人數，而同一時間豐田公司卻在增加美國工廠的員工人數。

惰於思考還有一個特例，那就是不考慮政府政策等經濟決策的初始結果之外的事情。限制外國鋼鐵進口到美國，確實可以保護美國鋼鐵產業的就業，但是會影響到美國其他產業產品的價格和銷售量，高價格的美國鋼鐵造成的失業，比鋼鐵產業保留的就業職位還要多。所有這些都不是多麼複雜的事情，只要我們靜下心來思考。當然，比起本章中所舉的幾個特例以及全書的其他例子，理解它們所闡明的經濟學原理更重要。

許多困惑都是源於人們根據政策聲稱的目標，而不是它們創造的誘因，來判斷經濟政策。例如，戰時許多本來用於生產民用產品的資源被軍隊占用，這種情況下人們通常普遍認可要確保讓人民大眾，尤其是低收入者，能得到食物等基本物品。但是，價格管制的對象很可能是麵包和奶油，而不是香檳和魚子醬。當我們僅僅考察政策目標和初始結果時，不論看起來多麼正確，當隨著我們跟隨政策帶來的誘因，觀察到它們引發的影響，將看到完全不同的情況。

如果相較於自由市場上由供給和需求決定的價格，麵包和奶油的售價保持在更低水準，那麵包和奶油的生產者的利潤率最終就會低於香檳和魚子醬的生產者的利潤率，因為人們並不認為後一類產品是必不可少的，所以它們的生產者仍能自由地按「人們能承受的最高價」收費。所有的生產者都在競爭勞動力和其他稀有資源，較高的利潤率使香檳和魚子醬的生產者，可以獲得比原本在沒有價格管制的自由市場上可獲得的更多的資源，而這都是以麵包和奶油的生產者的利益損失為代價。資源從麵包和奶油生產者手中轉移到香檳和魚子醬的生產者，如果我們沒有考慮經濟政策初始結果以外的情況，就注意不到這些。基於同樣的原因，租金管制往往會令用於建設針對中等收入者的普通住房的資源，轉移到建設富人的豪華住宅。

經濟學原理的重要性，超越了我們大多數人認為的經濟學範疇。例如，擔心石油、鐵礦或其他自然資源枯竭的人，常常認為他們討論的是地球物質的存量。但是，這些「已探明儲量」的資源數據，更多的是告訴我們勘探的成本以及挹注給探勘的資金之利率，而不是地球上還剩下多少資源，若你意識到這一點，就會對資源枯竭的假想改觀。如果不知道物質資源能開採提煉的數量和成本，儲量有多少並不一定是重要的。

許多通常不被認為具經濟屬性的決策，實際上可能會產生嚴重的經濟後果。例如，一些社區可能會限制當地建築物的高度，卻沒有考慮帶來的經濟影響，它將導致房租大幅上漲。[1]諸如此類的問題從表面上看與經濟學沒有交集，但是在理解經濟學的基本原理之後，我們就可用截然不同的視角看待它們。

區分政策**目標**和政策**誘因**的重要性，比本書討論的任何具體問題都要大，甚至實際上要超過整個經濟學。構建一個美好的目標，是再容易不過的事情。一九三〇年代大蕭條時期，「頒行法律來減輕人民和帝國的痛苦」賦予了希特勒獨裁權力，而希特勒帶給德國人（以及很多其他人）的痛苦卻史無前例。

我們必須要對任何目標保持懷疑：在這個目標的名義下，將會發生哪些具體的事情？某項立法或政策鼓勵什麼、懲罰什麼？它施加的限制又是什麼？展望未來，這些誘因和限制可能會產生什麼後果？回顧過往，類似的誘因和限制在歷史的其他時空產生過哪些後果？正如英國歷史學家保羅・約翰遜（Paul

Johnson）所言：

> 「對於當代人的傲慢，研究歷史是一劑強大的解毒劑。我們將羞愧地發現，許多我們看來新穎且可信的假設都很膚淺，它們反覆地出現在歷史的各個時期各個地方，並早已被證實是完全錯誤的，人類也為此付出了巨大的成本。」

我們已經見證了這種巨大的代價。俄羅斯儘管擁有歐洲大陸最肥沃的農田，它的人民卻在忍飢挨餓；紐約有大量的空屋門窗被釘上木板，而寒冷冬夜裡有些人只能露宿街頭，雖然這些空屋可以容納所有露宿街頭的人。

在各個國家、各個歷史時期，已經產生不良後果甚至災難性後果的諸多經濟政策展露了政策制訂者的愚蠢——對於民主國家，則表明了投票支持這些政策的人是多麼愚蠢。但是情況並非必然如此。雖然理解這些問題需要運用的經濟分析不難掌握，但人們必須先靜下來，在經濟學框架裡思考它們。若不能停下來透徹思考，那人們是天才還是笨蛋就無關緊要了，因為他們的思考邏輯品質本身就是個問題。

除了產生誘因和限制作用之外，我們的另一個中心議題是**知識**的作用。在自由市場經濟中，數十億

1 若是法律禁止建設十層的公寓，那同一塊地上的五層公寓，每間公寓平攤的成本就會更高，因為住戶人數是前者的一半，土地成本必須透過更高的租金才能收回，而這時的土地成本比在其他地方修建同樣建築耗費的成本更高。

美元的大型公司可能對環境變化及其影響的瞭解和掌握程度都落後於新興對手，並因此從頂峰跌至谷底，甚至有些公司因此破產倒閉。

事實雖然重要，但理解這些事實的**含義**更重要，這一點我們可以透過理解經濟學達到。例如，柯達公司在一個多世紀的時間裡一直是國際攝影產業的巨頭，卻被數位相機的崛起擊垮，柯達公司的眾多產品建立在已經過時的底片技術之上，而它們的市場受到了數位相機的衝擊。然而，柯達公司缺乏的並不是關於數位相機的知識（數位相機正是由柯達公司發明的），而是未能看出這項新技術的**含義**以及其他公司開發這項技術的潛能，正是這些公司迫使柯達走向破產。這些其他公司不僅包括尼康、佳能等傳統的相機製造商，還有攝影產業以外的公司，如SONY和三星，它們也開始涉足數位相機生產。

重要的並不是攝影產業或其他產業中的某家公司戰勝了某個對手，而是知識與洞察力在市場競爭中的決定性作用。大眾可以從中獲益，是因為企業基於對當時當地的經濟現實更準確的理解做出了商業決策，並存活了下來，具有替代性用途的稀有資源在這些企業中也得到了更有效地使用。

在中央計畫經濟體中，計畫者要設定數百萬個價格，並讓這些價格對環境的諸多不可預知的變化做出反應，這根本就是不可能完成的任務。他們不斷失敗一點都不令人驚奇。奇怪的是有人竟相信他們能成功——因為要成功地安排價格，需要使用並掌握的知識是海量的。

在市場經濟中，知識和洞察力具有決定性的優勢，即使這些知識和洞察力是由生長於貧困中的人掌握，如潘尼（J. C. Penney）或伍爾沃斯（F. W. Woolworth）。有些經濟體依賴於一小部分以出身或意識形態畫分的菁英的思想，我們能看到為什麼市場經濟國家往往比它們表現得更加出色。雖然市場經濟常常被看作金錢經濟，但它更應該被看作知識經濟，因為我們常常可以看到，金錢追隨著有用的新思想、新技術和新組織方式，即使這些創新是由本來沒有錢的人實現的，亨利・福特、愛迪生、及惠普公司創辦人大衛・帕卡德（David Packard）等，這些人並不是天生的有錢人。在資本主義制度下，資本往往是可獲得的，但不論在何種經濟制度下，知識和洞察力都是稀少且珍貴的。

我們不能僅僅把知識設想成是知識分子和學者所關注的那類資訊。我們也不能像著名學者、牛津大學貝利奧爾學院院長班傑明・喬伊特（Benjamin Jowett）那樣，他在一首詩中寫道：

我的名字是班傑明・喬伊特
所有的知識我都知曉
我是這個學院的院長
我不知道的就不是知識

事實上，知識分子還有很多不知道的知識，並且這些知識對經濟體系的運作至關重要。我們很容易蔑視那些非常具體、十分平凡的知識及它們的意涵，但是它們在經濟上往往具有決定性的作用，例如人們會問：「煎個漢堡需要多少知識？」麥當勞可以在世界各地擁有成千上萬家連鎖店，成為一家價值數十億美元的公司，這並不是沒有原因，它有那麼多的對手為了同一個目標拼命努力卻沒有成功，而且其中一些對手甚至無法獲取足夠維持企業的收入。研究過這家加盟連鎖店歷史[2]的人都會驚訝於它運用的大量細節性知識、洞察力、組織和技術創新、財務應變能力、全力以赴以及巨大犧牲，這些知識將麥當勞從銷售品種有限的普通食物店，變成了在經濟上取得巨大成功的大型公司。

麥當勞並非獨一無二。所有企業，從西爾斯到英特爾、從本田到美國銀行，都是從卑微的起點出發，透過努力打拼，最終獲得財富和保障。在這些例子中，正是多年裡構建的知識和洞察力（人力資本），最終吸引了金融資本，從而使理想變成了現實。另一個方面，在缺乏可靠的產權法的國家，金融資金的流動非常困難，底層的人更是缺乏獲得所需資金的途徑，沒有錢來支持他們創業。更重要的是，這些被扼殺的企業家，本可以為國家經濟成長做出貢獻，而整個社會則失去了本來可以得到的利益。

成功只是自由市場經濟的一部分，失敗同樣重要，雖然很少有人願意談論失敗，更沒有人希望經歷失敗。同樣的資源——不論是土地、勞動、鋼鐵還是石油——可以被不同的企業和不同的產業用於生產不同的產品，要讓成功的想法變為現實，唯一方式就是將資源從不成功的用途或已經過時的用途轉移出來。經濟學並不是關於「雙贏」選擇的學科，常常涉及痛苦的抉擇，要對具有多種用途的稀有資源進行分配。成功和失敗並不是相互孤立的幸與不幸，而是同一過程不可分割的部分。

所有的經濟制度，不論是社會主義、資本主義、封建主義還是其他，本質上都是協調商品與服務生產和分配的方式，不論效率是高還是低，是出於自願還是非自願。個人或群體自然地都希望自己在這個過程中的貢獻能得到更多的報酬，但是他們的抱怨或衝突只是餘興節目，真正的大事件是所有人共同努力，製造賴以生存的產出。不公平的比較與互相殘殺的鬥爭只是社會鬧劇，卻成為媒體、政治以及部分知識分子的命脈。

透過將合作性的活動——不論是雇主與員工關係，還是國際貿易或其他合作——描述成零和競爭，擁有權力的人用文字或法律將他們的錯誤觀念強加於人，並引致更糟糕的負和博弈。如今，一個既沒有知識又沒有金錢的年輕人會發現，幾乎不可能透過長時間無薪工作，來得到對未來職業至關重要的知識；但在過去很多人都可以這樣做，包括伍爾沃斯，他透過這種方式脫貧致富，並成為那個時代的零售業巨頭之一。

那些持有零和思維的人，將產權僅僅看作富人的特權，而富人削弱、破壞了這種權利，並使第三世界中的窮人無法在現實中得到產權，進而剝奪了這些窮人脫貧致富的機制。然而在不同時期、不同地方，同樣貧窮的人正是透過這種機制富裕起來的。

不論經濟學多麼有助於理解諸多問題，它都不可能帶來感情上的滿足，媒體和政治經常對問題進行更個性化或者戲劇化的描述，但經濟學做不到。枯燥的實證問題很少能像政治運動或道德宣判那樣激動人心。但如果我們真的關心眾人福祉，而不只是讓人興奮的事物或自身的道德優越感，那就必須探討實證問題。這裡面最重要的區別可能就是，說得好聽和做事實效。對於政治和道德宣言而言，前者就足矣；但對於社會大眾，特別是窮人，要改善他們的經濟狀況，說起來動聽遠遠不夠。對於那些願意靜下來思考的人，希望本書能提供一些工具，使他們能從邏輯推論和經驗結果上來評估各種政策和提案。

如果能有助於對實現這一目標，那這本書就算成功完成了使命。

---

2 可參閱約翰・F・洛夫（John F. Love）所著《麥當勞：探索金拱門的奇蹟》（*McDonald's: Behind the Arches*）。

檢驗你的經濟學知識

括號裡標注的頁碼能夠幫助你在書中找到答案。

第一部分　價格與市場

1. 是否存在沒有短缺的稀少，或沒有稀少的短缺。請以案例解釋。（44-45頁，60頁）
2. 如果決策不涉及金錢，它還是不是一個經濟決策？為什麼？（17-19頁）
3. 社會中可能既有飢荒，又食物過剩嗎？為什麼？（66-69頁）
4. 在一個非常短的時期內，新屋還來不及建好，而住宅突然不再短缺，並且人們都能找到空餘的房屋或公寓，這個時候可能發生了什麼？長遠來看，將會發生什麼？（53-56頁）
5. 下面哪一項是（或不是）由商品最高價格管制引起的？

   a.商品供給量；b.商品需求量；c.商品品質；d.黑市；e.囤積；f.與商品有關的附加服務；g.資源配置的效率。

   解釋每一個選項。（57-77頁）
6. 建造一般住宅和建造豪宅都會用到相同的資源，比如磚塊、水管和建築勞動力。房租管制法通過後，這些資源將會如何在一般住宅和豪宅之間分配？（53-57頁）
7. 在低收入社區，價格通常是高還是低？包括借款利息率和現金薪酬的成本。（80-83頁）
8. 當一個政府機構或施政項目產生了與預期相反的結果，是不是標誌著掌管這個機構或項目的人不理性或不稱職呢？請以案例解釋。（85-86頁）
9. 我們都認為某些事比其他事更重要，那為什麼官方的政府政策設立「國家重大事務」就有問題呢？（92-94頁）
10. 我們傾向於認為成本是為某物支付的金錢。但是，這否代表不使用金錢的原始社會就不存在成本呢？或

者，當人們集體生產所需的商品、提供所需的服務，卻不相互收費，這樣的現代合作社會是否也不存在成本呢？（34-39頁）

11. 房租管制如何影響每間公寓的居住人數，以及同一個人租住同一間公寓的平均時間？（51-53頁）
12. 回顧蘇聯時期，政府擁有並營運經濟中的大部分企業。大部分價格由中央計劃者設定，而不是取決於需求，蘇聯企業的成敗主要取決於是否完成中央計劃者設定的量化生產目標。這樣的生產安排將會產生哪些不同於市場經濟的結果？詳細列出五條。（27-28頁，34-35頁，38-39頁，85-86頁，87-89頁）
13. 紙的需求如何影響棒球棒的價格？奶酪的需求又如何影響捕手手套的價格？（32頁）
14. 為什麼價格管制更有可能引發汽油短缺，而不是草莓短缺呢？（61-62頁）
15. 房租管制如何影響房屋品質和房屋的平均房齡？（53-57頁）

第二部分　工業與商業

1. 為什麼一家大公司要支付一位完全失敗，並且把公司從盈利帶向損失的管理人員數百萬美元的資遣費呢？（163頁）
2. 為什麼豐田汽車公司只保留夠幾個小時使用的庫存零件？為什麼蘇聯工業的庫存零件足以用上一年？（154頁）
3. 為什麼美國的電腦或電視製造商傾向於由其他人來運輸產品，而中國的同類製造商卻由廠商自己來運輸產品？（153頁）
4. 二十世紀初，美國人口從農村向城市移動如何影響了美國的零售經濟？二十世紀後半葉，美國人口從城市流向郊區又是如何影響美國的百貨和超市經濟的？請以案例解釋。（107-113頁）
5. 通用汽車不用生產一個輪胎就能製造數百萬輛汽車，而蘇聯企業不僅傾向於自己製造所有的零件，而且

有時候甚至會生產用於蓋工廠的磚塊，這是為什麼？（148 頁，152 頁）

6. 蘇聯農業中的規模不經濟如何影響曳引機駕駛員犁地？如果農業企業是私人所有，曳引機駕駛員耕種的是自己的土地將會怎樣？工作完成度會不同嗎？農場的規模會更大嗎？原因為何？（141-142 頁）

7. 一項經濟計畫，比如修建鐵路或建立一條航線，所需的資金比任何個人有能力或願意投資的金額都要大，此時有哪些方面的問題，能推進或阻礙這項經濟計畫從數百萬人處籌集資金？（158-161 頁）

8. 廣告即使成功，也常常被認為只有利於廣告主，對消費者來說則全無好處，並且消費者購買的商品價格也會因為廣告費用而更高。請從經濟學角度評價前述這一觀點。（137-138 頁，531-535 頁）

9. 「不論在市場經濟中還是計畫經濟中，都存在惰性，而市場會懲罰惰性。」解釋二十世紀初美國領先的零售商郵購公司如何受到連鎖百貨商店的衝擊。（111-113 頁，199 頁）

10. 為什麼退休人員可以享受比其他人更廉價的旅行，例如郵輪？解釋其中的經濟原因。（143-144 頁）

11. 「消除中間商」這一長久的願望為何反覆失敗？（148-152 頁）

12. 二十世紀初，A&P百貨連鎖店削減銷售商品的利潤率之後，投資利潤率卻遠遠超過全國平均水準。為什麼？（135-136 頁）

13. 同一個城市的豪華飯店為什麼收費比經濟型飯店低？（144-145 頁）

14. 政府在保護競爭和保護競爭者之間有什麼區別？政府的保護如何透過影響具有多種用途的稀有資源的分配而影響消費者的生活水準？（178-182 頁）

15. 低收入社區的商店往往定價更高，這是為了彌補更高的成本和更低的存貨周轉率。這些商店要完全彌補高額成本，達到更高收入社區中的商店的相同利潤率，存在哪些限制因素？（135-136 頁）

第三部分　勞動與報酬

1. 工業革命使得機器動力取代人力，而高科技經濟體中知識、技術以及經驗越來越重要，由此帶來了哪些經濟和社會影響？（225-227頁）
2. 你預計工廠的一把錘子每年敲的釘子數量在富國多還是在窮國多？你預計一般工人每小時的產量是富國多還是窮國多？解釋兩個案例各自的原因。（234-235頁）
3. 一些研究企圖確定最低工資上升後就業情況將如何變化，它們調查了最低工資上升前後私人公司就業的變化，並把結果加總在一起。這一過程存在什麼問題？（242-243頁）
4. 在中國的跨國公司對當地的薪資和工作環境帶來了哪些影響？（265-267頁）
5. 二〇一〇年上半年，美國成年人在職比例經歷了半個多世紀以來的最大降幅，但失業率並沒有升高。為什麼會這樣呢？（254-256頁）
6. 家庭收入保持不變的情況下，人均收入有沒有可能在相同時間段內上升五十%？（219-220頁）
7. 雖然最高工資法早在最低工資法之前就存在了，但是後者才是如今普遍適用的法律。然而，在涉及最高工資法的特殊案例中，比如第二次世界大戰期間的工資和價格管制，它們是如何影響針對少數族裔和婦女的歧視的？最高工資法和最低工資法對歧視有哪些不同的影響？（231-232頁，249-252頁）
8. 長期來看，收入不平等會比短期更嚴重還是更緩和？有些人既不是富人也不是窮人，為什麼他們卻包含在很多關於「富人」和「窮人」的統計數據中？（216-218頁）
9. 城市公車的司機們加入工會，工資將會比自由競爭市場上的高，這將對公車的規模和乘客的等候時間帶來怎樣的影響？（233頁）
10. 不同國家的運輸系統的品質差異或貪污程度將會如何影響勞動的價值？（214頁）
11. 當南非有大量工人可以雇用時，南非製造商為什麼要去波蘭設廠來擴大生產？而且南非的失業率達到二

十六%，南非工人每小時的平均產出也比波蘭工人更高。（246-247頁）

12. 個人的生產率為什麼不同於這個人的效率和價值？比較本書案例中的第三世界國家和富裕國家的工人，以及處於不同處境的棒球員的不同。（212-213頁）

13. 人們常說，久而久之，越來越多的國民總收入將流入高收入人群。什麼情況下這是對的，什麼情況下是錯的？（220-225頁）

14. 第三世界國家的工資為什麼更低，工作條件更差？設法用各種可能的辦法改善工資、工作條件，或同時改善兩者，將會帶來哪些可能的結果？（264-267頁）

15. 如今大部分人要花更多年的時間才能和前一代人一樣達到收入高峰，並且高峰時期的收入是職場新人的好多倍，這一差距也比前一代人更大。這一事實有何含義？它對男性和女性收入差異的變化又有哪些更深的意涵？（225-227頁）

第四部分　時間和風險

1. 九十歲的老人，沒有子嗣，種了一些需要二十年才能成熟結果的樹，這在經濟學上合理嗎？（314頁）

2. 企業可以同時發行股票和債券籌集資金，但是個人往往透過借款（相當於發行債券）來籌資。然而，有些情況下也可以用等同於發行股票的方式獲得資源。在哪些情況下可以這麼做呢？（337-339頁）

3. 為什麼某種自然資源已知儲藏量的統計數據會誤導我們判斷這種資源的全部儲藏量？（316-324頁）

4. 「薪酬日貸款」的年利率為什麼普遍超過百分之百，而其他貸款的年利率卻很少？（303-305頁）

5. 如何區別大宗商品投機與賭博？大宗商品投資對產出有什麼影響？對具有多種用途的稀有資源分配有什麼影響？（305-310頁）

6. 保證在一定的條件下付給某人一定數額的金錢，這樣的交易為什麼對保險公司和商品投機者來說是值得

的？為什麼對於參與交易的另一方來說也是值得的？（309-310 頁，339-341 頁）

7. 為什麼政府所有或政府營運的公車公司會因收費太低而無法在車輛報廢時更換新車？私人所有或民間營運的公車公司，它們的管理人員決定把部分公車費收入用於支付他們的高薪酬，而不是留出足夠多的錢用於更換報廢的汽車，如果出現這樣的情況將會怎樣？其公司的股票價值將會如何？股東將會如何反應？（363-364 頁）

8. 許多貧窮國家沒收了富裕的外國公司的企業和土地，但是很少有窮國因此富裕起來的，為什麼？（366-367 頁）

9. 複雜的國際商品市場對第三世界國家的小農會產生巨大的影響嗎？這些第三世界國家的農民往往很窮且沒受過教育，他們能參與到國際商品市場中來嗎？（307-309 頁）

10. 為什麼說個人為自己的汽車購買保險是合理的？赫茲租車公司為什麼不替自己的汽車購買保險呢？（339-341 頁）

11. 政府對保險公司的管制如何提高這個產業的效率？又如何降低了這個產業的效率？分別用案例解釋這兩種情況。（344-347 頁）

12. 為什麼有些國家的製造商持有的生產所需的原物料庫存能用好幾個月，而另一些國家的製造商持有的原物料庫存甚至用不到一天？對分配具有多種用途的稀有資源而言有什麼意涵？（311-312 頁）

13. 哪些收費被稱為「非勞動收入」，為什麼？（300-301 頁）

14. 利率如何影響資源在同代人、當代人和後代人之間的分配？（295-297 頁，301-303 頁）

15. 某個國家定期償還債務，並且財政有盈餘，為什麼債券評級機構，如標準普爾仍然將這個國家債券降級？（313-315 頁）

第五部分　國民經濟

1. 為什麼說消費者物價指數往往誇大了通貨膨脹率，它如何影響我們測量真實收入？（381-382頁）
2. 有無財產權制度，對於沒有財產的人來說會產生影響嗎？例如，在規劃法、開放空間法、建築物高度限制或房租管制法下，會為租戶帶來經濟上的影響嗎？（429-433頁）
3. 某個國家的誠信程度或貪污嚴重程度將如何影響該國經濟的有效性？經濟政策又是如何影響誠信或貪污的程度？（422-426頁）
4. 一九三〇年代大蕭條期間，共和黨總統胡佛，和他的繼任者民主黨羅斯福總統都試圖維持產品和勞務的價格。這些政策的基本原理是什麼？它們將會帶來哪些經濟和社會問題？（403-404頁）
5. 通貨膨脹期間，貨幣流通是快了還是慢了，為什麼？它將帶來怎樣的結果？通貨緊縮時會發生什麼？結果又如何？（397-400頁）
6. 陷入全面戰爭後，一國的軍事消耗和居民消費加起來大於該國的產出，不向其他國家借款的情況下它將如何維持下去？（378-379頁）
7. 人口平均年齡不同的國家（其中一國的人口平均年齡比另一國年輕很多）之間的生活水準要進行有意義的對比非常困難，這是為什麼？（383頁）
8. 中世紀英國的經濟遠遠落後於歐洲大陸的一些經濟體，但是之後的幾個世紀，英國成為歐洲領先的經濟體，並且領先世界進入工業時代。外國人在英國經濟的發展中起到了怎樣的作用？為什麼？（427-428頁）
9. 支持提高稅率的人常常會失望於額外的稅收收入小於預期。相反，擔心稅率降低將大幅降低政府收入的人往往會驚訝地發現政府收入增加了。解釋這兩種現象。（455-457頁）
10. 即使能得到詳細的統計數據，為什麼仍然很難比較二十世紀初的國民產出和二十一世紀初的國民產出，

也很難確定成長的倍數，甚至說不清楚某種商品一個世紀以來的價格漲幅？（380-382頁）

11. 阿爾巴尼亞銀行擁有全國八十三%的銀行存款，為什麼它仍然拒絕任何借款？對阿爾巴尼亞的經濟將帶來怎樣的影響？（415-416頁）

12. 解釋「合成謬誤」，並舉出經濟案例。（373-374頁）

13. 既然市場上「金錢是萬能的」，為什麼富人會想要把某些決策從市場上轉移出來，透過政治或法庭來決定呢？（提示：住房是一個典型的案例）（432-433頁）

14. 在哪些條件下，國家債務負擔會遺留給未來世代？在哪些條件下不能轉移？（466-467頁）

15. 對於個人和組織到底繳了多少總稅收時，不時地會出現相互矛盾的估算。為什麼我們無法輕易確定到底是誰在承擔稅收負擔？用具體案例解釋。（457-461頁）

第六部分　國際經濟

1. 如果法律限制某種外國商品的進口，是為了保護本國生產相應產品的工人的工作職位，最終為何會使國內就業機會減少了呢？（519-521頁）

2. 雖然非洲的面積是歐洲的兩倍多，但是歐洲的海岸線比非洲的長。為什麼會這樣，以及更重要的是，背後有什麼經濟意涵？（563-564頁）

3. 如果A國生產某種產品比B國便宜，有哪些經濟因素促使A國從B國進口該產品，而不是自己生產呢？（509-512頁）

4. 澳洲製造汽車，但是這些汽車是由日本或美國的汽車公司開發的。為什麼像澳洲這樣已開發且富裕的國家無法設計生產自己的汽車呢？（513-515頁）

5. 「貿易順差」是指什麼？何時被認為是順差？順差有利於經濟體的繁榮嗎？（504-506頁）

6. 山區給以下兩類人帶來了哪些經濟影響？並解釋為什麼會產生這些經濟影響？（567-570頁）

a.居住在山區的人；b.居住在山腳下的人。

7. 對國際貿易實施限制並得到經濟學家認可的原因有哪些？（522-524頁）

8. 若沒有對國際貿易實施限制，低工資國家是否會奪走高工資國家的工作職位，因為較低的生產成本將使得低工資國家可以更低的價格出售產品？（515-519頁）

9. 美國作為「債務國」，美國欠其他國家的錢要多過其他國家欠美國的錢。而瑞士是「債權國」，其他國家欠瑞士的錢要多過瑞士欠其他國家的錢。造成這種差別的原因是什麼？對於美國和瑞士來講，在經濟上是有利的還是有害的？（537-539頁）

10. 第一次接觸時，歐洲人的文化空間和疾病空間如何區別於西半球的原住民？解釋原因，以及這些區別的經濟意涵。（567-572頁，594-595頁）

11. 如果實施國際貿易限制，歐盟將保住約二十萬個工作職位，但是歐盟沒有這樣做，而是實行自由貿易，並且提供失去工作的人每人十萬美元的補貼，這在經濟上對歐盟有利嗎？（529-531頁）

12. 「理論上來說，我們期望投資從資本富餘的地方流向資本短缺的地方，就像水往低處流一樣。」如何解釋資本富餘的國家很少向資本稀少的國家投資？（534-537頁）

13. 舉出五種理由，解釋為什麼某些群體的人比另一群人更容易在文化上遭到孤立？並解釋孤立的經濟蘊含。（567-572頁，579-581頁）

14. 使用反「傾銷」法律的時候會產生什麼問題？（524-525頁）

15. 為什麼自由貿易對小經濟體中的生產者來說，比大經濟體中的生產者更有價值？（513-515頁）

第七部分　經濟學的一些問題

1. 「哪怕只能拯救一條生命，也是值得的。」這句話被用來為昂貴的安全設備或政策辯護，這理由有什麼問題嗎？（619-621 頁）
2. 物理上相同的東西售價卻不同，原因為何？（603-604 頁）
3. 重商主義經濟學家與亞當・斯密這樣的古典經濟學家有什麼區別？（632-634 頁）
4. 如果所有的品牌品質和價格都相同，那同一種產品擁有不同的品牌具有哪些意義呢？如果法律取消品牌，讓消費者無法辨識製造者是誰，將會造成什麼情況？（605-609 頁）
5. 從一七七〇到一八七〇年代大約一個世紀的時間裡，大部分傑出的經濟學家都認為，商品的價格反映了他們的生產成本，特別是生產這些商品所需的勞動的數量。這一理論存在哪些問題？（642-646 頁）
6. 利潤動機的存在與否，如何影響組織利用最大限度的可支配資源，實現初始目標的可能性？請解釋。（609-611 頁）
7. 在法律禁止就業中的種族歧視之前，黑人化學家更有可能受到營利性公司的雇用，還是非營利性組織的雇用，比如學院和大學，為什麼？（612-615 頁）
8. 批評家聲稱利潤超過了服務的價值，而且利潤流入了提供服務的人手中。對於這一信念可以使用哪些經驗證據來檢驗？（612-615 頁）
9. 戰爭使大量用於居民的資源轉而用於軍事目的，大部分人更關心窮人是否仍能獲得麵包，而不是富人是否仍能獲得魚子醬。這樣的話，為什麼不對麵包實行價格管制，反而對魚子醬實行價格管制呢？（665-666 頁）
10. 有些人把經濟學僅僅看作經濟學家的觀點，用於反映經濟學家的各種意識形態偏見。用經濟學的歷史來檢驗這一觀點。（657-658 頁）

11. 政府設定的醫療價格能夠降低醫療的成本嗎？（604-605 頁）

12. 我們常常看到，來自媒體和大眾的壓力促使政客頒行法律或政策，去解決某個經濟問題。根據普遍的經濟學理論，特別是一般均衡理論，這一途徑有哪些錯誤？（646-648 頁）

13. 自然災害，如地震或颶風，造成哪些地方巨大的經濟損失，又造成哪些地方生命損失？（619 頁）

14. 一位印度政府官員說：「我不想讓那些賣面霜給貧窮印度人的跨國公司因此變得更富有。」這樣的表述有何意味？（621-623 頁）

15. 諾貝爾經濟學獎得主海耶克曾說：「在我們意識到自己所做的許多事情都十分愚蠢之前，我們不會變得更聰明。」你覺得本書提到的政策中最愚蠢的是哪三個？在閱讀本書以前，你覺得這些政策愚蠢嗎？

致謝

與我的其他著作一樣，我的兩位出色的研究助理劉娜（Na Liu）和伊麗莎白・科斯塔（Elizabeth Costa）對本書做出了很大的貢獻。她們為我蒐集了大量研究資料，科斯塔女士編輯審核了我的手稿，而劉娜女士則將書稿轉換成校樣並編制了索引。這樣，出版社在拿到書稿之後即可直接進行印刷。新增的「經濟學史」一章，經由加州大學洛杉磯分校（UCLA）名譽教授威廉・R・艾倫（William R. Allen）審閱。艾倫教授曾是我的同事，他提出了見解獨到的評論和建議，儘管我未全部採納，還是對他表示由衷的感謝。雖然歷經多人之手，本書若有錯誤和缺陷，均由我一人承擔，這一點毋庸置疑。

當然，本書最終能問世還要感謝史丹佛大學各位同事，以及胡佛研究所的鼎力支持。

國家圖書館出版品預行編目（CIP）資料

經濟學的思考方式：經濟學大師寫給大眾的入門書/湯瑪斯・索維爾（Thomas Sowell）著; 吳建新譯.--二版.--臺北市:日出出版:大雁文化事業股份有限公司發行, 2023.08
688面;17*23公分
譯自: Basic Economics: A Common Sense Guide to the Economy, 5e
ISBN 978-626-7261-74-3 (平裝)
1.經濟學

550　112011214

經濟學的思考方式(二版)
經濟學大師寫給大眾的入門書

Basic Economics: A Common Sense Guide to the Economy, 5e

作　　者　湯瑪斯・索維爾（Thomas Sowell）
譯　　者　吳建新
責任編輯　李明瑾
協力編輯　于念平
封面設計　張　巖
發 行 人　蘇拾平
總 編 輯　蘇拾平
副總編輯　王辰元
資深主編　夏于翔
主　　編　李明瑾
業　　務　王綬晨、邱紹溢
行　　銷　廖倚萱
出　　版　日出出版
　　　　　地址：台北市復興北路333號11樓之4
　　　　　電話（02）27182001　傳真：（02）27181258
發　　行　大雁文化事業股份有限公司
　　　　　地址：台北市復興北路333號11樓之4
　　　　　電話（02）27182001　傳真：（02）27181258
　　　　　讀者服務信箱:andbooks@andbooks.com.tw
　　　　　劃撥帳號：19983379 戶名：大雁文化事業股份有限公司
二版一刷　2023年8月
定　　價　900元

I S B N　978-626-7261-74-3